1001 WEG

BRUNO GRÖNING

IN TAGEBÜCHERN JUNGER MENSCHEN

Grete Häusler GmbH - Verlag

Rheindahlener Str. 78
41189 Mönchengladbach
1. Auflage 1999

Gesamtherstellung: Offizin Andersen Nexö Leipzig, 04442 Zwenkau

ISBN 3-927 685-42-9

1001 Weg

BRUNO GRÖNING

IN TAGEBÜCHERN JUNGER MENSCHEN

Wir, Jugendliche des Bruno Gröning-Freundeskreises, haben dieses Buch geschrieben,
um zu dokumentieren, was wir als Kinder dieser Zeit
an Nöten und Fragen und an Hilfen und Wundern erlebt haben.

Unser besonderer Dank gilt:

Grete Häusler
Schirmherrin dieses Buches

Thomas Eich
als Lektor

Johannes Bernstein
und allen anderen Fotografen für die Portraits und Poster

Otto Kappeler, Ernst Beyermann, Claudia Engler & Firma
für die Scans und Layoutberatung

Erika Kamp, Hildegard Hülsmann und Marianne Kaulen
als Korrekturkreis

Rosemarie Prömpers
als Geschäftsführerin sowie allen Mitarbeitern des *Grete Häusler-Verlages*,
die durch ihren ausnahmelos unentgeltlichen Einsatz
die Finanzierung solcher Projekte mittragen.

Christoph Pesch — Mechthild Hülsmann — Axel Mast

die Buch-Redaktion — i. A. der Jugendlichen

Inhaltsverzeichnis

Christoph Pesch

Klasse Doppelleben, Supermann!

Warum fragt mich meine Mutter immer wieder: „Christoph, sag mal ehrlich, bist du eigentlich glücklich?“ Die weiß doch genau, wie es mir geht; wie oft ich sie anschrei, meine Schulnoten, die Krankheit und das alles.

Mama ist seit einiger Zeit in so einem Glaubenskreis und spricht auf einmal von positivem Denken. In der Küche steht ein Bild von Bruno Gröning und hier und da liegen Bücher oder Postkarten mit Sprüchen.

… bist du eigentlich glücklich? Nein! Na und? Lass mich doch endlich mal in Ruhe, o. k.?

Ich bin auch nicht viel schlimmer als die anderen. Die haben fast alle schlechte Noten.

Glücklich leben – ist doch albern! Vor mir liegt ein Buch: „Der Berufsberater“. Bewerben? Klasse Witz mit meinen Zeugnissen.

Ich habe Angst davor, einmal Verantwortung tragen zu müssen, Geld verdienen zu sollen, Pflichten zu haben. Manchmal würde ich gern abhauen oder sterben, und alle würden mich dann bedauern und es bereuen, dass sie …, aber was ist, wenn ich unter der Erde im Sarg wieder aufwache? Abends im Bett immer diese Gedanken: Morgen haben wir Mathe, ich hab wieder keine Hausaufgaben gemacht. Hoffentlich gibt's nur eine Fünf auf dem Zeugnis. Bewerben! – Im Schrank steht der Totenkopfaschenbecher und grinst mich an. So seh ich auch mal aus, wenn ich tot bin … Bin ich eigentlich glücklich? Ich weiß gar nicht, was das alles soll. Wie kann man nur so verrückt sein und sich wie der Streber Achim Jansen in der Penne einen abbrechen? Ich werde Musiker, ja – wir werden berühmt mit unserer Rockband. – Ach, morgen ist Mathe in der dritten Stunde, dann kann ich die Hausaufgaben noch abschreiben. – Da geht Mama ins Bett. Weint sie wieder? – Der grinst, der Aschenbecher! Was ist, wenn ich im Sarg aufwache? … Jetzt juckt das schon wieder so. Hört das denn nie auf? Ich glaub, ich hab mich schon wieder blutig gekratzt, das ist so feucht. Den Schlafanzug kann man waschen. Mist, brennt das; ich hab die Salbe abgekratzt. Ich will nicht mehr. Warum sind die anderen alle gesund? Gott, warum ich nicht? Warum ich? – Stille – Dunkelheit.

Ne – ich glaub nicht mehr an Gott! …“

Die Erwachsenen tun immer so, als sei alles pubertär bedingt. Alles. Das mit der Unlust, Zukunftsangst, Liebeskummer und so. Die nehmen uns Jugendliche nicht ernst, als ob wir Kinder wären und erst mal über die Pubertät hinweg müssten, um vollwertige Menschen zu werden. Menschen wie die! Die machen zwar immer so pädagogische Gesichter, als ob wir gar keinen Grund hätten, frustriert zu sein, aber wir sehen, dass das bei denen auch nicht aufgehört hat. Es ist nicht mehr ganz so auffällig, aber es ist da. Der Frust brodelt in vielen Ehen und Familien, in der Nachbarschaft, im Lehrerkollegium, zwischen Pfarrern und vor allem unter den Politikern. Die Menschheit frustet sich gegenseitig an, belügt, bestiehlt sich, metzelt herum wie im Mittelalter. Das Leben scheint nicht mehr zu sein als eine ewige Flucht vor dem Verpassen, Verzichten, Versagen und Älterwerden. Eine elende Jagd nach Vorrat, Vorteil, Absicherung und Genuss, bei der die Natur und Menschlichkeit platt getrampelt werden.

Viele von uns haben Angst, in diese Welt zu gehen und dort bestehen zu müssen. Selbst wenn man es irgendwie packt, dann wird man doch älter, alt, sterben. Wofür denn? Und was, wenn man am Ende im Sarg wieder aufwacht?

Ich will nicht erwachsen werden.

Mit meinen Kumpels zusammen treibe ich nur Unsinn, blinde Anschläge gegen den ungreifbaren Sinn. Mein Gitarrenkoffer ist geschmückt mit nachts „gesammelten“ Automarkenzeichen von Mercedes, Porsche, BMW oder Audi. Das ist alles ganz witzig, aber von dem Blödsinn kann ich mir nichts kaufen. Für einen Gitarrenverstärker, Effektgeräte und eine neue E-Gitarre brauch ich Geld. Na dann halt klauen. Die anderen verdienen sich manchmal was nebenbei und wissen sogar schon, was sie werden wollen. Wie schön, und was soll ich werden? Da muss es doch irgendeinen Beruf geben, der Sinn macht. Noch mal schauen, was es so gibt: Elektriker, ... Ernährungsberater, ... Erzieher ... Moment mal! Erzieher?! Mann, das ist doch der Job! Ich werd so'n cooler Heimleiter mit Gitarre und tollen Sprüchen, den die Kinder voll in Ordnung finden. Dann brauch ich mich jetzt auch nicht zu bewerben, denn da geht's erst einmal weiter mit der Fachschule für Sozialpädagogik. So, Fall gelöst. Buch zu. ...

Das alles ist jetzt 15 Jahre her. Meine Eltern ließen mich da frei entscheiden. Aber meine Freunde, Bekannte und vor allem die Lehrer schauten mich ziemlich ungläubig an: „Was verdient man denn da?" „Weiß ich nicht, ist doch egal!" - „Wieso denn Erzieher?" „Ich will etwas machen, wo man mit Menschen zusammenkommt", das sagten schließlich viele. Doch ich spürte, dass mir das nicht zugetraut wurde. Ich konnte es mir ja selber nicht vorstellen, aber ich konnte mich mit meinen Zeugnissen unmöglich bewerben. Ich hatte bald keine Lust mehr, darüber zu sprechen.
Ja, ich war halt verklemmt und konnte nicht auf Leute zugehen, aber da konnte ich doch nichts dafür. Ich wusste ja auch nicht, warum ich mich immer so gefangen fühlte.

Aber an meiner E-Gitarre war ich frei, überlegen, manchmal vielleicht sogar glücklich. Bis irgendwann kein Verstärker und kein Konzert mehr darüber hinweg dröhnen konnte, dass – ja, dass meine Mutter Recht hatte. Sie hatte einfach Recht – mit Gott und so weiter. Gott gab es wahrscheinlich wirklichn – nur, ob Er mir helfen oder überhaupt noch verzeihen würde? Denn ich drehte damals die Kreuze auf den Kopf. Und das wäre so weitergegangen, wenn meine Mutter mich nicht so lieb gehabt hätte und um mich gekämpft hätte. Die hat Charakter gezeigt und sich nicht in ihren Weg reinreden lassen. Wenn Mama mich wirklich in Ruhe gelassen hätte und das gemacht hätte, was die lieben Verwandten und Bekannten geraten haben, wäre ich innerlich genauso an dem Versuch, das Leben persönlich doch noch irgendwie übers Ohr zu hauen, kaputtgegangen wie so viele andere, die es zu spät gemerkt haben, dass die Achterbahn, mit der sie nur eine Runde drehen wollten, einfach weiter rast, bis sie von den Schienen springt. Und wer kümmert sich dann um die Wracks?

Aber ich hatte das Glück, dass meine Mutter nicht lockerließ, mich ab und zu daran zu erinnern, auf was es wirklich ankommt. So ging ich dann doch mit Mama zu einem Einführungsgespräch in die Lehre Bruno Grönings. Eine Frau erzählte mir etwas von der Gegenwart Gottes, der göttlichen Kraft und so. Ich saß da und durfte dabei meine Arme und Beine nicht überkreuzen, sollte die Handrücken locker auf die Oberschenkel legen, entspannt in meinen Körper hineinhorchen und darauf achten, ob ich die Heilkraft spüren würde. Zuerst verstand ich nur Bahnhof, aber ich nahm diese Körperhaltung ausnahmsweise einmal an und ließ die Frau reden. Der Raum blieb normal beleuchtet. Keine Kerzen, keine Räucherstäbchen, kein Sternchenkleid oder goldene Pantoffeln. Eine normale Frau in einer normalen Wohnung. An den Wänden so typische Wohnzimmerbilder und ein Portrait von Bruno Gröning. Aber das kannte ich ja schon von meiner Mutter.
Wir schrieben alle meine Probleme und Krankheiten auf, und die Frau machte unter die Liste einen Strich mit den Worten: „Das ist jetzt Vergangenheit." Schön wär's!
Ich sollte mich in Gedanken von den Belastungen trennen und glauben, dass die göttliche Kraft stärker sei als das Böse. Aber war sie das wirklich?
Meine Gedanken, erklärte sie weiter, würden den Kampf zwischen Gut und Böse entscheiden, und der Kampf könnte sich auch als ein Reinigungs- bzw. Regelungsschmerz dort am Körper bemerkbar machen, wo es Unordnung zu beseitigen gibt. Die Frau erzählte von ihrer Heilung, von Bruno Gröning und vom Freundeskreis, den Frau Häusler aus Köln leite. Soso! Ich nickte höflich.

Irgendwann kam meine Mutter mich abholen, und die Frau wünschte mir alles Gute für meinen weiteren Lebensweg. Danke, tschüss. Das war es also.

Seltsam, irgendwo in mir war tatsächlich etwas Platz für die Sache, der ich mich instinktiv nicht ganz verschließen konnte. Es war fast so, als hätte sich ein Loch in mir gefüllt. Nur das mit dem Bruno Gröning, der die Kraft von Gott wie ein Transformator weiterleitet und einem die Krankheit und Sorge abnehmen kann – damit war ich noch lange nicht fertig.

Als ich dann wieder zu Hause in meinem Zimmer war, hatte ich die Hälfte schon wieder vergessen, hielt aber ein Buch und ein Foto Bruno Grönings in der Hand und fühlte eine große Stille in mir. Wir schauten uns an, Bruno Gröning und ich.

Irgendwann war dann mal eine Gemeinschaftsstunde bei dieser Frau zu Hause, so ein Abend, wo alle zusammenkamen. Da waren auf einmal zig Leute. Wir saßen wie die Ölsardinen in der Dose im Wohnzimmer, im Flur, bis in die Küche. Da wurde dann erst klassische Musik gespielt, auf die sich alle mit dieser gewissen Körperhaltung konzentrierten. Anschließend ging ein Geheilter nach dem anderen nach vorne und erzählte, wie er gesund geworden war.

Ich besuchte wegen Mama auch noch die Jugendgemeinschaftsstunde, wo es auch ein paar jüngere Leute gab. Da ging ich dann 2 1/2 Jahre unregelmäßig hin, wenn ich samstagnachmittags nichts Besseres vorhatte. Zum Mitsingen oder -tanzen ließ ich mich allerdings höchst selten herab. Und überhaupt nur, ohne irgendjemandem etwas davon zu sagen. Ich wollte doch meine Kumpels nicht verlieren, die das vielleicht nicht verstanden.

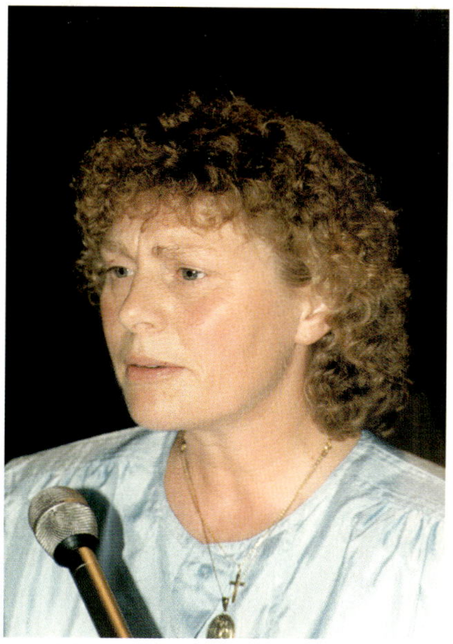

Meine Mutter berichtet über ihre Heilungen von Verdauungsproblemen, Trigeminus-Neuralgie, Nasennebenhöhlenvereiterung, Verspannungen, Kopfschmerzen und Depressionen.

Die Bruno Gröning-Freunde ließ ich nicht an mich ran, weil ich mich vor dem scheute, was die ausstrahlten. Immer das Gerede von Umkehr und Erkennen! An Heilung wollte ich schon glauben, die brauchte ich ja auch, aber das andere, vor allem das mit der Umkehr, fiel mir schwer. Ich wollte nicht erkennen oder umkehren. Ich spürte Angst davor, weil ich doch so vieles nicht auf einmal einfach in Frage stellen konnte, ohne mich in meiner Clique lächerlich zu machen. Irgendwann war es eh zu spät, noch zu erzählen, dass ich seit Jahren im Bruno Gröning-Freundeskreis bin. Ich wollte weder meine Band und Clique noch den Freundeskreis verlieren. Das verlangte ja auch niemand, aber ich hatte Angst vor meiner eigenen Feigheit, der ich mich ausgeliefert fühlte. Also wurschtelte ich mich so durch und hoffte, dass meine beiden Welten nicht irgendwann aufeinander prallen würden.

In der Zeit flog ich wegen schlechten Leistungen und zwischenmenschlichen Spannungen von der Schule für Fachpädagogik und musste mir den Beruf als Erzieher abschminken. Ich ging in einer Konservenfabrik am Fließband schicht-jobben. Faule Kirschen aussortieren. Aber oft lief das Fließband einfach zu schnell und der Matsch kam schön gefärbt ins Glas, so ähnlich, wie viele depressive Gedanken immer wieder in meinen Kopf.

In der Rockband war seltsame Stimmung, von wegen: Wer ist der Boss? und so. Im Grunde funktionierte dann komplett überhaupt nichts mehr. Da war die Sackgasse also zu Ende. Klasse Doppelleben, Supermann!

Und dann wollte ich es wissen. Warum können die Bruno Gröning-Freunde einfach behaupten, dass sie ihr Leben lieben und dass das Gute stärker ist als das Böse? Entweder spielen die das nur, oder die haben alle mehr Format, als ich wahrhaben will. Und dann habe ich mich endlich getraut, meiner Seele einmal zuzuhören:

Die Witze, die Sprüche in der Clique, die Filme, die Poster in meinem Zimmer von planetenfressenden Schlangen, Tigerfratzen, Gewaltidolen oder einem Dutzend toller Frauen, die verrauchten, versoffenen Nächte, Sachbeschädigungen, Diebstähle, Hassgefühle, Lügen ... – warum?

Ich konnte nicht mehr über den Müllberg schauen, den ich vor mir hergewälzt hatte. Alle verrückten, tollen Dinge in meinem Leben waren auf einmal nichts mehr wert. Ich sah jetzt, dass sie nie etwas wert gewesen waren. Aber hatte denn überhaupt noch etwas irgendeinen Wert in meinem Leben? Was wollte ich eigentlich? Wohin? Eines schien jetzt klar: Wenn alle anderen so seltsam sind, ist es Zeit, einmal über sich selbst nachzudenken. Da war viel falsch gelaufen. Und was sagt Bruno Gröning? „Hinfallen darf man, nur nicht liegen bleiben." Ich habe ihn dann gebeten mein Freund zu sein, mir zu helfen, wieder ein Mensch zu werden, denn das Wertvollste, was ein Mensch besitzt, hatte ich irgendwann in meiner Jugend verspielt: Lachen-, Lieben- und Dankenkönnen …

„Strebe nach dem Leben -

Gott;

Gott in uns!"

Bruno Gröning (1906-1959)

Mein Bedürfnis, öfter in die Gemeinschaftsstunden zu gehen, da einfach abzuschalten und aufzutanken, unterdrückte ich dann nicht mehr. Ich wollte nicht mehr das Gefühl vermitteln, in Ruhe gelassen werden zu wollen, nahm die Freundlichkeit ernst und war dankbar dafür, dass mich die Bruno Gröning-Freunde nach den Jahren immer noch ernst nahmen. Verhätschelt, um mich festzuhalten, haben die mich nie. Die haben mir Bescheid gesagt, wenn ich danebenhing. Und ich konnte nicht sauer sein darüber, weil es sich immer sauber und echt anfühlte. Kein Bangemachen, keine Hinweise auf Schriftstellen oder Ähnliches. Einfach Freundschaft. Mein Gefühl hatte seinen Wert.

Ich habe in der Zeit viele Bücher über geistige Themen gelesen und schüttelte oft den Kopf, wenn mir klar wurde, wie seltsam und verkrampft ich früher den Glauben an Gott, das Geistige und diesen Weg gesehen hatte.

Mein Zimmer bekam ein anderes Gesicht und viele Kleidungsstücke wanderten nach und nach zur Altkleidersammlung. Sie konnten mir keinen Dienst mehr leisten. Musste auch meine Augen nicht mehr hinter meinen Haaren verstecken. Wie man Zigarettenrauch am lässigsten ausatmet, war mir auch langsam egal, und ich hörte auf zu rauchen.

Als ich die Bruno Gröning-Freunde näher kennen lernte, merkte ich, dass die die Freude nicht spielten, die hatten nämlich genauso ihr Leben zu durchkämpfen wie ich. Aber sie nahmen eines etwas ernster: Und das war diese göttliche Kraft, der „Heilstrom".

Bruno Gröning sagte, der Mensch darf nicht so passiv sein im Denken und Leben, sondern er muss sich bewusst wie ein Radio klar auf den Empfang guter Gedanken und dieser guten Kraft einstellen.

„Willst du das Göttliche erleben, musst du danach streben." Ja, von selbst geht es nur bergab.

Ich fand Bruno Grönings deutliche Art gut. Was der von Gott und Glauben sagte, klang echt. Endlich jemand, mit dessen Worten ich etwas anfangen konnte. Wie er den Menschen nun Krankheit und Sorgen abnehmen konnte, verstand ich nicht. Aber an dem Mann konnte ich nicht herumnörgeln. Was ich bald begriff, war, dass ich es dringend nötig hatte, vom Hirn ins Herz zu finden und meinem Gefühl treu zu werden. Und mein Gefühl sagte, dass Gott mich durch diesen Weg, durch diese Kraft angesprochen hatte.

Meine „no future"-Parolen, Protestlieder und gesellschaftskritischen Beschuldigungen verstummten, als ich verstand, dass die Menschen nicht schlecht, sondern energielos wie ich waren und deswegen zu nichts Besserem im Stande sein konnten. Sie brauchten Hilfe und keine Tritte. Mit meiner Rolle in der Rockband konnte ich mich längst nicht mehr identifizieren, weil ich keinen Sinn mehr darin sah, aggressiv mit rauher Stimme herumzublöken und mich dabei auch noch als tolles Kerlchen feiern zu lassen. Es hatte mir einmal viel gegeben. Jetzt laugten mich die Proben aus. Was ich früher für die totale Power gehalten hatte, wurde zum Gegensatz zu der Lebensfreude, die ich manchmal durch den Heilstrom in mir erlebte. Deswegen beendete ich meine Karriere als Rockpoet. Für die Zeit bin ich sehr dankbar, denn da habe ich mich davon überzeugt, dass es negative Ströme gibt, die für höhere Empfindungen wie Störsender wirken.

Mein Doppelleben gab ich auf. Von da an gab es nur noch einen Christoph, und zwar den, der zu seinem Glauben steht.

Ich stellte mich ab da viel bewusster auf gute Energien ein. Die offene Sitzhaltung fiel mir immer leichter, weil ich jetzt auch innerlich eine empfangende Haltung einnahm und nicht mehr sagte: „Ich sitze, wie ich will. Wenn Gott mir helfen will, dann tut Er das auch so."

Der Heilstrom kribbelte beim Einstellen oft wie elektrischer Schwachstrom in den Handflächen, manchmal lief es mir die Wirbelsäule entlang. Wenn ich ruhig wurde, floss diese Kraft in mich ein, und mir war nach Gemeinschaftsstunden oft, als wäre eine Glühbirne mehr in mir angegangen; als wäre ich eine Lampe, die zwei Leuchtstoffröhren hat, von denen aber eine wegen zu niedriger Spannung nie so richtig startete. Als dann mehr „Strom" floss, ging es klick-klick, und ich sah auf einmal, wo ich hin wollte.

Dann fand ich ein Gefühl in mir, das sich wie eine Beziehung anfühlte. Das war Bruno Gröning. Da sind wir Freunde geworden. Und da war etwas wie Liebe. Ein Friedensgefühl. – Frieden? – Ich hatte irgendwann einmal einen Spruch gehört: „Es gibt nur einen Frieden, und das ist die Dankbarkeit." Fühlte ich Dankbarkeit?

Als ich nachts den Sternenhimmel wahrnahm oder zum ersten Mal bewusst Vögel, Blumen oder einfach nur Augen anderer Menschen sah, glaubte ich, dass diese Kraft, die immer öfter durch mich durchrieselte, alles belebt. Da begann ich zu fühlen, dass Gott wirklich das Leben ist und ich Ihm vertrauen kann, dass der Weg, den Er mir zeigen will, gut sein wird.

Ich hab mich dann nicht mehr geschämt, in der Jugendgemeinschaftsstunde auch mit Volkstanz zu machen. Ich wollte wieder lachen lernen. „Umgekehrt ist auch was wert", sagte Bruno Gröning.

Und was haben wir da gelacht, wenn wir uns zum Tanzen umgezogen haben und alte Tänze und Lieder zum Leben erweckt haben! Das Eis in meinem Gesicht zerplatzte, und durch die coole Maske begann sich endlich wieder ein Mensch mitzuteilen.

Und dann kam der Augenblick, als ich nach einer Jugendgemeinschaftsstunde in einen Garderobenspiegel sah und mein Gesicht und Stirn feucht und fettig waren. Vorher musste ich mich wegen zu trockener Haut immer eincremen und bekam in diesem Augenblick das Vertrauen, dass meine Haut, jetzt nach 18 Jahren, selber wieder Feuchtigkeit/Fett produzieren würde. Ich cremte mich von da an nicht mehr ein, und meine Haut riss nach dem Duschen nicht mehr.

In einer Freitagnacht vor einer anderen Jugendgemeinschaftsstunde musste ich wegen starker asthmatischer Luftnot sitzend die Nacht verbringen, weil ich wieder spastische Bronchitis hatte, die sich seit meiner Kindheit mehrere Male im Jahr über Tage und Wochen hinzog. Ich wusste zuerst nicht, ob ich wieder krank war oder ob das jetzt tatsächlich eine Regelung, ein Reinigungsvorgang sein könnte. Das mussten jetzt wohl meine Gedanken entscheiden! Dann habe ich mir ein Bild Bruno Grönings auf die Brust gehalten, öffnete meine Hände zum Einstellen und schlief so schließlich ein. Samstags ist mir dann nach der Gemeinschaftsstunde beim Tanzen aufgefallen, dass alles weg war und ich wieder einwandfrei durchatmen konnte. Seitdem weiß ich, wie wichtig es ist, an Regelungen zu glauben.

Und ich habe danach verstanden, dass Frau Häusler uns das Tanzen, Singen, Musizieren oder Bergwandern nicht wegen des Deutschtums oder als eine unterhaltsame Freizeitbeschäftigung nahe gebracht hat, sondern das hat einen höheren Grund: Ich fand dabei Einfachheit und Natürlichkeit – und deshalb konnte die Kraft unblockiert strömen und fließen – heilen.

Schmerzhafte Blasenerkältungen, die sich oft über mehrere Tage hinzogen, verlor ich auch durch eine Regelung: Ich kam gekrümmt aus der Schule und legte mich mit einer Wärmeflasche aufs Sofa. Unter die Wärmeflasche legte ich ein Bild von Bruno Gröning und stellte mich auf den Heilstrom ein. Als mich meine Mutter zum Essen rief, konnte ich vor Schmerzen den Körper noch nicht strecken und ging gebeugt durch die Wohnung. Nach dem Essen stand ich schmerzfrei auf, und das blieb das letzte Mal, dass ich Blasenerkältungen hatte.

Ich habe auch im Sommer keinen nassen Fleck mehr am Gesäß wie früher, als ich wegen sämtlicher Allergien ständig übervolle Taschentücher in den Hosentaschen trug. Das dauerte allerdings länger, denn ich musste erst mal lernen, dass mein Körper wohl um so mehr nicht verträgt, je mehr ich mich persönlich aufrege, je untoleranter ich selber bin.

Wann ich die jahrelangen Knie- und Fersenschmerzen verlor, die mich beim Sport oft bremsten und störten, weiß ich nicht mehr. Heute weiß ich aber: Es tut nicht weh, auf eigenen Beinen und Füßen zu stehen, und man darf sich die Schritte im Leben nie schwer machen! Bruno Gröning sagte, dass der Körper alles anzeigt.

So kam eins nach dem anderen. Ich konnte und musste nicht immer alles gleich verstehen. Es ist halt ein Entwicklungsweg. Ebenso wäre ich damals nie auf den Gedanken gekommen, dass ich einmal ehrenamtlich für diesen Freundeskreis ein Buch zusammenstellen würde. Ich

konnte nie verstehen, wie Menschen sich ernsthaft für gemeinnützige Organisationen oder soziale Projekte einsetzen können und ihre Freizeit dabei freiwillig ohne Schul- oder Berufsdruck und ohne Bezahlung mit so lästigen Anforderungen wie Disziplin, Ausdauer oder sogar Selbstlosigkeit ausfüllen. Ich verfolgte die begeisterten Erzählungen in den Gemeinschaftsstunden über ehrenamtliche Tätigkeiten im Bruno Gröning-Freundeskreis skeptisch, bis ich durch ein Erlebnis auf eine andere Sichtweise traf als jene aus der Zeit, als ich gelangweilt am Busbahnhof herumgammelte und Zielspucken auf Papierkörbe übte. Ich erklärte mich irgendwann bereit, einmal dabei zu helfen, wenn in der Druckerei die Erfolgsberichtshefte hergestellt wurden, die allen Freunden kostenlos zukommen. Eigentlich taten wir in diesem kleinen Kellerraum nichts weiter, als den ganzen Abend im Kreis herumzulaufen, und aus Regalen die gedruckten Blätter zu nehmen und zu einzelnen Heften zu sortieren. Danach fühlte ich mich gut und entspannt und hatte das Gefühl, dass ich den Alltagssorgen ein ganzes Stück vorausgelaufen wäre. Vielleicht, weil ich etwas für andere getan hatte?
Ich half dann öfters einmal mit, wenn für Gemeinschaftsstunden oder große Tagungen musikalische Programmpunkte vorbereitet wurden, und begann die Musik so zu erleben, dass ich darin weniger Anerkennung suchte, sondern Menschen damit die Möglichkeit geben wollte, auch zur Ruhe zu kommen.

mit Heike, meiner heutigen Frau

Später wurde mir das Vertrauen entgegengebracht, als Kassenwart die Spenden, Einnahmen und Ausgaben zu kontrollieren und Gemeinschaftsstunden zu halten. Ich erlebte den Freundeskreis sehr offen, ohne Geheimnisse, und glaube, dass Bruno Gröning mit der Gründung der Gemeinschaften ein gutes Werk ins Leben gerufen hat.

Und so war neben meinen körperlichen Heilungen noch vieles, an dem ich sehen konnte, dass Gott den Menschen hilft. In meinen Ausbildungen zum Tischler und Instrumentenbauer, bei der Arbeitssuche, Wohnungssuche, Haussuche oder in kritischen Gerichtsprozessen und in der Freundschaft und Ehe mit meiner wunderbaren Frau sowie bei den Geburten unserer Kinder hat sich die gute Kraft immer wieder offenbart. Das hat mir die Angst vor dem Lebenskampf genommen. Ich gehe ohne Furcht vor Enttäuschungen meinen Weg und lebe wieder gerne, wie als Kind, wo in mir für Zukunftsangst kein Platz war. Ich kann wieder lachen, lieben und danken.
Es gibt immer wieder Dinge, die man ernst und realistisch

anpacken und durchstehen muss, die ich persönlich aber nicht mehr aus eigener Kraft zu lösen versuche. Denn der Witz ist doch, dass wir gar keine eigene Kraft haben, sondern alles nur in uns aufnehmen können, so wie Essen, Trinken, Luft oder Erholung. Aber Essen, Trinken, Atmen und Schlafen ist nicht alles! Da ist noch viel, viel mehr. Das bisschen Kraft, das man sein Eigen nennt, ist doch wirklich nur ein Funke von dem großen

Kraftstrom, der ungeahnt jedes Lebewesen im Schlaf immer wieder mit neuer Lebensenergie auflädt.
Und dabei steht diese Kraft vor den Staumauern unserer Unwissenheit und wartet nur darauf, dass wir endlich bewusst die Schleusen aufreißen und erleben, wie großartig, lebens- und liebenswert das Leben – Gott – ist. Wenn ich jetzt so darüber nachdenke, dass ich heute von Liebe spreche! Aber es ist so: Diese Liebe heilte mich

Verdient hab ich es nicht.
Zu verdanken habe ich es der Freundlichkeit eines wohl unvorstellbar geduldigen Schöpfers, der Nächstenliebe und Standhaftigkeit Bruno Grönings, dem Glauben Frau Häuslers an eine Besserung der Menschen, der Ausdauer meiner Mutter und der Freundschaft und Hilfsbereitschaft vieler anderer einmaliger Menschen, wo immer sie auf meinem Weg da waren.

Mechthild Hülsmann

Für zwei Tage nach Bayern

Freitag, der 15. Januar 1999. 16.00 Uhr, InterCity 729 von Dortmund nach Nürnberg.
Für zwei Tage nach Bayern. Aus der Baumwolltasche zwischen meinen Füßen schaut mich mein Tagebuch an. Nun hat es nur noch drei Seiten. Wieder eins voll. Mit zehn Jahren hatte ich das erste angefangen, um Schulnoten, Verabredungen mit Freunden, Stundenpläne, Träume oder das Mittagessen aufzuschreiben, später dann nur noch die wichtigsten Ereignisse wie Schüleraustausch, Reitstunden oder Urlaub. Und irgendwann wäre diese Phase sicher wegen Mangel an bedeutsamen Erlebnissen eingeschlafen. Doch vor fast fünf Jahren ist dann mein Leben so interessant geworden, dass mir oft zu wenig Zeit bleibt, um meinem Tagebuch all das zu erzählen, was mir etwas bedeutet. Ich bemühe mich wirklich, nur das Wichtigste aufzuschreiben, aber seitdem ich nicht mehr gedankenlos in den Tag hineinlebe, was ich übrigens Bruno Gröning verdanke, ist jedes Erlebnis wichtig. Gar nichts ist unwichtig, kein Gedanke, kein Wort, kein Schritt. –
19.30 Uhr, Hauptbahnhof Nürnberg. So, noch einmal umsteigen nach Erlangen. Jetzt fährt Christoph sicher auch bald los, um mich abzuholen. Im Ganzen sitz ich heute sechs Stunden im Zug. 500 km für wenige Stunden Arbeit an *„TAUSEND UND EIN WEG“*. Aber ich freue mich darauf und auch auf Christoph, Heike und die Kinder.

Vor einem Dreivierteljahr hatte Christoph mich gefragt, ob ich Lust hätte, die handgeschriebenen Beiträge in den Computer einzutippen. Ich dachte, ein wenig tippen könnte ich ja. Und dann bekam ich die Mappe mit den ersten Berichten mit nach Hause. Junge Leute, die ich aus den Gemeinschaftsstunden teilweise kannte und doch nicht kannte, weil ich sie nur oberflächlich einschätzte.
Als ich die Mappe dann in den Händen hatte, fühlte ich, dass das mehr ist als Papier und schöne Worte. Und als ich anfing zu lesen, habe ich geweint, weil ich nicht gewusst hatte, was die teil-

weise durchgemacht hatten, wie groß das Leid eines jungen Menschen sein kann, und wievielmal größer die Liebe ist, die doch wieder aufrichtet. Und was mich auch erstaunte, war, wie ähnlich viele Menschen fühlen und denken, wie und was sie suchen und was für Einflüsse und Gedanken sie kaputtgemacht haben. Und wie viele Menschen stecken da noch drin, sehen und glauben nur das Negative? Frieden, Glück und Gesundheit erscheinen ihnen wie träumerische Märchen. Und dabei ist es gar nicht so schwer, erste Schritte in eine andere Richtung zu machen. Wir haben doch Hilfe, Unterstützung durch eine ganz starke Kraft. Man kann sie nicht sehen, aber fühlen und erleben.

Als meine Mutter mir das vor fünf Jahren erzählte – ich bin übrigens heute 17 – da konnte ich mir das schon vorstellen. Doch ich hörte ihr kaum zu, wenn sie mich belehren oder auf irgendwas hinweisen wollte. Solange ich denken kann, waren wir nur gegeneinander. Ich wollte ihrem Willen nie folgen, und als ich mich später immer unverstandener fühlte, wusste ich erst recht nicht mehr, warum ich es überhaupt tun sollte. Da gab es auch Momente, in denen ich mir einen Schubs gab und in ihre Nähe ging, damit sie merkte, dass ich eigentlich schon wollte, und vielleicht ging es ihr auch so, aber dann rutschte mir doch wieder irgendetwas heraus. Wir haben's einfach nicht gepackt. Manchmal sagte meine Mutter, dass sie mir mit 18 die Koffer vor die Tür stellen würde. Zum Glück war das noch lange genug hin. Meine Brüder ließen sich meine Art nicht gefallen, und wenn die Argumente nicht mehr reichten, tauschten wir Schläge oder Tritte aus.

In der Schule wurde ich von den meisten Mitschülern gemieden, weil ich auch dort meinte, mich behaupten zu müssen. Um das zu vergessen, habe ich mich hinter Büchern in einer Scheinwelt verkrochen. Ständig irgendein Buch in der Hand, verlor ich jegliches Interesse an der Außenwelt und dem Leben anderer. Meiner einzigen Freundin, ein umhegtes Einzelkind, konnte ich ihr Glück nicht gönnen, denn es war alles so ungerecht. Wenn ich überlegte, warum ich so wenig Freunde hatte, kam ich zwar auf den Gedanken, dass es auch ein wenig an mir liegen könnte, aber da war ein unheimlich großer Stolz in mir, der der weinenden Seele den Hals zuhielt. Ich kam nicht drauf, also gab es aus meiner Sicht nichts zu tun. Sollten die anderen doch nachgeben! Möglich, dass ich damals deswegen Tagebuch führen wollte, um mir einzureden, mein Leben wäre wichtig genug, um es aufzuschreiben. So wie das Leben der Helden, die mich auch über das Lesen hinaus begleiteten …

Meine Mutter hatte sich schon seit längerem für alternative Heilweisen und geistige Sachen interessiert. Irgendwann fragte ich, ob es im Bruno Gröning-Freundeskreis auch was für Jugendliche gibt. Ich war neugierig geworden und ging zu den Jugendgemeinschaftsstunden. Ab da wurde mir dann endlich einiges klar.

Bruno Gröning hat einmal gesagt: „Ich halte jedem den Spiegel vor." Wenn ich es auch anfangs nicht wahrhaben wollte, so war es doch offensichtlich, dass genau das es ist, was jeder erstmal braucht, um klar zu sehen: Selbsterkenntnis. Darauf kommt es erst mal an, wenn man in der Sackgasse steckt. Da wo ich stehe, bin *ich selbst* hingegangen, und da kann keiner etwas dafür, außer mir. Und wenn es mir da nicht gefällt, wo ich stehe, dann muss ich die Richtung wechseln. Brunos Worte empfand ich als so einfach und liebevoll, dass ich es mir nur als sehr hilfreich vorstellen konnte, ihn ernst zu nehmen. Meine Brüder gingen auch bald mal mit.

Wir stellten uns in der folgenden Zeit zu Hause auf den Heilstrom ein, manchmal auch alle zusammen. Ich sah nun vieles mit anderen Augen und begann, auch mal eigenes Unrecht einzusehen. Der vergessene Kindheitswunsch, lieb zu sein und irgendwie wieder gutzumachen, wurde wieder groß. So groß, dass er nun dem Stolz den Hals zuhielt. Und irgendwann sah ich dann zu Hause eine Frau, die es sicher auch nicht immer leicht gehabt hatte. Ich sah in ihr auf einmal eine Mutter, meine Mutter, und ich hatte das Gefühl, mich ihr gegenüber öffnen zu müssen, und ich habe es zugelassen. Warum habe ich sie eigentlich nie lieb gehabt? Ich spürte plötzlich eine Dankbarkeit für das Essen, die Wäsche, die saubere Wohnung und wollte ihr auch etwas geben, ihr helfen. Heute sind wir Freunde, und ich hab eüberhaupt kein Problem mehr damit, dass sie bei wichtigen Dingen die endgültige Entscheidung trifft. Von Kofferpacken ist keine Rede mehr.

Genauso groß war das Erlebnis zu merken, was für zwei liebe Brüder ich habe. Und ich glaub, die freuen sich jetzt auch, mich zu haben. Wir fühlen uns jetzt alle richtig zusammengehörig. Unsere Schulnoten haben sich in den letzten Jahren auf Überdurchschnitt gebessert. Das Lernen und Begreifen fällt viel leichter, denn diese Lebenskraft, die wir nun morgens und abends gemeinsam tanken, ist nicht nur für alte und kranke Menschen gut, sondern die kann in allen Bereichen etwas bewirken. Eigentlich logisch: Lebensenergie für das *komplette* Leben. Gott hat wirklich an alles gedacht. Er gab uns nämlich nicht nur das Leben, sondern Er gibt auch die Kraft, es richtig leben zu können. Mit Kraft und Liebe angefüllt, wird das Gute in meiner Seele so stark, dass dem Trotz die Luft wegbleibt. Ich habe jetzt ein Ziel, und das ist, so lange durchzuhalten, bis er ganz erstickt ist. Ich will ganz frei sein von dem Zwang, mich selbst immer in der ersten Rolle zu sehen, mich behaupten zu wollen und Anerkennung erheischen zu müssen. Es ist doch unvergleichbar schöner, wenn man auf andere eingehen kann, frei ist, um mitzufühlen. Ich weiß nicht, hört sich das zu hochgesteckt an, wenn ein Teenie lieb sein will?

Mir kommt es vor, als wäre ich jahrelang blind durchs Leben gelaufen. Die anderen waren für mich doch nur dazu da, mich zu bestätigen. Ich habe in ihnen mich gesucht und war nur selten bereit, mein Gegenüber anzunehmen und ihm zuzuhören. Es ist wirklich noch gar nicht lange her, dass ich das erste Mal erlebt habe, wie schön es ist, jemandem in die Augen zu schauen und mir einfach zu wünschen, dass ich ihm helfen kann, egal was es mir bringt. Dass man so glücklich sein kann, wenn man sich mal selbst ein Stück weit vergisst und an andere denkt!

Vor dieser Lebensenergie konnten auch all die Ängste und Sorgen, die mich immer begleitet haben, nicht bestehen. Ich kann jetzt ohne schlimme Gedanken und schreckliche Bilder einschlafen und brauche mich nicht mehr vor neuen Situationen zu fürchten. Das Einschlafen ist mir lieb geworden, weil ich mich wieder auf jeden neuen Tag freue. Jeder Morgen ist ja eine Chance, neu anzufangen! Die Sonntage und die Abende, wenn alles etwas ruhiger zugeht, sind jetzt frei von depressiven Zuständen.

Ich glaube, nun laufe ich nicht mehr vor meinem Leben weg.

Viel habe ich auch auf den

Jugend-Info-Vorträgen erlebt, die wir im letzten Jahr in ganz Deutschland gehalten haben. Wir haben einfach von unseren Erlebnissen und Heilungen berichtet, einen Arzt dazu Stellung nehmen lassen und danach eine ruhige Musik aufgelegt, bei der sich jeder in geöffneter Körperhaltung noch einmal in Ruhe auf die Kraft einstellen konnte, um sich selbst davon zu überzeugen. Und wenn wir später gefragt haben, wer etwas erlebt hat, habe ich mich oft gewundert. Manche hatten geweint, eine Hitze erlebt, ein befreiendes Gefühl, einen regelrechten Kraftstrom in den Händen oder durch den ganzen Körper. Viele waren nachher so angerührt und dankbar. Aber weniger die scheinbar starken und schlauen als die stillen, einfachen Menschen.
Auch durch die Arbeit an *„1001 Weg“* habe ich gelernt, dass eine helfende Kraft existent ist, weil ich in den letzten Monaten, in denen ich fast jedes Wochenende mit Christoph am Buch gearbeitet habe, ganz leicht für meine Klausuren lernen konnte. Ich erlebe, wie mir trotz des Zeitmangels so geholfen wird, dass meine Noten mit weniger Aufwand genauso gut sind wie sonst. An mir kann das nicht liegen …

Und so füllen sich Tagebücher mit Erlebnissen, die ich nie missen möchte. Gelegentlich besuche ich Frau Häusler, die in der Nähe wohnt. Sie hat viel an Bruno Grönings Seite erlebt und verwaltet das Archiv und die Fotos von damals. Sie hat viel zu erzählen und wünscht sich immer, den jungen Menschen so viel Gutes wie irgendmöglich mit auf den Lebensweg zu geben. Durch das Zusammensein mit ihr und die Mithilfe beim Sortieren der archivierten Dokumente habe ich einen tiefen Einblick in die Lehre Bruno Grönings bekommen, in sein Leben und seine Art. Diese Eindrücke habe ich nicht nur ins Tagebuch geschrieben, sondern auch in mein Herz. Ich bin sehr froh, dass sie uns so viele Bilder und Ereignisse aus Bruno Grönings Leben im Buch zur Veröffentlichung freigestellt hat. Gut, dass sie den Freundeskreis nie hat einschlafen lassen, sonst hätte das, was wir in all den Berichten lesen, nie geschehen können.

So, alles Weitere wirst du ja jetzt selber beim Lesen erfahren. Lass das Gute einfach zu.
Ich habe auf diesem Weg noch keinen Schritt bereut. Das Gute lohnt sich immer. Und so lohnen sich auch zwei Tage in Bayern.
20.06 Uhr, Erlangen Bahnhof. Da hinten steht Christoph …

Mechthild Hülsmann

Axel Mast

Wo gibt es so etwas?

Als ich vor zehn Jahren das erste Mal durch meine Mutter von Bruno Gröning hörte, war ich erst einmal skeptisch. Sie erzählte mir, was sie selbst erlebt hatte und was alles möglich sein sollte durch diesen Mann und seine Lehre. Ich selbst glaubte weder an Gott noch an eine höhere Kraft oder überhaupt an das Gute im Menschen. Und in der Welt, in der ich groß geworden bin, konnte ich mir auch gar nicht vorstellen, wie und was es noch Höheres geben sollte.
Ich interessierte mich für Musik, ging gerne ins Kino, schaute haufenweise Videos, ging in Diskotheken, Pubs und so. Ich trank gerne, fing mit dem Rauchen an und fühlte mich dabei cool und erwachsen. Nach der Realschule machte ich eine Lehre als Einzelhandelskaufmann und ging danach in die Versicherungsbranche, in der ich auch heute noch arbeite.

Aber ich spürte eine Leere in mir und ein unangenehmes Gefühl bezüglich meiner Zukunft. Ich fragte mich immer häufiger, welchen Sinn das Leben eigentlich hat, und vor allem, wie es nach dem Tode weitergehen würde.
Ich sah, wie es bei älteren Menschen war. Sie hatten einen Beruf, haben irgendwann geheiratet, eventuell Kinder bekommen, ein Haus gebaut oder gekauft. Irgendwann kam das zweite Auto dazu, man konnte regelmäßig ein- bis zweimal im Jahr in Urlaub fahren und konnte sich auch sonst allerlei leisten. Abends nach der Arbeit kam der Vater dann nach Hause, setzte sich vor den Fernseher, trank sich sein Bierchen oder machte sonst etwas. Man wird älter, krank, geht irgendwann in Rente und schließlich stirbt man und alles ist vorbei. Toll!

Ich hatte das Gefühl, dass mir der ständige Besuch in Diskos nichts mehr gab außer dem Gedanken, wieder Zeit sinnlos vertan zu haben. Auch das Beisammensein mit meiner Clique konnte mich nicht über die Sinnlosigkeit von allem hinwegtäuschen.
Und so lebte ich vor mich hin und erlebte in meiner Familie eine schwere Zeit. Wir hatten ständig Streit, über Jahre hinweg. Das machte mir zu schaffen; ich fühlte mich unverstanden – einsam. Dazu kam, dass meine Eltern beide sehr krank waren, Schmerzen hatten und unzufrieden waren. Auch mit meiner Schwester verstand ich mich nicht. Alles ging innerlich auseinander.
Ich entdeckte dann Sehnsucht nach Liebe in mir und dachte, dass ich sie mit einer Freundin stillen könnte. Doch ich hatte keinen Erfolg. Ich war nur einmal mit einem Mädchen ein Jahr lang wirklich zusammen. Zuerst haben wir uns sehr geliebt, nach einer Zeit gingen wir uns immer mehr auf die Nerven, lebten uns wieder auseinander und trennten uns schließlich.

Ich merkte, dass mir das, was ich eigentlich suchte, niemand geben konnte.
Ich erinnere mich an eine Fete, auf der ich in kurzer Zeit so viel trank, dass ich nach einer Stunde total betrunken auf der Straße saß und alleine nicht mehr in der Lage war aufzustehen. Ich kotzte vor mich hin und war fertig. Irgendwann brachte mich ein Kumpel ins Haus zurück. Als ich dann morgens so gegen zwei Uhr wach wurde, hörte ich im gleichen Raum direkt neben mir ein Pärchen bei intensiver Liebe und erlebte den ganzen Akt mit.
Hatten denn die Menschen überhaupt keine Achtung mehr vor diesen Dingen?
Ich sah große Gewaltbereitschaft unter jungen Menschen, die mich erschreckte. Jugendliche schlugen sich in Diskos, der Notarzt wurde gerufen.

Was mir ebenfalls zu schaffen machte, war meine Beziehung zu Geld und damit vernünftig umzugehen. Ich war mit 20 Jahren schon mit ca. DM 20 000 verschuldet. Dieser Schuldenberg wuchs zwei Jahre später durch Dummheiten auf ca. DM 50 000 an. Ich sah keinen Ausweg mehr, denn ich wusste nicht, wie ich das alles zurückzahlen sollte.
Ich rauchte viel. Trotz zahlloser Versuche kam ich nicht davon los. Zudem hatte ich sehr starke

chronische Migräne, die einmal im Monat auftrat und mich dann jedes Mal für ein bis zwei Tage flachlegte. Oft musste ich mich dann übergeben und hatte wahnsinnige Kopfschmerzen, sodass ich dachte, der Schädel würde platzen. Im Winter kamen chronische Mandelentzündungen dazu, die das Schlucken zu einer Qual machten.
Das war doch kein Leben! Verzweifelt schrie ich stumm nach Hilfe. Äußerlich ließ ich mir nichts anmerken und war meistens „lustig".

Im April 1988 fuhr ich nach einigem Hin und Her mit meinen Eltern zu einem Einführungsgespräch nach Köln, um mich zu überzeugen, was denn nun an der Lehre Bruno Grönings dran war. Ich erlebte dort trotz Skepsis ein starkes Gefühl in meinem Körper und Hitze- und Kälteschauer rauf und runter.
Als ich nach Hause kam, musste ich erst mal die Informationen verdauen. Ich konnte das nicht glauben, weil es sich zu phantastisch anhörte. Vor allen Dingen die Person Bruno Gröning machte mir Probleme. Dass er längst tot war und jetzt angeblich aus dem Jenseits helfen sollte. Andererseits war da meine Mutter, die eindeutig Heilung erlebt hatte, die ich nicht einfach aus meinen Gedanken verdrängen konnte.

Kurz vor meiner Einführung verliebte ich mich. Auch von ihrer Seite schien es ernst zu sein. Wir waren so einige Wochen zusammen. Ich hatte ihr noch nichts von der Gemeinschaft erzählt. Dann auf einmal kam es so, dass sie sich am Telefon verleugnen ließ und mich auch nicht mehr hereinließ. Ich rief sie oft an und versuchte, den Grund für ihr Verhalten herauszufinden. Wir waren noch zwei Tage vorher glücklich zusammen und auf einmal brach sie jeden Kontakt ohne Erklärungen ab. Seitdem habe ich nichts mehr von ihr gehört und fuhr damals in dieser Nacht völlig verzweifelt und heulend nach Hause. Ich fuhr sehr langsam, da ich mich kaum auf das Fahren konzentrieren konnte. Das erste Mal in meinem Leben hatte ich mich ernsthaft in ein Mädchen verliebt. Und dann die Enttäuschung! Ich riss mich zusammen und stellte mich für die Angelegenheit ein.
Zwei Tage später hatte ich ein Gespräch mit Frau Häusler und konnte durch dieses Gespräch mit ihr und das gemeinsame Einstellen Trost finden. Ich werde niemals vergessen, wie ich drei Tage danach auf einmal merkte, dass ich keinerlei Liebeskummer mehr hatte und auch kein Liebesgefühl zu diesem Mädchen. Es war mir, als ob mir jemand jegliche Gefühle genommen hätte, und ich hatte überhaupt kein Interesse mehr an dem Mädchen. Ich war mit einem Mal völlig frei und glücklich und war jetzt sogar froh, dass alles so gekommen war. Jeder weiß, dass solche Dinge oft Monate oder gar Jahre brauchen. Ich erlebte dies in wenigen Tagen.
Das war für mich das Schlüsselerlebnis im Leben, was mich von Gott und dem Wirken Bruno Grönings überzeugte.

Etwas, was ich jahrelang tatsächlich selber nicht schaffte, wurde mir ebenfalls geschenkt: Ich hatte mit 21 Jahren eine bis eineinhalb Schachteln Zigaretten am Tag geraucht. Ich konnte von heute auf morgen das Rauchen aufgeben und habe seitdem, mittlerweile fast neun Jahre, keinerlei Entzugserscheinungen gehabt. Ich war einfach frei und brauche keine Zigaretten mehr. Wo gibt es so etwas?
Und die Migräneanfälle und die chronischen Mandelentzündungen habe ich schon nach kurzer Zeit verloren und habe seitdem ebenfalls keinerlei Probleme mehr damit.

Als ich das erste Mal in die Jugendgemeinschaft nach Köln kam, lernte ich zum ersten Mal junge Menschen kennen, die eine liebevolle Ausstrahlung hatten. Viele gaben mir zur Begrüßung die Hand und gingen in einer so angenehmen Art mit mir um, dass ich erst mal völlig platt war, da ich das aus meinem Freundeskreis überhaupt nicht kannte. Ich fühlte mich geborgen und spürte, dass die nicht nur anders redeten und sich anders gaben, sondern auch tatsächlich anders handelten. Ich registrierte eine Liebe und eine gute, humorvolle Ausstrahlung, die mich total ansprach und mir das erste Mal in meinem Leben das Gefühl gab, dass ich auf dem richtigen Wege sei und das gefunden habe, was ich lange suchte. Ich sah, dass hier etwas geschieht, was Menschen nicht

nur Heilung und Hilfe in allen Lebensbereichen bringen kann, sondern sie wieder zu dem hinführt, was der Mensch braucht: Das ist das Erkennen einer höheren Kraft, die den Menschen gesund und glücklich und sein Leben wieder lebenswert macht.
Ich habe erlebt, wie wunderschön Freundschaft und Liebe zu Menschen, gleich welchen Alters oder Geschlechts, sein können. Wie schön, in sich die Liebe zum Schöpfer und auch Seine Liebe zu mir zu empfinden. Das Gefühl verstanden und geliebt zu werden. – Mir ist klar geworden, dass all dies nur Einer schenkt. Der eine nennt es Gott, der andere spricht von einem höheren Wesen oder einer höheren Kraft oder wie auch immer.

Wie es nach dem Tod weitergeht, frage ich mich mittlerweile nicht mehr. Ich weiß nur, dass Gott, nachdem Er so liebevoll in mein Leben eingegriffen hat, wirklich ein guter Vater ist und keines Seiner Kinder hängen lässt, ob im Diesseits, Jenseits oder was weiß ich, was es alles gibt.

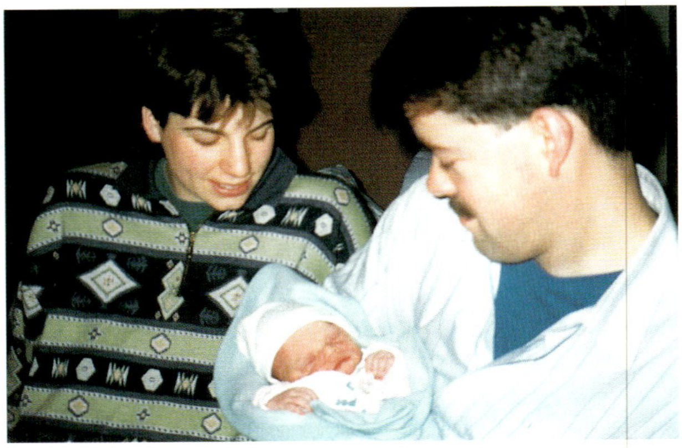

So hat sich doch noch alles zum Guten gewendet.
Ich lernte dann auch meine jetzige Frau, Andrea, im Bruno Gröning-Freundeskreis kennen. Wir erwarten derzeit unser dritte Kind. Früher fand ich übrigens die Vorstellung, selber mal Kinder zu haben, absolut grauenhaft. Für mich war ein Kind ein schreiendes, nervendes Etwas, was ich mir auf keinen Fall antun wollte. Heute sage ich ja zu neuem Leben.
Während der ersten beiden Schwangerschaften stellten wir uns bereits intensiv auf die göttliche Hilfe und Führung ein und baten vor allem für die Geburten selbst, die dann beide so reibungslos, leicht und so schnell vor sich gingen, wie man es sich nur wünschen kann.

Alles in allem bin ich über diese Wende in meinem Leben so glücklich und dankbar, dass ich dieses Wissen und diese wundervolle Möglichkeit der Hilfe an anderen junge Menschen weitergeben möchte. Das Schöne dabei ist, zu wissen, dass sie nicht nur Hoffnung bekommen, sondern in ein höheres Erleben geführt werden, durch die lebendige Liebe unseres allmächtigen Vaters – Gott.

Natascha Heinrichs

Jetzt oder nie!

Hallo! Mein Name ist Natascha. Ich bin 22 Jahre alt und seit fünf Jahren im Freundeskreis.

Ich will dir erzählen, warum: Ich hatte zehn Jahre lang ständig Kopfschmerzen. Manchmal so stark, dass ich mit dem Kopf gegen eine Wand schlug, um den Schmerz irgendwie zu betäuben. Meine Eltern gingen mit mir deswegen von Arzt zu Arzt. Keiner konnte aber die Ursache finden. Seit Jahren hatte ich auch Schmerzen in beiden Knien. Treppen steigen und besonders Rad fahren fiel mir schwer. Kannst du es dir vorstellen, wie es ist, wenn du an Bergen hintendran hängst, nur weil deine Knie weh tun? Ich habe die Zähne zusammengebissen, damit keiner etwas merkt, und habe mich trotzdem hochgequält.
Dann kam da noch eine Allergie gegen Deos hinzu, die mit der Zeit immer schlimmer wurde. Angefangen hat es mit juckendem Ausschlag in den Achselhöhlen. Daraufhin probierte ich so lange alles Mögliche aus, bis ich endlich eine Deo-Salbe gefunden hatte, die ich vertrug.
Schließlich hatte ich noch Schulprobleme. In Französisch sackte meine Leistung scheinbar grundlos in den Keller, sodass plötzlich eine Fünf im Zeugnis stand. Ich bekam Angst vor dem Unterricht und den Arbeiten. Der Lehrer hat mich ein paar Mal vor der Klasse fertig gemacht, sodass ich mich bald gar nichts mehr traute. Diese Angst übertrug sich auf alle Fächer und schnell hatte ich panische Angst, überhaupt in die Schule zu gehen. Obwohl ich mich durch Nachhilfe später wieder auf eine Drei in Französisch hochgearbeitet habe, blieb die Angst vor der Schule.

Selbstvertrauen ist mir nicht viel übrig geblieben. So hatte ich dann Angst, mich unter viele Leute zu mischen oder irgendwo allein hinzugehen. Alles Unbekannte, auch der nächste Tag, machte mir Angst. War es draußen dunkel, vermied ich es, in den Keller zu gehen. Durch die ständige Angst verkrampfte ich mich völlig, sodass ich häufig Schulter- und Nackenschmerzen hatte.
Ich habe alles nur noch rabenschwarz gesehen, wollte oft nicht mehr leben. Einige Male war ich drauf und dran mich umzubringen, aber irgendetwas tief in mir hat mich jedes Mal davon abgehalten. Das war ein Gefühl – zu wollen und nicht zu können.
Im Herbst 1993 lief das Fass schließlich über. Es standen eine Menge Arbeiten an, oft drei pro Woche, und alle zählten schon fürs Abi. Dann kam mein Vater ins Krankenhaus, mehrere Tage Intensivstation wegen schwerer Thrombose. Das war zu viel für mich. Tagelang habe ich geheult und konnte nur unter Beruhigungsmitteln zur Schule, um die Arbeiten mitzuschreiben. Erst in dieser Zeit begann ich, mit meiner Mutter über alle Probleme zu reden. Vorher habe ich alles heruntergeschluckt. Sie ist dabei aus allen Wolken gefallen, da ich mir nie etwas habe angesehen lassen.
Ich kam zwar wieder auf die Beine, doch seitdem drückte oft ein großer, schwarzer Felsbrocken auf mein Herz. Ich fühlte mich einfach mies und weinte oft. Ich wusste nicht mehr, wie ich wieder aus dieser Sackgasse herausfinden sollte. Und das mit 17!

Es muss Anfang Februar 1994 gewesen sein. Die Verzweiflung und die Kopfschmerzen waren mal wieder fast unerträglich. Ich las damals in einem Buch, in dem es hieß, man solle beten. Ich habe das immer als Spinnerei abgetan. Wer ist denn schon Gott? Ein alter Mann auf irgendeinem fernen Stern, der mir auch nicht helfen kann. Aber ich war in meinem Leben am Ende angelangt und so gab ich nach: „Probieren kannst du es ja mal. Was soll denn schiefgehen?“ Ich legte mich auf mein Bett und … „Lieber Gott, wenn es Dich wirklich gibt, dann bitte hilf mir. Ich weiß nicht mehr weiter!" Es geschah etwas Seltsames. Ich fing an zu heulen, fühlte mich plötzlich schwerelos, frei und wunderbar geborgen. Ich wusste auf einmal, dass es Gott gibt und dass Er jetzt bei mir ist. Ich hatte zu Ihm zurückgefunden und Er hat mich wieder aufgenommen.

Ich muss dann kurz eingeschlafen sein. Als ich aufwachte, hatte ich keine Schmerzen mehr und fühlte mich so glücklich wie nie zuvor. Leider kam ich bald wieder in den alten Trott hinein, und die Ängste und Schmerzen waren wieder da, obwohl ich seit dieser Zeit täglich betete.

Ostern '94 bekam ich unter dem linken Arm einen Abszess. Seitdem schwollen mir öfter die Achselhöhlen zu, was sehr weh tat. Mein Hausarzt schrieb mich ein- oder zweimal wegen Überarbeitung krank, meine Nerven machten das alles nicht mehr mit.

Seit Oktober '93 ging meine Mutter in den Bruno Gröning-Freundeskreis und bald sah ich das Foto von diesem Mann Bruno Gröning. Sie erzählte mir auch einmal, dass es ihr helfen würde, doch ich fand alles sehr seltsam, besonders, dass man dort drei Stunden sitzen musste. Da war ja gleich der ganze Nachmittag futsch. Nein, das war nichts für mich. Außerdem hatte ich zu Gott zurückgefunden, da brauchte ich ja niemand anderes. Ich stellte aber schnell fest, dass meine Mutter nach vier Stunden wiederkam und voller Elan war. Und ich? Ich saß die ganze Zeit deprimiert im Zimmer und meine Hausaufgaben waren immer noch nicht gemacht. Es dauerte etwas, bis ich sie fragte, ob sie mich mal mitnimmt.

Vor meiner Einführung lief der Film „Der Wunderapostel" in Kassel, den ich mir ansah. Dabei bekam ich tierische Rückenschmerzen und hörte danach zum ersten Mal das Wort „Regelungen".

Nach der Einführung am 24. Juni '94 war ich ziemlich verwirrt. Ich hatte viel gespürt und hatte das Gefühl, endlich nach Hause gekommen zu sein. Aber konnte ich dem vertrauen?

Kurze Zeit später machte ich eine Radtour mit meiner Freundin. Was meinst du, was ich für Schmerzen in den Knien bekam! Ich kam nicht mal den kleinsten Hügel hoch, selbst das Gehen tat mir zum Schluss weh. Ich habe innerlich geflucht, auf die Knie, auf die Hügel, auf das Fahrrad und schließlich auf meine Freundin, die auch nichts verstand. An Regelungen habe ich natürlich nicht gedacht. Zu Hause verschwanden die Schmerzen und sind seitdem nicht wieder aufgetreten, was ich aber erst viel später bemerkte.

In meiner ersten Gemeinschaftsstunde habe ich erst mal den Typen, der da was erzählte, kritisch unter die Lupe genommen. Und ich muss sagen, ich glaubte damals, viel mehr zu wissen als er. Und dann sangen die auch noch! Es fiel mir unheimlich schwer, bei so vielen Leuten zu singen, aber eine innere Stimme sagte: jetzt oder nie. So sang ich mit, was sehr befreiend für mich war.

Zum Schluss wusste ich nicht, was ich von der ganzen Sache halten sollte, aber irgendetwas zog mich zu jeder Stunde hin.

Einige Wochen später musste ich spätabends mit dem Rad quer durch Kassel nach Hause fahren. Plötzlich wurden die Lichter der Autos und Ampeln immer greller, mir wurde übel und die Kopfschmerzen unerträglich. Mit Müh und Not bin ich nach Hause gekommen. Diese Kopfschmerzen waren zum ersten Mal migräneartig, bei lauten Geräuschen und Helligkeit schien mir der Kopf zu platzen. Zusätzlich tat mir jeder einzelne Knochen weh. Es warf mich drei Tage ins Bett.

Am zweiten Tag ging mir auf, dass dies Regelungen sind, denn in dieser Art hatte ich es noch nie. Am dritten Tag meinte ich es nicht mehr aushalten zu können. Ich redete innerlich mit Bruno: „Es ist zwar wunderschön, dass jetzt alles herauskommt, aber ich halte das nicht mehr aus. Lass es bitte endlich aufhören."

Ob du's glaubst oder nicht, innerhalb von fünf Minuten war alles weg und ich konnte aufstehen.

Fast ein Jahr später bekam ich die „restlichen" Regelungen, so dass mir noch einmal alles weh tat, und diesmal stand ich sie durch. Es fiel mir erst einige Monate später auf, dass ich seit der Einführung dieses drückende, traurige Gefühl nicht mehr hatte und dass mir meine Knie auch keine Schmerzen mehr machten. Da erst erkannte ich die Regelungen auf der Radtour. Wie bereits gesagt, hatte ich während dem „Wunderapostel"-Film Regelungen im Rücken. Und dies zog sich über meine ersten Gemeinschaftsstunden hin. Das Sitzen wurde mir zeitweise zur Qual, so schmerzte der Rücken. Die stärksten Regelungen hatte ich auf meiner ersten Tagung im Herbst '94. Es war, als bohre mir jemand genüsslich lange Nadeln zwischen meine Halswirbel. Nach der Mittagspause war alles verschwunden, die Verspannungen sind nicht mehr aufgetreten.

Im Frühjahr '95 bekam ich Regelungen in den Achselhöhlen. Ich benutzte damals die Deo-Salbe, die ich bisher immer vertragen hatte. Doch plötzlich wurde wieder alles dick und tat weh, was ich lange nicht mehr gehabt hatte. „Das mache ich nicht mehr mit!", habe ich mir gedacht. „Dann kann ich ja auch mein altes Deo benutzten." Ich kramte die Dose wieder hervor und probierte es aus. Beim ersten Mal wurde meine Haut knallrot, dick und es tat weh. Danach war alles verschwunden, ich hatte keine Beschwerden mehr. Als ich ein paar Monate später das Deo wechselte, traten beim ersten Mal wieder diese Regelungen auf, seitdem ist aber alles weg.

Im Mai '95 schrieb ich mein Abi, was auch gut klappte. Doch das für mich Schlimmste stand noch bevor – das mündliche Abi. Hilfe! – allein vor Lehrern zu stehen und auch noch reden zu müssen – furchtbar. Ich lernte meine Bio-Mappe so ziemlich auswendig und stellte mich für die Prüfung ein. In einer Gemeinschaftsstunde kam mir plötzlich der Gedanke: „Schau dir noch mal die Nervenzellen an!" Das tat ich dann auch verstärkt – und rate mal, um was es in der ersten der zwei Aufgaben ging. Richtig! Um die Nervenzelle. Mit dieser göttlichen Führung verlief dann auch die Prüfung super. Endergebnis: 14 Punkte! (glatt Eins!) Eine Note, von der ich sonst nur geträumt habe. Ich weiß aber, dass nicht ich es war, die das geschafft hat, da hatte noch jemand anderes seine Hand im Spiel.

Mittlerweile ist mir auch die Angst vor dem dunklen Keller und vor Menschenmassen genommen worden. Ich kann jetzt allein in die Stadt gehen oder auch vor vielen Leuten musizieren, ohne gleich Panik zu bekommen. Im Sommer '96 bin ich sogar spontan für eine Woche allein in Urlaub gefahren. Ich habe mich einfach in den Zug gesetzt und in Dänemark gezeltet – früher undenkbar.
Ich sehe mittlerweile viel positiver in die Zukunft. Ich fühle mich nicht mehr so hilflos, da ich weiß, ich kann mich für eine bessere Welt einstellen.
Und ich weiß, dass es wirkt.

Der Vollständigkeit halber sei hier noch aufgeführt, dass ich auch von Reisekrankheit – mir wurde beim Autofahren immer übel –, von Warzen, Halsschmerzen, häufigen Erkältungen und einer Bänderverkürzung am Fußgelenk infolge von Umknicken frei geworden bin.
Ich bin dem Herrgott für alles unendlich dankbar.

Und wenn du das alles nicht so ganz glauben kannst, na dann prüfe es doch selbst! Stell dich zu Hause ein, bitte um die göttliche Kraft und beobachte, was dann geschieht.

Viel Spaß dabei!

Natascha Heinrichs

Julia Habisreutinger

Die eigene Natürlichkeit ist es, die der Sache Glaubhaftigkeit verleiht.

Als ich vor vier Jahren zum ersten Mal durch meine Eltern von Bruno Gröning hörte, fühlte ich mich von dem Ganzen wenig angesprochen.
Damals war ich 15 Jahre alt, litt unter keinerlei körperlichen Defiziten und bildete mir ein, mein Leben gut im Griff zu haben. Wozu also ein Bruno Gröning? Naja, vielleicht eine Alternative zur konventionellen Schulmedizin – ein Weg für alte, kranke Menschen. Aber für mich? Ich fühlte mich ja soweit wohl, also ging ich der Geschichte auch nicht weiter nach. Insgeheim glaubte ich sowieso, dass diese „neue Phase" meiner Eltern sicherlich bald wieder abklingen würde. Ich war es nämlich inzwischen gewohnt, dass sie immer wieder mit etwas Neuem aus dem gesundheitlichen, spirituellen oder sonstigen Bereich ankamen. Da ich von klein auf schon alles Mögliche durchgemacht hatte, nahm ich nicht mehr gleich alles für bare Münze, sondern hatte gelernt, für mich selbst zu entscheiden. Also beschloss ich, diesmal einfach nur die objektive Beobachterrolle einzunehmen und abzuwarten, bis sich alles wieder ins normale Lot einfädeln würde.
Doch es vergingen Wochen und Monate, aber nichts dergleichen geschah! Stattdessen besuchten meine Eltern nun immer häufiger sogenannte „Gemeinschaftsstunden", bei denen anscheinend das Wissen um die Lehre Bruno Grönings vertiefend weitergegeben wurde. Außerdem konnte ich beobachten, wie sie sich regelmäßig jeden Abend zusammen „einstellten". Naja, so weit, so gut! Aber dann begann meine Mutter zusätzlich, in fast jedem Zimmer unseres Hauses ein großes Bruno Gröning-Bild aufzuhängen. Wo immer ich auch hinblickte, wurde ich von dem markanten Gesicht mit den durchdringenden Augen verfolgt. Auf mich wirkte dies alles äußerst mystisch, zumal meine Eltern nie unaufgefordert über dieses Thema redeten, was eigentlich nicht ihrer Art entsprach.
Tja, und wie es der Zufall wollte, befassten wir uns ausgerechnet zu diesem Zeitpunkt im Religionsunterricht auch noch ausgiebig mit dem Thema Sekten. Also ein weiterer Grund dafür, meine Eltern eindringlichst zu warnen.

Nun war ich fest entschlossen, das ganze Spektakel einmal genauer unter die Lupe zu nehmen. Ich beschloss, den nächstmöglichen Termin zu einem Einführungsvortrag wahrzunehmen, um mir dort ein eigenes Bild zu verschaffen. Leider musste ich bis dahin noch etwas Geduld haben. Aber ich wollte es doch unbedingt jetzt wissen, jetzt sofort! In mir hatten sich inzwischen so viele gemischte Gefühle angestaut, die ich nun geklärt haben wollte. Also beschloss ich, das Ganze einfach mal auf eigene Faust im Vorfeld zu prüfen. Ich hatte zwar keine Ahnung, wie, da ich ja eigentlich nur den Namen Bruno Gröning kannte, der angeblich durch seine Lehre den Menschen Kraft zur Heilung vermitteln konnte, doch das Gefühl, dies zu tun, war einfach da. Nachdem ich mich also in derselben Körperhaltung, wie ich es bei meiner Familie beobachtet hatte, völlig erwartungslos in mein Zimmer setzte, spürte ich sofort einen immensen Kraftstrom durch meinen ge-

samten Körper fließen. Dieses spontane Erlebnis beeindruckte mich zutiefst, zumal ich ja selbst überhaupt nichts dazu beigetragen hatte. Zwar hatte ich diese Kraft schon einige Male zuvor während der Energiearbeit mit einem Heiler gespürt, doch niemals in einem solchen Ausmaß und ganz alleine aus mir heraus.
Im Nachhinein weiß ich, dass dieses anfängliche eigene Erleben ganz entscheidend und ausschlaggebend für mich war. Kein Mensch hätte mir dies, rein vom Verstand her, besser nahe bringen können. Ab diesem Zeitpunkt waren nämlich sämtliche Bedenken und Zweifel völlig verschwunden. Als ich dann einen Einführungsvortrag besuchte und mich mit der Lehre näher befasste, wurde mir schnell klar, dass meine anfängliche Vermutung, dieser Weg sei nur etwas für kranke, hilfesuchende Menschen, völlig fehllag. Ich durfte bald erkennen, dass diese Lehre weit über den Aspekt der Heilung hinausreicht. Die körperliche Heilung stellt eigentlich nur den allerersten Schritt zurück in die Ordnung, d. h. zur Bestimmung Gottes dar. Mit der Zeit durfte ich dann erleben, wie diese Kraft unbegrenzt, in jedem Lebensbereich anwendbar ist. Bruno wies die Menschen immer darauf hin, in sich hineinzuhören und auf ihr Gefühl zu achten.
Ich persönlich empfinde es von unschätzbarem Wert, nicht von der Meinung anderer abhängig zu sein, sondern in jeder Situation, bei Entscheidungen etc., auf mein inneres Gefühl vertrauen zu können. Die Erkenntnis, dass jeder Mensch das gesamte Wissen über all seine Lebensfragen in sich trägt, bereichert mein Leben ungemein. Durch die Aufnahme des Heilstromes kann dieses durch die Jahre meist total verschüttete Wissen wieder Stück um Stück „freigeschaufelt“ werden.

Ja, wenn ich manchmal so ein paar Jahre zurückblicke, kann ich wirklich sagen, dass sich einiges in meinem Leben drastisch verändert hat. Doch das meiste geschieht auf eine so natürliche, einfache Art, dass ich es meist erst sehr viel später, wenn überhaupt wahrnehme. Daher möchte ich jetzt gerne meinen „Lebensfilm“ ein bisschen Revue passieren lassen, um einiges daraus aufzugreifen.
Also, wie schon zu Anfang erwähnt, unterschied sich meine Familie schon immer ziemlich von der breiten Masse. Was heute allgemein bekannt und an-

erkannt, galt damals vor ca. 15 Jahren als äußerst exotische Erscheinung. So wuchs ich z. B. vegetarisch, ausschließlich mit Vollwertkost, ohne Fernseher, Radio etc. zwischen Bachblüten, alternativen Heilmethoden, ganzheitlicher Lebensweise, Aura Soma, Heilern, Energiearbeit und Edelsteintherapie auf, um nur einen kleinen Ausschnitt davon wiederzugeben. – Kurzum, mein Leben konnte ich eigentlich noch nie als langweilig bezeichnen. Zeitweise herrschten auch chaotische Zustände, die mir damals als Kind zu schaffen machten. Als ich fünf Jahre alt war, trennten sich meine Eltern. Dies empfand ich als sehr schlimm. So etwas hatte ich in meinem gesamten Freundeskreis noch nie miterlebt. Ausgerechnet bei uns, wo doch eh schon alles so anders war, musste so etwas passieren, um letztlich auch noch in diesem Punkt aus der Reihe zu tanzen! Zur Krönung des Ganzen hatte meine Mutter dann auch schon wenige Monate nach der Scheidung einen neuen Freund. Jetzt reichte es mir aber wirklich! Für mich brach zeitweise die Welt zusammen. Ich war schon immer sehr sensibel gewesen und hatte manchmal das Gefühl, mit einer Haut zu wenig auf die Welt gekommen zu sein. Um nicht noch einmal verletzt zu werden, versuchte ich mich unbewusst zu schützen, indem ich mich innerlich verschloss und für meine Umwelt unnahbar wurde. Obwohl sich meine Eltern bestimmt große Mühe gaben und wir auch manchmal gemeinsam Therapien besuchten, blieb unser Verhältnis gespannt. Ich hatte einfach die Nase, im wahrsten Sinne des Wortes, voll. Dies äußerte sich darin, dass ich, egal ob Sommer oder Winter, einen ständigen Dauerschnupfen mit mir herumtrug, der trotz ärztlicher Behandlungen anhielt.

Die Welt empfand ich als kalt und gefühllos und konnte mich einfach nicht mit ihr identifizieren. Vergehen an der Natur oder an unseren Mitgeschöpfen, den Tieren, trieben mich oft bis zur Verzweiflung. Ich kann mich noch gut daran erinnern, wie ich als Kind oft stundenlang wegen gequälten und um der Genusssucht willen getöteten Tieren geweint habe. Hierbei entwickelte ich meist starke Aggressionen und Hassgefühle gegen die Täter.
Als ich dann älter wurde und zur Schule kam, verdrängte ich meine Gefühle einfach. Man musste ja schließlich vernünftig und realistisch werden. Also begann ich ein sogenanntes Doppelleben zu führen. Ich gab vor, etwas zu sein, das mir überhaupt nicht entsprach und eigentlich zuwider war. Dabei fühlte ich mich total unglücklich und unzufrieden. Aber ich hatte einfach nicht den Mut, zu mir zu stehen, da es mir sehr wichtig war, wie meine Umwelt von mir dachte. Damals hätte ich sicherlich viel dafür gegeben, um einfach ein ganz normaler Mensch zu sein. Oft fragte ich mich, warum ich nicht so empfinden konnte wie alle anderen. Als meine Klassenkameraden dann z. B. begannen, sich regelmäßig auf Rockkonzerten und in Diskos herumzutreiben, empfand ich das als total abstoßend. Auch leuchtete es mir einfach nicht ein, warum man seinen Körper denn unbedingt mit Alkohol und Nikotin vergiften musste.

Also flüchtete ich oft, sobald ich den Schulalltag überstanden hatte, bis zum späten Abend hinaus in die Natur. Egal ob am See, im Wald oder beim Reiten durch die Natur, hier konnte ich endlich aufatmen und mich einfach frei fühlen. Ich genoss es, stun-

denlang Tiere und Pflanzen zu beobachten und Bäume zu umarmen, schöne Bücher zu lesen oder einfach nur gedankenversunken in einer Blumenwiese zu liegen. Der endlos weite Himmel, der ruhige See, dahinter die schneebedeckten Berggipfel, der glühende Feuerball der untergehenden Sonne, all dies strahlte einen unglaublichen Frieden und Ruhe auf mich aus. Daher nahm ich mir die Kraft für den Alltag.

In solchen wunderschönen Augenblicken der vollkommenen Verbundenheit mit der Natur konnte ich mir absolut nicht vorstellen, dies alles gegen verqualmte Diskothekenluft, kombiniert mit dem ohrenbetäubenden Gegröle, einzutauschen. Um keinen Preis! Welch ausgeartetes Wertempfinden wurde all dieser natürlichen Schönheit entgegengesetzt? Wo war die Menschheit nur hingeraten? Blind durch den Nebel jagend, dem Materialismus beinahe vollständig zu Füßen liegend. Ich fühlte mich ihr oftmals so fern und es fiel mir wirklich sehr schwer, wieder in den Alltag zurückzukehren. Schließlich konnte man ja tagtäglich zusehen, wie unser Raumschiff Erde Stück für Stück weiter auf den nahenden Abgrund zugetrieben wurde. Furchterregende Prophezeiungen, Nachrichten von Umweltkatastrophen, immer neu auftretende Krisenherde in aller Welt prägten die Schlagzeilen der Zeitungen. Warum trat angesichts dieser Tatsachen keine angemessene Reaktion seitens der Gesellschaft bzw. der Regierungen ein? Wieso überall diese Gleichgültigkeit und Resignation? Bestand denn überhaupt noch eine Hoffnung, oder war man dem Ganzen einfach hilflos ausgeliefert? Hatte das Leben so überhaupt noch einen Sinn? Solche und viele derartige Fragen beschäftigten mich häufig.

Zu dieser Zeit fühlte ich mich stark von Menschen, die sich mit ähnlichen Thematiken auseinandersetzten, angezogen. So pflegte ich z. B. jahrelang Kontakt zu einem Jugendbund, dessen geistiges Fundament auf der Ethik der „Ehrfurcht vor dem Leben" (nach Albert Schweitzer), beruht. Die Wege und Ziele dieses Jugendbundes finden ihren Ausdruck nicht nur im Vegetarismus und Verzicht auf lebensschädliche Genussmittel, sondern bedeuten auch im weitesten Sinne Umwelt-, Tier- und Lebensschutz. Dies sind alles sehr hohe Ideale, die auch heute nach wie vor meinen Vorstellungen entsprechen. Doch leider holte mich nach den schönen gemeinsamen Sommerwochen, in denen all diese Ideale nicht nur trockene Theorie blieben, immer wieder der graue Alltag ein. Zwar gab mir dies einiges an Halt, meinen Weg zu gehen, doch auch hier konnten leider keine Patentrezepte zur Lösung der genannten Problematik verteilt werden, sondern immer nur Teilaspekte berücksichtigt werden.

Als ich dann in die Gemeinschaft kam, änderte sich doch sehr vieles in meinem Leben.
Durch die Kraft, die ich täglich aufnehmen konnte, bekam ich immer mehr Klarheit in allen Lebensbereichen. Viele meiner Fragen haben sich wie von selbst geklärt. Zukunftsängste, Angst vor Unfall, Krankheit und Tod sind dem Gefühl der Lebensfreude und dem Vertrauen darauf, dass alles zur richtigen Zeit, am richtigen Ort geschieht, gewichen. Heute kann ich mich für die Tiere, die Natur und alles, was mir am Herzen liegt, einstellen, mit der Sicherheit, dass auch dort die Ordnung eintreten wird. Das ist bei weitem effektiver, als nur Mitleid aufzunehmen, das ja sowieso nur das Gegenteil bewirkt.

Wenn ich manchmal ehemalige Freunde treffe, die früher eigentlich ähnlich dachten wie ich und ihren eigenen Weg gingen, wird mir angesichts ihrer negativen Wandlung bewusst, in welchem Ausmaß der Zeitgeist doch im Stande ist, alles zu manipulieren. In einer Zeit, in der Jugendliche aufgrund ihrer Probleme immer häufiger in Abhängigkeit von Süchten jeglicher Art geraten. Letztendlich bedeutet Sucht eine unbewusste Suche nach Harmonie, Liebe, Frieden und Vollkommenheit. Allein die guten Vorsätze reichen oft nicht aus, dagegen anzukämpfen. Dazu braucht man schon sehr viel gute Kraft. Ich weiß nicht, wie lange ich alleine meinen Weg entgegen den Verlockungen des heutigen Zeitgeistes gegangen wäre, hätte ich nicht zur Gemeinschaft gefunden. Deshalb bin ich so dankbar, dass ich Bruno Gröning und seine Lehre schon in jungen Jahren kennen lernen durfte. Durch die Aufnahme der geistigen Heilkraft ist mir klar geworden, dass all dies, wonach sich jeder unbewusst sehnt, nicht irgendwo im Äußeren – sprich Materialismus –, sondern nur im Inneren durch die Verbindung zur Urquelle möglich ist. Wie viele Menschen gelangen erst, wachgerüttelt durch Schicksalsschläge, Kriege, Krankheit usw. zu der bitteren Erkenntnis, dass all das, woran sie sich ihr Leben lang klammerten, wie ein Kartenhaus zusammenbrach. Durch Bruno Gröning wurde mir der eigentliche Lebenssinn wieder neu aufgezeigt.

Das Verhältnis zu meiner Umwelt hat sich grundlegend verändert. Während ich früher gehemmt war, mit anderen Menschen über meine Gedanken und Gefühle zu sprechen, kann ich heute dazu stehen. Es stört mich nicht mehr, wenn nicht jeder meine Ansichten teilen kann. Für mich ist es wichtig, andere Meinungen zu akzeptieren, tolerant und nie dogmatisch zu sein. Dadurch, dass ich gelernt habe, diese geistigen Prinzipien zu achten, durfte ich erleben, wie mir meine Mitmenschen dies auch immer mehr entgegenbringen. Es ist einfach befreiend, zu sich stehen zu können und die ewige Schauspielerei hinter sich zu lassen. Auch habe ich die Erfahrung gemacht, dass man andere nie zu etwas überreden soll, sondern es einfach vorleben und sie dadurch überzeugen. Die eigene Natürlichkeit dabei ist es, die der Sache ihre Glaubhaftigkeit verleiht.

Julia Habisreutinger

Naturlied

Wenn des Morgens kühler Nebel, Mutter Erde, dich noch hüllt,
sanfte Stille dich bewacht, will ich durch dein Brautkleid gehen,
andachtsvoll, behutsam, mild, wie die Morgenluft es macht.
Will an deinem weichen Busen, liebe Mutter Erde, ruhn
und mit dir den Tag begrüßen, wie die Blüten all es tun.

Will als kleines Kind erleben, wie das helle Vaterherz
goldig deine Stirne küsst. Will ein frohes Lied erheben
mit den Vögeln himmelwärts, dass es dich und Vater grüßt.
Und wenn du dann frei von Schleiern nimmst von Ihm das Leben an,
spend ich Tränen reiner Freude, Mutter, still in deine Hand.

Will mit dir die Vaterliebe fühlen warm auf Stirn und Brust,
schweigend bis zum Abend hin. Will die grünen Lebenstriebe
reifen sehn mit hoher Lust. Ach, wie gern ich bei euch bin.
Wie beseel'gend und wie labend, wenn ich lieg in deinem Schoß
und vom Morgen bis zum Abend spür die Vaterliebe bloß.

Wenn des Abends kühler Nebel, Mutter Erde, dich dann hüllt,
sanfte Stille dich bewacht, will ich durch dein Brautkleid gehen,
andachtsvoll, behutsam, mild, wie die Abendluft es macht.
Will an deinem weichen Busen, liebe Mutter Erde, ruhn
und den Tag mit dir beschließen, wie die Blüten all es tun.

C. Pesch

Heike Pesch

Da bekam ich erst mal mit, wie andere Menschen leben.

„Hör mal, du bist aber doch nicht da bei dem Bruno Gröning? Das ist doch blöd, dass die Ute dort hingeht, ne?!“ Fast flüsternd stotterte eine Freundin mir diese Worte zu, als wir auf dem Weg von der Schulmesse zu unseren Klassen waren. Wieso redet die nicht anständig mit mir? Ich erwiderte nur: „Nein – aber ob das blöd ist, weiß ich nicht, ich war noch nicht da.“

Ute ist meine Zwillingsschwester, wir waren damals fast fünfzehn. Meine Freizeit verbrachte ich mit Tennis, Basketball und Geigen. Jeden Tag hatte ich Termine und war ständig unterwegs.

Meine Mutter war nun seit einiger Zeit einmal in der Woche abends weg. Aber das machte nichts, es schien wohl wieder so etwas wie Töpfern oder Seidenmalerei von der Volkshochschule zu sein. Auf einmal ging Ute dann mit ihr und meinte, dass es dort schön sei. Viel erzählten die beiden jedoch nicht, und es interessierte mich auch nicht. Ich war einfach viel zu sehr mit mir selbst beschäftigt.

Es war gerade eine Zeit, in der meine beste Freundin neue Kontakte knüpfte zu einer Clique, in die ich nicht reinpasste. Dort sah ich auf einer Fete, wie die Jungs den Mädchen an die Wäsche gingen – also das war mir zu früh. Und der Junge, den ich seit dem zweiten Schuljahr so lieb hatte, schien in eine andere verknallt zu sein. Da wir in dieser Zeit in der Schule einen Tanzkurs machten, wurde ich auf eine andere Clique aufmerksam. Zu dieser gehörte ein lustiger, lieber Kerl, und heimlich wünschte ich mir, dass er mein Tanzpartner werden würde. Umgekehrt hatte er wohl auch den Wunsch, und eigentlich war dann ja alles in Ordnung. Jedoch vor dem Abschlussball betrank er sich auf einer Fete wegen mir, weil er sich nicht getraut hatte, mich zu fragen, ob ich mit ihm „gehen“ will. Da er mir so leid tat und ich ihn eigentlich auch lieb hatte, sagte ich ja. Aber wie schön wäre es gewesen, wenn wir uns erst einmal kennengelernt hätten und aus der Freundschaft eine Beziehung hätte entstehen können. Und so sollte ich mich mit ihm von heute auf morgen knutschend auf den Schulhof stellen – bei seinen Freunden war das so üblich, aber das konnte ich nicht. Trotzdem bemühte ich mich, eine Beziehung entstehen zu lassen. Wir hielten uns an den Händen und verabredeten uns. Aber andere aus der Clique wollten mehr sehen. Und so ging diese Freundschaft leider kaputt. Folglich war ich weder bei dieser Clique noch bei der Clique meiner Freundin so richtig dabei. Ich durfte zwar bei allen dazukommen, aber irgendwie passte es nicht.

Das fünfte Rad am Wagen sein? Nein. Ich war gewohnt, richtig mit dabei zu sein. Innerlich hatte ich eine große Not. Ich hatte keine beste Freundin mehr und gehörte zu keiner Clique. Die Schule machte mir in einigen Fächern zu schaffen und der Sport bestand nur noch aus Ehrgeiz. Manchmal hatte ich so eine große Wut auf die Gegnerin, dass ich sie mit dem Tennisschläger hätte erschlagen mögen. Diese Gefühle zehrten sehr an mir, doch ich kam nicht dagegen an.

Da meine Mutter von meinem Zustand wusste – zum Glück konnte ich mit ihr immer über alles reden – sagte sie, ich solle doch einfach einmal mit zur Gemeinschaft kommen. Na, dachte ich, ich schau halt mal, was das ist. So bekam ich eine Einführung und besuchte sehr bald eine Jugendgemeinschaft. Diese begann samstagnachmittags um 14 Uhr mit Musizieren. Musizieren? Oje, das war aber keine schöne Musik! Ganz leichte Stückchen, die meisten spielten Blockflöte, die ich als Geiger gar nicht gerne mochte. Aber ich spielte mit. Dann war die Gemeinschaftsstunde und einzelne Jugendliche berichteten von schönen Erlebnissen, Hilfen und Heilungen. Die meisten waren vier bis fünf Jahre älter als ich. Nach der Stunde aßen wir dann Kuchen. Nun hatte ich Gelegenheit, mit einigen zu reden und mich vertraut zu machen. Keiner ließ mich spüren, dass ich jünger war. Dann tanzten wir noch ein paar Volkstänze und Walzer, was ich sehr lustig fand. Und weil alle mitmachten, hatten wir sehr viel Spaß. Bevor wir dann am Ende auseinandergingen, sangen wir noch ein paar einfache Abendlieder. Das tat mir sehr gut, und ich spürte so einen Frieden und eine wahre Freundschaft. Als ich dann abends gegen 20 Uhr mit Ute wieder heimradelte, war ich sehr müde. Es waren doch viele neue Eindrücke.

So ging ich dann regelmäßig zu den Stunden. Und besonders bei den Erwachsenen war ich dann sehr angerührt. Dort wurden Hilfen und Heilungen berichtet. Da bekam ich erst mal mit, wie andere Menschen leben. Und im Laufe der Zeit merkte ich, wie klein und unwichtig meine Sorgen doch waren. Ich kann halt keinen Menschen besitzen und meine beste Freundin an mich fesseln. Und wenn ich in den zwei Cliquen keinen Platz habe, dann gibt's da noch mehr Menschen, mit denen ich reden kann.

Ich war so dankbar, in der Jugendgemeinschaft gab es keine Cliquen. Es war bei allem ein Miteinander, und später habe ich dort noch lieber musiziert als im Orchester mit der Geige. Ich habe sogar Flöte spielen gelernt. Warum? Weil es hier so viel Spaß gemacht hat. Wir haben uns am Schwächsten orientiert, damit jeder mitmachen kann und dann haben wir viel dabei gelacht.

Anfangs wollte ich nicht, dass andere es wissen, dass ich jetzt auch zur Gemeinschaft gehe. Aber nach einiger Zeit wusste ich: „Du hast ja nichts zu verlieren." In der Schule hat es sich dann so entwickelt, dass ich erst mal nur das fünfte Rad am Wagen war. Und als ich dann an mir selbst gearbeitet habe, das heißt, nichts von den anderen erwartet habe, keine Angst mehr hatte, zu kurz zu kommen, war ich plötzlich akzeptiert und fand neue Freunde.

Im Sport erlebte ich Ähnliches. Zuerst versuchte ich durch äußere Änderungen die Probleme in den Griff zu bekommen. Ich wechselte den Club. Und ganz schnell merkte ich aber, dass ich diesen Ehrgeiz abgeben musste. So wünschte ich mir da auch die Hilfe, und tatsächlich bekam ich die Kraft und auch die Freude, wieder aus Spaß Tennis zu spielen. Und so erlebte ich dann viele „Führungen". Führungen? Ja, ich habe mein Leben in die Hände unseres himmlischen Vaters gelegt und bitte einfach jeden Tag um den Schutz, die Hilfe und die Führung.

Mittlerweile bin ich 28, habe die Ausbildung gut geschafft, bin glücklich verheiratet und Mutter von drei Kindern. Da ist schon viel geschehen in dieser Zeit und ich habe nichts verpasst. Vor zwei Jahren habe ich noch mal einige Klassenkameraden gesprochen. Ein Mädchen meinte: „Du musst leben, solange du jung bist." Damit meinte sie sicher viel ausgehen, die „Welt erleben". Und das kann man nicht, wenn man heiratet und Kinder hat? Kann man denn erst ab 30 Verantwortung tragen und eine Familie ernähren? Sind Kinder denn nur Arbeit und Stress? Ich konnte mir nie vorstellen, selber Kinder zu haben und konnte mit Babys auch gar nicht umgehen. Aber mit der ersten Geburt bin ich instinktiv Mutter geworden. Ich wusste, was ich zu tun habe. Ich hatte aber auch keine Angst davor, Mutter zu werden. Und alle drei Schwangerschaften und Geburten waren leicht und schön. Wir haben die Kinder nicht „gemacht" oder angeschafft, sie sind uns geschenkt worden. Und gleichzeitig nicht nur Hausfrau und Mutter zu sein, sondern auch vieles andere tun zu können, das ist klasse.

Wisst ihr, das Leben ist so vielfältig und man muss es erst mal kennenlernen, ein Mitgefühl mit den anderen Menschen bekommen, erleben, dass man für das Gute bitten kann. Ihr könnt anderen helfen mit den Bitten! Das ist kein Märchen. Wie oft will man gerne helfen oder sieht Not und Elend und fühlt sich ohnmächtig. Hier habe ich gelernt, auch für andere zu bitten und zu glauben, dass das Gute stärker ist. Und wenn man dann merkt, dass das Leben einen Sinn hat und man auch Sinnvolles tun kann – und das kommt dann von euch selbst, das hat euch keiner aufdiktiert –, das erfüllt einen.

Und das wünsche ich euch auch, dass ihr einfach zu euch steht, den Sinn des Lebens erkennt und euer Leben danach ausrichtet, dass ihr glücklich seid.

Heike Pesch

Andreas Schneider

Wendezeit?

Ein großer dunkler Vorhang verlief quer durch den Altarraum. Aus den Ecken krochen bleiche und schwarz gekleidete Gestalten. Die Trommeln hämmerten wilden Rhythmus. Eine Gitarre kreischte. Siegessicher stand eine schwarze Gestalt im Mittelpunkt der Bühne. Er hatte das Spiel in der Hand. Den gutmütigen Pfarrer zu überrumpeln war nicht schwer gewesen. Jetzt war er der Souffleur und bestimmte mit seinem Text, wie das Spiel verlief.

Es war Heiligabend. Die Menschen in der vollen Kirche lauschten gespannt dem Stück, das die Jugendlichen auf dem am Kirchschiff befestigten und mit weißer Schrift versehenen schwarzen Banner angekündigt hatten: „Die Nacht ist vorgedrungen.“

Zunächst hatte man Vorbereitungen für ein ganz normales Krippenspiel gesehen. Doch plötzlich war ein sonderbarer Mann aufgetaucht. Er hatte mit dem Spielleiter geredet und sich als Souffleur angeboten.

Dann hatte das vorbereitete Krippenspiel wie gewohnt begonnen, mit der Verkündigungsszene: Der Engel Gabriel war Maria erschienen. Doch Maria hatte ganz anders reagiert … Sie hatte das Kind nicht gewollt, wollte keinem Kind in einer Welt der Not und Zerstörung das Leben schenken. Das hatte sie dem Engel gesagt. Das Spiel nahm einen anderen Verlauf …

Jetzt verteilte der neue Souffleur Zeitungen an die Spieler. Schlagzeilen, Nachrichten und Fetzen davon flogen durch den Saal. Bilder von Schornsteinwüsten, Verkehrskollaps und Schlachthäusern leuchteten an der Wand. Super-Gau und Suizid, Worte zwischenmenschlicher Perversität zu Bildern eines genüsslich eingenommenen Weihnachtsschmauses …

Zusammen mit unserem Kreisjugendwart hatte ich eine Textvorlage umgeschrieben, das „alternative Krippenspiel“ mit Jugendlichen inszeniert, die Rolle des Einsagers gespielt. Wir wollten den Spießern ihr sattes Weihnachten verderben, wollten zeigen, wie wir die Welt sehen.

Friedemann, der junge Kreisjugendwart, hatte angeregt, dem Stück doch noch einen kleinen Lichtpunkt zu lassen: Irgendwann tönte eine Oboe leise im Mittelgang der stillen, dunklen Kirche. Der große Vorhang bebte ein wenig. Friedemann sang mit einem Mädchen das Lied eines KZ-Häftlings: „Die Nacht ist vorgedrungen, der Tag ist nicht mehr fern …“

Doch wo war denn dieser Tag, wo ein Ausweg aus der Trostlosigkeit, wo eine Zukunft …?

Cirka ein Jahr zuvor hatte ich den Zivi-Job bei der offenen Jugendarbeit der Kirche in Thüringen angetreten. ABM-Kräfte hatten einen großen Keller im Pfarrhaus als Jugendzentrum ausgebaut. Ich sollte mich um die Räume kümmern und auch bei der Programmgestaltung mitarbeiten. Bald waren ehemalige Schulkameraden und Freunde auch in den „Keller“ gekommen. Wir kauften Reisstrohmatten für den Boden, eine Musikanlage, installierten eine Bar und tünchten die Wände bunt. Wir malten Blümchen darauf und PEACE-Zeichen, schleppten alte Matratzen vom Sperrmüll an, hörten Flower-Power, Janis Joplin und Jimi Hendrix.

Wir tranken, rauchten den Keller neblig und rollten heimlich die ersten Joints. Neben einigen kulturellen Veranstaltungen bestand das Programm meist aus thematischen Abenden, Diskussionen. Es ging um die Lage im Land, um Gott und die Welt. Heillos war der Zustand hier, das wussten wir. Doch über die Konsequenzen waren wir uns uneins. Die einen wollten so richtig leben, koste es, was es wolle. Die anderen träumten vom Kampf ums Paradies. Doch schließlich saßen wir immer wieder im Keller zusammen und verbrachten in trüber Erwartung des Wochenendes, des Diskogangs oder der Feten die öden Abende in der Provinz.

Immer mehr Jüngere kamen hinzu. 14- bis 16-Jährige. Sie standen auf Hardcore, Techno, die moderneren Sachen. Wir ärgerten uns, weil sie für nichts weiter als ihr Bier und den hämmernden Rhythmus aus den Boxen Interesse zeigten. Gleich

Leichen saßen sie oft in der Ecke. Morgens entfernte ich als Zivi den Siff vom Vorabend: Scherben, Flaschen, Asche, Gläser, Müll.

Mittlerweile hatte ich eine Freundin gefunden. Zusammen mit ihr ging ich im Winter 1994 nach Zivildienst und Weihnachtsspiel nach Südfrankreich, auf einen kleinen Selbstversorger-Bauernhof, um dort zu arbeiten. Ursprünglichkeit und Natur hatten wir gesucht, wollten heraus aus der Trübe der Kleinstadt. Viel hatte ich von Umweltkatastrophen gehört. Jetzt wollte ich zumindest ein wenig dagegen tun.

Wir fanden unsere Gastgeber in einer kleinen Hütte, irgendwo im Pyrenäenvorland. Holz aus dem Wald holen und hacken, Pferde auf die Weide führen, Wassergräben schaufeln, Stall ausmisten füllte von früh bis spät unsere Tage aus. Es gab Brot vom eigenen Korn, Ziegen- und Schafsbutter, Käse, schrumpelige, kleine Äpfel sowie die letzten Gemüsevorräte. Samstags sorgte der angeheizte Badeofen für die wöchentliche warme Dusche. Nachts stapften wir über die Wiese zu unserem kalten, am Waldrand gelegenen Wohnwagen.

Wir waren weit von Konsum, Medien und Drogen. Wir sprachen wenig, es fiel eine Menge Winterregen und bei der harten Arbeit und schmalen Kost sehnte ich mich danach, endlich wieder zu Hause zu sein.

Als es so weit war und ich durch die Straßen meiner Heimatstadt lief, wollte ich wieder weg. Ich war feinfühlig geworden. In den Gesichtern der Menschen sah ich die Abgelenktheit, Getriebenheit, die Sorgen, die Angst und Not. Die Freunde waren mir fremd geworden, Eltern und Verwandte verstanden mich nicht mehr. Intensiv wie nie zuvor nahm ich den Irrsinn des Konsums, die Kälte der industriellen Gesellschaft wahr. Oft ging ich allein in den Wald und fand dort Momente des Friedens und stillen Glücks. Doch auch die lichten und kahlen Kronen der Bäume sprachen ihre Sprache … Das einfache und schlichte Leben sah ich als einzigen Ausweg, doch wie weit war man überall davon entfernt! Was war das denn für eine Zeit, in der die Menschen gehetzt und getrieben ihr Glück, die Natur, all ihren tausenden, nichtigen Interessen opferten und es selbst kaum bemerkten?

Und überall schrie das Leid: im Lande noch mehr oder minder verdeckt hinter den Fassaden des Wohlstands, anderswo so offenkundig.

Schmerzend empfand ich die Zivilisation: Autobahnen als grausame Furchen im Angesicht der Natur und Städte gleich wuchernden Krebsgeschwüren. In der Nahrung schmeckte ich Ausbeutung und Künstlichkeit. Bei einer Fahrradtour zelteten wir in der Nähe einer ehemaligen LPG (Landwirtschaftliche Produktionsgenossenschaft) mit Massentierhaltung. Nachts hörte ich die Schreie der Tiere …

Ich aß immer weniger. Mein Körpergewicht sank. Ich wurde schwächer und apathischer. Kleine Wanderungen und Fahrradtouren empfand ich schon als starke körperliche Anstrengungen. Die Arbeit fiel mir schwer. Schließlich konnte man an meinem Körper überall Rippen und Knochen herausschauen sehen. Das Gesicht war schmal und Freunde, Verwandte und Eltern betrachteten mich mitleidig. Ich spürte, dass sie ohne mein Beisein sorgenvoll über mich redeten. Die Gedanken kreisten meist um die nächste Mahlzeit. Selten aß ich mich richtig satt. Das Gefühl dafür war mir abhanden gekommen. Ich bin 1,86 m groß und wog weniger als 58 kg.

Meine Konzentrationsfähigkeit war gering, wenige Seiten zu lesen fiel mir schon sehr schwer. Mit anderen Menschen zu kommunizieren war mühsam.

Bis ins Frühjahr 1995 waren wir mit kleinen und größeren Unterbrechungen jobbend auf Bauernhöfen unterwegs, arbeiteten dort für Kost und Logis.

Im Februar 1995 halfen wir auf dem kleinen „Uranushof" in der Eifel. Joachim K. ist Gärtner und war just zu dieser Zeit dort beschäftigt. Im Haus fand ich blaue Bücher mit dem eigenartigen Porträt eines Mannes. Seltsame Gefühle traten in mir auf. Eines Abends sah ich Joachim, wie er in einem stillen Winkel mit geöffneten Händen ruhig saß. Ich fühlte mich hingezogen.

Schließlich hatten meine Freundin und ich eine Bio-Gärtnerei im Süden Westfalens gefunden, in der wir beide eine Lehre begannen. Doch unsere Beziehung war versteinert. Wir sprachen nur noch sehr wenig miteinander. Sie litt unter meinen Ess- und Lebensgewohnheiten, meiner Traurigkeit und Sensibilität. Gegenseitige Verschlossenheit und stille Verletzungen bestimmten den Tag.

Im Sommer 1995 fanden wir in der lokalen Anzeigenzeitung kleine Annoncen: „Heilung auf dem geistigen Weg durch die Lehre Bruno Grönings." Bald darauf begann ein neuer Angestellter in der Gärtnerei am Leisebach: Es war Joachim K.
Das Gespräch kam auf Bruno Gröning. Joachim sprach von Wendezeit – ich fühlte mich angesprochen. „Bruno Gröning sagte, dass er die Menschen wieder auf den richtigen Weg führen kann", erzählte mir Joachim. Ich lud ihn in meine neue Wohnung ein. Er besuchte mich und zeigte mir, wie man mit geöffnetem Körper die Kraft aufnehmen kann, die Bruno Gröning den Heilstrom nannte. Ich tat dies

und spürte einen unbeschreiblich tiefen Frieden. Bald darauf begab ich mich auch alleine zwecks Kraftaufnahme in eine geöffnete Haltung. Kaum hatte ich das getan, ruckte es an meinem ganzen Körper und hämmerte wie wild im Kopf. Ich konnte die Erfahrung einfach nicht leugnen: An der Sache war etwas dran.

Schließlich nahm mich Joachim mit zu einem Einführungsgespräch. „Bruno Gröning sagte damals: Gott gibt es, aber den Satan gibt es auch." Dieser Satz blieb in mir am eindringlichsten haften. „Bruno Gröning fragte seine Zuhörer: Können Sie denken? Er klärte sie auf, dass kein Mensch denken kann. Man kann lediglich bereits vorhandene Gedanken aufnehmen." Ich hörte von zwei Gedankenquellen, der guten und der bösen. Der Mensch ist in jedem Augenblick an eine der beiden angeschlossen. Mit aufbauender oder abbauender Konsequenz. Die Wahl hat der Mensch selber. „Das ist wie beim Telefonieren: Wenn ich mit Gott verbunden bin, hat der Böse das Besetztzeichen", sagte die Gemeinschaftsleiterin. Ich hörte von den Massen, die damals zu Bruno Gröning strömten, und von seinem Können, den Heilungen, die heute noch eintreten.

Seit dem ersten Einstellen hatte sich meine Freundin verändert. Etwas Verborgenes, Angestautes trat plötzlich offen zu Tage. Sie, die vorher sehr an mir gehangen hatte, brachte mir nun offen Trotz und Missgunst entgegen. Als ich sie bald darauf aufforderte, sich auch von der Kraft zu überzeugen, zog sie mit lautem Knall aus unserer gemeinsamen Wohnung aus. Eine Partnerschaft, die längst keine mehr war, war plötzlich beendet. Eine Entwicklung, die ich aus eigener Kraft nicht hätte bewirken können.
Plötzlich konnte ich mich wieder mit Freude sattessen. Mein Kör-

pergewicht stieg wieder auf über 73 kg. Ich fühlte mich nicht mehr ausgezehrt und apathisch. Die Gedanken lösten sich von den Mahlzeiten, nahmen mich nicht mehr gefangen. Ein Kollege freute sich, dass ich das Schneckentempo bei der Arbeit abgelegt hatte. Ich hatte dies vorher gar nicht wahrgenommen. Meine Tante schaute mich freudig verwundert an und sagte: „Junge, wer hat dich denn so schön rund gemacht?"

Regelmäßig besuchte ich nun Joachim, wir hörten Kassetten des Bruno Gröning-Freundeskreises und stellten uns gemeinsam auf den Heilstrom ein. Jede Woche fuhren wir zu den Gemeinschaftsstunden.
Plötzlich ertrug ich das wieder, was ich vorher kaum ausgehalten hatte: Menschen, Städte, die Leute in meiner Heimat. Das Verhältnis zu meinen Eltern wurde rasch wieder richtig gut.
Ich sah wieder Menschen, wo ich vorher nur noch Getriebenheit, Sucht nach Ablenkung und Zerstreuung, Angst, Sorge und Not wahrgenommen hatte.
Mit Freude übernahm ich jetzt die Marktdienste unserer Gärtnerei: Liefertouren, Marktstand aufbauen, Gemüse verkaufen und entdeckte wieder, wie schön es sein kann, fremden Menschen froh und freundlich zu begegnen. Das Leben machte einfach wieder Spaß: Bei der Arbeit genoss ich Wind, Wetter, Sonne und einen regen Körper, freute mich wie nie zuvor an der freien Zeit in der Natur.
Nachdem Joachim im Herbst 1995 in eine andere Gegend gezogen war, holte ich mir mein altes SIMSON-Moped aus Thüringen und fuhr weiterhin regelmäßig zu den Gemeinschaftsstunden. Und tatsächlich fühlte ich mich nach jeder Stunde voller Kraft und Selbstvertrauen. Die Konzentrationsfähigkeit war wieder da. Ich besuchte, bedingt durch Infrastruktur und Alter, keine Berufsschule. Ich lernte im Selbststudium wenig, aber intensiv und schloss die Gärtnerlehre mit Zwei ab. Selbständig bekam ich auch Wohnung und Haushalt in den Griff, renovierte mir nach Beendigung der Lehre eine kleine Altbauwohnung und fand eine gutbezahlte Praktikumsstelle im Garten- und Landschaftsbau. Im Herbst 1998 werde ich ein Fachschulstudium anschließen.

Februar 1998, Berlin, eine Diskothek im Ostteil der Stadt. Mit Stativ, Kamera, Mikrofonen und Kabeln sind wir unterwegs. Neben dem Billardtisch haben wir die Geräte aufgebaut. Es ist Montagabend, gegen 23 Uhr, ein Tag für die eher hartgesottenen Ausgeher. Wir wollen einen Videofilm machen, wollen erspüren, wie Jugendliche von heute ihre Welt sehen, wie sie sich fühlen, wollen darin aber auch zeigen, was wir erlebt haben.

Einer steht im schwarzen Frack vor uns, ein Totenkopf als Knauf des Stockes, den er in der Hand hält. Er erzählt uns von schwarzer Scene und Satanismus. Zwei kurzgeschorene junge Männer berichten von ihrer Lebenseinstellung, vom Frust und der Motivation fürs Draufhauen. Ein Mädchen sagt, warum sie jeden Abend in der Woche ausgeht: „… ach, ist sowieso alles egal.“ Eines eint sie alle: Sie sehen keine Perspektive für eine Welt wie diese, keine Perspektive für Umwelt und Natur, für ein menschenwürdiges Leben. Wendezeit?

Fünf Wochen später: Wir sind in die Alpen gefahren. Es ist Ostern. Wir wollen Aufnahmen von Jugendlichen aus dem Bruno Gröning-Freundeskreis machen. Die Sonne hat schon große Löcher in den Schnee auf den Wiesen am Fuße des Gebirges geschmolzen.

Auf einem kleinen Felsen sitzt Monika aus Österreich. Wer sie heute sieht, glaubt nicht, dass sie einst ganz anders war: Ohne eine einzige Freundin, ganz allein, lebte sie mit ihrer Musik eingeschlossen und depressiv in einem schwarzen Loch und dachte immer wieder ans Schlussmachen. Nun erzählt sie uns strahlend von ihrem neuen Leben, der neuen Arbeit und ihrem Zuhause.

Manchmal halbe Tage lang hat Monika aus Bremen früher gegessen und gebrochen. Überallhin verfolgte sie die Angst. Angst vor Menschen, vor dem Alltag. Heute ist sie frei, isst wieder ganz normal und lacht uns aus großen Augen an.

Acht Leute sind wir hier. Jeder hat seine kleine oder größere Aufgabe: Regie, Kamera, Ton, Klappe, Skript ... Schließlich stapfen wir durch verharschte Schneereste zurück zur Unterhofalm. Christof und Michael sehen mit Mütze, Schal, dem großen Tonbandkoffer und Angel samt fellüberzogenem Mikrofon aus wie Himalaja-Reporter aus den fünfziger Jahren.

Der Vollmond beleuchtet ein wenig Schnee und Fels im weiten Hochgebirgstal.
Jörn hat bei einem Bauern unten im Dorf einen ganzen Stapel Holz besorgt und den Unterhof-Wirt nach einem Feuerplatz gefragt. Jetzt sitzen wir unweit der Hütte um die wärmenden Flammen.

Lange Zeit sind wir still und schauen in das knackende und zischende Holz. Mechthild liest ein Gedicht von Petra Rüther, die von Drogensucht geheilt wurde. Dann spielt sie auf ihrer Flöte. Jörn erzählt von Gethsemane. Lange Zeit ist wieder Ruhe. Es ist Osternacht.
Wir alle spüren still: Wir sind Freunde geworden, Freunde in einem Werk, das durch einen ganz natürlich gebliebenen Menschen und sein bitteres Leben entstand, Freunde, die an eine neue Zeit, eine Wende glauben, an eine Heilung der Erde.

Andreas Schneider

1. Station – Bruno Gröning

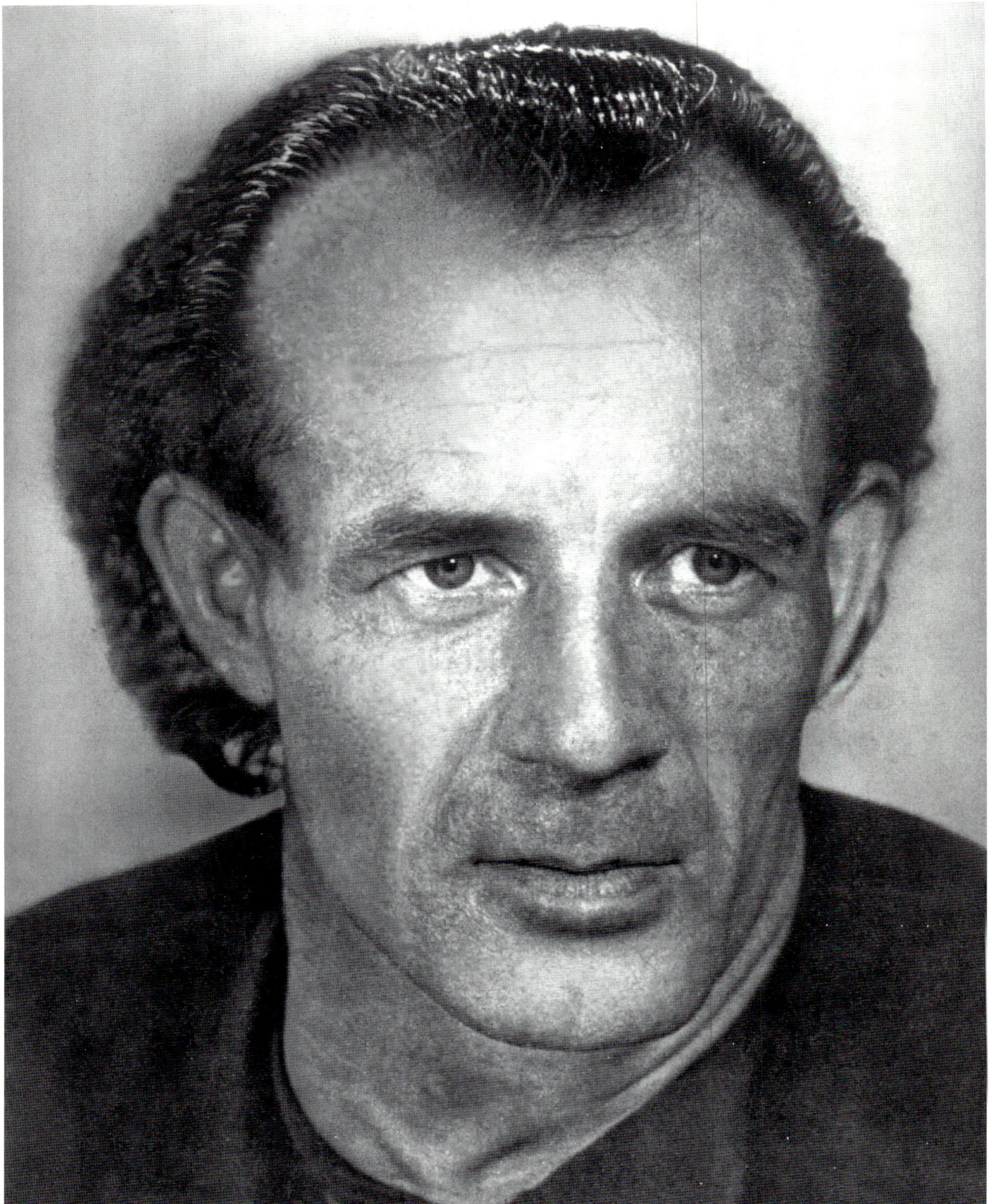

„Liebe das Leben – Gott! Gott ist überall."

Waldweg am Elternhaus Bruno Grönings

Bruno Gröning wird am 30.5.1906 als viertes Kind von sieben Geschwistern in Danzig-Oliva geboren.
Die ersten Anzeichen seiner besonderen Fähigkeiten zeigen sich an kranken Haustieren, die unter seiner Fürsorge schnell wieder zu Kräften kommen. Sie folgen ihm in den nahe gelegenen Wald, in dem der kleine Bruno sich oft stundenlang aufhält. Die Nachbarn der Arbeitersiedlung Ludolfingerstraße sehen ihn manchmal unter einem Strauch liegen und sorgfältig Gräser und Blätter beobachten. Gelegentlich bemerken sie auch, dass er ein merkwürdig enges Verhältnis zu Eichhörnchen und anderen scheuen Tieren hat.
Bruno Gröning erzählt später rückblickend: *„Aus dem Körper einiger Tiere ist doch die Krankheit verschwunden, als ich leise vor mir sagte: ‚Liebes Tierlein, du wirst bald wieder einen gesunden Körper haben.' Und so geschah es dann auch."*

Das Unverständnis und die Lieblosigkeit seiner Umgebung empfindet er einmal als so hart, dass er in den Wald läuft und Gott dort bittet, ihn von dieser Erde wegzunehmen.
Als er wieder nach Hause läuft, hat Gott ihm geantwortet. Er weiß, dass er keine Angst mehr zu haben braucht, weil er stärker ist als das Böse und dass er jetzt nie mehr vor den Menschen weglaufen darf, sondern mit aller Liebe gerade zu denen gehen soll, die das Gute am nötigsten haben.

Es bleibt dann nicht nur bei Tierheilungen …
„Beim Menschen ist es doch nicht anders. […] So wurde ich laufend von Kranken direkt angezogen […], zu denen ich immer wieder nur sagte: ‚Du bist doch nicht mehr krank.' Oder aber, wenn einige von diesen sagten: ‚Er wird sterben.' Da sagte ich kurz: ‚Nein, der stirbt noch lange nicht, gesund wird er werden!'"
So holt er z. B. seine Oma vom Sterbebett.
Später stellt Bruno Gröning fest, dass er in der Lage ist, zur gleichen Zeit nicht nur einzelnen, sondern auch mehreren Kranken zu helfen.

In der Volksschule zeigt sich eine weitere Eigenart des jungen Brunos. Er liest laut Sätze zu Ende, die der Lehrer gerade erst begonnen hat an die Tafel zu schreiben.
Als er seinem Vater Anfang und Ende des Ersten Weltkrieges voraussagt, antwortet ihm dieser mit einer Ohrfeige. 1949 erklärt der Vater an Eides statt:
„… Unter anderem nahm er [Bruno] eine Uhr, die der Uhrmacher nicht mehr in Ordnung bringen konnte, zwischen seine Hände, und die Uhr ging sofort wieder. Sogar besondere Ereignisse konnte er voraussagen: Anfang und Ende des Krieges 1914-18. Auch den Tod seiner Mutter sah er voraus, ebenso den Anfang des Zweiten Weltkrieges 1939-45. Auch dass sein Vater und seine Geschwister nach der Kapitulation Haus und Heimat verlassen mussten und wo sie sich alle nach langem Umherirren niederlassen würden. Alles hat er gesehen und vorausgesagt."

Seine kaufmännische Lehre bricht Bruno Gröning auf Drängen seines Vaters ab, der als Maurer darauf besteht, dass sein Sohn ein Bauhandwerk lernen soll. So geht er in die Ausbildung zum Tischler, die er aber drei Monate vor Beendigung der Lehrzeit wegen Konkurs seines Arbeitgebers aufgeben muss. Er baut dennoch mit 19 Jahren eine Bau- und Möbeltischlerei auf, die er zwei Jahre lang aufrecht erhalten kann. Durch die schlechten wirtschaftlichen Verhältnisse in Danzig ist er in den folgenden Jahren gezwungen, die verschiedensten Tätigkeiten anzunehmen. Er arbeitet am Bau, in einer Lack-, in einer Kisten- und in einer Schokoladenfabrik, im Hafen, als Telegrammzusteller und mehrere Jahre als Schwachstrommonteur.

Für Nachbarn und Kollegen oder Hilfesuchende und Leidende hat Bruno Gröning immer ein offenes Ohr. Er gibt ihnen sogar Geld oder ein Zimmer seiner Wohnung oder redet mit ihnen die ganze Nacht durch, bis in die Morgenstunden, auch wenn er dadurch zu spät zur Arbeit kommt und seine Anstellung aufs Spiel setzt. Für ihn ist *„der Arbeitgeber der Brötchengeber, der Brotgeber aber Gott"*.

1943 wird Bruno Gröning zur Wehrmacht eingezogen. Wegen seiner Äußerung: *„Ob ihr mich an die Front stellt oder nicht, ich erschieße doch keinen Menschen"*, stellt man ihm das Kriegsgericht in Aussicht. Er kommt aber doch an die Front, wird zweimal verwundet und gerät in russische Gefangenschaft.
Er erzählt später mit innerem Stolz, dass er seinem Grundsatz treu geblieben ist und als Panzerfahrer bei Schießbefehl seine Waffe viel zu hoch über das Ziel ausgerichtet hat, bevor er abdrückte. Im Gegenteil hilft er auch hier, wo er kann: Die Einwohner eines russischen Dorfes sind kurz vor dem Hungertod, als Bruno Gröning seinen Panzer an einer Hausecke so „ungeschickt" manövriert, dass er sie dabei rammt und dadurch einen Einschlupf in das deutsche Vorratslager freilegt, den die Bewohner nachts zu nutzen wissen.

Im russischen Gefangenenlager setzt er sich unter Einsatz seines eigenen Lebens für bessere Behandlung seiner Kameraden ein, indem er mit dem Satz *„Befehl von oben"* die zuständigen russischen Soldaten dazu veranlasst, die Gefangenen zu entlausen, dann besser einzukleiden und schließlich die Rationen zu verdoppeln. Als sich herausstellt, dass diese Befehle nie erteilt worden sind, findet sich Bruno Gröning beim Kommandanten wieder, der ihm bei der Frage, wie er so etwas wagen könne, die Pistole auf die Brust setzt. Er fragt den Offizier: *„Was hättest du getan, wenn es deine Kameraden gewesen wären?"*, und entwaffnet ihn geistig, als er mit dem Finger nach oben zeigend erneut behauptet: *„Es war Befehl von oben!"*
In den Lagern ist Bruno Gröning bald ein Begriff, weil er manche

verwundete Kameraden durch den Rat, weiter an das Gute zu glauben, heilt und damit vor drohenden Amputationen oder dem nahenden Tod bewahrt.

Nach seiner Entlassung aus der Kriegsgefangenschaft im Dezember 1945 kommt er zusammen mit einem Mitgefangenen nach Haigerselbach im hessischen Dillkreis. Durch seine bescheidene Art, nichts zu fordern und sich mit allem zufrieden zu geben, und sein großes Geschick beim Arbeiten ist er bald in der Umgebung beliebt. Zur Linderung der Not ruft er zusammen mit anderen Flüchtlingen das „Hilfswerk der Vertriebenen" ins Leben. Diese Arbeit führt ihn häufig nach Dillenburg. Dort erhält er kurze Zeit später noch eine Aufgabe in der Wohnungskommission des Kreises und bemüht sich zu helfen, wo er nur kann. Dann bezieht er einen notdürftig ausgebauten Dachboden in Dillenburg als Flüchtlingsquartier. Hier kümmert er sich auch um eine jugendliche Theatergruppe.
Bruno Gröning ist arm, aber gepflegt. Er wäscht sein einziges Hemd jeden Tag. Ist der Kragen abgenutzt, setzt er ein Stück Stoff des unteren Teils als neuen Kragen an, sodass er bei Nachbarn als „feiner Herr" gilt.
Erich K., der Bruno Gröning in dieser Zeit kennen lernt, berichtet aus seinen Erinnerungen: „Der Mann hat mich einfach fasziniert. Man konnte mit ihm Dinge besprechen, die man mit keinem anderen besprechen konnte. Es war immer etwas eigenartig bei ihm. Obwohl es nichts gab, jeder, der zu ihm kam, bekam einen Teller Suppe – das war etwas Typisches. Obwohl sie ganz primitiv aus irgendwelchem Getreide gemacht war, es gab ja nichts, wir hatten kaum genug Brot zu essen, und es ging uns dreckig, aber das war das Typische, jeder, der kam – ein Teller Suppe war da."

Bruno Gröning trifft durch seine Tätigkeit mit vielen Menschen zusammen, und wieder geschehen Heilungen. Es rufen immer neue Kranke nach ihm. Er wird von Haus zu Haus gebeten, bis er am 14.3.1949 auf Bitten der Familie Hülsmann in Herford eintrifft. Der Heilerfolg bei dem an progressiver Muskeldystrophie leidenden bettlägerigen Sohn, Dieter Hülsmann, wird durch den Vater veröffentlicht, und bald stehen immer mehr Leidende vor dem Hause Hülsmann, Wilhelmsplatz 7, um durch diesen Mann ihre Gesundheit wiederzuerhalten …

Als Kind, …

… als Arbeiter in Danzig, …

… als Soldat.

Thomas Eich

Einmal Highway to hell und wieder zurück

Kann der Bus denn nicht schneller fahren? Ungeduldig rutsch ich auf meinem Sitz hin und her. Ich brauch neues Geld. Dabei hatte alles so gut angefangen. Zweimal Ausspielung mit hundert, zwischenzeitlich war ich schon bei vierhundert Mark Gewinn. Und jetzt? Alles wieder weg. Hundert Mark hatte ich mitgehabt. Mist. Ich brauch noch mal hundert. Aber woher? Mutter, natürlich, Mutter. Aber die gibt mir bestimmt nichts mehr. Warum hab ich bei vierhundert nicht aufgehört? So viel hatte ich ja noch nie gewonnen. – Wo krieg ich nur hundert Mark her? …

Kurz darauf saß ich wieder im Bus, zurück zum Erka-Freizeittreff, der Spielhalle, in der ich mehr Zeit verbrachte als in der Schule. Gleich konnte ich wieder spielen und ich würde mir alles wieder zurückholen. Ich hatte hundert Mark bekommen, von meiner Mutter, nur – sie wusste nichts davon … Als ich in der Nacht gegen halb elf den letzten Bus nach Hause nahm, waren auch die zweiten hundert Mark weg. So viel bekam ich im ganzen Monat nicht an Taschengeld. Ärger und Depression blieben übrig. Und – was noch viel schlimmer war – ich hatte geklaut. Ich hatte meine eigene Mutter beklaut.

Bis ich so zwölf/dreizehn war, lief eigentlich alles glatt. Ich hatte eine behütete Kindheit in gutbürgerlichen Verhältnissen, war Einzelkind, wurde entsprechend verwöhnt und blieb vor allen Stürmen des Lebens weitgehend verschont.

Anfangs belächelte ich meine Klassenkameraden, wenn sie von Rockmusik schwärmten, heimlich rauchten oder von samstäglichen Sauforgien erzählten. Ich machte mich lustig darüber und fühlte mich weit weg von dieser mir fremden Welt. Schließlich kannte ich – durch meinen Opa, den ich sehr liebte – nur Rudolf Schock, Volkslieder und ein bisschen klassische Musik. Doch mein Opa war tot, und ich wurde neugierig. War Rockmusik wirklich so toll, wie alle immer taten? War Rauchen tatsächlich so cool? Oder Besoffensein?

Eines Tages holte ich mir meine erste Platte, Uriah Heep „Fallen Angel". Und tatsächlich, es war absolut stark. Ganz anders als das langweilige Rudolf Schock-Gesinge. Hier ging die Post ab. Eine LP nach der anderen vergrößerte meine Plattensammlung. Queen, Pink Floyd, Westernhagen, BAP und Deep Purple, AC/DC, Iron Maiden, KISS, Scorpions und Black Sabbath wurden zu meinen Lieblingsgruppen. Je härter, desto besser. Siebziger Hardrock und achtziger Heavy Metal, das war meine Musik.

Doch mit der Rockmusik begann eine neue Zeit. Ich begann zu rauchen. Zuerst kaufte ich die Zigaretten heimlich, später offen, der anfängliche Ekel wurde überwunden und cool sein geübt. Ich begann Bier zu trinken, erst wenig, dann immer mehr. Meine Markenzeichen waren Wildlederjacke, lange Haare und ein Button: „Wir sind die Leute, vor denen uns unsere Eltern immer gewarnt haben." Das war meine Welt: „Flaschbier", selbstgedrehte Zigaretten.

Die Wildlederjacke wurde bald gegen eine schwarze Motorradlederjacke ausgetauscht und aus dem freakigen Hippie wurde ein cooler, äußerlich unnahbarer Rocker, aber innerlich schüchtern, ängstlich und gehemmt.

In meiner Klasse gab es eine Schülerband. Ich wollte mitmachen, doch ich konnte kein Instrument spielen. Die einzige Voraussetzung, die ich hatte, war die Lust an der Musik. „Smoke on the water", „Highway to hell" oder „We will rock you" hämmerten täglich aus meiner Stereoanlage. Ich kaufte mir eine akustische Gitarre, doch kam nicht so recht vorwärts mit meinem Geklimper. Außerdem brauchte die Band keinen Gitarristen. Entsprechend war meine Motivation.

Dann kam der 16. Februar 1981. In der Dortmunder Westfalenhalle lief das Riesenspektakel „The Wall" von Pink Floyd. Und ich war dabei. Mit Klaus, dem Gitarristen der Band, und noch einem Freund ging es nach Dortmund, um die Supershow mitzuerleben. An diesem Abend erzählte Klaus, dass der Bassist der Band aussteigen wollte und kein Nachfolger in Sicht war. Diese Nachricht elektrisierte mich. Ich fragte sofort, ob ich nicht einspringen könnte. Warum nicht, meinte Klaus, und ich durfte einmal vorspielen. Ich hatte zwar noch nie in meinem Leben Bassgitarre gespielt, aber das sollte kein Hindernis sein.

Der alte Bassist überließ mir für ein paar Tage seinen Bass und die Noten von „Another brick in the wall" von Pink Floyd. Ich sollte sie bis zum nächsten Proben üben. Als ich zu Hause die Noten mit der echten Bassbegleitung der Originalaufnahme verglich, fiel mir auf, dass beide nichts miteinander zu tun hatten. Das einzige, was stimmte, war die Tonart. So klamüserte ich mir die richtige Begleitung von der Platte heraus und konnte dieses Lied zur Überraschung aller bei der ersten Probe sofort mitspielen. Da dies dem vorherigen Bassisten über Monate nicht gelungen war, wurde ich in die Gruppe aufgenommen. Mein Traum war erfüllt.

Mein Leben ging mit Fintenbesuchen, Feten und Klassenpartys seinen Gang. Der Zigarettenkonsum steigerte sich von zehn auf fünfzehn bis zwanzig Zigaretten, und bald konnte ich damit prahlen, wie oft ich schon besoffen war und wie viel ich schon vertragen konnte. Der Sinn des Lebens, Fragen nach Gott etc. interessierten mich überhaupt nicht.

Die Rockmusik und unsere Band „White Alien" wurden mein Lebensinhalt. Stundenlang spielte ich täglich Bass und konnte bald alle Stücke der Band begleiten. Durch einen neuer Sänger stieg die Zahl der Eigenkompositionen, und es wurde an erste Konzerte gedacht.

Anfang 1982 war es dann so weit: Im Jugendheim eines Nachbardorfes kam es am Karnevalssamstag zu unserem ersten Gig. Und der Erfolg war überwältigend. Der relativ kleine Raum war wegen Karnevallüberfüllt voll und die Stimmung riesig. Obwohl unsere musikalische Leistung nicht einmal mittelmäßig war, wurden wir gefeiert wie die Stars. Von nun an stand unser Entschluss fest. Wir wollten auf der vorgegebenen Schiene weiterfahren. Dem einen Erfolg sollten weitere folgen. Wir waren fest entschlossen, Profis zu werden, und die folgende Zeit zeigte, dass wir auf dem besten Wege dahin waren: Plattenaufnahmen, Radio- und Fernsehauftritte und schließlich das Angebot einer Japantournee. Uns packte der Kitzel des Ruhms und des absolut geilen Gefühls, auf der Bühne zu stehen und die Menschen zu dirigieren.

Mir war klar, dass ich nach dem Abitur nur noch Musik machen würde: „White Alien", um berühmt zu werden, eine Heavy Metal-Band just for fun und vielleicht sogar Tanzmusik – von irgendwas musste man ja auch leben, denn an „White Alien" verdienten wir noch nichts, aber wir glaubten alle, dass sich das ändern würde. Spielten wir auf Konzerten mit anderen Gruppen, so waren wir meist die Attraktion des Abends, selbst wenn andere Gruppen musikalisch mehr drauf hatten. Das Flair dieser Szene hatte mich so sehr erfasst, dass ich mich ihm ganz verschrieb.

Aussagen wie „I'm on the highway to hell", „We sold our soul for Rock 'n' Roll" oder „Beelzebub has a devil put aside by me" sang ich lauthals mit, machte mir über deren Gehalt aber keine Gedanken. Hauptsache, da war Power drin. Wenn im Fernsehen eine „Rocknacht" übertragen wurde, setzte ich mich mit genügend Bier und Tabak vor den Fernseher und spielte mit. Oft drehte ich den Ton weg und spielte stundenlang, bis der Morgen graute und die Fingerkuppen brannten. Musik war mein Ein und Alles.

White Alien

Dann kam die Zeit, in der in unserem Städtchen plötzlich die Spielhallen aus dem Boden schossen. Vorher nie gesehen, waren mit einem Mal drei/vier solcher Hallen da, mit Billardtischen, Flippern, Videospielen und Geldspielautomaten. Das „Erka" wurde unser tägliches Ziel, meins und das einiger Mitschüler. Freistunden wurden dort verbracht, blaugemachte Stunden erst recht und schließlich auch viel Freizeit.

Anfangs blieb es bei Billard und Flipper, dann kamen alle Videospiele an die Reihe. Schnell interessierte mich das Billard nur noch am Rande. Der Reiz, den persönlichen Rekord an diesem oder jenem Apparat noch zu steigern und die anderen zu schlagen, war viel größer. Und dann erfüllten auch die Videospiele das Verlangen nicht mehr. Neue Reize mussten her, und sie standen schon bereit. Zunächst waren es nur kleine Beträge, dreißig Pfennig, eine Mark, mal zwei. Die Chance, an Geldspielautomaten zu gewinnen, war elektrisierend. Und tatsächlich: Plötzlich gewannen wir. Eine Mark eingesetzt, zwanzig gewonnen; zwei Mark eingesetzt, fünfzig gewonnen. Schnell waren es nicht mehr einzelne Marken, die wir einwarfen, sondern nur noch Fünfer, und wir gaben uns mit kleinen Gewinnen wie fünf, zehn oder zwölf Sonderspielen nicht mehr zufrieden. Der Einsatz wurde höher, immer weiter musste man „hochdrücken". Doch die anfänglichen Gewinne waren schnell verspielt, und dann setzte der trostlose Spielhallenalltag ein, nur selten von Glückssträhnen durchbrochen. Doch die Geräte übten eine so unheimliche Macht auf uns aus, dass wir immer wieder vor den drei drehenden Scheiben saßen, den Finger auf der Risikotaste, eine Zigarette nach der anderen rauchend und die „verdammten Kisten" verfluchend. Aber aufhören wollten – oder konnten – wir auch nicht.

Nachts verließen wir oft deprimiert das „Spielerparadies" mit dem festen Vorsatz: nie wieder. Doch am nächsten Tag trieb uns die Unruhe und das Verlangen, die Kisten endlich zu besiegen, wieder hin.

Immer mehr Zeit verbrachte ich im „Erka". Ich weiß nicht wie viele Stunden, Tage oder Wochen meines Lebens ich nur diese Scheiben gesehen habe. Selbst wenn ich kein Geld hatte, sah ich anderen zu oder durfte für die spielen, die an acht bis zehn Kisten gleichzeitig „zockten". Alle paar Minuten kamen sie vorbei, fragten, wie es lief, ermunterten uns, bis ganz oben hochzudrücken, uns nicht mit kleinen Gewinnen abzugeben, und warfen zwei neue Fünfer ein.

Sobald ich selber zwanzig, fünfzig oder hundert Mark in der Tasche hatte, verzockte ich alles. Zuerst nahm ich mir vor, heute nach zehn Mark aufzuhören. Doch mit der Zeit gab ich auf, mir etwas vorzumachen. Es war halt so. Hatte ich zwanzig Mark, verspielte ich zwanzig, hatte ich fünfzig, verspielte ich fünfzig, und hatte ich hundert, verspielte ich auch hundert.

Die Sucht brachte mich zweimal zum Klauen. Oft überkam mich zu Hause eine Unruhe, die sich erst dann legte, wenn ich im Bus saß und in Richtung „Erka" fuhr.

Mein Leben verlief also zwischen Spielhallen, Pinten und Feten, Proben, Konzerten und dem gehassten Zwang der Schule. Mein Zigarettenkonsum steigerte sich auf dreißig bis vierzig Selbstgedrehte pro Tag. Mittlerweile konnte ich an einem Abend einen Kasten Bier alleine leer trinken. Wenn ich nicht mehr konnte, steckte ich mir einfach den Finger in den Hals. Dann ging es weiter.

Irgendwann stellte sich mir die Frage „Bundeswehr – ja oder nein?" Eigentlich war mir klar, dass ich zur Bundeswehr gehen würde, schließlich war es Pflicht. Weiter hatte ich nicht gedacht. Doch als die Frage immer konkreter wurde, begann ich nachzudenken.

In unserer Band waren zwei ausgesprochene Christen, der eine hatte verweigert, der andere nicht, auch andere Mitglieder der Gruppe hatten verweigert. Einerseits wollte ich lieber nicht verweigern, um nicht gegen den Strom schwimmen zu müssen, andererseits graute mir vor einer Ausbildung an der Waffe. Auch mein Gewissen meldete sich: Sollte ich mich wirklich zum Töten ausbilden lassen?

Ich begann zu denken, zu suchen und wollte die Oberflächlichkeit, die bis dahin mein Leben geprägt hatte, ablegen. Ich las in der Bibel. Besonders die Bergpredigt faszinierte mich. Auch Hermann Hesses „Siddharta" und Schriften Gandhis gaben mir Impulse. Sollte es tatsächlich einen Gott geben? Etwas Höheres sicherlich, das hatte ich nie bezweifelt, aber ein konkretes Wesen Gott? Auch andere Bücher sprachen den Funken in mir an, z. B. Franz Alts „Frieden ist möglich" oder Jonathan Schells „Das Schicksal der Erde". Letztlich kam ich zu dem Entschluss, zu verweigern.

Doch meine Beschäftigung mit Jesus, Gandhi und all den anderen Schriften erweckten auch andere Gedanken und Gefühle in mir. Zweifel an meiner Lebensweise. Wenn es Gott tatsächlich gab, konnte es dann Sein Wille sein, dass Menschen so leben, wie ich es tat? Sagte die Bergpredigt nicht anderes?

Mein Körper konnte die Gifte kaum noch vertragen. Morgens plagte mich ein unangenehmer Hustenreiz, ich hatte häufig Kopfschmerzen.

Ich wollte aufhören zu rauchen, zu saufen und zu spielen, aber … Wollte ich mit dem Rauchen aufhören, so schaffte ich es mal für sechs Wochen, mal für sieben, mal für drei, aber länger nicht. Immer wieder war die Versuchung, „nur noch mal eine zu rauchen", zu groß. Anschließend rauchte ich meist mehr als zuvor. Ich schaffte es nicht, eine Fete bei Cola oder Limo durchzustehen oder meinen Alkoholkonsum auf zwei, drei Gläser Bier zu beschränken. Hatte ich erst mal Bier intus, hatte ich keine Lust mehr, auf Cola umzusteigen, wachte am nächsten Morgen auf und bekam auch bei schärfstem Nachdenken nicht mehr alles zusammen, was am Vorabend gelaufen war. Beim Spielen ging's mir ähnlich. Ich hatte immer gedacht, ich könnte jederzeit aufhören, wenn ich nur wollte. Doch ich hatte zu lange nicht gewollt, denn nun konnte ich nicht mehr. Ich konnte dem Reiz, den die Automaten auf mich ausübten, nicht widerstehen. Immer wieder verspielte ich mein ganzes Geld, sodass ich oft kein Geld für Tabak hatte und Kumpel anschnorren musste.

Es war Silvester 1984, ich war gerade neunzehn geworden. Im Fernsehen liefen seit Tagen Berichte aus Äthiopien. Jeden Abend konnte man sich ansehen, wie Kinder mit dick angeschwollenen Bäuchen flehend in die Kamera starrten, andere in den Armen ihrer Mütter verhungerten oder erwachsene Männer sich in den Staub der Straße legten, um zu sterben.

Am Weihnachtsabend diskutierte ich die ganze Nacht hindurch mit meinem Vater, was man tun könnte. Dieser krasse Gegensatz: dort verhungern Menschen, wir leben hier in Saus und Braus, empörte mich zutiefst.

Am Silvesterabend steigerte sich meine Empörung zur Verzweiflung. Wo lebte ich eigentlich? Wir feierten hier wilde Silvesterpartys, vertranken Unsummen an einem Abend und feuerten etliche Millionen Mark in die Luft, während woanders Menschen verhungerten, nicht mal Wasser und Brot hatten. Was war das für eine Welt? Wie hart, wie krank, wie bösartig!? Und war ich besser? Passte ich nicht wunderbar in dieses System? Auch ich würde gleich wieder auf eine Fete gehen, mich besaufen und später wieder mein Geld verspielen. War ich nicht mit schuld am Elend der Menschen in der Dritten Welt? Meine Verzweiflung trieb mich zum Hader mit Gott. Wo war Er denn? Was sollte das denn alles hier unten? Warum diese schönen Lehren von Nächstenliebe und Gewaltverzicht, warum die schönen Worte, wenn man sie doch nicht umsetzen konnte? Warum das alles, wenn man nicht die Kraft hatte, danach zu leben?

Frustriert fuhr ich an diesem Abend auf die Fete unseres Schlagzeugers und war so, wie ich immer war und tat, was ich immer tat: rauchen, saufen und feiern. Doch etwas war an diesem Abend anders. Ich unterhielt mich mit unserem Keyborder Wilfried – wir kannten uns seit über acht Jahren – und seiner Freundin über Gott und die Welt. Dabei kam auch einiges von meinem Frust heraus, und die beiden erzählten mir, sie wären jetzt in einem Freundeskreis, in dem es um religiöse und geistige Themen ginge, vor allem aber um Geistheilung. Der Bruno Gröning-Freundeskreis. Mir erschien das alles reichlich suspekt und ich warnte Wilfried, er solle aufpassen, wo er da hingeraten war. Ja, sagte er, er sei erst einmal da gewesen und wisse selbst noch nicht, was er davon halten solle. Dann sprachen wir über Gandhi, die Bergpredigt und entdeckten sehr ähnliche Ansichten. Wir verabredeten, uns einmal näher über solche Themen zu unterhalten.

Ansonsten war der Abend wie viele andere vorher auch. Irgendwann gingen die Geschehnisse im Vollrausch unter. Am nächsten Morgen fehlte mir so einiges. Aber zwei Begebenheiten waren mir sehr klar im Gedächtnis geblieben. Zum einen erinnerte ich mich, wie ich mit Nelly, unserem Schlagzeuger, zu einer anderen Fete im gleichen Ort gegangen war und dort Rabatz gemacht, die Missstände, mit denen ich selbst nicht fertig wurde, angeprangert und rumgeschrien hatte.

Etwas später bin ich raus aufs Feld getorkelt, über ein zwei Meter hohes Eisentor geklettert und habe mich in den frisch gefallenen Neuschnee gekniet. Im besoffenen Kopf habe ich all meinen Frust und alle Verzweiflung rausgebrüllt und Jesus entgegengeschrien, Er solle sich mir zeigen, wenn es Ihn wirklich gäbe. Natürlich zeigte Er sich nicht, und ich musste unverrichteter Dinge von dannen ziehen. Seltsamerweise merkte ich auf dem Rückweg, dass neben dem hohen Eisentor nur freies Feld war, und umging es einfach.

In den folgenden Wochen schwappte der Alltag über meine Verzweiflung hinweg. Mein Frust legte sich und alles lief wieder seinen gewohnten Gang, Äthiopien war weit weg und Gott erst recht. Doch ich freute mich auf das Gespräch mit Wilfried.

Es dauerte noch bis März. Wir sahen uns zwar mehrmals wöchentlich bei den Proben, aber zu einem privaten Gespräch kam es nicht. Erst kurz vor Ostern kam Wilfried zu mir. Wir sprachen über Jesus, die Bergpredigt, Gandhi und – Bruno Gröning. Mittlerweile hatte Wilfried diesen Freundeskreis näher kennen gelernt und wusste mir einiges zu erzählen. Manches deckte sich mit meinen Überzeugungen, anderes nicht. Alles in allem hörte es sich aber sehr interessant an. Nach einem weiteren Gespräch ein paar Wochen später war mein Interesse so weit geweckt, dass ich mir diesen Freundeskreis einmal ansehen wollte. Ich war zwar gesund und konnte mit Geistheilung nichts anfangen, aber ich suchte einen Weg zu Gott.

Am 24. April 1985 holte Wilfried mich ab und fuhr mit mir in einen Nachbarort. Dort empfing uns die Leiterin der örtlichen Gröning-Gemeinschaft, eine freundliche Frau Mitte Vierzig, und erklärte mir, worum es in diesem Freundeskreis ging.

Was ich hörte, war mir teilweise bekannt, teilweise neu. Von einer Kraft war die Rede, die Gott immer aussendet und die das ganze Universum durchströmt. Bruno Gröning hatte sich selbst als Transformator dieser Kraft bezeichnet und die Menschen aufgefordert, sie bewusst in sich aufzunehmen. Dazu sollten sie eine entspannte Sitzhaltung einnehmen, Arme und Beine nicht überkreuzen, den Körper beobachten und nicht an Krankheiten, Sorgen oder Ähnliches denken. Ich nahm also diese Sitzhaltung ein und beobachtete meinen Körper. Was dann geschah, war sehr merkwürdig. In meinen Händen spürte ich ein seltsames Kribbeln und meinen Rücken durchrieselten wunderbar wohlige Schauer. Es war ein eigenartiges Gefühl und erinnerte mich an ein Erlebnis, das ich einige Monate zuvor gehabt hatte. Als ich mir mit Kopfhörer und meiner gewohnten Heavy-Metal-Lautstärke Beethovens „Freude, schöner Götterfunken" reingedröhnt hatte, war mir plötzlich ein heißer Schauer über den Rücken gelaufen. Damals hatte ich dieses angenehme Durchrieseln nicht einordnen können, aber nun fühlte ich einen Schauer nach dem anderen. Es durchströmte und durchrieselte mich, wie ich es noch nie erlebt hatte. Anschließend fühlte ich mich erfrischt und glücklich.

Am folgenden Samstag besuchte ich eine Jugendgemeinschaftsstunde. Es begann mit gemeinsamem Musizieren. Ich setzte mich in eine der hinteren Reihen und hörte zu. Wilfried hatte mich darauf vorbereitet, dass nicht Rock und Pop, sondern klassische Musik auf dem Programm stand. Das schreckte mich nicht ab, da ich mir ohnehin manchmal die eine oder andere Beethoven-Symphonie anhörte. Doch komisch war es schon. Da saßen Jugendliche wie du und ich und spielten klassische Stückchen. Vor allem aber – und das war das eigentlich Erstaunliche: Sie hatten augenscheinlich Spaß dabei.

Als das Musizieren zu Ende war, kamen noch andere Jugendliche dazu, und die eigentliche Gemeinschaftsstunde begann. Zunächst sprach die Jugendgemeinschaftsleiterin, eine junge Frau, die nur unwesentlich älter war

als ich und extra aus Köln gekommen war.
Sie sprach und sprach und sprach ... Mindestens eine Stunde oder länger. Hatte ich anfangs noch interessiert zugehört, so folgten meine Augen nach einiger Zeit nur noch den Fugen der gegenüberliegenden Klinkerwand, zählten Klinker und bewunderten die sonderlichen und völlig unsymmetrischen Treppen, die die Fugen formten. Als die junge Frau ihre Rede beendet hatte und ich aufatmend mit dem Ende der Gemeinschaftsstunde rechnete, stand auch schon der nächste auf und dann noch einer und danach noch einer. Es schien kein Ende zu nehmen. Insgesamt zog sich diese „Stunde“ bestimmt über zweieinhalb normale Stunden hin. Obwohl ich auch hier wieder dieses eigenartig wohltuende Kribbeln und Rieseln spürte, wäre ich zwischendurch am liebsten aufgestanden und hinausgelaufen.
Ich weiß nicht, was es war, das mich hielt, aber irgendwie hatte ich ein trotz aller Länge und allem ungewohnt langen Stillsitzen angenehm geborgenes und heimisches Gefühl, so als hätte ich etwas gefunden, was ich lange vermisst hatte.

Doch auch als die Vorträge beendet waren, war die Gemeinschaftsstunde noch nicht vorbei. Nach einer kurzen Pause, in der Kuchen gegessen und Kakao getrunken wurde, ging es mit Singen weiter – Volkslieder natürlich – und, was noch viel schlimmer war, mit Volkstanzen. Das war nun wirklich das Letzte. Klassische Musik, o. k., Volkslieder auch, aber tanzen? Und dann noch Volkstanz! Mich still davonmachen konnte ich nicht, schließlich war ich auf Wilfried als Fahrer angewiesen. Und der wollte bis zum Schluss bleiben. Was nun? Ich überlegte hin und her, aber mir fiel nichts ein. So blieb mir nichts übrig, als dazubleiben und zuzusehen. Tanzen war noch nie mein Ding gewesen. Weder hatte ich eine Tanzschule besucht noch war ich in Diskos hin und her gehüpft. Tanzen fand ich affig. Am liebsten wär ich im Erdboden versunken. Gut, dass mich meine Kumpels jetzt nicht sahen.
Gleich beim ersten Tanz wurde ich aufgefordert, und da ich schon immer schlecht nein sagen konnte, wurde aus der Zuschauerrolle nichts. Mühsam erlernte ich Walzer- und Polkaschritt und stapfte etwas ungelenk übers Parkett. Doch trotz innerer Ablehnung merkte ich, wie mich die Freude ergriff. Es war, als würde die Verschlossenheit, die ich jahrelang geübt hatte, aufweichen.
In den folgenden Wochen und Monaten ging ich regelmäßig zu den Jugendgemeinschaftsstunden, die alle drei Wochen stattfanden, später auch zu Zwischenstunden und zum Musizierkreis. Die Lehre Bruno Grönings und die Lebensweise, die ich hier kennen lernte, kam dem sehr nahe, wie ich selber gern gelebt hätte. Ganz entgegen allem Trend der Zeit war nicht cool sein, Gefühlskälte oder -härte gefragt, sondern jeder war bemüht, Unarten zu überwinden, Gott und Menschen zu lieben, dem Nächsten zu helfen. Je länger ich dabei war, umso deutlicher spürte ich die Kraft, die Bruno Gröning Heilstrom genannt hatte. Ich fühlte, wie sie meinen Körper durchfloss und Lebenskräfte weckte.

Innerhalb kurzer Zeit verloren Alkohol und Nikotin ihre Anziehungskraft auf mich. Als ich einige Wochen später auf eine Fete ging, hatte ich trotz rauchiger Luft und vieler rumlallender Kumpel kein Verlangen nach Bier oder Zigaretten. Ich blieb die ganze Nacht auf der Fete und kam erst morgens um neun nach Hause, doch ich hatte nicht eine Zigarette geraucht und keinen Schluck Alkohol getrunken. Ich wusste, ich hatte es geschafft.
Ich spürte und erlebte, dass ich durch Bruno Gröning das gefunden hatte, was ich an jenem Silvesterabend 1984 so sehnlich gesucht hatte: die Kraft, das Erkannte in die Tat umzusetzen und mein Leben so zu gestalten, wie ich es für gut und richtig hielt. Ich erlebte, dass es Gott tatsächlich fühlbar und erlebbar gibt und dass es stimmen muss, wenn es im Vaterunser heißt: „Dein ist die Kraft“.
Doch nun kam stärker denn je der Wunsch in mir auf, auch von der Spielsucht befreit zu werden. Aber das ging nicht so leicht und nicht so schnell wie das Vorige. Zwar spürte ich sofort eine Besserung, es gelang mir immer öfter, an Spielhallen vorbeizugehen, doch der Reiz war noch da, und hin und wieder gab ich ihm nach. Es wurde zwar immer besser – zeitweise habe ich neun Wochen nicht gespielt –, aber weg war es noch nicht. So wurde

es Weihnachten und immer noch spürte ich diesen Drang.
Ich machte es zu meinem Weihnachtswunsch und er wurde erhört. Seit Weihnachten 1985 ist der Drang weg. Seitdem bin ich von der Spielsucht befreit.

Und bereits vorher, im Sommer 1985, hatte ich eine körperliche Heilung erlebt. Ich war zwar immer gesund - bei einem Check-up kurz bevor ich zum Freundeskreis kam, hatte der Arzt die volle Gesundheit festgestellt -, aber ich musste seit etwa dreizehn Jahren eine Brille tragen mit der Stärke +3,5 Dioptrien. Ich wünschte mir die volle Sehkraft und bat Bruno Gröning um seine Hilfe.
Nachdem sich anfangs gar nichts tat, trat Ende Juli 1985 die Heilung ein. Ich las in einem Buch über Bruno Gröning einen Zeitungsartikel aus dem Jahre 1949. An einer Stelle sagte Bruno Gröning zu einem Hilfesuchenden, der auch eine Brille trug: „Nehmen Sie dieses Satansding weg, ich will zu den Augen!“ In dem Moment war es mir, als gelte diese Aufforderung mir, als hätte er es in diesem Augenblick zu mir gesagt. Gespannt nahm ich die Brille ab und – sah genauso wie vorher mit Brille. Keine Sehschwäche, keine Unschärfe, keine Kopfschmerzen, nichts. Es war, als hätte ich nie eine Brille getragen. Ich konnte lesen, schreiben, alles machen wie vorher mit Brille, es gab keinen Unterschied.

Und die Musik?
Nach einigen Monaten im Freundeskreis merkte ich, wie die Rockmusik ihre Faszination auf mich verlor. Die überschwängliche Begeisterung ließ nach, und manches, was ich vorher enthusiastisch gehört hatte, gefiel mir plötzlich nicht mehr. Manche Texte, die ich immer gern mitgegrölt hatte, erschienen mir plötzlich in einem anderen Licht. Waren das die Ideale, denen ich nachstreben wollte? „Living easy, loving free“, „I'm gonna get Ya, Satan get Ya“, „I've been around for long, long years, stole many a man's soul and faith … Just call me Luzifer“, „We sold our Soul for Rock 'n' Roll“ und, und, und …?
Und dann die Lebensweise der Rockmusiker. Viele singen nicht nur vom leichten Leben, sie praktizieren es auch. Drogen, Alkohol, freier Sex. Wollte ich das noch? War das noch meine Welt?
Im Sommer 1985 stieg ich bei „White Alien“ aus, hing meinen Bass an den Nagel und kaufte mir ein Cello.

Das alles ist mittlerweile viele Jahre her. Ich bin unterdessen über Dreißig, dreifacher Vater und zum zweiten Mal verheiratet. Das Leben ging weiter und hat mir auch seine Schattenseiten nicht erspart. Trotz meines Glaubens an Gott, trotz Bruno Gröning und trotz des Freundeskreises bin ich nicht auf rosaroten Wolken geschwebt, habe nicht ununterbrochen Halleluja gesungen.
Gott ist für mich die Grundlage meines Lebens geworden. Aber nicht der Gott, zu dem man mit verzücktem Lächeln und zur Seite gelegtem Kopf hinaufschmachtet oder vor dem man sich leidvoll in den Staub wirft, sondern der Gott, der sagt: Liebe das Leben, lerne es kennen, lerne erkennen, was gut und was böse, was richtig und was falsch ist. Der Gott, der einem gestattet, Fehler zu machen, der verzeiht, hilft und heilt, der die Not der Menschen versteht, mitfühlt und lindern will. Der Gott, der sich nicht scheut, auch in die Gosse zu gehen, der sich auch einem besoffenen Rocker zuwendet, wenn er im Suff auf einem verschneiten Feld kniet und Ihn anschreit. Der Gott, der für mich da ist, wenn ich Ihn brauche, und der mich stützt und trägt, wenn ich nicht mehr kann. Der Gott, den ich vor über dreizehn Jahren in den Schriften Gandhis und in der Bergpredigt gefunden und dessen Kraft ich durch das Erleben im Bruno Gröning-Freundeskreis hautnah gespürt habe.

Ich glaube und vertraue, dass dieser Gott in allen Notlagen meines Lebens da ist und mir hilft. Egal, was kommt, Er lässt mich nicht im Stich. Dieses Vertrauen trägt mich und lässt mich auch die Schattenseiten des Lebens gut überstehen. Das Leben ist nicht immer leicht, für keinen Menschen, doch mit festem Gottvertrauen und mit einem Freund wie Bruno Gröning kann man alle Stürme überstehen, ohne zu zerbrechen.
Das sind nicht leicht dahergeschriebene Sätze sondern erfahrbare Wahrheiten. Oft habe ich die Hilfen dieses Gottes erlebt. Oft habe ich gespürt, wie Er mich durch schwere Zeiten

getragen hat. Viel, viel Gutes habe ich Ihm zu verdanken, und ich kann nur jedem Menschen empfehlen, sich selbst von der Kraft Gottes zu überzeugen und die Lehre Bruno Grönings im eigenen Leben zu überprüfen.

Gretel Häusler

Für mich war es von Kindheit an selbstverständlich, …

Meine Mutter erfuhr durch einen Vortrag Bruno Grönings drei Spontanheilungen von unheilbaren Krankheiten. Sie hatte die Möglichkeit, ihn über acht Jahre persönlich zu erleben. Nach seinem Ableben richtete sie ihr ganzes Leben nach seiner Lehre aus. Dadurch wurde das Gedankengut Bruno Grönings, das, wie er sagte, nicht seines, sondern ein uraltes, verloren gegangenes Wissen sei, mir sozusagen mit der Muttermilch beigegeben.

Für mich war es von Kindheit an selbstverständlich, dass wir uns täglich dieser Lebenskraft öffneten. Wir brauchten keine Angst und Sorgen aufnehmen, erlebten, dass Schmerzen immer wieder durch die Heilkraft und den Glauben verschwinden mussten.

In unserem Haus fand regelmäßig eine Jugendgemeinschaft statt, d. h. mehrere junge Leute trafen sich, um sich gemeinsam der Heilkraft zu öffnen und Erfahrungen auszutauschen.

Ansonsten traf ich mich auch mit Schulfreunden, mit denen ich oft tage- und nächtelang nur rumhing. Eigentlich unternahmen wir nichts Besonderes, sondern diskutierten endlos und meinten, uns jeder Norm der Erwachsenen widersetzen zu müssen. Ich stellte fest, dass ich mich in der Gemeinschaft nicht mehr wohl fühlte. Die Bruno Gröning-Freunde kamen mir plötzlich zu freundlich und zu positiv vor. Ich konnte mich mit ihrer lebensbejahenden Ausstrahlung nicht mehr identifizieren. Also ging ich nicht mehr dorthin und beschäftigte mich auch nicht mehr mit der Lehre Bruno Grönings, stellte mich auch nicht mehr auf diese positive, aufbauende Kraft ein.

In der Schule, ich war damals in der 11. Jahrgangsstufe, ging es, obwohl ich vorher nie Schulprobleme hatte, auf einmal bergab. Ich hatte keine Lust und Kraft mehr, früh aufzustehen und regelmäßig zum Unterricht zu gehen. Viel lieber schlief ich lange aus, um anstatt in die Schule ins gegenüberliegende Café zu gehen, um dort den halben Tag Karten und Back Gammon zu spielen.

Als ich in die 12. Jahrgangsstufe kam, wurden die Schulprobleme immer größer. Es war nicht nur die Unlust an der Schule, die mich hinderte, regelmäßig zu erscheinen, sondern es stellte sich mit der Zeit eine sich steigernde Schulangst ein. In dieser Zeit war ich, was ich vorher nicht kannte, völlig blockiert, vor Lehrern und Mitschülern einen mündlichen Beitrag zu leisten. Wenn mich ein Lehrer im Unterricht ansprach, bekam ich Angst, wurde rot und konnte kein Wort herausbringen. Mein Zeugnis war entsprechend schlecht, sodass ich das 12. Schuljahr wiederholen musste.

Aber an der ganzen Situation änderte sich nichts. Ich verbuchte extrem viele Fehlstunden und die Stunden, die ich am Unterricht teilnahm, bestanden nur aus Angst, drangenommen zu werden. Mein Zeugnis dieses wiederholten Schuljahres war wieder genauso schlecht. Trotz dieser Misere bestand ich darauf, das Abitur machen zu wollen. Ich stellte, obwohl mich alle Mitschüler, Lehrer und auch Leute in meinem Umfeld schulisch völlig aufgegeben hatten, an das Kultusministerium einen Sonderantrag, aufgrund von psychischen Schwierigkeiten dieses Schuljahr ein zweites Mal wiederholen zu können. Glücklicherweise wurde der Antrag bewilligt. Ich wechselte die Schule und war mit guten Vorsätzen fest entschlossen, einen Neuanfang zu starten. Meine Schul- und Sprechangst saß jedoch so tief, dass mir keiner helfen konnte. An Bruno Gröning oder an Freunde der Gemeinschaft wollte ich mich nicht wenden.

Als ich 17 Jahre alt war, wollte ich den Weg der Freiheit gehen, widersetzte mich äußeren Normen und Regeln und begab mich in seelische Fesseln. Mein Leben bestand nur noch aus Chaos. Mein Zimmer war nie aufgeräumt, ich war auch später nicht in der Lage, mein Auto verkehrssicher zu warten und hatte deshalb oft Scherereien mit der Polizei. Mit meinen Eltern und Geschwistern verstand ich mich überhaupt nicht mehr. So beschloss ich mit 18 Jahren zu

meinem Freund zu ziehen. Dieser wollte mir zwar auch schulisch helfen, jedoch rutschte ich durch die Beziehung seelisch noch tiefer ab.
In dieser Zeit stellten sich bei mir, obwohl ich fünf Jahre lang außer einem Mal nie Schmerzen hatte, starke Menstruationsbeschwerden ein. Dann musste ich ein bis zwei Tage unter Schmerzen und Krämpfen im Bett liegen. Oft weinte ich und hämmerte wegen der Schmerzen mit der Faust gegen die Wand. Einmal war mein jüngerer Bruder dabei. Er wusste sich nicht zu helfen und rief die Ärztin an, sie soll sofort kommen und mir helfen. Sie kam auch am selben Nachmittag und verschrieb mir Zäpfchen, die die Schmerzen aber nur etwas eindämpften.
Zudem hatte ich einen sehr niedrigen Blutdruck, morgendliche Übelkeit und permanente Müdigkeit. Wegen chronischer Gastritis wurde ich auch ein regelmäßiger Gast bei meiner Ärztin.
Das Schlimmste waren jedoch die Depressionen, die ich bekam. Ich hatte keine Freude mehr. Das ganze Leben erschien mir nur eine einzige Last. Am liebsten verbrachte ich meine Zeit im Dunkeln im Bett. Wenn mein Freund einmal nicht zu Hause war, lag ich bis nachmittags im Bett. Mein Zustand wurde immer gedrückter. Ich musste oft weinen, alles erschien mir grau in grau. Einmal saß ich auf der Bettkante und dachte: „So kann mein Leben nicht ewig weitergehen.“
Die Beziehung verlief immer unglücklicher. Oft wollte ich mich trennen. Jedoch scheiterte jeder Trennungsversuch. Mir fehlte die Kraft.
In der Schule war das erste Halbjahreszeugnis schon wieder aussichtslos schlecht.

In dieser Zeit hatte ich einen sehr schönen Traum von meiner Mutter. Obwohl ich über ein Jahr außer am 1. Weihnachtstag keinen Kontakt mehr hatte, folgte ich dem Impuls des Traumes. Ohne irgendeine Absicht suchte ich meine Mutter auf. Am selben Abend stellte ich mich nach Jahren wieder das erste Mal auf die göttliche Kraft ein und bat Gott, mir doch durch den Vermittler Bruno Gröning zu helfen.
Mein Leben änderte sich schlagartig über Nacht. In der Schule wunderten sich am nächsten Tag die Lehrer, was mit mir passiert sei. Ich brachte mündliche Beiträge, die Schulangst war verschwunden. Durch die göttliche Kraft und den Glauben an den Erfolg habe ich das Abitur wie durch ein Wunder geschafft.
Danach konnte ich mit gutem Erfolg studieren, die Ausbildung abschließen und bekam direkt anschließend eine Planstelle. Ich bin jetzt Sonderpädagogin.
Durch die Aufnahme des Heilstroms hatte ich die Kraft, die Beziehung, in der ich zuvor tiefe seelische Verletzungen erlebte, zu beenden.
Von den körperlichen Krankheiten durfte ich die Heilung erleben. Die starken Menstruationsschmerzen sind nach einmaligem Auftreten völlig verschwunden.
Die Depressionen verschwanden nach ca. zwei Monaten. Auf einer größeren Zusammenkunft von Freunden hörten wir das Tonband, das Bruno Gröning damals für seine Freunde besprach. Dies löste ein unerwartetes starkes Weinen in mir aus. Ich erlebte, dass sich alle angesammelten seelischen Belastungen lösten. Danach fühlte ich mich wie gereinigt und neu geboren. Bruno Gröning sagte damals:
„Liebe das Leben – Gott. Gott ist überall.“ Seit diesem Tag verstehe ich diesen Satz.

Ich weiß, dass ich ohne diesen Weg in meinem Leben völlig gescheitert wäre. Ich möchte danken, dass Bruno Gröning gelebt hat. Er hat mir einen Weg gezeigt, meine aussichtslose Lebenssituation wieder zu einem glücklichen, geordneten und erfolgreichen Leben zu wenden.

Andrea Niemerg

Ich kann nicht behaupten, dass mein Leben durch die Lehre Bruno Grönings bequemer geworden wäre.

Erfahren habe ich von der Lehre Bruno Grönings durch meine Mutter, die seit ihrer Kindheit ein schweres Hüftleiden hatte. Mit den Jahren wurden ihre Gehbeschwerden immer schlimmer und insgeheim war ich davon überzeugt, dass sie irgendwann bestimmt im Rollstuhl landen würde.

Im Sommer 1993 kam sie zur Bruno Gröning-Gemeinschaft Münster und ich erlebte, wie sie innerhalb von wenigen Monaten plötzlich deutlich besser laufen konnte und sogar eine Krücke, die sie vorher für längere Wege benutzen musste, wieder ganz in die Ecke stellen konnte.

So weit, so gut – wenn es Mutter hilft, schien die ganze Sache auch in Ordnung zu sein. Aber dass diese Lehre auch für mich eine Bedeutung haben könnte, darauf wäre ich zuerst im Leben nicht gekommen. Schließlich war ich körperlich gesund, mein Studium lief bestens, ich hatte einen großen Freundeskreis und war sehr engagiert in einem katholischen Jugendverband. Was sollte ich da noch mit Bruno Gröning?

In der ersten Zeit war ich nicht besonders gut auf die ganze Geschichte zu sprechen. Mal abgesehen davon, dass mir „Heilung auf geistigem Wege“ nach wie vor äußerst suspekt vorkam - auch wenn ich sie positiv erlebte – meine Mutter kannte seit ihrer Einführung fast kein anderes Thema mehr.

Und das ging mir mehr als einmal gehörig auf die Nerven! Gut, dass ich wenigstens nicht mehr zu Hause wohnte.

Aber getreu dem Motto „Steter Tropfen höhlt den Stein“ bin auch ich irgendwann neugierig geworden und begann, mich innerlich mehr und mehr mit dem Geschehen um und durch Bruno Gröning auseinanderzusetzen.

Den letztendlichen Anstoß, selber auch einmal eine Gemeinschaftsstunde zu besuchen und mich von der Wirksamkeit der Lehre zu überzeugen, gab schließlich das Buch „Kennst Du Deinen Engel?“ von Benjamin Klein.

Die in diesem Buch beschriebene Gottesbeziehung eines schwerstbehinderten Mädchens eröffnete mir eine neue Welt, an der ich auch teilhaben wollte. Und so habe ich dann im Januar 1994 meine erste Gemeinschaftsstunde besucht.

Das ist jetzt 5 1/2 Jahre her. Wenn ich heute zurückblicke, frage ich mich manchmal, was mich gerade in der ersten Zeit überhaupt in der Gemeinschaft gehalten hat. Von dem vielzitierten Heilstrom habe ich nichts gespürt, mit den Leuten aus der Gemeinschaft konnte (und wollte!) ich zunächst nichts anfangen, einiges kam mir überholt und antiquarisch vor und passte so gar nicht in mein damaliges Weltbild. Insgesamt habe ich mich in dieser Zeit mehr als einmal gefragt: „Was in Gottes Namen mache ich hier eigentlich?!“ Und trotzdem bin ich geblieben – vor allem wohl, weil ich immer wieder gehört und gesehen habe, wie die göttliche Kraft bei anderen wirkt. Und weil ich genau das auch bei mir selber erleben wollte – irgendwann, irgendwie, keine Ahnung.

Ich kann nach wie vor weder mit einer wunderbaren Heilung aufwarten noch mit irgendwelchen besonderen Erlebnissen. Auch den Heilstrom habe ich lange Zeit kaum gespürt. Und vieles von dem, was andere Freunde zu berichten wussten, war (und ist) mir völlig fremd. Mich halten vor allem innere Gefühle und Erfahrungen, die ich mit Worten kaum beschreiben kann.
Durch die Lehre Bruno Grönings habe ich begonnen, mein Leben bewusster und intensiver zu leben. Ich erlebe, wie ich Stück um Stück auf den für mich bestimmten Weg geführt werde, wie ich immer mehr Zusammenhänge des Lebens erkenne und verstehe.

Vor allem eines ist mir heute ganz wichtig geworden: Zu lernen, auf mein eigenes Gefühl zu hören. Bruno Gröning hat die Menschen immer angehalten, auf ihren Körper zu hören, auf das, was sie in sich spüren. Er sagte, dass Gott die Menschen durch das Gefühl führt – nicht durch den Verstand oder das, was andere ihnen sagen. Und das kann ich aus meiner Erfahrung nur bestätigen. Dummerweise ist aber gerade das Hören auf das eigene Gefühl oft gar nicht so einfach – da gibt es plötzlich die besten Freunde, die ganz anderer Meinung sind, da ist der Verstand, der einen viel besseren Weg zu kennen glaubt.
Ich kann nur sagen, dass ich bisher noch nie auf die Nase gefallen bin, wenn ich meinem Gefühl gefolgt bin – sehr oft aber, wenn mal wieder mein Verstand die Oberhand behalten hatte.

Ich kann also nicht gerade behaupten, dass mein Leben durch die Lehre Bruno Grönings bequemer geworden wäre - eher im Gegenteil. Ich bin in vielerlei Hinsicht herausgefordert, mich selbst und mein Handeln zu überdenken, zu hinterfragen und – zu verändern Ich habe erfahren, dass ich allein für mein Leben die Verantwortung trage. Ich kann nicht meine Eltern, die Kollegen, die Politiker, die Kirche oder was-weiß-ich-wen-sonst dafür verantwortlich machen, wenn es mir schlecht geht. Diese Erkenntnis ist oft ganz schön unbequem!

Die Herausforderungen, die mir durch Bruno Grönings Lehre gestellt werden, fordern Kraft, Energie und einen klaren Blick. All das finde ich durch die Kraftaufnahme des Heilstroms und in der Gemeinschaft der Bruno Gröning-Freunde.

Ich habe zwar lange Zeit gebraucht, um die Bedeutung Bruno Grönings, seiner Lehre, der regelmäßigen Kraftaufnahme und der Gemeinschaft für mein Leben zu erfassen, aber es hat sich gelohnt.
Und ich wünsche jedem, der sich auch aufmachen will, alles Gute, viel Geduld und die ganze Durchhaltekraft!

Andrea Diemer

Markus Weiß

Wie immer in meinem Leben brauchte ich jedoch einen Beweis, und der ließ nicht lange auf sich warten.

Ich kann mich noch gut an meine erste Begegnung mit dem Bruno Gröning-Freundeskreis im Frühjahr 1993 erinnern. Meine Mutter erzählte mir vor dem ersten Informationsvortrag nur in wenigen Sätzen, was mich an diesem Samstagnachmittag erwartete. Eigentlich hatte ich mir wie jedes Wochenende vorgenommen, während meiner Lieblingsbeschäftigung, dem Bauen von Modellflugzeugen, die Radioübertragung der Fußball-Bundesliga anzuhören. Es fiel mir dementsprechend schwer, mich ins Auto zu setzen, die Fußballübertragung ausfallen zu lassen und zu der Jugendstunde zu fahren. Die Überredungskünste meiner Mutter und die Tatsache, dass meine Schwester mit zu dem Vortrag kommen wollte, erleichterten meine Entscheidung. Etwas seltsam war mir schon zumute, als ich den Raum, in dem der Vortrag stattfinden sollte, betrat. Ich hatte nur wenig über den Inhalt gehört. „Geistige Heilung" war ein Thema, das mich nicht sonderlich interessierte. Klar, ich hatte einige Probleme mit meiner Gesundheit, aber ich glaubte, das aushalten zu können. Es war ja normal – welcher Jugendliche hat das nicht?

Der Raum war ein Nebenzimmer einer Gaststätte, in dem sich zu diesem Zeitpunkt nur wenige Personen aufhielten. Nach einer sehr freundlichen Begrüßung, die mich sehr erstaunte, da ich nur die coolen Begrüßungsformeln von Jugendlichen gewöhnt war, begann der Leiter der Jugendgemeinschaft mir und meiner Schwester von der Lehre Bruno Grönings zu erzählen. Er berichtete uns von einem „Heilstrom", der Krankheiten einfach verschwinden lassen soll, von Lahmen, die wieder gehen und von Blinden, die wieder sehen konnten. Er erzählte mit so einer großen Überzeugung, dass ich das Gefühl hatte, dass er nicht lügen konnte. Aber ein Wort störte mich in seinem Vortrag: „Gott". Für mich war „Gott" eine Märchenfigur – ein alter weißhaariger Mann mit einem langen Bart. Ich konnte mich mit diesem Begriff nicht anfreunden. Ich glaubte zwar daran, dass es noch unerforschte Dinge und Phänomene gibt, aber eine solche Gestalt konnte nicht in mein Weltbild passen. Auch die unglaublichen Erfolge, die der Heilstrom bewirken sollte, waren für mich nicht greifbar. Eine Sache hatte mich an diesem Tag dennoch fasziniert: die Freundlichkeit der anwesenden, meist jungen Leute. Eine Herzlichkeit, die mir bis dahin bei fremden Leuten unbekannt war. Dieses Erlebnis bewog mich, alle drei Wochen zu den nächsten Treffen der Jugendgemeinschaft zu fahren. Ich hörte in diesen Gemeinschaftsstunden neben einigen Vorträgen über das Leben Bruno Grönings auch einige Berichte über Heilungen, die der Heilstrom hervorgerufen hat. Wie immer in meinem Leben brauchte ich jedoch einen Beweis, um das Gehörte auch glauben zu können – und der ließ nicht lange auf sich warten: Bei einem der folgenden Treffen mussten wir die Gemeinschaftsstunde in einem anderen Raum abhalten. Als ich den Raum betrat, bemerkte ich einen beißenden Geruch in der Nase. Es war der Geruch von Holzschutzmitteln, mit denen die Holzverkleidungen an den Wänden behandelt worden waren und die mir und der ganzen Familie seit einigen Jahren große gesundheitliche Probleme bereiteten.

Im Jahre 1976, ich war zu diesem Zeitpunkt zwei Jahre alt, bauten meine Eltern ein Haus, in dem die ca 150 m² Holzdecken mit einem handelsüblichen Holzschutzmittel behandelt wurden. Während der folgenden elf Jahre ging es mit der Gesundheit der ganzen Familie bergab. Im Jahre 1986 war meine gesundheitliche Verfassung auf dem Tiefpunkt. Ich hatte über mehrere Monate fast jeden zweiten Tag so starke Kopfschmerzen, dass ich mein Zimmer total verdunkelte und mich mit einem Beutel Eiswürfel auf der Stirn ins Bett legte. Dazu kam eine Kraftlosigkeit und Müdigkeit, wegen der ich mich meist auf allen Vieren durch das Haus bewegte. Wegen häufig auftretender Bronchitis und Mittelohrentzündungen und den damit verbundenen Antibiotika wurde ich sehr anfällig für weitere Krankheiten. Auch in der Schule konnte ich kaum noch dem Unterricht folgen und dementsprechend war wegen der großen Anzahl von Fehlzeiten meine Versetzung in die nächste Klasse gefährdet. Aber nicht nur ich war gesundheitlich am Boden, auch meine Eltern und meine Schwester waren schwer krank geworden. Kein Arzt konnte uns wirklich helfen; eine genaue Diagnose gab es nicht. Meine Eltern versuchten über verschiedene Wege die Gesundheit der ganzen Familie wieder in den Griff zu bekommen und erfuhren Ende 1986 von durch Holzschutzmittel hervorgerufenen Krankheiten. Ein anerkanntes Umweltlabor hatte daraufhin in unserem Haus umfangreiche Raumluft- und Materialuntersuchungen durchgeführt. Die Messergebnisse bestätigten die Vermutung. Der in den Holzproben gemessene Anteil an PCP lag um das Dreitausendfache über dem vom Umweltbundesamt als maximale tolerierbare Schadstoffkonzentration angegebenen Wert. Auch in der Raumluft wurde eine stark erhöhte Schadstoffkonzentration gemessen. Das Problem an diesen in Holzschutzmitteln verwendeten Mitteln ist, dass sie die Eigenschaft haben, zu kontaminieren. Das heißt, sie gasen über Jahrzehnte aus, werden von allen porösen Materialien sowie Pflanzen, Tieren und Menschen aufgenommen und gespeichert. Innerhalb von wenigen Wochen bereiteten wir auf Anraten des zuständigen Gesundheitsamtes den Auszug aus dem Haus vor und zogen Ende 1987 mit der vierköpfigen Familie in ein Einzimmerapartment. Das Problem an diesem Auszug war für mich nicht, dass wir das große Haus (auf das ich immer stolz gewesen war) verlassen mussten, sondern die Tatsache, dass wir nichts mitnehmen konnten. Die aus den über Jahre hinweg aus den Holzdecken ausgegasten Giftstoffe hatten alle Gegenstände verseucht. Nur wenige meiner Spielzeuge, die in aufwendigen Waschaktionen gereinigt werden konnten, durfte ich einige Zeit später wieder verwenden. Das meiste aber war für mich für immer verloren.

Meine gesundheitliche Verfassung hatte sich nach dem Auszug schnell gebessert. Die Kopfschmerzen traten nur noch selten auf, ich hatte viel mehr Kraft als vorher und in der Schule konnte ich wieder besser und konzentrierter aufpassen. Aber eines blieb weiter: Wenn ich mich auch nur kurz in Räumen aufgehalten habe, in denen Holzdecken oder Holzwände mit Holzschutzmitteln behandelt worden waren, begannen die bekannten Symptome erneut. Ich hatte etwa eine Woche lang die gleichen Kopfschmerzen wie vor dem Auszug sowie eine Kraftlosigkeit und Müdigkeit. Ebenso blieben bei der ganzen Familie diverse Allergien bestehen, die meine Mutter dazu veranlassten, für jedes Familienmitglied ein eigenes Essen zu kochen, da jeder wegen allergischen Reaktionen viele Lebensmittel nicht vertragen konnte. An ein normales Leben war auch jetzt nicht zu denken. Schon eine kleine Urlaubsplanung stellte uns vor fast unüberwindbare Hindernisse. Nachdem wir in Erfahrung bringen mussten, ob in dem Hotel oder der Ferienwohnung Holzdecken eingebaut waren, die mit Holzschutzmitteln behandelt wurden, mussten wir uns auch noch um die Verpflegung kümmern. Da die wenigsten Hotels Gerichte für Allergiker anboten, blieb uns nichts anderes übrig, als uns in einer Ferienwohnung mit mitgebrachten, auf ihre Verträglichkeit geprüften Lebensmitteln zu versorgen. Vor einer Klassenfahrt nach Italien haben wir uns sogar vor Ort die Übernachtungsmöglichkeit ansehen müssen.

So kam ich also an einem Samstag kurz nach meinem ersten Kontakt mit dem Freundeskreis in diesen provisorischen Gemeinschaftsraum und hatte diesen besonderen Geruch der Holzschutzmittel in der Nase. Sofort musste ich an die letzten Jahre zurückdenken und mir war klar, dass ich in diesem Raum keine Minute länger bleiben durfte. Ich erinnerte mich an eine Vereinsfeier wenige Wochen zuvor, die in ähnlichen Räumlichkeiten stattgefunden hatte, und ich danach für eine Woche mit Kopfschmerzen im Bett lag. Ich wollte nur kurz den Gemeinschaftsleiter informieren, dass ich nicht an der Stunde teilnehmen könne. Er antwortete mir mit einer Frage, ob ich denn glauben könne, dass auch dieses Leiden durch den Heilstrom überwunden werden kann. Ich war mir nicht sicher. Aber ich entschloss mich aus Gründen, die ich selber nicht genau kannte, in der Gemeinschaftsstunde zu bleiben.

Als ich am nächsten Tag aufwachte, stellte ich fest, dass ich mich sehr wohl fühlte. Ich hatte keine Kopfschmerzen, wie ich es nach einem Aufenthalt in solchen Räumen gewohnt war. Auch von einer Kraftlosigkeit war nichts zu spüren. Ich wusste nicht, was ich davon halten sollte. Ich wollte den nächsten Tag abwarten. Auch am darauf folgenden Tag war von den bekannten Symptomen nichts zu spüren und ich erzählte meiner Mutter von meinem Erlebnis. Ungläubig fuhr sie noch am gleichen Tag zu dem Raum, um ihn selber zu inspizieren. Sie berichtete mir am Abend, dass auch sie deutlich die Holzschutzmittel feststellen konnte. Ich war erstaunt. Alles, was ich in den Gemeinschaftsstunden gehört hatte, erschien auf einmal glaubwürdig. Ich konnte ab diesem Zeitpunkt glauben, dass, wie ich in dem ersten Informationsvortrag gehört hatte, Lahme wieder gehen und Blinde wieder sehen können. Aber in mir nagte noch ein leiser Zweifel. Würde diese Heilung auch länger anhalten und würden auch nach einem längeren Aufenthalt in solchen Räumen keine Symptome mehr auftreten?

In den folgenden Monaten hatte ich keinerlei Probleme mehr mit Holzschutzmitteln gehabt. Aber diesen Zweifel konnte ich nicht ganz ausräumen. Bis zu einem zweiten Erlebnis im Sommer des gleichen Jahres. Ich war mit meiner Mutter nach Österreich gefahren, um zusammen mit Freunden aus der Gemeinschaft eine Woche lang in den Bergen zu wandern. Am Ende der Woche unternahmen meine Mutter und ich eine Zweitagestour mit Übernachtung auf einer Berghütte. Nach einer schönen Wanderung erreichten wir am späten Nachmittag die Berghütte. Wir hatten gerade die Hütte betreten, da fing es draußen an zu gewittern. Aber was mussten wir feststellen?: Wir hatten beide wieder den Geruch von Holzschutzmitteln in der Nase. Was sollten wir nun tun? Absteigen konnten wir wegen dem Gewitter nicht, das sich mittlerweile zu einem ausgewachsenen Unwetter formiert hatte. Außerdem befanden wir uns 1000 Meter über der nächsten Ortschaft. Ich erinnerte mich an das Erlebnis in der Gemeinschaftsstunde, aber würde eine ganze Nacht in solchen Räumen ebenfalls keine Nachwirkungen hinterlassen? Aber was blieb uns anderes übrig? Wir machten das, was wir in der Gemeinschaftsstunde gelernt hatten: Wir nahmen die geistige Kraft auf und baten für einen guten Abstieg am nächsten Tag. Es kostete mich schon einiges an Überwindung, hatte ich doch in den letzten Jahren gelernt, dass sportliche Anstrengungen nach einem Aufenthalt in solchen Räumen unmöglich waren.
Die große Überraschung folgte dann am nächsten Tag. Ich erwachte und hatte keinerlei Anzeichen der bekannten Symptome: keine Kopfschmerzen, keine Kraftlosigkeit und keine Müdigkeit. An diesem Tag unternahmen wir noch eine fünfstündige Wanderung zurück zum Ausgangsort, ohne dass ich mich in irgendeiner Weise schwach gefühlt hätte, wie es noch ein halbes Jahr zuvor gewesen wäre.
Von diesem Zeitpunkt an war ich vollkommen überzeugt. Ich hatte es an meinem eigenen Körper erlebt, wie der Heilstrom wirkt.

Seit dieser Zeit sind mittlerweile fünf Jahre vergangen. Ich habe noch viele weitere große und kleine Dinge erlebt, die mich darin bestärkt haben, mich immer mehr für den geistigen Weg zu interessieren. Gott ist für mich vom weißhaarigen Mann mit langem Bart zu einem unbegreiflichen Wunder geworden.

Markus Weiß

Sylke Bunger

Das Leben ist viel zu kurz, um das alles zu verpassen!

Im Mai 1993 hörte ich zum ersten Mal durch meine Mutter von der Lehre Bruno Grönings. Sie hatte Heilung erlebt und war ganz angetan davon, sodass ich im September des gleichen Jahres dann auch begann, mich mehr dafür zu interessieren.

Ich war damals 22 Jahre alt, mitten in einer Ausbildung zur Sozialversicherungsfachangestellten. Wir waren eine lustige Truppe. Es ging heiß her. Ich selbst war nie schwer krank und hatte auch sonst ein recht behütetes Leben. Und mit den Regelschmerzen, die mich oft einen Tag flachlegten, mit ständigen Pilz- und Bakterieninfektionen im Geschlechtsbereich und einer Augenmigräne hatte ich lernen müssen zu leben. Etwa eine halbe bis 3/4 Stunde sah ich oft nur die Hälfte, und anschließend war der Rest des Tages mit Schmerzen ausgefüllt. Doch das gehörte dazu, solche Wehwehchen hatte doch jeder. Seit meinem 15./16. Lebensjahr kannte ich nichts anderes.

Ich war der Meinung, ich hätte alles, was man zum Leben braucht. Einen Freund, viele Bekannte, eine tolle Arbeit, viel Spaß und wenig Schlaf.
Als ich dann von der Lehre Bruno Grönings hörte und begann, mich näher damit zu beschäftigen, stellte ich bald fest, dass ich lange nicht alles hatte. Zu meinem Leben gehörten nicht nur die „kleinen Wehwehchen“, sondern genauso Stress, Eifersucht, Neid, Angst und Sorgen.
Ich war jedoch anfangs viel zu beschäftigt, um das alles ernst zu nehmen, was mir durch diese Lehre weitergegeben wurde. Es gab zu der Zeit kaum einen Tag, an dem ich nicht irgendeiner Verabredung hinterherjagte, bis in den frühen Morgen in der Disko war oder auf irgendeiner Fete hockte. Ich hatte immer Angst, etwas zu verpassen oder nicht mitreden zu können. Besonders durch die Trennung meiner Eltern hielt ich es nicht zu Hause aus und stand unter dem Zwang, ständig unterwegs zu sein. Ich konnte diese Situation nicht anders bewältigen. Allerdings muss ich auch dazu sagen, dass ich mir mein Leben damals gar nicht anders vorstellen konnte, und junge Menschen, die ihr Augenmerk auf etwas anderes gelegt haben, belächelte ich innerlich und auch äußerlich. „Die müssen doch nicht ganz fit sein.“ – „Man ist doch nur einmal jung.“ – „Das Leben ist viel zu kurz, um das alles zu verpassen!“

Circa ein halbes Jahr nachdem ich eingeführt wurde, stand ich vor meiner Abschlussprüfung und gleichzeitig vor dem Rätsel, wie ich den ganzen Stoff in mein kleines Hirn hineinkriegen sollte. Also fing ich an, mich regelmäßig einzustellen, so wie es Bruno Gröning zu Lebzeiten empfohlen hat. Er hat uns darauf aufmerksam machen wollen, dass die göttliche Kraft da ist und immer da war. Wir können diese Lebenskraft zum Guten in unserem Leben einsetzen. Ich wollte es prüfen und hatte auch keine Probleme zu glauben, dass es diese Kraft gibt. Ich begann, mir Zeit für mich zu nehmen, trotz des Lernstresses, und merkte schon bald, dass mir dadurch einiges leichter fiel.
Ich stand vor der Prüfung und wusste, dass ich genau in den Tagen meine Regel kriegen würde, und dachte mit Grauen an die Schmerzen. Gleichzeitig fiel mir aber auch ein, dass diese Schmerzen ja eigentlich nicht sein müssen. Ich musste ja nur um Hilfe von oben bitten. Das tat ich. Was ich dann erlebte, machte mich wachsam. Ich bekam meine Regel genau am ersten Tag der Prüfung, jedoch habe ich fast nichts davon mitgekriegt. Ich hatte keinerlei Schmerzen, war zudem die Ruhe in Person und konnte meine Klausuren bis zu einer Stunde früher abgeben. Ich war bis zu der Zeit eine typische Mittelklasse-Auszubildende mit Tendenz nach oben, aber diese Prüfung schloss ich mit dem besten Prüfungsergebnis ab und wusste genau, dass ich es ohne diese Hilfe der Kraftaufnahme niemals geschafft hätte. Von da an wusste ich, dass an dieser Lehre etwas dran ist.

Mittlerweile konnte ich einiges dazu lernen. Ich bemühe

mich, mir keine Sorgen mehr zu machen über das, was war, ist oder sein könnte. Ich will mich nicht mehr niederdrücken lassen von solchen Gedanken. Mein Glaube, dass es eine Kraft gibt, die es besser weiß als ich, hilft mir dabei. Und warum soll ich mir über Dinge Gedanken machen, die sich oft auch damit nicht lösen lassen? In vielen Fällen ist es doch so, dass wir grübeln und grübeln, dadurch aber nichts erreichen, außer schlechte Laune oder gedrückte Stimmung. Im Nachhinein stellt sich dann heraus, dass alle Sorgen umsonst waren, aber die Zeit haben wir uns vermiesen lassen.

Eifersucht spielte eine große Rolle in meinem Leben, aber diesem Gefühl möchte ich jetzt keine Beachtung mehr schenken. Ich habe kein Bedürfnis mehr danach, über andere Menschen schlecht zu reden, und außerdem bin ich von den alten körperlichen Belastungen völlig befreit. Es ist schön, Vertrauen in diese Kraft zu finden und zu wissen, dass sich immer alles zum Guten wenden kann, wenn ich nur will und mich dafür öffne. Ich bin gesund und habe viele wahre Freunde dazugewonnen.
Ich wünsche jedem, dass er solche überzeugenden Erfahrungen machen darf, denn das Leben ist doch viel zu kurz, um das alles zu verpassen …
Alles Gute!

Ralf Spitz

Heute lebe ich schmerzfrei.

Seit meiner Kindheit litt ich an einer eitrigen Bronchitis, die sich über mehrere Jahre hinzog. Ich hatte häufig Hustenanfälle und bekam wenig Luft. So war ich ständig in ärztlicher Behandlung und bekam Penicillin. Es traten danach Besserungen ein, die jedoch nicht lange anhielten. Ich war lustlos und litt unter Antriebsschwäche.

1981 hatte ich auf dem Heimweg von der Schule einen Ohnmachtsanfall. Ich stand an der Bushaltestelle, als mir plötzlich schwarz vor Augen wurde. Ich fiel um und war einige Zeit bewusstlos. Mit einer Kopfplatzwunde wurde ich ins Krankenhaus eingeliefert und dort für drei Tage stationär aufgenommen. Die Anfälle wiederholten sich dann in unregelmäßigen Abständen. Anfangs einmal jährlich, später immer öfter, z. B. in der Schule, bei der Lehrstelle oder beim Arzt. Nach einem Anfall war ich circa fünf Minuten bewusstlos und mein Blutdruck fiel stark ab. Ich musste längere Zeit mit hochgelagerten Beinen liegen, bis sich alles etwas erholt hatte. In dieser Zeit fühlte ich mich sehr schlecht und brauchte ein bis zwei Tage Erholung.

Außerdem hatte ich starke Schwindelgefühle und immer stärker werdende Kopfschmerzen, die von der rechten Kopfhälfte bis zur Stirn ausstrahlten.

Nach mehreren Untersuchungen (Blut, EEG, EKG u. a.) lautete die Diagnose: vegetative Dystonie mit Funktionsstörungen im Kreislauf und Wachstumsstörungen. Dies wurde mit Medikamenten zur Verbesserung des Kreislaufs, zur Stärkung des Immunsystems und mit Mineraltabletten behandelt.

In dieser Zeit hatte ich ständig Angst vor einem neuen Anfall. Wurde das Schwindelgefühl oder die Kopfschmerzen stärker, wuchs auch die Angst, erneut umzufallen. An Engstellen und zwischen hohen Kaufhausregalen fürchtete ich, dagegenzustürzen. Besonders beim Autofahren hatte ich Angst, ohnmächtig zu werden und zu verunglücken. Die Situation wurde immer unerträglicher.

Ich war niedergeschlagen und bedrückt, ich hatte Depressionen, wenn ich mich mit Freunden verglich, die gesund waren. Ich war nervös und reizbar. Lediglich nach dem Sport ging es mir besser. Die Schwindelgefühle und Kopfschmerzen wurden von Mal zu Mal stärker, und die Ärzte meinten, damit müsste ich leben.

Gleichzeitig hatte ich ständig entzündete Stirn- und Nasennebenhöhlen. Zusammen mit der Bronchitis führte das häufig zu Atemnot und ständigem Husten, Schnupfen und Heiserkeit. Beim Sport machte mir die Atemnot zu schaffen. Bei einem Test beim HNO-Arzt im Frühjahr 1989 wurde festgestellt, dass ich durch die Nase nur 10 % der normalen Luftmenge einatmen konnte. Gleichzeitig wurde eine Allergie gegen Hausstaub und Katzen diagnostiziert.

Als einzige Hilfsmöglichkeit von ärztlicher Seite wurde mir eine Spritzkur (Desensibilisierung) empfohlen. Diese Behandlungsmethode lehnte ich jedoch ab.

Seit 1983 spürte ich beim Greifen und Heben von Gegenständen immer wieder stechende Schmerzen im rechten Handgelenk, die sich bis in die Handfläche hineinzogen. Am Daumenansatz entstand eine immer größer werdende Beule (Überbein), die die Schmerzen verursachte. Im Juni 1988 wurde das Überbein operativ entfernt. Nach dem Heilungsprozess hatte ich ca. sechs Monate Ruhe. Danach war die Beule an der gleichen Stelle wie vorher wieder da, und die Schmerzen waren sogar schlimmer als vorher.

Trotz aller Beschwerden ging ich regelmäßig meinem Beruf nach. Ich fühlte mich jedoch sehr belastet und wurde lebensmüde.

Ich las irgendwann ein Einführungsbuch in die Lehre Bruno Grönings von meinen Eltern und konnte glauben, was dort über den Heilstrom geschrieben wurde. Ich stellte mich danach ein und spürte den Strom. Im April 1992 wurde ich dann eingeführt.

Die Kopfschmerzen und das Schwindelgefühl verstärkten sich nach meiner Einführung. Zwischen April und August 1992 fiel ich ungefähr noch zweimal in Ohnmacht. Das konnte ich jedoch nicht als Regelung annehmen. Als ich dann besser an Regelungen glauben konnte, hatte ich das Gefühl, nochmals die Einführung besuchen zu sollen.

Dort berichtete am 22.8. ein Freund von seiner Heilung am Herzen und sagte, dass er dabei alle Unordnung in sich abgegeben hatte. Darauf trennte ich mich von der Belastung und gab sie gedanklich an Bruno Gröning ab. Danach wurde mir sehr warm, und ich hatte irgendwie ein komisches Gefühl.
Der Freund erzählte weiter, dass es ihm nach dem Abgeben ganz schlecht geworden war und er sich auf den Boden legen wollte. Genauso fühlte ich mich auch. Ich hätte mich auf den Boden legen können. Dabei wurde ich ohnmächtig und rutschte vom Stuhl. Ich lag ca. zehn Minuten besinnungslos auf dem Boden.
Als ich wieder zu mir kam, sprach zu mir eine innere Stimme: „Du brauchst jetzt keine Angst zu haben, alles wird gut.“ Am ganzen Körper war ich nassgeschwitzt.
Es war mir peinlich vor allen Leuten in Ohnmacht gefallen zu sein, und ich war froh, als die Einführung beendet war. Aber ich konnte selbständig hinausgehen, was bei früheren Ohnmachtsanfällen nie der Fall war.
Nach dieser Einführung schlief ich drei bis vier Stunden und schwitzte dabei stark. Als ich erwachte, hatte ich das Gefühl, dass ich keine Medikamente mehr brauchte, und entsorgte sie alle. Eine Woche lang schwitzte ich jede Nacht. Auch schwitzte ich in den nachfolgenden Gemeinschaftsstunden. Dabei glaubte ich, dass dadurch der Körper gereinigt wird. Die Kopfschmerzen traten ein Vierteljahr ungefähr dreimal täglich auf. Manchmal traten auch noch Schwindelanfälle auf. Bei sehr starken Schmerzen bat ich Bruno Gröning geistig um Hilfe und stellte mich kurz ein, um an die Gesundheit und an den Regelungsschmerz glauben zu können.

Heute lebe ich schmerzfrei. Die Ohnmachtsanfälle und die Angst davor sind nie mehr aufgetreten. Die ständigen Schwindelgefühle sind ganz verschwunden. Ich fühle mich sicher beim Autofahren, kann ohne Angst in ein Kaufhaus gehen. Die Nervosität, Reizbarkeit und Niedergeschlagenheit sind einem ausgeglichenen Grundgefühl gewichen.
Seit dem 22. August 1992 sind der ständige Husten, Schnupfen und die Heiserkeit verschwunden. Die Atemnot beim Sport besserte sich.
Am 18. März 1996 konnte der Arzt beim Bluttest keine Antikörper gegen Hausstaub mehr feststellen. In diesem Monat hatte ich beim Waldlauf überhaupt keine Atemnot mehr. Regelungsschmerzen diesbezüglich hatte ich nicht.

Ab April 1993 spürte ich ungefähr vier Monate lang Regelungsschmerzen an der Hand. Diese Schmerzen waren den früheren Schmerzen ähnlich und traten oft nach Gemeinschaftsstunden auf. Ab und zu war die Beule für Stunden dünner, dann war sie wieder so dick wie vorher. Ich glaubte, dass das Überbein eines Tages dünner wird und die Schmerzen nachlassen. Seit September 1993 ist kein Überbein mehr zu sehen. Ich spüre an der Hand keine Schmerzen mehr beim Heben und Greifen. Alle Arbeiten kann ich schmerzfrei verrichten.

Am 18. März 1996 ließ ich erneut einen Allergietest machen. Ich bin nicht mehr allergisch gegen Katzen. Wann diese Heilung eintrat, weiß ich nicht mehr.
Ich danke Gott, dass ich durch die Lehre Bruno Grönings von den Beschwerden befreit wurde, und freue mich, gesund zu sein. Das ist nur möglich, glaube ich, weil Bruno Gröning uns zeit seines Lebens seine Lehre vom göttlichen Heilstrom vermittelt hat.

Ralf Spitz

Katja Büker

„Ach, Zufall!“, denkst du?

Ich kam durch meine Mutter dazu, die seit Jahren Hilfe für meinen Bruder (21 Jahre) suchte. Er litt seit seiner Geburt an Allergien, die im Alter von zwei Jahren bei ihm zu Asthma-Anfällen führten, und seitdem blieb das Asthma.
Da meine Mutter nicht alleine gehen wollte, um zu gucken, was der Freundeskreis sei und was dort „gemacht würde“, nahm sie mich mit den Worten: „Dort kann man lernen, sich und andere zu heilen“ mit. So etwas wollte ich, damals 22 Jahre alt und am Beginn meines Medizinstudiums, immer schon lernen, deshalb war ich Feuer und Flamme und kam mit.
Ich muss gestehen, ich war sehr enttäuscht, denn die Vorstellungen, die ich mir vorher gemacht hatte, trafen nicht zu. So methodisch und wissenschaftlich, wie ich dachte, war es gar nicht. Keine Rede davon, dass man ganz sicher lernen könne, sich und andere zu heilen und dann geschähe es. Stattdessen sollte man bitten und sich höherer Hilfe anvertrauen.
Trotzdem probierte ich das Ganze für zwei bis drei Wochen aus, spürte aber überhaupt nichts. Tatsächlich brauchte ich ein Jahr, bis ich endlich merkte, dass da wirklich etwas war. Nach zwei Wochen wurde ich auf jeden Fall trotzig und böse, denn es geschah alles nicht so, wie ich es wollte mit den Heilungen und Hilfen. Ich beschloss, dass das alles „Blödsinn“ sei, und warf das Bild von Bruno Gröning in den Mülleimer. Meine Eltern holten es dort wieder heraus.
Ich weigerte mich ein Jahr lang hartnäckig, noch irgendetwas mit dem Freundeskreis und einem Bruno Gröning zu tun zu haben, obwohl meine Eltern mich immer wieder überreden wollten. – Schließlich wurde ich in Ruhe gelassen.

Ich sah dann aber selber, dass meine Eltern, die regelmäßig zu den Treffen gingen, sich veränderten. Unser Haussegen hing damals oft schief, denn mein Vater hatte seit dem 20. Lebensjahr Dornwarzen unter den Füßen, die so weh taten, dass er kaum laufen konnte. Dreimal hatte er seine Füße schon erfolglos operieren lassen. Er blieb also zu Hause, ging nicht weg und hatte außer lesen und fernsehen kein Hobby. Meine Mutter ist ein ganz anderer Typ und wäre gerne ausgegangen, aber mein Vater war nicht dazu zu bewegen. Die beste Harmonie war deswegen nicht gerade zwischen den beiden. Außerdem war mein Vater selber auch frustriert, dass er nichts machen konnte und dementsprechend oft schlecht gelaunt. Er hatte mit 20 Jahren das Rauchen angefangen und oft Alkohol getrunken, was sich immer mehr gesteigert hatte. Zu der Zeit, als wir vom Freundeskreis hörten, trank er häufig abends eine Flasche Wein und war „zu“. Er hatte dann erst recht miese Laune, die er an meinem Bruder, meiner Mutter und mir ausließ. Reden half nichts.

Und mein Bruder war gegen so ziemlich alles allergisch: Süßigkeiten, Tiere, Gräser, anderes Essen etc. Als Kind sollte ich Süßes heimlich essen, damit er es nicht sah. Tiere durften nicht in die Wohnung, obwohl ich gerne Haustiere gehabt hätte. Ich schleppte mit zwölf Jahren einfach ein Kaninchen und einen Hamster an, die dann ein trauriges Dasein in unserer Gartenhütte fristeten.

Reiten musste ich aufgeben, weil es nicht möglich war, mich anschließend durch Duschen, Haare waschen und Umziehen komplett vom Pferdegeruch zu befreien. Mein Bruder bekam trotzdem einen Anfall. Ich war damals elf und er sechs Jahre alt. Die Allergie war so schlimm, dass er 1992 mit 17 nach einem Schluck Stutenmilch einen anaphylaktischen Schock bekam und per Notarztwagen auf die Intensivstation gebracht wurde.

Ich war oft deprimiert und hatte das Gefühl, nichts ändern zu können; nicht in der Familie, nicht auf der ganzen Welt. Ich war hilflos und schlecht gelaunt.

Seitdem meine Eltern dann aber im Freundeskreis waren, ging eine Veränderung in unserer Familie vor: Mein Vater wurde durch das Einstellen die Warzen los und kann wieder laufen. Sie sind nicht mehr zu sehen, die Schmerzen sind weg, er nimmt sogar an Bergwanderungen teil. Natürlich ist mein Vater jetzt viel glücklicher. Kurze Zeit später hat er dann auch mit Rauchen und Alkohol aufgehört.

Ich konnte es nicht lassen und habe eine Katze mit nach Hause gebracht, die sich die meiste Zeit in unserer Wohnung aufhält. Diese Katze bereitet meinem Bruder keinerlei Probleme. Er selbst glaubt nicht an Bruno Gröning und ist noch nie mit zu den Treffen gekommen. Und trotzdem geht es ihm so viel besser. Ihm machen jetzt, 1997, nicht einmal Pferde etwas aus. Er bekommt keinen Asthma-Anfall mehr in ihrer Nähe, nichts.

Schließlich kam auch ich wieder dazu, mich mit der Lehre Bruno Grönings zu befassen, widerwillig zuerst. Aber ich habe so viele Hilfen bei Klausuren und in anderen Bereichen erlebt.

Bevor ich von diesem Freundeskreis hörte, hatte ich häufig Probleme mit meinem Unterleib: Entzündungen, Schmerzen, sodass ich zum Arzt musste, um mir Medikamente verschreiben zu lassen. Es war sogar so schlimm, dass ich im Sommer nicht mehr schwimmen gehen konnte, ohne anschließend eine Blasenentzündung zu haben. Ich konnte nicht mal auf einem Motorrad mitfahren oder mich auf kalte Steine setzen, schon hatte ich Beschwerden. Nachdem ich so ungefähr zwei Jahre in diesem Freundeskreis war und mich tatsächlich auch einstellte, bemerkte meine Mutter plötzlich, dass ich ja gar keine Unterleibsbeschwerden mehr gehabt hatte. Und sie hatte Recht. Mir war das noch gar nicht aufgefallen. Ich kann wieder schwimmen gehen und den Badeanzug danach am Körper trocknen lassen, ohne mir dadurch eine Blasenentzündung zuzuziehen. Ich bin schon mehrfach auf einem Motorrad mitgefahren und setze mich wieder ohne weiter nachzudenken auf kalte Steine und es geht mir gut.

Wie ich schon erwähnt habe, studiere ich. Vom ersten Semester an habe ich Hilfen erlebt. So musste ich eine Chemie-Klausur schreiben. Irgendwie kam dem Professor eine der Kopien abhanden, sodass kurzfristig eine neue Klausur zusammengestellt werden musste, die aufgrund der Kürze der Zeit aus Teilen alter, schon vorher gestellter Arbeiten bestand und somit bedeutend einfacher war als die ursprünglich vorgesehene. Bei der Terminologie-Klausur war ausnahmsweise ein noch unerfahrener Professor für die Aufgaben zuständig, sodass die Arbeit sehr einfach war. Vorgesehen waren ca. 40 Minuten Prüfungszeit, aber fast alle Studenten waren nach fünf bis zehn Minuten fertig. Im zweiten Semester bekam ich bei einer als schwierig bekannten Klausur die offiziell nicht herausgegebenen Lösungen älterer Klausuren, die ich stur auswendig gelernt habe. Tatsächlich bestand die Klausur dann aus vielen Altfragen und ich habe bestanden. Die Semester nach uns bekamen neue Aufgaben, da der Klausurstil dieses Faches etwas umgestellt wurde. Einmal hatten die Assistenten des Professors in einem anderen Fach einen Fehler gemacht und nicht genug Klausurbögen für alle Studenten mitgebracht, sodass automatisch jeder von uns bestanden hatte und die Klausur gar nicht geschrieben wurde. So etwas dürfte eigentlich gar nicht vorkommen.

„Ach, Zufall!“, denkst du? Ja, zufällig hatte ich damals sehr viel Zeit für die Esperanto*-Übersetzungsarbeiten und Kurse im Bruno Gröning-Freundeskreis gebraucht, die ich mittlerweile leite, um die multinationalen Kontakte auf viele Brieffreunde verteilen zu können. Da blieb oft nicht viel übrig zum Lernen. Aber es war für einen guten Zweck, nicht aus Faulheit. Und dieses Gute hat mich spürbar geschützt und gestützt.

Natürlich war es nicht bei allen Arbeiten so. Bei vielen anderen habe ich viel gelernt und dann bestanden. Ich musste nichts wiederholen, was für mich oft unfassbar war.

Mittlerweile bin ich fast fertig mit dem Studium.

Ich habe einfach nicht mehr das Gefühl, dem Leben machtlos ausgeliefert zu sein.

Ich kann glauben, dass alles gut wird, und selbst etwas dazu tun. Frieden in der Familie, Gesundheit und es „leichter haben“ im Beruflichen ist es mir wert.

K. Büker

*eine zur Förderung der Völkerverständigung entwickelte internationale Kunstsprache

Doris Eberl

Der Unterschied zwischen Musizieren aus Liebe und Musizieren, um anerkannt zu sein.

Mit vier Jahren begann ich Blockflöte zu spielen und mit neun Jahren Querflöte. Seitdem ließ mich dieses Instrument nicht mehr los. Bald kam ich in die Musikschule und nach ein paar Jahren durfte ich im Schülerblasorchester der Schule mitspielen, das der Direktor leitete. Dadurch bekam ich erst so richtig Lust zu musizieren und ich übte auch fleißiger. Der Direktor unterstützte und förderte mich sehr, und so durfte ich 1992 mit dem Konzertfachstudium am Bruckner-Konservatorium/Linz beginnen. Nebenbei ging ich in das Oberstufenrealgymnasium in Vöcklabruck.
Im ersten Jahr kam ich mit der Doppelbelastung ganz gut zurecht. In der Schule hatte ich weiterhin prima Noten und auch mit der Querflöte ging es gut voran. Aber ich bekam auch immer mehr Interesse an Ausgehen, Leute-Kennenlernen usw. Dadurch schlief ich sehr wenig, ich wollte ja ehrgeizig, wie ich war, trotzdem gute Leistungen bringen. An meinen Körper dachte ich dabei sehr wenig, da alles relativ locker ging.

Bald war es für mich klar, dass ich mich nach der Matura ganz auf die Musik und das Studium meines Instrumentes konzentrieren wollte.
Da kamen im Maturajahr schleichende Kopfschmerzen, die sich zu einem Dauerkopfschmerz entwickelten. Dazu kamen Konzentrationsstörungen beim Lernen und Üben. Aus Angst, nichts mehr schaffen zu können, bekam ich auch massive Schlafstörungen. Beruhigt habe ich mich mit großen Mengen Süßigkeiten. In den Spiegel schaute ich nun mehr ungern. Da schauten mich geschwollene Augen aus einem aufgedunsenen Gesicht an.

Irgendwie kämpfte ich mich bis zur Matura, die ich auch ganz gut bestand. Bis dahin hatte ich geglaubt, wenn dann die Belastung in der Schule wegfallen würde, dann würden auch die Schmerzen und anderen Stresssymptome verschwinden, aber dem war nicht so. Die Schmerzen blieben und damit begann

der Weg von Arzt zu Arzt, zu Masseuren, zu Heilpraktikern, aber nichts half. Auch Akupunktur und Homöopathie zeigten keine Wirkung.
Mittlerweile machte mir auch die Querflöte keinen Spaß mehr. Das Üben war mir viel zu anstrengend, ich wollte den ganzen Tag nichts tun und nur mehr schlafen. Außerdem sagten mir die Ärzte, ich solle aufhören, dieses Instrument zu spielen, da ich eine Fehlbildung an der Halswirbelsäule hätte und diese schräge Haltung mir sehr schaden würde.
Da stellte sich aber jetzt die Frage: was tun? Ich hatte nur Matura, keinen Beruf und das, was ich studieren wollte, sollte ich nicht mehr machen.

Nun kamen auch Depressionen dazu. Oft lag ich tagsüber nur im Bett und weinte. In der Nacht stand ich auf und hatte Schokoladenfressanfälle. Aber die Erinnerung an das Gefühl der Freude, welches ich beim Musizieren immer verspürt hatte, ließ mich doch nie ganz los. Und so hielt ich mich daran fest und sagte zu mir selber: „Ein Jahr probierst du es aus. Dann sehen wir weiter."
Da ich mich so spät entschieden hatte, fand ich keine Wohnung mehr in Linz und so zog ich in ein Heim, in dem Studenten, Arbeiter und Arbeitslose wohnten. Ich ging so gut wie gar nicht mehr aus, da ich mich selber nicht mehr mochte und mich nur vor allen Menschen verstecken wollte. Aber die meisten Bewohner des Heimes gingen sehr viel aus, auch meine Zimmerkollegin. So ging es die meisten Nächte rund und vor vier Uhr morgens war das Schlafen fast unmöglich. Um sieben Uhr musste ich aber wieder raus, denn wenn man nach acht Uhr zum Konservatorium kam, bekam man keine Übezimmer mehr.
Ihr könnt euch vorstellen, dass sich mein Zustand nicht verbesserte und schon gar nicht das Üben und Spielen auf der Querflöte. Ich brachte sie einfach nicht mehr zum Klingen. Alles war nur verkrampft und unendlich kraftlos.

Ich wurde immer verzweifelter. An den Wochenenden fuhr ich nach Hause und verbrachte sie mit Süßigkeiten vor dem Fernseher.
Irgendwann fing ich dann zu beten an, was ich schon lange nicht mehr getan hatte. Ich dachte: „Irgendwo muss es doch noch Hilfe geben!" Kurz darauf sah meine Mutter die Sendung von Ilona Christen, in der über den Bruno Gröning-Freundeskreis gesprochen wurde. Natürlich hatte sie sich die ganze Zeit über große Sorgen um mich gemacht, und so rief sie gleich bei Frau Häusler an. Diese sorgte dafür, dass wir Informationsmaterial bekamen, und gab meiner Mutter die Telefonnummer von Frau Kurzheim, der Gemeinschaftsleiterin von Linz.
Ich sagte nur: „So ein Blödsinn, Bruno Gröning, wer soll denn das sein? …" Aber nach ein paar Wochen saß ich wieder einmal verzweifelt und weinend in meinem Zimmer im Heim. Zum Üben konnte ich mich mittlerweile auch nicht mehr überwinden. Da nahm ich endlich die Telefonnummer und rief bei Frau Kurzheim an.

Seit diesem Gespräch ging es aufwärts. Ich spürte endlich das Licht in mir wieder aufflackern, das schon einmal so groß gewesen war. Bald nach der Einführung bekam ich ein Zimmer in einer netten Wohngemeinschaft, wo auch Übemöglichkeit bestand. Von da an konnte ich wieder schlafen und fand einen Übe-Rhythmus, der mich nicht zu sehr anstrengte und doch wieder zu einem Fortschritt führte. Außerdem fing ich wieder an, Sport zu betreiben.
Nach kurzer Zeit machte mir die Musik wieder richtig Spaß, die Flöte wollte wieder klingen, und ich konnte die Aufnahmeprüfung zum Studium für Musikschullehrer machen.
Das Üben war für mich nicht mehr die Ursache für Schmerzen, es war wie Energieauftanken. Ich war dankbar, dass ich es wieder tun durfte, und sah mich als Werkzeug Gottes. Ich empfand es so, als ob ich durch Ihn, aber auch für Ihn spielen würde. Wenn ich es auch bei Auftritten schaffte, diese Einstellung und dieses Gefühl zu haben, bekam ich immer sehr viel Kraft, konnte mich gut konzentrieren und hatte auch keine Probleme mit Lampenfieber. Sobald Ehrgeiz dabei war, war ich wieder verkrampft.

Ich durfte auch schon ein paar Mal für die Bruno Gröning-Freunde spielen, das erste Mal bei einer Wien-Tagung zusammen mit Andrea Mast. Das war ein wunderschönes Erlebnis. Das Stück war nicht schwer, aber es floss sehr viel Heilstrom. Ich war so gerührt und dankbar, dass ich fast nicht zu Ende spielen konnte. Daraufhin sprach Andrea mich wegen eines Chorwochenendes in Köln an. Mittlerweile war ich schon zweimal dabei. Dort spüre ich immer sehr stark den Kampf und den Unterschied zwischen „Musizieren aus Liebe zu Gott und den Mitmenschen" und „Musizieren, um gut und anerkannt zu sein".

Dieses Jahr habe ich meine Lehrbefähigungsprüfung und dadurch wird mir immer mehr bewusst, dass ich ohne Gottes und Brunos Hilfe dieses Studium nie geschafft hätte.
Als ich den Film „Der Wunderapostel" sah, kam ich mir wie in meinem eigenen Leben vor. Ich weiß, wie wunderbar es ist, wenn man sein Instrument wieder zum Klingen bringen kann. Und das brachte für mich die seelische Heilung.

Sonja Grünefeld

Jeder hat so seine Prüfungen im Leben

Hilfe und Heilung auf geistigem Wege durch die Lehre Bruno Grönings – „Wofür braucht die denn sowas?“, denkt sich vielleicht mancher, der erfährt, dass ich schon ein paar Jahre diesen geistigen Weg gehe. Eine fast Siebzehnjährige, die nie ein Leid erfahren musste, voll im Leben stehend, fröhlich … Dem möchte ich es gerne sagen. Denn es war nicht immer ganz so schön wie heute. Halt! Um Irrtümer zu vermeiden, natürlich ist jetzt auch nicht immer alles rosarot. Jeder hat so seine Prüfungen im Leben. Und doch gibt es einen Weg, sie leichter bewältigen zu können.

Ich habe wirklich das Glück, bis jetzt nie Schlimmes erlebt haben zu müssen. Mein Zufluchtsort war immer die Musik.
Wenn ich früher traurig war, holte ich oft meine Flöte hervor, kuschelte mich in eine Ecke vom Bett und dachte mir kleine Melodien aus. Ich brauchte gar nichts dafür zu tun, meine Finger hüpften einfach drauflos und mit der Zeit wurde das Klangbild immer fröhlicher.
Aber war ich wirklich glücklich? Zu Hause gab es oft Streit, besonders mit meinem Stiefvater (meine Eltern hatten sich getrennt, als ich fünf war). Von „Freundinnen“ wurde ich nur ausgenutzt. Ich durfte mir auch kein Haustier zum Liebhaben halten, ich war sehr allergisch. Bis mich mein richtiger Vater eines Tages, zusammen mit meiner kleineren Schwester, zur Kindergemeinschaft vom Bruno Gröning-Freundeskreis mitnahm. Das war ganz nett, die Leute waren okay, der Heilstrom kitzelte so schön und vor der Stunde durfte ich den anderen Kindern was auf meiner Flöte vorspielen. Bald war ich frei von Allergien, Warzen und noch einer anderen Sache am Fuß. Meine Schwester hatte aber bald keine Lust mehr.
Ich muss sagen, die ersten Jahre war es die Musik, die mich hielt, denn nach einem Jahr oder so nahm die Kindergemeinschaftsleiterin mich mal mit zur Musikgruppe, wo alle älter als ich, jedoch nicht unbedingt besser waren.
Das gemeinsame Musizieren am Sonntagabend war für mich bald der Höhepunkt der Woche. Es war immer so lustig und so heiter dort und ich gewann gute Freunde, mit denen ich nicht nur über Musik reden konnte.
Diese Musikgruppe lehrte mich unbewusst schon so vieles, zum Beispiel Teamfähigkeit. Anfangs spielte ich immer viel zu schnell, so bewunderten die anderen manchmal meine Fingerfertigkeit. Dass es auch hin und wieder Kritik am schnellen Spiel gab, beachtete ich gar nicht so.
In der zweiten Stimme wollte ich nie spielen, es hätte ja sein können, dass man mich nicht hörte. Brachen wir ab, so betonte ich in jedem zweiten Nebensatz, dass es nicht an mir lag, ich spielte ja schließlich schon einige Jahre …

Aber kommt es denn darauf an, als einziger in der Gruppe herauszuragen?
Nein. Das habe ich mit der Zeit erkannt, ohne dass man mir es sagte. Am Anfang stellten wir uns immer gemeinsam ein, und irgendwann tat es mir selber richtig weh, wenn ich eine blöde Bemerkung machte. So änderte sich mein Verhalten langsam.
Jetzt habe ich vor, Krankenschwester zu werden. In diesem Beruf halte ich Teamgeist für sehr wichtig, man kümmert sich

schließlich als Pflege-Gruppe um das Wohl der Patienten.
Menschen helfen wollte ich schon immer, aber mit meiner früheren Einstellung hätte ich das gar nicht gekonnt. Dazu war ich viel zu ichsüchtig. Deshalb gab es auch sehr oft Machtkämpfe mit meiner Schwester. Jetzt verstehen wir uns gut, und auch mit meinem Stiefvater gibt es nicht mehr so oft Zoff. Meistens kabbeln wir nur ein bisschen.

Natürlich, man wird so oder so erwachsener. Doch ich bin mir sicher, hätte ich ohne eine entscheidende Veränderung so weitergelebt, hätte ich jetzt wahrscheinlich gar keine Freunde, wie schon damals in der Grundschule.
In der Musikgruppe spiele ich immer noch mit, auch wenn die Mitspieler zum Teil schon gewechselt haben. Auch ich habe gewechselt, nicht nur charaktermäßig, auch das Instrument. Vor zwei Jahren habe ich endlich den Mut gefasst, noch Geige zu lernen. Eine lang verlernte Erfahrung, fast von ganz vorne anzufangen und eben auch mal der Fehlermacher zu sein.
Die Geige ist ein Gefühlsinstrument. Bin ich verstimmt, so kann ich mich technisch anstrengen, wie ich will, auf der Geige bekomme ich keinen schönen Ton heraus. Zum Glück klappt es aber auch umgekehrt. Habe ich Frieden und Liebe in mir und spiele nicht, um mich zu präsentieren, sondern z. B. einfach, um mit anderen ein schönes Gesamtbild erklingen zu lassen, an dem noch viele andere Menschen Freude haben, so scheint jede einzelne Saite in der Melodie zu schweben.
Wenn ich in dieser Hochstimmung zu Hause übe, kommt jetzt auch manchmal unser Kater herein und hört mir ein Weilchen zu.
Musik ist für mich kein Trösterchen mehr, sondern eine Erfüllung, ein Mittel, um Freude und Dank gegenüber unserem Herrgott auszudrücken.

Ob ich nicht das Gefühl hätte, irgendetwas zu verpassen, ich ginge ja nie in die Disko und wäre für keine Besäufnisse zu haben. – Nein! Etwas verpassen? Wo hat man denn sonst die Möglichkeit, in einem richtigen Orchester zu spielen? Sich zwischen vielen verschiedenen Leuten getragen und geliebt zu fühlen? Wo kann man denn heute selbstkomponierte Stücke – wohlgemerkt, kein Rap oder so – gemeinsam mit Freunden aufführen, ohne dass man gleich mit Gelächter überschüttet wird? Wo Heilung erfahren? Sag mir, wo hat man ohne weiteres die Möglichkeit, ins Ausland zu fahren und dort Gemeinschaften zu treffen, die nach derselben Lehre leben wie man selber? … Und das alles, ohne seinem Glauben abzuschwören, Geld zu zahlen oder einem Verein beizutreten? Müsste ich nicht das Gefühl haben, etwas zu verpassen, wenn ich das alles nicht kennen würde? Na klar könnte ich ohne weiteres in die Disko gehen und mich besaufen. Aber ich will es nicht und sehe ja hin und wieder an meiner Schwester, dass das auch nicht unbedingt glücklich macht. Es gibt ja schließlich wahrhaft Wichtigeres!
Zum Beispiel hin und wieder ein bisschen Zeit für sich selbst zu nehmen. Ich nehme mir jetzt öfter mal einfach eine halbe Stunde Zeit, um hinaus in die Natur in den uns nahe gelegenen Eichenwald zu gehen und das Leben dort zu genießen. Jeder Schritt ist ein Gefühl des Pulsierens. Das ist ein ganz anderes Empfinden, als den Wald vielleicht zweimal im Sommer zum Picknicken zu „benutzen". Probier's doch einfach mal aus! Bestimmt wirst du mich verstehen, eine fast Siebzehnjährige, voll im Leben stehend, fröhlich und … glücklich, das Leben ganz und gar genießend.

Sonja Grünefeld

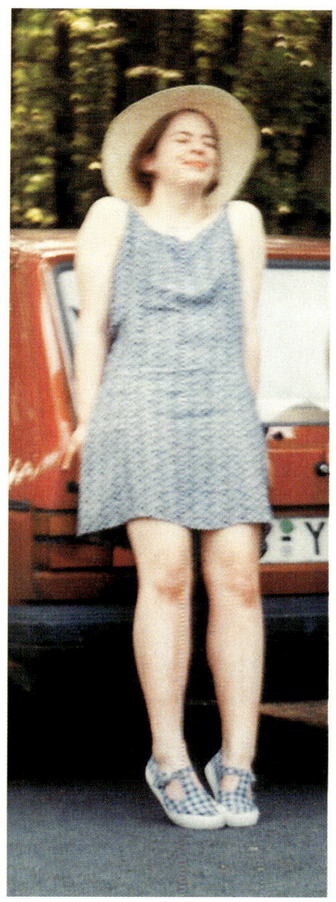

René Heinrichs

Ich weiß auch nicht, irgendwie schmeckte es nicht mehr so gut wie vorher.

Ich hatte jegliche Lust am Leben verloren. Dies hatte vielerlei Gründe. Ich machte mir Sorgen um meine Zukunft. Außerdem hatte ich mit meiner Vergangenheit zu kämpfen. Schon im Kindesalter und in meiner frühen Jugend war ich belastet. Ich war aggressiv und bekam Wutanfälle. Dies ging so weit, dass ich sogar meine Mutter schlug oder meine Kleidung zerriss. Meine Eltern gingen mit mir zur Jugendpsychiatrie, wo ich zwei Jahre in Behandlung war. Bis zu meinem 16. Lebensjahr war ich Bettnässer und etwa 1/2 Jahr magersüchtig.

Ich schaffte es zwar, von den Belastungen freizukommen, aber seelisch hatte ich es nicht verarbeitet.

Mit 17 fing ich mit meiner Ausbildung zum Sanitär- und Heizungsbauer an. In der Schule war ich faul, der Unterricht war für mich Nebensache. In meiner Freizeit hing ich nur auf dem Bolzplatz rum und spielte von morgens bis abends Fußball. In der Berufsschule wurden meine Noten immer schlechter. Am Wochenende fuhr ich gelegentlich mit Freunden zum Fußball nach Dortmund. Am Anfang war dies für mich noch eine schöne Freizeitbeschäftigung, aber von Monat zu Monat wurden die Fahrten mehr. Auch der Alkoholkonsum, der sich anfangs noch in Grenzen gehalten hatte, wurde von Spiel zu Spiel mehr. Dies alles hatte sich so weit gesteigert, dass ich beim BVB eine Dauerkarte hatte und auch bei fast jedem Auswärtsspiel dabei war. Mein Urlaub ging für Championsleaguespiele im Ausland drauf. Vor den Spielen betrank ich mich so, dass ich meistens nichts mehr vom Spiel mitbekam.

In der Berufsschule war es nicht anders. Morgens kaufte ich mir mit Mitschülern Bier. Das verputzten wir noch vor Unterrichtsbeginn. Auch im Unterricht tranken wir unterm Tisch einfach weiter. Die Lehrer merkten es wohl gar nicht. Jedenfalls sagten sie nichts. Jetzt könnt ihr euch ja bestimmt gut vorstellen, wie der Unterricht aussah. Wir sangen Lieder, machten nur Blödsinn und ärgerten pausenlos unsere Lehrer. Auch in den Pausen tranken wir in vollen Zügen weiter. Solange ich Alkohol trank, war die Welt für mich in Ordnung. Alle Ängste und Sorgen waren einfach verschwunden. Mir war eigentlich gar nicht bewusst, wo ich dort hineingeraten war. Ich empfand es schon als normal, mit einer vollen Bierdose auf der Straße zu stehen. Aber kaum hatte ich wieder einen klaren Kopf, so kamen auch wieder die Sorgen und Ängste. Wenn ich am Morgen nach einem Spiel aufwachte, schwor ich mir: „Nie wieder Alkohol!" Ständig war ich unzufrieden mit mir und wurde auch immer öfter krank, aber sobald ich wieder fit war, holte mich die Verlockung wieder ein und ich dachte nur noch an die lustigen Sachen in besoffenem Zustand.

Meine Mutter und Schwester waren schon ein paar Jahre im Freundeskreis. Dies akzeptierte ich zwar, aber ich nahm es kaum wahr. Mit der Zeit wurde ich immer unzufriedener mit meinem Leben und wurde auch neugierig, was wohl an Bruno Gröning dran war. Ist dies wirklich wahr? Und so ließ ich mich im Oktober 1996 in die Lehre Bruno Grönings einführen. Aber nicht, dass ihr denkt, ich wäre von heute auf morgen ganz anders geworden. Nein, nicht ganz. Am Anfang ging alles genauso weiter wie vorher. Erst zwei Monate später wendete sich so langsam das Blatt. In der Berufsschule wurde der Konsum an Bier so langsam weniger und auch bei Fußballspielen ging der Alkohol langsam zurück. Ich weiß auch nicht, irgendwie schmeckte es nicht mehr so gut wie vorher. Ich hatte nicht mehr so das Bedürfnis, Alkohol zu trinken. Es war zwar immer lustig gewesen, wenn der Alkohol floss, aber hinterher war alles noch viel schlimmer. Dadurch war ich von Mal zu Mal immer weiter abgesunken. Es kam dann häufiger vor, dass ich mir anstatt Bier Cola kaufte.

Am Ende der Fußballsaison brauchte ich überhaupt keinen Alkohol mehr. Mein Leben bekam wieder einen Sinn. Denn ohne Alkohol stieg auch wieder mein Wohlbefinden. Die Ängste verschwanden und es ging bergauf mit mir. In der Sommerpause freute ich mich schon auf die nächste Saison. Eines Morgens wachte ich mit dem Gedanken auf: „Du fährst zu keinem Spiel mehr hin.“ Zuerst wollte ich dies überhaupt nicht wahrnehmen. Ich hatte Angst, dass ich etwas verpassen könnte. Aber ich folgte dem Gedanken und fuhr von heute auf morgen zu keinem Spiel mehr. Könnt ihr euch das vorstellen?

Mein Leben läuft seitdem wieder geordneter ab. Es ist reichhaltiger geworden. Vorher gab es für mich Tag und Nacht nur Fußball. Jetzt habe ich endlich auch einmal für etwas anderes Zeit. Anstatt zu Fußballspielen zu fahren, unternehme ich mit Freunden jetzt so viele verschiedene Sachen.

Heute macht es wieder Spaß, hier zu leben.

René Heinrichs

Stefanie Hennecke

Wer kämpft, der kann verlieren, aber wer nicht kämpft, der hat schon verloren!

„Der kommt mir so bekannt vor, wer ist das?", fragte ich meine Mama und zeigte auf das schwarzweiße Foto auf dem Wohnzimmerschrank. „Das ist Bruno Gröning", kam zur Antwort. Der Name kam mir nicht so bekannt vor, aber das Bild … „Woher kenn ich den?" Naja, wenn ich das schon nicht wusste, wollte ich wenigstens wissen, was es mit diesem Bruno Gröning auf sich hat. Mama konnte mir aber selbst noch nicht so viel dazu sagen. Einige Wochen später – ich war übrigens zehn oder elf – bin ich mit ihr zu einer Tagung gefahren. Ich hatte immer noch keine Ahnung, worum es geht, aber auf der Fahrt dahin hat mir das Ehepaar, mit dem wir gefahren sind, das erste Mal erzählt, dass Einstellen usw. (aber das weißt du ja alles schon). Ich fand das interessant, und irgendwie war es total normal und natürlich, sodass ich keine Probleme hatte, das für mich anzunehmen. Auf dieser Tagung habe ich dann viele unterschiedliche Menschen – auch in meinem Alter – getroffen. Ich hatte das Gefühl, ich bin in einer riesigen Familie. Ich habe mich auch sofort mit einigen angefreundet und wir hatten viel Spaß zusammen. Wir haben uns alle gemeinsam eingestellt, gesungen, getanzt, Musik gemacht, natürlich auch getobt und gespielt. Ich war zwar nur ein paar Tage da, aber es kam mir vor wie einige Wochen. Zu Hause ging ich dann auch zu den Gemeinschaftsstunden und stellte mich ein.

Plötzlich hatte ich keine Alpträume mehr. Die hatte ich bis dahin fast jede Nacht. Ich bin immer von dem gleichen schrecklichen Traum – schwarze Männchen schubsten mich in ein riesiges, dunkles, endloses Loch – wach geworden, und danach war an ruhiges Weiterschlafen gar nicht mehr zu denken. So hab ich fast jede Nacht zwischen meinen Eltern im Bett verbracht. Aber auf einmal wurden die Träume weniger und sind bis heute nicht mehr aufgetaucht. Einfach so, nur durch das Aufnehmen des Heilstroms.

Auch die Sache mit den Schnakenstichen wurde immer besser. Früher hatte ich im Sommer fast immer 10-20 Stiche am Körper.

An den Armen, Beinen, im Gesicht, über dem Auge … Alles juckt, und wenn man kratzt, tut's weh und man fühlt sich total schlapp. Manchmal war ich fast den ganzen Tag nur im Bett. Seitdem ich mich immer einstelle, habe ich da überhaupt keine Probleme mehr mit. Im letzten Sommer hatte ich nur ein oder zwei Stiche. Man kann das irgendwie gar nicht so richtig glauben, dass das so einfach gehen kann. Aber ich erlebe es immer wieder an mir selbst und auch an anderen. Es ist doch ein total schönes Gefühl zu wissen, dass man nie alleine ist. Es ist zwar manchmal nicht ganz einfach, mitten im Leben zu stehen mit Schule und Beruf usw., und es gibt auch einiges zu kämpfen, aber ich weiß, dass es sich zu kämpfen lohnt. Außerdem: „Wer kämpft, der kann zwar verlieren, aber wer nicht kämpft, der hat schon verloren!“ Ich weiß jetzt, dass das Leben einfach zu schade ist, es nur zu vertrödeln. Ich finde, das sollte jeder wissen, dass es noch einen anderen Weg gibt. Darum habe ich auch den Bericht geschrieben und ich wünsche mir, dass ich dir auch Mut machen kann, mal aus dem ganzen Trott herauszukommen. Alles Liebe!

Stefanie Hennecke

2. Station – Herford

„Vertraue und glaube. Es hilft, es heilt die göttliche Kraft!"

Herford, 1949 – Seit den Veröffentlichungen der Heilung des Dieter Hülsmann im März warten hunderte Kranke auf dem Wilhelmsplatz.

Im Haus Nr. 7 soll sich zur Zeit ein Mann aufhalten, von dem die Zeitungen schreiben, dass er über die Grenzen der Wissenschaft hinaus Hilfe zu geben weiß.

In den Gärten und Anlagen sitzen, stehen und liegen Menschen. Einige warten hier seit Tagen. Jener Bruno Gröning ist immer noch unterwegs zu einzelnen Hilfesuchenden. Niemand weiß, wo er ist, wann er wiederkommt. Eine seltsame Stimmung eint die Menge; trotz anhaltendem Regen und einbrechender Nacht ist niemand bereit, seinen Platz zu verlassen. Die meisten von ihnen kamen unter großen Anstrengungen hierher. Der Weg nach Hause würde für sie nur die Fortsetzung ihrer unheilbaren Leiden bedeuten.

Als Bruno Gröning dann Anfang April eintrifft, muss er sich einen Weg durch Tragbahren und Rollstühle bahnen. Es ist ein Bild des Elends. Lahme und Kriegsversehrte auf Krücken, ausgezehrte Mütter mit verstümmelten und behinderten Kindern, fragende Augen und hundertfaches Leid. Menschen, die ihre letzte Hoffnung auf ihn setzen. Im Haus angekommen zeigt sich das gleiche Bild. Im Flur warten die, die man aus Mitleid bereits hereingebeten hat.

Angesichts dieses Elendes, das sich – bis vor kurzem noch hinter verschlossenen Türen und

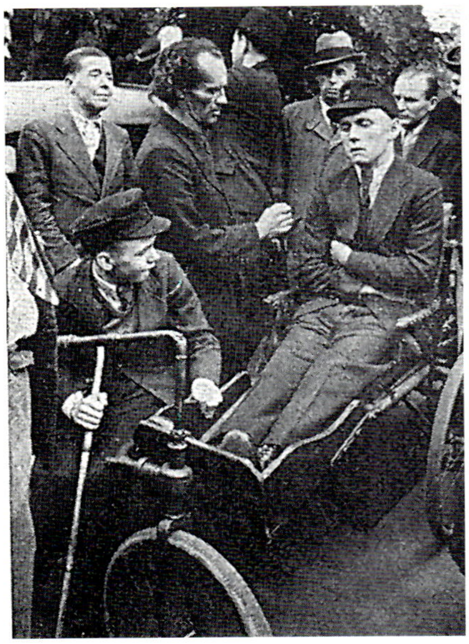

Fenstern versteckt – auf diesem Platz ausgebreitet hat, wird Bruno Gröning bewusst, dass es an der Zeit ist, mit aller Kraft, die Gott ihm damals im Wald für diese Aufgabe mitgegeben hat, der Hilflosigkeit und Not der materialistischen Gesellschaft entgegenzuwirken. Obwohl er sich nicht gerne an die Öffentlichkeit zerren lässt, wendet er sich den Menschen zu und beginnt seine Lebenserfahrung in einfachen Worten für alle verständlich weiterzugeben. Dabei wird unmissverständlich deutlich, dass er nicht nur Trost zu spenden weiß, sondern eine Mission zu erfüllen hat, die weit über das Bewusstsein eines „Heilers" hinausgeht. Mit der Bitte, sich von der Krankheit zu lösen und sie ihm zu geben, wendet er sich hoffnungslosen Fällen zu, und wenig später ist es, als seien die Betreffenden nie krank gewesen. Er

fragt nicht nach den Krankheiten, er sieht die Leidenden an, spricht wenige Worte von Gott als dem größten Arzt und Vater aller Menschen und schreibt die offensichtlichen Wunder allein der allmächtigen Schöpferkraft Gottes zu, die er gelegentlich auch liebevoll „Heilstrom“ nennt.

Die Zeitung schreibt später: „Sein Wort bannt die Krankheit.“ Vor den Augen der Ärzte, Wissenschaftler, Reporter und Schaulustigen werden Blinde sehend, Menschen erheben sich von Tragbahren, Lahme beginnen sich unter Freudenrufen lebhaft zu bewegen. Bald sind es Tausende, die aus sämtlichen Teilen Deutschlands und dem benachbarten Ausland nach Herford strömen.

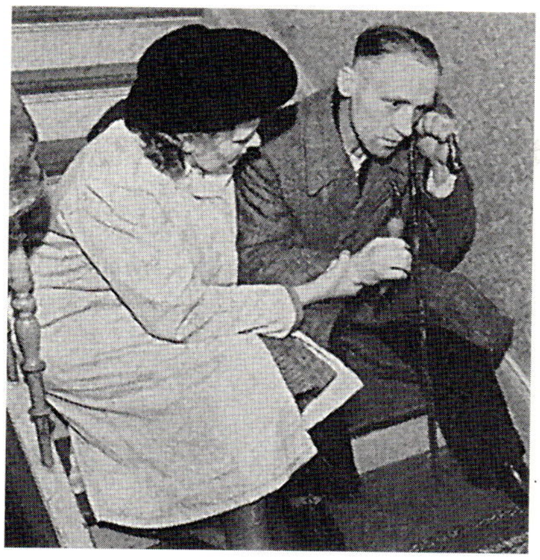

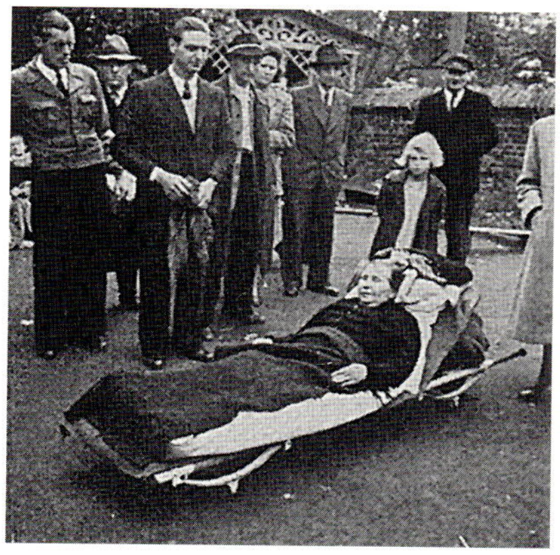

Ende April: Da die Behörde sich bemüht hat, Ordnung in die Menschenmenge zu bringen, was sehr in seinem Interesse ist, bemüht Bruno Gröning sich um Kontakt zu den verantwortlichen Stellen: *„Als Erstes suchte ich jetzt die Gesundheitsbehörden auf mit dem Anliegen, eine Zusammenarbeit mit Ärzten herbeizuführen. Ich wollte alle Unannehmlichkeiten von Vornherein vermeiden.“*
Die verantwortlichen Amtsinhaber, die die Vorfälle nicht einzuordnen wissen, als Massenhysterie abtun und befürchten, dass ihnen hier die Zügel aus der Hand gleiten könnten, wissen sich unter dem Druck von Kirche und Ärzteschaft keinen anderen Rat, als Bruno Gröning vorsichtshalber das Helfen bis auf Weiteres zu untersagen. Bruno Gröning hierzu selbst: *„Die Behörden lehnten jedoch ab, im Gegenteil, mir wurde ein schriftlich ausgefertigtes Heilverbot ausgehändigt. Die Heilungssuchenden, die um das Haus Hülsmann versammelt waren, veranstalteten während meiner Abwesenheit einen Demonstrationszug und stürmten das Rathaus. Der Bürgermeister sah sich dadurch gezwungen, mich rufen zu lassen und mir mindestens weitere fünf Tage für Heilungen freizustellen.“*

So leicht lassen sich die Hilfesuchenden ihre letzte Chance nicht verbieten. Das Gesundheitsamt beklagt die mangelnde Versorgung, das hygienische Risiko, fehlende Toiletten und Unterkünfte für Mütter mit Kindern. Am Ort selbst, den sich scheinbar kaum einer von den Bevollmächtigten aufzusuchen traut, herrscht aber unter den Wartenden eine ruhige, fast andächtige Atmosphäre, die nichts von Massenhysterie spüren lässt. Die Kinder sind ruhig und schlafen zum Teil. Die Kraft der vergangenen Heilungen überstrahlt noch den Platz. Auffällig ist, dass niemand Hunger oder Durst spürt und auch andere Bedürfnisse im Einfluss dieses Geschehens einfach ausbleiben. Bruno Gröning, der seit Tagen und Wochen fast ohne Schlaf und Nahrung unterwegs ist, hat seinen Dillenburger Freund Erich K. nachkommen lassen. Er, ein E. A. Schmidt und weitere Helfer kümmern sich um die Wartenden, unter denen sich plötzlich weitere Heilungen ereignen.

Als Bruno Gröning wiederkehrt, betritt er den Balkon im ersten Stock. Ernst und ruhig nimmt er das Bild des Platzes in sich auf. Er ist schlicht gekleidet, sein Körper ist schlank, aber kräftig, sein welliges Haar ist im Nacken etwas länger als das anderer Männer Ende der 40er Jahre. Ansonsten fällt er durch keine Besonderheiten auf – bis auf seinen Hals, der oft beim Wirken und hoher Konzentration größer zu werden scheint.

Ruhig und voll sichtlichem Mitgefühl steht er mit aufgestützten

Armen da und sucht schweigend den Blickkontakt zur Menge. Minuten vergehen, in denen sich niemand bewegt oder spricht und in denen die Kraft, die einige sensible Hilfesuchende bereits vor Eintreffen Grönings zu spüren begonnen hatten, beginnt, mehr und mehr Menschen zu erfassen. Nach einiger Zeit erklingt dann endlich Bruno Grönings Stimme: *„Meine lieben Heilungssuchenden! Euer Flehen und Bitten zum Herrgott war nicht umsonst. Der Stadtdirektor hat mir für heute ausnahmsweise die Erlaubnis gegeben zu heilen. Ich mache Sie darauf aufmerksam, dass diese Heilung nur denen zugute kommt, die den Glauben an unseren Herrgott in sich tragen, oder bereit sind, den Glauben in sich aufzunehmen ...“* Während dieser Anrede, die keine „Heilung“ vermuten lässt, beginnt die Kraft in solchem Ausmaß zu wirken, dass viele Zuhörer Hitze, Kribbeln, Schauer und verstärkt Schmerzen wahrnehmen. Die einfachen Worte, die man mit einer Predigt verwechseln könnte, atmen solche Überzeugung und vermögen derart zu erleichtern, dass sich die Ahnung, dass hier und jetzt etwas Großes geschieht, in den weiteren Worten Bruno Grönings zu bestätigen scheint: *„Ich spreche Sie hiermit alle im Namen Gottes gesund. Ich mache Sie darauf aufmerksam, dass der ein und andere noch leichte Schmerzen verspürt. Das sind die Regelungsschmerzen, die sehr bald verschwunden sind, wenn Sie weiter fest an die Heilung glauben ...“*
Den Zweiflern und Kritikern, die unter den Menschen stehen, um dem angeblichen Schwindel endlich auf die Schliche zu kommen, fällt es währenddessen immer schwerer, die beginnende Veränderung an vielen Kranken zu ignorieren. Die Haltungen verändern sich, aufgeregte Blicke hin und her. Und dann die Frage Grönings: *„Ich frage Sie jetzt: Wer verspürt noch Schmerzen?“* Etwa (nur) zwanzig Personen heben den Arm. Sein Blick kreist nochmals durch die Menge: *„Wer hat jetzt noch Schmerzen?“* Ein junger Mann hebt die Hand. Gröning: *„Das ist nicht der eigentliche Schmerz!“* – „Nein.“ – *„Seien Sie unbesorgt. Ich habe Sie angesprochen. Ihre Leidensstelle ist schon von der Heilung befallen.“* Ein Raunen geht durch die Menge, ein Recken und Strecken. „Tatsächlich – ich bin gesund! – Dank sei Gott! – Mein Bein wird langsam locker! – Ich sehe wieder!“

Und als müsse er auf die Gedanken derer reagieren, die offensichtlich Schwierigkeiten haben, sich in das Wunder einzufühlen, schließt er dann: *„Ich bitte Sie jetzt nicht zu nörgeln, denn wer an seiner Heilung zweifelt, zweifelt am Herrgott. Den Dank für diese Heilung bitte ich nicht an mich zu richten. Der Dank gehört allein unserm Herrgott. Ich verlange von keinem ein Entgelt. Zu erwarten habe ich aber, dass Sie in Ihrem ganzen Leben zu Gott beten werden. Das Leben ohne Gott ist kein Leben ...“*

Nach den Veröffentlichungen der Ereignisse kommen tausende Hilferufe aus Deutschland und den Nachbarländern. „Mir kann niemand mehr helfen, bitte kommen Sie. – Die Ärtzte geben mir nicht mehr lange zu leben. Sie sind meine letzte Hoffnung. – Ich kann nicht mehr, bitte helfen Sie meinem Mann."
Täglich kommen bis zu 2 000 Briefe und 300 Telegramme oder Päckchen, die bald LKW-weise angefahren werden. Bruno Gröning ist es unmöglich, jeden Brief zu beantworten, er nimmt sie einzeln oder päckchenweise in die Hand, konzentriert sich darauf und bittet seine Helfer, sie zu beantworten. Spätere Dankesschreiben erzählen freudig von erlangten Fernheilungen, die bereits kurz nach dem Absenden des Briefes eingetreten seien. An die 80 000 Bittbriefe werden in der Herforder Zeit zum Wilhelmsplatz gefahren. Die Zahl der Heilungen ist längst unüberschaubar.

In vielen Briefen ist Geld beigelegt, für das Bruno Gröning kein Interesse zeigt. Im Gegenteil ist es für ihn wie eine Beleidigung, wenn jemand glaubt, sich die Gesundheit kaufen zu können, die er den Menschen aus Mitgefühl in Gottes Namen schenken will. Menschen, die mit Geld kommen, verscherzen es sich mit ihm im Augenblick. *„Ich verkaufe keine göttliche Kraft!"* Ihm sind alle gleich, egal welchen Standes, welcher Religion, Nation oder Hautfarbe – er sieht in die Herzen. Er sieht jedoch zu gut in den Herzen einiger seiner Helfer, die nicht alle die Kraft haben, der Masse an hohen Summen zu widerstehen, die Gefahr, in dem Ganzen eine Goldgrube zu wittern. Deshalb ordnet er ausdrücklich an, dass alle an ihn adressierten Gelder und Dankesgeschenke umgehend zum Absender zurückgeschickt werden sollen. *„Ich bin arm und will es auch bleiben."*

E. A. Schmidt, durch dessen Notizen wir in der Lage sind, Bruno Grönings Wirken so zu rekonstruieren, erlebte, nachdem die Journalisten, angestachelt von Neidern und Schwätzern, neugierige Fragen und Behauptungen Bruno Gröning gegenüber aufstellten, wie dieser sich zu wehren wusste: *„‚Was glauben Sie, was mir schon alles angeboten wurde? Autos, Luxuswagen, so viel ich wollte, Villen, Rittergüter, Schlösser, Geld, Gold, alles wurde mir schon zu Füßen gelegt. Sagen Sie das Ihren Lesern, damit die Verleumder schweigen. Soll ich Ihnen hundert Personenwagen holen? Ich bekomme sie sofort gestellt. Von jedem, wenn ich nur will!'* Gröning ereifert sich bei dieser Rede, und seine sonst so ruhige Stimme wird lauter und fast zynisch: *‚Nichts habe ich!'* Ein prägnanter Satz von ihm lautet dementsprechend: *‚Ich lebe nicht von, sondern für den Menschen!'"*

E. A. Schmidt schreibt weiter: „Ein anderes Mal habe ich Folgendes erlebt: Gröning setzte sich dem Betreffenden (Geldbieter) gegenüber und sagte etwa: *‚Ich weiß, dass Sie ein reicher Mann sind. Ich weiß aber auch, dass Sie Ihr Vermögen nicht auf eine gute Art erworben haben. Sie haben Ihre Arbeiter und Angestellten ausgenutzt und Ihr Geld und Vermögen zusammengerafft. Sie haben keine guten Werke getan, und Ihr Vermögen ist nicht wohl erworben.'* Der so Angeredete wurde unruhig und rutschte auf seinem Stuhl erregt hin und her. Er errötete, ob es Scham oder Zorn war, ließ sich nicht erkennen, und verließ schweigend den Raum. Nachfolgend eine ähnliche Begebenheit: Anlässlich einer persönlichen Zusammenkunft fragte Gröning anschließend eine Frau, ob sie sonst noch Wünsche oder Sorgen hätte. ‚Ja', sagte sie, ‚wenn Sie mir helfen könnten zu verhindern, dass mein Mann, wie es häufig geschieht, zu anderen Frauen geht.' Sein Gesicht verwandelte sich, als ob er in der Seele der Frau lese. Schließlich antwortete er mit der Gegenfrage: *‚Darf ich Ihnen sagen, wo Sie vorgestern abend gewesen sind und was Sie dort getan haben?'* Es waren auch hier Zeugen zugegen. Sie schaute sich verlegen um, errötete, wurde unruhig und bat inständig, davon keinen Gebrauch zu machen. Gröning entgegnete darauf schonend: *‚Was Sie von Ihrem Mann erwarten, das tun Sie gefälligst einmal erst selbst.'"*

In dieser Bescheidenheit und Wahrheitsliebe, der im Frühjahr '49 einerseits die Opfer vergangener Jahre mit der Hoffnung auf eine bessere Zeit des Glaubens und der Menschlichkeit ihr ganzes Vertrauen schenken, ahnen andererseits die Geschäftemacher und Machthungrigen eine unangenehme Störung beim skrupellosen Weiterverfolgen ihrer schmutzigen Ziele.

Bruno Gröning mahnt und ruft auf zur *„großen Umkehr"*. Er sagt jedem das, was gesagt werden muss. Seinen Freunden und den Geheilten wird vieles klar. Sein Kampf gilt nicht der Krankheit alleine, sondern ihren Ursachen, wie Hass, Neid, Geiz und Hochmut, die die Seele verschließen und das Leben ersticken. Er wird zur ernsten Gefahr für die, die zwar vorgeben, heilen zu können, aber zum Großteil ihren Berufsstand nur deswegen blind verteidigen, um das Ansehen und den Reichtum zu genießen, der sich aus dem alleinigen Recht, Krankheiten behandeln zu dürfen, zwangsweise ergibt. Nicht einmal die, die man zum Sterben als Unheilbare nach Hause geschickt hat, überlässt man ihm, aus Angst, dass sie die Ohnmacht der Wissenschaft auf die Straße tragen,und zugleich mit der erlangten Hilfe durch den ungebildeten Gröning dem aktuellen wissenschaftlichen Gedankengebäude den Boden entziehen, was ohnehin längst geschehen ist. Die Amtskirchen tadeln die hier vorgelebte Nächstenliebe des sich zum Christentum bekennenden Helfers aufs Schärfste als eine der Kirche fremde Verhaltensweise. Diesem Trommelfeuer, das man aus sicherer Entfernung über die Presse auf Gröning richtet, folgt die Verschärfung des Heilverbots. Die Geheilten und Hilfesuchenden sind fassungslos. Ist das jetzt die neue Demokratie? Bruno Gröning selbst stimmt die Sachlage zwar traurig, aber zu überraschen scheint der Verlauf ihn nicht.

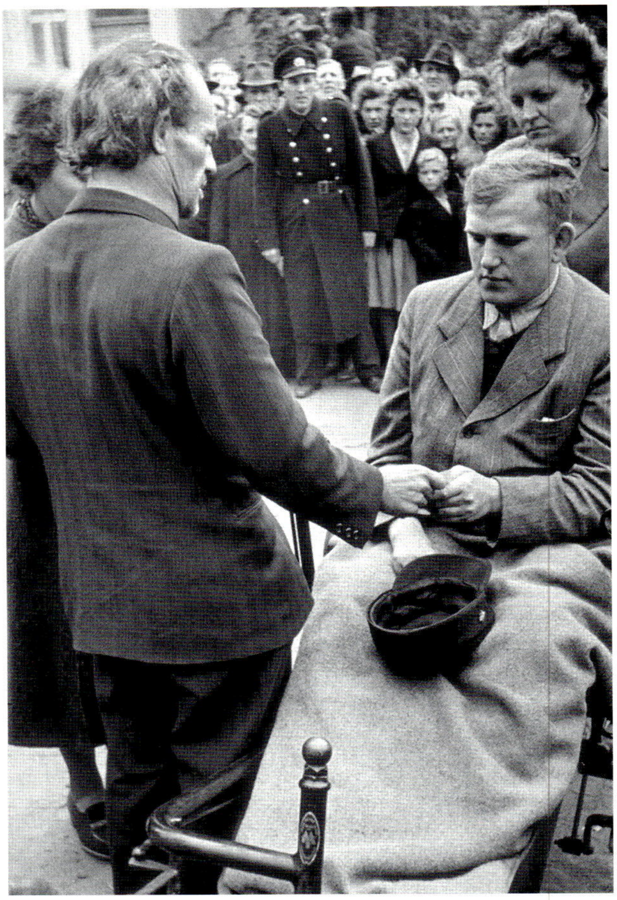

Aus E. A. Schmidts Notizen der letzten Herforder Nacht: „Bruno Gröning: *,Meine lieben Heilungssuchenden! Gestern hat man das Verbot, euch zu heilen, aufgehoben. Heute hat man es wieder in Kraft gesetzt. Ich stehe wie vor einem Rätsel, aber Gott sei Dank verstehe ich ja, Rätsel zu lösen. Ich bitte euch deshalb, geht jetzt nach Hause und protestiert nicht. Ich weiß, was ich zu tun habe.'*

Allmählich verzog sich die Menge. Der Tag gewann Macht über das Dunkel. Die aus grauen Feldsteinen gefügte Kirche schräg über dem Platz stand wie ein Wahrzeichen des hier wirkenden Gottesglaubens unerschütterlich über der Menge. Bruno Gröning wandte sich nun im Licht des frühen Tages erneut den wartenden Autos mit Schwerkranken zu. Für uns, die wir bei ihm waren, und die vielen, die es mit ansehen konnten, war es ein Zug des Wunders, der Siegeszug einer nicht kriegerischen, sondern versöhnlichen und helfenden Macht. Der Gewalt dieses Bildes konnte sich keiner entziehen. [...] Es war, als teilte sich ein Meer vor ihm, so ging er durch die sich um die Autos stauende Menge hindurch. Von Wagen zu Wagen, dort ein paar Worte wechselnd, hier ein Händedruck und dann einige Fragen, die Bitte, über das weitere Befinden zu berichten und wiederzukommen, und neben ihm und nach ihm, wo die Flut zusammenschlug, standen Menschen aus ihren Stühlen

auf, nahm er Lahmen die Gehstöcke weg und warf sie beiseite. Keiner konnte sich der Gewalt dieses Erlebnisses entziehen. Es war, als ob sich ein Getreidefeld nach dem Sturm mit neu gewonnener Kraft wieder aufrichtete. Bruno Gröning persönlich wirkte auch in diesem Falle trotz zweitägiger fast ununterbrochener Tätigkeit in Viersen völlig frisch und ging seiner Aufgabe des Helfens und Heilens, obwohl er nächtelang fast ohne Schlaf gewesen war, mit gleichbleibender Ruhe und Sicherheit und mit einem noch nie vorher gesehenen Erfolge nach.
Bei Kindern wurden gelähmte Glieder, die unter ständigem Kältedruck standen, wieder warm.

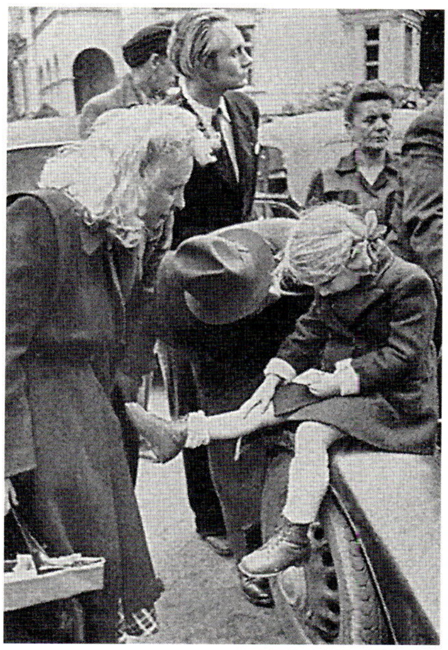

Bruno Gröning stieg von einem LKW auf den anderen hinauf, ging von Mensch zu Mensch, die auf Stroh und Matratzen gebettet waren. Sie richteten sich auf und fühlten neue Kräfte. In einem der LKWs, für alle Umstehenden sichtbar, saß eine siebzigjährige Frau, vollkommen gelähmt, sie war auf dem Sessel in den Wagen getragen worden, wie mir der Fahrer berichtete. Nach wenigen Worten Grönings bewegte sie die Arme, erhob sich, und als der Wagen sich in Bewegung setzte, winkte sie mit freudestrahlendem Gesicht der umstehenden Menschenmenge mit den bisher völlig bewegungslosen Armen und Händen zu. So ging es Wagen für Wagen, bis der Platz lichter und lichter wurde und nur noch debattierende Gruppen verblieben, die aber allmählich von der Polizei ebenfalls zum Abmarsch veranlasst wurden. Dies war die letzte und wohl auch erfolgreichste Tat des öffentlichen Wirkens Bruno Grönings in Herford. Von diesem Augenblick an trat das Tätigkeitsverbot mit voller Wirkung in Kraft."

Ivan Kovačević

Wie kann es einem nur egal sein, was mal aus ihm wird!

„Mache jetzt etwas Gutes aus dir und deinem Leben, jetzt bist du noch jung“, habe ich als Jugendlicher oft gedacht. Aber wie? Wo? Mit wem? – Immer, wenn ich anfing, über diese fundamentalen Dinge zu sprechen, wurde das Ganze meist als unwichtig abgetan. Aber für mich war es sehr wichtig.

Wie kann es einem nur egal sein, was mal aus ihm wird? Wie kann man nur so vor sich hinleben? Wo ist der eigentliche Sinn? Warum weichen alle immer nur aus? Gleichzeitig habe ich mich selbst oft genug nicht getraut, über dieses Thema zu sprechen.
Mit den meisten Freunden konnte man darüber nicht reden. Das war nichts für Jugendliche. Aber es hatte den Anschein, als wenn sie ganz genau wüssten, dass das wichtig ist. Es war wohl bequemer, so vor sich her zu leben.

Im Grunde genommen hatte ich eine wirklich gute Jugendzeit. Gesundheitlich gab es keine Schwierigkeiten, die Schule lief gut, es waren immer unternehmungslustige Freunde da. Das Leben machte mir großen Spaß. Nur wenn ich an die Zukunft dachte, an die Zeit, in der ich Entscheidungen treffen musste … Und wenn die falsch sein würden? Dann würde sich das auf den Rest des Lebens auswirken. Aber wer kann mir da den richtigen Rat geben? Da fiel mir niemand ein.
Dann war die Schule zu Ende. Viele fingen mit der Berufsausbildung an. „Ist das der Sinn? – Der Beruf?“ Aber kaum einer hatte richtig Freude an seinem Beruf. Die meisten klagten immer nur. Andererseits wollten sie auf gar keinen Fall ihren Beruf aufgeben. Selbst die, die schwer darunter litten. „Wir müssen ja unser Geld verdienen.“
Was für eine eigenartige Welt, in der wir leben!
Einmal habe ich über Gott nachgedacht: „Wenn es so viel Leid auf der Welt gibt, allein die Umweltverschmutzung ist schon katastrophal, dann kann es keinen Gott geben.“

Sport und fernöstliche Lehren gaben meinem Leben dann eine tiefere Bedeutung. Es lohnte sich schon zu leben. Aber alles war irgendwie im Nebel. Und nichts hatte Bestand.
Nach der Realschule waren die alten Freunde weg. Auf dem Gymnasium kamen neue. Aber was wird danach sein? Ich konnte machen, was ich wollte, es ging alles so allmählich den Bach runter. Und das war ja gerade das Schlimme. Alle wussten es, alle sahen es. Aber keiner konnte etwas unternehmen.
Gesundheitlich bemerkte ich gewisse Einbußen. „Wenn das so weitergeht, wie wird es dann wohl in 20 oder 30 Jahren aussehen? Wirst du dann auch mit Gelenkschmerzen, Magenbeschwerden, Migräne und dritten Zähnen durch die Welt laufen?“ Es gab da einfach etwas, das einen daran hinderte vorwärts zu kommen, Dinge wirklich zu schaffen.
Ich war auf der Suche. Nach irgendwas. Taekwondo war schon nicht schlecht. Ebenso Tai-Chi. Geräteturnen hatte auch seinen Reiz. Ebenso Ausdauersportarten wie Laufen oder Triathlon.
Aber die Erfüllung war darin einfach nicht zu finden. Mit fortschreitendem Alter wurde alles irgendwie blasser, trüber und trauriger. Aber muss das so sein? Sind wir wirklich dazu verdammt, letztendlich zu scheitern, egal was wir machen? Das kann doch nicht sein!
Mein Jugendwunschtraum war immer, eine starke Führung zu haben, wirklich etwas zu lernen,

etwas Gutes, ganz gefordert zu werden. Einfach gesagt, ein erfülltes Leben zu führen, etwas zu bewirken, was den Menschen wie auch immer zum Guten gereicht.
Die Realität war das Gegenteil. Cool sein, lasch sein, unzuverlässig sein, aber dennoch alles zu schaffen. Trägheit bestimmte das Leben. Ich selbst machte da oft in vollen Zügen mit. Ich wollte ja anerkannt sein. Kein Außenseiter. Ob man sich dabei wohl fühlt, schien da nicht die entscheidende Frage zu sein, sondern, ob man ankommt.

Im Studium lernte ich dann über einen guten Studienkollegen den Bruno Gröning-Freundeskreis kennen. Ein bisschen merkwürdig waren die schon. Aber ich fand sie ganz in Ordnung.
Die Worte und das Wirken Bruno Grönings brachten mir immer mehr Klarheit. Vor allem war es etwas, was tatsächlich zu funktionieren schien, egal wo man ist, egal wann. Einfach nur einstellen, und schon ist die Verbindung mit Gott da. Dann gab es Ihn also doch. Und Er hilft uns auch.
„Spiele nicht mit dem Leben, sondern im Leben." - „Wie der Wille so der Gedanke, der Gedanke bewegt den Menschen zur Tat." (Bruno Gröning)
Ja, das ist es! So einfach, so klar, so wirkungsvoll. Also brauche ich nicht mit Rheuma, Migräne, Stress und dritten Zähnen eines Tages mein Leben zu beenden. Der Kerngedanke oder besser der Kernwunsch der Jugendzeit fing an sich zu erfüllen: Ich konnte jetzt schon, wo ich noch jung bin, etwas Gutes im Leben tun. Das war einfach super. Und ich bin nicht der Einzige, der danach strebt. Da sind ja noch tausende andere.

Und endlich waren die echten Anforderungen da. Ich meine die, die den Menschen verändern, die im Inneren etwas bewegen. Zum Guten verändern. Und das ist etwas Bleibendes. Etwas Ewiges.
Bruno Gröning wusste einen zu fordern, wenn man es wollte. Aber genau das wollte ich ja, und so kam die Filmteamzeit, d. h. die Zeit, in der wir mit 30 Bruno Gröning-Freunden den Spielfilm „Der Wunderapostel" gedreht haben. Diese zwei Jahre haben mein Leben grundlegend verändert. Ich glaube, es lag Segen auf diesem Projekt.
Ich hatte endlich das getan, was ich als Jugendlicher immer machen wollte: etwas Gutes. Die Zeit nutzen. Und der Film hat schon bei so vielen Menschen Gutes bewirkt.

Dann kam etwas, was sich für mich im Laufe der Zeit als noch bedeutender herausgestellt hat: das Weitergeben der Lehre Bruno Grönings an die eigenen Landsleute, d. h. diejenigen aus dem ehemaligen Jugoslawien. Oft fahre ich durch meine Heimat und halte Vorträge oder rufe die Freunde zusammen. Was dabei am Einzelnen an Gutem, wie Spontanheilungen, innere Versöhnungen usw. geschieht, erschüttert mich immer wieder. Zum Beispiel Martina Plavsic: Martina war depressiv, beruhigte sich mit Alkohol und hatte keinerlei Beziehung zu ihrer Mutter. Sie hat sich nie geliebt gefühlt – wollte nicht mehr leben. Durch die Lehre Bruno Grönings lernte sie die Kraft aufzunehmen, und es begann ein innerer Reinigungsprozess bei ihr. Martina erzählte auf der Frühjahrstagung in Zagreb u. a.: „Es hat mir nur etwas gefehlt, was ich damals nicht wusste, und das habe ich hier gefunden, und das ist die geistige Ruhe." Seitdem betrinkt sie sich nicht mehr und liebt das Leben. Sie unterstützt ihre Mutter inzwischen bei der Gemeinschaftsleitung.

Martina Plavsic

Durch diese Arbeit habe ich meine Wurzeln erst richtig entdeckt. Ich weiß nun, wer ich bin und wo ich hingehöre. Alles hat einfach einen Sinn bekommen. Sogar die eigene Muttersprache lerne ich jetzt, durch Übersetzungen, erst richtig. Das ist für mich unsagbar wertvoll.

Wenn ich heute mit 31 Jahren auf diese letzten neun Jahre zurückschaue, dann waren es die bisher besten Jahre meines

Lebens. Und das ist nur der Anfang.
Von Beruf bin ich Lehrer und habe täglich mit Jugendlichen zu tun. Im Grunde genommen haben die ganz ähnliche Fragen wie ich in ihrem Alter. Schon oft konnte ich Einzelnen und auch ganzen Klassen Erfahrungen weitergeben, die ihnen dann auch tatsächlich geholfen haben. Es sind keine pädagogischen Theorien, sondern handfeste wahre Erfahrungen. Und die Jugendlichen hören da auch zu. Für mich persönlich ist dieser Beruf mehr und mehr eine Berufung geworden.
Jugendlicher bin ich heute nicht mehr. Dass ich aber erwachsen werden durfte, verdanke ich dem Wirken eines Mannes, der mir immer ein Vorbild bleiben wird: Bruno Gröning.

Katrin Tautermann

Ich weiß nicht, was ich erwartet hatte, aber bestimmt nicht so viel, wie ich gefunden habe.

Ich klappe gerade mein Tagebuch zu ... Was drin steht, wurde vor etwa zwölf Jahren niedergeschrieben. Ich war damals fünfzehn. Fast alles in diesem Buch ist schwarz ... nur die Tinte ist blau. Habe ich das wirklich geschrieben? Es scheint mir so weit weg, als würde es zu einer anderen Epoche gehören. Aber die Gefühle kann ich nicht daran hindern, zurückzukommen.

Ich war damals ein lebendiges Fragezeichen. Fragen wie „Gott, warum lebe ich?“, „Was für einen Sinn hat das Leben?“, „Was mache ich bloß hier?“ und „Welche Rolle spiele ich?“ kreisten ununterbrochen in meinem Kopf. Dass das Leben nur Zufall war, konnte ich nicht glauben. Es musste mehr geben ... aber was? Ich betete, dass ich meinen Platz in dieser Welt finden würde.
Ich war unzufrieden mit mir selbst, ich hatte Schwierigkeiten zu verstehen, warum mich Gott so geschaffen hatte. Mit einem Gesicht entstellt von Finnenausschlag ging ich hinter einer dicken Brille durchs Leben.
Mit Jugendlichen in meinem Alter fühlte ich mich unwohl und mied sie deshalb. Zusätzlich hatte ich große Kommunikationsprobleme mit meinen Eltern: Es war seit meinem 13. Lebensjahr ein endloses Streiten mit meiner Mutter.
Als ich älter wurde, ging meine nahe und gute Beziehung zu meinem Vater kaputt. Wir konnten uns nicht mehr verstehen. Er hat zum Beispiel öfter gesagt, er werde sich nie über meine Freunde äußern, da er meinte, falls er etwas Negatives sage, würde ich dadurch meinen Freunden noch näher kommen. Es folgten Jahre voller Einsamkeit. Ich schloss mich mehr und mehr in mir selbst ein und ließ bewusst keinen an mich heran. Tränen brannten oft in meinen Augen.

So begab ich mich also langsam auf die Suche nach dem Sinn des Leben. Ich suchte Zuflucht in allen esoterischen Büchern, die ich finden konnte. Mit 18 Jahren entdeckte ich u. a. die Bücher von Shirley MacLaine, die ihren Lebensweg, ihren Glauben und ihr Zögern im Detail beschrieb. Es wurde mir klar, dass das Leben eine harte, aber wunderschöne Schule ist und dass dieses Leben uns geschenkt wird. Wir müssen die Zeit hier nutzen und das Beste daraus machen. Was wir hier auf der Erde erleben dürfen, ist ein Geschenk Gottes, und es ist viel, viel mehr, als wir ahnen können.
Die Bücher halfen, aber es war nicht befriedigend: Die Wörter blieben leer in mir. Ich sehnte mich nach mehr, ohne zu wissen, was ich genau suchte. Ich wollte an mir arbeiten, wusste aber nicht, wie. Die Theorie ist zwar schön, aber die Praxis wäre schöner. Das Wissen, dass es mehr gibt als das, was man sieht, brachte mir Hoffnung, weiterzusuchen.

Mit der Zeit fand ich langsam wieder zu mir selbst und das Lächeln kam zurück. Alles war nicht mehr so schwarz. Ich wurde älter und begann mich wohler in meinem Körper zu fühlen. Aber es fehlte immer noch der Tiefgang für mein Lebensschiff. Die Suche ging weiter und als ich 22 Jahre alt war, kreuzte der Bruno Gröning-Freundeskreis meinen Weg. Meine erste Reaktion war zwar positiv, aber zugleich fragte ich mich, wozu ich einen Bruno Gröning brauchen könnte. Es dauerte noch ein bisschen, bis ich endlich verstand, was sich hinter diesem Namen versteckt. Seine Lehre ist voller Liebe, Glaube und Weisheit. Er möchte uns auf unserem Weg zu Gott begleiten, uns helfen.

Ich weiß nicht, was ich erwartet hatte, aber bestimmt nicht so viel, wie ich gefunden habe. Jetzt, fünf Jahre später, merke ich, wie ich mich während dieser Zeit verändert habe. Im Freundeskreis habe ich die Geborgenheit finden dürfen. Die Lehre Bruno Grönings bringt endlich Antworten auf all meine Fragen, die so viele Jahre in meinem Kopf waren. Mit der Zeit kommen sogar Antworten auf Fragen, die ich mir noch nicht gestellt hatte …

Während Menschen verhungern, Nahrungsmittel genmanipuliert werden, Tiere geklont werden und die Natur verunreinigt wird, gibt es mehr als nur einen Menschen, der sich machtlos fühlt. Ja, es gäbe Gründe sich zu fragen: „Wozu das Ganze?“ … aber nicht, um aufzugeben. Im Gegenteil: Es ist so viel, was gemacht werden kann. Ich wünsche mir, dass alle Menschen die Augen – und die Herzen – öffnen, und dass sie aus dieser Lethargie aufwachen, und dass sie etwas Gutes tun.
Wir müssen mit uns selbst anfangen, erst dann können wir unseren Nächsten helfen und dadurch schließlich die Erde und die Menschheit bessern.
Endlich habe ich einen Weg gefunden, auf dem ich nicht die Welt kritisiere, sondern wo ich, Katrin, auch etwas bewegen kann …

Es ist so ein wunderbares Gefühl, ein Mittel haben zu dürfen, das gegen alles hilft. Diesen Heilstrom habe ich hier gefunden und ich möchte meine Mitmenschen darauf aufmerksam machen.

Da ich ursprünglich eine Schwedin bin, empfinde ich es als meine Aufgabe, diese Lehre an meine Landsleute weiterzugeben. Deshalb organisiere ich Ärztevorträge auf schwedischen Messen, schalte Anzeigen, lade Ärzte ein, dolmetsche Vorträge, übersetze und betreue die schwedischen Freunde. Je mehr ich aktiv werde, umso mehr merke ich erst, was noch alles getan werden müsste.
Da kam ein Mensch mit Tränen in den Augen zu mir und berichtete glücklich, dass seine Augen immer so extrem trocken waren, eine Frau kann wieder ihren Arm spüren, ein Dritter kann sein Knie wieder bewegen, eine Vierte sieht beim Einstellen ihren schwer hilfebedürftigen Bruder in Gedanken immer glücklich und glaubt.

Aber es gibt auch noch zu viele Menschen, die den Heilstrom nicht kennen und nicht ahnen, was in ihrer Macht steht. Ich finde, jeder hat ein Recht, davon zu wissen, damit er sich entscheiden kann, ob er diesen Weg gehen möchte. All die Menschen, die schon Hilfe finden konnten – wäre es nicht ein Verbrechen gewesen, wenn ich einfach geschwiegen hätte, ihnen nichts von diesem Weg erzählt hätte?
Es scheint vielleicht nicht viel, was eine einzige Person bewirken kann, doch wenn alle Menschen diese Pflicht erfüllen würden, würde es doch ganz anders aussehen.
„Einer muss einmal den Anfang machen. Das muss nicht ich sein, das können auch Sie sein!“, sagte Bruno Gröning einmal.
Man muss immer bei sich anfangen. Für mich heißt das, für die Schweden den uralten Heilstrom, die Schöpferkraft wieder lebendig zu machen.
Ich wüsste nichts Schöneres, als mit eigenen Augen mitzuerleben, wie Menschen gesund und glücklich werden. Mit jedem Erfolgsbericht, mit jedem Brief, mit jedem Blick, den ich von den Freunden bekomme, spüre ich, dass sich die ganze „Arbeit“ gelohnt hat.
Ich bin so dankbar, dass ich das alles erleben darf!

Heute kann ich sagen, dass ich glücklich bin: Ich habe meinen Lebenspartner finden dürfen, ich habe eine Arbeit, die mich erfüllt, ich bin gesund und habe zu guter Letzt den besten Freund finden dürfen, den ich mir denken kann, Bruno Gröning.
Ich würde lügen, wenn ich sagen würde, dass dieser Weg leicht ist. Nein, eine rosarote Brille hat mir Bruno Gröning nicht verpasst. Aber ich kann sagen, dass mein Weg schon lange, lange nicht mehr so schwer und schwarz ist. Ich lebe heute viel mehr im Einklang mit meinem Körper, mit mir selbst und mit Gott. Ich habe viele Freunde und meine Beziehung zu meinen Eltern wird von Tag zu Tag besser, ehrlicher.
Meine Stimmung ist ganz anders als früher. Das reflektiert sich auch in meinem Tagebuch … ich habe ein neues angefangen, die Tinte ist immer noch blau - aber der Inhalt ist hell.
Ich wünsche mir, dass jeder die Chance bekommt, den Weg zu gehen, der für ihn geplant ist, mit viel Wind in den Segeln … und vielen schönen, hellen, bunten Tagebüchern.

Katrin Eckerström

(inzw. K. Tautermann)

Frank Tautermann

Glauben muss man irgendwann doch. Und zwar einfach daran, dass es wieder gut wird!

Im Jahr 1991 kam ich mit einem gesundheitlichen Problem zum Bruno Gröning-Freundeskreis. Seit vielen Jahren hatte ich Allergien gegen Hausstaubmilben und Heuschnupfen. Mein Leben ging noch seinen normalen Lauf, aber es war sehr schwer geworden, denn ich fand eigentlich nirgends eine echte Heilung. Zwar konnten mir die Schulmedizin und Naturmedizin viele verschiedene Hilfen geben, ich machte u. a. eine Hyposensibilisierungstherapie und änderte meine Ernährungsweise, doch die Allergie ging nie wirklich weg, alles war nur eine Linderung. Am schlimmsten war am Ende die nervliche Belastung, die mich fertig machte.

Die Frage, die ich mir immer wieder stellte, war, was ich eigentlich Schlimmes gemacht hatte.
Als junger Mensch ging ich zu meiner Erstkommunion in der Kirche. Ich liebte diese kleine Kirche bei uns im Ort und ich fühlte mich dort wohl. Auch wenn ich nicht immer mit großem Eifer hinging und jede Menge anderes im Kopf hatte, so gab es dort doch einen guten Geist und es wurden Dinge gesagt, die mir gefielen. Auch der Glaube an Gott war mir nicht fremd, ich liebte das, was dort gesagt wurde. Mal nicht nur an sich zu denken und einfach auch etwas Gutes im Leben zu tun, das waren Ziele, die ich hatte; einfach nur so, wie man sich als kleines Kind Vorbilder im Leben nimmt, sei es nun ein „Robin Hood“ oder einfach eine „Ritterlichkeit“ im Umgang mit anderen Menschen. Nur war es dann bei meiner Erstkommunion so, dass in meiner Gruppe von Kindern eigentlich niemand an das Gesagte glaubte, vor allem auch nicht an Gott. Wenn der Pfarrer uns einmal kurz allein ließ, fingen viele an zu lachen und sagten nur: „Der glaubt das wirklich!“ Mir tat das weh.

Mein Leben ging weiter. Ich fing an, abends häufiger weg zu gehen in Diskotheken oder auf Partys. Nach einigen Enttäuschungen im zwischenmenschlichen Bereich fing ich an, Rockmusik zu hören, weil ich dabei meinen Frust und die unterschwelligen Aggressionen als berechtigt empfand und an die „Oberfläche“ kommen lassen konnte. Ich fühlte mich zuerst so stark dabei. Und ich fing an, Alkohol zu trinken, nicht so viel, dass es zu einer echten Abhängigkeit führte, aber es war schon ’ne ganze Menge. Beides schwächte mich dann derart, dass ich bald kaum noch Lebenskraft hatte. Erst nach einigen Jahren wurde mir klar, dass ich das finden wollte, was ich damals in meiner kleinen Kirche schon suchte, aber nie ganz gefunden hatte: Eine Anerkennung oder Bestätigung meiner Gefühle, insbesondere Liebe, Nächstenliebe und einfach ein bestimmtes Gefühl. Es musste doch einfach mehr geben im Leben!

Irgendwann kam plötzlich die Allergie, innerhalb von recht kurzer Zeit. Ich selbst fühlte mich innerlich immer leerer. Ich war völlig ausgepumpt. Und das war der Zeitpunkt, wo ich auf den Bruno Gröning-Freundeskreis stieß.
Dort konnte ich plötzlich erleben, dass es eine Kraft gibt, die man im Körper weit mehr als nur ein bisschen spüren kann. Und ich konnte erfahren, dass es die eigenen Gedanken sind, die im Leben eine entscheidende Rolle spielen.
Ich wurde innerhalb mehrerer Jahre wieder gesund, indem ich vor allem diese beiden Dinge in die Tat umsetzte: ich achtete auf meine Gedanken, besonders eben auf die, die mit meiner gesundheitlichen Situation zu tun hatten, und ich nahm täglich die Kraft, den Heilstrom auf. Heute ist wieder alles in Ordnung, und ich bin voller Kraft und Lebensfreude.

Diese Kraft äußerte sich in meinem Körper derart stark und war wirklich wie ein Strom, dass ich sie deutlich von allen anderen psychologischen Effekten unterscheiden kann. Ich habe

Autogenes Training, Yoga und Meditationen verschiedener Art kennen gelernt. Doch was hier geschah, war weitaus mehr, wobei es nicht mein Ziel ist, andere wertvolle Techniken zu kritisieren. Diese Kraft war schlicht und ergreifend viel zu stark, als dass man einfach nur von irgendeinem psychologischen Effekt sprechen könnte.

Und man kann überhaupt, wenn man ein ernsthaftes gesundheitliches Problem hat, so viel Wissen anhäufen, wie man will, was ich am Ende auch tat. Glauben muss man irgendwann doch. Und zwar einfach daran, dass es wieder gut wird!

Mir hat einmal eine Heilpraktikerin gesagt, dass viele Patienten zu ihr sagen, sie seien nicht „gläubig“ (gottgläubig). Aber sie sagte auch: „Abergläubisch sind sie alle.“ Der Glaube ist immer da, jeder hat ihn. Auch die, die sagen, sie glauben an nichts, glauben doch an irgendetwas, die Frage ist nur: an was? Ja, und was ist Glaube? Das, mit dem der Mensch gedanklich verbunden ist, daran glaubt er. Auch wenn er sagt, er glaube an Gott, aber trotzdem ständig in Gedanken um seine Sorgen und Krankheit kreist, dann glaubt er an die Not.

Und genau zu dieser Frage fand ich in der Lehre Bruno Grönings das, was ich nämlich im Grunde gesucht hatte: Die Kraft, wieder an mich selbst und an Gott, der in uns allen ist, wirklich zu glauben.

Gott kann man nicht erklären wie viele andere Dinge im Leben, aber man kann Gott erleben. Ich habe hier Gott erlebt, und zwar vor allem durch eine Kraft, die so viele Dinge in meinem Leben bewegen konnte, dass noch heute, nach vielen Jahren im Bruno Gröning-Freundeskreis, es mir jeden Tag wie ein wahres Wunder vorkommt.

Ob man das Leben Gott nennt, bleibt jedem selbst überlassen. Bruno Gröning, ein Mensch, der für mein Leben eine große Bedeutung gewonnen hat, nannte das Leben so.

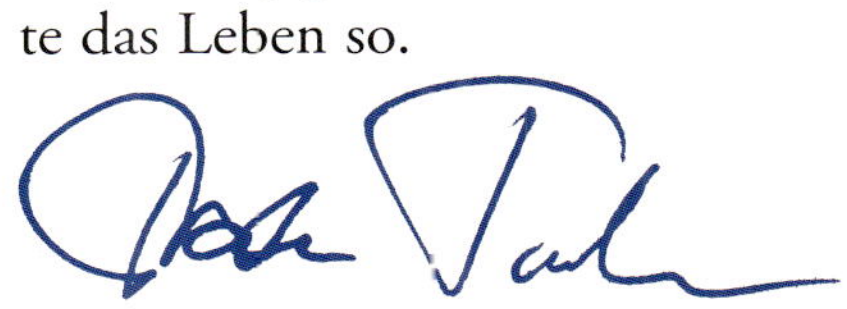

Marion Burs

„Ach wissen Sie was? Kommen Sie doch mal mit in mein Büro."

Im Frühling 1991 (meine Magisterprüfung an der Universität Lüneburg lag gerade hinter mir, und ich musste nun noch meine Magisterarbeit schreiben) hatte ich in Hamburg an der Uni einen Termin mit einem meiner Professoren. Da ich dafür von Lüneburg aus mit dem Zug nach Hamburg gefahren war, war ich eine gute Stunde zu früh vor Ort. Was sollte ich also anfangen mit der Zeit? Spontan kam mir der Gedanke, einfach bei einer großen und bekannten Werbeagentur in Uninähe vorbeizuschauen, um zu fragen, welche Voraussetzungen man eigentlich bräuchte, um dort meinen „gewünschten" Traumjob als Werbetexterin zu erhalten. In der Agentur angelangt, wollte die nette Dame am Empfang mich sofort wieder abwimmeln: „Tut mir leid, ich kann Sie leider mit niemandem sprechen lassen. Hier stehen jeden Tag X Leute auf der Matte, und wir machen das grundsätzlich nur schriftlich. Aber ich gebe Ihnen gerne die Adresse von der zuständigen Person, dann können Sie sich gerne an sie wenden …"
Während die Empfangsdame nach einer Visitenkarte für mich suchte, gesellte sich plötzlich ein Mann zu uns, hörte dem Gespräch eine Weile zu und fragte mich dann, was ich denn so mache. Nachdem wir einige Minuten geplaudert hatten, sagte der Unbekannte schließlich: „Ach wissen Sie was? Kommen Sie doch mal mit in mein Büro." Auf diese Weise nahmen die Dinge ihren Lauf. Es stellte sich heraus, dass der Mann Creative Director (CD) im Bereich Text war, und wenige Wochen später hatte ich bereits meinen Arbeitsvertrag als Texterin fest in der Tasche.
Für einige mag dieses Geschehen vielleicht ein purer Zufall sein, für mich ist es ein echtes Wunder. Denn in der gesamten Zeit, in der ich mittlerweile Texterin bin, ist mir nicht ein einziger Fall bekannt geworden, wo jemand einfach so, ohne Beziehungen oder einschlägige Berufserfahrung, in einer großen Werbeagentur eingestellt wurde. Ebenso habe ich auch nie gesehen, dass der CD, der mich eingestellt hat, ohne ersichtlichen Grund nur mal so am Empfang stand und mit irgendwelchen „Fremden" sprach.

Nun hatte ich also bereits vor dem endgültigen Studienabschluss meinen Traumjob als Texterin erhalten. Es gab nur ein Problem: Ich musste noch meine Magisterarbeit schreiben – eine aufwendige, sechsmonatige Studienabschlussarbeit, für die ich mir zu allem Überfluss auch noch eine besonders zeitintensive, empirische Untersuchung vorgenommen hatte. Durch die anstrengende Vollzeitbeschäftigung in der Werbeagentur, die auch mit vielen Überstunden verbunden war, war an eine Realisierung der Arbeit jedoch zunächst im Traum nicht zu denken. Aber irgendwann drängte die Zeit, und mir blieb nur die Wahl, entweder jetzt die Arbeit zu schreiben oder völlig umsonst studiert zu haben. Also musste ich mich zusammenreißen. Jeden Abend, wenn ich völlig ermattet aus der Agentur nach Hause kam, stellte ich mich darum erst einmal auf den göttlichen „Heilstrom" ein, so wie Bruno Gröning es gelehrt hat. Mit der so getankten Kraft konnte ich dann bis tief in die Nacht konzentriert an meinem Schreibtisch zu Hause arbeiten und schließlich mein Studium erfolgreich beenden, und das sogar mit „Prädikatsnote". Ohne das Einstellen auf den Heilstrom wäre dieses meines Erachtens niemals möglich gewesen – schon gar nicht über einen so langen Zeitraum hinweg.

Aber damit nicht genug: Nachdem ich ca. zwei Jahre in der oben genannten Agentur beschäftigt war, habe ich mich für einen neuen Job eingestellt (in der Werbebranche ist es üblich, regelmäßig zu wechseln, um beruflich weiterzukommen).
Kurze Zeit später rief mich dann eine Freundin an und sagte, dass sie in der Agentur, in der sie arbeitete, eine neue Texterin bräuchten und sie hätte mich bereits ihrem Chef empfohlen, der mich nun unbedingt kennen lernen wollte. So hatte ich innerhalb kurzer Zeit erneut eine gute Arbeitsstelle, die meinen derzei-

tigen Wünschen in jeder Hinsicht entsprach.
Anderthalb Jahre darauf war wieder eine ähnliche Situation: Ich hatte mich abermals für einen neuen Job eingestellt, und schon klingelte wenig später das Telefon. Eine mir bis dahin unbekannte Personalberaterin bot mir einen äußerst lukrativen Posten an. Meine Freude war entsprechend groß, und einige Tage danach hatte ich bereits den neuen Arbeitsvertrag in der Tasche.
Mittlerweile habe ich mich zusammen mit meinem Freund, einem Graphiker, selbständig gemacht. Auch das ist in jeder Hinsicht geführt worden, vom Finden der passenden Büroräume über den perfekten Ablauf bei der Einrichtung unserer Agentur (wir brauchten kaum etwas zu kaufen; was mein Freund nicht hatte, hatte ich und umgekehrt) bis hin zu den richtigen Jobs zur richtigen Zeit.

Es ist doch immer wieder unglaublich, wie wundervoll alles klappt, wenn man sich für eine Sache einstellt und anschließend einfach loslässt.

Diese Beispiele sind nur einige von vielen, bei denen es für mich außer Frage steht, dass hier eine höhere Kraft am Wirken war und ist. Ich könnte noch von vielen weiteren ungewöhnlichen Erlebnissen berichten, aber das würde an dieser Stelle zu weit führen. Für mich bleibt in diesem Moment nur eins zu sagen: Ein ganz herzliches Danke!

Claudia Engler

Ich habe geglaubt, dass es Dinge zwischen Himmel und Erde gibt - hier habe ich sie erlebt.

Ich kam mit der Bruno Gröning-Gemeinschaft zum ersten Mal mit 19 Jahren in Kontakt. Seit meinem vierten Lebensjahr war ich permanent krank, was sich in meiner Jugendzeit über die chronischen Leiden auch auf seelische Bereiche ausdehnte. Ich stand kurz vor dem Abitur, gebeutelt mit Prüfungsängsten, Allergien aller Art, chronischer Bronchitis mit Erstickungsanfällen und vor allem mit dem großen Fragezeichen: Was tun nach dem Abitur?
Ein Außenseiter, der sich am liebsten in irgendeiner Gruppe oder Organisation verkrochen hätte, war ich allerdings nicht. Sportlich aktiv und erfolgreich und als gute Schülerin anerkannt, hatte ich einen großen Freundeskreis und war nach außen stark und beneidenswert. Deshalb kam ich auch nicht zur Bruno Gröning-Gemeinschaft, um Anerkennung oder gar eine Aufgabe zu finden. Mich bewegte die Möglichkeit, gesund werden zu können, ohne dafür zahlen zu müssen, und deshalb wollte ich mir einfach anschauen, was sich dahinter verbarg.
Im Gegensatz zu meinem Sportverein, bei dem ich mich strikt an Trainingszeiten und den Arbeitsplan halten musste – notfalls unter Druck – konnte ich zu den Treffen der Bruno Gröning-Jugendgemeinschaften kommen und gehen, wann und wie oft ich wollte. Nie hat mich jemand gedrängt, Zeit und Geld zu lassen oder mich irgendwie zu verpflichten. Und eines ist bis heute sicher: Hätte das jemals irgendjemand versucht, ich hätte umgehend das Weite gesucht.

Was habe ich nun dort gefunden? Ganz ehrlich: Ich war schon immer ein gläubiger Mensch – trotzdem krank, trotzdem voller Ängste, trotzdem mutlos. Ich habe geglaubt, dass es Dinge zwischen Himmel und Erde gibt, die weit über den Verstand hinausgehen – und hier habe ich sie erlebt! Innerhalb von drei Wochen verlor ich den Erstickungshusten. Drei Jahre später waren alle Allergien fort. Wie geht das, wo doch der Arzt gesagt hatte: „Meiden Sie …“ und eine lange Liste folgte? Ich glaube, mittlerweile könnte ich auch ein ganzes Buch schreiben. Ich weiß nicht, wo ich ohne die Erfahrungen im Freundeskreis körperlich und seelisch gelandet wäre. Ich hätte wahrscheinlich genauso viele Ausbildungsversuche wie der Rest meines Bekanntenkreises benötigt, um endlich meinen Platz in der Gesellschaft zu finden.

Und jetzt entlaste ich mit meinen 30 Jahren die Krankenkasse, denn ich bin kerngesund - und das seit Jahren. Ich entlaste die Staatskasse, denn ich war mit 23 Jahren schon fertig mit meinem Studium und zahle seitdem regelmäßig Steuern. Und ich entlaste die Gesellschaft, denn ich kümmere mich in meiner Freizeit zum Teil um Menschen, die im sozialen Netz zwar körperlich versorgt sind, seelisch aber vereinsamen.

Marcus Beneke

Damals dachte ich, dass Gott die Menschen sich selbst überlassen hat.

Ich möchte hier gerne etwas über mein Leben erzählen und möchte damit in einer Zeit beginnen, in der ich noch nicht dem Bruno Gröning-Freundeskreis angehörte. Nach der Trennung meiner Eltern begannen drei Grundgefühle mein Leben zu dominieren: Ich fühlte mich verlassen, ich fühlte mich innerlich zerrissen, ich fühlte mich unzufrieden. In der darauffolgenden Zeit meiner Kindheit und Jugend habe ich mindestens die Hälfte meiner Freizeit vor dem Fernseher gesessen, weil ich einfach nichts anderes mit meiner Zeit anzufangen wusste. Meine Tage empfand ich als leer, und ich habe zu dieser Zeit meinen Vater um hohe Summen Geldes beklaut, um meine Langeweile kurzfristig mit kostspieligen Aktivitäten auszufüllen.

Ich entdeckte etwas, was mir half, diese innere Leere überhaupt aushalten zu können: die Popmusik. Der Einfluss der Musik auf mein Leben wurde jedoch immer stärker. Mit 16 Jahren entdeckte ich auch den Tanz als zusätzliche Möglichkeit der Zerstreuung. Die von mir bevorzugte Musik wurde mit der Zeit immer aggressiver, düsterer und melancholischer. Ohne Musik fühlte ich mich nicht mehr fähig, den Alltag zu bewältigen. Zu diesem Zeitpunkt war die Musik das Einzige, was mir ein Lebensgefühl vermitteln konnte, weil sie meine Emotionen vollkommen manipulierte.

Lebensfreude hatte ich schon lange nicht mehr, Freunde auch keine, und zur Beendigung meiner Ausbildung fühlte ich mich kaum fähig. Auch hatte ich mich nach wechselnden Partnerschaften und damit verbundenen Enttäuschungen, in erster Linie Enttäuschungen von meiner eigenen Gefühllosigkeit, stark von meiner Umwelt zurückgezogen. Körperlich ging es mir auch sehr schlecht. Ich litt unter Knie- und Rückenbeschwerden und von Geburt an unter starker Neurodermitis, zu der sich in unregelmäßigen Abständen schwere Hautinfektionen einstellten.

Ich hatte damals zwar schon einen Glauben an Gott, jedoch hatte ich ein völlig anderes Bild von Ihm, als ich es heute habe. Damals dachte ich, dass Gott die Menschen sich selbst überlassen hat, dass Er sowohl Gut als auch Böse beinhaltet und dass Er dem Geschehen auf der Erde völlig machtlos gegenübersteht. All diese Dinge änderten sich grundlegend, seit ich dem Bruno Gröning-Freundeskreis angehöre. Heute weiß ich, dass Gott all das ist, was Liebe, Freude, Glück und Leben beinhaltet, und dass ich mich bewusst mit Ihm und der von Ihm ausgehenden Kraft verbinden kann. Ich kann wieder an das Gute als die wahre Natur des Menschseins glauben und habe Hoffnung, Glaube, Vertrauen und Glück wiedergewonnen. Mein Leben änderte sich jedoch nicht von heute auf morgen. Es begann damit, dass ich auf einer esoterischen Messe im November 1993 zum ersten Mal ein Bild von

Bruno Gröning sah. Ich betrachtete das Bild, blieb wie angewurzelt stehen und wusste, da ist irgendwas. Ich besuchte die angebotene Einführung und spürte sofort starke Schmerzen in Rücken und Knien, wobei ich dies sofort als Reinigungserscheinungen annehmen konnte, da ich dort normalerweise dann Beschwerden bekam, wenn ich stand oder ging. Auch in der ersten Gemeinschaftsstunde, die ich besuchte, traten dieselben Schmerzen wieder auf, verschwanden aber im Laufe der Stunde und sind seitdem nicht mehr aufgetreten.

Obwohl ich die Bruno Gröning-Freunde aus meiner damaligen Sichtweise als Spießer abtat, so wusste ich von diesem Zeitpunkt an doch, dass ich die hier wirkende Kraft für mein Leben nutzen müsste. Gleichzeitig wuchs jedoch auch die Bereitschaft in mir, mein Leben zu ändern. Ich trennte mich fast augenblicklich von allen meinen Platten, Kassetten, Comics und Gegenständen, die ich als negativ empfand. In die Disko zu gehen hatte ich plötzlich nicht mehr das Bedürfnis. Weiter bemühte ich mich, nur noch Gutes zu tun und zu denken. Ich stellte mich regelmäßig auf den Heilstrom ein, besuchte möglichst jede Gemeinschaftsstunde, fuhr auf viele Tagungen und erlebte zum ersten Mal seit langer Zeit wieder Freude und Glücksgefühle und wusste vorher noch nicht mal mehr, wie sich das überhaupt anfühlt.

Dann gab es auch mal Rückschläge, die mich verzweifeln ließen, bis mir bewusst wurde, dass es für mich nun darum ging, noch grundsätzlichere Dinge zu ändern, und bat Bruno Gröning um Erkenntnis. Ich erhielt die Kraft dazu, meine Ausbildung abzubrechen und wusste plötzlich, welches stattdessen die richtige Ausbildung für mich ist. Auch verließ ich meine Heimatstadt, mit der mich nichts Positives mehr verband, und gewann eine gesunde Distanz zu meiner Familie. Dann habe ich die Verantwortung für das von mir gezeugte Kind übernommen und bin jetzt glücklicher und stolzer Vater eines zweijährigen Sohnes. Im Laufe des Jahres 1996 ist auch die Neurodermitis vollständig verschwunden.

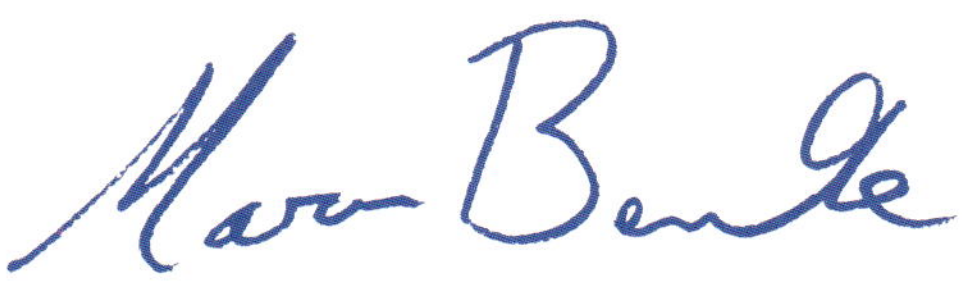

Kleiner

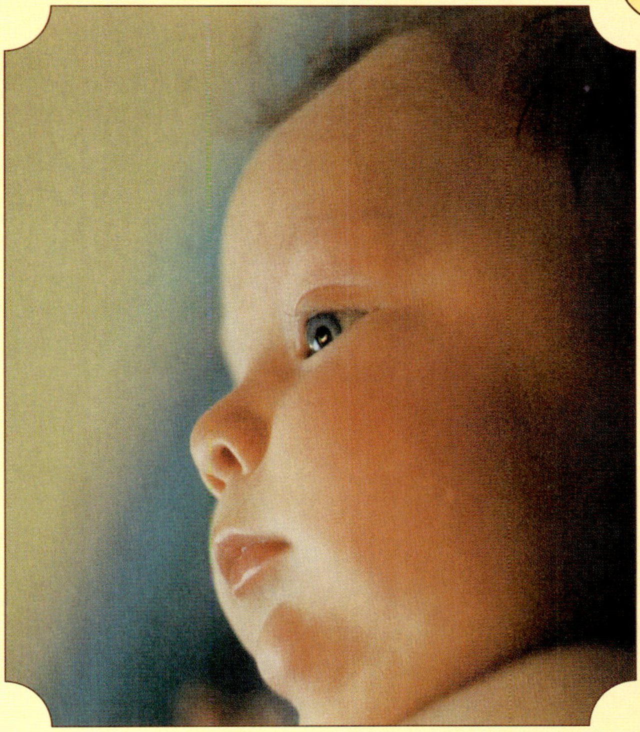

Kleiner, der so große Augen macht,
siehst noch Dinge, die wir nur erahnen.
Wer, wie du, das Helle sucht und im Schlummer lacht,
geht längst schon eigene Bahnen.

Sohn und Vater dürfen wir nun sein,
und ich frag mich: Wer wird wen erziehen?
Lädt das Leben uns nicht selbst zum Erleben ein?
Braucht sich kein Verstand zu mühen!

Alles, was du wirklich wissen musst,
braucht dein Köpfchen gar nicht zu benennen.
Schau in Augen Seelenglanz! Lerne ganz bewusst,
Gefühle zu erkennen!

Alles, was es so zu können gibt,
kann nur Liebe unvergesslich lehren.
Nur, wer Überwindung eigener Grenzen liebt,
den darfst du als Lehrer ehren.

Alles, was ich dir so geben will,
können Menschenhände nicht besitzen.
Such im Weben der Natur deinen Weg, dein Ziel.
Nur Freiheit kann dich schützen.

Und was ich dir sonst noch sagen will,
könnten Worte ewig nicht beschreiben.
Lass vor Gott, unser beider Vater, still
uns Freund und Bruder bleiben,
und die Sonne soll uns einst in den Abendwind
ein Lebenszeugnis schreiben.

C. Pesch

Fotos: Pesch/Prömpers

3. Station – Heidelberger Klausur

„Eines aber muss gesagt werden: dass der einzige Arzt, der Arzt aller Menschen, allein nur unser Herrgott ist.“

Nachdem das Herforder Totalverbot ausgesprochen ist, verlässt Bruno Gröning die Stadt. Er begibt sich auf Einladung eines Großkaufmanns nach Hamburg, in der Hoffnung, dort sein Wirken fortsetzen zu können. Doch auch hier erweist sich dies als unmöglich.

Die Zeitschrift „Revue", die sich schon seit längerem mit der Frage der seelischen Ursachen von Krankheiten beschäftigt, sieht in Gröning nicht nur den Wunderdoktor, sondern ein Phänomen auf dem Gebiet seelischer Krankenbehandlung.

Als in Norddeutschland der Rummel um Bruno Gröning immer chaotischer wird und die Zahl der Hilfesuchenden auf bis zu sechstausend steigt, entschließt sich die „Revue", eine wissenschaftliche Untersuchung seiner Heiltätigkeit zu finanzieren. Von den beteiligten Wissenschaftlern wird Bruno Gröning für den Fall eines günstigen Verlaufes ein positives Gutachten versprochen. Er nimmt das Angebot an, da er auf diesem Wege glaubt, sein Wirken im Interesse der vielen Leidenden in geordnetere Bahnen lenken zu können. Mittlerweile steht er zwischen zahllosen Anhängern und wenigen, aber einflussreichen Gegnern, zwischen Heilverbot und Unterstützungszusicherungen.

Vom 27.7. bis zum 7.8.1949 finden in der Heidelberger Universitätsklinik die „wissenschaftlich überprüften Heilbehandlungen" an zwölf ausgesuchten Personen statt. Bruno Gröning soll den voruntersuchten und psychotherapeutisch erforschten Patienten vor den Augen der Psychologen, Ärzte, Physiker, Psychotherapeuten und Berichterstatter der „Revue" zu Heilung verhelfen. Bis auf einen Fall, bei dem er dies schon vorher angekündigt hat, erzielt er bei allen eindeutige Erfolge, die durch ärztliche Nachuntersuchungen bestätigt werden.

Da er wieder niemanden berührt oder behandelt, suchen die Wissenschaftler zwischen seinen Worten zu den Kranken den „Gröning-Trick", aber sie übersehen ihn: die Nächstenliebe.

Der Fall Strobel: Ein angelernter Arbeiter in einer Kabelfabrik, geboren 30.01.06, im Krieg dreimal Granatsplitterverletzungen an den Beinen und am Gesäß, 1944 schwerer Unfall. 1945 Kriegsgefangenschaft, aber bereits im April des gleichen Jahres entlassen. Im August 1945 treten Beschwerden bei Halsbewegungen auf, dann Leistenschmerzen, schließlich Gehstörungen. Völlige Versteifung der Wirbelsäule, unfähig, den Kopf zu bewegen, erhebliche Schmerzen beim Gehen und Steigen. Ein typischer Fall Bechterewscher Krankheit. Er leidet bei Beginn des Experiments schwer und kommt nur mit großer Mühe in den Behandlungsraum.

(Strobel verspürt plötzlich Schmerzen in den Gesäßknochen beiderseits.)
Gröning: Sie haben immer noch Schmerzen?
Strobel: Ja – aber nicht mehr so stark.
Gröning: Sie ziehen langsam weg. Machen Sie die Augen zu und passen Sie auf! Was ist jetzt geschehen?
Strobel: Schmerzen haben nachgelassen. Steife an der Wirbelsäule, ich meine, sie bricht mir ab.
Gröning: Ein leichtes Kribbeln, das den Wirbel weich macht. Stehen Sie auf, bewegen Sie sich im Kreuz – vom Hals bis runter, beugen Sie sich!
(Strobel beugt sich bis zum Boden.)
Gröning: Jetzt machen Sie ein hohles Kreuz rückwärts!
Strobel: Es tut weh hinten.
Gröning: Kopf runter – so als ob Sie runterschauen wollen! Kopf nach rechts, nach links – immer weiter! Hochsehen und runter – hochsehen und runter – nach rechts und links!
(Strobel macht oft diese Bewegungen.)
Gröning: Biegen Sie den rechten Daumen ein, was merken Sie im Daumen? (Pause)
Strobel: Ein leichtes Gefühl.
Gröning: Und was jetzt im Kreuz?
Strobel: Ich verspüre nichts – es ist sehr ruhig dahinten.
Gröning: Setzen Sie sich wieder! – Was geschieht jetzt im Körper?
Strobel: Ich habe jetzt ein ganz ruhiges Gefühl.
Gröning: Aber was geht jetzt vor?
Strobel: Ich könnte nichts sagen momentan.
Gröning: Im Gesäß angefangen haben Sie einen leichten Druck.
Strobel: Ich verspüre nichts.
Gröning: Schließen Sie die Augen und beobachten Sie Ihren Körper!
Strobel: Die Schmerzen an der Wirbelsäule sind weg, es ist mir frischer.
(Steht ohne Beschwerden auf.)
Gröning: Wie sind Sie sonst aufgestanden?
Strobel: Sehr schwer – ich war ja ganz steif.
Gröning: Gehen Sie einige Schritte!
Strobel: In der Leistengegend hatte ich Schmerzen, hauptsächlich beim Treppensteigen, schier nicht hochgekommen, es tat mir sehr weh, links mehr wie rechts.

Gröning: Versuchen Sie mal die Treppe raufzulaufen!
(Strobel geht zur Treppe, springt plötzlich treppauf und -ab. Er ist überglücklich.)
Gröning: Machen Sie mit dem Kopf Drehungen nach rechts und links!
Strobel: Es kracht, als ob Sand da hinten drin wäre.
Gröning: Wie ist es jetzt?

Strobel: Es wird mir leichter.
Gröning: Das Krachen hat aufgehört?
Strobel: Nein – es kracht noch!
Gröning: Halten Sie die Hand einmal dorthin – nehmen Sie die Hand weg!
(Strobel bewegt immer noch den Kopf.)
Gröning: Es wird weniger.
Strobel: (Macht immer noch Kopfbewegungen.) Ja, es geht gut.
(Gröning beschäftigt sich mit anderen Patienten.)
Strobel: Es ist mir leicht - ich habe keine Schmerzen mehr, auch nicht in den Gesäßknochen, alle Schmerzen sind weg.
(Gröning bittet Strobel nochmals, die Treppe hinaufzusteigen. Strobel springt wieder leicht hinauf und herunter.)

Nachuntersuchung:
Nach der ersten Behandlung durch Bruno Gröning sind die Gehstörungen völlig beseitigt. Der „Patient" fühlt sich wohl.
(Auszug aus der Veröffentlichung der „Revue")

Der leitende Professor bezeugt in einem Vorgutachten, dass Bruno Gröning kein Scharlatan, sondern ein naturbegabter Seelenarzt ist. Er erklärt mit dieser Bezeichnung die Ergebnisse der Untersuchung aus seiner Sichtweise, verfehlt aber den Kern von Bruno Grönings Wesen und Wirken, der ja immer wieder betont, dass nicht er selbst hilft und heilt, sondern „es": die göttliche Kraft, der Heilstrom.
Nach einer Auswertung aller Ergebnisse soll, wie versprochen, ein endgültiges Gutachten erstellt werden. In der Zwischenzeit machen die Schirmherren des Unternehmens Bruno Gröning den Vorschlag, seinem Wunsch entsprechend Heilstätten aufzubauen, in denen er an der Seite von Ärzten wirken kann. Leitung und Auswahl der Patienten behalten sie sich jedoch selbst vor. Aber Bruno Gröning kann nicht zusagen:
„Die von Herrn Professor F. in diesem Zusammenhang mir gestellten finanziellen Bedingungen usw. waren so gehalten, dass sie für mich unannehmbar waren. [...] Ich habe mich mit den Vorschlägen von Herrn Professor F. nicht einverstanden erklären können und sie abgelehnt deshalb, weil ich
1. über keinen Pfennig Geld verfügte. So konnte ich ihm gegenüber auch keine finanziellen Verpflichtungen übernehmen, denen ich nicht hätte nachkommen können,
2. nie daran gedacht habe, aus dem ganzen Vorhaben ein Geschäft zu machen.
Es war dieses alles daher für mich ein unmögliches Verlangen. Außerdem wollte ich nur das tun, wie es mir durch meine Berufung gegeben: den Hilfesuchenden helfen und mich deshalb den Ärzten wie Psychotherapeuten zur Verfügung zu stellen, aber niemals ein Geschäft aus der ganzen Sache machen.", und das ist es doch, wenn die reichen Anwärter auf einen Heilstättenplatz die armen Kranken überbieten und die Ärzte sich mit Spitzenhonoraren an Grönings Erfolgen beteiligen.
Die geschäftlich ablehnende Haltung Bruno Grönings lässt die Professoren ihr Interesse an ihm verlieren. Er bleibt dabei, sich in den Dienst aller Menschen zu stellen, nicht aber in den Dienst der Schulmedizin. Das fest versprochene Gutachten wird ihm nie erstellt.

„Professoren, die nicht dafür, sondern dagegenstanden, sagten mir: ‚Ich will Wunder sehen.' Sie sagten: ‚Das können wir auch, Menschen gesund machen.' Ich habe nur die Frage gestellt, wo dann gesunde Menschen sind und warum man denn die Kranken nicht gesund gemacht hat. Nein, sie wollten sehen, dass ich zu einem, dem der Arm fehlt, sage: ‚Eins, zwei, drei, der Arm muss wieder da sein!'"
Bruno Gröning bleibt dabei: *„Niemandem kann geholfen werden ohne unseren Herrgott. Er allein ist und bleibt unser Vater, Er allein ist und bleibt der größte Arzt aller Menschen!"*
In diesen Tagen schlägt die Berichterstattung der deutschen Presse plötzlich einstimmig ins Negative um.

Matthias Kamp

Das Herz war für mich nur ein Organ im Körper, das das Blut pumpt, eine Pumpe, mehr nicht.

„Wer älter ist als 50 Jahre und keine Schmerzen hat, der ist tot", so ein leitender Arzt eines Krankenhauses, in dem ich als junger Arzt meine ersten Erfahrungen machte. „Was wollen Sie noch, sie haben ein langes Leben gelebt und im Alter macht sich halt einiges bemerkbar. Arthrose,

Verschleiß, Abnutzung, die Knochen sind alt, damit müssen Sie leben ...", „Unheilbar, damit müssen Sie leben". Oft habe ich diese Sätze in Krankenhäusern während meines Studiums, aber auch bis heute nach mehr als zehn Jahren im ärztlichen Beruf gehört.

Es war ein nasskalter Tag am 8.12.1984, als ich mich während der Vorbereitungen für mein erstes medizinisches Staatsexamen in einer Lernpause in die Fußgängerzone Hamburgs begab. Dort fiel mir ein Stand mit einem Plakat ins Auge: „Es gibt kein Unheilbar – Gott ist der größte Arzt. Bruno Gröning." Ein Bild eines Mannes, dessen Namen ich noch nie gehört hatte, und Worte, die der Wissenschaft fremd sind. Irgendetwas zog mich an und ich wollte Antworten haben und fragte und fragte ... Warum erfuhr ich in meinem Studium nichts von solch einer Möglichkeit zur Heilung und Hilfe? Doch sprach nicht schon Paracelsus, der größte Arzt der beginnenden Neuzeit, vor 500 Jahren davon, dass es keine unheilbaren Krankheiten gibt, sondern nur unheilbare Menschen? Außerdem hatte ich gelesen, dass in alten Hochkulturen und auch in den meisten Religionen Menschen von der Existenz einer höheren Kraft wussten. Es gab viele Namen für sie, Prana, Chi, Lebenskraft, Vis vitalis, kosmische Kraft, göttliche Kraft. Doch gab es sie wirklich, auch heute, auch für mich Normalsterblichen?

Am nächsten Tag war die Weihnachtsfeier des Bruno Gröning-Freundeskreises in Hamburg. Es waren vielleicht dreißig Menschen, die in Hamburg-Eimsbüttel zusammenkamen, um gemeinsam den Heilstrom aufzunehmen. Aus Köln war extra Frau Häusler angereist, die Bruno Gröning noch persönlich gekannt hat und spontane Heilungen erlebt hatte. Ich setzte mich in die Runde, es schienen mir alles normale Menschen zu sein. Ich kreuzte nach Anregung Arme und Beine nicht und wartete, was geschieht. Heilstrom, höhere Kraft, ich spürte nichts davon, eine angenehme Atmosphäre, gute Worte, es lief auch ein Vortrag von Bruno Gröning auf Tonband.
Am Ende die Frage: „Haben Sie etwas gespürt?" „Nein", gespürt habe ich nichts, vielleicht wollte ich auch gar nichts spüren, es war nur eine angenehme Atmosphäre ...

Bis heute weiß ich nicht, warum, aber in den nächsten Tagen habe ich mich einfach morgens und abends auf den Heilstrom eingestellt, d. h. ich habe diesen Bruno Gröning einfach um Vermittlung dieser Kraft, die von Gott, dem höchsten Geist, der höchsten Kraft kommen soll, gebeten. Wie das gehen soll, konnte ich nicht verstehen. Er lebt ja nicht mehr und soll doch noch da sein und helfen können? Doch da war etwas in mir, ein Gefühl, dass alles schon seine Richtigkeit hat, auch wenn ich es nicht sofort verstehen konnte. Doch gespürt habe ich auch jetzt nichts von einem Heilstrom. Ich saß da bei mir in der Studentenbude und habe mir eine ruhige Musik aufgelegt. Da war noch so eine Platte, die ich jahrelang nicht gehört hatte, ein Geschenk von einer Tante: „Der Messias“ von Händel.

Diese Musik habe ich sonst eigentlich nicht gehört, mich interessierte mehr die zeitgenössische Rock- und Popmusik, aber irgendwie dachte ich, der Händel wird jetzt vielleicht besser sein. Ich habe die Augen zugemacht und einige Zeit so gesessen, doch da war nichts, da war einfach nichts, kein Fließen, kein Strömen, kein besonderes Gefühl, einfach so wie immer. Doch trotzdem setzte ich mich auch am nächsten Tag zum Einstellen hin, doch wieder nichts. Das ging ca. drei Wochen.
Dann habe ich verstanden. Ich wollte das alles mit meinem Kopf aufnehmen. Ich studierte Medizin und im Studium wird man trainiert, alles mit dem Kopf zu erfassen, doch hier war es anders. Mit meinem Kopf kann ich nicht fühlen, es geht um mein Herz. Das hatte ich bei aller Wissenschaftlichkeit, bei allem Studieren schon lange vergessen. Das Herz war für mich nur ein Organ im Körper, das das Blut pumpt, eine Pumpe, mehr nicht. Ich weiß nicht wie, aber als diese Erkenntnis da war, plötzlich spürte ich ein Strömen durch den ganzen Körper, als würde ein leichter Strom durchfließen. Aber das war so angenehm, der seelische Druck auf meiner Brust, die Freudlosigkeit wich durch diesen Strom und plötzlich spürte ich in mir ein ganz glückliches Gefühl, so etwas Schönes, das hatte ich in meinem Leben noch nicht erlebt. Was war das? Ich war allein in meinem Zimmer, saß nur da, und jetzt dies ... Kann das dieser Heilstrom gewesen sein? Es war auch wie ein leichter elektrischer Strom, aber unvergleichlich angenehmer, so kräftigend, ich fühlte mich aufgebaut, einfach besser als vorher. Doch sehen konnte ich nichts, es war auch nichts zum Anfassen, aber gefühlt hatte ich es. Als ich in den nächsten Tagen den Strom wieder beim Einstellen so deutlich am Körper spüren konnte, wurde mir klar, dass Bruno Gröning Recht hatte, es muss etwas geben, man kann es als höhere Kraft bezeichnen, da war etwas, und das war schön, und es war auch für mich, ganz persönlich für mich da, auch ich kann es nutzen. Ich bin kein Heiler, nichts Besonderes, aber auch ich habe sie aufnehmen können, ich musste nirgendwo hingehen, bei mir daheim, einfach so, ohne große Rituale und stundenlange Meditationen, einfach nur öffnen und eine gedankliche Bitte an diesen Mann, den ich gar nicht kenne, mir zu helfen, und etwas Geduld, und dann ist es da.

Es war schon einschneidend für einen Medizinstudenten, etwas zu erleben, wovon man an den Universitäten gar nichts hört. Etwas zu erleben, wovon die moderne Wissenschaft sagt, dass es das gar nicht gäbe – es sei ein Märchen. Ich bin dann zu den Zusammenkünften des Freundeskreises gegangen, alle drei Wochen waren Gemeinschaftsstunden in Hamburg. Hier kamen immer Menschen zusammen und stellten sich gemeinsam auf den Heilstrom ein, man hörte Worte von Bruno Gröning und Einzelne berichteten von ihren Erfahrungen. Es waren keine geschulten Redner, keine wohldurchdachten ausgefeilten Beiträge, einfach wie es ein jeder erlebt hatte, einfach die persönlichen Erkenntnisse und Erfahrungen mit dieser Kraft. Dies war mir, seitdem ich auch diese Kraft erleben konnte, ungemein wertvoll, ich wusste, es sind keine Theorien, sondern Erfahrungen, die ich auch selbst machen kann. Immer wieder hörte ich auch von Heilungen. Nicht nur das angenehme Gefühl, die Kraft, ein glückliches, leichtes Empfinden; konkrete Krankheiten verschwanden einfach! „Heil-Strom“, wie treffend ist doch die Bezeichnung, die Gröning dieser Kraft gab!
Doch wo sind die Beweise? Ich erzählte einem anderen Medizinstudenten von Bruno Gröning, und auch er kam zum Freundeskreis, und zusammen begannen wir 1986, die Heilungen, die berichtet wurden, in Form von Erfolgsberichten aufzunehmen, nicht nur in Hamburg, im ganzen Freundeskreis. Bei einzelnen Erfolgsberichten bemühten wir uns um eine medizinische Dokumentation.

Ein älterer Herr, um die 70 Jahre, wird mir immer im Gedächtnis bleiben. Er war in einem Zustand, in dem sich viele ältere Menschen unserer Tage befinden. Über Jahre und Jahrzehnte Schmerzen, Schmerzen am Herzen, Kopf, Rücken, eine Verletzung vom Krieg bereitete ihm immer noch Beschwerden, Magenschmerzen und Schlafstörungen kamen dazu. Koronare Herzkrankheit, d. h. Durchblutungsstörungen des Herzens durch Verkalkung der Adern, chronische Lumbago, Ischias, d. h. Rückenschmerzen durch Verschleiß der Bandscheiben (= Knorpelpuffer zwischen den Wirbelkörpern), chronischer Kopfschmerz über 25 Jahre, chronische Magenschleimhautentzündung, Schlafstörungen, atemabhängige Brustschmerzen nach einer Lungenquetschung im Krieg. Mit diesen Diagnosen und vielen Tabletten lebte Hans R. über Jahre. Körperliche Arbeiten waren wegen der bei Anstrengung auftretenden starken Rücken- und Herzschmerzen nicht mehr möglich, Tag für Tag hämmerte der Kopfschmerz, der nur durch eine Unmenge von Schmerztabletten in den Griff zu kriegen war, und in der Nacht fand er nur wenig Schlaf. Bis er, wie ich, in eine Gemeinschaftsstunde des Bruno Gröning-Freundeskreises kam, sich dem Heilstrom öffnete und eine Spontanheilung erlebte. Was über Jahre kein Arzt vermochte, geschah innerhalb weniger Stunden – schmerzfrei verließ er den Raum. Arbeiten, tanzen, laufen, wandern – alles war wieder möglich. Bei einer Nachuntersuchung des Herzens konnte man keine Zeichen der Durchblutungsstörung im EKG mehr finden.

Hier hatte ich es schwarz auf weiß, es ist etwas geschehen, was nach meinem medizinischen Wissen nicht geschehen kann, aber es ist doch geschehen. Was kann diese Kraft alles! Krebserkrankung, Multiple Sklerose, Depressionen, Alkohol-, Tabletten-, Zigaretten-, Drogensucht, Allergien, Asthma, Hauterkrankungen, Augenerkrankungen, Menstruationsschmerzen, Bluthochdruck, Kreislaufstörungen, Lähmungen, Ängste, Angstzustände, die vielfältigsten Formen der inneren und äußeren Not verschwinden durch diese Kraft. Ich sprach mit den Geheilten und immer wieder das gleiche Erleben: Ein Kribbeln, ein Wärmegefühl, ein Glücksgefühl, ein Strömen durch den Körper, oft auch anfangs eine scheinbare Verschlimmerung der Symptome, der Schmerzen, der Zustände, wie ein letztes Aufbäumen, oder eine Reinigung, und dann – bei dem einen spontan, bei anderen nach längerer Zeit, machten sich die Heilungen bemerkbar. Beim Aufnehmen der Erfolgsberichte hörte ich immer wieder:

Ich wusste nicht mehr weiter“ – „Ich wollte mich umbringen“ – „Keiner konnte mir mehr helfen“ – „Ich war aufgegeben“ – „Ich konnte diese Schmerzen nicht mehr ertragen“ – „Man sagte, ich hätte nur noch sechs Monate zu leben“ – „Ich kam nicht los von den Drogen“ – „Ich hatte nur noch Angst“ – “Mir war alles zu viel im Leben“ – „Ich hatte keine Lebensfreude mehr“ – „Ich konnte nicht mehr“…

Und die Wende brachte diese unsichtbare Kraft: „Plötzlich waren die Depressionen weg“ - „Die Last auf meiner Brust, der Fels wurde wie Sand und war weg, seitdem ist wieder Lebensfreude in mir“ – „Ich kann wieder alles essen, die Allergien sind weg“ – „Es war, als hätte mir einer das Verlangen nach den Zigaretten genommen“ – „Nach einigen Wochen waren die Schmerzen, die ich über Jahrzehnte hatte, weg“ – „Ich habe keine Angst mehr“ – „Ich kann wieder laufen“ – „Es war wie eine Kraft, die in mich hineinfloss“ – „Als wenn der Schmerz aus dem Körper gezogen wurde“ – „Ein Kribbeln am ganzen Körper“ – „Eine Leichtigkeit“ – „Jetzt weiß ich, dass es Gott wirklich gibt“ …

Was soll ich tun? Schweigen? Kann ich es mir aber als Arzt erlauben, darüber zu reden? Es glaubt doch keiner – oder doch? Was sagen meine Kollegen? Doch wenn es keinen Stand am 8.12.84 in Hamburg gegeben hätte, wüsste ich bis heute nicht von diesem Weg. Ein Weg, der mir sehr viel geholfen hat. War ich doch 1984 so weit, dass ich mich kaum noch konzentrieren konnte. Mein Kopf war voller Gedanken, ich lebte ziemlich zurückgezogen, war in Gefühlen eines krankhaften Neides verstrickt, der keinem Menschen etwas Gutes gönnen konnte. Keine Festigkeit in der Seele, keine Willenskraft, immer weniger Interesse am Studium, Freudlosigkeit, keinen Frieden, nur Unruhe und die ständige Flut an Gedanken, die mir die Konzentrationskraft raubten. Heute kann ich rückblickend sagen, ich war am Tiefpunkt meines 22-jährigen

Lebens angelangt, da stand ich an diesem Dezembermorgen vor dem Stand und ich hörte von Bruno Gröning und seiner Lehre. Zufall? Ich bin frei und glücklich geworden, habe Frieden und meine Erfüllung gefunden, in solch einem Werk wie dem Bruno Gröning-Freundeskreis mitzuarbeiten und aufbauen zu dürfen, damit anderen geholfen wird. Ich habe mein Studium bestens beenden können und arbeite seit Jahren selbständig in der Ambulanz eines Hamburger Krankenhauses und versorge eine ländliche Region von über 5000 Menschen vor den Toren von Hamburg alleinverantwortlich als Notarzt. So erlebe ich hautnah, worin die Menschen stecken. Meist wunderschöne Häuser, alles vorhanden, doch der Körper kann nicht mehr, die Seele verzweifelt, Traurigkeit, Mutlosigkeit, keine Perspektive – obwohl alles da ist. Alles?

1992 gründete ich die Medizinisch-Wissenschaftliche Fachgruppe im Bruno Gröning-Freundeskreis und bin einfach losgefahren, um in öffentlichen Vorträgen meine Erfahrungen weiterzugeben.
Hamburg, Frankfurt, München, Wien, Zürich, Amsterdam, vor Ärzten und interessierten Laien konnte ich sprechen. Wo ich mich selbst anfangs so schwer getan hatte, mich der Kraft zu öffnen, jetzt erlebte ich Menschen, sogar gestandene Fachärzte, die schon nach dem Vortrag die Kraft an ihrem Körper wahrnehmen konnten. Eine junge Medizinstudentin kam nach einem Vortrag in einem Ort in Nordrhein-Westfalen auf mich zu und berichtete mir ganz erstaunt, dass ihre Rückenschmerzen weg seien. Sie sei sofort im Anschluss an den Vortrag mehrfach ums Gebäude gejoggt, aber ohne Schmerzen. Als ich ihr sagte, sie habe eine Heilung erlebt, sah sie mich ganz ungläubig an, doch wenige Wochen später meldete sie sich wieder: Ein Myom in der Gebärmutter, das kurz zuvor vom Arzt festgestellt worden war, konnte bei einer Nachuntersuchung nicht mehr aufgefunden werden, auch ihre jahrelangen Schmerzen bei der Regelblutung waren einfach verschwunden. Es waren sogar langjährige Fachärzte in den Vorträgen, doch auch sie wussten nichts von dieser Kraft, es war für sie auch als Spezialisten neu, dass es sie gibt. Einige waren sehr betroffen und ich konnte ihnen gut nachfühlen, ging es mir doch genauso, als ich den Heilstrom das erste Mal an meinem Körper fühlen konnte.

Vortrag in der Universität Gomel, Nähe Tschernobyl

Bald wurden es immer mehr Vorträge und ich kam nach Polen. Es waren wunderschöne Rundreisen von ca. zehn Tagen, von einer Stadt zur anderen: Inzwischen waren mehr Ärzte zum Freundeskreis gekommen, so begleitete mich eine pensionierte Chefärztin, Frau Dr. Durmanova, die über 20 Jahre als leitende Anästhesistin auf einer Intensivstation tätig gewesen war. Durch Heilungen am eigenen Körper überzeugt, war sie eine sehr wichtige Hilfe bei den Vorträgen. In einem Vortrag in Krakau (Südpolen) lernten wir einen Moskauer Arzt kennen, Dr. Ereskin. Er war eine Zeit lang in Polen, um sich für AIDS-Kranke einzusetzen, und erhielt über viele Zufälle die Einladung zu unserem Vortrag in Krakau. Neben ihm war noch ein über die Grenzen bekannter Pädagogikprofessor im Vortrag, der sich im Anschluss ganz begeistert vor die Zuhörer stellte. Er habe schon sehr viele geistige Strömungen in seinem Leben verfolgt und erlebt, aber so etwas wie heute sei ihm noch nie vorgekommen. Er konnte es gar nicht fassen, mit welch einfachen

Vortrag in der Universität in Dnjepropetrowsk

und schlichten Worten Bruno Gröning in seiner Lehre die höchsten Wahrheiten erfasst. Er habe heute Gott erlebt. Er konnte vor Rührung und innerer Begeisterung kaum ein Ende finden, über das Erlebte zu berichten. Dies war genau das Richtige für den Moskauer Arzt, der erst recht skeptisch war, sich dann aber immer mehr öffnete und uns ein Jahr später bereits auf einer Polenreise begleitete. Heute hält er Vorträge in Russland, England, Irland, Israel, Mongolei und Kuba und steht mit seinem ganzen Herzen vor internationalem Publikum in jedem Land zur Lehre Bruno Grönings.

Etwas später stand schon die erste Vortragsreise in Russland an, zuletzt im Mai 1998 durch 6 Länder und 14 Städte der ehemaligen Sowjetunion. Es war für mich und meine Kollegin Frau Dr. Durmanova ein besonderes Geschenk, vor Medizinstudenten der Universitäten Gomel (Weißrussland), Dnjepropetrowsk (Ukraine) und Duschanbe (Tadschikistan) zu sprechen. Wir erhielten sogar eine Sondergenehmigung für einen Vortrag im Krankenhaus von Tschernobyl, hatte doch ein junger Russe, der in Tschernobyl einen schweren Strahlenschaden erlitten hatte, durch den Heilstrom die Heilung erlebt. Es ist ganz anders, wenn man nicht als Tourist, sondern um Hilfe zu bringen, in ein anderes Land fährt. Wir waren meist privat untergebracht, und viele Gespräche und Begegnungen ließen uns das Wunderbare der Menschen in Russland spürbar werden. Hier fand ich nicht den äußeren Reichtum, aber eine Herzlichkeit und Wärme, die oft in Deutschland fehlt. Die Menschen waren zumeist sehr offen für die Kraft und konnten viel schneller begreifen, was sie durch die Lehre Bruno Grönings für eine Kostbarkeit geschenkt bekommen. Entsprechend traten viele Heilungen auf. In einem Vortrag in Koktschetau, ein Ort im Norden von Kasachstan in der südsibirischen Steppe ca. 5000 km von Deutschland entfernt, konnten wir vor 600 Menschen sprechen. Nikolai Iwanowitsch Gontschar, ein 50-jähriger Mann, war über Jahre nach zwei Schlaganfällen halbseitig gelähmt und konnte nicht mehr sprechen. Eine nichtheilende Wunde nach einer Krebsoperation bereitete ihm so viel Schmerzen, dass er Morphium nehmen musste. Er erlebte durch die Aufnahme des Heilstroms nach einem halben Jahr die volle Heilung und begrüßte uns nach 36-stündiger Zugfahrt von der Wolga östlich in Koktschetau am

Vortrag mit Frau Dr. Durmanova in der med. Universität in Duschanbe

Bahnhof. Er sprach völlig normal, konnte laufen und reichte uns nach altrussischer Sitte Brot und Salz als herzlichen Willkommensgruß. Seine Ärztin war mitgekommen. Der Saal in der Stadt war bis auf den letzten Platz gefüllt. Die Heilung hatte sich herumgesprochen, sogar im örtlichen Fernsehen wurde unser Vortrag angekündigt. Anschließend sprachen wir vor den Chefärzten des örtlichen Krankenhauses. Heute ist es so weit, dass sie alle Patienten, denen sie nicht mehr helfen können, in die Gemeinschaft des Freundeskreises schicken.

Inzwischen konnte ich alle Vorträge im deutschsprachigen Bereich an andere Ärzte abgeben. Eine Allgemeinmedizinerin aus Berlin war durch einen Infovortrag aufmerksam geworden, und als sie Heilungen in ihrer Praxis erlebte, war sie sofort bereit mitzuhelfen. Ein Münchener Arzt erlebte selbst nach einem Infovortrag die Heilung von einer Allergie am eigenen Körper. Herr Dr. Blättner, ein langjähriger Facharzt, erfuhr über Patienten vom Freundeskreis. Sein Bericht, den er im Juni 1998 auf einer Regionaltagung der MWF in Heidelberg abgegeben hat, ist so bezeichnend, dass ich hier gern einen Ausschnitt wiedergeben möchte: *„Vor einigen Jahren wurde ich durch Patienten auf Bruno Gröning aufmerksam. Sie hatten im Freundeskreis hinter meinem Rücken Hilfe gesucht und auch Heilung gefunden. Ich hatte mich zuvor zehn Jahre erfolglos bemüht diesen Menschen zu helfen, habe alle Register meines Könnens und Wissens gezogen und musste nun beschämt dastehen vor zwei gesunden Patienten. Das hat mich beeindruckt und neugierig gemacht, aber meine Skepsis war einfach zu stark. Über ein Jahr habe ich das alles abgehalten, weggestoßen von mir, aber die Neugierde war dennoch groß, und so habe ich, wie das viele tun, meine Frau vorausgeschickt. Meine Frau hat in dieser Einführung in die Lehre Bruno Grönings auch diese Kraft verspürt und hat sich seitdem regelmäßig darauf eingestellt. So hat sie innerhalb weniger Wochen von einer Polyarthritis (Rheuma) die Heilung bekommen. Und es ist in den zurückliegenden fünf/sechs Jahren nie mehr ein Rezidiv (=Rückfall) aufgetreten. Daraufhin bin ich auch in eine Einführung gegangen, d. h., ich habe eine Urlaubsreise in der Schweiz unterbrochen und durfte in Zürich eine Einführung erleben. Dort habe ich auch ein Kribbeln gespürt und es hat sich bei mir auch einiges geändert, nicht nur gesundheitlich.*
Der Beruf war vor einigen Jahren für mich Stress, verbunden mit Unzufriedenheit und Kraftlosigkeit. Ich war nicht in der Lage, irgendetwas zu unternehmen, vielleicht noch einen Krimi anzuschauen oder zwei Viertel Wein zu trinken. Ich wollte meinen Beruf aufgeben. Heute gehe ich wieder gern in die Praxis. Ja, und bei mir hat sich auch gesundheitlich einiges getan. Ich hatte eine chronische Arthritis, eine entzündliche Schultersteife. Ich musste Antirheumatika schlucken, bei akuten Schüben auch Cortison. Manchmal konnte ich mich nicht mehr allein an- oder ausziehen. Dieses Leiden ist, seitdem ich im Freundeskreis bin, ohne dass ich es besonders registriert hätte, verschwunden. Das war die erste Heilung von einem chronischen Leiden. Ich litt auch an sehr starken Gesichtsschmerzen (Trigeminusneuralgie), als Folge eines unverschuldeten Unfalls. Zwei Operationen konnten mir nicht helfen. Seit einem Jahr ist diese Neuralgie nicht mehr aufgetreten. Das sind die stärksten Schmerzen, die ein Mensch ertragen muss, sie führen sogar Menschen in den Selbstmord. Ich habe auch in der Familie Heilung erleben dürfen, bei Enkelkindern die in Mexiko leben. Über das Einstellen ist eines aus der Ferne gesund geworden. Oder ein Junge in Frankreich, der auf offener Straße durch Messerstiche verletzt worden war. Er kam schwerverletzt ins Krankenhaus und musste wegen Beteiligung der Bauchspeicheldrüse in der Universität Grenoble operiert werden. Und obwohl die Operationen komplikationslos verlaufen waren, konnte er nun schon wochenlang nichts mehr zu sich nehmen und musste künstlich ernährt werden. Wir haben uns in der Gemeinschaft ohne sein Wissen für den 17-jährigen Jungen eingestellt. Und Sie werden es nicht glauben, in der gleichen Stunde hat der Junge knapp tausend Kilometer entfernt, nach Wochen zum ersten Mal mit Genuss ein Stück Kuchen gegessen und konnte nach wenigen Tagen das Krankenhaus verlassen – als gesunder Mensch. Wenn man so etwas erlebt, das sind Höhepunkte, Highlights in der Laufbahn eines Arztes. Da muss man dankbar sein und muss dieses Wissen auch weitergeben."

So kamen immer mehr Ärzte und andere Heilkundler zum Bruno Gröning-Freundeskreis. Zur Zeit der Gründung waren der MWF 30 Personen aus heilkundlichen Berufen angeschlossen, Anfang 1999 waren es schon mehr als 3 500 in 50 Ländern.

Allein '98 wurden von 19 Ärzten und 9 Heilpraktikern vor knapp 15 000 Menschen ca. 250 Vorträge in 30 Ländern abgehalten. Seit 1998 arbeiten Ärzte und Heilpraktiker im Freundeskreis bei der Vorbereitung der Vorträge eng mit Jugendlichen zusammen. Leider macht es die Unkenntnis der Bevölkerung über die wahren Hintergründe von Heilung und Hilfe auf dem geistigen Weg schwer, in größerem Rahmen aufzuklären. Deshalb ist es für uns Ärzte und Heilpraktiker ein ganz besonderes Gebot, gerade auch für Jugendliche Wege zu öffnen.

Matthias Kamp

Matthias Bernstein

... ich fühlte mich nackt, es war nichts mehr da, was mich von anderen unterschied.

Es ist nun mehr als ein Jahrzehnt, dass ich vom Bruno Gröning-Freundeskreis weiß. Mein Vater nahm mich manchmal zum Freundeskreises mit. Die Themen, die dort angesprochen wurden, interessierten mich eigentlich gar nicht. Zwar erschienen mir die Argumente dieser Leute plausibel, doch konnte ich keine Beziehung zu meinem Leben entdecken. Ich wollte einfach nur Spaß haben. Doch mir war bewusst, dass ich mit meinen Lebensumständen so nicht zufrieden sein konnte.

In meinem fünften Lebensjahr trennten sich meine Eltern. Es gab seit diesem Zeitpunkt ständig Streit zwischen mir, meinem Vater, bei dem ich lebte, und meinen beiden Schwestern. Von einem harmonischen Familienalltag konnte keine Rede sein. In der Schule war ich überdurchschnittlich schlecht, denn ich hatte kein Interesse am Unterrichtsstoff und schlampte alle Hausaufgaben. Da nun weder Schule noch Familie eine Perspektive boten, nutzte ich alle Energien dazu, in irgendeiner Weise Spaß zu haben. Aufgrund meiner Körpergröße und der Tatsache, dass ich Kampfsport betrieb, waren mir Schlägereien ein willkommenes Mittel, um Frust abzubauen und der Umwelt zu zeigen, wie wichtig ich war. Ich empfand es als ein schönes Gefühl, wenn andere vor mir Angst hatten. Das Rauchen und Saufen musste ich als Erster in der Klasse anfangen. Darauf war ich besonders stolz. Meine Klassenlehrerin erkannte die Problematik und empfahl meinem Vater, mich zu einem Psychotherapeuten zu schicken. Doch alles, was der tun konnte, war, mir klarzumachen, wie kaputt doch meine Familie war.
Als dann Klassenkameraden auf einem Informationsblatt des Freundeskreises den Namen meines Vaters lasen, der inzwischen Gemeinschaftsleiter geworden war, begann die Hölle für mich. Ich hätte nie offen zugeben können, dass mein Vater einer Glaubensgemeinschaft angehört, und schon gar nicht, dass ich selbst damit irgendetwas zu tun haben könnte. Viele Klassenkameraden, die bisher unter meiner Unterdrückung gelitten hatten, sahen nun ihre Stunde gekommen und stichelten mit entsprechenden Aussagen. Da ich nicht kapitulieren wollte, sah ich nur die Lösung der verbalen und körperlichen Gewalt. Ich war nun unter Zugzwang und musste mir bei jeder Gelegenheit Respekt verschaffen. Es war eine ausgesprochen elende Situation.

Als sich dann die Möglichkeit bot, für ein Schuljahr in die USA zu gehen, schien mir dies die Lösung zu sein, zudem war ich ganz besessen darauf, den Führerschein früher zu haben. Problematisch war die hohe Geldsumme für dieses Vorhaben, abgesehen von den schulischen Bedingungen. Es galt eine beinahe fünfstellige Summe aufzutreiben, denn meine Eltern hatten zu diesem Zeitpunkt nicht die finanziellen Möglichkeiten, und jede billigere Alternative hätte ein Jahr später stattfinden müssen. Die Situation erschien aussichtslos, in sieben Monaten in einem Alter von 15 Jahren etwa 10 000 DM zu verdienen. Aber ich wollte in die USA.

Im Bruno Gröning-Freundeskreis hatte ich oft gehört, wie in einer solchen Situation zu verfahren sei: den Herrgott oder Bruno um Hilfe bitten und dann auch daran glauben. Nun gut, das Ass wollte ich nun aus dem Ärmel ziehen. Ich wusste, dass ich keinen Spielraum hatte zu überlegen, wie vielversprechend dieser Weg ist, und entschloss mich dann, es einfach zu tun. Und siehe da, ein paar Tage später erfuhr ich von einem Bekannten, dass es in einem Baumarkt ganz in der Nähe Arbeit gäbe. Am nächsten Tag war ich bereits in diesem Markt beschäftigt. Ich hatte große Freude an der Beschäftigung, wusste jedoch, dass es nur eine Frage der Zeit sein konnte, bis auffiel, dass ich mit meinen 15 Jahren zu jung für die Stelle war. Ein paar Wochen später war es dann so weit, der Marktleiter kam auf mich zu und sagte, ihm sei aufgetragen worden, mich zu entlassen, er würde es jedoch nicht tun, weil er einen so tüchtigen Mitarbeiter nicht verlieren wolle. Ein paar Wochen darauf wurde der Druck der Zentralverwaltung nochmals verstärkt, und der stellvertretende Marktleiter begrüßte mich im Büro mit den Worten, dass er mich auf der Stelle entlassen müsse und ich könne gleich meine Papiere mitnehmen. In diesem Moment klingelte das Telefon. Inzwischen hatte ich das Bitten gelernt und nutzte nun die Sekunden zum Einstellen – nach außen hin natürlich nichts anmerkend. Der stellvertretende Marktleiter legte den Hörer auf und war wie umgedreht, schaute mich an und sagte: „Mal sehen, vielleicht …“ Und nach einigen Telefonaten mit der Zentralverwaltung konnte ich wie jeden Tag an die Arbeit gehen und wurde nie wieder mit dieser Thematik belästigt. Seit dem Tag, an dem ich anfing ernsthaft und überzeugt für meine Belange zu bitten, hatte ich nicht nur Arbeit gefunden, die mir große Freude bereitete, es ging auch schulisch stark bergauf. Ich war fasziniert, wie das mit den positiven Gedanken und dem Glauben funktionierte. In den Ferien stand ich dann in mehreren Arbeitsverhältnissen und konnte den Aufenthalt in den Staaten bezahlen.

In Amerika angekommen, wollte ich ein neues Leben anfangen. Hier kannte mich keiner. Ich wollte vernünftig werden. Aber hier war nichts so, wie ich es mir gewünscht hätte, der Gastvater war ein farbiger Trinker, und die Gegend, in der ich wohnte, schien der übelste Teil der Stadt zu sein. Die Austauschorganisation kümmerte dieser Zustand in keiner Weise, jedenfalls ignorierte sie meine Klagen. Die Enttäuschung nagte. Ich hatte einfach zu viel investiert, zu oft auf Freizeit verzichtet, um jetzt zu resignieren. Aber, wie aussichtslos die Lage auch sein mag, immer glauben – es wird sich ein Weg finden! Und das tat ich dann auch mit voller Überzeugung. Es dauerte nicht lange und ich hatte den Gedanken: „Wenn die Austauschorganisation mir keine neue Familie besorgen kann, dann tue ich es eben selbst.“ Einen Tag später war ich in einer neuen Familie im nobelsten Winkel der Stadt. Das Leben war nun so schön wie noch nie, jedoch nicht reich an Bequemlichkeit, denn in der High School konnte man die deutschen Zeugnisse nicht lesen, und ich behauptete einfach, ich gehöre in die Abschlussklasse – obwohl ich nur das neunte Schuljahr beendet hatte. Die anfängliche Vorstellung, das deutsche Schulniveau liege weit über dem amerikanischen, war schnell verflogen. Englisch war schon immer mein schlechtestes Fach gewesen. Doch nun galt es Unterrichtsstoff zu bewältigen, der, einmal ganz abgesehen von den sprachlichen Schwierigkeiten, um ein Mehrfaches mein Können übertraf. Die Lehrer hatten schnell gemerkt, dass ich von Tuten und Blasen keine Ahnung hatte, und beschlossen, mir sechs Wochen Frist zu geben, in der ich nicht benotet würde.

Mittlerweile war durch die vielen Erfolge mein Glaube so stark, dass mir dies auch keine Sorgen bereitete. Ich dachte, ich schaffe alles, wenn ich nur will. Mit großem Ehrgeiz saß ich nun bis in die Nacht vor den Büchern mit dem sicheren Gefühl, das irgendwann zu verstehen. Ich wusste nicht, dass man so viel Disziplin aufbringen kann, wie ich da an mir erlebte. Die sechs Wochen waren vorbei und ich kam überall mit, Physiologie, Mikrobiologie, Chemie, Ge-

schichte usw. Das Merkwürdige war, ich hatte immer das Gefühl, jemand sagt mir, wie und vor allem, was ich zu lernen habe. Ich hatte zusätzlich noch einen so starken Drang nach Bewegung, dass ich nachts halbe Marathonläufe (15-20 km) absolvierte.
Das Ergebnis waren durchweg Einsen. Bis ich dann im zweiten Halbjahr ein Semester englische Literatur nehmen musste, von dem gesagt wurde, dass hier eine Eins unmöglich sei. Aber für mich gab es kein Unmöglich mehr. Die erfolgsorientierten Amerikaner sollten mir keine Grenze bieten können. Ich fühlte mich unbesiegbar. Wie auch immer, am Ende des Semesters wurde gesagt, einer habe es geschafft, und das war ausgerechnet der Austauschschüler. Da noch hinzukam, dass ich übers Jahr für alles Mögliche ausgezeichnet wurde und noch von den Mathematik- und Chemielehrern zum besten Schüler ernannt wurde, reichte dies aus, um auch vom amerikanischen Präsidenten selbst eine schriftliche Auszeichnung zu erhalten. Ich ging als neuer Mensch nach Deutschland zurück.

In Deutschland übersprang ich erst mal die 10. und 11. Klasse und sah mich dann in der 12. Klasse erneut mit schwierigem Schulstoff konfrontiert. Ich dachte immer, wer will und glaubt, schafft alles, und konnte nicht verstehen, warum die anderen nicht die Disziplin aufbrachten. Das Abitur konnte ich erfolgreich abschließen. Diesmal war jedoch einiges anders. Ich merkte, dass ich mich zu einem extrem ehrgeizigen Menschen entwickelt hatte, der überhaupt keine Freude mehr an seinem Erfolg haben konnte, weil mit Erreichen des einen Ziels schon das nächste, das größere anstand. In manchen Kreisen wurde von mir als dem „Wunder aus Amerika" gesprochen, weil ich nun kooperativ, friedvoll und umgänglich war, aber trotzdem stimmte etwas nicht. Wer nicht so superlativ war wie ich, den konnte ich nicht mehr achten. Mit Wollen und Glauben schaffte ich wirklich alles, alles außer …

Als ich auf einer Wanderwoche des Bruno Gröning-Freundeskreises mit Freunden in den Bergen war, dämmerte mir, was ich alles falsch gemacht hatte. Ich war zwar äußerst erfolgreich, und auf meine Verstandes- und Willenskraft konnte ich mir etwas einbilden, doch in mir war es kalt. Ich fragte mich, ob ich überhaupt noch in der Lage bin, einen anderen Menschen oder mich selbst zu lieben. Ich war so überzeugt von mir, dass Viele Schwierigkeiten hatten, mit mir umzugehen.
Wenn ich über die Lehre Bruno Grönings nachdachte, dann merkte ich, dass er nicht nur vom Wollen und Schaffen redete, sondern viel von Nächstenliebe, Naturverbundenheit und ähnlichen Werten, die mir beim ganzen Höhenflug fremd geblieben waren. Da habe ich dann zum ersten Mal um Liebe gebeten. Und bei einer Bergtour ertappte ich mich dann dabei, dass ich gar nicht bei den Ersten und Schnellsten vorne mitlief, sondern einfach bei den anderen „Mittelmäßigen". Ich schaute mich um und wollte auf einmal zu allen dazugehören. Einer von allen sein und den anderen Freunden das Gefühl geben, dass sie nicht von meinem Ehrgeiz beobachtet und gedrängt werden, sondern dass ich sie mag. Ich erschrak fast vor diesem großen Gefühl in meinem Herzen, als ich spürte, dass ich liebe und dadurch zum ersten Mal mich selbst nicht mehr als den Mittelpunkt sah. Ich wurde still und erkannte, dass ich gar nicht immer stark sein muss, sondern auch mal schwach sein darf, mittelmäßig und einfach, ohne dass mich hier jemand deswegen weniger achten würde. Ich konnte klein sein, unwichtig, ein Lernender, ein Schüler in der ersten Klasse der wahren Lebensschule. Ja, „Was du willst, sei dein", sagte Bruno Gröning. Ich hatte alles erreicht, fast alles, außer Liebe. Und jetzt fing ich an sie kennen zu lernen, die den anderen schon so vertraut war. Ich achtete die Freunde, die nicht so intelligent waren, nicht so sportlich, die aber in innerer Ruhe und Zufriedenheit ihren Weg gingen und dankbar auf höhere Hilfe vertrauten, nicht nur auf ihren eigenen Willen.

Direkt im Anschluss an die Wanderwoche war eine Jugendwoche in Berlin. Auf dieser Tagung wurde ich gebeten, doch vorne zu berichten, was sich alles durch das Einstellen bei mir gebessert hatte. In diesem Moment dachte ich, es sei nun an der Zeit, meinen ganzen Stolz, mein ganzes egozentrisches Gehabe über Bord zu werfen, und sprach über die Jahre, über den Ehrgeiz, den Erfolg, meinen Willen und all das und redete dabei meine ganzen glänzenden Erfolge samt Urkunde vom Präsidenten in Schutt und Asche. Ich pfiff auf große Worte und weinte da am Mikrofon, als ich befreit bekennen konnte, dass das Geschenk der Liebe und Geborgenheit mich kurz vor dem Größenwahn von der Triumphstraße gehoben hat, um mich auf einen kleinen, schmalen Pfad zu stellen, der steil, aber beglückend ist. Ich konnte mich ganz leer machen.

Nach dem Bericht hatte ich das Gefühl, nun nichts mehr von dem zu besitzen, worauf ich immer stolz war, ich fühlte mich nackt, es war nichts mehr da, was mich von anderen unterschied.
In den folgenden Wochen weinte ich so viel wie in meinem ganzen Leben nicht, eigentlich jeden Tag – aber das vor Glück! Ich konnte meine Geschwister richtig gern haben und einige Zeit später, es war für mich der bisher schwierigste Schritt in meinem Leben, konnte ich zum ersten Mal zu meinem Vater sagen, dass ich ihn richtig gern habe. Unsere Familie ist jetzt wieder eine richtige Familie. Sicher, Differenzen gibt es immer, aber das Zusammengehörigkeitsgefühl und die Freude, dass es die Familienmitglieder gibt, war früher nie vorhanden. Und eines weiß ich, man kann noch so viele Therapien, Beratungen oder Behandlungen mitmachen, dieses Freiwerden von Ehrgeiz, Herrschsucht und Egoismus und das Erlangen von innerem Frieden, Zufriedenheit und Glück lässt sich weder kaufen noch erzwingen. Das ist ein Geschenk des Lebens – Gott.

Im Bruno Gröning-Freundeskreis habe ich erst gelernt zu leben. Ich brauche keine Angst mehr zu haben, hier weltfremd zu werden und einer Ideologie zu verfallen, denn ich wache ja nur auf, nichts weiter. Diese innere Freiheit und Zufriedenheit verdanke ich einem – Bruno Gröning. Und für den, den es noch interessiert: Obwohl der ganze Ehrgeiz nun weg ist, bin ich nach wie vor beruflich und privat sehr erfolgreich. Wie das geht? Ich geize nicht nach Ehre, sondern bemühe mich, aus allem in Liebe das Beste zu machen.
Danke, dass ich zweimal neu anfangen durfte. Einmal aus eigenem Willen und das zweite Mal aus Gnade.

Jürgen B.

Utopia

1992 nahm ich an einem von einer Personalberatung durchgeführten Karrieretraining teil. Es diente der Persönlichkeitsfindung und Vorbereitung auf das zukünftige Berufsleben. Unterschiedliche Tests und Planspiele wurden durchgeführt. Neben den normalen Intelligenztests auch viele, die der Selbsteinschätzung dienten, um ein gewisses Persönlichkeitsprofil zu erstellen.

Die Ergebnisse der Präsentationen und Fallstudien dienten den Beurteilern dazu, sich ein Gesamtbild von den persönlichen Fähigkeiten zu machen, wie man sich in einer Gruppe oder bei Problemen verhält und wie man sich hinsichtlich Auftreten/Überzeugungskraft, sprachlichem Ausdruck/Argumentation, analytisch-logischer Vorgehensweise, flexibler-ideenreicher Vorgehensweise, Umsetzungsfähigkeit, Durchsetzungsfähigkeit, Führungsanspruch/Verantwortung übernehmen und Teamfähigkeit/Kooperation in verschiedensten Gruppenübungen verhält.

Eines dieser Planspiele war ein Computerplanspiel mit dem Namen UTOPIA. Ich bekam die Aufgabe, die Ziele Staatsfinanzen, Lebensstandard und Umwelt zu optimieren, d. h. auf ein möglichst hohes Niveau zu bringen. Das Auswertungsprogramm errechnete am Ende der 18. und letzten Spielperiode ein Gesamtergebnis aus den drei Hauptzielen, das anzeigt, wie gut (hoher Wert) oder schlecht (niedriger Wert) es gelungen ist, die Vernetzung des Systems zu erkennen und die Zielkriterien durch gezielte Maßnahmen in einen möglichst positiven, ausbalancierten Zustand zu bringen.
UTOPIA war eine Insel und ich der „Präsident", der für seine Bürger die drei vorher benannten Ziele optimieren sollte. Bei der Bearbeitung der Insel UTOPIA hatte ich die Möglichkeit, die Variablen in Form von Budgetveränderungen zu beeinflussen. Bei diesem Punkt errechnete das Auswertungsprogramm einen Wert aus der Anzahl und Intensität meiner Entscheidungen. Es wurde also überprüft, wie oft und wie stark ich in den Spielverlauf eingegriffen hatte. Es gab letztendlich noch viele, viele andere Dinge, die bei diesem Computerplanspiel berücksichtigt werden mussten. Dabei erklärten die Beurteiler das Spiel natürlich mit Berechnung nur etwa zehn Minuten und es war für mich alles so kompliziert, dass ich dachte: „Wie sollst du das denn nur schaffen?"
Die erste Phase des Spieles begann, und ich testete eigentlich nur hilflos die einzelnen Variablen gegeneinander aus. Es war mir schon aufgrund der kurzen Zeit, die man nur zur Verfügung hatte, nicht möglich, sämtliche Informationsmöglichkeiten zu nutzen oder Analysen durchzuführen. So hatte ich in den jeweils 45 Sekunden Entscheidungszeit einer Spielphase nicht die Möglichkeiten zu einer Optimierung meiner Entscheidungen.

Ich stellte mich aber ein und bat Bruno Gröning, mir bei der Steuerung dieses komplizierten Systems zu helfen. Ich dachte daran, dass ein solches System unserem auf der Erde annähernd entspricht. Ich bat um die richtigen Gedanken, was ich zu tun oder zu lassen hätte.

Das Ergebnis war absolut erstaunlich. Letztendlich hatte ich nach diesen 18 Spielphasen das beste Ergebnis, das in den Trainingsgruppen der Unternehmensberatung erzielt wurde. Ich erreichte in den Hauptpunkten: Erfolgreiche Steuerung des Gesamtsystems/Zieloptimierung 98 Prozent und Prioritätensetzung/ Konzentration auf Haupt-/ Nebenziele 100 Prozent.
Das hatte sonst niemand erreicht. Bei vielen anderen Dingen, an die man denken sollte und die der Beurteilung unterzogen wurden hatte ich – bezogen auf das hervorragende Gesamtergebnis – geradezu untypische Ausprägung. Risikobereitschaft oder das Austesten der einzelnen Systemvariablen war bei mir nicht besonders ausgeprägt. Auch hatte ich auf methodische Hilfsmittel oder weitergehende Analysen nur in geringerem Maße zurückgegriffen. Mittlere Ausprägungen hatte ich in den

Bereichen laufende Kontrolle der Haupt- und Nebenziele sowie Balancestrategien bei der Zielverfolgung.

Ich habe mich einfach auf das verlassen, was ich empfunden habe, sodass ich dies nicht noch austesten und kontrollieren musste. Ich wusste, dass es richtig ist. So war die Steuerung der Eingriffe in das System/die Maßnahmenbündelung bei mir sehr hoch ausgeprägt (93 Prozent). Dies galt ebenfalls als eher untypisch, da die anderen Bereiche ja wie vorher beschrieben nur niedrige Werte aufwiesen.
Der Computer machte am Ende der 18. Spielperiode einen Datenabgleich, ob man in der Lage war, das Gesamtsystem langfristig zu stabilisieren. Diese Hochrechnung des Computers ergab in meinem Fall einen Wert von 79 Prozent. Dies war ebenfalls ein sehr hoher Wert, der klar zeigte, dass das aufgebaute System eine langfristig stabile Ausrichtung aufwies, auch ohne weitere Eingriffe.

Diese Erfahrungen bei dem Computerplanspiel auf der Insel UTOPIA hat mir einige wichtige Dinge klargemacht. Es gibt auf alle Fragen eine Antwort, wenn man auf Gott vertraut. Egal wie kompliziert sich die Zusammenhänge darstellen, man kann ohne das Gesamtwissen zu haben auf den vertrauen, der dieses Gesamtwissen über alles hat. Man kann sich führen und leiten lassen und so Erfolg haben. Die Dinge Staatsfinanzen, Lebensstandard und Umwelt sind Aufgaben, die uns heute ganz aktuell und zentral beschäftigen. Bruno Gröning hat mir gezeigt, dass Gott die Antwort auf all die Probleme der heutigen Zeit hat. Wenn wir Ihm die Steuerung unseres Weltensystems überlassen würden, fänden wir alle Antworten auf die Fragen, die sich uns tagtäglich stellen. Er kann uns zeigen, wie wir unser Weltensystem langfristig stabil halten können, ohne dass wir nach allen möglichen Dingen forschen, auf andere Planeten reisen oder tiefe Löcher in die Erde bohren müssen.

Diejenigen, die mein Ergebnis beurteilen sollten, waren sichtlich verwirrt, weil sie die Sachzusammenhänge nicht miteinander verbinden konnten. Wie kann jemand in der heutigen Zeit, der ein geringeres Maß an Risikobereitschaft aufweist, der sich nicht sämtliche Informationen zunutze macht, der nicht Analysen in dem Umfang durchführt, wie von ihnen erwartet, und hektisch Systemvariablen austestet, dieses Gesamtsystem so erfolgreich steuern, sodass es zur absoluten Zieloptimierung führt? Wie kann jemand ein solches System langfristig so stabil halten, sich dabei zu 100 Prozent auf die reinen Haupt- und Nebenziele konzentrieren und sich nicht von anderen Dingen abhalten lassen? Auf diese Fragen fanden die Beurteilenden keine Antwort, aber sie waren sichtlich beeindruckt, dass so etwas möglich ist.

Eines weiß ich mit Sicherheit: Egal wie kompliziert die Sachzusammenhänge sein mögen, es gibt jemanden, der die Antworten auf alle Fragen kennt. Wenn wir uns ihm anvertrauen, dann werden wir durch die göttliche Führung in der Lage sein, alle Aufgaben des Lebens zu meistern.

Jürgen B.

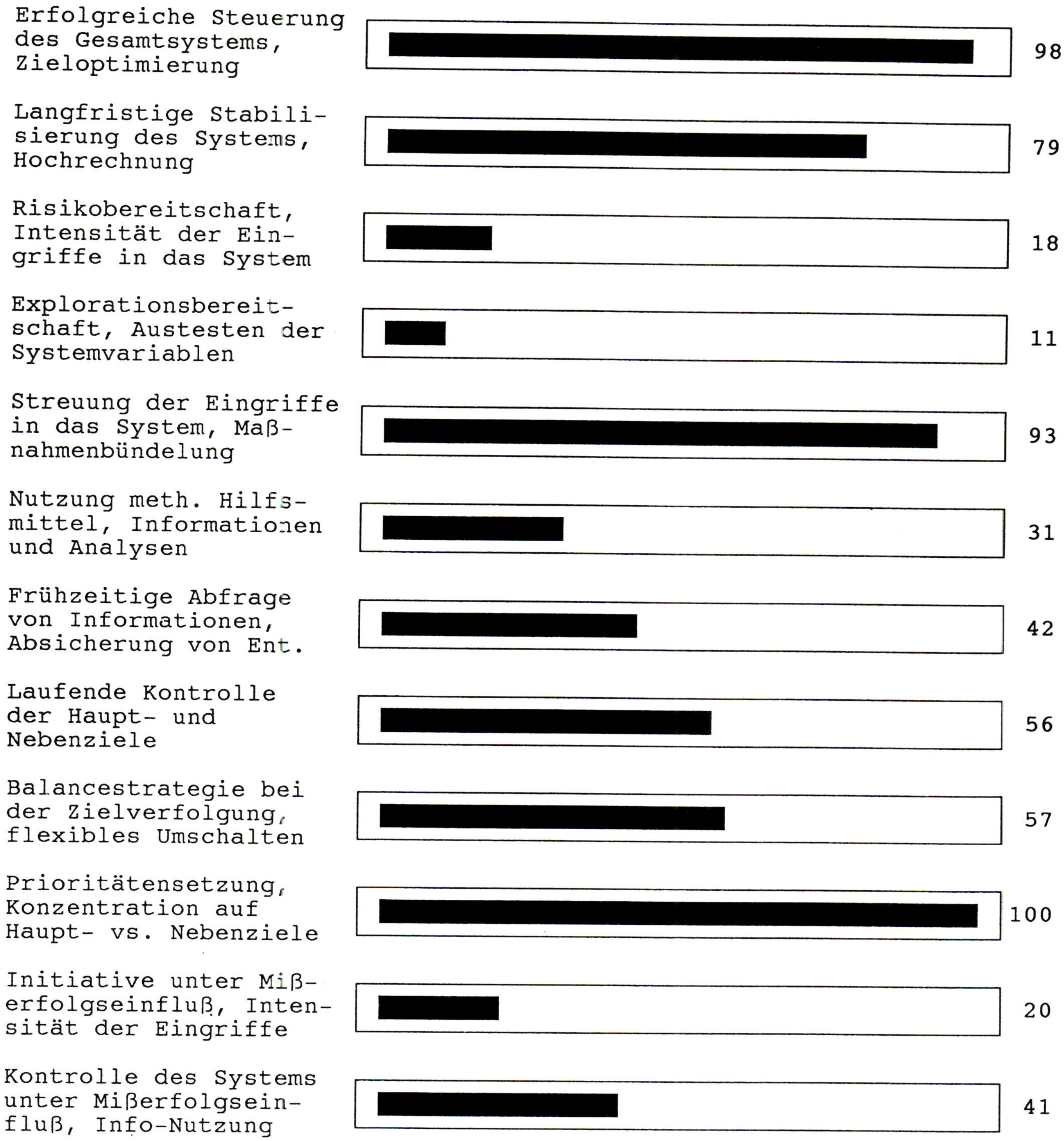

Originalkopie der Spielauswertung UTOPIA

Robert Freigaßner

... und es tat so gut, hier nicht schweigen zu müssen.

Endlich am Flughafen Frankfurt angekommen! Einige Stunden Bahnfahrt liegen bereits hinter mir. Ich bin aus Österreich angereist. Die Spannung ist groß. Was wird mich wohl in den nächsten zwei Wochen erwarten?
Da winkt mir auch schon Detlef Meier zu, mein lieber Freund. Er hat mich vor wenigen Wochen gefragt, ob ich ihn auf einer Vortragsreise über die Lehre Bruno Grönings nach Kuba begleiten möchte. Zuvor hatten viele während eines Esperanto-Kongresses großes Interesse an Bruno Gröning gezeigt.

Ich konnte es kaum fassen, als mir Detlef dieses Angebot machte. Einerseits waren meine Esperantokenntnisse noch einigermaßen dürftig, andererseits war ich zu diesem Zeitpunkt ein 22-jähriger langhaariger Student. Würden ältere Menschen meine Lebenserfahrungen akzeptieren? Eines war mir jedoch bewusst: Ich habe etwas erlebt, wonach sich viele Menschen sehnen, und diese Erfahrung möchte ich weitergeben. Ich habe Hilfen und Heilungen durch die göttliche Kraft erlebt. Und die ist für jeden Menschen da, egal ob alt oder jung, ob hell- oder dunkelhäutig, ob Student, Busfahrer, Maurer oder Wirtschaftsboss, ob Kubaner, Österreicher oder Chinese, ob Mann oder Frau, ob Christ, Hindu oder Moslem, ob kurz- oder langhaarig. Sogar kostenlos. Die Hauptsache ist nicht das Äußere, sondern die innere Bereitschaft, diese Kraft aufzunehmen.

Viele Menschen weltweit befinden sich in großer Not. Zwei Jahre zuvor war ich selbst in einer scheinbar ausweglosen Situation. Während einer Interrail-Reise (Interrail = Bahnticket für alle Länder Europas für die Dauer eines Monats) im Juli 1993 traf es mich in Portugal wie ein Schicksalsschlag. Innerhalb weniger Tage bildete sich in meinem Gesicht starke Akne, große Pickel vollgefüllt mit Eiter, daumengroße blaugefärbte Schwellungen. Wenn ich in meiner Verzweiflung einen dieser Pickel vor dem Spiegel ausdrückte, war er vollgespritzt mit Blut und Eiter. Und sofort wuchsen wieder neue nach. Mich ekelte vor mir selbst. In kurzer Zeit war mein ganzes Gesicht übersät davon, es war entstellt. Ich kam mir vor wie ein Aussätziger aus dem Film „Ben Hur", als Ausgestoßener.
Jede Freude war von mir gewichen. Als ich zu Hause bei meinen Eltern ankam, waren sie erschrocken, als sie mich sahen. Der erste Weg führte zum Hausarzt. Er machte mir große Hoffnungen auf eine reine Haut, verschrieb mir Medikamente.
Überglücklich nahm ich die Tabletten wie verordnet. Ich vertraute völlig den ärztlichen Ratschlägen und den Antibiotika. Bis zu diesem Zeitpunkt war ich immer gesund und hatte keine medizinische Behandlung nötig gehabt, außer bei Blinddarm- und Mandeloperation. Ich glaubte fest daran, dass ich die Medikamente drei Wochen lang nehmen würde und dann wäre wieder alles so wie vorher. Nein, sogar besser wird es sein. Jetzt wusste ich ja, wie wertvoll ein junges, gesundes Menschenleben ist. Ich wollte nach meiner Wiedergesundung mein Leben so intensiv wie möglich genießen und malte es mir in den schönsten Farben aus: Partys, Alkohol, Zigaretten, Mädels, Heavymetal, kein Fest würde mehr ohne mich stattfinden. Alles noch mal auskosten, sich total ausleben, bevor der nächste Schicksalsschlag kommt. Und der kommt sowieso bei jedem früher oder später. Man sehe sich nur die Alten in den Heimen an, siech, verkalkt.

Ich nahm die Tabletten wie vorgeschrieben, jedoch ohne Erfolg. Deshalb wurde ich in die Hautklinik in die Landeshauptstadt Graz überwiesen. Dort erhielt ich noch stärkere Medikamente. Der Zustand meiner Haut wurde allerdings immer schlechter statt besser. Ich versteckte

mich zu Hause, hatte nur noch zu meinen Eltern Kontakt.
Eines Tages öffnete ich dem Postboten die Tür, weil ich alleine zu Hause war. Wie hat der sich erschreckt! Als wäre ich ein Monster. Ich konnte nicht mehr in den Spiegel schauen, ich wollte mich nicht mehr waschen, nicht mehr diese kaputte, blutende, ekelige Haut berühren. In der Hautklinik hatte sich die Ärztin, die mich untersuchte, Gummihandschuhe übergezogen, bevor sie mich begutachtete. Später sah ich, wie sie sich mit einem Kollegen im Nebenraum über meinen Fall unterhielt. Am Gesichtsausdruck erkannte ich, wie ratlos beide waren. Plötzlich war mir klar: Sie konnten mir nicht helfen. Ich war mitten aus dem Leben gerissen mit 20 Jahren, in einer Sackgasse, die finster war, kein Licht, kein Funken Hoffnung, keine Zukunftsperspektive.

In dieser Situation brachte meine Tante eine Kassette des Bruno Gröning-Freundeskreises ins Haus. Die sollte ich mir mal anhören. Diese Tante war mir immer schon die liebste meiner 19 Tanten. Also entspannte ich mich, hörte die Kassette und empfand Ruhe und ein gutes Gefühl im Körper. Ich wollte mehr wissen. Meine Tante erzählte kurz über Bruno Gröning, den Heilstrom, das Einstellen um 9 Uhr. Am nächsten Morgen um 9 Uhr hörte ich erneut die Kassette, verschränkte weder Arme noch Beine. Plötzlich begann sich ein Fuß ohne eine bewusste Kraftanstrengung meinerseits zu bewegen, dann der andere Fuß. Ich spürte eine Kraft im Körper fließen, eine Hand schlug durch die Luft, bald auch die zweite, der Kopf machte von selbst Drehbewegungen. Das mag sonderbar klingen, aber ich ließ es geschehen, weil ich in diesen Momenten wusste, dass diese Kraft, die ich im Körper spürte und die diese Gestikulierungen bewirkte, eine gute Kraft ist, und ich gab mich völlig hin. Während sich der Körper schüttelte, überkam mich ein befreiendes Glücksgefühl. Ich musste laut lachen.

Danach war ich wie neugeboren, eine Leichtigkeit, ein Glück, eine Freude! Da war nur Dankbarkeit. Ich hatte die göttliche Kraft erlebt, wie sie die Krankheit geistig aus meinem Körper hinausgestoßen hat. Sofort setzte ich die Tabletten ab, die nichts geholfen hatten, und sagte den Termin in der Hautklinik ab. Nach diesem Erlebnis konnte ich daran glauben, was Bruno Gröning sagte: „Es hilft, es heilt die göttliche Kraft. Gott ist der größte Arzt."
Und tatsächlich wurde nach und nach auch am Körper sichtbar, was sich geistig vollzogen hat. Die Akne klang ab. Ich konnte wieder an die Universität nach Linz fahren, um dort mein Informatikstudium fortzusetzen. Es tat so gut, wieder unter Menschen sein zu können, ohne sich ständig fürchten zu müssen, schief angeschaut zu werden oder sich primitiven Sprüchen auszusetzen.
Dieses Erlebnis hat mein Leben verändert. Sollen das nicht alle Menschen erfahren? Ich wollte es sofort Freunden weitergeben, musste jedoch feststellen, dass es manche interessierte, aber andere sich daran störten und alles skeptisch anzweifelten.
In Kuba warteten Menschen, die offen für diese Lehre sind. Und ich war bereit, meine Zeit zur Verfügung zu stellen und überallhin zu fahren, wo Menschen bereit sind, die Lehre Bruno Grönings anzunehmen. Gott hat das wohl ernster genommen, als ich dachte. Nach der Reise nach Kuba sollten weitere nach Australien, Brasilien, Estland, Frankreich, Lettland, Litauen, Kolumbien und in die Tschechische Republik folgen. Die nächste Reise führt Detlef Meier, eine Freundin aus Berlin und mich nach Vietnam zu einem Asien-Esperanto-Kongress.

In Kubas Hauptstadt Havanna angekommen, bekamen wir am Zoll die politischen Zustände des Landes zu spüren. Wir hatten ca. 40 kg an Einführungsmaterial dabei, um jedem Freund persönlich etwas in die Hand geben zu können. Den Zollbeamten war die Absicht, eine ihnen unbekannte neue Lehre verbreiten zu wollen, ein Dorn im Auge. Alles, was von der politischen Doktrin abwich, war unerwünscht. Fast das gesamte Material wurde uns abgenommen und beim Zoll aufbewahrt. Damit hatten wir nicht gerechnet. Zum Glück hatten sie große und kleine Bruno Gröning-Bilder übersehen, die wir später im Land austeilen konnten. Trotz alledem ließen wir uns nicht entmutigen, im Gegenteil. Da blüht so richtig in einem der Kampfesgeist auf und man denkt sich: „Jetzt erst recht!“ Das Einführungsmaterial kann man später per Post nachschicken. In erster Linie ist das gesprochene Wort wichtig. Wir benötigten keine Unterlagen, um aus ihnen vorzutragen. Wir werden über das sprechen, was wir an Hilfe, Heilung und Erkenntnis geschenkt bekommen haben.

Falls nicht alle Zuhörer einer Einführungsstunde Esperantisten waren, begleitete uns immer ein Esperantist, um ins Spanische zu übersetzen. Die Hilfesuchenden öffneten derart ihr Herz, wie ich es bei Einführungen in Deutschland oder Österreich zuvor nicht erlebt habe. Viele berichteten nach dem Vortrag, wie sie deutlich ein Kribbeln oder Wärmegefühl empfunden hatten.
Wir kamen zu Familien oder in Situationen, wo ich früher nur hilflos Mitleid und Traurigkeit empfunden hätte: In einem Wohnzimmer saß ein kleiner Junge, der schwer atmete, eine Frau hatte sich nach einem Sturz notdürftig den Arm verbinden lassen und hatte seit Monaten Schmerzen. Den beiden älteren Frauen, die daneben auf einem Sofa saßen, sah man förmlich an, durch wie viel Leid, Verzweiflung und Armut sie gegangen waren. Detlef hing ein großes Bild Bruno Grönings an die Wand und es tat so gut, hier nicht schweigen zu müssen, sondern zu wissen und sagen zu können, dass es kein Unheilbar gibt, dass es eine allmächtige Kraft gibt und wie man sie empfängt. Bald schon gestikulierte die Frau, wie sie die Kraft in der Hand spürte und wie sie ein neues Lebensgefühl im Bein und im ganzen Körper empfand. Sie ließ uns nicht fahren ohne uns zu versichern, dass sie ganz fest daran glaubt, wieder gesund werden zu können. Das Foto Bruno Grönings hob sie in die Höhe und sagte: „De Dios“ (in deutsch: von Gott). Sie hatte innerhalb dieser kurzen Zeit verstanden und in sich erlebt, dass Bruno Gröning ein Gottgesandter ist.
Wir fuhren mit dem Taxi überall dorthin, wo Menschen uns um Hilfe gebeten haben. Eine Einführung war sogar im Krankenhaus für eine Esperantistin. Es war nicht einfach, bis zu ihr vorzudringen. Wir wurden bereits kurz nach dem Eingang aufgehalten und nach unserem Anliegen gefragt. Unser kubanischer Freund musste die Zuständigen des Spitals davon überzeugen, dass wir Esperantisten aus Europa sind und eine Esperantistin besuchen möchten. Auf diese Art hat es geklappt. Zwei junge mit ihr verwandte Frauen, die gerade zu Besuch waren, haben sich sofort mit eingestellt. Obwohl die Einführung in Esperanto war und die beiden nichts verstanden haben, spürten beide intensiv den Heilstrom.
Später wurde uns berichtet, dass diese Esperantistin sterbenskrank war. Sie litt an einer Thrombose im Kopf. Doch einige Tage nach unserem Besuch verließ sie das Krankenhaus und ist seitdem gesund.
Die Schwester eines Esperantisten wohnte am Rande der Stadt. Abgemagert und ausgezehrt trafen wir sie an und führten sie ein. Dabei bekam sie so starke Schmerzen, dass sie ins Bett musste und nicht alles mitbekam. Als wir uns etwa ein Jahr später noch mal erkundigten, hieß es, dass sie bereits wieder arbeitet.
Ein 19-jähriges Mädchen berichtete uns, dass sie bei einer früheren Einführung nach dem Esperanto-Kongress eine Spontanheilung erlebt hat. Zuvor litt sie sieben Jahre lang an einer

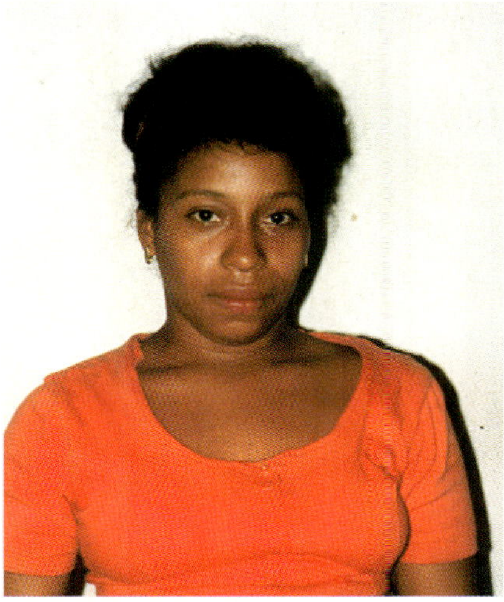

Lebensmittelallergie. Wenn sie Fisch, Zitrusfrüchte, Konserven, Bohnen, Aufschnitt, Kartoffeln, Bier oder Bananen zu sich nahm, traten Symptome in Form von Wasseransammlungen unter der Haut an Armen, Beinen und im Gesicht auf. Die ärztliche Behandlung hat nichts geholfen. Selbst wenn sie die Lebensmittel wegließ, die aufgrund von Allergietests als allergisch eingestuft wurden, bildeten sich diese Ödeme mit Juckreiz. Dann musste sie auch zu Hause bleiben und konnte nicht zur Schule gehen. Und bereits nach einem einzigen Einführungsvortrag verschwand die Krankheit und trat nicht wieder auf, obwohl sie seitdem alle die als allergisch befundenen Lebensmittel wieder isst. Sie saß überglücklich vor uns und strahlte richtig vor Gesundheit. Als ich sie das erste Mal sah, hätte ich nicht vermutet, was sie durchgemacht hat. Davon war nichts mehr zu sehen.

Detlef wollte den Erfolgsbericht schriftlich aufnehmen und schickte mich allein zu einer älteren Frau. Zwei Esperantisten gingen mit zum Übersetzen. Anfangs musste ich mir fast jedes Wort abringen, so schwer fiel es mir

noch, Esperanto zu sprechen. Ich hätte beinahe aufgehört, wenn mir nicht plötzlich bewusst geworden wäre, dass ich Bruno Gröning um Hilfe bitten kann. Ich habe es getan und jetzt flossen mir die Worte in Esperanto so leicht von den Lippen, als wäre es meine Muttersprache. Die Frau war von den Worten berührt und fühlte sich innerlich so angesprochen, dass sie anfing zu weinen und auch für ihre Verwandten um Hilfe bat. Sie hat mich beim Abschied umarmt. Wir waren uns nicht mehr fremd. Am nächsten Tag wurden ihre Bekannten und Verwandten eingeführt.

Beim Rückflug hatte ich ein unbeschreibliches Glücksgefühl in mir. Ich hatte das Wirken und die Gegenwart Gottes noch nie so nahe gefühlt. Vielleicht hätte ein Albert Schweitzer oder eine Mutter Teresa es sich einmal gewünscht, so etwas zu erleben. Wie haben die gerungen, gekämpft und gebetet um höheren Beistand, um nicht den Glauben an das Gute zu verlieren! Und ich saß jetzt hier und war selbst der Beschenkte. Mir wurde sehr ernst zu Mute, als mir die große Verantwortung bewusst wurde, die ich mit meinem Wissen und den Erlebnissen nun allen kranken Menschen gegenüber trug. Still im Herzen wünschte ich mir, dass ich nochmals die Möglichkeit erhalten werde, Menschen in anderen Ländern auf Bruno Gröning hinzuweisen.

Und tatsächlich wurde dieser Wunsch gehört und erfüllt. Besonders beeindruckend waren für mich zwei Reisen nach Estland, Lettland und Litauen für jeweils eine Woche, weil ich diesmal alleine unterwegs war. Ich besuchte Freunde, die einige Monate zuvor von Detlef Meier eingeführt wurden. Sie organisierten die Vorträge für mich. Die allgemeine Situation dort war anders als in Kuba, aber eines ist in allen Ländern gleich: Es gibt Menschen, die Hilfe und Heilung brauchen. Ganz besonders nötig ist diese Hilfe für Junkies. Am letzten Tag meiner zweiten Reise, am Karfreitag, bekam ich in Vilnius, der Hauptstadt von Litauen, die Erlaubnis, in einem Drogen-Rehabilitationshaus über Bruno Gröning zu sprechen. 15 junge Männer, die keine Drogen mehr nehmen wollten, lebten dort unter der Aufsicht einer Ärztin zusammen. Nach einem kurzen Gespräch war die Ärztin davon überzeugt, dass ich mit den zwei Freunden aus Vilnius, die mich begleitet haben, etwas Gutes bringe. Sie war sofort offen für Bruno Gröning, sie war fasziniert von seinem Bild, besonders von der Ausstrahlung seiner Augen und hat sich mit eingestellt. Ich berichtete von der Heilung von Petra Rüther und sie konnten das anfangs kaum glauben, dass so etwas möglich ist. Als ich am Schluss des Vortrages fragte, ob jemand etwas gespürt hat, war ich innerlich tief berührt von dem, was Einzelne erlebt hatten. Einer erzählte, dass er die Augen geschlossen hat und vor sich nur Nebel sah und plötzlich wurde es heller und heller und er konnte die Sonne sehen. Außerdem spürte er ein Rieseln im Körper. Wie lieb doch Gott die Menschen hat! Alle will Er wieder mit diesem Heilstrom in Verbindung bringen, keiner ist Ihm zu gering.

Mit Freunden in Estland

Doch muss man nicht in ferne Länder reisen, um Menschen zu helfen. Manchmal benötigen uns nahe stehende Menschen dringend Hilfe, obwohl sie sich nichts anmerken lassen. Eine liebe Studienkollegin, die ich schon länger kannte, vertraute mir an, dass sie eine Katzenhaarallergie hatte. Dabei liebte sie Katzen, aber selbst wenn sie nur mit Katzenhaaren in Berührung kam, litt sie Atemnot, starken Juckreiz am Hals und musste niesen. Die einzige Chance aus ärztlicher Sicht auf Besserung bestand in einer Spritzenkur, von der man ihr aber wegen der Nebenwirkungen abriet. Als sie etwa drei Monate nach ihrer Einführung mit einer Katze spielte ohne dabei an die Allergie zu denken, traten keine Symptome mehr auf. Ihr wurde klar, dass sie die Heilung bekommen hatte.

Bei einem Seminar arbeitete ich mit einem Studienkollegen zusammen, der bei einer Besprechung erzählte, dass er seit über einem Jahr in psychotherapeutischer Behandlung sei. Ich konnte dazu nicht schweigen. Anfangs konnte er mit Bruno Gröning nicht viel anfangen und glaubte daran, dass ihm die Therapie den Erfolg bringen wird. Als es ihm etwa drei Monate später sehr schlecht ging, war er bereit zu einer Einführung. Er empfand kurz den Heilstrom in der Bauchgegend und ein Glücksgefühl. Ich konnte beobachten, wie er mehr und mehr aufblühte, wie aus ihm wieder ein lebensfroher Mensch wurde. Er hatte wieder genügend Kraft und Lebensfreude, um sein Studium zu Ende zu bringen. In weiterer Folge wurde er sogar Leiter einer Erwachsenengemeinschaft.

Während ich diesen Beitrag schreibe und damit Rückschau auf mein Leben halte, wird mir wieder einmal bewusst, wie gut es mir geht und wie gut es mir ergangen ist. Ich weiß nicht, wie ich heute leben würde, wenn ich damals nicht von Bruno Gröning erfahren hätte. Wie lange hätte ich mich noch im Elternhaus vor den Menschen versteckt? Wann hätte ich Heilung erfahren? Ich weiß nur, dass ich Gott dankbar bin, dass Er mir im richtigen Moment Seinen Helfer ins Haus geschickt hat. Ich fühle mich heute gesund, froh und innerlich frei und möchte mit keinem tauschen. Im Freundeskreis bin ich frei geworden von Krankheit, Leid, Not und Sorge.

Die Reisen und die nachfolgende Betreuung der Freunde hat viel Freizeit in Anspruch genommen. Als die Aufgaben bei Esperanto immer vielfältiger und größer wurden, habe ich in Absprache mit Frau Häusler einen Arbeitskreis in Linz gegründet. Ich treffe mich regelmäßig mit Freunden, die ebenfalls ihre Freizeit zur Verfügung stellen. Einige von ihnen haben

Esperanto gelernt oder nehmen gerade an einem Esperanto-Kurs teil. Bei solchen Treffen nehmen wir die Kraft auf, besprechen dann Neuigkeiten, Betreuung, Übersetzungen, Erfolgsberichte, Verschickung des Schulungsmaterials, Organisation, Adressverwaltung usw.

Trotz meines Engagements habe ich immer auch beruflich alles schaffen können. Ich habe inzwischen mein Informatikstudium abgeschlossen und anschließend ein Doktoratsstudium der Technischen Wissenschaften in Linz begonnen. Abschließen werde ich die Dissertation an der Universität in Tuscon/Arizona.

Und gerade das gefällt mir an diesem geistigen Weg, den Bruno Gröning aufgezeigt hat. Man kann „mit beiden Beinen im Leben stehen". Man kann einem Beruf nachgehen, eine Familie haben und braucht nicht täglich stundenlang zu meditieren oder sich vor der Welt in die Einsamkeit oder in eine Höhle zurückzuziehen, um Erfolge im geistigen Fortschreiten zu haben. Bruno Gröning sagte nur: „Wer (Gott) folgt, der hat den Erfolg!" Ich wünsche jedem Leser den vollen Erfolg in allen Angelegenheiten.

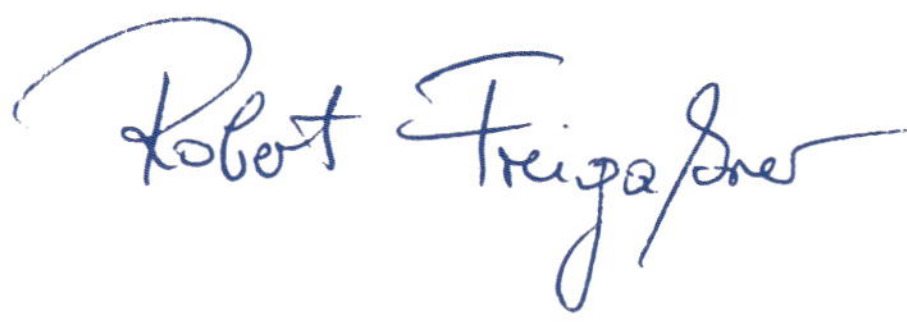

Später kommt es so weit, dass alle Nationen erfasst werden. Darum geht es mir.

Bruno Gröning

Robert Busse

Nicht Konzepte, Vorschriften und Prinzipien

Ich bin in der DDR aufgewachsen. Bei uns wurde Sportlichkeit sehr gefördert.
Durch meine Mitgliedschaft in einer Leichtathletik-Sportgruppe hatte ich drei- bis viermal Training pro Woche. Ich erreichte besonders im Hochsprung gute Leistungen, nahm an Wettkämpfen teil und wurde mit vielen Urkunden und Medaillen ausgezeichnet. Mein Weg führte dann, hauptsächlich durch meine Eltern gesteuert, in eine Tauchergruppe, in der ich eine Rettungsschwimmer- und eine Sporttaucherausbildung erhielt. Ich fand das toll, denn jeder, dem ich von dieser Tauchergruppe erzählte, war begeistert, da so etwas in der DDR nur sehr wenigen gegönnt war.

Mein Studium in Wismar begann mit dem Vorbereitungskurs (Fachabitur), und nach einem halben Jahr bekam ich plötzlich nachts immer häufiger Atemnot, was sich auch tagsüber bald bemerkbar machte. Ich ging besorgt zum Arzt, der wusste aber nur ein paar Mittel zur Reduzierung der Atemnot, sodass ich irgendwann an verschiedene Medikamente gebunden war, ohne die ich nicht mehr leben konnte.
Manchmal bekam ich Angst vor dem Ersticken, wenn ich mal die Sprayflasche nicht in Reichweite hatte. War ich nun kein vollwertiger Mensch mehr? Abhängig von Medikamenten.
Meine Ärztin und mein Onkel (Facharzt für Lungenkrankheiten) sagten übereinstimmend: Mit diesen Medikamenten müsse ich nun leben. Es war auch schon ein Termin zur Bronchoskopie abgestimmt worden.
Warum war ich krank? Diese Ungerechtigkeit auf der Welt machte mich fertig. Ein Mensch muss mit – der andere kann ohne Medikamente leben. Einer ist abhängig – der andere nicht. Aber mit der Zeit begann ich, mich mit meiner Situation abzufinden. Sogar einen Genesungswunsch meiner Mutter zu meinem Geburtstag schlug ich gedanklich in den Wind.

Meine Medikamenteneinnahme wollte ich geheim halten. Keiner meiner Kommilitonen und Freunde sollte etwas davon erfahren. So richtig wohl fühlen konnte ich mich nur dort, wo ich mich nicht auf andere einlassen musste.
Mit einigen Kommilitonen zog ich aus dem Wohnheim in die Wismarer Innenstadt in ein altes unbewohntes Haus. Jeder von uns nahm sich einfach eine Schwarzwohnung, das heißt, wir bezahlten Strom und Gas, wohnten aber sonst kostenfrei. Ich bekam mehr Kontakt zur Stadt und zu alternativen Leuten und blieb auch oft übers Wochenende dort.

So bekam ich auf dem samstäglichen Markt in der Wismarer Innenstadt kurz nach dem Fall der Mauer ein Flugblatt, das auf Bruno Gröning und einen Vortrag über Heilung auf geistigem Wege hinwies. „Was wollen die Wessis denn nun schon wieder einschleusen?" Wir machten uns über die Flugzettel und besonders über das Bild lustig und äfften die Hinweise nach. Dennoch steckte ich den Zettel ein.
Zu Hause nahm ich ihn aus irgendeinem Grund wieder heraus und las diesmal auch die Rückseite genauer durch. Da war unter anderem die Rede von einem jungen Mann, der wie ich auch anfallsartige Luftnot hatte, aber bereits auf geistigem Weg gesund wurde. Der Vortrag hatte zwar mittlerweile schon begonnen, aber ich machte mich trotzdem schnell noch auf den Weg dorthin.
Als ich in der Tür stand, kam ich mir vor wie in einem falschen Film. Die vorwiegend alten Leute saßen alle so komisch da (Hände nach oben geöffnet auf den Oberschenkeln liegend) und die Atmosphäre war so eigenartig. Naja, nun stand ich schon in der Tür und blieb also da. Anhören kann ja nicht schaden. Im Vortrag merkte ich sehr bald, dass das, was gesprochen wurde, erlebt und echt war. Eine Frau berichtete von beeindruckenden Heilungen.
Warum sollte das aber so einfach funktionieren? Vorstellen konnte ich mir das nicht. Außerdem wollte ich mir das Ganze ja nur anhören. Ich blieb gedanklich sehr an der Oberfläche. Die Frau sagte, dass man diese Kraft regelmäßig, mindestens zweimal am Tag, aufnehmen solle. Das machte ich dann anschließend auch, aber nur kurz so an der Bettkante abends vor dem Schlafengehen und morgens beim Aufstehen, weil ich die Sache ausprobieren wollte.

Nach einer Woche, ich hatte überhaupt nichts Konkretes erwartet, wachte ich morgens ohne Luftnot auf. Ich war schon spät dran und musste schnell zur Vorlesung. In der Eile vergaß ich die Sprayflasche. Als während der Vorlesung meine Gedanken abschweiften, bemerkte ich das Fehlen der Sprayflasche. Zuerst wollte ich einen Schreck bekommen, aber dann fiel mir auf, dass ich gar keine Anzeichen von Luftnot hatte. Warum sollte ich denn Angst haben?
Ich dachte nicht mehr dran und erst am Abend stellte ich fest, den ganzen Tag nicht inhaliert zu haben. Was war das? Das war doch noch nie möglich! Könnte das etwa mit diesem „Heilstrom" zusammenhängen? Ich nahm die Situation erst mal so, wie sie war. Aber verstehen konnte ich das nicht. Ich hatte doch gar nichts getan! Vorsichtshalber nahm ich die verordnete Kapsel vor jeder Nacht noch weiter ein. Die Inhalation mit der Sprayflasche brauchte ich ab da nicht mehr. Das hielt so eine Woche ohne Atemnot an, sodass ich mit neu gewonnenem Vertrauen die Kapsel absetzte. Nach kurzer Zeit konnte ich meiner Ärztin berichten, dass ich keine Medikamente mehr einnehme. Sie konnte trotz ihrer Freude zuerst nicht an ein dauerhaftes Ausbleiben der Luftnot glauben.
Die Zeit sprach aber für sich. Mein Glaube, dass die Atemnot nicht wieder kommt, wuchs von Woche zu Woche. Ich ging weiterhin regelmäßig zur Ärztin. Nach dem dritten Besuch machte sie einen Lungenfunktionstest, der schließlich die vollständige Funktion meiner Lunge nachwies.

Als bisher ungläubiger Mensch wollte ich nun mehr über die Sache wissen. Wieso konnte es sein, dass ich als Atheist durch eine sogenannte göttliche Kraft gesund wurde, die ich nur mal ausprobieren wollte?
Ich besuchte einige Zusammenkünfte und eine Jugendwoche des Freundeskreises. Während der Woche konnte ich mir gar nicht so schnell die Namen merken, wie ich neue Leute kennen lernte. Ich fühlte weiterhin,

wie damals bei dem Einführungsvortrag, dass hier Ehrlichkeit herrschte, und beschäftigte mich nun intensiver mit den Inhalten der Lehre Bruno Grönings, bei der es viel um Nächstenliebe und den Kampf zwischen Gut und Böse geht. Dass das, was ich in meinem Leben als ungerecht und schlecht empfunden hatte, tatsächlich durch eine gute Kraft weichen musste, konnte ich ja nicht mehr leugnen. Also gab es diese beiden Kräfte wirklich. Und die gute Kraft kam von Gott, und Er hatte mir geholfen. Seitdem ich das verstanden habe, bin ich kein Atheist mehr.

Weiterhin lernte ich durch die Tagungen viele Westdeutsche kennen, die alles andere als materialistisch oder kapitalistisch eingestellt waren. Alle arbeiteten hier in ihrer Freizeit ehrenamtlich mit und veranstalteten Trödelmärkte, um sich für die Finanzierung des Spielfilmes „Der Wunderapostel" von überflüssigem Krempel zu lösen.

Als ich bei den Dreharbeiten als Statist dabei sein durfte, fiel mir gleich das hohe soziale Niveau im Filmteam auf. Und wenn ich so mit den Einzelnen ins Gespräch kam, bekam ich immer wieder heraus, dass das alles nur möglich war, weil sie gesund geworden waren, Depressionen verloren hatten und sich so getragen fühlten von einer Liebe, die durch jeden Einzelnen im Ganzen das Große bewirkte.

Also kein soziales Konzept, sondern ein innerer Beweggrund. Und da ging mir ein Licht auf: Wie lange habe ich gegrübelt, wie man den Menschen nur klar machen könnte, dass sie doch nur ein wenig sozialer oder gemeinschaftlicher denken müssten, um Gesellschaft und Erde noch zu retten. Irgendwann dachte ich aber, die Menschen schaffen das nicht, seien grundsätzlich zu egoistisch und habe mir so den Zusammenbruch des Sozialismus erklärt.

Seltsam blieb jedoch immer, dass die „primitiven" Naturvölker, ob Aborigines oder Indianer, unsere Probleme lange nicht kannten. Geld und Besitz von Land war ihnen fremd und ebenso der Streit darum. Sie liebten ihr Land, die Natur, ihre Kinder und Greise, die Tiere und ihre Nahrung. Denn sie lebten mit dem großen Geist in allem und das schenkte ihnen jene innere Freiheit, die sich in ihrem Sozialverhalten, in ihrer Religiosität und ihrem Wohlbefinden ausdrückte.

Und was aber haben wir versucht? Wir wollten das alles nachmachen, ohne die Quelle dieser wunderbaren Lebenskraft auch nur anzuerkennen, geschweige denn um Hilfe zu bitten. Wir leugneten Gott und haben uns ein Loch in die Seele gerissen, das wir nicht gestopft bekommen haben. Da fehlte einfach ein Mittel gegen das ständige Gefühl, etwas zu verpassen, entbehren zu müssen, nicht finden zu können. Wir konnten es nicht ertragen, zu sehen, wie andere etwas haben, was wir nicht haben können, weil wir dachten, dass es denen damit besser ginge als uns. Und wer die Möglichkeit bekam, Vorteile zu erschleichen, tat das aus der inneren Not heraus, ansonsten eine einmalige Chance zu verpassen, einen Vorsprung zu gewinnen. Und mit so unzufriedenen, innerlich betrogenen Menschen wollte man bei uns aus dem Kopf mit politischem Druck ein soziales Paradies schaffen?

Und auf der anderen Seite, im Westen, schwor man auf das Ziel, Luxus für alle Menschen zu ermöglichen, durch bewusste Zivilisierung und Industrialisierung Arbeitserleichterung zu erreichen. Und warum müssen sich die zivilisierten Völker ständig vom Alltag und der Arbeit erholen? Fragt ein Indianer oder Aborigine nach Urlaub? Wer ist denn reicher? Und die Christianisierung – veredelt diese Einstellung? Wenn Menschen gesagt wird, dass Glaube und Gesundheit nicht im Zusammenhang stehen, wie soll da ein Mensch Gott innerlich erleben und die Lebenskraft der Urvölker begreifen, die sich ausgerechnet in der unbedingten Naturliebe und dem Erleben der alltäglichen Hilfe und Nähe des großen Geistes begründet?

Die Naturvölker erlebten Gott durch die Dankbarkeit und Liebe ihrer Vorfahren, die sie ernst nahmen, und darin auch ihre gegenwärtige Beziehung zum großen, ewig jungen Geist fanden.

Wie schade, wenn wir zivilisierten Menschen nicht mehr den gegenwärtigen Gott kennen und erleben, sondern nur Religionen vergangener Jahrtausende, die uns mit der Hoffnung auf ein besseres Irgendwann ermahnen zu warten und zu warten …

Als ich hörte, dass Bruno Gröning gesagt hat: „Ich will keine neue Religion“ und „Ich beschwöre keine Revolution herauf“, dachte ich: Klar, das, was die Menschen hier erleben, die Heilungen, die Veränderung ihrer Einstellung, überhaupt die ganze Lehre Bruno Grönings ist keine Religion und keine Politik. Das ist einfach nur Ursprünglichkeit, Liebe, die Gegenwart des großen, ewig jungen Geistes; nichts Neues, sondern nur das, was der Religion und der Politik heute fehlt. Ich finde das so großartig, dass jetzt jeder Mensch diese natürliche Verbindung zu Gott, diese Liebe und auch die Gesundheit durch die Lehre Bruno Grönings, den Heilstrom wieder in sich aufnehmen lernen kann und damit in den bestehenden Religionen und Regierungsformen durch die Liebe und Erlösung des einzelnen Menschen das Große im Ganzen geschehen kann, wie ich es hier gelernt habe: Nicht Konzepte, Vorschriften und Prinzipien verbessern und ordnen das Leben, sondern das Leben selbst – Gott – ist vollkommen. Und da, wo man Ihn sein lässt, wie Er ist, da ist das Leben so, wie es sein soll: Geordnet durch Freiheit, denn wer wirklich liebt und glaubt, der will nicht stehlen, lügen oder töten, sondern schenken und helfen.

Robert Bune

Yvonne Grommes

Mir leuchtete ein, dass Er mehr weiß als ich.

„Schön ist die Jugend, sie kommt nicht mehr“, so hatten es die alten Leutchen voller Inbrunst geträllert, als ich als Kind meine Oma bei der Ausfahrt der Betagten begleiten durfte. Nun war ich selber Jugendliche und fand dies alles andre als schön. Oft kam mir dieses Lied in den Sinn und ich konnte nur verächtlich darüber lachen. Man sah es mir vielleicht nicht an, aber ich fühlte mich ziemlich schlecht.
Die schulischen Anforderungen nervten mich. Die Lehrer, die uns täglich mit Hausaufgaben überschütteten, kamen mir vor wie ägyptische Sklaventreiber, die uns so schwere Steine auferlegten, dass wir immer nur beinahe unter der Last zusammenbrachen. Oft war ich nach der Schule so k. o., dass ich mich gleich ins Bett verkroch und mich erst am andern Morgen in aller Frühe wieder hochkämpfte, um eben das Wichtigste für die Schule zu erledigen. In dieser Zeit fluchte ich sehr viel, was mir selber aber erst bewusst wurde, als mich eine Klassenkameradin darauf aufmerksam machte. Mir war halt danach.

In meiner Freizeit war ich Leiterin einer Jugendbewegung in unserm Nachbardorf. Die gleiche Jugendbewegung gab es zwar auch in unserm Dorf, aber da war meine ältere Schwester sehr aktiv und ich war es leid, immer als die kleine Schwester meiner großen Schwester angesehen zu werden. Ich wollte mir meinen eigenen Freundeskreis aufbauen. So floh ich ins „Ausland“.
Die Beziehung zu meinen Eltern war so ziemlich auf Sparflamme. Ich fühlte mich mehr oder weniger wie deren Untermieter. Alle Pflichten im Familienleben waren mir lästig.
Mit etwa 15 Jahren begann ich, am Wochenende regelmäßig auf Feten zu gehen. Ich sehnte mich immer mehr nach einem Freund, den ich lieb haben konnte, der mich lieb hatte, dem ich alles sagen konnte, mit dem ich viel erleben wollte … Ich träumte viel, hörte viel Musik und war gerne in Ruhe gelassen. Ich verliebte mich häufig in irgendwelche Jungen, die ich mir in meinen Träumen so ausmalte, wie ich mir einen Partner eben vorstellte. Wenn ich aber jemanden nett fand, so war ich mir jedesmal sicher, dass der Betreffende mich sowieso blöd fände, und benahm mich dann wohl auch dementsprechend. Kurz, ich fand das alles ziemlich schwierig: viel Träumerei, viel Enttäuschung.

Zu dieser Zeit kam ich auch mit Alkohol in Kontakt. Ich trank zwar nicht oft und nicht viel, weil mir die meisten Dinge sowieso nicht schmeckten. Wenn ich auf Feten ging, achtete ich aber immer darauf, dass ich mindestens zwei bis drei Gläser getrunken hatte, damit ich weniger verklemmt war.
Einmal war ich mit einem Jungen befreundet, der als besonders hübsch galt. Ich merkte zwar sehr schnell, dass wir beide total verschieden waren und das auf die Dauer nicht gut gehen könnte, doch kämpfte ich wie ein Löwe, um diese Freundschaft aufrechtzuerhalten. Es tat meinem Selbstbewusstsein gut, dass so ein Junge sich scheinbar für mich interessierte. Während ca. sechs Monaten habe ich mich sozusagen verkleidet, d. h. meine Interessen, meine Art, mich zu kleiden, zu sprechen, zu sein, ihm angepasst. Als er schließlich die Freundschaft beendete, war das für mich sehr schlimm. Wieder eine Enttäuschung. Heute weiß ich, dass Enttäuschungen, wenn auch schmerzhaft, oft sehr heilsam sein können, da sie uns aus dem Zustand des Getäuschtseins herausreißen.

Ab meinem 15. Lebensjahr begann ich, sehr genau auf meine Figur zu achten. Ich hatte Panik, zu dick zu sein oder zu werden, und achtete sorgfältig auf jede Kalorie. Meine Gedanken kreisten ständig um Themen wie essen, nicht essen, schlanke Beine, schlanker Po, Idealgewicht, Diät, Kalorien … Es war wie Karussell fahren ohne Ende. Ich konnte diese Gedanken einfach nicht abstellen. In extremen Zeiten sah mein Speiseplan wie folgt aus: morgens ein Apfel, mittags Magerjoghurt mit Müsli, abends einen Müsliriegel oder etwas Knäckebrot. Wenn ich eine Zeit lang so gehungert hatte und ganz glücklich war, dass das „Kilobarometer“ um einige Striche gesunken war, brach es dann aus mir hervor und ich stopfte maßlos alles Essbare, was mir begegnete, in mich hinein, bis ich dann völlig frustriert über mich selbst wieder ins andere Extrem verfiel. Oft dachte ich: „Mit dem Rauchen oder mit Alkohol ist das viel einfacher; jeder Mensch weiß, dass das schädlich ist, entweder man tut's oder man tut's nicht, aber essen muss man, bloß – wo ist da die Grenze?“ In den Zeiten, als ich mehr aß, kannte ich kein Maß. Ich aß und aß und bekam immer noch mehr Lust zu essen. Satt fühlte ich mich nie, voll ja, aber satt nicht. Was ich auch aß, immer blieb da eine unbefriedigte Lust in mir.

Seit etwa dem gleichen Zeitpunkt hatte ich mit Akne zu tun. Das war zwar nicht lebensbedrohlich, machte die Sache aber auch nicht leichter. Stirn, Schläfen, Nase, Rücken und Dekolleté waren mit Mitessern und Pickeln besät. Morgens und abends benutzte ich Kleiewaschlotion, Desinfizierlotion, Tages- bzw. Nachtcreme, Aktivgel, Pickelabdeckcreme, Puder … Wenn's besonders schlimm war, trug ich eine kortisonhaltige Salbe auf und nahm täglich morgens und abends ein Medikament ein. Ich konnte die Pickel einigermaßen verbergen, aber weniger wurden sie durch die ganze Behandlung nicht. – Ich fühlte mich nicht wohl in meiner Haut.

Entscheidungen treffen fiel mir schwer. Bei größeren Entscheidungen, z. B. Berufswahl, suchte ich Beratungsstellen auf. Ich wollte mich möglichst gut informieren, doch die Entscheidung fiel mir nach wie vor sehr schwer. Aber auch bei den alltäglichsten Dingen kosteten die Entscheidungen mich viel Zeit und Kraft: Soll ich den Pulli anziehen oder das Hemd, soll ich dies zuerst tun oder lieber das, soll ich den anrufen oder soll ich es lieber lassen??? Hin und her und her und hin. Wenn ich mich morgens anzog, kam es vor, dass ich mich fünfmal komplett umzog. Resultat: ein großer Kleiderberg neben dem Spiegel, miese Stimmung – so fing der Tag an.

All diese Dinge waren nicht lebensbedrohlich, und ich würde mich nicht zu den gefährdeten Jugendlichen zählen, die kurz vor der Gosse standen, aber ich war weit davon entfernt, ein lebensfroher und zufriedener Mensch zu sein. Einmal hörte ich im Radio eine Reportage über Depressionen. Mich überkam ein großer Schreck, als ich merkte, dass die meisten dort aufgezählten Symptome genau auf mich zutrafen. War ich denn wirklich depressiv? Auf der andern Seite hatte ich auch einen starken Lebenswillen und in mir eine Sicherheit, dass es da bestimmt noch etwas gäbe, was ich bloß noch nicht kannte, das das Leben bestimmt lebenswert und schön macht. Ich konnte auch sehr kreativ, humorvoll sein, war auch etwas musikalisch, malte gerne …, aber all diese Stärken schienen oft von einem großen Schuttberg erdrückt zu werden.

Durch meine Erziehung war ich sehr mit dem katholischen Glauben verbunden. Als Kind hatte mir der Religionsunterricht immer sehr viel Spaß gemacht und auch als Jugendlicher fühlte ich mich zu religiösen Aktivitäten (Diskussionsabende, Jugendmessen, besinnliche Abende oder Wochenendseminare …) hingezogen. Jedoch war ich nachher meistens sehr unbefriedigt.
In der Kirche überkam mich oft ein beklemmendes Gefühl, dass ich am liebsten weggelaufen wäre oder laut geweint hätte. Das, was der Priester da erzählte, erschien mir wie ein schönes Märchen aus vergangenen Zeiten, aber keiner konnte mir sagen, was ich in meinem Leben damit anfangen sollte. Die richtig treuen Kirchenanhänger kamen mir oft vor wie graue Mäuse; pflichtbewusst, ordentlich, aber ohne Ausstrahlung.
Hingegen spürte ich in mir immer eine starke Verbindung zu Jesus, den ich mir so ganz anders vorstellte als das, was sich in der Kirche abspielte. Wenn ich auch vieles nicht verstand, beeindruckten mich Sein Leben und Seine Lehre. Irgendwie war es mir wichtig, mit Ihm und mit Gott in Verbindung zu bleiben. Deshalb betete ich jeden Abend vor dem Einschlafen zu Ihm, sprach zu Ihm wie zu einem Freund, bat um Hilfe. Doch manchmal hatte ich auch dabei das Gefühl, dass dies alles irgendwo im Weltall verhallte. Gott schien mir weit, weit weg.

Bevor ich nun meine erste Begegnung mit Bruno Gröning schildere, möchte ich einige Worte über die Beziehung zu der Person schreiben, die mir von Bruno Gröning erzählte: Peter, mein heutiger Mann. Damals waren wir beide in der Jugendgruppe tätig, organisierten gemeinsam Freizeitangebote und Ferienfahrten für Kinder verschiedener Altersgruppen. Zu diesem Zeitpunkt war ich immer noch damit beschäftigt, die Enttäuschung der zerbrochenen Freundschaft mit diesem besonders schönen Jungen zu verdauen. Andererseits schaute ich mich schon wieder nach was Neuem um. Peter war in unserer Gruppe wie ein Hauptleiter und mehr als sieben Jahre älter als ich. So wie ihn stellte ich mir meinen Traummann vor, doch hatte ich viel zu viel Respekt vor ihm, um auch nur im Traum daran zu denken … Außerdem war ich mir wieder einmal sicher, dass er mich sowieso blöd fände, er war ja auch schon viel zu alt – und überhaupt. Aber ich fand ihn schon lange sehr nett.

Eines Tages fragte er mich, ob ich mal Zeit hätte, weil er mir etwas erzählen wollte. Ich fiel aus allen Wolken, war sehr gespannt, was jetzt kommen würde. Natürlich hatte ich Zeit und er erzählte mir von Bruno Gröning. Ich muss ehrlich zugeben, dass ich nicht genau sagen kann, wovon ich mehr ergriffen war: von der Tatsache, dass *er mir* was erzählte, oder von dem, *was* er mir erzählte.
Jedenfalls konnte ich das, was er sagte, leicht annehmen. Irgendwie klang alles so einfach und eindeutig, dass ich dachte: „Ja, das muss es sein!“ Kurz war auch mal der Gedanke da, dass er in einer Sekte gelandet wäre, aber als er mir dann von seiner eigenen Heilung erzählte, dachte ich: „Da muss doch etwas dran sein.“ Er erklärte mir, wie ich mich einstellen könnte und dass ich jeden Tag die göttliche Heilkraft aufnehmen sollte, was ich von da an auch täglich tat.

Als Erstes bat ich um Hilfe für meine Oma. Sie litt an offenen Wunden an den Beinen, die nicht heilten und ihr große Schmerzen bereiteten. Ich machte gerade eine Diät mit ihr und aß täglich bei ihr zu Mittag. Nach einigen Tagen erzählte sie mir spontan, ohne dass ich das Thema angeschnitten hatte, dass es mit ihren Beinen plötzlich besser ginge und sie kaum noch Schmerzen hatte. Komisch!
Ein anderes Anliegen, wofür ich beim Einstellen Kraft aufnahm, war die Schule und ganz speziell der Matheunterricht. In diesem Fach hatte ich immer das Gefühl, ich hätte ein Brett vor

dem Kopf. Wenn die Lehrerin etwas erklärte, was den andern logisch und einleuchtend vorkam, blickte ich überhaupt nicht durch. Während der Stunde schaute ich dauernd auf die Uhr und wartete nur darauf, dass es endlich vorbei war. Zu Hause musste ich mir dann alles selber mühevoll erarbeiten. Beim Einstellen kam bei mir auf einmal der Gedanke: „Wenn die andern das verstehn, dann kann das doch nicht so schwierig sein, so blöd bist du doch auch nicht.“ In der nächsten Stunde fiel es mir wie Schuppen von den Augen. Auf einmal verstand ich, was die Lehrerin wollte, und es fing sogar an, mir Spaß zu machen. Ich hab mich ab und zu sogar gemeldet, um eine Frage zu beantworten, was ich vorher nie gemacht habe.

Ich kann nicht behaupten, dass durch diese Erlebnisse alle meine Zweifel behoben waren, aber ich beschloss, der Sache nachzugehen.

Am darauffolgenden Wochenende organisierten die ältesten Jungen unserer Jugendgruppe ein Seefest: Grillabend mit Livemusik, Lagerfeuer und viel Bier – ein Höhepunkt im Jahr. Da sah ich dann Peter wieder. Er stand an der Zapfsäule und bei der Begrüßung fragte er mich, ob ich nachher mal etwas Zeit hätte. Ein bisschen aufgeregt war ich schon. Wie üblich trank ich meine „obligatorische Ration Alkohol“, nahm dann all meinen Mut zusammen und ging zu ihm hin. Wir machten einen kleinen Spaziergang durch den naheliegenden Wald. Was uns beide im Nachhinein sehr wunderte, war, dass wir sofort Hand in Hand gingen, ohne jegliche Absprache. Das kam einfach so. Peter lud mich ein, ihn am darauffolgenden Tag zu der Gemeinschaftsstunde, dem Treffen der Bruno Gröning-Freunde, zu begleiten. Im Laufe des Spaziergangs haben wir uns dann einmal feste umarmt. Das war der Anfang unserer Freundschaft.

Als es schon bald dämmerte, ging Peter nach Hause. Ich hatte meinen Eltern gesagt, ich würde bei einer Freundin übernachten und legte mich auf eines der alten Sofas, die um das Lagerfeuer standen. Kaum war Peter weg, da kam dieser besagte „schöne Junge“, der auch zu unserer Jugendgruppe gehörte, und wollte es sich bei mir gemütlich machen. Das, was ich mir so lange sehnlichst gewünscht hatte, dass er „rückfällig“ würde, sollte jetzt eintreten?! Doch ich wusste genau, wenn ich das jetzt tue, dann ist das mit Peter kaputt. So blieb ich hart, was mir auch überhaupt nicht schwer fiel. Ich glaube, wenn sich diese Situation eine Woche früher ereignet hätte, wäre ich noch vor ihm „auf die Knie gefallen“, aber jetzt, nee! Im Nachhinein kam mir das wie eine Versuchung vor, als ob da jemand wäre, der das kleine, zarte Pflänzchen, die Beziehung zu Peter und damit verbunden die Sache mit Bruno Gröning im Keim ersticken wollte. Solche Situationen sind mir später noch öfter begegnet, in denen ich genau spürte, wenn ich das jetzt tue, ist es vorbei! Merkwürdigerweise ist dann in mir immer ein Kampfesgeist entbrannt und es fiel mir leicht, genau das nicht zu tun.

Am nächsten Tag war dann meine erste Gemeinschaftsstunde. Peter holte mich mit seinem Motorrad ab. Die Gemeinschaft bestand aus einer kleinen Gruppe friedlich zusammensitzender Männer und Frauen aller Altersgruppen, die mit geöffneten Händen Kraft aufnahmen, sich mit dem Leben und der Lehre Bruno Grönings beschäftigten und ihre Erfahrungen und Erlebnisse, Hilfen und zum Teil beeindruckende Heilungen austauschten. Noch völlig erschöpft von der vorigen Nacht hatte ich Mühe, meine Augen offen zu halten. Es war mir ziemlich peinlich. Plötzlich rieselte eine Frische durch meinen ganzen Körper und alle Müdigkeit war vorbei. Ich glaubte, der Gemeinschaftsleiter hätte mich hypnotisiert oder so etwas, bis ich daraufkam, dass das der Heilstrom sein könnte, von dem die ganze Zeit die Rede war.

Auf der Heimfahrt kam ein großes Unbehagen in mir hoch. Wie war das jetzt mit Peter und mir? Fand er mich nun wirklich nett oder wollte er mich nur für seine Gemeinschaft gewinnen? In diesem Augenblick drehte er sich zu mir um und strich mir leicht übers Bein. Ich wusste, es ist alles in Ordnung.

Seitdem besuchten wir die Gemeinschaftsstunden regelmäßig. Ich habe mich bemüht, das, was ich dort hörte und in den Schulungsbriefen las, so gut ich konnte in mein Alltagsleben einzubeziehen; jeden Tag nahm ich mir Zeit, um morgens und abends Kraft in mich aufzunehmen. Oft spürte ich ein leises Kribbeln in den Fingerspitzen oder in den Händen. Wenn wir zusammen waren, stellten Peter und ich uns gemeinsam ein. Tatsächlich konnte ich an mir und an Menschen meiner Umgebung Reaktionen, Hilfen und Heilungen erleben, die mich einen deutlichen Zusammenhang mit der Lehre Bruno Grönings erkennen ließen.

In der Schule konnte ich vieles gelassener sehen. Ich wurde zuversichtlicher, das Lernen machte mir mehr Freude und ich erlebte, dass ich in schwierigen Situationen um Hilfe bitten konnte und mir tatsächlich geholfen wurde.
Ich bereitete mich gerade auf das Abitur vor und die Entscheidung, ob und was ich studieren wollte, stand an. Durch die Lehre Bruno Grönings hörte ich erstmals, dass Gott für jeden Menschen einen Plan hat, dass es nicht egal ist, was wir hier auf der Erde machen, sondern dass es da einen ganz bestimmten Platz gibt, wo ein jeder Mensch hingehört, wo seine Aufgabe ist, die genau seinen Fähigkeiten und seinen Interessen entspricht und an denen er gleichzeitig lernen und wachsen kann. Bruno Gröning sagte immer wieder, dass Gott durch das Gefühl zum Menschen spricht und ihn auf diesem Weg führt und liebevoll begleitet. Gleichzeitig ist der Mensch auch ganz frei, das zu tun, was Gott für ihn vorgesehen hat oder einen ganz andern Weg einzuschlagen. Gott will jedoch, dass der Mensch ganz glücklich wird und will ihn genau an den Platz hinführen, wo das möglich ist.

Das alles war ziemlich neu für mich, aber ich konnte es glauben. Gott ist mein liebender Vater. Mir leuchtete ein, dass Er mehr weiß als ich, hatte ich doch schon oft genug erlebt, dass ich nach langem Hin- und Hergrübeln mich genau für das Falsche entschieden hatte. Er hat einen Plan für mich vorbereitet und weiß, was ich in meinem Leben brauche, um vollkommen glücklich zu werden. Bruno Gröning sah sich in der ganzen Sache als Vermittler, der die Menschen dahin bringen wollte, wieder die Stimme Gottes in sich wahrzunehmen. Dass es ohne diesen Vermittler sehr schwierig war, hatte ich ja auch zur Genüge erlebt in der Zeit, wo ich immer gebetet hatte, ohne dabei etwas zu empfinden. So wollte ich denn Gottes Plan für mich erkennen.
Ich begann den umgekehrten Weg zu gehen, d. h. nicht alle möglichen Leute um Rat zu fragen, sondern in mich hineinzuhorchen. Ich bat Bruno Gröning tief in meinem Herzen, dass er mich erkennen ließe, was Gott für mich vorgesehen hat, und dass ich gleichzeitig den Mut und die Kraft hätte, diesem Weg auch nachzugehen. Ich spürte schnell, dass ich dabei ruhig und zuversichtlich wurde. Panik und Stress, die sonst bei jeder Entscheidung in mir hochkamen, waren einfach weg. Ich konnte das Ganze auch gut abgeben, d. h., ich erwartete nicht sofort eine Antwort, doch ich war mir sicher, dass ich irgendwie zu gegebener Zeit schon darauf kommen würde. Und so war es auch. Kurze Zeit später tauchte beim Einstellen ein ganz bestimmter Gedanke in mir auf. Erst war es ein Gedanke unter vielen, doch war es wie ein Pflänzchen, das sich inmitten zahlreicher Unkrautpflanzen durchsetzt. Nach einer relativ kurzen Zeit wusste ich: „Das und nichts anderes willst du machen!“ Es war für mich ganz neu, doch ich fühlte mich so wohl und sicher bei der Sache. So war es richtig.

Alles andere hat sich dann auch wunderbar gefügt und diese Sicherheit hat mich mein ganzes Studium hindurch begleitet, auch dann, wenn es mal besonders schwer war. Was für eine Not es sein kann, diese Führung nicht zu haben, habe ich bei einer Freundin erlebt, die mit mir das gleiche Studium begonnen hat, es irgendwann abgebrochen hat und anschließend noch drei andere Studien begann und immer wieder merkte, dass dies auch nicht das Richtige war. Als ich nach drei Jahren mein Diplom in der Hand hielt, suchte sie immer noch nach dem richtigen Studienplatz.

Während meiner Studienzeit lebte ich zwei Jahre in einem kleinen Zimmer in einer fremden Stadt, wo zudem eine andere Sprache gesprochen wurde. Ich kam nur am Wochenende nach Hause. Peter arbeitete jedes zweite Wochenende, sodass wir uns nur ziemlich selten sahen. Ich muss sagen, dass dies für mich eine ganz wichtige und intensive Zeit war. Ich lebte ziemlich zurückgezogen und so war es mir möglich, mich voll auf mein Studium und auf Bruno Gröning zu konzentrieren. Anfangs hatte für mich Bruno Gröning viel mit Peter und mir zu tun, doch in dieser Zeit musste und durfte ich mich ganz alleine mit der Sache auseinandersetzen. Ich stellte mich weiterhin jeden Tag mindestens zweimal ein, hörte sehr oft Kassetten vom Freundeskreis, las viel in den Schulungsbriefen. Dies alles gab mir so viel Kraft und so einen starken Halt, dass ich die hohen Anforderungen des Studiums sehr gut bewältigen konnte. Ich hatte täglich sechs bis acht Stunden Unterricht. Abends arbeitete ich die Kurse noch mal nach, hielt wirklich alles in Ordnung und – es machte mir Spaß. In den Prüfungszeiten kam es vor, dass ich bis zu acht Stunden am Stück lernte, worüber ich selbst nur staunen konnte. Ich hielt beim Lernen immer die Hände geöffnet und bat um die göttliche Kraft, die Führung und Hilfe.

Bei den Prüfungen selbst erlebte ich auch die wunderbarsten Hilfen. Am Ende des ersten Studienjahres hatte ich eine große Psychologieprüfung. Es war die erste von ca. zehn Prüfungen, d. h. während zwei Wochen hatten wir täglich ein bis zwei Prüfungen. Die ganze Materie eines Studienjahres wurde abgefragt. Da Psychologie eines der wichtigsten Fächer war, hatte ich mich beim Vorlernen voll auf dieses Fach konzentriert. Auch hatte ich mich dafür eingestellt und ging sehr zuversichtlich hin. Als ich dann die Prüfungsfragen bekam, wusste ich so gut wie nichts. Mir kam es vor, als hätte der Professor sich im Unterricht geirrt. Mir war das alles völlig unbekannt. Dementsprechend fielen auch meine Antworten aus, völlig unbefriedigend. Ich war wie vor den Kopf gestoßen. Das konnte doch nicht sein. Das fing ja gut an!
Ich bin sicher, wenn ich in der Situation nicht von Bruno Grönings Lehre gewusst hätte, hätte ich aufgegeben. Als ich wieder in meinem Zimmer war, habe ich mich zuerst einmal in Ruhe eingestellt. „Glauben Sie immer!" und „Vertraue nur, es wird schon werden, was du nicht mehr kannst, werde ich für dich tun" und „Geben Sie mir alles Schwere, ich trage es für Sie." Diese Worte Bruno Grönings kamen mir in den Sinn. Jetzt galt es, das in die Tat umzusetzen; ich hatte eh keine andere Wahl. So habe ich innerlich einen großen Strich unter die Sache gezogen, alles gedanklich an Bruno Gröning abgegeben, neue Kraft aufgenommen und nur nach vorne geschaut.
Ich habe mich voll auf die andern Prüfungen konzentriert und mich bemüht, an den großen Patzer nicht mehr zu denken. Als wir am Ende des Jahres die Prüfungsergebnisse erhielten, war mein Gesamtdurchschnitt über 70 Prozent, was zur Folge hatte, dass ich selbst die Fächer, die unter der Hälfte waren, nicht zu wiederholen brauchte. Ich kann nur noch mal sagen, dass ich das ohne die göttliche Kraft und die hilfreichen Worte Bruno Grönings nicht geschafft hätte.

Im zweiten Jahr hatte ich eine Rechtsprüfung, für die ich über hundert Seiten Gesetzestexte auswendig lernen musste. Als ich mich auf die Prüfung vorbereitete, merkte ich schnell, dass ich in meiner Zeitplanung viel zu wenig Zeit vorgesehen hatte. Eine Unruhe wollte sich in mir breit machen. Ich stellte mich ein, um wieder Kraft und Ruhe aufzunehmen. Da erinnerte ich mich, dass Zeitzeugen immer wieder berichteten, dass Bruno Gröning alles gewusst hat und er sogar Ereignisse der Zukunft vorausgesagt hatte. So war es für mich ganz klar, dass er auch schon die Prüfungsfragen, die der Professor mir am nächsten Tag vorlegen würde, wusste. Darum bat ich ihn von ganzem Herzen, dass er mich beim Lernen führen sollte. Ich habe dann weiter den Unterricht durchgearbeitet, kam dabei nur sehr langsam voran. An einer bestimmten Stelle bekam ich den Gedanken: Das ist wichtig, das musst du dir einprägen. Als ich dann am nächsten Morgen zum Prüfungstermin ging, hatte ich insgesamt 30 von 100 Seiten durchgearbeitet und mir davon ganze drei Seiten wirklich eingeprägt. Ich muss zugeben, dass mir ziemlich mulmig war, aber ich wusste, wenn ich jetzt nicht glauben würde, dann konnte mir nicht geholfen werden. Unterwegs sang ich Lieder, um mich geistig mit etwas Gutem zu verbinden. Im Prüfungsraum angekommen, musste jeder Student einen von ca. 25 Fragebogen ziehen. „Bitte,

Bruno, hilf jetzt!" Tatsächlich zog ich genau den Fragebogen, der die drei Seiten behandelte, die ich gelernt hatte. Nicht mehr und nicht weniger. Das hat mich schon berührt und ich bin innerlich in die Knie gegangen, so einen Freund haben zu dürfen und so die göttliche Hilfe erleben zu dürfen.

Bei einer andern Prüfung hatte ich mich in der Uhrzeit geirrt. Es war das Fach Statistik, eine schriftliche Prüfung. Wir hatten insgesamt vier Stunden Zeit und ich hatte mich um zwei Stunden verspätet. Als ich in der Schule ankam, hatten bereits einige Studenten mehr oder weniger aufgegeben und den Prüfungsraum verlassen. Als ich dem Professor mein Missgeschick erklärte, wollte er mich erst gar nicht mehr zur Prüfung zulassen, weil er vermutete, dass ich mich mit den Studenten, die bereits draußen waren, besprochen hatte. Nach einer Zeit gab er jedoch nach und trug mir auf, einen Vermerk auf meinen Prüfungsbogen zu machen. Jetzt galt es wieder, die Ruhe zu bewahren. „Bruno, hilf mir, dass ich das jetzt in der restlichen Zeit schaffe!" Und auch da ist alles gut geworden. Den theoretischen Teil beantwortete ich zügig und bei den praktischen Übungen habe ich in aller Ruhe voll konzentriert arbeiten können, damit ich mich nur ja nicht verrechnete. Ein Freund schob mir beim Herausgehn seine Arbeitsnotitzen zu und tatsächlich: die Endergebnisse der langen Übungen stimmten überein.

Auch habe ich mehrmals erlebt, dass andere Kommilitonen vor dem Prüfungsraum irgendetwas besprachen und ich das Gefühl bekam: „Geh hin und hör dir das an", obwohl ich mich sonst von solchen Gesprächen eher fernhielt, weil sie meist sehr viel Anspannung und Panik verbreiteten. Dabei handelte es sich um Dinge, die ich in meinem Unterricht übersehen, falsch verstanden oder gar nicht notiert hatte. Oft erfuhr ich so in letzter Minute Dinge, über die ich dann bei der Prüfung befragt wurde und so ganz frisch in Erinnerung hatte.

Die Hilfen waren unterschiedlich, aber ich spürte immer, da ist einer, der bei mir ist und ich schaffe es. Ich habe alle drei Jahre zügig und ohne Nachprüfung bestehen dürfen.

Im Laufe meines Studiums habe ich an drei Stellen ein Praktikum abgelegt. Alle drei Stellen waren sehr interessant und lehrreich, aber die erste gefiel mir am besten. Als ich mein Studium im Juli abgeschlossen hatte, erfuhr ich durch unsere Lokalzeitung, die ich auch nur äußerst selten aufschlug, dass ab Dezember diese Einrichtung erweitert würde und einige neue Stellen dort ausstanden, jedoch handelte es sich dabei um Schichtdienst (Wochenenden, Nächte …) und nicht, wie während meiner Praktikumszeit, um Tagesdienst. Obwohl mir dies nicht so gefiel, schickte ich mein Bewerbungsschreiben und gab die Sache wieder ganz ab. Wir sind zwischenzeitlich in Urlaub gefahren. Als wir aus dem Urlaub zurückkamen, erfuhr ich, dass ich sofort in der Einrichtung anfangen könnte und zwar im Tagesdienst. Eine Mitarbeiterin war kurzfristig ausgefallen und es wurde dringend ein Ersatz gesucht, also nicht für die neue Abteilung, sondern genau für den Dienst, in dem ich mein Praktikum abgelegt hatte. Weil das Team mich kannte und durch mein Bewerbungsschreiben wusste, dass ich auf Arbeitssuche war, konnte ich die Stelle sofort haben und bin nach einer Probezeit auch fest eingestellt worden. Wieder ein großes Geschenk!

Was die Hautprobleme betrifft, so erfuhr ich durch die Lehre Bruno Grönings, dass man sich innerlich von einer Belastung trennen und all seine Gedanken auf „Heilung" schalten soll.

In einer Gemeinschaftsstunde hörte ich einmal folgenden Vergleich: Wenn man eine Unkrautpflanze pflegt, sie regelmäßig begießt, sie ins Sonnenlicht stellt und ihr viel Beachtung schenkt, wird sie wachsen und sich immer weiter entfalten. Stellt man sie in einen dunklen Keller und gibt ihr kein Wasser, wird sie bald vergehn. Genauso ist das mit einer Krankheit. Daraufhin beschloss ich, den Pickeln keine Beachtung mehr zu schenken, sie nicht wie bisher ständig im Spiegel zu betrachten und zu pflegen. Ich hatte das Gefühl, alle Pflegeprodukte beiseite zu lassen. Wirklich geholfen hatten sie ja eh nicht. Weiter sagt Bruno Gröning, dass, wenn wir die göttliche Kraft regelmäßig in uns aufnehmen, diese wie ein Reinigungsmittel wirkt und an den Körperstellen zu putzen beginnt, die von der Krankheit befallen waren. „Alles, was Sie von jetzt an spüren werden, gehört nicht mehr zum Kranksein, sondern zum Gesundwerden. Das ist der Regelungsschmerz.“ In den nächsten Wochen blühten die Pickel so richtig auf. Wieder lag es an mir, den Rat Bruno Grönings zu befolgen oder nicht. Konkret bedeutete das, innerlich den festen Glauben aufzunehmen, dass das, was so hässlich auf meiner Stirn thronte, nicht mehr eine Akne war, die sich von Tag zu Tag verschlimmerte, sondern dass dies schon der Reinigungsprozess war; das Ungute, das ich unter den vielen Cremes immer so schön getarnt hatte, kam jetzt aus mir raus, um schließlich aus meinem Körper ganz zu verschwinden.

Wenn Mitschülerinnen mich auf „meine Pickel“ ansprachen, bemühte ich mich immer wieder, mich gedanklich dagegenzustellen und auf Regelungen zu schalten. Beim Lernen, wenn ich sonst oft nervös an den Pickeln rumgekratzt hatte, legte ich nun bewusst die Hände geöffnet auf meinen Schoß und nahm gleichzeitig Kraft auf. Auch vermied ich es so gut es ging, in den Spiegel zu schauen. Und tatsächlich klangen die Pickel nach und nach ab; zuletzt war da noch ein ganz großer, eitriger mitten auf meiner Stirn. Ich sagte mir: „Wenn ich jetzt stark bleibe und es schaffe, den nicht aufzukratzen, dann war das der letzte!“ So war es dann auch. Seitdem ist meine Haut völlig rein. Ich brauche keine Pflegeprodukte mehr.

Mit dem gestörten Essverhalten dauerte es etwas länger. Es fiel mir sehr schwer, mich gedanklich davon loszureißen. Irgendwann fiel es mir sogar schon schwer, mir überhaupt vorzustellen, dass das mal wieder ganz gut werden könnte, dass ich spüren könnte, was mein Körper brauchte und vor allem wie viel er brauchte, und dass ich mich nach dem Essen satt und zufrieden fühlen würde. Aber ich bat immer wieder darum. Nach und nach erkannte ich immer besser, was an meinem Essverhalten nicht in Ordnung war und wo diese Unordnung her kam. Zum Beispiel wurde mir klar, dass ich manchmal aus Frust und Kraftlosigkeit aß und die Leere, die aber auf geistiger Ebene bei mir war, durch materielle Nahrung kompensieren wollte.

Durch die Lehre Bruno Grönings wurde mir bewusst, dass der Heilstrom die Nahrung für die Seele ist und alles enthält, was der Seele eine wahre Befriedigung schenkt. Auch begriff ich, dass die Gedanken: „Jetzt nimmst du wieder zu, dieses Nahrungsmittel macht dick …“ wie alle Gedanken geistige Kräfte sind, die sich in meinem Körper verwirklichen wollten. Auch Gespräche mit andern Freunden haben mir geholfen, in manchen Dingen klarer zu sehen und die Schuldgefühle, die bei mir auftraten, wenn ich etwas gegessen hatte, abzubauen. Mit der Zeit fiel es mir immer leichter, nach meinem Gefühl zu gehen. Es kamen Phasen, in denen ich viel aß, und Phasen, in denen ich mit sehr wenig Nahrung auskam, aber diesmal nicht aus einem inneren Zwang heraus, sondern weil ich das so spürte. Trotzdem blieb mein Gewicht konstant und ich fühlte mich wieder wohl in meinem Körper.

Was den Alkoholkonsum betrifft: Ich erlebte durch die Aufnahme der göttlichen Kraft eine neue, andere, dauerhafte Freude, die es mir z. B. ermöglichte, mich an kleinen Dingen, an der Natur, an Begegnungen, ja sogar an meinen Arbeiten und Pflichten zu erfreuen. Durch das mit Kraft-angefüllt-Sein erlebte ich vieles intensiver, nicht mehr als Bedrohung oder Überforderung, sondern viel eher als spannende Herausforderung. Auch im Zusammensein mit andern Bruno Gröning-Freunden begegnete ich einer besonderen, natürlichen Freude, einer unbeschwerten Fröhlichkeit, die nicht von irgendwelchen Drogen oder Aufputschmitteln abhängig war.

Ab und zu besuchten wir auch Tagungen des Freundeskreises. Dabei beeindruckte mich, dass hier Jung und Alt miteinander in Harmonie beisammen waren und dass die „Alten“ nicht so waren, wie ich das sonst empfand; belehrend, autoritär oder von der Jugend erwartend, dass man sie ihrer Arbeitsleistung, ihres harten Lebens oder ihrer Krankheit wegen bemitleidete. Hier fiel mir auf, dass die Menschen älteren Jahrgangs oftmals, nachdem sie durch die göttliche Kraft Heilung von jahrelangen Belastungen erlebt hatten, voll Lebensfreude waren und vor Unternehmungslust strotzten und den Jüngeren durch ihre Lebenserfahrung liebevoll einfühlsam zur Seite stehen wollten.

Ich bin sehr dankbar, dass Bruno Gröning durch seine Lehre die Spielregeln des Lebens, die göttlichen Gesetze in dieser einfachen Form gelehrt hat. Ein Grundsatz z. B., der Peter und mich in unserem Familienleben immer wieder zusammenführt, ist: Nicht gegeneinander kämpfen, sondern gemeinsam gegen das Böse. Nach solchen Grundsätzen zu leben und sich so Gott, unserm liebevollen Vater, wieder zu nähern, Seine Hilfe und Nähe im täglichen Leben zu spüren und so einen lieben Freund wie Bruno Gröning an der Seite zu haben, ist schön.

Peter Grommes

Es ist die Urkraft, die im Stande ist, viel Höheres zu bewirken, als wir Menschen es mit unserem Verstand zu tun vermögen.

Meine Jugendzeit war gekennzeichnet von dem Drang nach Freiheit, nach Abenteuer, nach Anerkennung, gleichzeitig aber auch ein Aufschrei gegen familiäre wie auch gesellschaftliche Praktiken. Aber oft hatte ich das Gefühl, ich sei meiner Zeit ein wenig hinterher. Ob es in den Beziehungen zu Mädchen, ob es die Anschaffung eines Mopeds oder die Berufswahl war, bei mir dauerte im Vergleich zu gleichaltrigen Bekannten alles etwas länger, ehe ich auf diesen Gebieten Erfahrungen sammeln konnte. Ich hinkte immer etwas hintendran.

In meiner Freizeit beschäftigte ich mich vor allem mit der Arbeit in der katholischen Landjugendbewegung unseres Dorfes und mit Musik. Ich spielte Trompete im örtlichen Musikverein und später in einer kleinen Musikgruppe. Beides machte sehr viel Spaß, ich lernte viele Menschen kennen, vor allem durch die Musik kamen wir überall hin. Durch den Alkohol und das Zusammensein in der Clique wurde ich einfach mutiger. Wir machten die verrücktesten Sachen und fanden dabei viel Anerkennung, nur selten Tadel. Wir galten als die Jungs, die einfach Stimmung hineinbrachten. Die ganze Woche lief darauf hinaus, dass man sich nur aufs Wochenende freute: Wo ist etwas los, wo können wir rausgehen?

In dieser Zeit kam es dann auch zu den ersten ernsteren Bekanntschaften. Dabei bemerkte ich, dass es Mädchen gab, mit denen man sich ganz einfach und nett unterhalten konnte, und andere, wo einfach nur die Sexualität im Vordergrund stand. Doch das war mir zu heiß. Ich brauchte eine Partnerin, mit der ich über alles, wirklich alles, reden kann, bei der ich mich total geborgen und angenommen fühle, die auch ein wenig abenteuerlich ist und der ich vollstes Vertrauen schenken kann. So schloss ich eines Tages eine Freundschaft, in der ich hoffte, all dies zu finden. Trotz vieler unterschiedlicher Ansichten und Vorstellungen dachte ich, wir bekommen das schon irgendwann und irgendwie in den Griff. Doch nach einigen Monaten, als die Beziehung zu Ende ging, brach für mich eine Welt zusammen. Es war wie ein Hammerschlag auf den Kopf. An diesem Abend hatte ich endgültig die Nase voll von den „Weibern“. Ich wollte nichts mehr mit ihnen zu tun haben, wollte keine Beziehung mehr, nie heiraten! Immer wieder diese Vertrauensbrüche und die Enttäuschung.

So steigerte ich mich damals in die Jugendarbeit unseres Dorfes förmlich hinein. Zusammen mit meinem Bruder und einigen anderen Freunden bauten wir eine Jugendarbeit auf, die zu einem Musterbeispiel für viele andere wurde. Wir organisierten Ferienfahrten für Kinder und

Jugendliche, Fahrradrallyes, Wald-, Dorf- und Nachtspiele, Olympiaden und vieles andere.

Etwa vier Jahre blieb ich meinem Leitsatz treu. Ich wollte keine Beziehung mehr aufbauen. Es interessierte mich überhaupt nicht. Ich kaufte mir ein mittelschweres Motorrad. Die Sehnsucht nach Freiheit wurde wach und die Maschine half mir, dies zu erleben. Jedoch war es mitunter ein sehr gefährliches Unterfangen. Ärger und Frust ließ ich am Gashebel los. Größere Touren wurden gemacht, um Wind, Weite und Wetter zu erleben. Dort, wo andere Jugendliche versammelt waren, z. B. vor dem Jugendheim, vor der Eisdiele ... wurde noch eine Extranummer abgezogen, damit man ja auch gesehen wurde. Doch nach ca. zwei Jahren spürte ich, dass die Sehnsucht tief in mir noch immer nicht so richtig befriedigt war. Ich spürte eine innere Einsamkeit, obwohl ich auch mit anderen zusammen Touren unternahm.

Es kam eine Umbruchstimmung in mir auf. Nach 3 1/2 jähriger Tätigkeit in einer Molkerei hatte ich mich entschlossen, nochmals ein Studium anzufangen, weil ich lieber so etwas beruflich machen wollte, wie ich ehrenamtlich als Jugendleiter machte. Dazu brauchte ich aber ein Diplom. So kam es, dass ich während des Studiums mit einem Kommilitonen eine Arbeit schreiben musste. Aus diesem Grunde trafen wir uns auch eines Abends privat. Dort erzählte er mir dann von Bruno Gröning. Ich war auf Anhieb begeistert, konnte vieles sofort annehmen und besuchte auch sogleich die Gemeinschaftsstunden. Es war, als hätte ich etwas gefunden, was ich unbewusst schon immer gesucht hatte.

In der Jugendarbeit gab es eine Leiterin, mit der ich viele Interessen teilte: Musik, Malerei, Sport ..., aber mit der ich manchmal auch wie Katz und Maus war. Ich war zu dieser Zeit der älteste Leiter und hatte so das Amt des Hauptleiters inne. Diese Position nutzte ich dann oft aus, um Fehler und Schwächen anderer mächtig zu kommentieren. Darunter musste unter anderem auch sie oft leiden. Unter uns Gruppenleitern wurde regelmäßig ein sogenannter Leitertag organisiert, bei dem z. B. jeder die Möglichkeit hatte, mit dem anderen unter vier Augen ganz offen und ehrlich auszutauschen. So ein Tag stand wieder an und ich hatte innerlich das Gefühl, der besagten Leiterin von Bruno Gröning zu erzählen. Die Situation ergab sich. Was mich dabei überraschte, war, dass sie dies auch sogleich annehmen konnte und sich riesig freute. Von da an ging ich nicht mehr alleine zu den Gemeinschaftsstunden. Es entstand eine Freundschaft, die immer tiefer wurde. Ich gab meinen Leitsatz auf. Mein Leben begann sich zu verändern. Was war geschehen?

Ich war immer auf der unbewussten Suche nach Anerkennung, Geborgenheit, Verständnis und Vertrauen, nach Liebe und mehr Menschlichkeit. Ich suchte im Elternhaus, in der Schule, in Beziehungen. Die Jugendarbeit gab mir dieses Glücksgefühl, wenn wir am Lagerfeuer saßen, die Gitarren erklangen und wir gemeinsam sangen. Auch bei der Musikgruppe, wenn die Leute begeis-

tert mitsangen oder tanzten. Aber ohne Alkohol lief nichts! Meist schon am nächsten Morgen zerplatzte dieses Scheinglück wie eine Seifenblase.
Und dann begann ich, auf mein Gefühl zu achten. Es war, als ich eine sichere Arbeitsstelle aufgab und ein Studium begann. Es war ein innerer Ruf, dem ich folgte. Ein Wagnis. Mit dem Entschluss stand ich ganz alleine da. Weil ich eine Arbeitsstelle aufgab, bekam ich auch staatlicherseits keine Unterstützung. Aber ich habe es durchgezogen. Dass ich dann während des Studiums die Lehre Bruno Grönings kennen lernte, ist für mich kein Zufall.
Bruno Gröning sagte: „Achten Sie auf Ihr Gefühl." Ich hatte unbewusst damit angefangen, doch jetzt durch die Lehre Bruno Grönings lernte ich, dies bewusst in meinem Leben umzusetzen. Ich empfand immer mehr Selbstvertrauen, erlebte Heilung am eigenen Körper, unter anderem von ständig wiederkehrenden Leistenschmerzen.

Durch die katholische Erziehung im Elternhaus und in der Schule, die Arbeit in der katholischen Landjugend und das Fach Theologie im Studium dachte ich vom Verstand her, dass ich Jesus und Gottvater kennen würde. Aber wie ich es konkret in meinem Leben umsetzen kann, hat mich keiner gelehrt. Bruno Gröning saget: „Öffnen Sie Ihr Herz und nehmen Sie die göttliche Kraft in sich auf." Dies tat ich und erlebte Hilfen.
Einige Beispiele möchte ich kurz erwähnen. Bei der Wohnungssuche fand ich genau das, was ich mir gewünscht hatte, ein kleines Häuschen mit Garten, Telefonanschluss und preisgünstiger Miete. Beim Studium ging ich mit einer ganz anderen Motivation und Einstellung in die Prüfungen. Bevor ich von Bruno Gröning wusste, ließ ich mich oft durch Aussagen meiner Mitschüler beeinflussen. Jetzt hatte ich durch das Einstellen die Kraft aufgenommen und konnte mich diesen Einflüssen widersetzen. Ich hatte auch keine Prüfungsängste mehr. Vorher versuchte ich eine Prüfung zu bestehen, falls es nicht klappte, konnte man sie ja nochmals wiederholen; jetzt aber wollte ich die Prüfung sogleich bestehen und nicht nachsitzen. Bei der Klausur in dem Studienfach Rechtswissenschaften bin ich mit dieser Versuchseinstellung hingegangen und prompt musste ich diese wiederholen. Bei allen anderen habe ich dies nicht mehr gemacht und ich bestand sie auf Anhieb. Ich fand nach dem Studium sogleich eine Praktikumsstelle und wurde nach einem Jahr übernommen. Nun bin ich schon im neunten Jahr dort. Ich merkte immer mehr, dass die einfachen Worte Bruno Grönings mein Leben mehr bereicherten als die Theorie des Studiums und das Lesen wissenschaftlicher Bücher.

Im Zusammensein mit den Freunden Bruno Grönings spürte ich etwas, was ich mir schon immer heimlich wünschte. Es war nicht dieses coole und lässige Auftreten, auch keine durch Alkohol oder sonstige Dinge gepunschte Atmosphäre. Anfangs konnte ich es kaum glauben, dass Menschen noch so miteinander umgehen. Ich war so etwas überhaupt nicht gewohnt. Mit der Zeit spürte ich, es war nichts Künstliches, sondern es kam wirklich von Herzen. Und trotzdem wurde kein Kloster- oder Mönchsleben gepredigt, nichts davon. Im Gegenteil, jeder wurde so aufgenommen, wie er war. Ich fuhr mit dem Motorrad in Lederklamotten zur Gemeinschaftsstunde und wurde genau so herzlich begrüßt wie alle anderen. Auch sagte mir keiner, du darfst dies und jenes nicht mehr tun. Man sagte lediglich die Worte Bruno Grönings: „Achten Sie auf ihr Gefühl."
Ich fuhr weiterhin Motorrad, trank Alkohol und ... und erkannte immer deutlicher, wie ich mich dabei fühlte. Herzflattern bei kritischen Überholmanövern oder bei hoher Geschwindigkeit, das Gefühl, nur herumzuirren, beim Alkoholgenuss war es der dicke Brummschädel am nächsten Tag, das immer gleiche Gelaber, die gleichen dummen Witze usw. Ich spürte irgendwann keine Lust mehr auf all diese Dinge. Obwohl ich mir vorher schon oft gesagt hatte, beim nächsten Mal trinkst du nicht mehr so viel oder gehst beim Fahren nicht mehr so ein Risiko ein, tat ich es doch immer wieder. Hätte es mir einer verboten, wäre ich nicht dabeigeblieben. Bis ich es dann selber spürte. Ich ließ die Finger vom Alkohol und verkaufte das Motorrad. Beides fiel mir leicht. Ich zog mich aus der Musikgruppe zurück, denn auf diese künstli-

che Stimmung hatte ich keine Lust mehr.

Beim Zusammensein mit den Freunden, ob in den Gemeinschaftsstunden oder privat, ob beim gemeinsamen Tanz, Singen oder Musizieren, war immer etwas Aufbauendes.
Mir wurde plötzlich bewusst, ich erlebe das Göttliche. Gott ist nicht der strenge Mann, wie ich Ihn von der Kirche her kannte, der für mich so weit entfernt war. Wenn ich mich öffne, so wie Bruno Gröning es sagte, erlebe ich Ihn. Mein Herz war so überschüttet, dass ich kaum noch Platz hatte für innere, tiefere Werte. Die Lehre Bruno Grönings half mir, in meinem Herzen Ordnung zu schaffen. Ich lernte und lerne immer noch, alles, was mich quälte und mich ärgerte, nicht mehr in mein Herz hineinzulassen, sondern nur noch Gutes. Es ist nicht immer leicht, dies wirklich so zu tun. Meine Erfahrung zeigt aber: es lohnt sich, durchzuhalten.

Die Hilfen und Heilungen, die ich an mir und an vielen anderen Menschen erlebe, sind mir Beweis genug, dass es eine höhere Kraft gibt. Es ist die Urkraft, die im Stande ist, viel, viel Höheres zu bewirken, als wir Menschen es mit unserem Verstand zu tun vermögen. Ich bin froh und dankbar, durch Bruno Gröning diese Kraftquelle gefunden zu haben, die meinem Leben einen Sinn gibt. Es ist wieder lebenswert geworden.

Für mich ist eines der größten Geschenke, dass ich im Herzen wieder die wahre Liebe empfinden lerne. Ich, der nie heiraten wollte, weil ich stets nur Enttäuschungen und Vertrauensbrüche erlebte, habe in diesem Punkt eine innere Umwandlung erlebt. Mein Herz wurde dafür geöffnet. Die Freundschaft zu der besagten Leiterin wuchs immer mehr und nach einigen Jahren des Kennenlernens hatten wir beide den Wunsch, zu heiraten. Wir waren uns dessen bewusst, dass die Liebe, die wir zueinander spürten, nur ein Geschenk Gottes ist. Es ist das Fundament unserer Ehe. Al das, was ich mir vor einigen Jahren gewünscht hatte, ist wirklich in Erfüllung gegangen. Wir können über alles sprechen, haben keine Geheimnisse, können einander voll und ganz vertrauen und dürfen tief im Herzen glücklich sein.

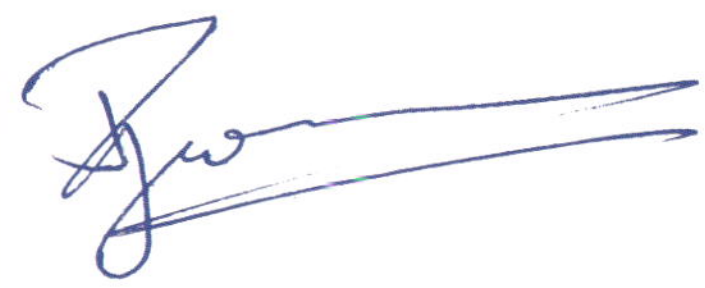

Mensch, erkenne dich selbst!

Bruno Gröning

Jutta Hundt

... dass es mir nichts nutzt, als Einsiedler weit weg vom Leben zu sein.

Seit 1989 kenne ich Bruno Gröning. Vor diesem Datum habe ich noch nie etwas von Heilung auf geistigem Weg gehört. Auch habe ich mir keine Gedanken über Gott, Jesus, Heiler oder Lehren aus dem Osten gemacht. Ich habe noch kurz vorher gemeint, dass es Gott nicht gibt, und konnte nicht glauben, dass die Geschichten in der Bibel und Jesu Wirken Wahrheit sind. Ich ging in die Kirche, weil mir diese schönen Geschichten gefielen, die ich aber nicht glaubte. Innerlich wünschte ich mir aber, dass sie wahr sind.
Als Kind habe ich manchmal zu Jesus gebetet. Als Jugendliche habe ich Jesus verspottet. Ich bin nicht mit Worten des Glaubens an Gottvater aufgewachsen.

Obwohl meine Kindheit sehr harmonisch war, war ich sehr scheu, sprach sehr wenig und lebte in meiner inneren Welt als Träumer. Aber wir hatten ein gutes Familienleben, mit einer großen Naturverbundenheit.
Später stritten sich meine Eltern immer mehr. Diese Spannungen hielt ich nicht aus und verkroch mich noch mehr in mich.
Konfrontationen ging ich aus dem Weg. Bereits mit 14/15 Jahren verlief mein Leben wie im Nebel. Ich hatte keine eigene Meinung und mein Standardsatz war: „Mir ist es egal.“ Ich machte alles mit, was die Kollegen auch taten: Rauchen, Haschisch, Alkohol. Auch wenn ich innerlich spürte, dass ich mich nicht wohl dabei fühlte, machte ich trotzdem mit.
Mein Leben verlief damals sehr interessenlos. Ich war immer noch sehr schüchtern. Nicht einmal in einem Geschäft getraute ich mich die Verkäuferin um Hilfe zu fragen. Lieber suchte ich selbst, und wenn ich das Gewünschte nicht fand, ging ich ohne raus.

Die Jungs interessierten mich nicht sonderlich. Die wenigen Beziehungen, die ich hatte, waren kurz und leer. Ich machte eine Lehre als Verkäuferin und ich fragte mich, wie ich denn das schaffen kann, wenn ich es so schwer hatte auf Menschen zuzugehen. Und das ist ja bei diesem Beruf das Wichtigste. Doch ich schaffte es und es half mir, aus mir herauszukommen. In meiner Arbeit ließ ich mich aber ausnützen und fühlte mich als Trottel und Versager. Ich ließ es einfach mit mir geschehen.
Dennoch hatte ich immer einen kleinen Drang in mir. Ich war wissensdurstig und lernte einige Sprachen, ging auch ins Ausland. Manchmal fragte ich mich schon, wie ich das schaffte. Ich kam Schritt für Schritt vorwärts, aber alles, ohne dass es mir so richtig bewusst war. Jedoch zeigte mir mein Körper, dass es mir nicht sonderlich gut ging. Ich hatte regelmäßig Migräneanfälle, Akne und Angstzustände in überfüllten Straßenbahnen. Am liebsten wäre ich als Einsiedler irgendwohin in die Berge geflohen, um ja keinem Menschen zu begegnen. Ich hatte absolut kein Selbstwertgefühl.

Mit 24 Jahren erfuhr ich von einer Bekannten von Bruno Gröning und seiner Lehre. Ich war ergriffen von den Heilungen, die geschehen. Zuerst war ich etwas skeptisch, hörte nur dem Bericht der Bekannten zu und betrachtete das Ganze mit Abstand. Ich wurde aber neugierig, und in der ersten Gemeinschaftsstunde im Sommer ‘89 fühlte ich mich wohl und spürte eine Ruhe in mir. Ich ging regelmäßig zu den Gemeinschaftsstunden und erfuhr immer mehr vom Leben Bruno Grönings und von Heilungen. Auch spürte ich mehr und mehr den Heilstrom im Körper.
Durch die Lehre Bruno Grönings, seine Worte und das Einstellen auf die göttliche Heilkraft durfte ich dann so viel des Guten erleben. Ich habe keine Akne mehr, die Angstzustände sind verschwunden und auch die Migräneanfälle sind weg. Mein Leben ist jetzt so viel klarer. Ich durfte lernen, die Menschen, die Tiere und die Natur zu lieben.
Für mich ist es das Allerschönste, wie ich das Leben wiedergefunden habe, wie ich wieder den

Glauben an Gott habe und Jesus Christus als Vorbild sehe. Denn durch die Erfolgsberichte und Hilfen in den Gemeinschaften und Tagungen kann ich jetzt glauben, dass die „schönen Geschichten“ über Jesus und Sein Wirken wirklich Wahrheit sind.

Ich lernte, dass jeder Mensch seine Aufgabe hier auf der Erde hat; auch ich, dass es mir nichts nützt, als Einsiedler weit weg vom Leben zu sein, und dass die Liebe, auch zu sich und zu allem Leben, das Wichtigste ist. Wir können im täglichen Tun diese von Jesus vorgelebte Nächstenliebe tatsächlich leben und dadurch erleben. Dazu benötigt jeder den Glauben und das Vertrauen. Ich durfte das durch Bruno Gröning wiedererlangen.

Nun darf ich seit sechs Jahren selbst Gemeinschaften leiten. Ich spreche vor Menschen, was ich mir vorher nie zugetraut hätte. Ich habe meinen Halt im Leben gefunden und gehe einen Weg, auf dem ich durch eigene Erfahrungen lerne und wachse. Ich wünsche allen Menschen die Selbsterkenntnis und alles Gute.

Jutta Hundt

Reinhard Müller

Nach sieben Jahren kam der Gedanke: „Geh in die Kirche!“ Was soll das?

Meine Eltern haben mich taufen lassen -
ohne mich zu fragen.
Ich hätte ja sowieso nicht antworten können.
Ich habe am Religionsunterricht teilgenommen.
Der stand auf dem Stundenplan.
Ich habe den Konfirmandenunterricht besucht.
Das war halt so üblich.
Da bekamen wir eine Karte, die wir sonntags
in der Kirche stempeln lassen mussten.
So war ich früher sogar beim Gottesdienst.
Aber das war alles vergeblich.
Ich glaubte nicht an Gott.

Ich bin nie mehr in die Kirche gegangen, manchmal sogar bei Besichtigungen auf Reisen draußen geblieben. Aber ich habe gesucht, weil es mir seelisch schlecht ging und ich kraftlos war. Dann bin ich im Bruno Gröning-Freundeskreis gelandet. Seitdem geht es aufwärts, und etwas später wusste ich: Es gibt Gott.

Danach kam ich mir aber noch unvollständig vor. Als ich bei meinen Eltern zu Besuch war, suchte ich auf dem Dachboden die nicht mehr benutzte Bibel. Ich fand sie nicht. So kaufte ich mir eine neue, habe auch darin gelesen.

Nach etwa sieben Jahren im Bruno Gröning-Freundeskreis kam der Gedanke: „Geh in die Kirche!“ „Ach, Unsinn“, antwortete ich. „Was soll ich da?“ Ich hatte wieder Ruhe. Aber nicht lange: „Geh in die Kirche!“ – „Was soll das?“

Ein Freund hatte mir berichtet, ein Pastor hätte gesagt: „Ich glaube nicht, was ich predige. Ich bin nur ein Schauspieler.“ Zu so was sollte ich hingehen? Aber der Gedanke kam immer wieder. Meine nächsten Antworten: „Ich weiß nicht, ob die Kirche hier evangelisch ist.“ – „Ich weiß nicht, wann hier Gottesdienst ist.“ – „Die nächsten Wochenenden bin ich sowieso verreist.“

Endlich bin ich doch in die Kirche gegangen.

Als der Pastor am Ende des Gottesdienstes die Hände zum Segen hob, bekam ich mein Willkommensgeschenk: Es durchfloss mich der Heilstrom von oben bis unten, so stark wie sonst nur beim Höhepunkt einer besonders kraftvollen Tagung im Bruno Gröning-Freundeskreis. Da wusste ich: „Hier bin ich richtig.“

Bei den nächsten Gottesdiensten erwartete ich dasselbe Erlebnis wieder. Es kam aber nicht. Ich spürte weniger Strom als in einer Gemeinschaftsstunde oder keinen. Ich war aber auch für feine Ströme noch nicht sensibel. Aber ich merkte doch oft eine stärkende Wirkung des Gottesdienstes. Bei besonderen Anlässen, z. B. Kinder spielten auf Flöten, beim Singen eines Kanons, als wir nach dem Abendmahl noch im Kreis standen, kam auch wieder starker Strom.

In der Bibel wird an mindestens zwei Stellen vom Spüren dieses

Stromes gesprochen: Die blutflüssige Frau berührte das Gewand des Jesus. „Und Jesus spürte sogleich an sich selbst, dass eine Kraft von ihm ausgegangen war …“ (Mk 5,30).
„… und Du (Gott) tränkst die Menschenkinder mit Wonne wie mit einem Strom.“ (Ps 36, 9).
Eine Freundin sagte mir: „Gehen Sie in die Christmette! Da ist mehr Strom als sonst. Die Leute spotten darüber, dass die Kirchen nur zu Weihnachten voll sind, aber das ist der Grund.“ Ich fragte: „Die um 23:30 Uhr? So spät? Da bin ich schon im Bett.“ Diesmal aber nicht. Ich ging hin. Obwohl der Pastor wegen starker Heiserkeit nur leise sprechen konnte und sich dadurch sichtlich unwohl fühlte, spürte ich mehr Strom als sonst.
Wüssten die Pastoren und Gottesdienstbesucher, dass man diese Kraft/Wonne/Strom/Heiliger Geist wirklich spüren, sich ihr bewusst öffnen, sie weitergeben kann, und was sie alles vermag, wären die Kirchen auch bei normalen Gottesdiensten voll. Was diese Kraft kann, ist im Lied „Ich weiß einen Strom“ aus dem Jahre 1870 enthalten, nachzulesen in manchen Gesangbüchern und auszugsweise hier:

Ich weiß einen Strom, dessen herrliche Flut
fließt wunderbar stille durchs Land,
doch strahlet und glänzt er wie feurige Glut.
Wem ist dieses Wasser bekannt?

Wohin dieser Strom sich auch immer ergießt,
da jubelt und jauchzet das Herz,
das nunmehr den köstlichsten Segen genießt,
erlöset von Sorge und Schmerz.

Der Strom ist gar tief, und sein Wasser ist klar,
es schmecket so lieblich und fein;
es heilet die Kranken und stärkt wunderbar,
ja, machet die Unreinsten rein.

Refr.: O Seele, ich bitte dich: Komm!
Und such diesen herrlichen Strom!
Sein Wasser fließt frei und mächtiglich,
o glaub's, es fließet für dich!

Text: R. Torrey

Reinhard Müller

„Gehen Sie in das Gotteshaus,
beten Sie dort andächtig!“

Bruno Gröning

noch eins: Deine Mutter und ich haben uns damals sehr lieb gehabt. Und obwohl ich nie eigene Kinder wollte, haben wir uns ein Kind gewünscht. Und dieses Kind, Christof, bist Du, aus all unserer Liebe.
Ich kann Dir heute sagen, lieber Christof, diesen Bruno Gröning habe ich schätzen gelernt. Und ich möchte Dir versichern, dass er auch immer für Dich da ist, wenn Du es willst, zu jeder Tag- und Nachtzeit.
Weiter möchte ich Dir Mut machen, dass Du Dich auf Deinem Lebensweg nie von Sorgen und Krankheit niederdrücken lässt. Nie! Immer darfst Du bitte sagen, und Du wirst erleben, da ist einer, der hilft Dir. Also verzage nie und wage es mal zu bitten.

Dein alter Biber-Papa

JUGEND UND ALTER

Foto: Andreas Berkenkopf

4. Station – Rosenheim

„Heilungssuchende sind Gottsuchende. Helfen ist Liebe.“

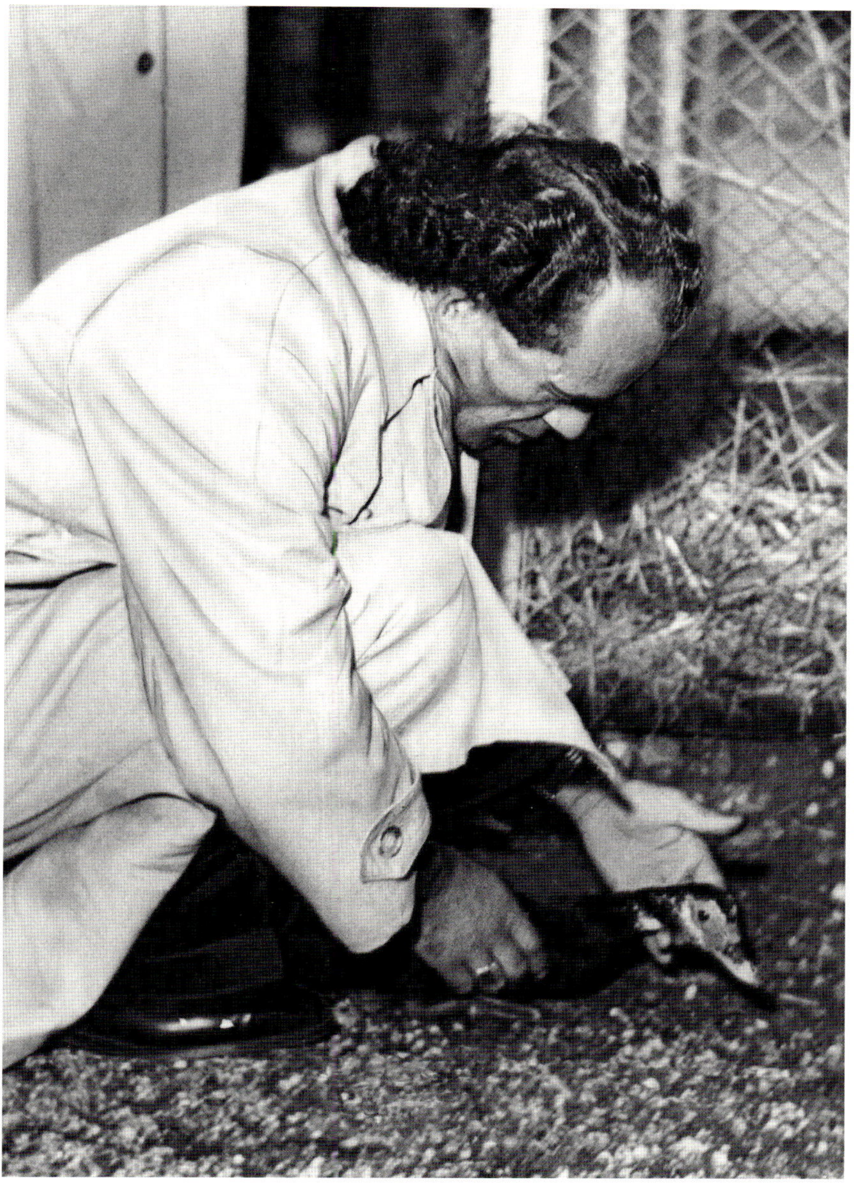

Nach der Enttäuschung in Heidelberg folgt Bruno Gröning einer Einladung nach Bayern: *„Durch Vermittlung durch Herrn Hülsmann erhielt ich noch in Herford eine Einladung von einem Leo Harwart, Besitzer des Traberhofs bei Rosenheim. Ich war der Meinung, dass ich mich dort erholen könnte. Dies war mir auch zugesichert worden …"*
Dort angekommen kommt ihm eine hinkende Ente entgegen, die man dort nicht anders kennt. Er nimmt sie zu sich, streichelt sie eine Weile, sagt: *„Na, dann lauf zu!"*, und das Tier läuft völlig gesund und frei über den Traberhof davon.
In der Abgeschiedenheit des Hofes will Bruno Gröning in Ruhe überlegen, wie er sowohl seinem inneren Auftrag als auch den Ordnung gebietenden Erwartungen der Behörden gerecht werden kann.
Aber sein Ruf eilt ihm voraus, und es zeigt sich, dass die Zahl der Hilfesuchenden in Bayern

genauso unübersehbar ist wie anderswo. Während er zwischendurch noch in Norddeutschland unterwegs ist, füllen sich die Koppeln des Traberhofes mit Wartenden.
Bis zu 30 000 Menschen in Omnibussen, Zelten oder auf dem Boden kampierend warten auf den Moment, Bruno Gröning sprechen zu können, oder erhoffen sich die Wiederholung der Herforder Wunder.

Der Traberhof

Dr. Kurt Trampler, der als skeptischer Journalist wider Erwarten die eigene Heilung eines Kriegsleidens am Traberhof erlebt, beschreibt seine Eindrücke in der Menschenmenge so: „… Was an Lebens- und Schaffenskraft, was an Glück und an Zuversicht in ihnen je gewesen war, das lag zertreten hinter dem Stacheldraht der Gefangenenlager, das war begraben unter den Ruinen zerstörter Häuser, das war zurückgeblieben in der verlorenen Heimat.
Ich habe in diesen Tagen und Wochen niemanden gefunden, der nicht zutiefst betroffen und erschüttert gewesen wäre von diesem Übermaß an Leid und Elend, das sich keiner jemals so furchtbar hätte vorstellen können. Wer da noch Einblick nehmen konnte in jene unermessliche Zahl von Bittbriefen, in denen alle jene ihr Leid klagten, die aus gesundheitlichen oder aber aus wirtschaftlichen Gründen gar nicht die Möglichkeit hatten, die Fahrt zu Gröning anzutreten, dem war es klar, dass die Menschen, die da Kopf an Kopf viele Tage lang ihrer letzten Hoffnung entgegenharrten, nur die Repräsentanten einer endlosen Masse von Kranken, Versehrten und Verzweifelten waren, die überall ist, wo Krieg und Staatsraison, Hass und Misstrauen die Schicksale der Völker bewegt. Gewiss, es waren unter diesen Menschen auch viele, deren Krankheiten im tiefsten Frieden entstanden wären. Die Mehrzahl all der Hilfesuchenden aber waren die Opfer der wissenschaftlich hochentwickelten Menschenvernichtung und der kaum mehr tragbaren seelischen Belastung unserer Zeit. Die meisten von ihnen waren als Heimkehrer und Versehrte, als Ausgebombte und Flüchtlinge müde von Amtsstube zu Amtsstube gegangen, ehe sie eine kümmerliche Hilfe erfuhren, ehe sie in überfüllten Baracken oder

Wohnungen ein Dach über dem Kopf erhielten. Sie waren Nummern gewesen vor unzähligen Ämtern, sie hatten oft genug mürrische und abgestumpfte Gesichter dort gefunden und nicht die Wärme menschlicher Hilfsbereitschaft. Und sie hatten es nur allzu oft erlebt, dass dem Reichen, der selbst geben konnte, williger gegeben wurde als dem Verarmten, der nichts mit sich trug als die Last seiner Not. Diese Menschen, die da auf Gröning warteten, gehörten nicht mehr zu den Leichtgläubigen und Begeisterungsfähigen. Sie waren zum weitaus größten Teil abgestumpft, skeptisch, apathisch, aber sehr hellhörig für alles Unrechte, für jede Phrase, allein noch zu überzeugen durch die hilfreiche Tat.

Es waren die Tage und Nächte vor der großen Heilung am 9. September – Gröning selbst war zu dieser Zeit unterwegs in Norddeutschland –, als unter den Wartenden die ersten Fernheilungen geschahen. [...] Vor ihren Augen war eine Kraft wirksam gewesen, für die es keine menschliche Erklärung mehr gab, und diese Kraft hatte Hilfe gebracht, wo kein Mensch mehr hatte helfen können. Die das sahen, waren keine Gelehrten, die ein „Wunder" zu sezieren und mit ihren Büchern in Einklang zu bringen suchten. Sie waren nichts als hilfsbedürftige Menschen, die nirgends mehr menschliche Hilfe gefunden hatten. Menschen, die durch alle Phasen des Leids und der Prüfung hindurchgegangen waren. Und deshalb waren sie jetzt in diesem Augenblick reif, in der Heilung, die sie empfingen, die Hand Gottes zu erkennen, die göttliche Kraft zu erleben, die ihnen ein Zeichen gab, das sie heraushob aus dem ganzen starren Mechanismus der materialistischen Zeit. Sie, die Ärmsten der Armen, waren in dieser Stunde reich, denn sie erfuhren in ihren Herzen eine Wandlung, die manchem gesunden Reichen versagt bleibt, sein Leben lang.
Wieder lag das tiefe Dunkel der Nacht über den Tausenden Wartenden. Und da geschah es, dass einzelne begannen, die vielleicht lange nicht mehr gesprochenen Worte zu formen, dass immer mehr in das Gebet mit einstimmten, bis es alle mitsprachen: Vater unser, der Du bist im Himmel ...

Und dann erklang feierlich und ernst das Te Deum (Großer Gott, wir loben Dich).
In dieser ergreifenden Stunde war vielleicht ein noch größeres Wunder geschehen als die Gesundung von gelähmten Gliedern und zerrütteten Nerven: Menschen hatten den Weg zu Gott gefunden.

Als Bruno Gröning am darauffolgenden Nachmittag vor den Hilfesuchenden stand, fand er sie wie kaum je zuvor innerlich geläutert, bereit, die Heilung zu empfangen. Fast eine Stunde stand er schweigend, ihr Leid in sich aufnehmend und verarbeitend, vor der betenden Menge. Während er dann die erlösenden Worte von Gott, dem Vater und Arzt aller Menschen sprach, wurden geradezu biblische Szenen Wirklichkeit. Kranke richteten sich von den Tragbahren auf, Gelähmte warfen ihre Krücken von sich und konnten gehen, ein blindes Kind wurde sehend. Dankesrufe kündeten von immer neuen Heilungen, von denen ja nur ein Teil äußerlich sichtbar sein kann. Noch zwei Monate später und wohl noch lange Zeit werden immer wieder Heilungen bekannt, die sich an diesen Tagen vollzogen haben oder begannen. Von der Terrasse des Traberhofes aus wurde einer unserer besten Ärzte Augenzeuge dieses Geschehens. Er bekannte in tiefster Erschütterung, er nehme als Frucht dieser Stunde den Glauben mit ins Leben, dass der Mensch ein Nichts sei ohne die Gnade Gottes und dass kein Wissen und kein Können dem Menschen zum Heile geraten könne, wenn er sich nicht demütig der Gnade wert zeige.

Wieder ist es dunkel geworden. Bruno Gröning, der tagelang ohne Schlaf unterwegs gewesen war, hat sich, ehe er sich erneut einzelnen schweren Fällen zuwendet, für eine kurze Zeitspanne abseits gesetzt. Mit einer Gebärde, die Güte und Erbarmen ausdrückt, horchte er auf die Stimme derer, die seine Hilfe suchten.
In dem ganzen Raum fällt kein Wort. Noch niemand vermag die Empfindungen, die uns alle bewegen, auszusprechen. Von draußen aber hören wir es, wie eine Antwort auf die hoffenden, fragenden Gedanken:
‚Zu uns komme Dein Reich.'"

Auf dem Balkon des Traberhofes steht ein Mikrofon bereit. Rolf Engler, ein Filmproduzent, hat vor, das Geschehen um Bruno Gröning in einem Dokumentarfilm objektiv darzustellen. Bruno Gröning begrüßt seinen guten Willen, stellt sich ihm zur Verfügung und richtet damit seine Worte ab jetzt nicht nur an die Zuhörer des Traberhofes. Denn als er sich später den Menschen wieder zuwendet, surren bereits leise die Kameras und Scheinwerfer:
„Der Mensch ging vor Jahrhunderten den Weg ab von der Natur, von dem Glauben an unseren Herrgott. Jeder glaubte, sich allein behaupten zu können. Jetzt sind wir auf dieser Erde, jetzt richten

wir uns ein, wie wir das wollen, und wir werden uns schon zu helfen wissen, glaubte jeder. Aber ich gebe Ihnen zu wissen, dass niemandem geholfen werden kann ohne unseren Herrgott. Und wer glaubt, sich der Natur, die der Herrgott so schön für uns Menschen geschaffen hat, entziehen zu können, der soll gehen, wohin er will. Man hat geglaubt, einer könnte sich vom anderen unterscheiden, indem er der Natur den Rücken kehrt und die Stufen der Kultur besteigt. Da liegt der Fehler, da liegt alles, das ist es, was dem Menschen fehlt: die Natur. Zurück zur Natur! Zurück zu unserem Herrgott, zurück zum Glauben an das Gute im Menschen! Bisher waren Hass und Neid nicht nur unter den Deutschen, sondern unter allen Völkern der Erde. Auch dieses muss einmal ein Ende haben. Ein Ende hat es erst dann, wenn jeder den Weg zum Glauben zurückgefunden hat. Dann gibt es keine Gehässigkeiten unter ihnen, unter den Völkern der Erde. Und der Weltfrieden ist dadurch gesichert."

„Sie sollen Mensch zu Menschen sein. Liebe deinen Nächsten wie dich selbst! Nicht gehässig sein, nicht falsch, niemandem etwas Schlechtes antun! Sie sollen alle gut sein, gut untereinander. Sie sollen wissen, dass Sie zusammengehören, ob arm oder reich. Nie

neidisch sein! Der eine hat und der andere hat nicht. Das Beste und Größte, was Reichtum ist, ist ja nicht das Geld, wie Sie dachten, Reichtum ist Gesundheit. Gesundheit ist alles, mehr als Geld."

Und auch hier offenbart er den Leidenden seine eigentliche Aufgabe, indem er ihnen Worte sagt, von denen niemand weiß, ob er sie je wieder hören wird:

„Geben Sie mir Ihre Krankheiten und Ihre Sorgen! Sie werden allein nicht fertig damit. Ich trage sie für Sie. Aber geben Sie mir diese freiwillig, stehlen tue ich nicht!"

„Das Schlechte will ich Ihnen abnehmen, ich weiß, dass es für Sie eine Belastung ist. Das ist alles! Ich will doch von Ihnen nichts weiter als die Krankheit, nichts weiter als die schlechten Gedanken, nichts weiter als das Böse überhaupt, das vorher über Ihnen stand."

„Ich kann Ihnen die Schmerzen abnehmen, und wenn ich sie Ihnen abgenommen habe, so fühlen Sie sich froh, frei und wohl."

„Abwerfen und das Neue empfangen! Jetzt sehen Sie zu, dass Sie die Gesundheit empfangen, d. h. das Neue. Den Dreck wirft man ab, und die Gesundheit empfängt man. Und nicht an die Krankheit denken!"

„Also, jetzt öffnen Sie Ihr Herz und schütten Sie wirklich alles aus! Fort mit all den Sorgen und Nöten!"

Viele von denen, die das Gesagte ernst nehmen, bekunden unter Dankesrufen ihre erlangte Heilung. Den Dank weist Bruno Gröning aber von sich und erklärt, dass er nur ein kleines Werkzeug Gottes ist.
Den in den ersten Reihen sitzenden Rollstuhlfahrern, die in Gedanken zwischen seinen Worten und dem Echo ihrer Diagnosen hin- und hergerissen werden,

wendet er sich konzentriert zu und fordert: *„Stehen Sie auf!"* Ein zweites Mal: *„Stehen Sie auf! Glauben Sie doch, Sie können gehen, so wie ich!"* Bei Gelähmten, die ihm ihre Bedenken unter Erwähnung der medizinischen Diagnose schildern wollen, wendet er sich oft unwirsch ab oder redet dem Betreffenden ins Wort und sagt mit aller Bestimmtheit noch ein drittes und letztes Mal: *„Stehen Sie auf und gehen Sie!"* Daraufhin erheben sich, wie bereits in Herford zwei Drittel aus den Rollstühlen, gehen unter Tränen auf ihre Angehörigen zu, reichen Herrn Gröning fassungslos die Hand und schieben anschließend die überflüssig gewordenen Stühle vom Platz.

Mancher Reporter kann es nicht fassen, wenn aufgrund einfacher Worte Hunderte Kranke im selben Augenblick frei werden. Einige Ärzte und Pfarrer, die bereit sind, sich vorbehaltlos ein Bild von den Geschehnissen zu machen, stellen sich öffentlich hinter Bruno Gröning. So findet z. B. der Münchener Arzt Dr. Zetti den Weg zum Traberhof und bezeugt auf einer Pressekonferenz: „Wir Ärzte können und müssen sehr viel von Herrn Gröning lernen, denn es ist an Hunderten von Fällen einwandfrei bewiesen, dass der kleine Gröning dort geholfen und völlig geheilt hat, wo die Wissenschaft und ärztliches Können bereits versagten. Nicht, wie geheilt wird, sondern dass geheilt wird, das ist die These und Forderung des Tages."
Ein katholischer Geistlicher, der mit der Bitte für zwei Angehörige kam und dem Heilung erlebte, bringt vom Balkon aus das Empfinden zum Ausdruck, dass

er sich verpflichtet und verantwortlich fühlt, Herrn Gröning bei seinem weiteren Weg zu helfen und sich dabei auch an die höchsten kirchlichen Stellen zu wenden. Der Münchener Polizeipräsident Pitzer bekennt sich öffentlich zu Bruno Gröning, nachdem er die Linderung eines Ischiasleidens erlebt hat. Auch er bezeugt sein Wohlwollen vom Balkon aus, und ein CSU-Abgeordneter schließt sich dem an.

Der bayerische Ministerpräsident Dr. Erhard erklärt laut dem „Münchener Merkur" auf einer Pressekonferenz, dass man das Wirken einer „außerordentlichen Erscheinung" wie Bruno Gröning nicht an Paragraphen scheitern lassen sollte. Nach seiner Auffassung stehen der Zulassung Grönings in Bayern keine großen Schwierigkeiten entgegen, da laut Innenministerium sein Wirken als eine freie Liebestätigkeit betrachtet werden kann und in diesem Rahmen keiner Erlaubnis nach dem Heilpraktikergesetz bedarf.

Immer wieder fährt Bruno Gröning nach München, wo Verhandlungen für eine Heilerlaubnis einen erfolgreichen Verlauf nehmen. Auch kommt er zwischendurch Einladungen aus Bremen und anderen Städten nach, und überall, wo er auftaucht, bilden sich Menschentrauben, finden sich Heilungssuchende ein. Währenddessen wird das Geschehen am Traberhof aber durch die vielen Geschäftemacher in ein so schlechtes Licht gerückt, dass sich die Behörden schließlich distanzieren müssen.

Mitte September 1949 verlässt Bruno Gröning den Traberhof endgültig, weil sich seine Bemühungen, die äußeren Umstände zu bessern, als vergeblich herausstellen. So zieht er sich in die bayerischen Berge zurück. Er muss in aller Ruhe den Aufbau von Heilstätten überdenken.

Der von Rolf Engler erstellte Kino-Film: **„Der Mann im Blickfeld der Zeit – GRÖNING – Ein Film, den jeder sehen muss"** läuft mit großem Erfolg in den deutschen Kinos an, wird aber dennoch nach kurzer Zeit von unbekannter Seite plötzlich wieder aus dem Verkehr gezogen und verschwindet dann spurlos aus bis auf den heutigen Tag ungeklärten Gründen.

Gabi Winkler

Was mir die ganzen Jahre gefehlt hatte: das Praktische am Glauben und der erlebbare Gott.

Ich wuchs auf einem niederbayerischen Bauernhof auf und dem Anschein nach schien alles in Ordnung zu sein, bis ich als Jugendliche krank wurde. Jahr für Jahr bekam ich stärkere Kopf- und Rückenschmerzen, Herpes, Kopfschuppen und einen Achselpilz. Da diese Dinge als „normal“ angesehen wurden, machte ich mir keine großen Gedanken darüber. Und was noch schlimmer war, ich entwickelte eine innere Unruhe, die mich manchmal so unzufrieden werden ließ, dass ich nirgends längere Zeit bleiben konnte, ohne dass es mich wieder an einen anderen Ort zog.
Mit 17 Jahren lernte ich meinen jetzigen Mann kennen. Mir fiel auf, dass durch die ständig zunehmenden Schmerzen und die Bewegungseinschränkung meine Lebensfreude schwand. Obwohl ich meinen Mann sehr liebte und ich sehr glücklich mit ihm war, gab es viele Tage, an denen ich mich innerlich so leer fühlte, dass es richtig schmerzte. Ich wusste aber nicht, was diese Leere auffüllen könnte, und was eigentlich mit mir los war.

Erst mit 25 Jahren sollte mein Leben eine positive Wende erfahren.
Eine Arbeitskollegin aus der Klinik, in der ich als Diätassistentin arbeitete, ging mit mir in einen monatlich stattfindenden Bibelkreis, wo ich zu ihr sagte, dass ich es viel zu selten finde, sich monatlich zu treffen, um sich geistig-seelisch aufzutanken. Sie kannte noch eine andere Gruppe, die sich mit Heilung auf geistigem Wege befasse und sich alle drei Wochen treffe. Ich war neugierig geworden und sie nahm mich zu einem Einführungsvortrag des Bruno Gröning-Freundeskreises mit. Zusammen mit meinem Mann und meiner Mutter gingen wir zu diesem Vortrag. Die Dame, die die Einführung leitete, sprach von Bruno Gröning, der uns durch seine Lehre die Verbindung zu Gott wieder herstellen sollte, von seinem Leben, woher die Krankheit käme usw. Ich empfand das Ganze wie eine Offenbarung und ich hatte das Gefühl, endlich Antwort auf meine über Jahre angesammelten Fragen zu bekommen. Am meisten beeindruckte mich, dass man die göttliche Kraft, den Heilstrom, wie die Frau ihn nannte, am eigenen Körper spüren konnte. Ich wusste sofort: Das war es, was mir die ganzen Jahre gefehlt hatte. Das Praktische am Glauben und der erlebbare Gott!
Uns wurde gesagt, dass die Krankheit aus dem Körper rausgereinigt würde und sich dies auch durch Schmerzen zeigen könne. Dies erlebte ich bereits während des Vortrages sehr intensiv. Ich bekam solche Schmerzen im Kopf und entlang der ganzen Wirbelsäule bis zu den Zehen, dass ich dachte, ich kann nicht mehr sitzen und mir platzt mein Kopf. Uns wurde gesagt, dass es nun sehr wichtig sei, nicht mehr an die ehemalige Krankheit zu denken und diese Schmerzen als Reinigungsvorgang zu betrachten, der zur Heilung gehört. Ich konnte das glauben und stand sie noch einen Tag durch. Dann hörte es auf, und ich hatte von diesem Tag an weder Kopf- noch Rückenschmerzen. War ich glücklich!

Meine Lebensfreude kehrte sehr schnell wieder zurück und alle Dinge, die ich früher gerne getan hatte, wie Radfahren, Schwimmen, Joggen, Tanzen, fing ich begeistert wieder an.
In der Einführung wurde uns geraten, wir sollten uns zweimal täglich in geöffneter Sitzhaltung hinsetzen und diesen Heilstrom tanken. Ich machte das und

merkte, wie die innerliche Leere verschwand. Ich fühlte mich immer sicherer und von Gott gehalten. Von diesem Zeitpunkt an hatte ich keine Zukunftsängste mehr. Achselpilz, Herpes und Kopfschuppen verschwanden nach und nach. Ich bin jetzt ganz gesund.

Am deutlichsten zeigt sich meine „Angstfreiheit" derzeit in meiner Schwangerschaft. Ich bekomme bald unser erstens-Kind. Abgesehen davon, dass ich die ganze Zeit über keine Beschwerden hatte, weder Übelkeit, Ischiasschmerzen, Sodbrennen ..., kam auch nie Zweifel auf, ob ich das Ganze denn schaffen würde, wie es bei Schwangeren oft der Fall ist.

Was mir auch im Laufe der Zeit auffiel, ist, dass ich mit einem anderen Bewusstsein in den sonntäglichen Gottesdienst gehe. Ich verstehe jetzt die Rituale und Texte im Gottesdienst viel besser und spüre, dass Gott immer bei uns ist und uns liebt.
Ich weiß auch, dass das Leben noch viel für uns bereithält und wir diesen Weg nicht nur für uns selber finden durften. Da man die göttliche Kraft auch für andere aufnehmen kann und durch eigene Erfahrung lernt, von Herzen für andere Menschen, die einem nahe stehen, zu bitten, fühle ich mich nicht mehr macht- und tatenlos, sondern ich kann viel für meine Lieben tun. Um nur ein Beispiel zu nennen: Ich habe für einen Arbeitskollegen gebeten, der sehr starke Migräne hatte. Nach einem halben Jahr regelmäßigen Bittens für ihn war er vollständig von der Migräne frei, obwohl er nicht im Freundeskreis war.

Bei uns in Simbach haben wir eine Jugendgemeinschaft. Die 13 Jahre alte Nadine z. B. berichtete uns, dass sie von Alpträumen und Schlafstörungen frei wurde, als ihre Mutter einen Ärzteinformationsvortrag des Freundeskreises besuchte und für ihre Tochter bat. Kurze Zeit später ging es der schon viel besser. Das Mädchen hatte zu diesem Zeitpunkt selber noch keine Ahnung von Kraftaufnahme und Heilung, ging dann aber selber zur Einführung, und bei ihrer ersten Jugendstunde berichtete sie schon von diesem wunderbaren Erfolg.
Sonja, 17 Jahre, berichtete uns, dass ihr das Bitten bei der Arbeitssuche geholfen habe. Beim Arbeitsamt war nur eine einzige Stelle als Hausangestellte frei, die sie aber sofort bekam. Und es sei nicht irgendeine Stelle, sondern wie für sie gemacht. Sie harmoniert wunderbar mit ihren Arbeitgebern und geht jeden Tag mit Freude hin. Ich empfinde es als Pflicht am Mitmenschen, anderen Jugendlichen diese Dinge nahe zu bringen.

Gabi Winkler

Helga Tröster

Es war eine schwere Lektion für mich.

Im Oktober 1984, ich war damals 21 Jahre alt, habe ich zum ersten Mal von Bruno Gröning und seiner Lehre erfahren. Zu der Zeit war ich an einem Punkt angekommen, dass ich so nicht mehr weiterleben wollte und auch nicht mehr konnte. Ich hatte schwere Depressionen und sah keinen Weg mehr, da herauszukommen.
Warum konnte ich nicht unbeschwert glücklich sein und mich am Leben freuen wie so viele andere?

Schon als Kind fühlte ich mich unverstanden und machte meinen Eltern den Vorwurf, mich überhaupt geboren zu haben. Sie standen dem hilflos gegenüber und glaubten, mich glücklicher zu sehen, indem sie mir fast jeden materiellen Wunsch erfüllten. Aber ich wurde immer unzufriedener. Meine Eltern ließen mir sehr viel Freiheit: „Hauptsache, dem Kind geht es gut.“ Ich habe keine Strenge erlebt, und wenn mir Grenzen gesetzt wurden, bin ich drüber hinweggegangen. Nur die Schule war ein Muss. Ich hatte Angst vor den Lehrern und das Lernen fiel mir sehr schwer.

Mit 13/14 Jahren fing ich an, Bücher über verschiedene Meditationstechniken und über das Leben nach dem Tod zu lesen. Es gab mir beim Lesen etwas Trost, jedoch konnte ich nichts von dem allen in mein Leben umsetzen und fand darin auch nicht das ersehnte Glück.

Die Disharmonie in meiner Familie und die Schwierigkeiten in der Schule wurden immer größer. Ich fing an, die Schule zu schwänzen. Ich habe auch nicht eingesehen, warum ich den ganzen Schwachsinn lernen muss, den ich in meinem Leben nie anwenden werde. Verbotene Dinge übten immer mehr Reiz auf mich aus. Auf Partys habe ich mich so zulaufen lassen, bis ich nicht mehr konnte. Es kam auch vor, dass ich vor der Schule in den Keller geschlichen bin und Schnaps getrunken habe. Mit 15 Jahren wollte ich unbedingt mal Haschisch ausprobieren und rauchte es ab da zu jeder Gelegenheit. Oft habe ich mit Freunden auf der Bude rumgehockt, wir haben uns mit Rockmusik volldröhnen lassen, gekifft und sind über die spießigen Erwachsenen hergezogen. Am liebsten wollten wir auswandern und ein Leben in Freiheit, ohne Zwänge und Pflichten, leben. Das war meine Welt, das Nichtstun. Null Bock auf alles.

Doch die Realität holte mich wieder ein. Den Schulabschluss habe ich nur mit Hängen und Würgen geschafft. Nun sollte ich wie alle anderen eine Ausbildung machen. Da ich schon immer gerne gemalt habe, wollte ich in die Großstadt ziehen und auf der Straße malen. In meinem Vorhaben fand ich jedoch keine Unterstützung. Notgedrungen fing ich eine Lehre als Näherin an, hörte aber nach drei Monaten wieder auf, da ich keine Lust mehr hatte. Im Anschluss daran ergab sich für mich die Möglichkeit, eine Ausbildung als Erzieherin zu machen.
Nach meinem Praktikum im Kindergarten zog ich von zu Hause aus und wechselte für die schulische Ausbildung den Wohnort. Dort habe ich mich mit einer Schulkollegin angefreundet. Wir waren uns gleich vertraut. Ich hatte zum ersten Mal einen Menschen gefunden, der mir innerlich ähnlich war. Sie liebte Jesus und besuchte Bibelstunden in einer Gruppe. Die Gemeinschaft zu solchen Bibelleuten hatte mich nicht interessiert, aber ich habe durch meine Freundin wieder zum Glauben gefunden und kleine Wunder erlebt. Es war eine sehr schöne Zeit, die Schule machte Spaß und ich schrieb gute Noten.

Nach einem Dreivierteljahr wusste ich, dass ich den Beruf nie in meinem Leben ausüben würde, und dass ich viel lieber im künstlerischen Bereich tätig werden wollte. Ich habe dann die Ausbildung abgebrochen. Ich glaubte mich jetzt stark genug, um endlich meinen eigenen Weg zu gehen. Ich fand jedoch nichts und musste zum Geldverdienen „auf Fabrik“ gehen. Nach der Arbeit habe ich immer völlig apathisch rumgehangen. Drei Monate habe ich es ausgehalten.

Durch Zufall bekam ich eine Stelle in Köln bei einem Goldschmied angeboten. Der Chef war jedoch viel zu streng, und schon nach kurzer Zeit brach ich die Stelle ab. Ich konnte seelisch nicht mehr.

Meine Eltern haben mich dann wieder zu Hause aufgenommen, es war jedoch der Horror. Es herrschte nur noch Streit. Wir konnten kein vernünftiges Wort miteinander reden, sie haben mich gar nicht mehr verstanden. Das Gefühl, zu nichts fähig zu sein, die Minderwertigkeitskomplexe …

Ich bewarb mich erneut um einen Ausbildungsplatz. Ich bin dann wieder nach Köln gezogen und begann eine schulische Ausbildung im gestalterischen Bereich. Nun glaubte ich, endlich das Richtige gefunden zu haben, was mir auch Spaß macht.
Jedoch nach kurzer Zeit merkte ich schon wieder, dass ich immer unzufriedener wurde, obwohl ich wusste, dass dies jetzt wirklich der richtige Platz für mich war. Die Leute waren nett und die Lehrer auch zum größten Teil. Ich fing an, mir ständig neue Klamotten zu kaufen, die Wohnung zu wechseln, aber der Zustand wurde nicht besser. Außerdem sehnte ich mich nach einem Freund, da doch die meisten meiner Freundinnen schon Erfahrung damit gemacht hatten. Bisher hatte ich mir immer nur Luftschlösser in meinen Träumen gebaut. Vielleicht fand ich darin das ersehnte Glück?
Doch die Enttäuschung war groß. Ich sank seelisch noch tiefer, Aggressionen machten sich breit, an der Schule hatte ich überhaupt kein Interesse mehr und fing wieder an zu schwänzen. Ein Lehrer bat mich, selbst das Handtuch zu schmeißen, bevor ich geschmissen werden würde.

Ich hatte den Glauben an mich und mein Glück nun total verloren. Mein Selbstvertrauen war gleich null. Ich traute mich kaum noch auf die Straße. Ich trank jeden Tag, auch für mich alleine. Ich schämte mich und konnte mich keinem anvertrauen. Stattdessen überspielte ich die Unsicherheit und versuchte, cool zu wirken. Es durfte mir niemand ansehen, wie es in mir wirklich aussah. Ohne Make-up bin ich nicht aus dem Haus gegangen und konnte mich auch selber nicht im Spiegel sehen. Auch körperlich ging es mir immer schlechter. Die Bronchitis wurde chronisch und die nächtlichen Wadenkrämpfe immer schlimmer. Ich hatte ständig vor lauter Anspannung und Angst Schweißausbrüche. Auch die Verdauungsstörungen, die ich schon seit einigen Jahren hatte, ließen nicht nach. Statt meine Eltern wieder anzuklagen, klagte ich dieses Mal Gott an, warum Er das ganze Elend und Leid auf der Welt zulässt. Es war alles so sinnlos. Warum das Leben hier auf der Erde?
Ich fand es sowieso unverantwortlich, dass man in diese Welt noch Kinder setzen kann. Meine Bilder wurden immer dunkler. Menschen habe ich verzerrt dargestellt, und der Sensenmann auf dem Friedhof wurde zu einem beliebten Thema in meinen Bildern.

Da habe ich noch ein „letztes Mal“ Gott angefleht, dass Er, wenn es Ihn wirklich gibt, mir doch helfen möge. Da hat mir kurze Zeit später ein Schulkollege von Bruno Gröning und Heilung auf geistigem Wege erzählt. Er hat mich dann mit zu einem Gespräch genommen, da sollte ich dann mehr darüber erfahren. Ich war ganz erstaunt, dass das ganz normale Leute waren. Ich hatte mir eigentlich irgendetwas Mystisches darunter vorgestellt. Ein Erfolgsbericht von einer jungen Frau hat mich dann so überzeugt, dass ich für mich selber den Glauben aufnehmen konnte, dass Bruno Gröning auch mir helfen kann. Ich bekam noch ein Buch mit nach Hause, in dem ich vieles noch einmal nachlesen konnte.
In den nächsten Tagen habe ich mich intensiv mit Bruno Gröning beschäftigt. Mein Wunsch war es, auch diese göttliche Kraft, den sogenannten Heilstrom, den Bruno Gröning aus dem Jenseits vermitteln sollte, am eigenen Körper wahrzunehmen. Aber erst Tage später, als ich schon fast wieder aufgeben wollte, spürte ich ein Kribbeln durch die Beine ziehen. Es fühlte sich wirklich wie Strom an. Schon innerhalb der ersten Woche erlebte ich die Wirkung. Ich fühlte mich auf einmal so leicht und die Wadenkrämpfe waren einfach weg. Die Verdauung war nach einem halben Jahr wieder in Ordnung. Ich spürte Freude in mir aufkommen. Die Schule machte wieder Spaß, und

ich begab mich wieder gerne unter Menschen. Nach Alkohol und Haschisch hatte ich schon nach kurzer Zeit kein Bedürfnis mehr, und zum Essen habe ich wieder ein normales Verhältnis.
Sogar meine Eltern stellten die positive Veränderung an mir fest. Kurz darauf sind sie auch in den Freundeskreis gekommen. Seitdem haben wir etwas Gemeinsames und verstehen uns besser.

Die Jugendgemeinschaftsstunden besuchte ich alle drei Wochen regelmäßig. Ich fühlte mich dort ganz zu Hause, und mir wurde so viel Liebe von den Freunden entgegengebracht, wie ich vorher noch nicht erlebt hatte. In den Gemeinschaftsstunden musste ich oft weinen, es hatte sich immer wieder was Schweres von meiner Seele gelöst. Hier in der Gemeinschaft war es erlaubt, Gefühle zu zeigen und Schwächen zuzugeben, und ich brauchte nicht mehr cool sein. Die Maske habe ich abgelegt. Der Zwang, Make-up aufzutragen, ist weg.

Auch zu Hause für mich alleine habe ich Bruno Gröning gebeten, mich mit Gott und der göttlichen Kraft zu verbinden. Ich brauchte nur die Hände und das Herz aufmachen, mich von allem Negativen gedanklich lösen, und schon floss Heilstrom durch den Körper. Seitdem fühlte ich mich nicht mehr alleine, ich fühlte die Nähe Gottes.
Ich schaffte es dieses Mal, meine Ausbildung zu beenden. Im Anschluss habe ich noch ein Studium der Freien Malerei absolviert. Ich konnte mich auf einmal an den schönen Dingen im Leben freuen und entdeckte eine große Liebe zur Natur. Nun malte ich keine hässlichen Sachen mehr, sondern brachte meine neuen Empfindungen beim Betrachten der Natur auf die Leinwand. Mir wurde klar, dass die wahre Kunst nur in Verbindung mit Gott möglich ist, egal ob in der Malerei, Musik oder im Film. Selbst zur klassischen Musik, zu der ich früher überhaupt keinen Zugang hatte, habe ich die Liebe entdeckt und erlebe, wie sie einen hochzieht. Durch das Einstellen auf den Heilstrom bin ich immer sensibler geworden und habe gelernt, das Wahre und Gute vom Gegenteil immer mehr zu unterscheiden.
Ich bin dann meiner inneren Stimme nachgegangen und habe mich nach meinem Studium zu einer zusätzlichen Ausbildung zur Rechtsanwaltsgehilfin entschieden. Es war eine schwere Lektion für mich. Doch durch die regelmäßige Kraftaufnahme und den Besuch der Gemeinschaftsstunden habe ich die Ausbildung abschließen können. Bruno Gröning: „Allein ist der Mensch zu schwach."
Ich habe sehr viel gelernt, vor allem mit den Füßen auf dem Boden zu stehen und auch in schweren Situationen durchzuhalten, vor denen ich früher immer weggerannt bin. Alles, was wir im Leben am liebsten umgehen möchten, holt uns schnell wieder ein, und zwar so lange, bis wir es endlich anpacken. Bruno Gröning sagte: „Was du nicht mehr kannst, werde ich für dich tun!" Davon habe ich mich überzeugt. Nach der Lehre habe ich im Bürobereich gearbeitet. Nun habe ich nach zwei erfolgreichen Ausstellungen die Stärke und den Mut, mich mit der Malerei selbständig zu machen.

Ich bin so dankbar, dass ich damals von Bruno Gröning erfahren habe. In seiner Gemeinschaft durfte ich so viel Gutes erleben. In den letzten Jahren habe ich selber Kinder-, Jugend- und Erwachsenengemeinschaftsstunden leiten dürfen und erlebt, wie man im Glauben und Vertrauen über die eigenen Grenzen hinauswachsen kann. Das ist das Schönste, das Erlebte an andere weiterzugeben und mitzuerleben, wie auch dort die Hilfe eintritt. Das Leben hat für mich wieder einen Sinn bekommen, und ich bin wieder ein lebensbejahender und lebensfähiger Mensch geworden. Heute weiß ich auch, dass das Glück nicht in äußeren Dingen und auch nicht in der Partnerschaft zu finden ist, sondern nur in uns selbst – in Gott – und im Tun.
Ich kann heute voller Zuversicht in die Zukunft sehen und weiß, dass alles im Leben zum Guten geführt wird, soweit wir das Gute wollen und der göttlichen Stimme in uns folgen – Gott – zu dem Bruno Gröning mich wieder hingeführt hat.

Helga Trästo

Birgit Herrmann

Wundern über mich selbst

Neujahr 1979 schrieb ich mit 16 in mein Tagebuch: „Lieber Gott, hilf mir, dass ich nie mehr so traurig bin wie in letzter Zeit.“ Ich fühlte mich leer und alleine. Mit 17 begann ich bewusst, weniger zu essen. Dadurch hatte ich immer weniger Hunger und oft das Gefühl, einen Stein im Magen zu haben. Ich nahm sechs Kilo ab, aber gleichzeitig kreisten die Gedanken ums Essen. Dieser Zustand und die Depressionen waren so belastend, dass ich Hilfe bei einer Beratungsstelle suchte und mit 18 eine Psychotherapie begann, die drei Jahre dauerte, aber kaum half.
Als ich 20 war, begann sich die Magersucht mit Esssucht abzuwechseln. So hatte ich Phasen, in denen ich ohne Hunger aß und mich elend fühlte, weil ich dem gegenüber machtlos war. Danach entschloss ich mich wieder, wenig oder nichts zu essen. Im Extremfall habe ich bis zu acht Tage nichts gegessen.
Die innere Leere und Einsamkeit wollte ich auch mit Verliebtsein und Freundschaften verdrängen, aber ich hatte trotzdem Sehnsucht nach etwas „anderem“. Menschen, mit denen ich zusammentraf, konnten mir nicht helfen – die Sehnsucht blieb unerfüllt.

Ich begann ein Lehrerstudium, doch es war mir zu viel Theorie und Kopf – und zu wenig Herz. Ich machte aber weiter und entsprach den Anforderungen.
Die meiste Zeit war ich depressiv, wie gelähmt, angekettet in einem dunklen Kerker ohne Ausgang. Weil ich diesen Zustand nicht ertragen konnte, ging ich oft weg, um Freunde zu treffen oder in einer Disko zu tanzen. Samstagabends blieben wir lange auf, und ich hatte den Eindruck, dass die anderen auch nachts beim Tanzen suchten, was sie am Tag nicht fanden. Ich kann mich noch an ein Gefühl erinnern: Ich wünschte mir, lebendig und glücklich zu sein.
Ab 23 Jahre hatte ich immer wieder Durchfall. Ich wollte gern gesund leben und konnte es nicht. Meine schwarze Kleidung entsprach meinem Gemütszustand. Ich schleppte mich von Tag zu Tag und fragte mich, wozu ich auf der Erde war. In meinem Tagebuch steht: „Mein Tagwerk überfordert mich – das Leben gleitet mir aus den Händen.“ Ich war mager, die Nahrung, die ich aufnahm, verdaute ich schlecht, deswegen konnte ich nur leichtverdauliche Nahrungsmittel (kein rohes Obst und Gemüse) essen.
Es gab kaum ein Auftauchen aus den Depressionen. Umbringen konnte ich mich nicht, da noch eine kleine Flamme in mir war, die leben wollte.

Mit 24 ging ich nach München, um eine kaufmännische Zusatzausbildung zu absolvieren. Von meinem Berufsziel Lehrerin war ich wieder abgekommen. Ich hätte auch nicht den hohen Anforderungen des Referendariats gerecht werden können. Außerdem wurde uns Arbeitslosigkeit vorhergesagt. Ich kannte niemanden in dieser Stadt und fühlte mich allein. Eines Nachts bekam ich Herzrhythmusstörungen, mein Herz schlug sehr unregelmäßig, ich konnte es laut hören und fühlen, sodass ich unsagbare Angst hatte, es würde stehen bleiben. Ich hatte nicht einmal ein Telefon, um einen Arzt anzurufen. Mein Leben lief vor mir ab: Ich war nicht fähig gewesen, meinen Körper gesund zu erhalten. Ich war bestrebt, die Natur und Umwelt zu schützen und hatte bei mir selber versagt. In mir stieg ein Gefühl der Reue hoch, und ich war gleichzeitig verzweifelt darüber, dass ich vollkommen ohnmächtig war. Die Belastung war stärker als ich.
In dieser Nacht nahm ich mir vor, alles zu ändern, ich wusste nur nicht, wie ich die Kraft dazu bekommen könnte.

Als sich die Herzbeschwerden in den folgenden Nächten wiederholten, ging ich zum Arzt, der mich dann zur Untersuchung ins Krankenhaus schickte. Ich konnte die Verantwortung für mich nicht mehr übernehmen. Im Krankenhaus stellte man eine bulemisch-anorektische Störung (Esssucht/Magersucht) fest und äußerte den Verdacht auf einen Herzklappenfehler, der auf unzureichende Nahrungsaufnahme und auf eine chronische Mandelentzündung

zurückgeführt wurde, die ich seit Jahren im Winter hatte. Wegen der langen Fehlzeit brach ich die Ausbildung in München ab, und weil ich keine andere Wahl hatte, fing ich trotz starker Konzentrationsstörungen eine ähnliche Ausbildung in Stuttgart an.
In einer zweiten Psychotherapie sagte man mir, dass diese psychische Belastung nicht heilbar sei. In all den Jahren war ich auf der Suche nach Hilfe, nach Wahrheit und nach dem Sinn meines Lebens in verschiedenen Weltanschauungen, in psychologischer und schließlich religiöser Richtung gewesen. Aber das alles und die Hilfe von Menschen hatte mir keine echte Hilfe gebracht.

Im November 1990 erfuhr ich vom Bruno Gröning-Freundeskreis und nahm am ersten Advent an einem Einführungsvortrag teil. Je mehr ich die wohltuende Wirkung des Heilstromes erlebte, desto mehr schwand meine anfängliche Skepsis Bruno Gröning gegenüber. Nach drei Monaten war ich von einer chronischen Mandelentzündung frei. Noch kurz vor der Heilung hatte ein Arzt mir eine Überweisung für das Krankenhaus gegeben, um wegen der Herzprobleme die Mandeln entfernen zu lassen.
Zwei Jahre später erlebte ich die Befreiung von den Essproblemen, die zehn Jahre meines Lebens zur Qual gemacht hatten.
Da es mir bereits besser ging, habe ich mich entschlossen, das Referendariat, die praktische Ausbildung für das Lehramt, zu beginnen. Dafür war ich umgezogen aufs Land, und auf dem Weg dorthin fuhr ich durch grüne Wiesen und Felder. Auf einmal hatte ich in mir die Gewissheit: „Du bist befreit!“
Es begann für mich ein neues Leben. Ich war nun in der Lage, diese Ausbildung zu absolvieren, was in meinem vorherigen Zustand unmöglich gewesen war. In dieser Zeit und beim Examen erlebte ich wiederholt göttliche Hilfe und Führung.
Dadurch und dank der Kraftaufnahme konnte ich das Referendariat und das Examen gut bewältigen. Die Arbeit als Sekretärin hatte mich nie ausgefüllt, jetzt als Lehrerin spüre ich, dass ich am richtigen Platz bin.

Nach der Ausbildung war ich zwei Jahre in Paris, einer Stadt, in der ich zu Beginn keinen Menschen kannte. Ich kann mich noch gut an das Wundern über mich selbst erinnern, dass ich mich nicht mehr alleine fühlte, und sogar so glücklich war, wie ich es nie gekannt hatte. In meinem Tagebuch steht an einer Stelle: „Jeder Atemzug ist Glück.“

Wie einfach, kraftvoll und intensiv kann die Verbindung zu Gott sein, wie schön das Leben, und wie groß ist es, wenn Er hilft und heilt. Alles ist wieder gut. Täglich kann ich neue Freude und Kraft in mich aufnehmen, und ich wünsche mir nur noch, dass das viele Menschen erleben.

Birgit Hermann

Melanie Lieser

Es gibt keine Grenzen nach oben.

Bereits in meiner Kindheit sehnte ich mich nach Liebe und Geborgenheit, die ich in meiner eigenen Familie nicht bekam. Also erträumte ich mir eine Wunschfamilie und zog mich immer mehr in mich zurück.

Ich kam nicht mehr mit der Realität zurecht und fühlte mich überflüssig. Mit der Pubertät verschlimmerte es sich so weit, dass mir jeder Sinn fürs Leben fehlte. Ausschlaggebend war auch, dass ich in der Grundschule eine derart strenge Lehrerin hatte, dass ich Angst hatte, hinzugehen. So war es auch an anderen Schulen; es war ein Dahinschleppen.

Als bei mir gar nichts mehr ging, überwies mich mein damaliger Arzt mit 15 Jahren zum Psychotherapeuten. Ohne Erfolg. – Mit 17 kam ich das erste Mal für sechs Wochen in Kur, weil eine gewöhnliche Gesprächstherapie nichts half. In der Zeit entschied ich mich, Zahnarzthelferin zu werden. Doch ich musste die Ausbildung wegen psychischen Störungen abbrechen.

Erneut stellte sich die Frage, was nur getan werden kann. Mein Therapeut und ich kamen zum Entschluss, dass ich erneut in Kur gehen sollte. Dieser Aufenthalt dauerte jetzt fünf Monate! Dort begann ich zu rauchen. Zu Beginn nur eine pro Woche, was sich später steigerte. Nach diesen fünf Monaten begann ich mit der zweiten Ausbildung und lernte meinen späteren Mann kennen. Aber die Depressionen wurden schlimmer. Ich hatte schon Angst, wenn ich spürte, dass sie sich anbahnten, und noch mehr, als sie dann auch tatsächlich kamen. Dann war der Gedanke da, mit dem Leben Schluss zu machen.

Durch eine damalige Bekannte ging mein Leben dann noch mehr bergab, denn sie hatte Probleme mit einem Mann und versuchte tatsächlich, sich das Leben zu nehmen. Das nahm mich sehr mit, weil ich eh so labil war, und dadurch wurde mir dann die Hemmschwelle, mir selbst das Leben zu nehmen, genommen. Der berühmte Tropfen, der das Fass zum Überlaufen brachte, war meine Chefin. Sie hatte zwar nichts mit meiner Ausbildung zu tun, hatte jedoch die Leitung der Einrichtung. Diese Leiterin und ich gingen gemeinsam zu einem beratenden Gespräch zum Caritasverband, wo ich nach der zweiten Kur regelmäßig hinging. Bei diesem Gespräch machte sie mich so fertig, dass die Caritas-Betreuerin dazwischenging. Doch es war zu spät: Ich sah nur noch schwarz, rannte nach Hause und schloss mich in meinem Zimmer ein. Ich war wie in Trance, spielte Gitarre und sang ein trauriges Lied. Die Betreuerin vom Caritasverband rief noch mal bei meinen Eltern an, aber ich wollte nicht mehr mit ihr reden. Bei mir stand fest: „Ich bringe mich um!" Nachdem ich voll in diesen Gedankengang verstrickt war, nahm ich 20 Tabletten, die mir ein Arzt leichtfertig verschrieben hatte. Danach legte ich mich hin und wartete. Es war furchtbar. An das, was danach kam, erinnere ich mich nur noch bruchstückhaft.

Irgendwann rief ich meine Mutter. Komischerweise hörte sie es auch, was sonst selten der Fall war. Sie erkannte schnell, was vorgefallen war und rief den Notarzt. Im Krankenhaus wurde mir der Magen ausgepumpt, und ich kam auf die Intensivstation. Ich bekam mit, wie Ärzte sich über mich unterhielten. Das war sehr schlimm für mich. Doch heute glaube ich, dass mir gerade das Anlass zum Kämpfen gab, denn sie sagten, dass sie nun alles getan haben, und es nun abzuwarten gilt. Die nächsten 24 Stunden seien sehr kritisch und sie glaubten nicht, dass ich sie überlebe.

Doch ich überlebte und kam schon wenige Tage nach diesem Ereignis auf eine normale Station. Aber der Kampf ums Leben sollte noch kommen. Obwohl ich bereits von den Maschinen los war, musste ich eine Nacht um mein Leben kämpfen. An Schlafen war in dieser Nacht nicht zu denken. Jedesmal, wenn ich kurz vor dem Einschlafen war, hatte ich das Gefühl, heruntergezogen zu werden. Es war die Hölle.

So kämpfte ich die ganze Nacht hindurch. Erst nach diesem

Kampf wusste ich, dass ich über den Berg war. Von meinen Eltern erfuhr ich später, dass zehn Tabletten genügt hätten, um mir das Leben zu nehmen. Außerdem erfuhr ich, dass ich zehn Minuten später nicht mehr zu retten gewesen wäre.

Doch obwohl ich so Schlimmes durchgemacht habe, kam ich immer noch nicht mit der Welt zurecht. So kam es, dass ich auch die zweite Ausbildung abbrach.
Kurze Zeit danach zog ich mit meinem Freund zusammen. Er verwöhnte mich total, tat mir jedoch damit keinen Gefallen. Ich war aber auch zu schwach, um dagegenzusteuern. Eine sehr lange Zeit machte ich mir Vorwürfe, was ich doch für ein schlechter Mensch sei und dass ich für das Wohlbefinden der anderen verantwortlich sei. Wenn es mir schlecht ging, sagte er, dass es ihm dann auch schlecht ginge, und das zog mich noch mehr herunter. Dieses Verhalten, für alles und jeden verantwortlich zu sein, war ich von zu Hause aus schon gewohnt und dachte, es müsse so sein. So fühlte ich mich oft schuldig für Dinge, die ich niemals getan habe.
Es fehlte nicht viel, bis ich ein zweites Mal versuchte, mir das Leben zu nehmen. Ich wusste damals, wie schlimm das erste Mal war, also konnte ich dosieren. Ja, ich spielte mit meinem Leben. Auch daraufhin bekam ich den Magen ausgepumpt und musste auf die Intensivstation.
Genauso beim dritten Selbstmordversuch – wieder in die Psychiatrie. Dort wurde ich nach einem Tag entlassen und mein Leben ging genauso weiter. Ich musste täglich zum Arzt, wo ich erst lange warten musste. Dann bekam ich täglich Infusionen, wöchentlich eine Spritze und täglich Medikamente. Außerdem hatte ich einmal pro Woche ein Gespräch bei einem Psychotherapeuten.
So sah mein Tagesablauf aus: Meistens schlief ich bis zum Mittagessen und legte mich auch danach wieder ins Bett oder vor die Glotze. Es kam noch hinzu, dass ich durch die Medikamente und den Bewegungsmangel 25 kg an Gewicht zunahm. Ich färbte mir die langen Haare schwarz und zog mich nur noch dunkel an. Es war mir auf einmal egal, wie ich aussah, ganz im Gegensatz zu vorher.

Irgendwann in meinem Leben wusste ich, dass ich etwas ändern musste, dass es so nicht weiterging. Durch die Hilfe meiner Mutter entschloss ich mich, die Therapie und überhaupt die gänzliche ärztliche Behandlung abzubrechen. Ich muss noch sagen, dass mittlerweile der Zigarettenkonsum auf bis zu 40 Zigaretten täglich gestiegen war.
Als ich dann meinen Ärzten und dem Therapeuten den Entschluss mitteilte, meinte der Arzt, dass ich ohne Tabletten in ein tiefes schwarzes Loch fallen würde, aus dem ich nicht mehr herauskommen würde. Außerdem hat mir mein Therapeut während einer Sitzung mitgeteilt, dass ich lernen müsse, mit diesem Zustand zu leben. Trotz alledem glaubte ich nicht daran und brach die Behandlungen ab. Zuerst ging ich zu einer Heilpraktikerin, später zu einem Heilpraktiker.

Einmal ging ich zu dem Heilpraktiker, und er erzählte mir von Bruno Gröning, wofür ich ihm bis auf den heutigen Tag dankbar bin. Er gab mir ein Informationsblatt mit, was ich meiner Mutter zeigte. Mein Freund hatte kein Interesse daran, doch meine Mutter, der an der Besserung meines Zustandes lag, begleitete mich zur Einführung. Dort wurden wir darauf aufmerksam gemacht, an etwas Schönes zu denken, was ich auch tat. Dadurch, dass ich an Drachenflieger dachte, beschäftigte ich mich nicht mehr mit der Krankheit. Die göttliche Kraft konnte in meinem Körper zu wirken beginnen. Dabei wurde mir sehr schlecht. Aber ich ließ es gerne zu. Zu verlieren hatte ich schließlich nichts.
Durch die Kraftaufnahme hatte ich das Gefühl, erbrechen zu müssen, doch es geschah nichts. Das Gleiche erlebte ich in der ersten und der zweiten Gemeinschaftsstunde. Diese Stunden besuchte ich regelmäßig, weil ich spürte, dass mir hier geholfen werden kann.

In der Zeit dachte ich viel über meine Beziehung nach und fragte meinen Freund schließlich, ob er mich heiraten will, und nicht, wie es üblich ist, dass der Mann die Frau fragt. Er stimmte dem Vorhaben zu, was sich schon kurze Zeit später als großer Fehler herausstellte. Ich war ihm nichts als Person wert, sondern

nur mein Körper, sowohl fürs Bett als auch für den Hausgebrauch.
Leider bekamen Außenstehende das nicht mit und ich brauchte lange, um herauszufinden, dass ich weitaus mehr wert bin, als nur als Besitz für jemanden zu fungieren. So wurde ich Schritt für Schritt durch das Anwenden der Lehre Bruno Grönings aus der Hölle befreit. Das bedeutete, an sich selbst zu arbeiten, doch dazu war ich bereit. Anfangs fiel es mir schwer, denn ich bekam öfter noch die gleichen Zustände wie damals. Erst viel später konnte ich an Regelungen glauben. Auch das Einstellen zweimal am Tag fiel mir anfangs etwas schwer. Doch ich redete viel in Gedanken mit Bruno Gröning.

Mit meinem damaligen Mann verstand ich mich überhaupt nicht mehr und zog aus. Wieder erlebte ich eine sehr harte, schwere Zeit. Ich stand auf einmal alleine da, lebte in einer Familie, die ich nicht kannte, und hatte vorübergehend keine eigene Familie mehr, weil sie sich gegen Bruno Gröning und auch gegen mich stellte, so hatte mein Ex-Mann sie bearbeitet. Doch auch das wendete sich zum Guten. Durch wirklich liebe Freunde, die in dieser Zeit vollkommen hinter mir standen, klärte sich die familiäre Situation und ich zog wenig später wieder bei meinen Eltern ein.
Es dauerte auch nicht lange, als ich von meiner Mutter erfuhr, dass ein Kindergarten eine Vorpraktikantin suchte. Also habe ich mich, weil ich den Beruf der Erzieherin liebe, dort beworben. Die Freude verdoppelte sich, als ich erfuhr, dass sie sich für mich entschieden hatten.
Nach vier Jahren Ausbildung durfte ich meinen Abschluss machen. Seitdem bin ich staatlich anerkannte Erzieherin.

Der Kampf hat lange angehalten, ging häufig bis hart an die Grenze, doch er hat sich gelohnt.

So ging es immer weiter bergauf. In dem ersten Jahr in der Gemeinschaft habe ich die 25 kg verlieren dürfen und auch die Zigarettensucht. Oft hatte ich versucht, mir das Rauchen abzugewöhnen, doch ich hatte ärgste Entzugserscheinungen. Durch die Aufnahme der göttlichen Kraft habe ich erlebt, dass ich die Sucht ohne Entzugserscheinungen verlor und währenddessen sogar abnehmen konnte. Doch das schönste Geschenk ist für mich die Heilung von den Depressionen. Es kommt mir so vor, als ob alles schöner und lichter wird. Es gibt keine Grenzen nach oben.

Mit meinem Bericht möchte ich allen Jugendlichen helfen, die in ähnlichen Situationen stecken. Es gibt einen Ausweg, es gibt Hilfe Ich durfte sie erleben und wünsche sie euch auch. Ich wurde auf eine vollkommen liebevolle Art und Weise vom Dunkel ins Licht geführt.
Ja, auf einmal war die Liebe da, nach der ich mich so gesehnt habe.

Melanie Lieser

Thomas Niederreiner

„Guten Abend, Routine-Kontrolle, den Ausweis bitte ...“

„Guten Abend, Routine-Kontrolle, den Ausweis bitte. – He, Junge, bleib mal stehen! Hast du 'nen Ausweis dabei? Was ist denn los mit dir, stimmt was nicht? Komm mal zur Seite und mach deine Taschen leer. Was ist das denn für Zeug? Das sind doch Schlaftabletten! Ich muss dich bitten mitzukommen. Na, komm schon.“

Ständiger Streit zwischen meinen Eltern, die Kriege auf der Erde, atomare Verseuchung, Ausbeutung und Zerstörung und nicht zuletzt persönliche Probleme bewegten mich dazu, aus Lebensangst mit 17 Jahren Schluss zu machen. Aber ich wurde von der Münchener Bahnhofspolizei durch den Fund von Medikamenten und anschließender Festnahme am Selbstmord gehindert. Von da an war ich ein Fall fürs Jugendamt, wo man mich mit Fragen über meine Beweggründe löcherte.
Ich wusste nicht, wie die anderen so ein Leben aushielten, aber mir hatte es gereicht. Da gab es nichts zu erzählen. Wie das bei den Jugendlichen in der Schule und in den Familien so abgeht, wussten die Sozialarbeiter doch längst. Warum ich mit dem Leben Schluss machen wollte? Weil ich gar nicht wusste, was Leben ist und was das soll.

Ohne Selbstvertrauen und Selbstwertgefühl und mit Schulproblemen und Lernschwierigkeiten suchte ich immer nur Ablenkung. Auf Partys oder in Diskos, wo ich glaubte, frei zu sein von allen Sorgen und Problemen, da erlebte ich Momente, in denen ich dachte, völlig losgelöst von diesem schweren Leben zu sein.
Doch die Realität hatte mich schnell wieder eingeholt, wenn ich tags darauf spürte, dass ich oft außerstande war, alltägliche Aufgaben zu meistern. Ich wusste immer, dass ich auf diese Art meine Lebensprobleme nicht löste, aber ich hatte für kurze Zeit wenigstens einmal das Gefühl, einfach happy zu sein. Und was sollte ich denn sonst machen?

In unserer Clique war Folgendes angesagt: trinken, möglichst laut Heavymetal hören, tolle Kisten fahren, Frauen anmachen und coole Sprüche draufhaben. Das Thema Frauen stand im Mittelpunkt. Meine Freunde konnten schon damit prahlen. Ich beobachtete aufgeregt, wo sich die Pärchen überall anfassten, und war fest davon überzeugt, dass es an Frauen etwas zu erleben gibt, was ich unbedingt auch zum Glücklichsein brauchte. Auf einer Party war es dann endlich so weit. Es war spät, der Alkoholspiegel kletterte in den roten Bereich und somit auch die Hemmungslosigkeit. Ich war gespannt, aufgeregt und stolz darauf, meine erste Frau erobern zu können. Wir kannten uns seit ein paar Stunden, wussten nichts voneinander, doch das stellte in diesem Zustand kein Hindernis mehr dar. Tage später musste ich feststellen, dass wir nicht zusammenpassten.
Seitdem war ich darauf aus, wieder dieses Abenteuer zu suchen. Ich wusste ja jetzt, wie das Spiel ging: Ausgehen, Partys feiern, je später der Abend, umso kleiner die Hemmschwelle und dann nicht lange fackeln. Gier beherrschte mich. Ich war nicht mehr mein eigener Herr. Überall, wo ich in Medien und in Gesellschaft daran erinnert wurde, ergriff mich die Lust, und ich versuchte dann „ertrinkend“ Kontakt zu bekommen oder zog mich irgendwohin zurück, um selber Dampf abzulassen. Lustig war das schon lange nicht mehr, denn ich kam mir manchmal wie ein Gefangener im eigenen Körper vor, wie ein Tier.

In meiner Ausbildung zum Tischler hatte ich dadurch größte Schwierigkeiten, mich auf den Ausbildungsstoff zu konzentrieren. Ja, und dann noch die Familie, die kaputte Gesellschaft und Natur – da wollte ich einfach aussteigen.
Nach dem missglückten Versuch schlängelte ich mich dann im Leben so durch, suchte weiter Zerstreuung durch Ausgehen und Rausch, um vor mir flüchten zu können, denn ich wusste, ich war jetzt kein normaler Mensch mehr.
Meine Lehre zum Tischlergesellen brachte ich noch zu Ende,

hatte danach aber schon nicht mehr den Mut, als Tischlergeselle in einer anderen Firma zu arbeiten. Ich jobbte ca. zwei Jahre als Fabrikarbeiter und ließ mich im Alter von 20 Jahren zum Wehrdienst einberufen, wo ich dann nach einem halben Jahr durch einen Unfall am rechten Knie verletzt wurde. Die ärztliche Prognose lautete, dass mein Knie trotz Operation nie wieder voll belastbar sein würde. Laut Aussage eines Arztes sollte ich froh sein, wenn mein Knie den normalen Alltag einigermaßen mitmachen würde, „mehr sei aber nicht drin".

In den Tagen nach dieser Aussage stand ich wieder vor einem schwarzen Loch, vor einem Abgrund. Hatte ich mein Inneres schon aufgegeben, so war mein Körper doch immer noch ein Instrument, Befriedigungen erleben zu können. Dazu gehörte nicht nur das Ausleben der Triebe, sondern zu einem großen Teil auch Sport. Mein Leben war vollständig wertlos, ich hatte nichts mehr, stand mit leeren Händen da, innerliche Ausweglosigkeit, ausgebrannt, gefühllos und kalt, nicht mehr fähig, in irgendeiner Art eine Beziehung zu Mitmenschen aufbauen zu können. An eine Familiengründung war nicht zu denken. Ich war unfähig, verantwortungsvoll einen Beruf auszuüben (in den letzten Jahren der Ausbildung sowie als Fabrikarbeiter ständig krankgeschrieben bzw. blaugemacht), hatte Hassgefühle gegen meinen Vater, zu Geschwistern und zum Teil auch zu anderen Mitmenschen, stand nun ständig unter Alkohol und dann auch noch unter Haschisch. Die Gedanken an Selbstmord waren wieder da.

Durch meine Mutter wusste ich schon Jahre zuvor von der Lehre Bruno Grönings und dem Freundeskreis. Sie besuchte regelmäßig die Zusammenkünfte und erzählte mir von Heilungen: Menschen wären von seelischen und körperlichen Krankheiten frei geworden. So bat sie auch mich wiederholt, an solchen Gemeinschaftsstunden teilzunehmen.
Ich wollte mein Leben immer aus eigener Kraft meistern, aber jetzt musste ich mir eingestehen, dass ich alleine aus dieser Sackgasse nicht mehr herauskommen konnte. Ich besuchte dann die damals 100 km entfernt liegende Gemeinschaft in München. In den ersten Gemeinschaftsstunden erlebte ich ein starkes Rieseln und Strömen, was mich zu Tränen bewegte und mir ein fremd gewordenes Gefühl von Geborgenheit und Liebe vermittelte. Ich erlebte innerhalb von vier Monaten, dass mein Knie wieder voll beweglich und belastbar wurde, zum Erstaunen der Ärzte, die nach einer Röntgenaufnahme verblüfft über die vorliegenden Bilder waren. Das war für mich ein großes Geschenk und Wunder. Ich kann es nicht in Worte fassen und beschreiben, was ich erlebt habe, als ich zum ersten Mal wieder eine Bergtour machen konnte. Danach habe ich auch den Mut gehabt, mich vor allen meinen Freunden einfach zu meinem neuen Weg zu bekennen, obwohl in unserem Dorf abwertend über die örtliche Gemeinschaft geredet wurde.
In meiner restlichen Wehrdienstzeit bis Juli 1990 bat ich um die göttliche Führung für meine weitere berufliche Laufbahn. Ich hatte plötzlich den Wunsch, im sozialen Bereich, in einer Behinderteneinrichtung zu arbeiten. Ich bin diesem Gedanken gefolgt, habe ihn als Führung von oben erlebt und somit beruflich einen völlig neuen Weg mit dreijähriger Umschulung zum Heilerziehungspfleger eingeschlagen. Diese Ausbildung habe ich durch die höhere Hilfe und durch meine veränderte Lebensführung so gut abschließen können, dass mir nach der Ausbildung sogar eine Leitungsfunktion in einer Behindertengruppe angeboten wurde. Ich stehe seitdem verantwortungsvoll im Beruf, komme mit Freude und Pflichtbewusstsein meinen beruflichen Aufgaben nach und bin von Vorgesetzten und Kollegen anerkannt. Meine früheren Zustände scheinen mir nur noch wie ein alter böser Traum, der mit meinem jetzigen Leben nichts mehr zu tun hat.

In der Gemeinschaft lernte ich meine Frau kennen. Unsere Beziehung fand auf einer viel schöneren Ebene statt als meine alten Bekanntschaften. Wir sind mittlerweile verheiratet und haben zwei gesunde Kinder, eine Tochter mit 16 Monaten und einen Sohn mit 5 1/2 Jahren. Nach anfänglichen Schwierigkeiten in meiner Rolle als Ehemann und Familienvater wachse ich mit Freude immer mehr in diese Lebensaufgabe hinein. Ich liebe meine Familie und bin bereit, mit meinem ganzen Herzen alles für ihr Wohlergehen zu tun.

Wenn ich jetzt im Januar 1999 vor diesem Erlebnis- und Heilungsbericht sitze und zurückblicke, so kann ich nur voller Dankbarkeit über das staunen, was sich in dieser Zeit in meinem Leben zum Positiven gewandelt hat. Ich wurde im November 1989 neugeboren, denn ich konnte mit mir und meinen Mitmenschen Frieden schließen, wurde ein das Leben froh bejahender Mensch und darf einen von Süchten und Zwängen freien, gesunden Körper haben.

Für all das Erlebte danke ich Gottvater und meinem Freund Bruno Gröning, der mir den Weg zu Gott eröffnete.

Thomas Wied

Christina Graf

Ich stand da und weinte vor Freude.

Mit 22 Jahren habe ich von Bruno Gröning erfahren. Meine Mutter hat die Zeitschrift „Ratgeber“ abonniert. Damals war auch eine Serie über „Heilung auf geistigem Weg“ drin, unter anderem wurde Bruno Gröning und die Gemeinschaft erwähnt. Das haben wir aber gar nicht gesehen, erst im Monat darauf, das war dann im Juni 1988, entdeckte ich beim Durchblättern Leserbriefe von Geheilten. Vor allem hat mich ein Leserbrief von Matthias Kamp angesprochen; es hat mich beeindruckt, dass ein junger Arzt für so etwas offen ist. Das habe ich sofort meiner Mutter gezeigt, und sie hat daraufhin über die Zeitschrift Kontakt aufgenommen.

Zu dieser Zeit hatte ich schon viel hinter mir.
Von meinem 17. bis zu meinem 22. Lebensjahr war ich fast überwiegend aufs Bett angewiesen und musste die Schule und jegliche Aktivität abbrechen. Ich hatte starke Schmerzen in der linken Leiste, vor allem beim Sitzen, dass ich fast nicht mehr konnte.
Fünf Jahre verbrachte ich so, überall nach Hilfe suchend, d. h. meine Mutter war es, die immer wieder nach neuen Wegen suchte. So gelangte sie zu den Büchern von Joseph Murphy, in denen es um positives Denken geht und wie Menschen durch den Glauben an Gott wieder gesund wurden. Ich las darin und konnte das glauben, aber es gelang mir nicht, es umzusetzen. Ich lag da mit Schmerzen, nun auch im ganzen Bein, sodass ich es kaum noch belasten konnte.
Schließlich bin ich über zwei Ärzte zu einem Neurologen nach München gekommen, der die Ursache der Schmerzen erkannt hat. Meine Mutter hat damals schon zu Gott um Hilfe gebeten. Daraufhin bin ich im April 1987 in München operiert worden. So komisch das klingt, aber auf die Operation habe ich mich richtig gefreut. Am Abend vorher bin ich voll Freude durchs Krankenhaus gelaufen – ich spürte, dass dies schon ein Wendepunkt in meinem Leben war.
Die Operation wurde auf Verdacht durchgeführt, das Ganze war röntgenologisch nicht nachweisbar. Vorher wurde ich von vielen Ärzten nicht ernst genommen, denn sie meinten, dass ich mir das Ganze nur einbilde und übertreibe. In Wahrheit wurde ein Nerv in der unteren Lendenwirbelsäule durch gestauchte Blutgefäße komprimiert. Die Blutgefäße wurden verödet und der Nerv freigelegt. Obwohl die Zeit danach auch nicht leicht war, war die Operation ein Wendepunkt. Diese Zeit ist schon heller in meiner Erinnerung.

Die ganzen Jahre vorher habe ich als sehr dunkel und schwer in Erinnerung. Je länger ich da lag, desto angeschlagener war ich, erst mal durch das viele Liegen und dann auch durch die vielen Untersuchungen. Ich fühlte mich wie in einem dunklen Loch – von Gott und aller Welt verlassen. Vorher hatte ich durch meine Eltern und durch meine Kirchenbesuche einen Kinderglauben. Aber da fing ich an zu zweifeln, ob es Gott überhaupt gibt. Ich hatte ja viel Zeit zum Nachdenken.
Zwei Wochen nach der Operation bin ich verlegt worden zur Anschlussheilbehandlung, um die ganze Muskulatur wieder aufzubauen. Dort bin ich aber in den ersten Tagen direkt auf das operierte Gebiet und das Gesäß so ungünstig gestürzt, dass ich solche Rückenschmerzen bekam, dass ich wieder nichts belasten und tun konnte.

Ich war vergeblich in drei verschiedenen Kliniken zur Behandlung. Dann kam ich in die Rheintal-Klinik bei Freiburg, wo ich nach vier Wochen zum ersten Mal Schmerzerleichterung erfuhr. Ich bekam Neuraltherapie, eine Art Chirotherapie und Krankengymnastik. Ich war insgesamt acht Wochen dort und machte dann ambulant weiter. Ich ging jeden Tag fünf Minuten zur Praxis, um meine Übungen zu machen – ich konnte auch noch nicht normal Treppen gehen. Das linke Bein konnte ich einfach nicht normal belasten, ich war dabei, es mühselig wieder zu üben. Dann musste ich fast drei Monate ganz aussetzen mit der Gymnastik. Am Ende der drei Monate habe ich

durch diese Leserbriefe von Bruno Gröning erfahren.
Wie ich schon erzählt habe, hat sich meine Mutter dann weiter darum bemüht und Kontakt aufgenommen. Dies sagte sie mir nicht, ich erfuhr es erst, als sie erwähnte, dass zwei junge Leute kommen um uns „einzuführen". Da fühlte ich mich etwas überrumpelt. Ich lag dann da in meinem Bett und fand erst mal alles komisch. Sie stellten ein Bild von Bruno Gröning auf und ich fragte mich, was das soll. Es kam mir sehr befremdend vor und außerdem fand ich, dass Bruno Gröning auf diesem Bild ziemlich finster guckte. Ich war skeptisch. Trotzdem erlebte ich dann zwei Tage später das Wunder: Ich bin wieder in die Praxis zur Gymnastik gegangen und konnte auf einmal die Treppen ganz normal rauf- und runtergehen, so als ob da nie etwas gewesen wäre. Ich stand da und weinte vor Freude, es war ein Wunder für mich.
Trotzdem konnte ich mich mit Bruno Gröning noch nicht anfreunden. Ich hatte Angst, in eine neue Abhängigkeit zu kommen, zumal ich doch die ganzen Jahre auf Hilfe angewiesen war, und war außerdem vollkommen von der Therapie überzeugt. Schließlich hat sie mir ja schon Schmerzerleichterung gebracht, und ich war auch auf dem richtigen Weg, meinte ich.

Ich tat, was ich nur konnte, und dachte: „Stück für Stück geht es besser und ich schaff das alleine, dann werde ich ganz gesund, ohne auf so etwas wie Bruno Gröning angewiesen zu sein." Ich wollte ja gesund werden und arbeitete an mir – ich machte mehrmals täglich meine Übungen und war auch weiterhin ambulant in Behandlung. Es war eigentlich mein ganzer Tagesinhalt – ich gab mein Bestes und auch der Arzt und mein Therapeut bemühten sich.
Ich wurde kräftiger und beweglicher, konnte mich wieder alleine anziehen und bücken, was ich vorher nicht konnte, aber meine Rechnung ging nicht auf. Ich wurde einfach nicht ganz gesund, es ging nicht mehr vorwärts, nicht rückwärts – ich hatte alles getan. Das war es, an den Schmerzen hatte sich nicht viel verändert – ich konnte immer noch höchstens eine Stunde sitzen, dann hatte ich so starke Schmerzen im ganzen unteren Rückenbereich, dass ich es nicht mehr aushielt.
Vorher war ich einige Male unregelmäßig in einer Gemeinschaftsstunde, bin aber meist gegangen, wenn die Schmerzen kamen. Auch wenn ich nur mal kurz zum Bus rennen musste, hatte ich sofort starke, reißende, brennende Schmerzen im Rücken. So konnte ich auch nicht hüpfen und tanzen. Und außerdem war ich dennoch insgesamt nur den halben Tag belastbar, dann musste ich mich wieder mindestens drei Stunden flach legen, um wieder einigermaßen schmerzfrei zu sein. Ich konnte keine Ausbildung, nichts Gescheites machen.

Das war dann also im Sommer/Herbst 1989 – ein gutes Jahr nach meiner Einführung. Vorher hatte ich auch schon ab und zu mal in dem Buch von Bruno Gröning gelesen und dachte mir: „Eigentlich hat er ja gar nicht so Unrecht, was er da sagt." Meine Annäherung an Bruno Gröning und das Ganze kam Stück für Stück.
Meine anfangs ablehnende Haltung wandelte sich schon leise, aber unauffällig im Laufe dieses ersten Jahres. Nach außen hin wollte ich es aber nicht zugeben, und ich betrachtete alles auch fast nur mit dem Verstand. Dabei störte ich mich an vielem: Erst mal schon an dem Wort „Lehre", das war für mich gleich Sekte, und auch mit dem Wort „Regelungen" konnte ich absolut nichts anfangen. Ich dachte wirklich am Anfang, es könnte eine Sekte sein und prüfte alles auf Haut und Knochen. Auch ließ ich an Bruno Gröning selbst nicht viel Gutes, redete eher dagegen.
Meine Mutter hingegen war von Anfang an offen dafür, sie ging regelmäßig in die Gemeinschaftsstunden, damals war in Stuttgart die nächste Gemeinschaft, und alle stellten sich für mich ein. Das konnte ich damals auch absolut nicht verstehen, wie das funktionieren sollte. Bis ich an den Punkt kam, wo nichts mehr half.

Nun wollte ich wirklich mehr über Bruno Gröning und das alles wissen – es zog mich nun richtig in die Gemeinschaftsstunden, die es seit Anfang '89 schon in Freiburg gab. Ich war zum dritten Mal stationär in der Rheintal-Klinik und dort begann ich zum ersten Mal, diese Kassetten zu hören, auf denen Menschen von ihren Hilfen und

Heilungen berichten. Ich sehe mich noch, wie ich da lag mit dem Walkman und das hörte und eine nie gekannte Liebe und Geborgenheit spürte.
In dieser Zeit war auch eine Jugendwoche, an der meine Mutter mit teilnahm, und zum ersten Mal spürte ich die Kraft, die bei mir ankam. Sie machte mich wirklich insgesamt stärker. Wenn nun die Rückenschmerzen kamen, oft schon kurz nach dem Aufstehen, sodass ich mich nochmals hinlegte, nahm ich kurz die Kraft auf, und dann ging es mir gleich wieder gut und die Schmerzen verschwanden. Ich fühlte mich dann sofort frei und kraftvoll.

Von dort ging ich auch in die Gemeinschaftsstunde und in der dritten oder vierten habe ich die Heilung bekommen. Das kann man mit dem Verstand nicht erfassen; wenn ich die Heilungsberichte zur Zeit der Therapie las, konnte ich das wohl glauben, aber für mich und mein Leben nicht. Es war immer noch so weit weg, ich konnte mir nicht vorstellen, wie das bei mir gut werden könnte.
Dann war da also diese Gemeinschaftsstunde – auf einmal musste ich, bevor sie anfing, denken: „Wenn Bruno Gröning sagt, die Krankheit kommt vom Bösen und nicht von Gott und auch die Schmerzen … Du hast dich ja die ganze Zeit von den Schmerzen beherrschen lassen! Ganz egal, was das jetzt ist, ich will mich nicht mehr von etwas Ungutem leiten lassen! Das hat ja dein ganzes Leben beherrscht.“ Und in dieser Gemeinschaftsstunde habe ich die Heilung bekommen. Da sind mir die Rückenschmerzen genommen worden.

Vorher konnte ich das überhaupt nicht akzeptieren, dass es zwei Kraftquellen geben soll, von wegen eine gute und eine böse – ich dachte, das ist doch Schwarzweiß-Malerei, das ist doch alles gemischt. Und dass Gedanken gesendet werden – ich dachte, das sei Quatsch.
Später habe ich angefangen, auf meine Gedanken zu achten, und merkte auf einmal, dass da wirklich Gedanken kamen, wie von irgendwoher angeflogen. Zum Beispiel auch ein negativer, der gar nicht mit dem in Verbindung stand, was ich gerade tat. Und später fing ich an, das auch an meinem Gefühl zu merken, wie stark die Gedanken in ihrer Auswirkung sind und dass da alles anfängt und dass hinter jedem, was ich vorher als bunt „gemischt“ ansah, etwas Positives oder Negatives steht. Krass gesagt, wie Bruno Gröning – von der guten oder bösen Kraftquelle. Darin liegt eigentlich eine große Befreiung, denn dann ist man ja nicht mehr willenlos allem ausgeliefert.
Wie ich anfangs also dachte, ich würde in eine neue Abhängigkeit kommen, erlebte ich nun gerade das Gegenteil:
In dieser Gemeinschaftsstunde steigerten sich zwar die Schmerzen immer mehr, bis ich meinte: „Jetzt halt ich's nicht mehr aus.“ Dann aber waren die Schmerzen wie weggenommen und mein Rücken fühlte sich leicht und frei an. Ich hätte nach zwei bis drei Stunden Sitzen noch zwei Stunden sitzen können. Am nächsten Tag bin ich gleich über 10 km mit dem Rad gefahren, so voll Kraft und Energie, was ich zehn Jahre lang nicht kannte.
Nach einer Phase des Übergangs und der Festigung in den folgenden drei Monaten wurde ich wieder voll belastbar. Seither ist das mit dem Rücken ganz in Ordnung. Ich kann wieder alles machen, was ich nicht mehr konnte, ich kann lange sitzen, lange Autofahrten machen, heben, hüpfen, rennen, tanzen, springen, ich habe keine Rückenschmerzen mehr, die sind einfach weg.
Ich habe eine Zeit gebraucht, bis ich Bruno Gröning und vor allem seine Hilfe annehmen konnte. Meine anfängliche Ablehnung und mein Unverständnis haben sich im Laufe der Zeit total gewandelt. Am glücklichsten bin ich jetzt, wenn ich das, was Bruno Gröning sagt, direkt in die Tat umsetzen kann. Dann ist das Leben wirklich lebendig, weil dann so viel geschieht, was man vorher nie für möglich gehalten hätte.

Regina Schnitzler

Der Rotwein und das Bier stehen nicht mehr im Vorratskeller.

Ich schreibe für ein Jugendbuch. Aber ich bin doch schon 36 Jahre alt. Was habe ich da noch mit der Jugend zu tun? Für mich ist die Jugend sehr wichtig, weil ich vier Kinder habe, 15, 13, 10 und 3 Jahre alt. Also habe ich eigentlich allen Grund dazu, über die Jugend nachzudenken.

Ich war das jüngste von fünf Kindern. Bis ich zehn Jahre alt war, sind wir siebenmal umgezogen. Wir hatten immer in Behindertenheimen oder therapeutischen Zentren gelebt, einmal sogar in einem Schloss, da mein Vater Sonderpädagoge war. Als ich dann zehn war, zogen wir in ein Therapiezentrum für suchtkranke Männer. Ich konnte dort die ruinierten Familienverhältnisse kennen lernen. Aus den Gesprächen hörte ich oft die Einsamkeit der Patienten heraus und was ihre Frauen angeblich alles falsch gemacht hatten. So beschloss ich, keine Frau zu werden. Das Dumme war, dass ich an meinem Geschlecht nichts ändern konnte. Meine einzigen wahren Freunde waren die Pferde, die dort zur Therapie genutzt wurden. Ich hatte bei ihnen das Gefühl, dass sie mich liebten, so wie ich war. Sie reagierten auf mich und zeigten mir auf ihre Weise, ob ich sie richtig oder falsch behandelte.
Meine größeren Geschwister zogen aus. Das war für mich ein tiefer Einbruch. Kurze Zeit später zogen wir wieder um. Ich war völlig einsam, noch nicht einmal mehr Pferde in der Nähe. Es blieb mir nichts anderes übrig als in die Dorfclique zu gehen. Dort gab es immer einen Grund zu feiern. Ich wollte alles so machen wie die Jungen. Ich habe manchen Jungen im Kampf besiegt oder unter den Tisch gesoffen.

Bei all dem Theater ging es mir seelisch sehr schlecht. Ich fühlte mich zu nichts nütze. Auf der anderen Seite war in mir eine große Liebe zur Natur, aber keiner konnte mit mir fühlen. Auf dem Weg zu einer Fete, die auf einem kleinen Berg stattfinden sollte, sah ich die Sonne untergehen. Es waren bestimmt zwei Kilometer hinaufzulaufen. Als ich oben ankam, war ich völlig erschöpft, aber ich hatte es geschafft. Ich konnte die Sonne noch verfolgen, wie sie auf der anderen Seite des Berges unterging. Ich legte mich ins Gras und war so voller Glück und inniger Liebe zur Natur, dass ich am liebsten immer so gelegen hätte. Es kam aber immer wieder das Gefühl: „Wenn die Menschen nur nicht wären, wäre die Natur gerettet und müsste nicht so viel leiden."
Es entstand in mir eine Menschenverachtung. Der Mensch als Zerstörer Wie Manfred Kyber in einem seiner Bücher über einen Mönch schrieb, der so einsam in der Natur war, und die Tiere vor ihm flohen: „Es ist entsetzlich, ein Mensch zu sein!" Ich suchte Ruhe und Frieden, ich suchte die große Liebe. Ich suchte und suchte. Manchmal hatte ich das Gefühl, dass Mädchen nur wegen ihres Körpers etwas wert sind. Das ließ mich immer wieder an der echten Liebe zweifeln. Es war immer eine Unsicherheit da. Warum werde ich geliebt? Immer wieder dachte ich: „Endlich ein Mann, der mich so liebt, wie ich bin."

Ich fing ein Berufspraktikum an und zog von zu Hause weg. Meine Ausbildung als Erzieher brach ich nach einem Jahr ab und ging zurück nach Hause zu meiner Mutter, die sehr krank war. Ich musste zusehen, wie ich am schlechten Gesundheitszustand der Mutter nichts ändern konnte. Seit dieser Zeit hatte ich Todesangst.

Ich wurde schwanger. Als mein Sohn vier Monate alt war, starb meine Mutter. Ich fühlte nur noch Trauer und Einsamkeit, keiner konnte mich trösten. Ich hielt mich am Kind fest.
Ich war nun 21 Jahre alt. Kurze Zeit später wurde ich wieder schwanger, es kam das zweite Kind. Ich wohnte immer noch bei meinem Vater. Als alleinerziehende Mutter mit zwei Kindern stand mir ein Freund zur Seite. Aber auch er wollte mich eines Tages ganz oder gar nicht haben. Da ich ihn als Freund nicht verlieren wollte, ging ich mit ihm und – heiratete.

Es war eigentlich alles da. Die Familie, ein Haus, ein Garten. Wir nahmen sogar auf seinen Wunsch ein Pflegekind auf. Bei alledem fehlte aber etwas: Liebe, Vertrauen, Gesundheit.
Ich hatte Verschleiß der Kniegelenke (Arthrose). Dadurch konnte ich nur noch unter Schmerzen Treppen laufen oder mit den Kindern spazieren gehen. Der Arzt sagte, da könne man nichts machen. Es kam eine chronische Magenschleimhautentzündung hinzu, die mich in regelmäßigen Abständen zwang, im Bett zu bleiben. Ich war vor Schmerzen nicht in der Lage zu kochen, was meine Kinder dann im Kindergartenalter lernen mussten.
Dazu war die panische Angst vor dem Tod da, sobald es um mich ruhig wurde. Aus Angst und auch um nicht bei meinem Mann schlafen zu müssen, legte ich mich manchmal zu den Kinder ins Bett. Ich trank täglich mindestens eine Flasche Rotwein oder mehrere Flaschen Bier. Ohne konnte ich gar nicht einschlafen. Meine Tochter hatte ständig Bronchitis, sie hustete so stark, dass ich manches Mal Angst hatte, sie würde ersticken. Mit meinem Mann hatte ich die größten Probleme. Später wurde mir klar, dass es eine falsche Entscheidung war, sich aus Vernunftsgründen und aus Verlustangst in eine Abhängigkeit zu begeben.

Dann lernte ich meinen jetzigen Mann kennen. Ich trennte mich von meinem ersten Mann. Ich war bereit, auf alles zu verzichten und zog mit den Kindern in eine Bruchbude ohne Heizung, mit kaputten Fenstern und Türen und Ratten im Keller. Obwohl meine Situation äußerst schlecht aussah, fühlte ich mich frei und glücklich. Dort erholte ich mich erst einmal. Mein Freund besuchte mich dort immer wieder.
Ein halbes Jahr später habe ich zusammen mit meinem Freund und den Kindern den Bruno Gröning-Freundeskreis kennen gelernt. Ich war sehr skeptisch und vorsichtig und prüfte alles, was mir gesagt wurde. Bei all dem Prüfen empfand ich immer wieder ein wohliges Gefühl, so als würde ich schon einiges kennen, was mir gesagt wurde. Ich war begeistert von der Einfachheit der Lehre Bruno Grönings und war glücklich, dass Krankheit, Unglück und Sorge nicht zum Menschen gehören. Ich empfand es wie eine Erlösung, dass ich meine Schuld nicht weiter vor mir hertragen musste, sondern ein neues Leben beginnen konnte. Meine Kraftreserven waren aufgebraucht.
Ich fühlte mich am Anfang wie ein ewig leeres Fass, das irgendwo ein Loch hat und gar nicht mehr zu füllen ist, aber ich bekam im Laufe der Zeit immer mehr Kraft. Ich spürte von den Menschen, die mir im Freundeskreis begegneten, eine Liebe ausgehen. Es war mir unbegreiflich: Warum sollten diese Menschen mich so, wie ich war, lieben oder auch nur mögen?

Vor allen Dingen habe ich mich über die jungen Menschen gewundert. Viele hatten so strahlende Augen. Wir sind mit ihnen in die Berge zum Wandern gefahren. In dieser Zeit lernte ich diese Menschen erst richtig kennen. Sie hatten natürliche Lebensfreude, Liebe zur Natur, Kameradschaft. Es wurde von Gott gesprochen, aber keiner wollte mich missionieren. Ich hatte das Gefühl, dass auch sie genau wie ich aus ausweglosen Situationen herausgezogen worden waren, dass diese jungen Menschen auf dem richtigen Weg sind. Das

erste Mal seit Jahren hörte ich mich wieder lachen.

Ich bekam die Heilung am Magen, an den Knien und habe die Angst verloren. Ich kann wieder alles essen, habe keine Schmerzen mehr und kann wieder normal laufen und Treppen steigen.
Einschlafen ist kein Problem mehr. Der Rotwein und das Bier stehen nicht mehr im Vorratskeller. Meine älteste Tochter hat ein einziges Mal noch zwei Tage husten müssen, seitdem ist sie vollkommen gesund.

Mein Freund und ich haben geheiratet. Dann kam ein Geschenk nach dem anderen. Wir wurden eine glückliche Familie und haben noch ein weiteres Kind bekommen. Ich kann wieder Freude und Liebe spüren und für die Menschen empfinden. Wie aus Hass Liebe wird, aus Unfrieden Frieden, aus Krankheit Gesundheit, wie Gott die Menschen zusammenführt und ihnen die Liebe zueinander gibt, das konnte ich erleben.

Mittlerweile liebe ich meine Rolle als Frau und nehme mich darin ernst. Ich weiß jetzt, dass Frauen wichtige Aufgaben haben, insbesondere in der Familie. Ich wurde dahin geführt, andere Frauen gerne zu haben, zu achten und sie als gleichwertig zu sehen. Es entstanden sehr wertvolle Freundschaften. In meiner Ehe fühle ich mich sehr wohl und geborgen.
Seit die Kinder auf der Welt sind, mache ich mir Gedanken darüber, wie es ihnen in ihrer Jugend ergehen wird und wie sie den richtigen Weg finden können. Jetzt sehe ich in eine gute Zukunft für die Kinder. Sie werden sicher keinen so schweren Weg gehen müssen wie ich. Wir alle spüren Geborgenheit und Zuversicht für unsere Zukunft.

Regina Schnitzler

Detlef Meier

An einem Abend im August 1990 war es nach Jahren das erste Mal, dass ...

Ende 1982 steckte ich zum ersten Mal den Finger in den Hals, um zu erbrechen. Ich war noch mit der Straßenbahn zum Hauptbahnhof gefahren, um mir was zum Hineinstopfen zu besorgen. Sonntags sind ja die anderen Geschäfte geschlossen. Doch nachdem ich mich vollgestopft hatte, hielt ich den Druck im Magen nicht mehr aus. Es musste einfach sein. Aber als der Mageninhalt hochkam, das war ekelig. Ich wollte es nicht wieder tun. Gelegentlich musste ich es doch wieder machen, z. B. nach einem Buffet bei einem Tanzfest. Beim Tanzen wollte ich ja nicht fehlen.

Gewöhnlich lag ich abends nach so einem Essanfall mit Schmerzen im Magen auf meinem Bett. Spürte ich Erleichterung, dann stopfte ich sofort wieder etwas hinein, sofern ich noch was in meiner Wohnung hatte. Der Abend war für mich dann gelaufen. Normalerweise habe ich das Letzte direkt vor dem Schlafengehen verdrückt. Vorräte konnte ich nicht in der Wohnung haben, außer Gemüse. Das musste ich nämlich oft wegschmeißen, weil ich es wegen des Völlegefühls nicht essen konnte. Eine Zeit lang hatte ich nach so einem Anfall übergebliebenes Essen in die Mülltonne getan. Doch später bei Erleichterung im Magen ging ich hin und holte es wieder heraus. Wie klein sah ich den Unterschied zu dem Alkoholiker, der aus den Abfalleimern die letzten Tropfen aus den leeren Flaschen trinkt.

So wollte ich nicht weiterleben, aber zum Glück konnte ich mich nie zum Selbstmord durchringen. Ich konnte mir immer wieder neue, zeitlich noch erreichbare Ziele setzen. Dann hieß es bei mir: Danach kann ich mir ja immer noch das Leben nehmen.

Vier Jahre lang hatte ich dieses Geheimnis für mich behalten. Erst als eine Bekannte mir von sich erzählte, dass sie ähnliche Probleme hatte, konnte ich überhaupt das erste Mal mit jemandem darüber sprechen. Daraufhin ließ ich mich auf eine Behandlung bei einem Nervenarzt ein. Er wollte mich an eine Fachklinik für Essstörungen überweisen. Die Klinik lehnte mich aber ab mit der Begründung, eine ambulante Therapie würde ausreichen. Es war nicht leicht für mich. Wegen der Schwere des Falles erhob der Nervenarzt sogar einen erhöhten Behandlungssatz. Die Behandlung brach ich nach geringem Erfolg ab.

Daraufhin hatte ich ein Gespräch mit meiner Mutter, das ihr genauso schwer fiel wie mir. Aber seitdem waren die schlimmsten Essanfälle dann nicht mehr aufgetreten, wenn ich bei meinen Eltern zu Besuch war. Einige Wochen lang ging ich auch zu den Treffen einer Selbsthilfegruppe für Essgestörte. Doch mit dieser Gruppe konnte ich nichts anfangen.

In Offenbach kam irgendwann der Punkt: Jetzt gehst du zu irgendeinem Nervenarzt. Ich hielt es nicht mehr aus. Der überwies mich in eine Psychosomatische Klinik. Nach drei Monaten bin ich heimlich an einem Sonntagmittag abgehauen. Mein Nervenarzt schrieb mich weiterhin krank. Das war ein komisches Gefühl, krankgeschrieben zu sein und doch frei rumlaufen zu dürfen. Ich bin öfter zur Salsa-Disko nach Frankfurt gefahren. Wenn ich dort mit Tanzbekanntschaften ins Gespräch kam, verschwieg ich natürlich meine Probleme. Wer will schon mit einem depressiven Versager zu tun haben?

Ein amtsärztliches Gutachten ergab bei mir eine Dienstunfähigkeit für mindestens sechs Monate, also Frühpensionierung im Alter von 32 Jahren.

Auf meiner Dienststelle reagierte man unterschiedlich. Es gab Kollegen, die mir helfen wollten und sich dafür einsetzten, dass ich die Therapie fortsetzte. Andere glaubten, ich würde simulieren und wäre nur auf die Pensionierung aus.

Dann im Dezember 1989 trat in meinem Leben die Wende ein: In der Fußgängerzone wurde ich auf den Bruno Gröning-Freundeskreis aufmerksam und ging zu einer Einführung. Die Erfolgsberichte, die erzählt wurden, konnte ich glauben. In meinen Fingerspitzen spürte ich ein Kribbeln. Vielleicht gab es ja doch noch eine Hoffnung für mich. Was es mir leicht machte wiederzukommen, war: Ich wurde hier nicht befragt. Ich musste kein Gespräch mit einem Psychotherapeuten oder Nervenarzt führen. Ich musste mich nicht mit anderen Essgestörten austauschen. Von Krankheiten zu sprechen war sogar unerwünscht. Ich konnte einfach nur zur Gemeinschaftsstunde kommen, mich hinsetzen und anschließend wieder gehen. Es wurde von mir nicht erwartet, etwas zu tun, was mir schwer fiel. Ich musste nichts unterschreiben und ich brauchte kein Geld zu bezahlen. Eine Spende zu geben war jedem freigestellt.

Beim ersten Mal gab es für zu Hause eine Kassette, ein Buch und ein Bild von Bruno Gröning. Ich bin immer in die Stunden gegangen und habe mich auch zu Hause eingestellt. Meist morgens und abends mit einer Musikkassette aus dem Freundeskreis. Nach ca. drei Monaten fühlte ich mich so weit hergestellt, dass ich Widerspruch gegen die Frühpensionierung einlegte. Nun gab es Kollegen, die das nicht verstanden haben und empört waren. Früher wäre ich zutiefst verletzt und ein Essanfall vorprogrammiert gewesen. Das machte mir jetzt nichts mehr aus. Ich habe weitergemacht, ich habe mich weiterhin zu Hause eingestellt, bin in die Gemeinschaftsstunden gegangen und habe weiter auf dem Widerspruch bestanden.

An einem Abend im August 1990 war es nach Jahren das erste Mal, dass Brot über Nacht übrig geblieben ist. Von da an konnte ich wieder Lebensmittel im Vorrat in meiner Wohnung haben. Nach einem Jahr hatte ich es geschafft: Am 22. April 1991 durfte ich den Dienst wieder antreten. Ich verrichte meinen Dienst wieder zur Zufriedenheit meiner Vorgesetzten. Inzwischen habe ich sogar eine dreijährige Fachhochschulausbildung mit Erfolg abgeschlossen.

Und im Bruno Gröning-Freundeskreis leite ich jetzt die Esperanto-Gemeinschaften in über 40 Nationen und wir berichten auf Kongressen in aller Welt, was wir hier erlebt haben.

Detlef Meier

Petra Zimmermann

Wunderbares Jetzt

Auf dem Weg –
Hetzjagd! Zufluchtsort?
Nirgendwo!
Ich höre mein Herz schlagen –
hasten!

Schon vor dem Aufwachen Gedankenbilder an Druck und Stress und Schwere des kommenden Tages, die in mir eine Ohnmacht hinterlassen, eine Traurigkeit. Gedanken an Dinge und Situationen, die bedeutungslos sind, aber einen entschiedenen Anspruch auf Wichtigkeit stellen. Viel Unwichtiges ist mir wichtig geworden. Ich kann kein Glück mehr empfinden.

Was war in den letzten Jahren aus meiner innigen Sehnsucht geworden, in der Wahrheit, Natürlichkeit und Liebe zu leben, schöpferisch zu sein und anderen zu geben? Immer Einsatz der vollen Kraft für etwas, das mir Kraft raubt statt gibt. Und ich merke nicht, was passiert. Denn zerstörende Leere bedient sich gerne des schönen Schauspiels, der geschmackvollen Inszenierung. Damit zieht sie in ihren Bann und im ersten Augenblick macht sie glauben: „Das ist prickelndes Leben! Hurra! Und ich bin dabei."

Zeit verbringen, die man schnell vergisst, Zeit, die nie etwas hinterlässt, als diese Leere – ein Nichts, das nagt und frisst, wächst und vernichtet. Dingen und Tätigkeiten nachjagen, wobei es nach einigen Tagen schon egal ist, ob man sie bekommen und getan hat oder nicht. Ständige Aufruhr, weil dann wieder Ähnliches an diese Stellen tritt, austauschbar, unwichtig – zu kalt und zu hart, zu glatt und gleichzeitig zu stumpf, um Lebendigkeit aufzuwecken und zu erhalten. Materiesumpf! Und allmählich prägt sich mir die Härte und die Kälte auf, sperrt mich ein und will mein Gefühl zerdrücken: „Nein, das bin ich nicht!"

Und mein Herz hastet: Spielball der Gedanken, Spielball der Gefühle. Zufluchtsort? Und mein Herz hastet weiter … hungert nach Stille, nach Leben – findet es nicht mehr. Schleichend ist mir mein Innerstes entkommen. Oder – habe ich es verlassen? Irgendwie verloren zwischen den Zeiten – mit den Gedanken im Gestern und Morgen.
Und das Jetzt, der Augenblick, wo allein das Leben ist?

Ich will mich wieder freuen können an einem glitzernden Tautropfen auf einem Grashalm – wie als Kind. Doch Erleben ist nicht mehr möglich. Der Urlaub mit meinem Freund in Italien: Die Sonne und der Anblick fröhlicher Menschen, die sich in ihren Strahlen bewegen, schmerzt in meinem Innern. Nur der Verstand nimmt auf, was ich als schön erkenne. Unbeteiligt. Und dabei die unsagbare Sehnsucht, wieder fühlen zu können, den Augenblick mit Hingabe erleben zu können. Gedanken an die Zeit nach dem Urlaub: Druck, Schwere … Schmerz, sogar wenn ein Vogel singt.
Schöpferisch sein ist nicht mehr möglich. Als ob eine Quelle in mir versiegt wäre. In meiner Arbeit ist zwar der Erfolg da, die Kreativität im Studium wird bestens nach fremder Erwartung erfüllt. Aber aus meinem Herz kommt nichts. Und dabei die unsagbare Sehnsucht, wieder schaffen zu können – das

schmerzt und quält. Und das Pochen in meinem Herz? Es pocht schon längst im ganzen Körper, bis in den Kopf und hinaus.
Die Spannung zwischen dem, was ist und wonach ich mich sehne, scheint manchmal nicht zum Aushalten: die Spannung zwischen Lähmung, Ohnmacht, Traurigkeit und unendlichem Wollen und Zuversicht. Zerreißprobe! Und das in einer Situation, in der die Medizin mir das Leben abgesprochen hatte. Panikartiges Würgen bei der Vorstellung, auf der Straße oder am Telefon mit Menschen zusammenzukommen, die dann auch noch fragen könnten: „Na, wie geht's dir denn so – was machst du?"

Ich verliere immer mehr Kraft in der Seele und im Körper. Mit immer stärkerem Pochen falle ich – Dunkelheit. Soll ich mir das Leben nehmen? Was für ein Gedanke? Nein, ich will durchhalten. Und das kann ich auch denen nicht antun, mit denen mich Liebe verbindet.
Hetzjagd – veranstaltet von der Finsternis! Damit ich nicht zur Besinnung komme, die Wahrheit nicht erkenne?

Da ist etwas, das hält mich zurück. Da ist überhaupt etwas, das mich spüren und sagen lässt: „Das ist alles nicht wahr! Es gibt einen Weg da raus!" Das Herz findet mit einem Mal etwas Ruhe, am Abend im Bett, als ich das Beten wiederfinde.
Doch die Dunkelheit greift. Silvester. Ich stehe auf der Hohenzollernbrücke am Dom in Köln. Die Fete im „Alten Wartesaal" direkt schräg unter uns am Bahnhof ist noch voll zugange, Raketen knallen, Schiffsirenen dröhnen, Umarmungen und Glückwünsche, alle um mich herum lachen – und ich weiß nicht, was wir feiern, kann nicht lachen.
Dann, in den ersten Stunden des neuen Jahres, der Spaziergang mit meinem Freund im Rheinpark, wo sich die dunklen, kahlen Bäume in den vom Mondlicht bleichen Wasserpfützen nach unten spiegeln – eine Wanderung zwischen Realität und Traum. Oder ist das ganze Leben ein Traum?
Die Zerreißprobe spitzt sich zu. In jeglicher Hinsicht nicht mehr in der Lage meine Ausbildung zu machen. Ich will auch nicht mehr, weil mein Herz nicht dabei ist. Angst, bald nicht mehr leben zu können, nicht mehr arbeiten, lernen, lieben zu können … Angst vor dem Tod und was danach kommt, kannte ich nicht, aber Angst, zu früh gehen zu müssen. Dann wieder das Gefühl, einen Weg zu finden. Der Wille zu leben wird so stark, dass ich mich sicher fühle. Ich liebe das Leben.
Die kahlen Bäume, so gegensätzlich in ihrer Wirkung! Tod außen – und innen das verborgene Leben, das im Frühjahr offenkundig wird.
– Und innen das verborgene Leben … Mit einem Mal birgt der Neujahrsmorgen eine unberührte Kraft, die ich in der Dämmerung mit einer herrlich frischen Luft beim Einatmen spüren kann. Ich bete, dass das stärkende Gefühl wächst, für mich und alle, die es noch brauchen.

Kurze Zeit später lerne ich die Lehre Bruno Grönings kennen. Als kritischer Mensch komme ich mit einem Wissen in Kontakt, das mich aufatmen lässt, das ein Glücksgefühl hinterlässt, verbunden mit einer inneren Sicherheit: Alles wird gut! Und dabei lese ich nur ein kleines Buch. Stille! Da steht genau das drin, wonach ich gesucht habe. Ein uraltes Wissen, von dem ich nichts wusste, aber irgendwie ahnte.
Wie kann ein Mensch anders die Wahrheit erkennen, als dass er sie selbst erlebt, als dass er sie selbst in und an sich spürt?
Und in der darauffolgenden Zeit spüre und erlebe ich. Mir wird vorbehaltloses Entgegenkommen, Unterstützung und natürliche Freundschaft entgegengebracht. Keiner tut etwas an mir, keiner verlangt etwas von mir. Ich lerne etwas: Nämlich dass das Allerwichtigste ist, dafür zu sorgen, immer voll Kraft zu sein, wie das funktioniert, und dass ich allein dafür verantwortlich bin.

Eines Abends finde ich Tagebücher so ab meinem 11. Lebensjahr. Im kalten Keller sitzend kann ich nicht aufhören zu lesen: Hetzjagd – wie sie anfing! Zu Beginn der Aufzeichnungen noch unbefangen und heiter, auch in dieser innigen Sehnsucht nach dem ursprünglichen Leben – Gott.
Dann, das erste Verliebtsein – und ein Stein kam ins Rollen. Ich habe geliebt in totaler Hinga-

be mit ganzer Seele, ganzem Körper, ganzem Sein. Und das nicht nur einmal. Und das über viele Jahre. Immer liebe Menschen. Immer neuer Glaube. Immer neues Glück. Ja, und irgendwann immer ein anderes Ende. Es gab auch verlockende Zwischenzeiten von „harmloser" purer Sinnlichkeit.
Aus der Art des Schreibens wich die Heiterkeit, das Glücklichsein. Das Wort Gott tauchte in den Tagebüchern nicht mehr auf. Im Laufe der Jahre war zwar immer mal wieder ein Kontakt, aber über die Zeit verlor Gott Seinen Stellenwert. Er wurde ersetzt. Das alles hatte ich nicht wahrgenommen. Die Wunden habe ich zum Teil sofort, aber zum größten Teil erst viel später gespürt.
An irgendeinem Punkt stand ich dann mit leerem Herzen, toten Augen und einem wehmütigen Sehnen da. Jahrelang nichts geschrieben, dann Aufzeichnungen auf losen Blättern, die alles Übel nur in Heftigkeit untermauerten: Schleichend und unbemerkt in anderen Menschen verloren. Wenn auch wirklich Wertvolles und Schönes in den Verbindungen gewesen ist – die Lebenskraft war hingegeben, die Basis weg. Hinzu kam ja: Je mehr Kraft mir verloren ging, umso mehr konnte die Leere, der Tod, mit all seinen hübschen Attrappen, die mit der Zeit immer mehr Zwang, Knechtschaft und Zerstörung brachten, in mich einziehen.

Durch die Lehre Bruno Grönings erlebe ich Gott, und zwar nicht als steifen, alten Mann irgendwo in den Wolken, sondern in mir und um mich in all Seiner Allmacht, Liebe, Natürlichkeit, Freiheit, Einfachheit, in Seinem Humor, und ich will auch sagen in Seiner Pfiffigkeit und auch in Seinem Ernst. Jetzt, da ich durch diese Gottverbindung die Kraft haben kann, die ich zum Leben brauche, weiß ich: Ich habe Gott, ohne mir darüber im Klaren gewesen zu sein, keinen Platz mehr in meinem Leben gegeben. Und so konnte auch ich meinen Platz im Leben nicht mehr finden.

Und was tut Gott?
Was ich auch gemacht habe, Seine Liebe bringt mich Stück um Stück zurück auf meinen Platz, und ich erlebe – Er geht mit mir. Und Er gibt mir durch das, was Bruno Gröning gesagt hat, die Lebensspielregeln, das Handwerkszeug mit auf den Weg.

Ich lebe wieder. Ich kann wieder lachen. Ich fühle und genieße wieder warme Sonne auf meinem Körper, in meinem Herz. Ich fühle, genieße und bin wieder Wärme. Ich höre und genieße wieder das Rauschen des Windes in den Bäumen, und das Zwitschern eines Vogels tut mir gut. Ich denke oft an einen Urlaub am Meer, kurze Zeit nach meiner Einführung, als ich gleich nach einem frohen Aufwachen vom Rand einer alten Jolle ins Wasser sprang – umgeben und getragen vom klaren und erfrischenden Wasser. Und plötzlich fühlte ich mich ganz eins mit dem Wasser, dem Schilf, der Erde des Ufers, dem Wind, dem Geruch des Lebens dort und der Morgensonne, die auf dem Wasser glitzerte. Wunderbares Jetzt! Ein Liebes- und Glücksgefühl durchfloss mich.

Lebenskraft fließt in mir! Ich spüre sie in meinem Körper.
Lebenskraft fließt in mir! Stoppt die Zerreißprobe, gibt das feste Gefühl, leben zu können.
Lebenskraft fließt in mir! Baut mich wieder auf.
Lebenskraft fließt in mir! Lässt mich erfühlen und erkennen, was ist wichtig und was ist unwichtig, was raubt Kraft und was gibt Kraft.
Lebenskraft fließt in mir! Ermöglicht mir meine fertige Ausbildung.
Lebenskraft fließt in mir, und das Gestalten, das Schöpferischsein beginnt wieder in meinem Herz zu leben und zu fließen.

Weg ist auch der Stress: „Ich muss es tun". Das war viel zu anstrengend und, wenn auch nicht bewusst, ganz schön aufgeblasen. Jetzt bitte ich um Hilfe und stelle mich ein. Und was passiert da so?
Bei einem professionellen Film, den wir mit dem Freundeskreis drehten, war ich für die Kostümgestaltung verantwortlich. Durch meine Abschlussprüfung hatte ich nicht die Zeit, mich frühzeitig um alles zu kümmern. Ich hatte mich auch auf die Quellen der letzten Produktion verlassen.
Ja, und auf einmal war die Zeit bis zum ersten Drehtermin mit ca. 200 Schauspielern und Statisten schwindelerregend kurz geworden, unrealistisch für die

ganze Organisation. Denn die wirklich guten und dazu sehr kostengünstigen und kostenfreien Quellen der letzten Produktion waren nicht mehr da. Bei einem Projekt, finanziert auf Spendenbasis, da ist es schon wichtig, die Kosten so gering wie möglich zu halten. Und immer wieder der Gedanke: „Ich muss es jetzt bringen." Panik wollte sich breit machen. Und nichts tat sich. Ich wusste nicht, wie ich jetzt noch alles angehen kann. Eines Nachts – ein Alptraum: „Ich stehe mit den 200 Menschen am Drehort ohne ein einziges Kostüm." Am nächsten Morgen wollte mich ein Gedanke wie ein Felsblock überrollen: „Das schaffst du nicht mehr, das ist unmöglich, wirf am besten alles hin!"

Da habe ich mich dann auf meine Bettkante gesetzt und mich gefragt: „Was will ich eigentlich?" Und sofort wurde mir klar: „Ich will meine Aufgabe tun! Ich weiß zwar jetzt selbst noch nicht, wie, aber ich stelle mich für diese Aufgabe zur Verfügung und lasse die göttliche Kraft wirken." Und ich habe um Hilfe gebeten und Kraft aufgenommen. Es fielen säckeweise Steine von meinem Herz. Ich hatte wieder das Feuer und die innere Ruhe, und dann ging es los. Freunde haben sich auch mit eingestellt.

Die Gedanken kamen, was ich wann, wie zu tun hatte und wen ich als Helfer ansprechen kann. Es kam sogar ein Freund auf mich zu, der gerade jemand kennen gelernt hatte, bei dem wir kostenlos leihen konnten – eine Frau hat aus Freude eine Sammlung von Kleidungsstücken und Gegenständen genau aus der Zeit, wie wir es brauchten, und stellte sie uns zur Verfügung, weil, wie sie sagte, es für einen guten Zweck ist. Als das Bild am Drehort eingerichtet war, habe ich vor Freude und Dankbarkeit geweint.

Das und viele andere Erlebnisse zeigen mir einfach: Mein kleines, persönliches Ich kann nichts, aber mit Gott kann ich. Und das hat für mich bei allem Gültigkeit.

Aufgaben, Prüfungen und andere zu meisternde Angelegenheiten bleiben ja keinem erspart. Das wäre auch nicht die Lösung, das macht nicht stark. Auch wenn ich früher nie gekniffen habe – Drüberstehen mit einem inneren Lächeln und dann aus der Ruhe richtig zu handeln, das zu üben und mehr und mehr zu erleben, dass es funktioniert, das macht mich glücklich, das macht es mir leicht, durchs Leben zu gehen. Und Schwere, Druck, Qual und alles, was ich als Übel erkenne, weichen. Und das ist eine Tatsache, die nichts mit Verdrängen oder Naivität zu tun hat. Sie weichen, wenn ich sie nicht mehr dulde, ihnen keinen Platz mehr in meinem Leben gebe, weil ich diesen Platz an das vergebe, was mir gut tut. Und das geht nur mit der Kraft, die Bruno Gröning die göttliche nannte.

Ein Anruf, bei dem es um geschäftliche Dinge ging. Egoismus, Unverschämtheit und ein Unter-Druck-setzen-Wollen sprangen mich durchs Telefon an. Voll Kraft konnte ich gelassen reagieren. Statt mich aufzuregen und zu ärgern hatte ich die Ruhe, musste hinterher mit einem Mal über die Sache lachen und konnte dem Anrufer gedanklich noch alles Gute wünschen. Beim nächsten Gespräch war die Person wie ausgewechselt.

Eine Enttäuschung, die am Boden unter mir rütteln wollte, in einer Phase, in der ich hochkonzentriert und verantwortungsbewusst zu arbeiten hatte. Losgelassen, abgegeben, gebeten, Kraft aufgenommen! Ich konnte mich konzentrieren, alle Arbeit bestens tun und habe sogar Freude gehabt. Es gab eine Zeit, da hätte mich so was für kurz oder lang aus der Bahn geworfen.

Aktiver Spieler, statt Spielball zu sein. Ist das schön zu erleben, dass es geht! Und das mit allen Gedanken, Gefühlen und Umständen.

Und die Liebe zwischen Mann und Frau? Auch hier spüre ich: Zusammen mit Gott! Ich bin so froh und dankbar, dass ich trotz allem, was falsch gelaufen ist von meiner und anderer Seite, nie den Glauben und das Vertrauen für die echte Liebe verloren habe. Immer mehr ist diese Verbindung für mich die kostbarste, die Menschen überhaupt miteinander haben können.

Das hier Geschriebene ist noch nicht alles Erlebte und Erkannte, aber es ist schon genug für mich um zu wissen, dass allein ich meinem Leben die Richtung gebe. Niemand anders ist verantwortlich oder irgendetwas schuld. Wie ich denke und handle, das ist der Knackpunkt. Ich habe ja von Gott einen freien Willen bekommen. Und wenn die Dunkelheit greift – denn sie mag keine aktiven, wachen, lebendigen Spieler im Lebensspiel – ich halte eine Hand, in der Allmacht wirkt.

Zu Hause! Mein Herz schlägt – einfach weil es leben, weil es lieben kann. Ja, und da macht es dann einfach glücklich, über den eigenen Tellerrand hinauszuschauen: „Wie geht es anderen Menschen, den Tieren, den Pflanzen und der ganzen Erde?“ und etwas dafür zu tun.

Auf dem Weg – und dabei Freunde haben und selbst Freund sein dürfen. Auf dem Weg – mit einem festen Ziel: die Verbindung mit der Lebenskraft – für mich die Verbindung mit der reinen Liebe, die Verbindung mit Gott.

Petra Zimmermann

Andreas Berkenkopf

... wie ein Fach im Küchenschrank, das voller Medikamente war, sich immer mehr leerte und wieder Platz für Tassen hergab.

Ich bin religiös erzogen und hatte durch das Beten eine tiefe kindliche Verbindung zu Gott. Mit Ihm konnte ich im Gebet, oder eigentlich waren es mehr Gespräche, alles bereden, worüber ich mit keinem anderen Menschen sprechen konnte und ich fühlte mich danach jedes Mal erleichtert, weil ich spürte, dass ich einen Freund an der Seite hatte, der mir bei allem beistand und mir half. Einen großen Riss bekam diese Beziehung, als ich durch einen Spielkameraden erfuhr, dass es das „Christkind" als solches gar nicht gibt und dass das ganze Drumherum an Weihnachten von meinen Eltern inszeniert wurde. Durch diese „Lüge" kamen mir Zweifel, und ich suchte überall nach weiteren Ungereimtheiten, die man auch findet, wenn man nach nichts anderem sucht. So schwand mit der Zeit der Glaube an Gott aus meinem Leben. Mit ungefähr 20 Jahren spürte ich zum ersten Mal eine Leere in meinem Leben, die Frage nach dem Sinn des Lebens wurde immer wichtiger und ich begann zu suchen, anfangs nur halbherzig, später aber immer bewusster. Aber ich fand keinen Zugang, im Gegenteil, es wurde alles immer leerer. So hatte ich z. B. ein Gespräch mit einem Pfarrer, der nach meiner Frage nach dem Sinn des Lebens nur die Schultern zuckte und sofort das Thema wechselte, als wäre ihm das unangenehm. Ich suchte in Bibliotheken, Büchereien und Buchläden nach Schriften, fand aber nur Bücher, die mit ihrer negativen-kritischen Darstellung alles noch schlimmer machten. Ich denke heute, dass ich mich gerade von solchen Büchern habe anziehen lassen, weil ich mit der Lebensweise vieler Christen nicht zurecht kam. Sobald sie die Kirche wieder verließen, schien alles vergessen zu sein und sie passten sich der Umwelt an, als wären das zwei verschiedene Welten, die man nicht miteinander vereinen kann. Ich wollte daraus ausbrechen und andere Wege suchen. Mir erschien es unmöglich in der heutigen Zeit das Christsein zu leben, wie Jesus es uns vorgelebt hatte, verbunden mit dem Zweifel, ob in der Bibel überhaupt die vollständige Wahrheit steht oder vielleicht vieles im Laufe der Jahre verfälscht wurde, sie vielleicht nur ein Märchen ist.

Im Frühjahr 1995 erfuhr ich von meinen Eltern vom Bruno Gröning-Freundeskreis. Mein Vater hatte durch seine jahrelange Krankheitsgeschichte schon einige Fachkliniken ohne Hilfe durchlaufen und später auch Heilpraktiker, Homöopathen, Naturheilkundler und viele andere besucht, teilweise mit Erfolg, aber oft auch ohne. Ich stand dem Freundeskreis nach diesem ersten Gespräch sehr ablehnend gegenüber. Meine Eltern konnten mir dann aber glaubhaft versichern, dass es keine Mitgliedschaft gibt, dass es kostenlos ist und dass man in keinerlei Abhängigkeit gerät. Mein nächster Gedanke war dann: „Das dauert bestimmt wieder nur ein Vierteljahr, dann sind die ersten Euphorien, wie schon so oft, vorbei und das regelt sich von ganz alleine." Diesmal war es aber nicht so, meine Eltern gingen auch noch nach einem Vierteljahr mit einer solchen Begeisterung, wie ich sie von ihnen gar nicht kannte, zu den Treffen. Als äußeres Zeichen für die gesundheitliche Wandlung habe ich heute noch ein Bild vor mir, wie ein Fach in unserem Küchenschrank, das voller Medikamente war, sich immer mehr leerte und wieder Platz für Tassen hergab. Viel wichtiger aber als die gesundheitlichen Besserungen meiner Eltern war für mich, dass ich das vorher fast unerträgliche Familienklima wie von selbst immer mehr besserte und zunehmend wieder Toleranz und Liebe einzogen. Etwa vier Monate nach dem ersten Gespräch mit meinen Eltern habe ich mir dann heimlich ein Buch über Bruno Gröning aus dem Bücherschrank meiner Eltern genommen. Mir kam manches, was in diesem Buch geschrieben wurde, sehr seltsam vor. Ich konnte vieles von dem, was Bruno Gröning in seinem Leben getan hatte, nicht verstehen, mir war völlig unklar, wie es zu den Gerichtsprozessen kommen konnte, wenn er doch so vieles voraussehen und die Menschen durchschauen konnte, und wie er Leute in seiner Umgebung duldete, die ihn verbrecherisch ausnutzten. Ich habe später eine lange Zeit gebraucht, um zu verstehen, dass Bruno Gröning diesen Weg gehen musste und auch bewusst gegangen ist. Aber auch die geistigen Gesetze, von denen er erzählte, waren mir völlig fremd, ich konnte durch meine bisherigen Erfahrungen und durch mein Ingenieurstudium nur an das glauben, was man sehen, anfassen, messen, zerreißen usw. kann; etwas was man nicht sieht, nicht anfassen kann, gab es für mich nicht. Ich legte das Buch wieder zur Seite, aber es ließ mir

keine Ruhe, immer war das Gefühl da, dass Bruno Gröning nur das Gute wollte. Zwei Monate später wurde in unserer Gegend ein Informationsvortrag angeboten, der von einem Arzt gehalten wurde. Ich war erstaunt, mit welch einer Sachlichkeit über das Thema referiert wurde, und beeindruckt, wie Menschen, die Hilfe oder Heilung erfahren hatten, ihre Freizeit dafür gaben, anderen von diesem Weg zu erzählen. Ein Satz des referierenden Arztes ist mir besonders bewusst geblieben: „Wir wissen nicht, wie die Heilung medizinisch geschieht, wir können selbst nur staunen und die Heilungen wissenschaftlich bestätigen."

Warum bin ich zu diesem Freundeskreis gekommen, da ich ja körperlich gesund bin und hier immer nur von Heilungen die Rede ist? Ich habe zum einen erleben dürfen, wirklich körperlich fühlen dürfen, dass es eine Kraft gibt, die von Gott ausgeht und den ganzen Körper aufbaut und erfrischt. Ich habe gelernt, dass man seinen Körper bis ins hohe Alter gesund und vital halten kann; ich erlebe hier über Siebzigjährige, die leistungsfähiger sind, als ich es mit 25 Jahren war. Zum anderen ist die Leere verschwunden. Durch das, was Bruno Gröning uns schriftlich oder auf Tonband hinterlassen hat, habe ich erkennen dürfen, dass mein Leben einen Sinn, ein Ziel hat und dass ich eine Aufgabe für dieses Leben mitbekommen habe. Das Leben ist erst dann ein wirkliches, wenn man weiß, wohin man will, dann macht jeder neue Tag Freude und jede Schwierigkeit, die sich einem in den Weg stellt, ist auf einmal nur eine Widrigkeit, die überwunden werden will und auch wird.

Ich bin jetzt 3 1/2 Jahre hier im Freundeskreis und darf zurückblickend sagen, dass ich keinen einzigen Tag seitdem missen möchte, früher bin ich überall mitgeschwommen, wohin sich der Strom gerade bewegte, und war unglücklich; heute habe ich selbständig gehen gelernt und bin glücklich, ich habe den Glauben an Gott wiedererlangt und habe einen geistigen Freund, Bruno Gröning, dazubekommen.

Eindrücke

Karin Heinemann

… dass mich Menschen als Mensch wirklich mögen.

Was geht in vielen Menschen vor, wenn jemand von Gott, von der Urschöpferkraft redet? Ist es nicht so, dass wir uns schon geschämt haben, von Gott zu sprechen?
Während meiner Jugend habe ich oft gebetet, zeitweise jeden Abend. Aber richtig geglaubt habe ich damals nicht. Wenn irgendwo von Gott gesprochen wurde, war dieses peinliche Schweigen zu spüren; ja es war mir oft peinlich, überhaupt zu sagen: „Ich glaube an Gott", denn das war ja out.
Je älter ich wurde, desto seltener wurden die heruntergeleierten Gebete , außer wenn ich so richtig in Not war – da wurde noch mal gebetet.
Und dann kam die Zeit, in der ich mich fragte: „Was soll das Ganze? Wofür lebe ich eigentlich? Hat doch alles keinen Sinn – immer Streit, Zank, Intrigen, Verleumdungen, Lügen, keine Liebe, bloß keine Gefühle zeigen … man muss cool sein … die Natur ist ja auch am Ende – Ozonschicht, Waldsterben usw … die vielen Kriege, Atombomben – geht doch eh bald alles in die Luft!"

1992, als ich 24 war, kam mein damals stets kranker Vater an und erzählte mir total begeistert von Bruno Gröning. Damals bin ich meinem Vater zuliebe mitgegangen. Nach dem Informationsvortrag sagte ich dann zu ihm: „Das ist wohl mehr was für dich, lass mal stecken."
Das hatte ich damals sofort gefühlt: Die Menschen im Freundeskreis leben ganz anders – viel ruhiger und ohne Halli Galli. Ich spürte: „Wenn du da mitmachst, wirst du dein Leben verändern!"
Erst zwei Jahre später, im August 1994, als ich mal wieder so richtig unten war, kam eine Wende. Ich lag damals im Krankenhaus. Doch wo waren die ganzen Freunde, für die ich immer da war, denen ich wirklich das letzte Hemd gegeben hätte? Auf einmal waren alle weg, nicht einer hat mal reingeschaut, nur ein Telefonat mit der Ausrede: „Ich wollte ja kommen, aber das geht jetzt nicht. Es dauert eine Stunde, bis ich da bin, und das Wochenende ist so kurz!"
Ich dachte über mein Leben nach, dazu hatte ich ja nun Zeit.

Schon von meiner Kindheit an hatte ich eher ein schlechtes Verhältnis zu meiner Mutter. Ich hatte immer das Gefühl, von ihr nicht geliebt zu werden. Sehr oft habe ich, wenn sie nicht zu Hause war, das Haus geputzt oder gekocht, nur um Anerkennung, Liebe von ihr zu bekommen. Aber so recht geklappt hat das nie. Mein Vater hat mich zwar sehr lieb gehabt, aber er hatte ja fast nie Zeit, sodass ich mir die Liebe, so wie ich glaubte, dass es Liebe sei, woanders holte. Ich fing sehr früh mit Jungs an; doch Liebe habe ich dadurch wirklich nicht gefunden. Aber wie das so ist, wenn man einen kennen lernt: Knutschen, Fummeln, denn die Älteren und alle Welt sprechen ja davon, sodass man glaubt, das ist das Höchste, darum dreht sich alles. Ja, dann kam die Neugier: „Wie ist das?" und auch der Gedanke: „Muss ich auch mitmachen, um den Freund nicht zu verlieren?" Und der Spruch aus der Kirche: „Erst nach Eheschließung …" – das war ja wohl längst überholt! „So altmodisch kann ja wohl keiner sein! Es wird ja auch überall vorgelebt: in der Zeitung, im Fernsehen … Ist ja ganz normal." Man musste diese Erfahrungen sammeln, sonst blieb man das Irmchen vom Lande! Und dann war da dieses Kribbeln, das Herzklopfen, dieser Reiz. Man wollte ja auch nicht immer nein sagen. Also vorgemacht, nachgemacht!
Danach dachte ich: „Und? Das wars? Das ist das, wovon alle Welt spricht?" Nach einiger Zeit verstand man sich nicht mehr: Trennung! – „Auch andere Mütter haben schöne Söhne!", konnte man damals immer hören.
Hatte ich das gefunden, wonach ich gesucht hatte? Ne! Oft war ich ausgepowert, hatte mich gestritten, die Fehler nur beim anderen gesucht. Man konnte gar nicht zueinanderhalten. Und Liebe, dass ich wirklich das Gefühl hatte, geliebt zu werden, dass ich am Ziel meiner Sehnsüchte wäre? Nein!
Im Frühjahr/Sommer 1994 hatte ich mich auch etwas zurückgezo-

gen, weil ich diese ewigen Enttäuschungen satt war. Ich hatte keinen Bock mehr auf Diskos und Kneipen, diese sinnlosen Gespräche, das Angebaggere von den Typen, die ja doch nur eines wollten. Dieses sinnlose Einen-über-den-Durst-Trinken, damit man mal nicht über die verfahrene Situation nachdachte, obwohl ich betrunkene Frauen fürchterlich fand. Oft war es so, als wollte man sich mit dem Alkohol trösten, doch was war, wenn man am nächsten Morgen wieder erwachte? „Jetzt hast du dir ja schon wieder einen Neuen angelacht!“ Nach den ersten Gläsern vergingen die Hemmungen, man war wieder gut drauf, man kam sich etwas näher und: „Ein bisschen Liebe braucht ja jeder ...“. Oft gings nur haarscharf am Bett vorbei.
Einmal hätte ich vor mir selbst auskotzen können, und selbst das Duschen hat nicht geholfen, dieses Schmutzige, dieses ekelige Gefühl loszuwerden. Egal wo ich auch hinsah, in meinem Leben war überall Leere, Leere, Leere.

Oft habe ich Mist gebaut oder bin aus der Reihe gefallen, nur damit ich von anderen beachtet wurde. Es war wie ein Hilferuf: „Hier ist auch noch jemand, der nicht alleine sein will, der auch geachtet und geliebt und verstanden werden will!“
Ich habe alles mitgemacht und den meisten nach deren Pfeife getanzt, nur damit ich zu denen gehörte, damit ich auch jemand war. Ich wollte nicht alleine sein. Nur nicht alleine! Doch je mehr ich mitgeheult hatte, desto einsamer, verlassener, ungeliebter fühlte ich mich. Früher hatte ich immer geglaubt, wenn erst mal der Ritter auf dem weißen Pferd käme, dann würde alles gut, dann gäbe es nur noch Friede, Freude, Eierkuchen. Aber was ich auch machte, um aus diesem Loch herauszukommen, es gelang mir nicht. Stattdessen ging es immer tiefer, immer mehr verstrickte ich mich in Beziehungen. Es war eine Sucht.
Und damals ist mir im Krankenbett klar geworden: „Wenn du so weitermachst, gehst du zugrunde! Du wirst noch bekloppt in der Birne!“

Ich fing an, Bücher über die Natur, über das Geistige zu lesen. Ich ging zu den Gemeinschaftsstunden, wo Menschen waren, die von Heilungen und einer höheren Kraft sprachen, die, wenn ich sie mir so anschaute, glücklich und zufrieden aussahen.
Es war interessant: Jedes Mal, wenn ich aus so einer Stunde kam, fühlte ich mich selber auch so glücklich und frei. Ich kann mich noch gut daran erinnern, wie ich als Kind manchmal nach der Kirche auch so ein befreites Gefühl hatte. Später kannte ich das gar nicht mehr.

Ich erfuhr in den Gemeinschaftsstunden auch, dass es eine intelligente negative Kraft gibt. Die hatte ich ja schon zur Genüge erlebt, aber nicht durchblickt. Dann gab es das Böse, wie Menschen sagen, Satan, der das Leben vernichten will, also tatsächlich. Aber wie gut, dass Bruno Gröning noch mehr wusste; nämlich, dass wir keine Angst mehr vor dem Bösen zu haben brauchen. Das Böse kommt immer über die Gedanken. Aber Gedanken und Gefühle, mit denen wir uns nicht wohl fühlen, brauchen wir nicht anzunehmen. Wir haben alle den freien Willen. Und wenn wir doch mal unbewusst oder aus Lauheit eine schlechte Füllung aufgenommen haben, dann können wir es Bruno abgeben und können die göttliche Kraft bewusst wieder aufnehmen, die dann wieder Ordnung schafft und uns auch schützen kann.
Das hatte ich ja nie gewusst. Dass das geht, davon habe ich mich überzeugt, denn heute weiß ich: So, wie ich sonst auch Freunde bitten darf, mir bei etwas zu helfen, was sie besser können als ich, nehm ich dankbar Bruno Grönings Angebot an, uns die Belastungen zu nehmen, und geb ihm in Gedanken das, womit ich nicht fertig werde.
Und seitdem kreise ich nicht mehr ständig mit den gleichen Gedanken um mich selber, sondern durfte einen Weitblick für meine Mitmenschen bekommen, für die Schönheit der göttlichen Natur und für die uns umgebende Vielfalt des Lebens.

Circa ein Jahr nach der Einführung hat sich die Beziehung zu meiner Mutter so weit geändert, dass sie mir bei einer ausweglosen Situation wieder Verständnis entgegenbrachte, was früher undenkbar gewesen wäre. Sie hatte ein offenes Ohr und half mir mit ihrer Liebe.

Im Bruno Gröning-Freundeskreis spürte ich im Grunde das

erste Mal, dass mich Menschen als Mensch wirklich mögen. Ich spürte, dass ich geliebt werde, dass da etwas ist – jemand ist, der mich liebt. Ich bin so froh, dass ich es jetzt wieder fühlen kann, dass es, wie wir als Kinder immer sagten, den „lieben Gott“ wirklich gibt. Seine göttliche Kraft hilft mir, trägt mich, beschützt mich und vieles, vieles mehr. Es ist wieder Leben in mir, ich kann frei atmen, bin glücklich und zufrieden und weiß mit meinem Dasein jetzt das Richtige anzufangen.

Inzwischen habe ich auch gelernt, bei Entscheidungen auf meine innere Stimme zu hören und nicht die Meinung oder Auffassung anderer nachzuäffen. So ist mir auch klar geworden, dass es bei einer Beziehung nicht auf das Äußere, den Beruf, das Portemonnaie – ist derjenige überall beliebt – oder sonstige Dinge ankommt, sondern darauf, dass man innerlich zusammenpasst, harmoniert und dem gleichen Ziel entgegenstrebt und ich es als Frau wirklich nicht nötig habe, mich wegzuschmeißen aus Angst, ich könnte meinen Freund sonst verlieren oder etwas verpassen.

So bin ich durch die Sehnsucht, die wohl jeder Mensch in sich trägt, doch noch auf den richtigen Weg geführt worden. Durch die Heilkraft empfinde ich eine Liebe, die wohl kaum ein Mensch geben kann. Wenn ich diese warme Liebe in mir erlebe, wächst der Wunsch, irgendwie dabei zu helfen, dass alle Menschen einmal davon erfahren, dass es mehr gibt, dass es Liebe, Glück, Geborgenheit, Gesundheit, Treue, wahre Freundschaft auch jetzt, in dieser Zeit gibt. Und wenn ich aus diesem Grund im Bruno Gröning-Freundeskreis mithelfe und ehrenamtlich meine Freizeit für anfallende Aufgaben hergebe, fühle ich mich nicht ausgenutzt, sondern tausendfach beschenkt. Es ist ein reiches und erfülltes Leben geworden.

Karin Heinemann

Jeannette von Rotz

Das war mir vorher nicht bewusst. Schließlich hatte ich auch gar kein Bewusstsein.

Meine Kindheit war nicht rosig. Mein Vater trank, meine Mutter hatte deswegen Depressionen und somit waren mein jüngerer Bruder und ich mehr oder weniger auf uns gestellt. Mit 15 Jahren fing ich an, Haschisch zu rauchen, mit 16 Jahren probierte ich dann auch LSD aus. Dazu trank ich viel Alkohol. Wenn ich gegessen hatte, ging ich eine Zeit lang danach auf die Toilette, um zu erbrechen. Ich wog mit 17 Jahren 46 kg bei einer Körpergröße von 168 cm. Aber auch dadurch fiel meinen Eltern nichts auf. Da ich Liebe und Geborgenheit suchte, hatte ich immer wechselnde Freundschaften mit Jungs. Wenn es dann mit einem Jungen ernst wurde, fühlte ich mich nicht mehr wohl, weil ich das Gefühl von Geborgenheit nicht kannte. Vor dieser Zeit ging ich mit meiner Freundin viel zum Gottesdienst, weil ich mich dort wohl fühlte. Aber den wirklichen Halt habe ich dadurch auch nicht gefunden. Mir fehlte dort die Nächstenliebe.

Nachdem ich wieder einmal wegen Streitereien zu Hause einen Nervenzusammenbruch hatte, zog ich mit meinem damaligen Freund zusammen. Ich glaubte, bei ihm meinen Halt zu finden. Aber wir stritten oft, denn ich war jähzornig – ich hielt das Gefühl der Geborgenheit nicht aus – und grundlos krankhaft eifersüchtig. Ich hatte immer Angst, dass er mich verlassen könnte. Auch habe ich den Sinn im Leben nicht gesehen und hatte oft Tage, an denen mir alles gleichgültig war und mir nichts eine Freude machte. Aber immerhin habe ich mit den Drogen aufgehört, als ich mit meinem damaligen Freund zusammenwohnte.

Mit 23 Jahren erfuhr ich durch eine Bekannte von der Lehre Bruno Grönings. An einem Abend hatte ich plötzlich so sehr das Bedürfnis, eine Gemeinschaftsstunde zu besuchen. Circa einen Monat vorher hat mir diese Bekannte erklärt, wie man sich einstellt. Ich hatte einen Bekannten, der mit Krebs belastet und zu dieser Zeit im Koma war. Also stellte ich mich für ihn ein. Als ich am nächsten Tag seine Eltern anrief, um mich nach ihm zu erkundigen, berichteten sie mir, dass er wieder erwacht sei und es ihm so gut gehe wie schon lange nicht mehr. Er wurde dann später auch wieder ganz gesund. Also musste doch etwas dran sein. Und es ging so einfach.

Als ich in die erste Gemeinschaftsstunde ging, fühlte ich mich sehr wohl. Es waren sehr liebe Menschen dort. Nicht so abgehobene, wie ich sie mir vorher vorgestellt hatte, sondern normale Menschen mit beiden Füßen auf dem Boden. Es sagte niemand, was man tun muss, sondern man lernt selber, zu spüren, was gut für einen ist. Am Anfang war ich trotzdem sehr kritisch. Bruno Gröning sagte auch, dass man alles überprüfen solle. Und wie habe ich es überprüft. Im ersten Jahr hörte ich immer etwas in der Gemeinschaftsstunde, mit dem ich nicht ganz einverstanden war. Aber in der nächsten Gemeinschaftsstunde wurden mir immer die Bedenken genommen, weil meine Fragen in irgendeinem anderen Thema beantwortet wurden. Ich bekam immer die Erklärung, wenn ich etwas nicht verstanden hatte, ohne dass ich meine Bedenken geäußert hatte.

Seit ich in der Gemeinschaft sein darf, habe ich so viel Gutes erleben dürfen. Ich machte zu dieser Zeit einen sehr guten Handelsschulabschluss, obwohl ich früher in der Schule nicht gut war. Wenn ich eine Arbeitsstelle gesucht habe, habe ich immer eine gute gefunden. Ich durfte körperliche Heilung von Blasenentzündung erleben, und vor allem durfte ich sehr viele seelische Heilungen erleben. Ich habe seither nie mehr einen Tag gehabt, an dem ich am Lebenssinn zweifelte. Ich bin nicht mehr jähzornig, nicht mehr eifersüchtig. Ich habe inneren Halt gefunden und suche ihn nicht mehr außen. Ich habe auch gelernt, an der richtigen Stelle Nein zu sagen, was ich früher nicht konnte. Entweder traute ich mich nicht oder ich sagte aus Trotz Nein.
Meine Freundschaft zu meinem damaligen Freund ging nach sieben Jahren auseinander, weil wir beide gemerkt haben, dass wir nicht zueinander passen. Wir gingen im Frieden auseinander und sehen uns zusammen mit seiner Freundin und meinem Mann noch heute sehr oft. Ich weiß jetzt, dass ich nie alleine sein werde, denn ich spüre mich. Ich bin seit fünf Jahren mit einem lieben Mann verheiratet. Wir haben eine harmonische Beziehung. Als wir heirateten, suchten wir eine Wohnung. Wir stellten uns dafür ein. Obwohl es sehr schwer war, in Zürich eine sehr günstige, gemütliche Wohnung zu finden, hatten wir sofort eine. Eine schönere, als ich mir gewünscht hatte.

Ich bin auch sehr glücklich darüber, dass meine Mutter, nachdem mein Vater vor vier Jahren heimgegangen ist, ebenfalls in der Gemeinschaft ist. Sie hat selber eine große körperliche Heilung erfahren dürfen und es geht ihr seelisch wieder sehr gut. So könnte ich fortfahren aufzuzählen, was ich hier alles an Gutem erfahren und über das Leben lernen konnte. Ich habe das Leben schätzen und lieben gelernt.

Als ich diesen Bericht nochmals durchgelesen habe, ist mir erst so richtig bewusst geworden, wie schlimm ich es früher hatte. Das war mir vorher nie so richtig bewusst. Ich hatte schließlich

auch kein Bewusstsein. Ich habe es erst jetzt bekommen. Ich spüre, dass ich erst jetzt der Mensch sein kann, der ich wirklich bin. Ich bin aufgewacht.

Das Wichtigste ist die Liebe. Die Liebe zu Gott, zur Natur, zu Menschen, Tieren und Pflanzen. Die tätige Liebe.
Diese Liebe sollen alle Menschen auch erleben und sie sollen glücklich werden.

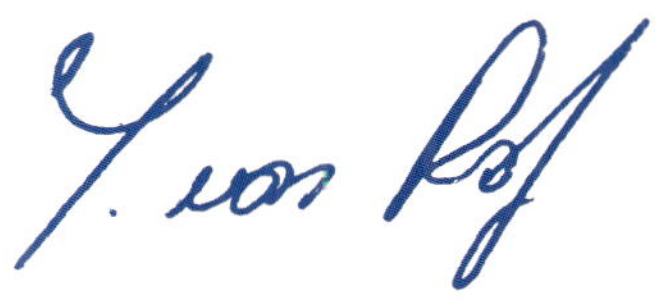

Was ist Glück?

Glück ist mehr als nur ein Wort.
Glück ist in dir, in mir, in allem.

Aber was ist es dann, das Glück,
wie erkenne ich es, wie erlebe ich es?

Ganz einfach.
Horche in dich hinein,
in dein tiefstes Ich.
Spürst du, wie du dich selbst findest?

Glück
ist Sonne, Wärme und ein leichter Wind.
Vogelzwitschern, Falterflattern und Blumenduft.
Glück ist Wohlfühlen.

Nur Wohlfühlen? Ist da nicht mehr?

Doch, noch viel, viel mehr.
Glück ist endlos.

Glück
ist Verstehen ohne Worte, Lächeln ohne Grund,
liebende Gedanken. Sich selbst verschenken,
Freundschaft erfahren und fraglos helfen.
Glück ist Einklang der Seelen.

Braucht Glück wirklich zwei?
Kann man denn alleine nicht glücklich sein?

Doch, gerade alleine.
Glück hört nicht im Zwischenmenschlichen auf.
Glück geht weiter, viel weiter.
Glück ist da, wo du bist.

Glück
ist sich selbst verschenken, demütig handeln,
vergeben lernen. Immer neu beginnen,
den Nächsten mehr als sich selbst zu lieben
und sich am Kleinen groß freuen. Glück ist Gutsein.

G

Mechtl

k

Ist das das Glück?
Bin ich glücklich, wenn ich gut bin?

Ja, dann beginnst du, echtes Glück zu empfinden.
Aber auch da hat dein Glück noch keine Grenzen.

Glück ist,
tief in deiner Mitte zu ruhen,
den Frieden des Herzens zu erleben,
die Liebe zu allem Leben zu spüren.
Den Atem Gottes in der Natur zu erfahren,
mehr und mehr Sein Weben zu erleben,
Seinen Schöpfungsplan zu erahnen.
Glück ist Gottfühlen.

So viel heißt Glück? So unendlich viel?

Nein, auch das alles ist erst der Anfang.
Glück ist,
Gottes Liebe im Herzen zu fühlen,
deine Hand in Seine zu legen,
dein Sein erst durch Ihn zu beleben.
Dich fallen lassen in Seine allmächtige Kraft,
dich tragen lassen von Seiner unendlichen
Barmherzigkeit, und heraustragen in die Welt
das Erleben Seiner Gegenwart. Das ist Glück.

So groß ist Glück?
So unendlich reich? So unfassbar heilig?

Ja, so ist es.
Glücklichsein heißt Gott erleben und weitergeben.

Aber wie unendlich schwer muss es sein, das zu erfahren!
Wie unnahbar erscheint es mir!

Nein, es ist nicht schwer und auch nicht unnahbar.
Gott ist überall, und sobald du Ihn irgendwo
erlebst, steigt schon das Glück in dir hoch.
Suche Gott einfach, suche Ihn in allem, was du
tust. Überall ist Er erlebbar, überall ist Er da.
Und dadurch wirst du das größte Glück erleben.

smann

5. Station – Seine Lehre

„Ich gebe Ihnen zu wissen, …“

Spiele nicht mit dem Leben, sondern im Leben. Das Leben ist kein Spiel, das Spiel ist im Leben. Lebe das geregelte Leben, das heißt, richte dich nach den Regeln des Lebens. Richtiges Lebensspiel hat seine Regeln.

Das gute Spiel beginnt mit guten Gedanken, dagegen beginnt das böse Spiel mit bösen Gedanken. Man könnte das Erdenleben als eine Spielschule bezeichnen. [...] Um richtig spielen zu können, musst du die Spielregeln beherrschen. Im Spiel liegt das Gute (Göttliche). Solange du nach der Spielregel spielst, ist es ein wirkliches Spiel. Bringst du aber auch nur einen bösen Gedanken hinein, so ist es kein Spiel mehr, bei auch nur einem bösen Gedanken hört schon das Spiel auf.

Was du willst sei dein!

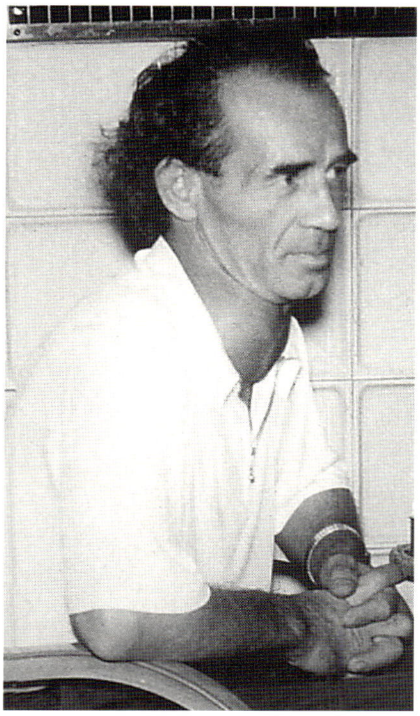

Wer standfest ist, wer den wahren, göttlichen Glauben in sich festhalten kann, siegt!

Das anhaltende Gute überwindet das Böse.

Um das Böse zu beseitigen, dazu braucht man viel, sogar sehr viel gute Kraft.

Das Gute im Menschen muss das Schlechte verdrängen.

Wie du täglich denkst, so Gott dich lenkt.

Die Wahrheit hat allein Bestand.

Jeder ist seines Glückes Schmied, denn was der Mensch sät, wird er ernten.

Willst du das Göttliche erleben, musst du danach streben.

Der Mensch wird durch sich selber aufgebaut oder zerstört. Im Waffensaal des Denkens schmiedet er die Waffen, mit denen er sich seinen eigenen Untergang bereitet. In gleicher Weise bildet er die Werkzeuge, mit denen er sich himmlische Wohnungen der Freude, der Kraft und des Friedens erbauen kann. Mit Gottes Macht ist wohl gedacht.

Was nutzt das alles, dass es wirklich einen Menschen gibt, der viel des Guten, was auch alle Menschen nötig haben, das Gute, das von Gott kommt, aufnimmt, wenn er keine Abnahme findet? Wenn da ein verschlossenes Herz vor ihm steht, wenn der Mensch seinen Verstand spielen lässt, durch den er so viel Zeug aufgenommen, unnötiges Zeug, das er für sein Leben nicht braucht?

Ich sage Ihnen, gehen Sie nicht noch tiefer, sondern ich rufe Sie auf zur großen Umkehr! Kommen Sie hoch, und über die Kluft baue ich Ihnen eine Brücke!
Gehen Sie vom Leidensweg auf den göttlichen Weg! Auf diesem gibt es kein Unglück, keine Schmerzen, kein Unheilbar; da ist alles gut, dieser Weg führt zu Gott zurück!

Wer mit Misstrauen hierhergekommen ist, kann auch wieder mit Misstrauen nach Hause gehen. Wer aber mit Vertrauen zu mir gekommen ist, den bitte ich, diese wenigen Worte zu beherzigen und das zu empfangen, was er braucht, um gesund zu werden.

Wo bleibt der Tag, wo bleibt die Stunde, wo Sie wirklich zur Selbstbesinnung kommen, wo Sie Ihrem Körper das zukommen lassen, was Gott für ihn bestimmt hat?

Gottes Wille ist bestimmt.

Gott will, dass dem Menschen geholfen wird, so er erkannt hat, dass das Böse ihn herabwürdigt. Gott hilft ihm, Gott führt ihn und Gott verzeiht auch.

Ich glaube, dass wir uns richtig verstanden haben, und ich glaube, dass Sie jetzt das Gute für sich beherzigen werden, denn das will aufgenommen werden.
Nur dann findet die Aufnahme statt, wenn Sie sich wirklich vom Bösen endgültig lossagen.

Wenn Sie glauben, dass Sie sich gereinigt, dass Sie das Schlechte abgeworfen haben, dann nehmen Sie das Gute auf.
Das Gute geht nur da hinein, wo das Schlechte entfernt ist.

Niemals den Mut sinken lassen, wenn man Ihnen auch schon gesagt hat: „Da können wir nicht mehr helfen." Da macht es mir am meisten Spaß, wo die Hilfe schon versagt hat!

Führen wir den gemeinsamen Kampf gegen das Böse, gehen wir gemeinsam den Weg, der alle Menschen wirklich zum Guten führt!

Wer das Göttliche will, muss sich Gott nähern, und er muss wirklich den Weg gehen, den Gott für uns alle, für jeden bestimmt hat.

Gottverbunden sein –
das, meine lieben Freunde,
ist alles.

Geben Sie mir Ihre Krankheit! Geben Sie mir Ihre Sorgen! Sie werden damit nicht fertig. Ich trage sie für Sie. Mein Rücken ist breit.

Das Schlechte will ich Ihnen abnehmen, ich weiß, dass es für Sie eine Belastung ist. Das ist alles! Und viele tausend sind mir hierfür schon dankbar. Es hat mich nicht schwach gemacht, im Gegenteil, ich werde immer stärker.

Wer kann dieses Wunder bewirken? Glauben Sie, ein Mensch? Ich sage nein! Das kann nur Einer, nur Gott selbst!

Die Ordnung ist Gott, die Ordnung ist Gesundheit.

Der Arzt aller Menschen ist und bleibt unser Herrgott. Wer mit Ihm lebt, der hat alles. Er wird reich werden, reich an Gesundheit, und das ist wohl das größte Glück, das einem Menschen von unserem Herrgott gegeben werden kann.

Aber es wird für Sie immer ein Wunder bleiben, weil Sie das Auffassungsvermögen noch nicht haben, weil Sie sich selbst noch nicht erkannt, sodass Sie auch Gott nicht erkennen können.

Vertraue nur, es wird schon werden, was du nicht mehr kannst, werde ich für dich tun.

Der Mensch kann Vorsorge dafür treffen, so er die Zeit, wie auch die Gelegenheit, für sich und seinen Körper zu nützen weiß, sodass er über so viel gute Kraft verfügt, dass er das Böse nicht mehr zu fürchten braucht; dass er mit diesen Kraftreserven den Kampf gegen das Böse in aller Ruhe führen kann. Damit lebt der Mensch in der göttlichen Ordnung.

Es gibt vieles, das nicht erklärt werden, aber nichts, das nicht geschehen kann!

Ich weiß, wie ein Menschenhirn arbeitet, und ich weiß, wie gefährlich es ist, wenn man nicht über genügend Abwehrkräfte verfügt, um diese Gedanken, die man einst gelöscht hat, von sich zu halten.

Hüten Sie sich vor jedem bösen Gedanken. […] Lehnen Sie ihn ab, und sprechen Sie meinetwegen vor sich hin […]: „Ich will mit diesem bösen Gedanken nichts zu tun haben, ich will jetzt einen guten Gedanken!“ Dann lenken Sie sich selbst ab, schauen zum Fenster, schauen Sie dahin, wo das Gute, das wirklich Göttliche sich zeigt. Sie würden sagen, Sie schauen so mal in die Natur hinein; Sie schauen, wie jetzt gerade im Frühjahr alles zu wachsen beginnt, wie das Leben wieder auftaucht, wie vor unseren Augen alles ergrünt […]. So Sie die Natur genau betrachten, werden Sie empfinden, und Sie werden bald wahrnehmen, dass diese bösen Gedanken Sie verlassen haben. Mit diesem Schauen haben Sie schon die Verbindung zu Gott aufgenommen.

Immer da, wo die volle, die gute, göttliche Kraft auftritt, da schwindet das Böse.

Ich stehe vor allen Menschen nur als ein ganz kleiner Vermittler, als ein ganz kleines Werkzeug oder als ein ganz kleiner Transformator auf dieser Erde, der den Heilstrom verteilt. Dieser Heilstrom ist kein menschlicher, es ist der reine, der ganz natürliche, es ist der göttliche.

Es gibt kein Unheilbar. Gott ist der größte Arzt.

Die helfende Hand reicht nach überall. Ich betone noch einmal, dass Gott hier keine Grenzen gesetzt sind.

Wenn einer fragt, ob ich geheilt habe, dann sage ich nach wie vor: ich nicht. Das habe ich noch nie getan, ich habe nur den Heilstrom richtig verteilt. Wo ich wusste, dass es für den Körper in Ordnung war, dass er aufnahmefähig war, da erhielt er den Strom. Von Heilen keine Spur! Ich nie!

Auch Sie können die göttliche Kraft weitergeben, wenn Sie sich darauf einstellen; ich helfe dann mit!

Bei Vielen oder Einzelnen ist der Gefühlsnerv so weit herunter, dass sie es nicht verspüren. Aber dass die Heilung vor sich geht, ist mir klar. Viele haben überhaupt nichts verspürt, kommen nach Hause, und alles ist verschwunden.

Vor Regelungsschmerzen sollen Sie keine Angst haben. Im Gegenteil, freuen Sie sich darüber, denn wenn das neue Leben einzieht, wird alles wieder zurechtgebogen, und das tut manchmal weh. Organe wie Glieder, die bisher tot waren, die sich zur Ruhe legten, die werden jetzt lebendig, indem sie durchblutet werden, dass das neue Leben wieder einkehrt. Es macht sich bemerkbar; und dass es sich bemerkbar macht, ist gut. Das ist der größte Erfolg, den man nur verzeichnen kann.

Gott ist für uns alles, und was sind wir ohne Ihn? Ich sage überzeugterweise: ein Nichts!

Nicht wie die Menschen glauben, die Krankheit wäre eine Strafe Gottes.
Es ist damit zu vergleichen, wenn ein Kind das Elternhaus verlässt. Da können die Eltern die Hände nicht mehr darüber halten, sie können das Kind nicht mehr schützen. So haben auch wir unseren Vater verlassen.
Wir dürfen nicht vergessen, dass wir allein nur Kinder Gottes sind. Nur Er kann uns helfen!
Und Er wird uns helfen, wenn wir den Weg wieder zu Ihm gefunden haben.

Wir Menschen sind alle ohne unseren Herrgott gar nichts, wir sind überhaupt nichts.

Wir können uns unseren Herrgott nicht wegdenken. Wir alle sind und bleiben Kinder Gottes. Der einzige Vater, den wir haben, ist und bleibt unser Herrgott.

Wir brauchen nicht feige zu sein, wir haben den allergrößten Schutz, einen größeren Schutz gibt es nicht. Aber nicht nur sich einreden: „Dadurch hab ich einen Schutz, ich kann jetzt tun und machen, was ich will!“ Nein! Das nicht! Nur alles tun, was wirklich gut ist! Und immer nur das Gute wollen, immer nur das Gute bejahen!

Christus ist immer unter den Menschen, Er ist nicht tot, es gibt keinen Tod, es gibt nur eine Erlösung!

Bruno Gröning bei einer Weihnachtsfeier

Ich sage es nicht nur so hin, wie Sie es sonst zu sagen gewohnt sind, indem Sie sagen: „Das heilige Christfest", und damit fertig. Nein, wir müssen es auch zu heiligen, wir müssen es zu würdigen wissen. Und wir müssen uns auf dieses Fest vorbereiten. Wir müssen uns von allem Bösen lösen, und wir müssen wirklich alles Gute erst mal für uns tun, jeder für sich, damit er diese guten Erfahrungen sammelt, an sich sammelt und auch in sich sammelt. Die Geburt Christi werden Sie nicht früher verstehen und werden auch für diese nicht früher das Verständnis aufbringen, bis Sie diese Erkenntnis in sich aufgenommen, dass Sie wissen, was für Sie diese Ihre eigene Geburt, Ihr eigenes Erdenleben bedeutet. Ich sage es noch einmal ganz deutlich, bis Sie zur Selbsterkenntnis gelangt sind und dass Sie von sich selbst nicht was, sondern das wissen, was Sie in Wirklichkeit, in Wahrheit sind. Dann werden auch Sie sich wirklich auf das heilige Fest, auf den wirklichen Erlöser vorbereiten, sodass Sie es bis zu diesem Tag auch würdig sind, […] alles Gute, das Gott für Sie bestimmt hat, zu empfangen.

Heißt es nicht in dem Lied „Stille Nacht, heilige Nacht", dass Christus der Erlöser ist? […] Wie Sie es auch selbst singen, nur mehr oder weniger dem Text keine Beachtung schenken, mehr oder weniger diese Melodie, die Ihnen ja weiter nichts als nur die Weihnachtsstimmung gebracht hat, denn im Sommer oder Frühjahr oder im Herbst würden Sie das nicht singen. Es ist doch etwas Bestimmtes, und es ist so viel Bestimmtes in diesem allen

enthalten, Bestimmtes für Sie, für jeden Einzelnen, Bestimmtes für alle Lebewesen, für all das, was Gott vor allen Dingen für uns, für den Menschen geschaffen hat.
Aber warum, wieso, weshalb dieses alles, meine lieben Freunde? Warum gibt es da alle Jahre so ein Gerede, warum gibt es alle Jahre die eine Feier? Warum immer dieses Oberflächliche? Warum haben Sie all das nicht beherzigt, niemals

Weihnachten zu Hause mit Nichte Nicole

beherzigen können bzw. nicht einmal beherzigen wollen, denn Ihre Einstellung war bestimmt eine ganz andere, nie die, die es hätte sein sollen! Christ, der Retter ist da! Ja, meine lieben Freunde, Sie singen es, aber Sie wissen es nicht, Sie glauben nicht daran. Sie haben das nicht beherzigt! Sie haben nie all das befolgt, was Christus uns durch Seine Lehre hier für unser weiteres Erdenleben übergeben hat.
Wo bleiben Sie? Wo sind Sie? Wo ist überhaupt der wirkliche Mensch? Wo ist noch Natürliches in ihm? Nach außen hin gesehen schämt er sich sogar zu sagen, dass er ein Gläubiger ist! Oder aber auf der anderen Seite brüstet er sich, um sich nur zu behaupten, um all das zu verstecken, all das zu tarnen, was er hinter sich gelassen hat an Bösem, indem er die Menschen nur beschwichtigen, betäuben will, indem er sagt, er sei ein Christ, er sei ein Gläubiger! Ein wirklich wahrer Christ kann nur der sein, der Christus so folgt, wie Christus es von uns erwartet, wie Seine Lehre uns das alles sagt. Und daher war Christus dreiunddreißig Jahre auf dieser Erde, in dem Körper, den Gott Ihm für dieses Erdenleben geschenkt, damit Er uns all das vermitteln kann, was Gott für uns, für die gesamte Menschheit zu sagen hat! Denn anders haben die Menschen nicht mehr auf Gott hören können. Und das bedeutet für uns die Geburt Christi!

Wie müssten wir, wie müsste der Mensch sich gerade hier, an dem Erinnerungstag der Geburt Christi, Gott gegenüber dankbar zeigen, dass Gott uns den wirklichen Erlöser sandte, der uns auf den Weg führen sollte und uns auch auf den Weg geführt hat! Nur folgten Menschen Ihm nicht, nur setzten sie dieses alles nicht in die Tat um, sie waren und wurden zu bequem. Sie gehören ja auch heute einer modernen Zeit an. Wer das so auffasst und auch weiterhin in diesem Glauben so lebt, der ist auf dem falschen Weg. [...] Nun glaube ich, Sie so weit geführt zu haben, dass Sie jetzt wissen müssten, was für uns die Geburt Christi bedeutet, und dass wir uns speziell alle Jahre einmal an den Geburtstag, an die Geburtsstunde zurückerinnern, an die Geburtsstunde Christi. Und genau das Gleiche müssen Sie auch an sich selbst tun, damit Sie wissen, was für Sie diese Ihre eigene Geburt, Ihr eigenes Hiersein, Ihr eigenes Erdenleben bedeutet, zu dem Sie doch wirklich von Gott diesen Ihren Körper geschenkt erhalten haben. Dann werden Sie das Leben zu heiligen, das Leben zu würdigen wissen. Denn überall, wo Leben ist, da ist Gott!

Und je mehr Sie des Guten aufnehmen, desto wohler werden Sie sich fühlen, desto eher wird die Ordnung in Ihrem Körper zustande kommen. Ja, liebe Freunde, mehr wollte Christus nicht.

Die Natur ist Gott.

Ich stehe nach wie vor dafür, dass die Grundursache aller Krankheiten ist, dass das Volk künstlich durchgehalten wird. Ich bin ein Mensch, der nicht studiert hat und der der Wissenschaft nicht nachgelaufen ist, sondern der aus eigener Erfahrung und aus Eingebung dieses erprobt hat. Ich bin zu dieser Überzeugung gekommen, obwohl ich kein Arzt bin. Kunst und Wissenschaft sagen: „Fort von der Natur, hinein in die Kultur." Und hier liegen die Ursachen der Krankheiten! Die Industrie ist schuld! Sie hat Mittel hergestellt, um den Menschenkörper total zu verseuchen.

Ich habe zu den Ärzten schon immer gesagt: „Überall ist Mord – Mord – Mord! Herr Doktor, Sie sind eine Vertriebsstelle für die Hersteller von Medikamenten." Ich stehe nach wie vor dafür: Naturheilkräuter. Die Natur gibt den Menschen alles durch das, was der Herrgott für uns wachsen lässt. Warum alles künstlich herstellen? Woraus werden diese Präparate hergestellt? Aus allem möglichen Zeug! Die Zusammensetzung kann der Menschenkörper unmöglich vertragen. Wenn heute ein Kranker zum Arzt geht und etwas verschrieben bekommt, heißt es immer „dafür" statt „dagegen"! [...] Ich stehe auf dem Standpunkt, den Menschen alles verständlich zu machen, mit Tatsachen zu kommen, ihnen alle diese schädlichen Dinge vor Augen zu führen [...]. Fort mit Kunstdünger – fort mit künstlichen Medikamenten! Denn wer war der erste Arzt, und was war die erste Medizin? Die Natur!

Der Mensch sollte von allen unnatürlichen Dingen ablassen und sich ganz dem Natürlichen, zu dem er gehört, hingeben.

Ich bin weiter nichts als ein ganz natürlich gebliebener Mensch.

Witterungseinflüsse können Sie als verkünstelter Mensch schon nicht mehr vertragen.

Wenn ich nur von Kunst höre! Fort mit der Kultur, vorwärts in die Natur! Kultur bringt nur Krankheiten.

Der Mensch ist ja so klein geworden, dass das Tier oder die Tiere überhaupt ihm schon weit, weit überlegen sind.

Gott hat den Menschen alles gegeben: die Saat. Und Er hat dieser Seine Bestimmung hineingegeben, und wir haben uns dieser Seiner Saat zu bedienen. Wir haben uns den Boden nutzbar zu machen, wir haben ihn zu bearbeiten, wir müssen die Saat dem Boden übergeben […].
Was daraus hervorsprießt, an dieser Frucht können wir uns laben, können wir uns, unseren Körper stärken. Das hat Gott so bestimmt, das ist richtig.

Wir Menschen sind nun einmal abhängig von der Natur. Wir können uns da nicht zurückziehen, wie viele behaupten: „Fort mit der Natur, hinein in die Kultur." Die Kulturstufe ist erstiegen, und das Natürliche, das rein Menschliche ist etwas beiseite gedrängt. Aber wir sind von der Natur abhängig, von dem, was der Herrgott für uns wachsen lässt – wir können nicht ohne das bestehen.

Die Pflanzen und Tiere nehmen die natürlichen, göttlichen Kräfte in sich auf, soweit sie durch den Menschen nicht von der Natur entfernt werden.

Unser wirklicher Gastgeber ist Gott auf dieser Erde, und das ist Seine Erde, und das ist Sein Recht. Und wir haben uns nach unserem Gastgeber zu richten.

Wer besitzt diese Erde? Wer beherrscht diese Erde? Übrigens, wer hat diese Erde, wer hat alle Lebewesen auf dieser Erde, die Ihnen ja nur hier bekannt sind, geschaffen? Wer ist der Besitzer dieser Erde? Wer besitzt uns? Wer ist es? Ist es der eine oder der andere Reiche, der sich diesen und jenen Erdteil erarbeitet bzw. auch ergaunert hat? Ist er es? – Also, doch Gott. – Also zu wem müssen wir stehen? (Ein anderer flüstert: Zu Gott.) Doch nur!

Alles, was der Herrgott für uns Menschen hier auf dieser Erde geschaffen hat, gehört zueinander. Jeder hat eine Lebensberechtigung.

Ich würde es nicht wagen, Sie werden nie von einem Menschen hören, daß ich einem Tier weh getan habe. Was weiß der Mensch, was für eine Seele drin ist! Haben Sie dem Tier das Leben gegeben? Nein! Folglich haben Sie nicht das Recht, ihm das Leben zu nehmen!

Wenn ich auch arm geblieben bin, dann bin ich doch der glücklichste Mensch auf Erden, weil ich helfen kann.

Da kommt ein Mensch und sagt: „Ich biete Ihnen hunderttausend Mark, kommen Sie, und ich gebe noch hunderttausend drauf, ich stelle Ihnen alles zur Verfügung, ich habe alles, nur Heilung möchte ich haben!" –
So etwas hat es auch noch nicht gegeben, dass ein Mensch sich die Gesundheit erkaufen konnte, nicht einmal von einem Arzt; und es ist gut, dass es so eingerichtet ist, und hier bei mir erst recht. Denn Sie werden verstehen, dass ich mit dieser göttlichen Gabe kein Geschäft machen darf und es auch nicht wage, und ich will es auch nicht. Menschen sagen: „Wie wollen Sie denn leben?" So bleibe ich eben Almosenempfänger!

Mein Lohn ist deine Gesundheit.

Allen meinen Freunden versichere ich, dass ich weiterhin helfen werde, sooft man mich ruft und benötigt. Trotz aller großen Widerstände und Hindernisse werde ich Sie niemals […] im Stich lassen.

Wenn Sie irgendwann mal Schmerzen haben, so rufen Sie mich, und es geschieht, was geschehen soll!

Und so brauchen auch Sie mich nur zu rufen, und ich bin sofort da – bitte nicht die Vorstellung bekommen, ich wäre persönlich da – nein – im Geiste.

Ich bin hier und überall zugleich.

Monika Gimbel

Und das, obwohl man alles hat! Eltern, ein Zuhause, genug Nahrung usw.

Aus meiner Kindheit und Jugend habe ich viele schlechte Erinnerungen. Mein Leben war von Ängsten geprägt, die mich bedrückten, gefolgt von starken Depressionen. Seit der Schulzeit war ich ausgestoßen, weil ich nicht alles mitmachte, was gerade „in“ war. Mein schwaches Selbstbewusstsein kam zum Nullpunkt, da man mir einredete, ich würde es zu nichts bringen, ich wäre lebensuntauglich. So wie mir das Leben dargestellt wurde, hatte es nichts Erstrebenswertes an sich, und so zog ich mich immer mehr in eine Scheinwelt zurück. Getröstet haben mich die Rockmusik und Jugendzeitschriften, doch nur kurze Zeit, einem Rausch gleich, und dann wurde die innere Leere wieder größer.

Ich hatte auch Verfolgungsängste; wenn ich alleine zu Hause war, habe ich sämtliche Türen verriegelt, obwohl wir in einer absolut friedlichen, ländlichen Gegend wohnen. Ich zog mich ganz zurück, wollte nur noch alleine sein. Mit vielen Menschen zuammen zu sein, war mir unmöglich.

Mit 15 Jahren war ich in einem schwarzen Loch mit bodenloser Tiefe. Gefangen! Dann dachte ich, eigentlich wäre es besser, es gäbe mich gar nicht. Daraus entstanden Selbstmordgedanken. Und dabei hatte ich meine Eltern, ein Zuhause, genug Nahrung usw.

Dann kam der Zeitpunkt, wo ich dachte: Nein! So will ich nicht mehr weiterleben. Bald darauf wurde ich in die Lehre Bruno Grönings eingeführt. Danach ging es aufwärts. Als Erstes hatte ich zwei beeindruckende Träume, nach denen mir klar war, dass ich die falschen Freunde Rockmusik und Jugendzeitschriften jetzt nicht mehr brauchte.

Zwei Jahre später war ich dann wieder frei von aller Angst. Das Selbstvertrauen erwachte, und ich habe durch Bruno Grönings Hilfe eine Berufsausbildung mit ausgezeichnetem Erfolg abgeschlossen. Früher hatte ich nicht die Kraft, viel zu arbeiten. Das hat sich geändert. Ich fand ein Gefühl: Lebensfreude! Freude, dass ich leben darf, Freude an einer kleinen Blume am Wegesrand oder dem Gesang der Vögel. Kein selbstmitleidiges Gefühl mehr, alleine und verlassen zu sein. Freude, mit anderen Menschen zusammen zu sein. Und jetzt erfahre ich Freundschaft, die nicht nur auf das eigene Wohl bedacht ist.

Von Herzen bin ich dankbar für diese wunderbaren Erlebnisse und wünsche mir, dass alle Jugendlichen solche innere Freiheit und inneren Frieden erleben dürfen, die man für kein Geld der Welt kaufen kann.

Sonja Christine Truhn

Der innere Kristall

Ich habe gedacht, mir ginge es gut. Meine Außenwelt auch. Mir ging es auch wirklich oft sehr gut: Ich habe schon, bevor ich durch die Lehre Bruno Grönings von der Aufnahme des Heilstromes erfuhr, eine glücklichmachende Kraft aufgenommen, ohne dass ich es wusste. Ich setzte mich dazu in der Natur auf einen Baumstumpf, in der Stadt auf eine Treppenstufe oder stellte mich nachts oder tagsüber unter den Himmel, ganz lange und inniglich, manchmal ein oder zwei Stunden; so lange, bis ich wieder fit und aufgeladen war. Dann war ich einfach wieder glücklich und ausgeglichen, in einer wunderschönen Stimmung von tiefer Ruhe und Zufriedenheit, die ich leider niemandem erklären konnte, die mir dann aber auch lange Zeit niemand nehmen konnte.

Einen Haken hatte das Ganze leider: Ich war ganz allein damit. Ich versuchte mir immer wieder meinen „inneren Glücksquell" oder „inneren Kristall", wie ich es nannte, zu erklären. Meinen engsten Freunden natürlich auch, aber erst, als eine Freundin mich gefragt und geforscht hatte, was denn los sei, dass ich immer so glücklich und scheinbar aller Welt enthoben sei. Da war ich etwa achtzehn. Ich wusste darauf keine Antwort, dachte ich doch, dass diesen „inneren Kristall" jeder Mensch habe, was ja eigentlich auch stimmt. Nur dass ihn die wenigsten Menschen wirklich (be)nutzen.

Ja, warum dann Bruno Gröning?, ist hier die Frage, die mir auch eine Freundin gestellt hat, die mich glückstrahlend erlebte. Warum hatte ich immer nach einem Menschen gesucht, der mir etwas erzählt über jenen geheimnisvollen inneren Kristall, den kein Mensch wahrnahm oder zumindest wahrzunehmen schien außer mir? Ich fühlte mich als etwas Besonderes, igelte mich in eine Welt ohne typisch menschliche Schwächen ein und setzte diesen Glückszustand, in den ich mich versetzen konnte, als absolut an.
Die „dummen" Menschen, die dies nicht erreichten, nahm ich nicht ernst, ja, ich verachtete sie sogar insgeheim. An allen normalen Freuden wie Kino, Disko, Beziehungen oder auch nur am Eisessen wollte ich durchaus teilhaben, aber es gelang mir nicht. An alle Erfahrungen legte ich den Maßstab dieses Glücksgefühls. Selbst für Meditationsformen hatte ich nur ein überhebliches Lächeln übrig, da ich ja einen viel besseren, viel einfacheren Weg kannte: hinsetzen oder hinstellen, im Einklang mit der Umgebung in sich hineinspüren und warten, bis es einen überrieselt und der ganze Bauch voll Glück ist.

Obwohl ich dann alleine glücklich war und manchmal vor Glück nicht einschlafen konnte, war ich auf der anderen Seite einsam. Ich kam mir so verlassen vor, fühlte mich unverstanden und absolut fehl am Platze, hier, in dieser Welt. Die Welt war mir fremd. Ich hatte zeitweise Angst, auf die Straße zu gehen, in die Straßenbahn zu steigen, oder vor bestimmten Jobs, zum Beispiel als Kassiererin, weil ich da mit Geld zu tun hatte, und dazu hatte ich absolut keine Beziehung, kein Gefühl. Ich habe einfach nicht kapiert, was das ist. Trotzdem wich ich dem nicht aus, sondern tat genau die Sachen, vor denen ich Angst hatte, weil ich dachte, so könnte ich sie überwinden. Dem war aber nicht so.
Manchmal zitterte ich richtig vor Unsicherheit, in meinem eigenen Körper zu sein, denn ich hatte nicht das geringste Körpergefühl. Wenn ich mich darauf einließ, konnte ich sogar richtig sportlich sein, aber ich musste mich mit aller Kraft darauf konzentrieren, um „da" zu sein. Meist war ich in einer Schwebewelt ganz woanders. Ich wurde manchmal als chaotisch und verrückt bezeichnet, unordentlich und unzuverlässig. Autoritäten, egal ob Chefs, Eltern oder Lehrer, konnte ich nie akzeptieren.
Ich könnte noch viele Beispiele anfügen, um zu zeigen, in welchem Chaos, welcher Strukturlosigkeit und Weltunfähigkeit ich lebte, aber das kann sich sicher jeder ausmalen, und deswegen spar ich mir und dir die Rückreise durch dieses Kuddelmuddel.

Ich suchte, obwohl ich den Stern in mir schon gefunden hatte, bzw. er mir als Geschenk mitgegeben worden ist und ich ihn nie verloren habe.
Es staute sich regelrecht in mir an, da ich nie gelernt hatte oder auf die Idee gekommen wäre, das Glück weiterzugeben. Kein angenehmer Zustand. Ich stopfte mich deshalb mit Essen voll, um meine angestaute Energie abzutöten und versetzte mich somit regelmäßig in einen lahmen, apathischen Zustand, währenddessen ich wenigstens meinen Körper in Form des übervollen Bauches spüren durfte. Nur wenn ich total viel zu tun hatte und dabei im Arbeitsrausch viel Energie abgeben konnte, musste ich nichts essen. Dann hatte ich das Gefühl, auf der Erde zu sein, aber alles tat ich wie eine Maschine, ohne mit dem Herzen verbunden zu sein.

Mit 24 lernte ich jemanden kennen, der mir kurz von Bruno Gröning erzählte: So ein geistiger Helfer, den sie bat, ihr in der Situation, in der sie sich befand, zu helfen. Mir war das alles gleich sehr vertraut. Meinte ich doch auch, die Heiligen der Kirche und Jesus zu kennen, die für mich irgendwo über der Erde schwebten. Wie sehr ich sie doch erst durch Bruno Gröning kennen lernte, hätte ich nicht gedacht. Ebenso wenig hätte ich damals gedacht, dass die innere Einsamkeit auf solch unspektakuläre Weise weichen könnte.
Als ich im Einführungsvortrag saß, war ich fassungslos: Hier gab es tatsächlich Worte für das, was mir so oft geschah. Diese Kraft, die mich immer so aufbaute, wurde Heilstrom genannt, und die Antenne, mit der man das Ganze empfing, war das Gefühl.
Einen Moment lang war ich empört! So seltsam einfache Worte zu finden für das Mystische, wonach ich immer gestrebt hatte. Aber inzwischen habe ich mich daran gewöhnt und finde die Worte sogar wunderschön.
Was mich faszinierte, war das gemeinsame Erleben dieses Heilstromes oder dieser Urlebenskraft, die ja jeden Menschen aufrechterhält. Hier konnte man diese Kraft bewusst aufnehmen; und zwar nicht nur allein, sondern auch gemeinsam und jederzeit! Das hätte ich nie gedacht, und es bedeutete für mich erst einmal eine Überwindung, dies anzunehmen. Tat ich dies doch immer nur unbewusst bzw. ließ es mit mir geschehen. Wie ein unmündiger Bürger war ich damals eigentlich. Unselbständig, da ich immer wieder darauf angewiesen war, mich in einen von der Welt abgehobenen Glücksrausch zu begeben. Durch die Lehre Bruno Grönings habe ich gelernt, die Kraft immer und überall einzusetzen und um Hilfe zu bitten, wo auch immer Not am Mann ist. Auch die zehrende Melancholie und sehnsüchtige Traurigkeit, jeglicher Weltschmerz und jegliche Sinnleere ob drohender Naturzerstörung ist mir genommen worden. Ich brauche mich nicht mehr mit Essen zu „beschweren". Statt weiter im Vakuum zu leben, habe ich mich mit anderem gefüllt: mit der Liebe. Sie gibt mir die Verbindung zu allem, was lebt. Immer wieder darf ich lernen, mich von ihr anfüllen zu lassen und alles andere einfach abzugeben. Ich danke Gott für diesen lebendigen Weg, der mich vor allem zu mir selbst zurückgeführt hat. Ich kann jetzt sogar wieder in die Kirche gehen. Vor allem aber danke ich dafür, dass ich keine Angst mehr vor materiellen Dingen habe und dass ich eine Liebe spüre, die mich mit allem verbindet, ohne mich einsam zu machen.

Jetzt weiß ich das, was ich früher nur ahnte und hoffte: Jeder Mensch trägt diese Quelle in sich, die ihm den Weg zur lebendigen Kraft bahnt. Ich habe jetzt keine Angst mehr vor dem alltäglichen „Erdenkampf".

Ich bin wirklich Mensch geworden und darf es immer mehr werden – das Werkzeug dazu habe ich jetzt im Herzen.

Uwe-Michael Truhn

... es allen irgendwann einmal zu zeigen.

Mit dem Hammer in der Hand ..." So hieß das alte Schlagerlied, das ich immer wieder aus dem Plattenspielgerät meiner Mutter hörte. Ohnmächtig vor Wut saß ich davor; meine Mutter war mal wieder in ihrer Welt. Sie war gerade mal zu Hause und nicht auf Zwangsbesuch in der Nervenheilanstalt.
Normale Kindheit, wer hat die schon? Ich hatte sie nicht.

Zäh wie Leder, hart wie Kruppstahl, so lief ich durch den grauen, verregneten Park zu meinem Freund, dem Arztsohn. Doch ich musste immer wieder zurück.
Meine Großeltern zogen nach Frankfurt, um meiner Mutter bei den Grundpflichten des täglichen Lebens zur Hand zu gehen. Ich wuchs heran, oft gehänselt und ausgeschlossen. Meinen besten Freund verlor ich durch die Pubertät, er hatte die Mädchen entdeckt. An mir zog das Interesse an einer Freundschaft mit einem Mädchen vorüber. Wer wollte mich auch? Das ganze Gesicht und mein halber Rücken waren voll von tiefen, großflächigen Pusteln und Furunkeln – Akne. „Schau dich an, deine Haut, sie ist nicht makellos wie die Haut anderer. Wie soll dich jemand mögen?", sagte ein Mitschüler.
Als ich 13 war, starb meine Oma. Sie hatte versucht, mir mit den ihr verbliebenen Kräften durch das Leben zu helfen. Jetzt wurde ich halt- und ruhelos. Doch ich gewann neue Freunde: den Apfelwein, das Bier, den Fernseher. Spät abends ging ich los zur Videothek, holte Horrorfilme etc., drei Filme die Nacht, und morgens der Geschmack von Tabak und Bier auf meiner Zunge. „Ein Sprung, ein Köpfer auf die U-Bahnschiene, das wärs doch jetzt!" Das Leben war mir nichts wert.
Doch eines wusste ich und das hielt mich am Leben: „Die da draußen kriegen mich nicht klein. Irgendwann werde ich es allen einmal zeigen." Ich übernahm in „meinem Film" den Part des Außenseiters und lebte in der Isolation. Es gab Tage, an denen ich keinen Menschen sah. Ich hörte dann Rockmusik und glorifizierte die Band Queen. Einen Kommentar meines Lateinlehrers schrieb ich mir auf die Fahne: „Uwe, wenn du willst, rollst du alle nieder." Mein Abitur bestand ich mit 1,7.
Und Gott? Aufgewachsen bei den Mormonen, hatte ich von diesem Wesen gehört. Liebe und Gnade sollten von Ihm ausgehen. Aber war in dieser ehrenwerten Gesellschaft Gnade? Nein, ich wollte schon lange nicht mehr, ich wollte Atheist werden. Mit Bewunderung hörte ich eine Mitschülerin auf die Frage, was für sie Gott bedeute, sagen: „Gott ist tot, biologisch nicht existent." So was wollte ich auch sagen. Als ich dran kam, stammelte ich unter Hitzewallungen und feuchten Augen etwas von Verstehen und Liebe. Alle starrten mich dabei an. Gott ließ mich eben doch nicht los; ich konnte Ihn nicht aus meinem Herzen treten.

Eines Tages saß ich vor einer Fernsehserie über Wiedergeburt, Jenseits und Außerirdische. Für mich war Esoterik nur okkulte Spinnerei und Lebensflucht. Doch irgendetwas fesselte mich und ich kaufte mir ein Buch darüber. Ich kämpfte mich durch uninteressante Schilderungen einer Liebesbeziehung und las und las. Es war so, als würde meine Seele vertraute Gegenden streifen. Dann las ich den Satz, der mein Leben umdrehte: „Wisse Mensch, dass du Gott bist."
War ich doch kein Staubkorn im Wind? War ich eine unsterbliche Seele aus Gottes Geist?
Ich ging nachts spazieren. Alles erschien so hell, so farbig und licht. Leben schaute mir ins Gesicht. Der Grabstein meiner Seelengruft kippte zur Seite.
Ab da wollte ich Menschen finden, mit denen ich meine neu entdeckte Spiritualität gemeinsam erleben konnte. Ich ging deshalb auf eine Esoterikmesse. Tatsächlich war aber alles so, wie ich es erwartete: Jeder wollte mein Geld. Nein, nicht jeder. Eine junge Frau am Stand des Bruno Gröning-Freundeskreises hatte mich durch ihr ehrliches und liebes Wesen stutzig gemacht. Ehrlichkeit, gab es das wirklich noch?

Kurz darauf ging ich zu einem Treffen dieses Freundeskreises. Etwa zwölf konservativ gekleidete Personen saßen in Reihen zu einem Bild gewendet. Das sollte wohl Bruno Gröning sein. Ich fühlte mich nicht wohl und wollte gehen. Da war aber ein Gefühl: „Schau es dir doch erst an. Gehen kannst du immer noch." Ich hörte jedoch nicht richtig zu. Das war wirklich zu langweilig und zu christlich. Das Kreuz, das ich um den Hals trug, war für mich nichts weiter als Modeschmuck. Ich wollte Buddhist werden. Ich meditierte einfach während dieses Vortrages nach einer fernöstlichen Technik. Mir wurde warm, mir wurde heiß, schwindelig. Ich kannte eine Lebenskraft schon von der Meditation her, aber jetzt ging's los. Sie durchflutete meinen gesamten Körper. Was war das? Ab da zog ich es vor, doch besser zuzuhören. Der Mann vorne sagte etwas vom „Abgeben auf den Rücken" von diesem Bruno Gröning. Ich verstand kein Wort; der Mann war doch tot! Aber es ging wohl auch um mehr als um das Verstehen. Ich schwankte vor Energie. Ich wollte mich auf keinen Fall vor all den Biedermeiern aufs Parkett legen. Und dann tat ich, was mir geraten wurde: „Bitte, Bild, Bruno Gröning, oder wie du heißt, hilf mir jetzt!", und trennte mich von dem ganzen Druck und der geistigen Bleikugel, die ich all die Jahre am Fuß hatte.
Ich traute meinen Sinnen nicht. Alles war weg. Ich fühlte mich frei und froh. Ich konnte seit Jahren das erste Mal von innen heraus lächeln.

Mir brauchte da weiter nicht viel erklärt zu werden: Am nächsten Tag schüttete ich die Reste meiner geliebten Ebbelwoi-Pulle ins Klo. Heute kann ich, wenn ich will, ein Glas Wein trinken, ohne rückfällig zu werden. Ich habe erkannt, dass ich das nicht brauche, um glücklich zu werden. Der Fernseher hatte einfach zwei Wochen Urlaub, bis ich wieder vor einer der unzähligen Serien saß. Dabei stellte ich fest, dass die Serie auch ohne mich läuft! Ich musste nicht länger via Bildschirm das Leben anderer leben, ich war jetzt stark genug, mein eigenes Leben zu leben. Das bibelartige Ansehen der Rockband Queen verkümmerte. Ich brauche keinen Pop-Guru mehr. Ich habe Gott in mir gefunden.
Am Ende einer Jugendgemeinschaftsstunde ging ich sogar ohne Hemmungen nach vorne und konnte vor der Menschengruppe sprechen; ich musste meine Rückkehr zum Leben mitteilen.

Als mir später klar wurde, wie viele Leute noch hilflos im Dreck sitzen, habe ich mich entschlossen, der Petra Rüther bei ihrem Kampf um die Drogensüchtigen

zu helfen. Dabei bekam ich den Mut, nicht nur wieder auf fremde Menschen zuzugehen, sondern richtig in die Gosse zu steigen, um den Junkies auch die Chance zu geben, diese Urkraft zu finden, ganz egal, ob die „zu" sind, stinken oder lachen. Für viele von denen kann es morgen zu spät sein.

Meine Frau Sonja Christine und ich betreuen deswegen mittlerweile die Gemeinschaft der „Hilfebedürftigsten" in Hamburg. Ja, äußerlich gesehen ist das die Drecksarbeit im Freundeskreis, aber wir erleben manchmal Augenblicke, in denen wir ahnen, was wir hier wirklich tun dürfen; und zwar dann, wenn wieder ein Seelen-Diamant vom Heilstrom saubergewaschen wird und wunderschön aus cleanen Augen strahlt.

Andreas Ervenich

Auch in schwierigen Situationen habe ich mich nicht mehr betäuben wollen.

Mit eineinhalb Jahren bekam ich plötzlich, fast über Nacht, ein dickes, entzündetes Knie und konnte fortan nicht mehr oder nur unter großen Schmerzen laufen. Die folgenden Jahre waren von Arzt- und Krankenhausbesuchen gezeichnet, in der Hoffnung, dass mir irgendein Arzt helfen könnte. Wie sich viele Jahre später herausstellte, hatte ich Kinder-Gelenkrheuma, eine seltene Krankheit, die bei Nichtbehandlung auf andere Gelenke überspringt und oft im Rollstuhl oder sogar im Krankenbett endet. Zur damaligen Zeit gab es nur wenige Ärzte, die diese Krankheit kannten und erkannten.

Bis meine Mutter einen Arzt fand, der wenigstens die richtige Diagnose stellen konnte, vergingen einige Jahre in der Angst, irgendwann ein behindertes Kind oder einen Dauerpflegefall zu haben. Diese Sorgen und Ängste habe ich aufgenommen.

Bis ein Arzt endlich die Krankheit erkannte, war ich Versuchskaninchen, wurde mit Medikamenten vollgestopft und musste einige Therapien über mich ergehen lassen, aber ich war wenigstens viel bei meinen Eltern. Als dann die richtige Diagnose kam, begann ein neuer Abschnitt, in dem ich viel Zeit in Spezialkliniken verbrachte, weit von zu Hause entfernt. Da kam es dann schon mal vor, dass mich meine Mutter, die sich zu der Zeit von meinem Vater trennte, einige Wochen lang nicht besuchen konnte. Manchmal erkannte ich meine Mutter, wenn sie eine neue Frisur hatte, nicht sofort wieder, und genauso oft stand sie am falschen Bett, da fast alle Kinder wegen der hohen Cortisongaben gleich aufgeschwommen aussahen. Es folgten dann Operationen, mit denen man die Krankheit langsam in den Griff bekam, sodass ich eingeschult werden konnte.

Ich habe in dieser Zeit gelernt – wohl lernen müssen –, mich in mich selber zurückzuziehen und mich mit mir selbst zu beschäftigen, es war ja sonst kein anderer da.

Bis zum Ende der Schulzeit verlief dann alles normal, unangenehme Situationen verdrängte ich, das hatte ich ja gelernt, nur glücklich und zufrieden konnte ich selten sein. Ich war still, zurückhaltend und in mich gekehrt, konnte mir stundenlang Gedanken machen – in depressiver Grundstimmung. Gelöst konnte ich nur sein, wenn ich Alkohol getrunken hatte. Damit fing ich mit ca. 16 Jahren an, zuerst auf Feten und in der Disko, aber dann wurde es schnell wichtig, dass ich mich jedes Wochenende betrinken konnte, egal ob es eine Fete gab oder nicht. Mit 19 Jahren rauchte ich dann zum ersten Mal Haschisch in einer Wasserpfeife, es war nicht besonders toll, es hatte aber seine Folgen.

Bis zum Ende der Schule war ich ziemlich naiv. Ich glaubte, die Welt sei ganz in Ordnung und die Politiker machten alles richtig, sie könnten es sich ja gar nicht erlauben, absichtlich etwas Falsches zu tun usw. Dieses ganze Weltbild brach dann zusammen, als ich direkt nach der Schule in einem großen Altenheim zu arbeiten begann. Was ich dort auf engstem Raum erlebte, öffnete mir schlagartig die Augen. Ich begann in kurzer Zeit immer mehr Schlechtes und Negatives zu sehen, sei es in der Gesellschaft, der Politik, der Umweltverschmutzung, der Medizin. Die Stimmung, die ich bis dahin hatte, wuchs zu einer großen Dauerdepression mit „schwarzen Löchern", in denen nichts mehr ging Selbstmordabsichten hatte ich nie – schließlich hatte ich in meiner Kindheit schon genug ums Überleben gekämpft – dafür aber genügend dunkle Gedanken und Gefühle. Dazu kamen Wut und Hass auf alle Menschen, die für irgendetwas Negatives verantwortlich waren, also fast alle. Ich begann hinter die Kulissen zu schauen und zu sehen, wo das Negative wirklich her kam, das machte aber alles noch schlimmer, da ich begann, Machenschaften zu sehen und zu begreifen.

In dieser Zeit gab es nur noch drei Dinge, die mir wichtig waren: Meine Arbeit, um Geld zu verdienen, da ich von zu Hause ausgezogen war, zweitens, mich immer mehr mit Negativem zu beschäftigen, und drittens, was das Allerwichtigste wurde, Haschisch. In dieser Zeit, fast sechs Jahre lang, war Hasch mein Hauptlebensinhalt. Nur so konnte ich all die Wut, die Depressionen und die Zukunftslosigkeit immer wieder verdrängen. Das war auch die Zeit der endlosen Diskussionen mit Freunden über den Zustand der Welt, die aber immer in absoluter Resignation endeten mit dem Satz: „... was soll's, lass uns noch mal einen rauchen." Den ganzen Tag wartete ich schon darauf, mich abends alleine vor der Glotze oder mit anderen Freunden wieder zuballern zu können. Eine Katastrophe war nur, wenn ich kein Hasch mehr hatte, dann ging zum Überbrücken auch Alkohol. An Tagen, in denen ich kein Hasch hatte, ging wirklich gar nichts. Meine Gedanken und Bemühungen kreisten nur darum, irgendwo Nachschub zu organisieren. Ohne Hasch war die Glotze langweilig, Diskos und Kneipen sowieso, und zusammen mit anderen wurde der Frust darüber, dass wir nichts mehr zu rauchen hatten, nur noch viel stärker. In dieser ganzen Zeit war ich nur während der Arbeit nicht bekifft, ansonsten rauchte ich immer so viel ich konnte, es sei denn, ich musste mit dem Haschisch sparen. Wenn ich nicht arbeiten musste, begann sogar der Tag noch vor dem ersten Kaffee mit einem Joint oder einer Wasserpfeife. In der ganzen Zeit habe ich Gott sei Dank nie daran gedacht, auch mal andere Drogen auszuprobieren.

Mittlerweile hatte ich nur noch Kontakt zu Leuten, die auch kifften und die die Welt sahen wie ich. Ich hatte immer das Gefühl, dass mein Leben ganz normal sei, „man muss ja mindestens kiffen, um in dieser Welt klarzukommen", oder man ist so abgestumpft, dass man das ganze Schlechte gar nicht mitbekommt. Ich hatte nie das Bedürfnis, einmal einen vernünftigen Job zu haben oder in meinem Leben etwas zu erreichen; damit meine ich nicht Macht oder Reichtum, mir ging jede Form von gesundem Ehrgeiz, ein Ziel zu erreichen, ab. Ich hatte ganz einfach keine Ziele. Einmal eigene Kinder zu haben war sowieso völlig undenkbar – in dieser Welt ...?

Mit der Zeit begann ich mich für Esoterik zu interessieren. Dass es noch irgendetwas Höheres gab, war mir schon länger klar, das hatte ich schon an den perfekten Zusammenhängen in der Natur erkannt, das konnte nicht alles nur Zufall sein. So beschäftigte ich mich mit diversen geistigen Lehren, Religionen und energetischen Sachen. In vielen Punkten haben mir die dort gewonnenen Erkenntnisse geholfen, doch in den Kernpunkten: Woher kommt das Negative?, Warum gibt es das?, Und was kann man dagegen machen?, kam ich immer noch nicht weiter. Dazu kam noch, dass ich nur das Schlechte um mich herum sah. Dass ich auch Fehler hatte, merkte ich gar nicht. Es ist schwer, in dem Zustand das Umfeld zu verändern.
Eines Tages erzählte mir meine Freundin, dass sie „zu einem Treffen mit so einem Heiler" gehen wolle, da das, was sie darüber gehört hatte, ganz interessant klang, und außerdem sollte es kostenlos sein ...
Einige Wochen lang habe ich mir das angehört, was sie erzählte, wenn sie von diesen Treffen kam, richtig zugehört habe ich allerdings nicht, ich hatte wohl nur Angst davor, sie verlieren zu können.
Warum ich dann doch selbst einmal zu so einem Treffen gegangen bin, weiß ich heute noch nicht so ganz genau. Eigentlich waren mir solche Zusammenkünfte mit so vielen Leuten ein Graus, ich hatte dabei immer den Eindruck einer Kirche oder einer Selbsthilfegruppe oder so was Ähnlichem, und mit hochtrabendem Gerede hatte ich sowieso nichts am Hut.

Ich habe dann ziemlich schnell am eigenen Körper Erfahrungen machen können und das Gehörte an mir selber überprüfen können. Die Tatsache, dass bei diesen Gemeinschaftsstunden viele Menschen zusammenkamen, störte mich überhaupt nicht, da ich das Gefühl hatte, dass sich dort niemand profilieren wollte. Es war immer ein bunt zusammengewürfelter Haufen der verschiedensten Menschen, jung und alt, gebildet und einfach, Kranke und Gesunde.

Was mich beeindruckte, war die Offenheit. Ich habe mich mit dem Leben Bruno Grönings und seiner Lehre beschäftigt, und obwohl seine Worte so einfach sind, dass man meint, man hätte alles schon einmal gehört, begann ich zu begreifen. Es blieb nicht graue Theorie, sondern ich konnte das Gesagte selber an ganz einfachen Beispielen im Alltag überprüfen.

Wann die depressive Stimmung verschwunden ist und mit ihr die immer wiederkehrenden „schwarzen Löcher“, weiß ich gar nicht. Mir ist nur irgendwann aufgefallen, dass sie weg waren und mir seitdem Ereignisse, die mich vorher in tagelange Depressionen gebracht hatten, nicht mehr so viel anhaben konnten. Mittlerweile gibt es kaum noch etwas, was mich aus der Fassung bringt, mir Angst oder Sorge bereitet – ich habe gelernt zu reagieren.

Ich habe begriffen, das mein Leben, das eigentlich nur aus Arbeiten und einer Weltflucht mit Hilfe von Haschisch bestand, nicht ganz normal war. Ich selber habe den Zeitpunkt bestimmt, wann ich mit dem Kiffen aufhören wollte. Beim zweiten Anlauf hat es dann innerhalb von drei Tagen geklappt. Dass ich nichts mehr geraucht hatte, war an sich nichts Besonderes – das hatte ich ja notgedrungen schon öfter, wenn ich kein Haschisch mehr hatte – sondern dass es aus dem Kopf raus war, dass ich plötzlich kein Bedürfnis mehr hatte, vor der Welt zu fliehen. Alle Gedanken, die sich ums Kiffen drehten, verschwanden. In schwierigen Situationen habe ich mich nicht mehr betäuben wollen.

Mein Weltbild hat sich verändert. Wenn ich früher nur das Schlechte um mich und bei anderen sah, so habe ich jetzt das Bedürfnis, an mir selber zu arbeiten. Man muss immer bei sich selber anfangen, das Umfeld verändert sich dann schon von ganz alleine. Eigenschaften, von denen ich glaubte, dass sie zu mir gehören, konnte ich überwinden. Zum Beispiel die Eifersucht. Was haben sich für Dramen abgespielt, immer dachte ich, ich wäre im Recht und fühlte mich jedes Mal danach wie ausgepowert. Heute kenne ich das nicht mehr, wo immer sich solche Gedankenbilder aufbauen, weiß ich ihnen zu begegnen. Die Zukunftsangst ist verschwunden, ich kann mir heute sogar vorstellen, eigene Kinder zu haben, egal, wie die Welt um mich herum aussieht. Ich habe ein naturwissenschaftliches Studium begonnen, bin heute zufrieden, glücklich, voller Tatendrang, Mut und Selbstvertrauen, und trotzdem bin ich normal und ich selbst geblieben – oder geworden.

Andreas Erwartz

Foto: Johannes Bernstein

Holger Jessen

Ich war Abschaum der Gesellschaft

Alkohol, Haschisch, LSD, Kokain, Speed bis hin zum Heroin gehörten zu den Drogen, die ich seit meiner Jugend ab 13/14 Jahre konsumierte, bis sie mich im Alter von 21 Jahren in die Psychiatrie brachten. Dort fiel ich ständig um, weil ich plötzlich keine Luft mehr holen konnte. Nach einer zusätzlichen Ration Neurocil hatte ich einen Kreislaufzusammenbruch. Ich wurde mit Herzmassage zurückgeholt. Meine Zähne konnte ich mir nicht mehr selber putzen, und ich wurde vom Pfleger gebadet und gewaschen.

Dreimalige Klinikaufenthalte brachten keine Besserung. Haldol, Neurocil und andere starke Medikamente tauschte ich nach stationärem Aufenthalt wieder gegen Kokain und Haschisch ein. So wurde ich zum Drehtürpatienten.

Im März 1989, ein paar Tage vor meinem 24. Geburtstag, hörte ich von der Lehre Bruno Grönings. Mein Großonkel legte Hände auf, deswegen konnte ich das wohl glauben. Ich wurde spontan von Schlafstörungen frei, wegen denen ich nach zwei bis drei Stunden wach wurde und nur mit Beruhigungs- oder Schlaftabletten einige Stunden Schlaf fand. Auch Wahnvorstellungen habe ich seitdem nicht mehr, brauche also auch keine Medikamente mehr einzunehmen. Mit der Diagnose „paranoide Schizophrenie mit halluzinatorischen Wahnvorstellungen" hätte ich laut Aussage des Neurologen ohne Medikamente spätestens nach drei Monaten wieder in der Psychiatrie landen müssen.

Das ist nun zehn Jahre her, und ich erfreue mich bester Gesundheit, nachdem ich auch von starken Magen-Darmschmerzen, ständigem Druck in der Stirnhöhle, Hautausschlägen und Abszessen, Knieschmerzen und vielem mehr frei wurde. Ich brauche keine Drogen mehr, habe drei gesunde Kinder, stehe seitdem immer in fester Anstellung und habe eine Umschulung zum Altenpfleger mit Erfolg abgeschlossen.

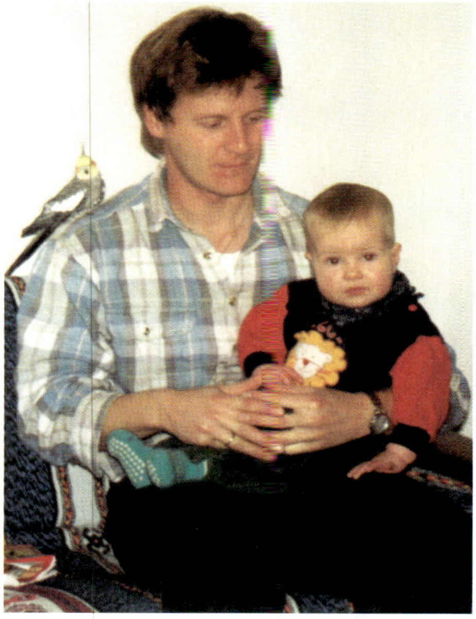

In der Gemeinschaft Bruno Grönings wurde nie etwas von mir verlangt oder mir vorgeschrieben. Ich kann kommen und gehen wie ich will. Ich besuche ein- bis zweimal monatlich die Gemeinschaftsstunden, wo ich gelernt habe, zu lachen und zu tanzen auch ohne Alkohol. Dort habe ich Freundschaft, Liebe, Güte und Hilfsbereitschaft erlebt.

Ich war Abschaum der Gesellschaft: ein arbeitsloser Punk, Dieb, Schläger, Betrüger, Dealer, Alki, Drogi, Hurenbock und Anarchist. All das bin ich nun nicht mehr.

Gott sei Dank.

Loek Neisz

Auf der Suche nach dem Etwas

Heute bin ich gesund – darf Lebenswerte wie Glück, Zufriedenheit, Geborgenheit und Selbstvertrauen haben – Werte, die ich jetzt zu schätzen weiß … Warum brauchte ich 30 Jahre, um dahin zu kommen?

In meiner Jugendzeit gab es nicht die Möglichkeit einer Aufklärung, was die geistigen Gesetze betrifft. Ich wurde vom Sog der Zeit mitgerissen.

Schon als Kind empfand ich eine Leere, ein Nicht-verstanden-Werden, ein Nicht-richtig-geliebt-Werden. Unbewusst suchte ich etwas, konnte es jedoch nicht definieren, weil die Reife dazu fehlte. Mit 14 fing ich an zu rauchen: „Dann bin ich dabei, das hebt mein Ansehen." Heutzutage glaubt man, sich durch teure Markenkleidung, vor allem Sportkleidung, hervorheben zu können oder „dabei" zu sein. Jedoch – wo der Selbstwert fehlt, wird man zum Mitläufer und verliert das Selbstvertrauen.

Jedenfalls gewöhnte ich mich ans Rauchen, auch wenn es anfangs scheußlich schmeckte. Es wurde zu Hause mehr oder weniger erlaubt, also war der Weg frei. Immer suchte ich unbewusst nach dem „Etwas". Also probierte ich alles Außergewöhnliche.

Mit 15 bekam ich von einem Freund einen Joint und rauchte ihn. Er löste ein Gefühl des Unbekümmertseins aus und wir lachten viel. Ich spürte innerlich die Gefahr, auf die schiefe Bahn zu kommen, aber auf der anderen Seite empfand ich keinerlei Entzugserscheinungen oder Übelkeit. Das jedoch war die Gefahr, sonst hätte ich sofort damit aufgehört. Durch das Rauchen machte ich mit Typen Bekanntschaft, die keine moralischen Werte hatten. Die Spießergesellschaft, das Unerfülltsein, kein richtiges Zukunftsbild haben, waren doch Gründe genug, sich zu berauschen. Erste LSD-Trips wurden genommen und die Euphorie begann. Kurze Zeit später Amphetamine und schließlich Heroin.

Dann ging es nur noch bergab. Das anfängliche Abenteuer wurde schnell zur zwingenden Gewohnheit. Es musste auf allen erdenklichen Wegen Geld organisiert werden. Diebstahl, Einbruch, Raub, zu allem ließ ich mich hinreißen. Zuletzt musste ich drei- bis viermal pro Woche Stoff holen. Oft lief ich zum Bahnhof auf der Suche nach Stoff – mein Körper lief, ich selbst wollte umkehren, aber hatte keine Gewalt mehr über meinen eigenen Körper und musste zusehen, wie die Sucht mit meinem Körper einen eigenen Weg ging. Durch den Einfluss der Drogen und den Umgang mit üblen Freunden fing ich nicht nur an zu stehlen, sondern auch zu lügen und wurde gewalttätig. Frauen wurden fast nur nach ihrem Körper beurteilt und eine Beziehung aufrecht zu erhalten, war eine schwierige Sache mit all den verworrenen Gefühlen. Innerliche Warnungen habe ich oft gespürt, doch diese wurden alle mit Großtuerei und Berauschung übertüncht. Ich sehe jetzt, wie machtlos ich allen Einflüssen ausgeliefert war, weil ich keinen Anhalt hatte und die Wahrheit nicht gewusst habe.

Mit 19 bekam ich schließlich Gelbsucht, musste ins Krankenhaus und blieb acht Wochen lang auf einer Isolierstation. Welche Ernüchterung: Entzugserscheinungen – nicht schlafen – Aggressionen – Schweißausbrüche – Ängste – verworrene Bilder – Lebensmüdigkeit.

Draußen, 100 m weiter waren die Diskos und Cafés, die Scene, wo meine Freunde es weiter trieben – und ich hier im Krankenhaus. Ich dachte: „Unmöglich, alles amüsiert sich, alles dreht sich weiter und du liegst hier gefangen und kannst nicht mitmachen." Mein Körper war förmlich kaputt und geistig war ich am Ende, und doch wollte ich noch weitermachen?

Die Gelbsucht wurde chronisch, d. h. medizinisch unheilbar. Und dann: Von einem Krankenhaus zum anderen, Untersuchungen, schmerzhafte Leberpunktionen musste ich über mich ergehen lassen. Diagnose: „Es tut mir leid, wir können nicht mehr helfen, damit müssen Sie jetzt leben." Jedoch lange leben mit dieser Krankheit geschieht nicht oft. Letzte Lösung: Hormonbehandlungen mit Ne-

benwirkungen, die den Körper abwrackten.
Zuletzt habe ich auf eigene Verantwortung die Ärzte verlassen, alles chemische Zeug verbittert weggeworfen und ging auf die Suche. Elf lange Jahre.

Sechs Jahre nach dem körperlichen Entzug nahm ich nachts immer noch Drogen, wachte schweißgebadet auf und stellte fest, dass es schon wieder dieser Traum war.
Ich fing an Bücher zu lesen über positives Denken, meditierte, machte Zen, Yoga, Tai-chi, aber innerlich fraß der Wurm weiter, der Hunger nach dem Etwas, was ich nirgends finden konnte.
Die Drogen hatten einen hohen Tribut von meinem Körper und Geist gefordert, elf Jahre meines Lebens zur Hölle gemacht, in denen Schmerzen, Einsamkeit, Krankheit und viele schlechte Erfahrungen mein Lebensinhalt waren. War das der Lohn von einem Joint?
Als ich dann 30 Jahre alt war und die ganze Palette des Verführerischen der Gesellschaft gekostet hatte, war ich so weit - und ich schäme mich nicht, das hier zu sagen -, dass ich weinend wie ein Kind im Wohnzimmer Gott gerufen habe, besser gesagt angeschrien habe, um Hilfe zu bekommen.
Ich konnte nicht mehr leben.
Gott offenbarte sich nicht sofort. Erst zwei Wochen später zeigte meine Mutter mir ein Bild und ein Buch von Bruno Gröning und seiner Lehre. Ein Mann, der behauptete, er wolle ein Freund sein; der behauptete, er wolle mir meine Krankheit, Not und Schmerzen abnehmen. Noch kein Arzt, kein Familienmitglied, kein Kumpel, niemand hatte mir dieses Angebot in meinem Leben gemacht.
Ich nahm seine Hand, ich gab ihm meine Not und es geschah. Abends im Bett mit einem Bild in der Hand empfing ich die Heilung, die Heiligung, die Gnade und hörte: Du wirst ganz gesund!

Während einer Gemeinschaftsstunde wurde ich derart von einer Kraft durchströmt, dass ich dachte: „Das kann nur Gott selbst sein, der in meinen Körper einzieht.“ Zum ersten Mal spürte ich das Etwas, das mich ganz erfüllte. Es war die Gottesliebe, die Rückkehr in eine lang verlorene Heimat, es war – Glückseligkeit.

Die Schmerzen wichen, die „unheilbare“ Krankheit verschwand, meine Seele atmete auf und ich war neugeboren. Danach wurden mir dann die Lebenswerte bewusst, die ich vorher mit Füßen getreten hatte. Ich begriff die Gefahren der modernen, „freien“ Erziehung von hilflosen Eltern und des Sich-Ergötzens an Stars, des Einflusses aggressiver Musik, der ganzen Modewellen, des Coolseins – alles lief vor meinen Augen ab – oh, welche himmelschreiende Verblödung der Menschheit!
Ich lernte, was gut und schlecht, was falsch und echt. Ich lernte praktisch gehen, durchs Leben zu gehen, aber diesmal mit offenen Augen. Heutzutage ist vieles so schön verpackt, jedoch lebensgefährlich der Inhalt und tödlich der Gebrauch.
Ich kann euch, jedem Jugendlichen, von ganzem Herzen nur zurufen, wachsam zu sein, den guten Rat des Lebensmeisters Bruno Gröning zu prüfen, um vor vielen wirklichen Gefahren, die im Leben lauern, geschützt zu sein. Alles fängt klein an, das Gute wie das Schlechte, mit dem Unterschied, dass das eine aufwärts und das andere abwärts führt.
Ich habe jetzt selber einen Sohn, den ich erziehen darf, und bemerke, dass meine Strenge und Konsequenz, die ich in aller Liebe gebe, ein inniges Band schafft. Eltern und auch wahre Freunde dürfen keine Waschlappen sein!

Ich danke Gott und meinem lieben Freund Bruno Gröning für die Rettung aus der Not.
Ich wünsche mir, dass ihr das gewisse Etwas nie in Äußerlichkeiten sucht, sondern in euch das Erbe des himmlischen Vaters findet.
Auf kurz oder lang muss doch die ganze Menschheit erkennen, dass die Erfüllung nicht in Drogen, Besitztümern oder bei anderen Menschen zu finden ist. Die Gottesliebe und Seine Lebensregeln sollen als das belebende, bleibende Etwas von allen wieder empfunden werden. Ich bin dankbar, das schon gefunden zu haben. Das wünsche ich jedem – besser heute als morgen.
Alles Liebe und Gute!

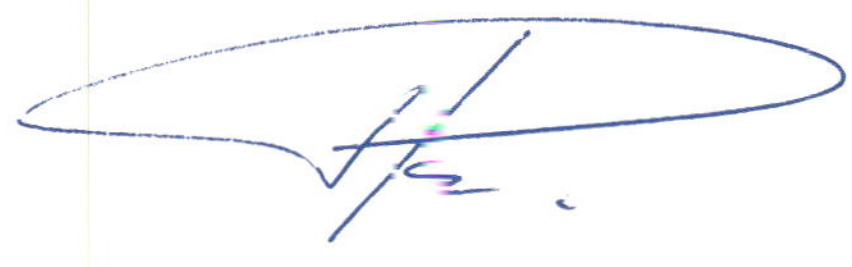

Jörn Köhler

So Gott will und es gut für uns ist, kann alles geschehen.

Ich spielte in einer Fußballmannschaft, es war die Zeit mit 14-15 Jahren, wir wollten alle cool sein, hörten New Wave und Electronic Body Music. Es war in, die neuesten Frisuren, Klamotten und Schuhe zu kaufen. Ich war in dieser Zeit häufig unterwegs und alle Großstädte zogen mich magisch an, weil dort so viel (Nacht-)Leben war. Ich war ja gerade im Teenageralter und die Mädels interessierten mich mächtig.
Ich kämpfte um jede Minute, die ich in der Disko verbringen durfte, aber meine Eltern holten mich bis zu meinem 17. Geburtstag fast jedes Wochenende um 24 Uhr in den Diskotheken ab. Wir tranken auch immer gut Alkohol, und meine Eltern stellten bei mir kaum fest, dass ich besoffen war. Mit ihnen verstand ich mich relativ gut, obwohl ich ein mittelmäßig bis fauler Schüler war. Zu Hause war ich selten, da ich ständig Fußball spielte. Wir tranken nach jedem Spiel, es war cool, besoffen zu sein, und jeder prahlte, wie viel er schon vertragen konnte. Ich liebte es, am Wochenende bis mittags im Bett zu liegen. Meine Eltern hatten zu diesem Zeitpunkt kaum noch Teil an meinem Innenleben und den Gefühlen, die ich empfand.

Kurze Zeit später lernte ich das Mädel meines Lebens kennen, so dachte ich damals. Ich war verliebt bisüber beide Ohren. In dieser Zeit gelang mir auch alles mit Leichtigkeit, in der Berufsschule schrieb ich nur Einsen und die praktische Ausbildung als Industriemechaniker machte ich mit links. Alle Menschen, mit denen ich zusammen war, konnten mich gut leiden und ich war überall beliebt. Ich engagierte mich stark für die Interessen der Auszubildenden. Ich war zu dieser Zeit ein sehr glücklicher Junge. Doch dann kam alles ganz anders.
Meine Freundin hatte sich entschieden, nach Paris zu ziehen und dort als Aupair zu arbeiten. Ich war nicht gerade erfreut darüber, weil ich sie noch liebte wie zu Beginn. Ich fühlte, dass sie weg wollte von mir, und das stimmte mich traurig, und ich war innerlich verletzt. Bei ihr war das Gefühl der Liebe zu mir verschwunden.
Kurze Zeit später sagte mir meine Mutter, dass meine Eltern sich scheiden lassen wollten. Ich war total überrascht darüber. Ich habe meine Eltern sehr gerne, und ich war innerlich zerrissen.
Jetzt hätte ich meine Freundin gebraucht, es war aber auf einmal niemand da, mit dem ich über meine Gefühle hätte sprechen können, und ich fraß es in mich hinein. Von meinen alten Freunden war kaum noch jemand da, ich hatte mich auch sehr von ihnen distanziert, weil ich fast die ganze Zeit mit der Freundin zusammen gewesen war. Und es nahmen fast alle Drogen, weshalb ich mit ihnen auch nichts zu tun haben wollte. Meine Mutter war mit den Nerven am Ende und hätte mich dringend gebraucht, aber ich hatte selbst keine Kraft und war ständig unterwegs. In mir herrschte eine Rast- und Ruhelosigkeit.

So suchte ich wieder Kontakt zu den alten Freunden, die waren immer so lustig, wenn sie einen Joint geraucht hatten, und so fing ich an, Haschisch zu rauchen.
Innerlich war ich ja auf der Suche nach Liebe und Anerkennung, und jedes Mal, wenn ich was geraucht hatte, war alles lustig und rosarot, alles war leicht. Wir hatten stellenweise solche Lachflashs, dass ich am nächsten Tag Muskelkater hatte. Es war dann am Ende so, dass ich täglich ungefähr 3 1/2 Gramm rauchte. Das Erste morgens war ein Joint.
Ein halbes Jahr später kamen dann die harten Drogen dazu, man war ja schließlich neugierig, was die für einen Kick bringen. Zu dieser Zeit war ich fast ein halbes Jahr jeden Abend in der Disko, auf Partys oder bei Freunden, bei denen immer geraucht und getrunken wurde. Am Wochenende nahmen wir die harten Teile. Die erste Erfahrung damit machte ich mit Speed. Ein weißes Pulver, reinste Chemie. Man kann es durch die Nase ziehen oder in ein Bällchen packen und runterschlucken. Es ist wesentlich günstiger als Kokain.

Ein Gramm Speed kostet zwischen 15,00 und 50,00 DM und ein Gramm Kokain zwischen 80,00 und 350,00 DM.

Auf einer Party, ich hatte ungefähr zehn Flaschen Bier, jede Menge Jack Daniels und Wein getrunken, kam ich an einen Punkt, wo ich spürte, ich kann nicht mehr. Daraufhin hatte mir ein Freund eine Line (das weiße Pulver wird als Linie hingelegt) angeboten, was ich dann auch durch die Nase zog. Es war so scheußlich, alles brannte in meiner Nase und die Tränen liefen mir über das Gesicht. Auf einmal war ich wieder fit und konnte weiter mit auf der Party feiern. Jetzt konnte ich noch mehr trinken und kippte noch zwei Flaschen Wein nach. Es wurde auch schon wieder hell draußen, ich war aber innerlich total aufgewühlt. So rauchte ich noch ein paar Joints und trank kräftig weiter.

Ich wollte einfach weiter feiern. Nur die anderen waren alle schlapp und wollten nach Hause. Ich fuhr auch nach Hause mit dem eigenen Wagen und legte mich ins Bett, es war Ostersonntag 11 Uhr, aber ich konnte kein Auge zutun. Mein Gehirn lief auf Hochtouren, mein Körper fühlte sich furchtbar an. Alle Knochen schmerzten, die Gesichtsmuskulatur tat vom hektischen Kaugummikauen weh und ich wollte nur schlafen, konnte aber nicht. Ich hätte die Tapete mit den Fingernägeln von der Wand kratzen mögen. Ich wünschte mir nur zu schlafen. Hunger hatte ich auch keinen. Speed nimmt die Hungergefühle durch die innere Unruhe. Nach einer solchen Nacht schmerzte meine gesamte Muskulatur und ich spürte, wie das Speed das Kalzium aus meinem Körper zog. Ich nahm Speed dann ab und zu auf Techno-Partys, um einfach weiter zu tanzen, zu trinken und zu feiern.

Zu diesem Zeitpunkt merkte ich persönlich gar nicht, wie ich mich immer stärker verändert hatte. Ich wurde egoistisch, war nur noch auf mein Wohl bedacht und entfernte mich immer mehr von normalen Menschen, denn ich hatte nur noch mit Drogenkonsumenten und Dealern zu tun. Ich fühlte mich auch gar nicht wohl in der Nähe von normalen Menschen, es war keine Gemeinsamkeit mehr da. Ich hatte auch alle ein bis zwei Monate eine neue Freundin, und ich suchte weiter nach der Liebe, wie ich sie in meiner ersten Beziehung erlebt hatte.

In dieser Zeit bestand ich so mit Ach und Krach mein Fachabitur. Nach dem Fachabitur wollte der kleine Jörn die große, weite Welt sehen und ich dachte mir: „Du hast schon was geleistet in deinem Leben, jetzt gönn dir mal ein Jahr Reisen."

Ich suchte alles Geld, das ich erspart und erarbeitet hatte, zusammen, organisierte noch eine Abschiedsparty, auf der an Drogen alles geboten war. Ich fuhr dann mit ein paar Freunden nach Amsterdam, wo wir uns kräftig wegbeamten. Von Ostende aus fuhr ich dann alleine weiter nach London. Ich hatte mich gar nicht vorbereitet und wusste in London nur ein Hotel für Rucksackreisende.

Da angekommen, machte ich mich sofort auf die Suche nach Marihuana, was ich direkt in demselben Hotel fand und auch jede Menge junger Menschen aus der ganzen Welt. Ich rauchte in den ersten zwei Wochen Unmengen an Gras und schaute mir London an. Nach drei Wochen machte ich mich auf die Suche nach Arbeit, und ich fand direkt eine Arbeitsstelle als Hilfskellner. Die Arbeit war hart und für Deutsche verhältnismäßig schlecht bezahlt. Ja, und dort erlebte ich dann den ersten Horrortrip auf LSD. Ich war ja fremd in diesem Land und konnte halt so mein Schulenglisch.

Nach 16 Stunden harter Arbeit kam ich nach Hause. Ich lebte in einem Zimmer mit vier Personen. Alle hatten einen TRIP (LSD) genommen. LSD ist eine chemische Substanz, die auf Löschpapier geträufelt wird. Man weiß vorher nie, wie stark die Lösung ist.

Man nimmt dieses Papier einfach in den Mund und schluckt es dann runter. Ich hatte die Hälfte von einem LSD genommen. Größe: 1cm². Es war eine Erdbeere auf das Papier gedruckt und sollte ganz schwach sein.

Ja, und bei mir war es dann so, dass ich eine Stunde später auf einmal panische Angstzustände bekam, und ich konnte kein Wort Englisch mehr sprechen. Die Sprache war einfach weg. Ich war auch der einzige Deutsche. Mich quälte über acht Stunden die Angst, dass ich sterben müsste. Ich wollte unbedingt runter von dem Trip, aber es wurde

immer schlimmer. Ich saß am Telefon und wollte das Krankenhaus anrufen, da ich Herzrhythmusstörungen hatte. Nur es brachte nichts, ich konnte mich ja nicht mitteilen. Ich rief einen Freund in Deutschland an, der war aber nicht zu Hause. Ich trank literweise Wasser und stellte mich unter die Dusche, aber nichts half.
Ein Mitbewohner merkte, dass es mir sehr schlecht ging und gab mir eine Schlaftablette. Einige Zeit später schlief ich dann ein und betete zu Gott, dass ich wieder normal erwache, was dann auch Gott sei Dank geschah. Ich war so froh, als ich aufwachte und wieder ganz klar im Kopf war.

Kurze Zeit später lernte ich ein hübsches deutsches Mädchen kennen. Sie arbeitete als Bardame in einer Disko. Mit ihr habe ich mein erstes Ecstasy genommen. Ecstasy ist eine Tablette, die man einnimmt bzw. im Fachjargon „sich einbaut". Sie besteht aus purem Gift (u. a. Strychnin).
Die Wirkung davon ist, dass die Körpertemperatur durch die Gifte nach oben gesetzt wird, was im Magen ein Gefühl von Hitzewallungen auslöst. Diese gehen pulsartig durch den Körper. Man sieht alles durch eine rosarote Brille, ist geistig benebelt und hat alle Menschen lieb. Diese Droge passt hervorragend zu Techno, weil man sich bewegen möchte, das Herz schlägt auch wesentlich schneller.
Ich war das erste Mal total begeistert von dem Gefühl und dachte mir: „Das ist ja total stark!" Je mehr ich aber davon nahm im Laufe des folgenden Jahres, umso weniger war dieses Gefühl da, und ich nahm dadurch bis zu drei Ecstasy in einer Nacht. Nach einer Nacht Hochstimmung auf Drogen kam dann in den darauffolgenden Tagen eine Tiefstimmung auf.
Mich nervten in dieser Zeit alle Menschen, und ich war so unzufrieden in der realen Welt. Ich fühlte mich innerlich einsam und allein gelassen, mein Herz sehnte sich so nach Liebe.
Ich hatte dann auch keinen Bock mehr zu arbeiten und kündigte meine Stelle.

Dann lernte ich eine Spanierin kennen, sie war ein Traum und so richtig voller Temperament in allen Bereichen. Wir verstanden uns supergut, und es war viel Liebe zwischen uns.
Ich fand dann in London eine Zeit lang einfach keine Arbeit und lieh mir Geld von meinen Mitbewohnern. Diese Quelle versiegte aber bald und ich hatte keinen Pfennig mehr. Ich musste dann ein paar Tage hungern und das war eine sehr schlimme Erfahrung. Ich schwor mir voller Wut und Zorn, nie mehr hungern zu müssen in meinem Leben.
Im April verabschiedete sich Maria von mir, sie musste nach Hause, weil ihre Mutter sehr krank war. Ich fühlte mich auf einmal wieder so einsam, hatte keine Freude mehr und dadurch auch keinen Erfolg mehr bei der Arbeit.
So entschloss ich mich, wieder nach Deutschland zurückzufliegen. Dort angelangt, war ich sofort wieder in der alten Clique integriert, und ich konsumierte weiter kräftig Drogen. Ich arbeitete in verschiedenen Firmen als Hilfsarbeiter, machte allerdings sehr oft blau und ließ mich häufig krankschreiben. Bis ich schließlich in Saarbrücken bei meiner damaligen Freundin lebte. Sie war ganz schön stramm dabei. Sie nahm noch mehr Drogen als ich und war der Meinung, Drogen wären gut und sie hätte soweit alles unter Kontrolle. Sie ging regelmäßig zur Schule und zur Arbeit. Ich spürte aber bei ihr oftmals eine enorme Kälte, als ob sie gar kein Herz hätte. Wir hatten eine rein körperliche Beziehung, aber keinen Tiefgang, keine wahre Liebe. Ich hatte mit dem Mädel fast so meine härteste Zeit auf Drogen. Drei Pillen in einer Nacht und ohne Ende Alkohol, Speed, Koks, einfach alles, was turnte.

Mein Vater hat in dieser Zeit für mich gebetet, weil ich mich total von meinen Eltern distanziert hatte. Ich hatte sehr abgenommen und war geistig in einer anderen Sphäre, ich fühlte mich total unwohl mit normalen Menschen. Mein Vater spürte irgendwie, dass mit mir etwas nicht stimmte.

Dann in Frankfurt in einer Techno-Diskothek: Ich hatte in dieser Nacht Ecstasy und Speed genommen und von 24 Uhr bis 9 Uhr sonntagmorgens durchgetanzt. Auf einmal hatte ich ein wunderschönes Erlebnis: Es knallte in meinem Kopf und ich dachte, es wäre darin ein Chinaböller explodiert. Gleichzeitig spürte ich, wie pure, strahlende, wärmende Liebe aus meinem Solarplexus durch meinen Körper strömte, und die Worte: „Ich bin gut." und „Alles wird gut." waren in mir. Ich sagte dies auch zu den Leuten, aber keiner konnte richtig verstehen, was ich in diesem Moment empfand. Dieses Gefühl der Liebe war unendlichmal schöner als jede Droge, die ich zuvor genommen hatte.

Am nächsten Tag hatte ich ganz stark das Gefühl, zu meiner Oma zu gehen. Ich machte mich auf den Fußweg von zwölf Kilometern. Meine Oma wollte mich eigentlich mal richtig in den Senkel stellen, weil ich mich nicht mehr um meine Mutter und die Arbeit, die zu Hause zu machen war, kümmerte. Als ich aber klingelte, hörte sie eine innere Stimme, die ihr sagte: „Du darfst jetzt nicht streng zu ihm sein." Wir unterhielten uns kurz, und sie bat mich, meine Mutter zu besuchen.
Am gleichen Abend ging ich zu meiner Mutter und beichtete ihr, was eigentlich los war mit mir. Meine Mutter war sehr betroffen, als sie hörte, dass ihr einziger Sohn drogenabhängig war, und sie rief meinen Vater an. Meine Eltern hatten zwei Jahre nicht mehr miteinander geredet und waren sicher von meinem Zustand so betroffen wie ich damals von ihrer Scheidung. Sie boten mir aber beide die Hilfe an, wenn ich nur da raus wolle und mit den Drogen aufhöre.
Das tat ich auch. Ich hatte in dieser Zeit solch einen starken Willen und wollte mit aller Kraft weg von den Drogen und raus aus dem Teufelskreis. Ich setzte im Oktober von heute auf morgen alle Drogen ab und entfernte mich von allen ehemaligen Freunden. Ich ging zur Drogenberatung mit meinen Eltern und suchte viele Ärzte auf, hatte aber irgendwie kaum noch Vertrauen zu fremden Menschen.

Ich bekam nach dem Absetzen der Drogen starke Depressionen. Ich dachte, nach allem, was ich in der Drogenzeit erlebt hatte, dass mir alle fremden Menschen etwas Böses wollten, und sah in jedem fremden Menschen einen Killer. In der Fachhochschule hatte ich einen Professor, und wenn er sprach, verstand ich verschlüsselte Drohbotschaften, die mein Ableben klarstellen sollten. Ich dachte oft, mein Herz würde nicht mehr richtig schlagen und hatte Angst, dass es stehen bleibt. Ich sah keinen Sinn mehr im Leben und dachte öfter an Selbstmord. Ich wusste einfach nicht mehr, warum ich auf der Erde noch leben sollte. Außerdem hatte ich panische Angst, meinen Körper durch den Drogenkonsum dauerhaft geschädigt zu haben. Diese Dinge quälten mich am Tag, und wenn ich mal schlafen konnte, ging es in Alpträumen weiter.
Ich grübelte sehr viel über negative Dinge nach. Ich wäre froh gewesen, wenn ich eine Art Ventil gehabt hätte, durch das ich manchmal Druck hätte ablassen können. Mir kamen Gedanken wie: „Wenn der Motor von deinem Auto kaputtgeht, dann stirbst du auch." Mir wurde im Nachhinein klar, dass solche Gedanken nicht von mir produziert wurden.

Der Psychiater, bei dem ich in Behandlung war, empfahl mir zu einer Therapie zu gehen und eine Selbsthilfegruppe aufzusuchen. Ich wollte aber mit Leuten, die aus der Drogenscene kommen, nichts mehr zu tun haben. Ich hatte auch kein rechtes Vertrauen zu dem Arzt und dachte, er wolle mich nur verwirren. Ich war nur dreimal zur Behandlung und ging dann nicht mehr hin.
Durch das Grübeln war ich auch sehr zerstreut und ich konnte mich nicht richtig konzentrieren. Wenn ich zum Beispiel aufräumen wollte, kamen mir so viele Gedanken, dass ich am Ende fünf verschiedene Dinge in einem machen wollte, aber dann vor Kraftlosigkeit aufgab.

Im November stellte mein Hausarzt eine um sechs Zentimeter erweiterte Leber fest. Der Arzt sagte mir, dass dies reparabel sei, nur müsse ich die Finger von allen Drogen lassen, was ich mir auch sehr zu Herzen nahm. Ich ernährte mich sehr gesund und machte viel Sport. In dieser Zeit war ich jedoch bei allem, was ich tat, total verkrampft. Wenn ich solche Angstzustände hatte, ging ich in den Wald und lief einige Kilometer voller Wut und schrie manchmal wie ein wildes Tier. Anfang Dezember fing ich an, in einer Firma zu arbeiten. Ich war aber sehr bedrückt, hatte wenig Selbstbewusstsein und war sehr zurückgezogen.
Zu den Arbeitskollegen hatte ich so gut wie keinen Kontakt.

Durch die vielen Gedanken, die ständig in meinem Kopf herumschwirrten und die Konzentrationsschwierigkeiten war es mir nicht möglich, ein Gespräch mit irgendwem zu führen.
Von wegen, wenn man will, steigt man einfach wieder aus! Ich nahm das Zeug schon lange nicht mehr, aber wie ich da jetzt aussteigen sollte, wusste ich nicht.

Meine Mutter erzählte einer Freundin im November, dass ich aus lauter Verzweiflung in der Bibel gelesen hätte. Ich bekam daraufhin ein Einführungsbuch in die Lehre Bruno Grönings geliehen und das Buch von Petra Rüther: „Mein Weg über den Abgrund" von meiner Mutter geschenkt. Das Buch von Petra hat mich sehr gefesselt. Ich habe es trotz der Konzentrationsschwierigkeiten in einer Nacht durchgelesen. Trotzdem war ich sehr skeptisch, weil ich nicht wusste, was der Bruno Gröning-Freundeskreis ist. Ich hatte Angst, an eine Sekte zu geraten. Da ich es aber vor Depressionen und Angstzuständen nicht mehr ausgehalten habe und nicht wusste, wie ich mir noch helfen sollte, dachte ich: „Ich prüfe jetzt, ob das wahr ist, was in dem Buch steht". Nach einem zweiwöchigen inneren Kampf ging ich Mitte Dezember dann in Pirmasens zu einem Einführungsvortrag in die Lehre Bruno Grönings.
Bei der Einführung hatte ich ein solches Liebesgefühl empfunden wie damals in Frankfurt in der Diskothek, und da habe ich direkt innerlich erlebt, dass ich hier richtig bin. Während der Einführung musste ich sehr stark schwitzen und das Wasser lief mir aus allen Poren. Mein Körper hat sich vollkommen gereinigt, und das Gift, das da aus meinem Körper kam, stank bestialisch.
In mir war so eine herrliche Ruhe und Zufriedenheit wie in einem kleinen Kind, das vollkommen glücklich unter dem Weihnachtsbaum sitzt und sich über ein Geschenk freut. Diese Gefühle lassen sich nur schwer in Worte kleiden. Wer schon einmal aus tiefstem Herzen geliebt hat, weiß, was ich meine.
Auf dem Heimweg nach der Einführung hatte ich das Gefühl, ich würde heimschweben. Ich kann mich erinnern, dass ich mir nach diesen enormen Gefühlserlebnissen die letzte Seite in Petras Buch zu Herzen genommen habe. Da stehen ein paar Worte, die Herr Gröning zu seinen Lebzeiten sagte: *„Ich kann genau so auch jeden Menschen führen, sodass er nicht in der Lage ist, irgendwo noch ins Unglück geführt zu werden. Und das tue ich an Menschen, die sagen: ‚Ich lege mein Leben in Ihre Hände, führen Sie mich bis zu meinem Ende.' Und ich führe diesen Menschen tatsächlich nur auf den guten Weg, und da halte ich ihn fest, sodass er niemals auf den schlechten Weg kommen kann."*

Die Depressionen sind mir in der Einführung genommen worden. Ich fühlte mich vollkommen frei, als wenn ein Dornenpanzer aufgesprungen wäre. Ich konnte wieder richtig offen und frei auf alle Menschen zugehen und ihnen ins Gesicht sehen. Wer solche Dinge einmal erlebt, weiß, was es heißt, vor Dankbarkeit innerlich auf die Knie zu gehen.
Aus diesem Grund nahm ich auch jeden Tag die göttliche Kraft auf, von der Bruno Gröning gesprochen hatte. Es ist wundervoll zu erleben, wie es tatsächlich eine höhere Kraft gibt, die ganz angenehm durch den Körper fließt. Ich empfand es wie eine wunderbare goldene Dusche. Schon am frühen Morgen war ich durch die Aufnahme der Kraft so munter wie noch nie in meinem Leben.
Ich war so ergriffen von meiner Heilung, dass ich es fast jedem erzählte. Viele dachten, ich wäre jetzt völlig durchgeknallt. Aber ich erlebte in dieser Zeit Gott wirklich jeden Tag. Ich machte einfach nur die Hände auf und sagte „bitte", und alle Probleme lösten sich auf. Das war doch kein Zufall! Früher hatte ich doch solche Erlebnisse nicht.

Nur machte ich einen großen Fehler. Ich dachte, ich müsste mich nicht großartig ändern, und so wurde ich nach und nach immer fauler und hatte keine rechte Lust mehr zu arbeiten.
Im Juni danach hatte ich dann einen Rückfall. Ich lernte einen Buddhisten kennen, der mir sehr sympathisch war. Er rauchte Haschisch und hatte sein Leben gut im Griff. Mir kamen dann die Gedanken, dass Haschisch gar nicht so schlimm wäre, dass die Entzugserscheinungen, die ich hatte, doch nur von den harten chemischen Drogen gewesen wären, und so fing ich, dumm

und leichtgläubig wie ich war, wieder an zu rauchen.
Auch Alkohol trank ich wieder. Ich kam wieder mehr mit den alten Freunden zusammen und gab meine Arbeit auf. Ich wollte nach Nepal.

Ich hatte viel gelesen über die Meister im Fernen Osten und wollte das unbedingt live erleben. Vom Bruno Gröning-Freundeskreis hatte ich mich distanziert. Ich verkaufte mein Hab und Gut, packte meine Koffer und flog im September nach Nepal. Dort machte ich mich als Erstes auf die Suche nach Haschisch, was auch ohne Probleme in rauhen Mengen zu finden war. Ich rauchte ungefähr 5-15 Joints pro Tag und Haschöl, was ungefähr zehnmal stärker ist als Haschisch. Ich trank auch wieder häufig Bier und rauchte ungefähr ein Päckchen Zigaretten am Tag.
Im Dezember war mir danach, nach Hause zu fliegen, weil ich gerne Weihnachten mit der Familie feiern wollte. Ich war sehr begeistert von den günstigen Textilpreisen in Nepal. In Deutschland wollten wir einen Textilgroßhandel eröffnen. Wir hatten auch schon alles in die Wege geleitet, und Ende Januar sollte es mit dem nötigen Kleingeld wieder nach Nepal gehen.

Es kam aber, Gott sei Dank, alles ganz anders. So gegen Mitte Januar fing ich langsam an, wieder Kraft aufzunehmen. Durch die vermehrte Kraftaufnahme kam ich Tag für Tag früher aus dem Bett.
Nach ein paar Tagen hörte ich mit dem Rauchen auf. Ich hatte so das Gefühl, dass ich es nicht mehr brauche. Genauso war es mit dem Haschisch und auch mit dem Alkohol. Das Ganze wurde mir einfach genommen, als ob ich einen Gegenstand verschenke, und er ist plötzlich nicht mehr bei mir. Ich war es einfach los.
Am Todestag Bruno Grönings, dem 26. Januar, frühmorgens um sieben Uhr hatte ich dann ein wunderbares Erlebnis. An diesem Morgen stand ich sehr früh auf, und das Erste, was ich tat, war Kraft aufnehmen. Ich bekam dann einen regelrechten Hochstrom. Mich schüttelte es für eine halbe Stunde total durch. Danach erkannte ich, was ich in den letzten Monaten falsch getan hatte, und ich bereute es innerlich und entschuldigte mich bei Gott. Seit diesem Zeitpunkt bin ich vollkommen frei von allen Drogen.

Mein Gefühl sagte mir ganz deutlich, dass ich den Kontakt mit den Drogenfreunden sofort einstellen musste. Herr Wollowski, ein Rentner aus dem Freundeskreis, bot mir an, eine Zeit lang zu ihm zu ziehen, was ich auch dankbar annahm.
Ich hatte noch Entzugserscheinungen und erlebte, dass Haschisch eine härtere Droge ist, als es in der Öffentlichkeit gesagt wird. Ich möchte alle Jugendlichen davor warnen, jemals Haschisch zu rauchen, ich weiß, wovon ich rede.
Ich bin so dankbar, dass es die göttliche Kraft gibt, ohne diese hätte ich den Kampf nicht durchgehalten. Je mehr ich davon aufnahm, desto besser gelang es mir, mit allem Negativen fertig zu werden.

Im März kam ich zu Familie Löllgen nach Köln. Ich war so glücklich, endlich von den Drogenleuten weg zu sein, die mir in Saarbrücken ständig über den Weg gelaufen waren.
Ich ging viel in die Natur und fühlte mich danach gestärkt. Auch Gartenarbeit machte mir Freude, und ich spürte, dass Pflanzen auch Lebewesen sind, mit denen wir auf der Gefühlsebene Kontakt aufnehmen können. Durch die Lehre Bruno Grönings habe ich einen ganz neuen Zugang zur Natur und zu allen Lebewesen bekommen. Ich hatte mich sehr weit entfernt von

Gott, und mir wurde aufgezeigt, dass mich jeder negative Gedanke von Ihm entfernte.

Bruno Gröning hat uns durch diese uralte Lehre die Wahrheit wiedergebracht. Durch seine Hilfe wurde ich Stück um Stück geführt und wieder aufgebaut. Heute verstehe ich, wenn ich die Bibel lese oder in die Kirche gehe, was Jesus uns sagen will.

Da jeder junge Mensch gerne eine Arbeitsstelle hätte, bei der er sich wohl fühlt, hatte ich den Wunsch an Bruno Gröning gerichtet, mir die richtige Stelle zuzuführen. Natürlich ist einem nicht geholfen, sich nun zu Hause hinzusetzen und darauf zu warten, dass die Arbeitsstelle bei einem zu Hause an der Haustür klingelt. Ich begab mich also auf die Suche nach der richtigen Arbeit. Als gelernter Maschinenschlosser bot mir das Arbeitsamt drei Möglichkeiten an, zwei im sozialen Bereich und eine aufbauend auf meinen Beruf. Ich spielte alle drei Dinge im Kopf durch und hatte bei dem letzteren ein gutes Gefühl. Ich empfand richtig Freude bei dem Gedanken, auf meinem Beruf aufzubauen.
Ja, und so besuchte ich ein halbes Jahr einen Lehrgang, in dem ich lernte, am Computer zu zeichnen und computergesteuerte Maschinen zu programmieren. Ich hatte oftmals nicht die Zeit zum Lernen, und so stellte ich innerlich die Frage: „Was kommt in der Prüfung dran?“ Ich blätterte danach den Ordner durch und konnte ganz klar wahrnehmen, was ich zu lernen hatte. Ich schloss die Schule mit der Note Eins ab.
Im Anschluss an den Lehrgang fand ich direkt eine Stelle. Obwohl wir ein Praktikum machen sollten, habe ich mich direkt beworben. In einer Zeitung war eine Stellung ausgeschrieben als freier Handelsvertreter. Ich dachte mir, dass das gut wäre, aber zweifelte, ob die mich nehmen würden. Aber es war dann tatsächlich so, dass ich die Stelle angeboten bekam. Das war eine großartige Gelegenheit, denn diese Arbeitsstellen sind wirklich selten und sehr begehrt. Wie gut war es, dass ich in die-

sem Moment Freunde hatte, die sich mit mir einstellten und mir auch Mut machten, denn ich war völlig pleite. Ich musste als Vertreter mobil sein, hatte aber kein Auto, und außerdem arbeite ich rein auf Provisionsbasis, und das heißt: kein Gehalt.
Drei Wochen vor Berufsbeginn wusste ich noch nicht, wie alles gehen sollte. Doch dann fand ich endlich Käufer für mein Rennrad und meine Snowboardausrüstung, konnte mir ein altes Auto kaufen, und los ging's.

Heute darf ich eine Jugendgemeinschaft leiten und bin mir meiner Verantwortung bewusst. Ich habe hier gelernt, was es heißt, mit beiden Beinen fest auf der Erde zu stehen und ein moralisch anständiges Leben zu führen. Natürlich bemühe ich mich, dies den Jugendlichen, die dafür Interesse haben, weiterzugeben. Einen großen Dank auch an die Leiterin dieses Werkes, Frau Häusler, sie setzt sich sehr für die Jugend ein.
Ich persönlich habe auch schon Heilungen erleben dürfen an jungen Menschen. Nach einem Jugendinfovortrag kam eine Frau auf mich zu und erzählte mir, dass ihre Tochter Bulimie hatte. Sie fragte mich, ob auch ihr geholfen werden kann. Ich erklärte ihr nur ein paar Grundlagen der Lehre, und wir nahmen gemeinsam die göttliche Kraft und den Glauben für ihre Tochter auf. Es war dann tatsächlich so, dass das Mädchen ein paar Tage später geheilt war, ohne jemals etwas von Bruno Gröning gehört zu haben.
Gibt es etwas Schöneres, als wenn man erlebt, wie ein Mensch gesund wird und dass er Lebensfreude ausstrahlt, die er vor dem Aufnehmen der göttlichen Kraft noch nicht hatte?
Wir arbeiten hier alle unentgeltlich und möchten dafür auch kein Geld bekommen. Für ein Hobby bekomme ich auch kein Geld, aber ich tue es mit großer Freude.

Aus Gründen der Nachuntersuchung war ich selber noch einmal beim Arzt. Der stellte meine vollkommene Gesundheit fest. Gibt es einen schöneren Arztbesuch?
Und das mit dem Freien Handelsvertreter war auch keine Eintagsfliege. Ich konnte in der Branche gut landen, und so ist in meinem Leben alles in bester Ordnung.

Ich wünsche mir, dass ihr, die ihr diesen Bericht lest, euch einfach überzeugt von dem, was ich geschrieben und erlebt habe. Wir müssen wirklich nur innerlich klein werden und um Hilfe bitten, und so Gott will und es gut für uns ist, kann alles geschehen.

Christine Kleiner

... mir wurde klar, dass ich Hilfe brauchte.

Durch den Konsum synthetischer Drogen stellten sich bei mir psychische Störungen in Form von Halluzinationen, Angstzuständen und Depressionen ein, die mir ein normales Leben fast unmöglich machten. Immer wieder hatte ich schreckliche Bilder vor Augen. Zu dieser Zeit war mir das Alleinsein unerträglich. Als meine Freunde jedoch merkten, dass auch sie der Situation nur hilflos gegenüberstehen konnten, zogen sie sich zurück. Zudem litt ich unter schweren Schlafstörungen. Stundenlang konnte ich nicht einschlafen. Sobald ich meine Augen schloss, hatte ich wieder diese schrecklichen Bilder vor Augen. So waren die Nächte sehr unruhig. Ich habe sie am Telefon oder unterwegs verbracht. Morgens in der Schule schlief ich. Nachmittags lenkte ich mich von meinen Problemen ab, indem ich den morgens versäumten Stoff nachholte. Als meine Verfassung sich nicht besserte, isolierte ich mich selbst immer mehr von allen und allem. Mir war klar, dass ich Hilfe brauchte, doch die Angst vor der Diagnose und den dadurch eventuell entstehenden Folgen hielt mich davon ab, ärztliche Hilfe zu beanspruchen.

Durch meine Familie wusste ich von Bruno Gröning, konnte aber zu diesem Zeitpunkt noch nichts mit seiner Lehre anfangen und hatte mich auch nie näher damit befasst. Als jedoch der Leidensdruck zu hoch wurde, war ich für jede Hilfe dankbar. So wurde ich in die Lehre Bruno Grönings eingeführt. Ich spürte, dass sich irgendetwas veränderte, als ich mich einstellte. Trotzdem fiel es mir sehr schwer, an diese Kraft zu glauben.
Die Menschen, die ich im Freundeskreis traf, waren sehr nett, aber ich misstraute ihnen sehr: „Berufsfreundlich, naiv, abgehoben – wie halt Menschen so sind, die an Gott glauben“, dachte ich. Doch trotz des Misstrauens gegenüber allem und obwohl mir der Heilstrom nur als Mittel zum Zweck diente, erlebte ich Hilfen. So konnte ich zum Beispiel schlafen, wenn ich mich zuvor einstellte. Auch alltägliche Situationen begann ich wieder besser zu meistern. So fing ich an zu lesen. „Wenn man sich an die Regeln hält, wird man bestimmt gesund“, dachte ich. Anfangs war ich ziemlich frustriert, dass sich nach einem halben Jahr erst so wenig getan hatte. Da ich aber wusste, dass hier im Freundeskreis schon einige, die als unheilbar galten, die Heilung erhalten hatten, hatte ich ein wenig Hoffnung, dass es Unheilbar wirklich nicht gab.
Inzwischen lernte ich einige Freunde näher kennen, und es stellte sich heraus, dass es nicht nur berufsfreundliche Menschen gibt und dass ich mich in so manchem sehr getäuscht hatte, denn hier zogen sich „die Freunde“ nicht zurück, wenn's mal schwierig wurde.

Mein Leben hat sich gewandelt, auch wenn ich das im Einzelnen gar nicht immer wahrgenommen habe. Inzwischen habe ich weder Halluzinationen, Angstzustände noch Depressionen. Ich habe gemerkt, dass es nichts nutzt, sich krampfhaft an „Regeln“ zu halten, und meine Einstellung zu vielen Dingen, die mir früher unverständlich waren, hat sich durch das Einstellen automatisch verändert.
Ich wünsche mir, dass auf diesem Wege noch viele Menschen die Kraft erfahren und die Heilung erhalten.

Christine Kleiner

Merilind Roth-Bernstein

... sodass in der verregneten Schwarzwaldwoche in meinem Herzen immer die Sonne schien.

Als ich noch klein war, kam mein Vater durch einen Bekannten zur Bruno Gröning-Gemeinschaft. Er war oft depressiv und suchte deswegen Hilfe. Unsere Familie war zu dieser Zeit sehr zerrissen, da meine Eltern sich scheiden ließen, als ich vier Jahre alt war, und mein Vater mit drei Kindern keine einfache Aufgabe hatte.
Ich ging damals nicht sehr gerne mit in die langweiligen Gemeinschaftsstunden, denn der lange Fahrweg und der Familienstreit, den es davor grundsätzlich gab, waren sehr unangenehm für mich. Meinem Vater lag aber sehr viel daran, da es ihm schon besser ging und er die Hoffnung hatte, dass es für uns alle etwas bringen würde.
Einige meiner ersten positiven Erfahrungen mit der Lehre Bruno Grönings waren Hilfen bei kranken Haustieren, für die ich mich immer einstellte. Ich hatte damals viele Hamster. Auch ein Überbein an meinem Fuß, das ich schon sehr lange gehabt hatte, verschwand.

So ganz annehmen konnte ich das, was in der Gemeinschaft gesagt wurde, jedoch nicht, denn ich merkte, dass es nicht einfach war, die Lehre und das Denken meiner Freunde miteinander zu verbinden. Mein Vater blieb auf diesem Weg, übernahm sogar selbst Gemeinschaften und war immer darauf bedacht, die Lehre zu leben.
Im Alter von 16 Jahren zog ich dann zu meiner Mutter, die mit meinen drei kleinen Halbgeschwistern und ihrem neuen Mann nicht weit von uns wohnte. Meine Mutter hielt damals nicht viel von der Lehre Bruno Grönings, und ich war ganz froh, nicht immer wieder durch meinen Vater an mein falsches Verhalten erinnert zu werden.
Ich war in diesem Alter auf der Suche nach etwas, von dem ich dachte, dass es mir die Gemeinschaft oder meine Eltern nicht geben könnten. Ich begann zu rauchen, um in der Schule so cool wie möglich zu sein, färbte meine Haare, versuchte den Unterricht zu stören und jedem,

der meinte, mich erziehen zu müssen, zu kontern.
Mit einer Freundin fing ich dann an, regelmäßig zu kiffen und Alkohol zu trinken. Fast jeden Abend trafen wir uns in den Ferien am Bahnhof. Anfangs dachte ich noch, dass es schon komisch wäre, so am Bahnhof rumzusitzen und „zu" zu sein. Doch zum einen die Provokation, Fahrgäste im betrunkenen Zustand blöd anzumachen und Aufsehen zu erregen, und zum anderen das Gefühl, frei zu sein, niemals brav daheim zu sitzen, sondern am Bahnhof oder auf Feten unterwegs zu sein, ließen mich glauben, endlich das gefunden zu haben, wonach ich gesucht hatte. Ich fühlte mich anerkannt von meinen Klassenkameraden und gefiel mir in der Rolle, alle Welt – vor allem auch meine Eltern, die meiner Meinung nach ja durch ihre miese Erziehung die Schuld an allem trugen – zu provozieren.
Dabei wurde ich in der Schule immer schlechter, ich interessierte mich eigentlich für gar nichts mehr; im Unterricht, wenn ich nicht die Schule schwänzte, las ich oft einfach Bücher über Drogen, die meine Freundin immer bei sich hatte. In den Pausen gab es nichts Schöneres als sich irgendwo heimlich einen Joint zu drehen oder irgendwelche Medikamente zu probieren, die aufputschend wirkten.
Meine Gesundheit war mir egal. So bekam ich einen schleimigen „Kifferhusten", auf den ich dann als richtige Kifferin auch noch stolz war. Zerrissene Kleidung, ungekämmte (verlauste) Haare und niemals Geld zu haben, fand ich damals unheimlich cool. Normale Leute taten mir leid, da sie durch die spießige Haltung ja nie das richtige Leben kennen lernen konnten.
Den größten Respekt hatte ich damals vor den Junkies, da sie mein kaputtes Aussehen durch ihren abgewrackten Körper weit übertrafen.

Während dieser Zeit hatte ich mich weit von der Gemeinschaft und meinem Vater entfernt. Ich glaubte zwar noch an Gott, aber ich empfand mein ganzes Leben als ungerecht. Mein Verhalten war die Reaktion auf eine unglückliche Kindheit.
Alle meine Hobbys, die ich zuvor gehabt hatte, Reiten, Klavier spielen, Lesen usw., interessierten mich nicht mehr. Entweder hing ich mit Freunden in der Stadt oder bei ihnen zu Hause rum. Daheim war ich fast nur noch zum Essen und zum Schlafen. Ich fühlte mich oft wie ein Fähnchen im Wind, das von jedem Sturm immer dorthin geweht wurde, wo etwas los war. Bis mich dann ein Erlebnis im Sommer komplett veränderte.
Ich hatte mit Freunden auf einer Fete gekifft und gesoffen, und da wir nicht mehr genug für den Abend hatten, besorgte uns ein Punk noch eine Stange Haschisch. Eine Freundin rauchte davon und bekam auf einmal große Augen und furchtbare Angstzustände; außerdem war ihr kotzübel. Doch wir alle konnten diese Zustände nicht mit Haschisch verbinden, da eine so kleine Dosis doch niemals in dieser Art wirken kann. Also sagten wir uns, dass dies wohl an ihrem allgemeinen Zustand liegen müsste und fuhren daraufhin zu ihr.
Dort angekommen kifften wir gleich wieder, wobei die meisten sich dann schlafen legten, weil sie genug hatten. Ich weiß nicht, ob ich mir beweisen wollte, dass ich mehr Haschisch als die anderen vertragen konnte, oder ob ich wirklich an diesem Abend die Absicht hatte, mich zu vergiften, jedenfalls kiffte ich in dieser Nacht noch ungefähr vier Joints.
Als ich mich dann schlafen legen wollte, merkte ich, dass irgendetwas mit mir nicht stimmen konnte. Mein Kreislauf spielte verrückt, mir war schwindlig und ich begann stark zu zittern. Am Boden liegend bemerkte ich, dass es unmöglich war meine Beine still zu halten, da sie so stark zitterten. Außerdem hatte ich das Gefühl, dass in meinem Kopf ein Eisblock wäre, der sich langsam aufzulösen begann.
Hinzu kamen panische Todesängste, nun an den Drogen zu sterben. Wie verrückt begann ich hin- und herzulaufen, ohne dass sich mein Zustand verbesserte. Sobald ich versuchte zur Ruhe zu kommen, begann mich ein Schleier zu umhüllen, unter dem ich nicht mehr atmen konnte, und ich meinte, sterben zu müssen. In diesem Zustand bat ich Bruno Gröning und Gott zum ersten Mal wieder um Hilfe, aber ich fühlte mich so weit entfernt von Gott.
Nach etwa einer Stunde hielt ich es nicht mehr aus, ich bat meine Freundin mich ins Krankenhaus zu begleiten, um dort zur Notstation zu gehen. Dort wurde ich in einen Rollstuhl gesetzt, und

der verärgerte Chefarzt gab mir ein Beruhigungsmittel und schickte mich einfach wieder nach Hause. Auf dem Weg zurück bekam ich nichts mit, es war mir egal, dass es regnete und ich nur strümpfig war und dass meine Freundin nicht mehr wusste, wo wir eigentlich gerade wohnten. Ich wollte nur schlafen.

Morgens kam mir alles vor wie ein böser Traum, die Sonne schien und ich war irgendwie so dankbar, noch am Leben zu sein. Doch als ich am Bahnhof eine Zigarette angezündet hatte, bemerkte ich, dass längst nicht alles ausgestanden war, denn ich bekam mitten auf dem Bahnhof wieder diese Angstzustände.

Ich wollte daheim eigentlich nichts davon erzählen, doch ich brauchte nun wirklich Hilfe. Nachts wurde ich wach, da ich auf einmal wieder dieses Gefühl hatte zu sterben, und konnte erst wieder einschlafen, als ich neben meiner Mutter lag und sie mir die Hand hielt. Ich musste das Essen am Mittagstisch zitternd abbrechen. Ich kiffte nicht mehr und trank auch keinen Alkohol, aus Angst vor diesen Zuständen, doch sie kamen auch ohne diese Mittel. Ich begann mich wieder einzustellen – den richtigen Glauben, dass Gott mir helfen könne, hatte ich jedoch noch nicht.

Die Beruhigungspritze sollte ich bei meinem Hausarzt abrechnen lassen, da ich in der Nacht keine Karte bei mir gehabt hatte. Mein Hausarzt, den ich sehr schätze, beließ es aber nicht damit, die Rechnung zu begleichen, sondern bat mich um ein Gespräch. Seiner Meinung nach war in dieser Nacht nicht nur Haschisch im Spiel gewesen, sondern auch LSD. Er fragte mich, ob ich denn keine Hobbys mehr habe, was ich denn vorher alles gemacht habe und was mich denn dazu bewegt habe, dies alles aufzugeben.

Nach diesem Gespräch verließ ich die Praxis und bemerkte zum ersten Mal wieder, was für ein schönes Wetter an diesem Tag war und wie gut die Sonne mir tat. Ich fühlte wieder ein kleines Stückchen Frieden in meinem Herzen, das so lange voller Zorn über die „böse und ungerechte Welt" gewesen war.

Ich bat Bruno Gröning und den lieben Gott von ganzem Herzen, meine Hand zu nehmen und mich aus dem ganzen Dreck herauszuziehen, um mir das Bewusstsein der Schönheit des Lebens wiederzugeben.

In den darauffolgenden Sommerferien fuhr ich mit meiner Mutter und meinen Geschwistern nach Belgien, wo ich sehr viel am Strand für mich allein spazieren ging, um den Frieden in mir wiederzufinden. Ich rauchte nicht mehr und bemerkte, dass dieses halbe Jahr mich schon abhängig gemacht hatte, sodass es danach nicht einfach war, der Sucht zu widerstehen.

Danach erlebte ich die Jugendbergsteigerwoche der Bruno Gröning-Gemeinschaft in Österreich. Auch dort erlebte ich noch in manchen Situationen die Angstzustände und dass ich allein dagegen nicht ankommen konnte. Aber jetzt hatte ich Bruno Gröning, den ich bitten konnte, und die Menschen in der Gemeinschaft, die mich akzeptierten und nicht schräg anguckten, sondern mir Halt geben konnten, wenn ich zu zittern begann.

Nach den Ferien begann sich für mich alles in der Schule zu ändern. Wir fuhren zuerst ins Schullandheim in den Schwarzwald. Ich war so voller Kraft und innerer Sicherheit, dass es mir nichts ausmachte, nicht mitzumachen, wenn es hieß, saufen zu gehen. Es machte mir auch nichts aus, den Klassenkameraden auf ihre Fragen hin zu erklären, warum ich das nicht mehr machen würde. Ich konnte auf einmal Dinge selbständig machen und meinen eigenen Weg gehen.

Eine Freundin, mit der ich vorher immer gekifft hatte, betrank sich dort so stark, dass wir nicht wussten, ob wir den Krankenwagen rufen sollten. Sie erzählte mir in diesem Zustand, dass es ihr so dreckig gehen würde und sie das doch eigentlich alles gar nicht wollte. In dieser Nacht wurde mir erst richtig bewusst, was ich in diesem halben Jahr mit mir gemacht hatte, wie sehr ich mich nicht nur körperlich, sondern auch geistig vergiftet hatte.

Am nächsten Tag dachte ich, dass ich dieser Freundin helfen sollte, doch sie wollte über den gestrigen Abend nicht mehr reden. Mir wurde dabei klar, dass Drogen einen vergessen lassen, dass man sich selbst und seinen Körper andauernd betrügt.

Nach diesem Erlebnis fühlte ich mich in meinem Glauben bestärkt und das positive Grundgefühl behielt ich bei, sodass in der verregneten Schwarzwaldwoche in meinem Herzen immer die Sonne schien.

Meinem Klassenlehrer fiel auf, dass ich mich positiv veränderte, und er fragte mich, was denn auf einmal mit mir los sei. Ich konnte ihm nur antworten, dass ich viel erlebt und dadurch viel erkannt hätte. Der Schulstoff, den wir während dieses Aufenthaltes lernten, interessierte mich auf einmal, und es machte mir wieder Freude, zu lernen und zu arbeiten.
In diesem Schuljahr fing ich an, mich für alle Fächer zu interessieren und zu öffnen, was mir während meiner Drogenzeit und vorher nicht möglich war. Ich bekam eine ordentliche Schrift und lernte, auch sonst in meinen persönlichen Sachen und in meiner Umgebung Ordnung zu halten und diese auch zu schätzen. Auch mein Äußeres veränderte sich in dieser Zeit, ich verlor dank Bruno Grönings Hilfe die Läuse (mit Mitteln aus der Apotheke verschwanden sie nicht) und zog mich wieder normal an.
Durch das zehnte Schuljahr, in dem ich so gut wie nichts gelernt hatte, und der Zeit davor, in der ich nie eine gute Schülerin war, wurde mir gesagt, dass ich das Abitur nicht machen könne und in die Gruppe der mittleren Reife gekommen sei. Ich besuchte eine Waldorfschule, in der die Aufteilung für den jeweiligen Abschluss erst sehr spät kommt. Mein Lehrer rief jedoch bei uns an und teilte meiner Mutter mit, dass man mich versehentlich in die Abitur-Gruppe eingeteilt habe, dies aber vielleicht so sein solle und er dies auf jeden Fall für den Anfang so belasse. Ich konnte es kaum fassen, da ich mich in den meisten Fächern wirklich für sehr schlecht gehalten hatte. Doch ich kam mit und behielt im Unterricht weiterhin die Freude am Lernen.
Heute kann ich nur noch danken, dass ich 1998 in meiner Klasse das Abitur geschafft habe und wieder wie früher reite, Gitarre und Klavier spiele, im Chor singe und tanze. Und das Leben macht mir trotz aller Kämpfe, die es noch oft gibt, die mich aber auch voranbringen, sehr viel Freude. Mit meiner Familie fühle ich mich heute sehr verbunden.

Ich danke Gott, Bruno Gröning, der Gemeinschaft und meiner Familie, dass ich mich in dieser Welt aufgehoben und an die Hand genommen fühle.

Markus Cöster

Das ist schon ‘ne ganze Ecke schöner als ein Zug durch die Wasserpfeife

Sieben Jahre habe ich Hasch geraucht, 4-5 Gramm täglich durch die Wasserpfeife. Und habe dabei gedacht: „Was Schöneres gibt es nicht, die Menschen müssen doch alle blöd sein, dass sie das nicht rauchen.“

Mit meinem 14. Lebensjahr hatte ich in der Schule von Haschisch gehört, ich hörte, dass es schöne Gefühle machen solle, ohne abhängig zu machen. Das hörte sich gut an, denn früher fühlte ich mich nicht geliebt, sondern ausgestoßen. Deshalb interessierte ich mich dafür und suchte Bekanntschaft mit Menschen, die damit zu tun hatten und mir was besorgen konnten.

Damit veränderte sich mein ganzes Leben. Aus der Suche nach Zugehörigkeit, geliebt und angenommen zu werden, kam ich in die Welt der Einsamkeit und Selbsttäuschung. Ich hatte gedacht, etwas gefunden zu haben, das mich nicht so werden lässt wie die Menschen, die von morgens bis spät arbeiten, dort ihre Sprüche loslassen und dann nach Hause kommen, sich ‘ne Flasche Bier an den Hals setzen und den ganzen Abend wie hypnotisiert Fernseh glotzen.

Heute weiß ich, dass ich nicht flüchten brauche, ich brauche ja nicht so werden wie die, heute weiß ich, dass man sich mit Gott verbinden kann und ein glückliches und erfülltes Leben führen kann. Früher habe ich das nicht gewusst, ich habe zwar im Konfirmandenunterricht von Gott und Jesus gehört, doch habe ich dort keine Liebe gespürt, sondern ich habe die Sätze runtergerasselt wie alle anderen, weil das eben so sein musste und es sich gehörte.

Im Bruno Gröning-Freundeskreis kann ich mich ganz natürlich und einfach auf Gott einstellen und mich erfüllen lassen von dieser Kraft, die stärker ist als der beste Haschzug. Der hält ja sowieso nur kurz an und dann ist alles wieder wie vorher und vielleicht sogar noch trostloser.

Ich hatte immer so ein wohliges, schönes, gutes Gefühl in der Brust, wenn ich meine Wasserpfeife rauchte, und dieses Gefühl wollte ich immer mehr. Wenn ich mich jetzt bewusst auf Gott einstelle und Bruno Gröning die Verbindung herstellt, dann darf ich den Himmel in der Brust erleben, und was soll da noch schöner sein? Das ist schon ‘ne ganze Ecke schöner als ein Zug durch die Wasserpfeife oder sonst was, und kostenlos ist es auch noch. Und deshalb wünsch ich mir, dass sich noch viel mehr Jugendliche durch diese Kraft erfüllen lassen.

Jetzt weiß ich, dass es auch eine schlechte Kraft gibt, die den Menschen von Gott fernhalten will, unter anderem mit Drogen, um eine Scheinwelt vorzugaukeln und dem Menschen seine von Gott gegebene Freiheit zu entziehen – eine schlechte Kraft, die will, dass der Mensch nur dann glücklich ist, wann sie es will, und zwar in dem Moment, wenn die Rauschwirkung eintritt. Allein dieser Gedanke löste in mir den Willen aus, mich nicht länger als Marionette baumeln zu lassen.

Und ich habe gemerkt, es geht auch anders, ganz einfach durch das Einstellen auf die gute Kraft. Und wenn ihr das auch lernen wollt – ihr solltet euch selbst davon überzeugen, ob es euch gefällt oder nicht – dann freu ich mich darüber. Es wird euch niemand sagen, ihr müsst dieses oder jenes tun oder lassen. Aber ihr könnt eine Kraft aufnehmen, dieses oder jenes zu tun oder zu lassen.

Frei und stark sein, heißt nicht nur, zu tun, was man will, sondern vor allem zu lassen, was man nicht will.

Ich bin für diesen Weg sehr dankbar.

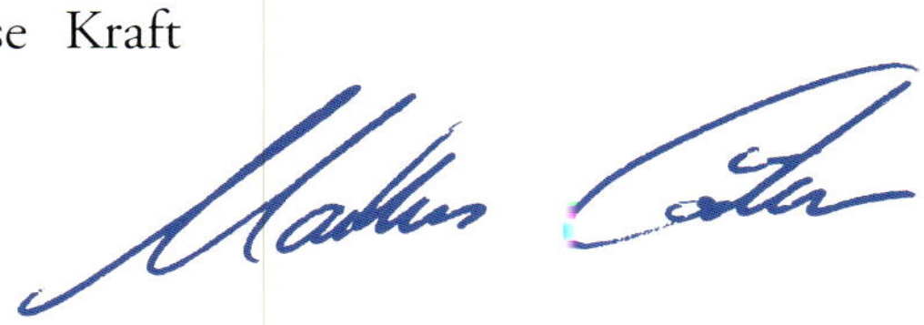

Konstantin Pogrebnjak

Ich habe etwas gefunden, was man nicht verschwenden oder verlieren darf.

Dies geschah mit mir im September '96. Niemals hätte ich vor etwas mehr als einem Jahr gedacht, dass das, was ich erleben darf und bekomme in dieser Welt, so herrlich ist, und dass es so meine Weltanschauung verändern würde.

Das Leben – das ist eine gute Schule für jeden von uns. Der eine liebt es, genießt es, saugt jeden Augenblick, jede Stunde und jeden Tag auf, ein anderer ist traurig und grämt sich jede Minute und sieht keine Zukunft. Der Mensch zerbricht, weiß nicht mehr, wer er ist, sieht keinen Ausweg und kommt in eine Sackgasse. Nicht verstehend, was da geschieht, versucht er sich in etwas Künstlichem wiederzufinden, das ist Alkohol, Unzucht, Drogen. Und wieder eine Sackgasse, und zwar mit so einem Ende, dass man keine Kraft hat, alleine da rauszukommen. Wohin, warum und wieso? Nur Fragen, aber kein Ausweg. Was ist dann? Dann die Welt, die wir manchmal um uns herum sehen. Unsere Augen hören auf, den Regenbogen zu sehen, den blauen Himmel, die Seele hört auf zu lieben und die Menschen zu respektieren, die uns nahe stehen.
Ja, das ist sehr traurig, manchmal beängstigend, manchmal möchte man weinen, und ich habe geweint, habe gehasst – alle und alles. Alles herum bekam schwarzgraue Töne. Ich wusste nicht, wohin. In mir ist es grau und feucht geworden.
Angst und Zweifel, Unsicherheit und Schwäche kamen ständig. Um mich herum und in mir geschah etwas Furchterregendes. Dann hat's mich zu Frauen gezogen, zu den Drogen. Ich habe es nicht mal gemerkt, wie die Drogen mein Leben beherrschten.
Drogen und Verbrechen – das sind Zwillinge. Eines existiert selten ohne das andere. Was führt uns dazu? Früher hätte ich gesagt, Schuld daran ist die Gesellschaft, der Staat, das Sozium; hätte gesagt, man muss in diesem Leben alles probieren. Aber ich kannte mein Maß nicht. Habe es nicht gewusst, aber habe es erfahren, dass alles vom Körper bis zur Seele kaputtging und alles um mich kaputtmachte. Vier Jahre lang tagein, tagaus quälte mich so ein Leben. Gleich nach dem Wehrdienst hatte ich angefangen, viel zu trinken und mich herumzutreiben. Irgendwann hatte ich die Trinkerei satt, mir ging es auch immer schlecht.
Dann kam das andere, von dem man sehr schlecht loskommt. Meine innere Einstellung zu mir und zum Leben hat mich zu den Drogen gebracht. Ich hatte angefangen, Marihuana zu rauchen, knüpfte Kontakte mit Burschen, die die gleichen Interessen hatten, von da an war es auch zur Kriminalität nicht weit. Es hat sich dann ganz schnell gesteigert. Ich konnte mich nicht mehr kontrollieren, hatte keinen Sinn mehr für das Gute.
Es war, als ob die Welt sich auf den Kopf gestellt hätte. Ständig hatte ich schlechte Gedanken und Angst, die mich sogar beim Essen und Schlafen begleiteten. Aggression, Gewalt, Zynismus, Stolz – alles stieg. In der Familie war Unfrieden wo ich mich auch zeigte, kam eine Spannung auf, die sich in Konflikten auswirkte. Ich nahm immer mehr Drogen und rauchte von früh bis spät. Ich wusste, wo ich sie bekommen und wem ich sie anbieten konnte.

Morgens stand ich auf und dachte: „Was soll ich tun? Eigentlich habe ich nichts zu tun. Ich gehe und besorge das Gras, dann sehe ich weiter." Ich habe das Gras in allen Variationen ausprobiert. Ein paar Mal habe ich Halluzinogen ausprobiert, hörte aber auf damit.
In dieser Hinsicht hatte ich eine Lehre fürs Leben. Mein Freund, ein mir sehr nahe stehender Mensch, lag vier Jahre lang im Koma. Er hat so viel gesehen, ich möchte das nicht herholen. Später hatte ich das Gefühl, dass ich eingehe. Von der Ausweglosigkeit kamen mir ein paar Mal Selbstmordgedanken. Aber ich hatte Angst, es zu tun. Jemand hatte immer so aufdringlich und

klar geflüstert, dass das mein Ende sei – Schluss, es gibt keinen Ausweg. Ich versuchte mir „Stopp" zu sagen, doch es gelang mir nicht. Aber tief im Innern war ein Gefühl der Wärme, das raus wollte, und es kamen Momente der Erwartung, dass irgendwas geschehen wird, es konnte nicht so weitergehen.
Vier Jahre Ausweglosigkeit, vier Jahre irriger Vorstellungen: Ängste, völliges Unverständnis der Welt und sich selbst gegenüber, Illusionen. Ich finde keine passenden Worte, die das Gefühl beschreiben könnten, als ob man in eine Grube fällt, man fliegt, und es gibt nichts, wo man sich anhalten kann.

Es war nicht immer so. In der Schule, in der Lehre und vor dem Wehrdienst habe ich geliebt und vom wunderbaren Leben geträumt. Ich hatte ein Gefühl, dass unsere Welt nicht nur das ist, was man anfassen, riechen oder sehen kann. Ich glaubte, glaubte an die Liebe, glaubte an die Vollkommenheit, Reinheit; glaubte, dass die Fantastiker die Wahrheit schreiben und dass es das irgendwo gibt oder geben wird. Ich mochte keine Gewalt, habe nicht verstanden, wie man so leben kann, ich mochte es nicht, wenn man auf mich Druck ausgeübt hatte. Aber ich hatte auch Fehler. Ich hatte Angst vor Grobheit, Ordinärheit, Gewalt. Später wurde ich selbst so, habe alles ausprobiert. Und ehrlich – ich möchte es nicht mehr. Es muss und darf nicht sein.
Das Jahr 1996, es war besonders voll mit negativen Ereignissen. Es war wie in einem Thriller. Ich wollte alles unter einen Hut bringen – Arbeit, Drogen, Unzucht und Sport. Es war ein Chaos und ich bekam viele Krankheiten. Ende August war ich an der Grenze angelangt. Eine Leere in der Seele, Belastungen im Körper, Probleme in der Familie, in der Umgebung. Ich wusste nicht, was tun; ich habe verstanden: So geht es nicht weiter, konnte aber nicht aufhören.

Einmal bin ich ins Zimmer meines Bruders gegangen und sah auf dem Tisch das Bild von Bruno Gröning. Ich bin zusammengezuckt, mir war unheimlich, und ich habe mich bemüht, nicht mehr daran zu denken.
Ich hatte Alpträume, die mich fertig machten. Unheimlich viele böse Informationen kamen auf mich zu, ich dachte, dass ich zerbreche, dass ich diese Last nicht aushalte.
Einmal brachte mir meine Mutti ein sehr kleines, aber besonderes Buch des amerikanischen Psychologen Robert Antony. Ich habe es vom Anfang bis zum Ende verschlungen. Mich haben schon immer Themen vom Osten, Religionen, Psychologie interessiert, aber mir ist es nicht immer gelungen, es mit dem Herzen aufzunehmen. Später habe ich verstanden, warum es so war. Ich habe angefangen, mich allmählich zu beruhigen, in mir hat sich was Unerklärliches getan, etwas, was mir einmal bekannt war. Aber die Zweifel schlugen von allen Seiten auf mich ein. Am Abend kam meine Mutti und sagte, sie wolle mich in irgendeine „Tagung" mitnehmen.
Ich hatte, wie immer, schlechte Laune, habe mich aber bereit erklärt, am nächsten Tag mit ihr mitzugehen.
Aber schon unterwegs habe ich ein Gefühl der Überflüssigkeit dieses Unternehmens bekommen. Etwas wollte mich hindern zu gehen, als ob jemand mir den Fuß stellte. Das war die erste Tagung der Bruno Gröning-Freunde in Tiraspol. Wie ungemütlich es für mich da war! Ich verstand nicht, warum die Menschen lächelten, was sie machten, in mir – Empörung, und ich konnte nichts von dem, was da vorging, annehmen. Das Bild von Bruno Gröning konnte ich nicht anschauen. Mein ganzer Körper tat weh, mich hat es richtig gedreht. Ich habe mich geärgert über meine Mutti, über mich, in der Seele habe ich angefangen zu spucken, dass ich hergekommen bin. Aber ich habe die Kraft gefunden, zu bleiben und nicht zu gehen.

Es war, als ob mich jemand gehalten und nicht losgelassen hat – und das war Bruno Gröning. Es begann ein mächtiger Kampf. Er hat nicht losgelassen, er hat mich hierher geführt durch meine Mutter und meinen Bruder, durch meinen vergessenen Wunsch, stehen zu bleiben und nachzudenken.
Auf der Tagung habe ich nichts verstanden, aber ich bin geblieben, das ist nicht mein Verdienst. Gott gab mir die Kraft, Er hat mich gesehen und erhört. Ich war dann wie neugeboren und das war wichtig für mich.

Zwei Tage war ich auf der Tagung und dann kam die Nacht, die, wie ich meine, entscheidende für mein weiteres Leben. Es war etwas vor sich gegangen, das ich mit Worten nicht beschreiben kann, es gibt keine Worte dafür. Ich weiß nicht, wie lange es dauerte, aber ich wünsche es keinem Menschen. Etwas ist raus aus mir, meiner Familie, meinem Haus. Ich begegnete diesem so eng, dass ich begriffen habe, dass der Mensch alleine nichts ist, einfach Leere. Nur mit Gottes Hilfe, mit Seiner Barmherzigkeit und Teilnahme in meinem Leben, nur mit Seiner Hilfe kann man gewinnen. Ich habe verstanden, dass Drogenabhängigkeit keine physische Gewohnheit ist, nein, jemand siedelt sich innen ein und zerstört, und das ist der Feind mit allen seinen Dienern. Aber der Mensch selbst erlaubte dies. Und die Eintrittskarte – sind Drogen.

Nach diesem Geschehen bekam ich Zweifel, ob ich hier richtig bin, ob ich die Gemeinschaft nötig habe. Etwas ist abgegangen, und der Platz war leer, er musste aufgefüllt werden. Aber womit?

Und dann geschah etwas Unverständliches. Ich wurde in meiner Suche sehr aktiv. In mich kehrte Wärme ein, mir wurde immer leichter, jeder Tag war für mich sonnig und klar. Ich bekam viele Freunde, aber gute, die mir vom Geistigen, vom Glauben erzählten. Mein Leben ist interessant geworden. Ich habe gelebt, so viel Neues und Gutes ist auf mich zugekommen. Ich war noch nicht in der Gemeinschaft, hatte noch keine Einführung, aber die Welt hat sich gewandelt. Bruno Gröning war damals schon bei mir. Er hat mich geführt, hat mir gezeigt, er öffnete mir die Gefühle, die Empfindungen und die Weltanschauung, die dem Menschen die Möglichkeit geben, das zweite Mal auf die Welt zu kommen, in der Seele und im Geiste.

Meine alten Drogenkumpel und andere sagten, ich wäre nicht ganz dicht. Aber ich wollte leben, arbeiten und das ganze Gute mit anderen teilen. Ich habe mit der Jugend in meinem Viertel gesprochen und die Information ist so aus mir geflossen, damals hatte ich nicht nachgedacht, woher.

Am 19. September kam ich zur Einführung. Ich habe nicht alles verstanden, wovon sie gesprochen haben, aber der Strom hat mich erfüllt. Ich wollte leben. Und zwei Monate später habe ich mich immer noch nicht richtig eingestellt, aber der Veränderungsprozess ging weiter. Bruno hat mir immer mehr Neues eröffnet. Ich will nicht unaufrichtig sein, aber so war es. Ich ging mit der Jugend ins Kloster, in den Tempel, wir haben von früh bis spät über Gott gesprochen, ich habe den Freunden geholfen, das zu verstehen, was ich sehen konnte. Die Drogensucht war verschwunden in der Nacht nach der Tagung. Ich habe vergessen, dass sie mich beherrscht hatte.

Bei Freunden gab es Situationen, die mich überzeugen von der göttlichen Kraft und Bruno Grönings Hilfe. Ab und zu hatte ich Regelungen. Aber ich beachtete sie nicht, ich konnte es nicht fassen, dass ich mit Hilfe Gottes so viele Probleme mit der Gesundheit verloren hatte.

Ich hatte chronische Gastritis, chronische Bronchitis, Kopfschmerzen, Osteochondrose, deformierende Arthrose zweiten Grades, Plattfüßigkeit, Prostataentzündung, Gefäßverschluss am linken Oberschenkel, chronische Kieferhöhlenentzündung, Stechen am Herz sowie Drogen- und Alkoholprobleme.

Alles ist weg, es ist vergessen und abgegeben, und da habe ich keine Zweifel mehr. Mein Leben hat sich normalisiert, in wunderbarer Verfassung ist meine innere Welt, in der Familie ist Ordnung und Harmonie, ich zerstöre nichts mehr.

Als ich in der Gemeinschaft war, hatte ich noch meine linke Schulter gebrochen und bin ca. einen Monat mit Gips rumgelaufen. Dabei habe ich so die Anwesenheit und Hilfe Bruno Grönings gespürt, dass mich der Heilstrom und Wärme jede Minute erfüllten. Zu Hause, im Hof, beim Essen und beim Nichtstun hatte ich eine innere Hitze, eine Klarheit im Verstand – nicht Wörter – Gedanken, Taten. Ich habe verstanden, dass es im Leben keine Zufälle gibt, dass es eine Lebensquelle gibt, die immer da ist, man muss nur zugreifen.

In der Vergangenheit habe ich Drogen angeboten, und jetzt möchte ich leben und auch andere leben lassen. Ich liebe Kinder, Tiere, alles was mich

umgibt bringt mir Freude, Harmonie. Ich habe verstanden, wie schwach der Mensch ist, um mit dem Bösen selbst fertig zu werden, um stehen zu bleiben und sich selbst zu sagen: „Es reicht, bleib stehn, schau, was du tust."
Jeder Mensch hat das Recht auf Vergangenheit, aber wie die Zukunft unserer Sparbüchse wird, hängt davon ab, wie viele Münzen jetzt reinkommen. Das sind nicht meine Worte. So sagte man schon lange. Und zu uns Menschen sendet Gott Seine Söhne und Helfer, damit sie uns den Weg zeigen, den jeder von uns gehen sollte. Aber nicht alle Menschen gehen ihn. Leider! Schade, dass viele es nicht sehen, dass sie nicht gesund und glücklich werden wollen.
Bruno Gröning gab mir das Leben zurück, half mir. Er zeigte mir den Weg, den zu gehen sehr schwer ist, aber auch wunderbar. Sündigen und runterfallen ist sehr leicht, aber was weiter? Licht verjagt die Dunkelheit, Licht und Leben sind – Gott – das ist der Sinn, das ist alles.
Jetzt gehe ich schon über ein Jahr den Weg mit Bruno Grönings Lehre. Ich hätte noch viel zu sagen. Das Leben hat für mich die Farben gewechselt. Ich habe etwas gefunden, das man nicht verschwenden oder verlieren darf. Alles, was gut ist, kommt von Gott.
Ich liebe das Leben, ich liebe Gott, ich liebe Bruno.

Konstantin (2. von links, untere Reihe im weißen T-Shirt) mit anderen Jugendlichen aus der Jugendgemeinschaft Tiraspol bei einer Tagung in Odessa am Schwarzen Meer.

Petra Rüther

Wenn die Opiatuhr tickt

Was soll ich sagen? Ich hab das ganze Elend miterlebt. Ich weiß, was es heißt, in der Gosse zu liegen, getreten zu werden, ausgenutzt zu werden und auszunutzen. Ich habe keine Lust, den ganzen Dreck hier aufzuwärmen und wieder aufzuschreiben. Macht die Augen auf und schaut euch um … Junkies gibt es überall.

Am Anfang ist es noch schön, ein „geiles Feeling", im siebten Himmel oder so ähnlich schwebt man. Aber das ist eine absolute Illusion, ein Trugbild, eine gefährliche, tückische Falle. Du tappst hinein und denkst nicht weiter drüber nach. Du glaubst immer wieder, du hast es unter Kontrolle, aber dann schnappt sie zu … du hängst fest wie am Honigleim einer Fliegenfalle, du kannst strampeln und zappeln … du hängst fest. Du siehst es nicht am Anfang, das ist das Tückische.
Und dann kommen die Qualen auf dich zu, die ich meinem Todfeind nicht wünschen würde. Der Schmerz zerreißt dich und du hältst es in deinem Körper nicht mehr aus, aber du kannst nicht einfach abhauen. Du wirst gleichzeitig wie am Spieß gebraten und dann in Eiswasser getaucht.
Wenn dir das Spaß macht, bitte! Du hast deinen freien Willen, aber wenn du dein Leben nach der Opiat- oder Amphetamin- oder Synthetik-Uhr einrichten willst, bitte!

Ihr habt Oliver nicht gekannt, ein wirklich hübscher junger Mann mit blonden Engelslocken. Er hatte erst zwei Monate lang gedrückt. Ein feines Gesicht mit sternengleichen Augen, die lächeln konnten, hatte er. Wenn ich nicht draufgewesen wäre, hätte ich mich sofort in ihn verliebt. Aber ich war nicht mehr fähig zu lieben. Das Zeug hat ihn umgebracht. Neben mir auf einem schmierigen Klo ist er verreckt, und ich war selbst zu breit, um schnell genug Hilfe zu holen. Als ich wieder etwas klarer in der Birne war, haben meine Tränen ihn auch nicht mehr lebendig gemacht.
Mit diesem Schuldgefühl habe ich mich jahrelang herumgequält.

Gott sei Dank, ich habe Glück gehabt. Ich hatte mehr Schutz und Glück als Menschenverstand. Ich bin noch mal davongekommen. Mir wurde geholfen, dass ich freikam, aber allein habe ich das nicht geschafft. Da hat Gott eingegriffen. Ihr könnt es in meinem Buch „Mein Weg über den Abgrund" nachlesen, ich habe alles aufgeschrieben. Aber es ist nicht nötig, dass ihr das auch durchmacht. Lasst die Finger davon. Das Leben – euer Leben ist zu kostbar, als dass ihr es aufs Spiel setzt. Kein Problem ist so groß, dass es nicht zu lösen wäre – aber von diesem Dreck loszukommen könnte ein ziemliches Problem werden. Fangt gar nicht erst damit an.

Das Thema ist nicht abgegriffen, es ist todernst und es geht um jeden Einzelnen von euch. Ich habe viele Kumpel und gute Freunde sterben sehen. Es ist zu viel geschehen, was ich nicht mehr rückgängig machen kann – ich kann nur immer wieder aus ganzem Herzen rufen: Lasst eure Finger davon und genießt das Leben, es kann wunderschön sein. Es ist herrlich, wenn du in Harmonie mit dir selber lebst. Lebe, liebe dich und alle Geschöpfe und freue dich jeden Tag aufs Neue.

Alle Schuldgefühle und viel geistiger Schmerz sind mir abgenommen worden, seit ich die Lehre Bruno Grönings kennen gelernt habe. Seitdem führe ich ein glückliches, ausgefülltes Leben und bin so froh, dass ich damals, obwohl ich so skeptisch war, nicht Nein gesagt habe. Ich sagte Ja zum Leben und zur Liebe, die mich auf einer Weihnachtsfeier so stark durchströmte, dass ich nur sagen kann: Gott ist die Liebe und das Leben.
Auf dieser Weihnachtsfeier erhielt ich meine Heilung von der Drogensucht.
Diese Kraft ist so stark, dass sogar Sucht in stärkstem Ausmaß damit zu heilen ist.

Liebe ist durch kein Methadonprogramm zu ersetzen, und alle Therapieformen der Welt sind nicht so wirksam wie der Kraftstrom der Liebe.

Bruno Gröning ist ein helfender Freund, der mir durch seine Worte immer wieder Mut gibt und mich in der Lebensschule weiter führt. Seit 13 Jahren darf ich das erleben und erfreue mich bester Gesundheit. Ich kann nur danken, danken, danken.

Kurzberichte

aus den Gemeinschaften der „Hilfebedürftigsten“, die Petra Rüther in Großstädten für Drogensüchtige aufbaut

... Am 1.2.1997 berichtete er, er sei beim Arzt gewesen und der hätte ihm nach einer Blutabnahme erklärt, seine Leberwerte seien herunter, was einem Wunder gleichkäme ...

Ingo Kratzke, 30 Jahre, Gemeinschaft Hamburg

Ingo wurde am 8.4.1994 in die Lehre Bruno Grönings eingeführt und war ca. sechs Jahre abhängig von Heroin, Kokain, Barbituraten und Benzodiazepinen. Er kam ca. ein halbes Jahr regelmäßig in die Gemeinschaftsstunden. Er spürte sofort den Heilstrom und schwitzte oft sehr in den Stunden.
Nach stetem Auf und Ab kam er schließlich in die Therapie und ist seitdem dauerhaft frei von Drogen. Er stellt sich auch heute noch regelmäßig ein.

Jürgen Aichele, 25 Jahre, Gemeinschaft Hamburg

Jürgen wurde am 4.2.1994 in die Lehre Bruno Grönings eingeführt und litt unter Heroin- und Tablettensucht.
Er war sehr schmutzig und verwahrlost und seine Beine waren

voller Abszesse und Geschwüre. Während des Einstellens spürte er sehr viel Strom und konnte nach der Stunde nicht aufstehen. Er sagte, er sei wie am Stuhl festgewachsen und habe furchtbare Schmerzen in den Beinen. Die Geschwüre eiterten und suppten durch die Hose. Nach ca. 15 Minuten konnte er endlich aufstehen und verließ unter großen Schmerzen unseren Gemeinschaftsraum.

Am 29.3.1994 kam ein völlig veränderter Jürgen in die Gemeinschaftsstunde. Er war sauber, gepflegt gekleidet, hatte die Haare geschnitten und die Wunden an den Beinen waren vollständig ausgeheilt. Er war glücklich und voller Lebensfreude.

Frank Oldag, („Eule"), 39 Jahre, Gemeinschaft Hamburg

Frank wurde am 7.10.1994 in die Lehre Bruno Grönings eingeführt und war heroinabhängig. Nach den ersten Stunden spürte er eine innere Befreiung und kam regelmäßig in die Gemeinschaftsstunden. Wegen vorher begangener Delikte kam er für mehrere Monate ins Gefängnis und wurde dort von den Freunden betreut.

Schließlich bemühte er sich um eine Therapiestelle und erlebte auch dort mehrere Heilungen an seinen Mitbewohnern, nachdem er sich für sie eingestellt hatte.

Jetzt wohnt er in einer therapeutischen Wohngemeinschaft und ist dauerhaft frei von Drogen seit einem Jahr.

Andreas Podlasly, 34 Jahre, Gemeinschaft Hamburg

Andreas wurde am 4.12.1993 in die Lehre Bruno Grönings eingeführt und litt seit 1989 unter Heroin-, Kokain-, und Alkoholabhängigkeit sowie Depressionen. In seiner zweiten Gemeinschaftsstunde begann er körperlich sehr stark zu schwitzen, sodass ihm der Schweiß nur so runtertropfte. Nach der Stunde fühlte er sich total befreit und sämtliche Entzugserscheinungen waren weg. Danach ging es stetig bergauf. Er fuhr mit nach Dillenburg zum Grab Bruno Grönings und kam zur Hamburg-Tagung. Er fing wieder an zu arbeiten und besucht relativ regelmäßig die Hamburger Gemeinschaftsstunden.

Caren Pieper, 20 Jahre, Gemeinschaft Hamburg

Caren wurde am 20.1.1995 in die Lehre Bruno Grönings eingeführt und litt seit 4 1/2 Jahren unter Kokain- und Tablettensucht sowie diversen psychischen Problemen.

Am 26.5.1995 fühlte sie sich innerlich total befreit und spürte den Heilstrom durch den ganzen Körper fließen. Nach diversen Hausbesuchen bei ihr ging es stetig bergauf. Sie fuhr mit zur Hamburg-Tagung am 3.6.1995. Dort erhielt sie ihre Heilung von der Drogensucht.

Sie bekam Regelungen in Form von Kopfschmerzen, 39-41 Grad Fieber, Erbrechen, Durchfall. Nach fünf Tagen war sie vollkommen frei und nahm keine Drogen mehr.

Sie schrieb einen Erfolgsbericht und berichtete auf der folgenden Hamburg-Tagung von ihrer Heilung. Sie begann danach sogar eine Arbeit im Schichtdienst.

Thaddeus (Thomas) Dlugosch, 40 Jahre, Gemeinschaft Bremen

Thomas wurde am 27.8.1994 in die Lehre Bruno Grönings eingeführt und spürte sofort den Heilstrom.

Nach stetigem Auf und Ab ist er jetzt seit zwei Jahren dauerhaft clean (1995-1997), lebt wieder mit seiner Familie zusammen, steht im festen Arbeitsverhältnis als Steinmetz und ist glücklich und zufrieden. Er besuchte all die Jahre relativ regelmäßig die Gemeinschaftsstunden.

Er kam sogar am 31.1.1997 in die Gemeinschaftsstunde nach Hamburg. Es geht ihm sehr gut und er ist immer noch vollkommen frei von Drogen.

Boris Lorenz, 23 Jahre, Gemeinschaft Berlin

Boris wurde am 11.1.1997 in die Lehre Bruno Grönings eingeführt und war heroinabhängig. Er war sehr dünn und schmuddlig blass und kam eigentlich nur, um etwas Warmes zu trinken. Er war aber trotzdem sehr offen und nahm alles Gute in sich auf, musste allerdings früher gehen.

Er kam am 1.2 1997 frisch und kraftvoll in unsere Stunde, 6 kg schwerer, gesund aussehend. Er behauptete, seit dem 11.1.1997 keinerlei Drogen, außer ab und zu mal'n Joint, mehr zu nehmen. Er hätte noch nie seit seinem 11. Lebensjahr drei Wochen lang keine Drogen mehr zu sich genommen. Er stellt sich mit seiner Mutter täglich ein und es hilft offensichtlich. Es geht ihm jetzt sehr gut. Im Gegensatz zum 11.1. war er jetzt ein vor Leben sprühender junger Mann.

Frei und stark sein heißt nicht nur,
zu tun was man will,

sondern vor allem zu lassen,
was man nicht will.

M. Cöster

Foto: Christof Hülsmann

Peter Meyer, 47 Jahre, Gemeinschaft Berlin

Herr Meyer kam mit seiner Mutter in die Stunde und war alkohol- und heroinabhängig. Außerdem litt er noch unter Polytoxikomanie und Leberzirrhose.

Herr Meyer wurde am 11.1. 1997 eingeführt und berichtete ergriffen am Ende der Stunde, er hätte seit 25 Jahren wieder Liebe gespürt. Am 1.2.1997 berichtete er, er sei beim Arzt gewesen, und der hätte ihm nach einer Blutabnahme erklärt, seine Leberwerte seien herunter, was einem Wunder gleichkäme.

Hans-Peter Schwabe, 60 Jahre, Gemeinschaft Berlin

Herr Schwabe wurde am 15.3.1997 in die Lehre Bruno Grönings eingeführt. Er litt unter Leberkrebs. Nach der Stunde war er seit langer Zeit wieder schmerzfrei.

Peter Nowak, 26 Jahre, Gemeinschaft Berlin

Peter wurde im Oktober 1995 eingeführt und litt unter starken Depressionen, er war heroinabhängig und bekam vom Staat Methadon, das bei der Einführung auf 14 ml dosiert war.

Am 11.11.1995 kam er zur Stunde der Hilfebedürftigsten und berichtete, dass die Depressionen seit der Einführung schon ziemlich nachgelassen haben und er eine allgemeine Besserung in allen Dingen erfahren habe. Außerdem betrage seine tägliche Methadon-Dosis nur noch 2 ml.

Franz Wolpert, 39 Jahre, Gemeinschaft Berlin

Franz wurde am 25.11.1995 in die Lehre Bruno Grönings eingeführt. Er kam erheblich alkoholisiert in die Stunde und zeigte ein ziemlich aggressives Verhalten. Nachdem er beruhigt worden war und er bereitwillig die Hände aufgemacht hatte, spürte er sehr stark den Strom. Er war heroin- und alkoholabhängig und litt unter starken Depressionen. Nach der Stunde fühlte er sich total befreit von allen Sorgen und Ängsten, er strahlte übers ganze Gesicht, war überglücklich.

Am 17.8.1997 kam er wieder mal in die Stunde, wobei es ihm aber nicht so gut ging. Er wurde kurze Zeit später ins Krankenhaus eingeliefert, wo ihn zwei Freunde besuchten. Die Diagnose lautete: Sehr stark erhöhte Leberwerte (bis 200 000). Nachdem die Freunde ihn im Krankenhaus besucht und sich für ihn eingestellt hatten, gingen die Leberwerte schlagartig herunter, bis auf wenige Hundert, sodass er nach wenigen Tagen aus dem Krankenhaus entlassen werden konnte. Für die Ärzte war dies ein Rätsel.

Petra Rüther (2. v. l.) mit Leuten auf der Scene.

Frank Rogausch, 31 Jahre, Gemeinschaft Berlin

Frank wurde am 5.10.1996 in die Lehre Bruno Grönings eingeführt und litt unter Polytoxikomanie. Hauptsächlich aber konsumierte er Heroin.

Nach der Einführung nahm er schlagartig kein Heroin mehr, nur noch Methadon, das er von da an täglich runterdosierte.

Zur Zeit der letzten Gemeinschaftsstunde, die er besuchte, brauchte er nur noch 4 ml (von ursprünglich 16 ml).

Horst Hofmann, 42 Jahre, Gemeinschaft Berlin

Horst Hofmann kam nur einmal in die Gemeinschaft und war gehörlos durch eine Gehirnhautentzündung. Er schrieb einen Bericht, dass er ein Magengeschwür hatte und große Angst vor der Operation. Außerdem litt er dauernd unter Kopfschmerzen und Tablettensucht.

Er besuchte zwei ebenfalls taubstumme Mädchen, die zweimal in der Gemeinschaftsstunde gewesen waren, Jacky und Tabea. Sie erzählten ihm von Bruno Gröning und lasen aus dem Einführungsbuch und dem Buch „Mein Weg über den Abgrund" vor (mit Zeichensprache).

Da spürte er zum ersten Mal den Strom, sein Leid verschwand, und langsam fühlte er sich wie-

der höher und leichter. Seine Augen waren zu, er spürte Licht, ganz hell, und dachte, ein guter Geist sei zu ihm gekommen.
Am nächsten Tag hatte er einen Termin beim Arzt, eine Untersuchung, bei der festgestellt werden sollte, wo er operiert werden sollte.
Die Untersuchung ergab, dass das Magengeschwür nicht mehr da war. Die Ärzte konnten es gar nicht glauben.
Danach kam er am 31.3.1995 in die Gemeinschaft und spürte sehr viel Strom in den Beinen. Am Ende der Stunde übergab er diesen Bericht von der Heilung des Magengeschwüres.

Hans-Jürgen (Heinz) Kehrmann, Alter über 40 Jahre, Gemeinschaft Berlin
Herr Kehrmann wurde am 9.9.1995 in die Lehre Bruno Grönings eingeführt und war seit acht Jahren alkoholabhängig. Er trank täglich zwei Flaschen Korn. Am 14.10.1995 berichtete er in der Gemeinschaftsstunde, dass er seit dem 10.10. trocken sei und auch keinerlei Entzugserscheinungen gehabt habe.

Peter R.

Am Anfang schien es mir so primitiv

Als ich klein war, wollte ich nur groß werden. Als ich 13 Jahre alt war, wollte ich sterben. Aber halt, ich hatte was gefunden, wofür ich leben konnte. Haschisch!!
Es gab mir ein Gefühl der inneren Zufriedenheit. Das ging so weit, bis ich ausgelaugt war und keine Kraft mehr hatte. Ich hatte sieben Jahre lang, davon sechs Jahre lang täglich, mir den Kopf zugedröhnt. Für mich gab es nur Haschisch und Musik.
Aber dann spielte mein Körper nicht mehr mit. Ich wollte nicht mehr. Mehrere Freunde waren auf härteren Drogen in den Tod gegangen, aber ich wollte leben.
Ich schaffte es, mit Hilfe von Naturheilkunde (Homöopathie) die Sucht hinter mir zu lassen und den Körper wieder aufzubauen. Durch Meditation und durch meinen Glauben an Gott ging es Schritt für Schritt in die richtige Richtung.
Viele Freunde von mir sagten: Wenn es einer nicht schafft, dann bist du es!
Doch ich lebte fünf Jahre lang drogenfrei. Der Tag war mit Arbeit angefüllt. Aber in den Nächten, in meinen Träumen, war ich der Abhängige geblieben: Ich nahm alles an Drogen, was ich kannte, und morgens, wenn der Tag mich rief, wusste ich nicht, ob ich frei bin oder nicht. Führte ich ein Doppelleben? Mein Körper war frei, aber meine Seele nicht. Ich schaffte es trotz dieser inneren Kämpfe, keine Drogen in meinen Alltag hineinzulassen. Aber meine Seele war eingehüllt.

Mitte 1992 wurde ich in die Lehre Bruno Grönings eingeführt. Durch eine liebe Freundin bekam ich diesen Tipp. Die Einführung dauerte zwei Stunden. Ich habe mich vorher schon mit geistigen Sachen beschäftigt und fand diese Methode in einem Kellerraum in Hamburg, wo ein handgeschriebener Zettel „Heilung auf geistigem Wege" befestigt war, ziemlich primitiv.
Aber dann, als ich die erste Gemeinschaftsstunde besuchte, bekam ich eine Kraft zu spüren, und eine sehr starke Liebe durchfloss mich. Das ging die ganze Zeit so weiter. Als ich aus dieser Stunde kam, fühlte ich mich total aufgeladen, frei und „high". Ich wusste, das ist es, was ich gesucht habe. Seitdem besuche ich regelmäßig diese Gemeinschaftsstunden und habe für mich das Höchste finden dürfen. Am Anfang schien es mir so primitiv, doch es hat meine Seele, meinen Geist wieder freigemacht. Und ich durfte noch viel mehr erleben.
Seit 1993 arbeite ich z. B. bei den Gemeinschaften der „Hilfebedürftigsten" im Bruno Gröning-Freundeskreis mit und berichte dort Drogensüchtigen von meinen Erlebnissen.

Heimkehr

In wie viel tausend Träumen hat er dieses Tal,
den Fluss, die Kletterbäume gesehn. Viel tausend Mal
glitt Mutters Haar in Gedanken durch seine Hand.
Wie oft lief er durchs Dorf mit dem Wind,
still und unerkannt
und war heimgekehrt.
Heimgekehrt, um all seine Lieben zu sehn.
Heimgekehrt, als wär's damals gar nicht geschehn.

Jetzt lag es vor ihm, das Dorf, wie an jenem Tag,
als in zwei großen Augen ratloses Fragen lag:
„Werd ich dich je frei und lebend noch wiedersehn?
Wenn es sein muss, dann tu's und geh!
Irgendwann wirst du doch hier stehn,
und bist heimgekehrt.
Heimgekehrt, um all deine Lieben zu sehn.
Heimgekehrt, als wär's damals gar nicht geschehn."

Hoch, bis in beide Ohren, pochte mit lautem Schlag,
das, was er hier verloren und Jahre in sich verbarg.
Schwer, wie aus Blei ging sein Schritt vor das alte Tor.
Still trat er ein, um zu finden, was ihn verlor.
Er war heimgekehrt.
Heimgekehrt, um all seine Lieben zu sehn.
Heimgekehrt, als wär's damals gar nicht geschehn.

Grau von den schweren Jahren stand sie gebeugt am Herd,
als über ihre Haare die Hand vieler Träume fährt.
Jäh fuhr sie um und ergriff ihn mit einem Schrei,
„Junge, mein lieber Junge! Mein Gott, du lebst,
du bist wieder frei
und bist heimgekehrt?
Heimgekehrt, um all deine Lieben zu sehn?
Heimgekehrt, als wär's damals gar nicht geschehn?"

„Mutter, wie geht es Vater? Hat er mir jemals verziehn?"
„Dreh dich und frag ihn selber!
Er hat dich längst kommen sehn."
Schnell griff er in den Mantel,
warf ein Geldbündel auf den Tisch.
Vater: „Lass das! Ich brauch kein Geld!
Was ich brauch'... Junge - ich brauch Dich!
Du bist heimgekehrt?!
Heimgekehrt, ... "

C. Pesch

Fotos: Johannes Bernstein

6. Station – Aufbau

„Ich tue meine Pflicht, was die Ihre ist, bleibt jedem selbst überlassen."

Kurz nach dem Verlassen des Traberhofes tritt Otto Meckelburg an Bruno Gröning heran, der ihm konkrete Pläne für den Aufbau von Heilstätten vorlegt. Aus Dankbarkeit für die Heilung seiner Frau bietet der Geschäftsmann seine Hilfe an. Daraufhin finden auf Wangerooge Vorträge statt: wieder Menschenmassen, Heilungen, Schwierigkeiten mit den Behörden.

Bruno Gröning vertraut sich Meckelburg ganz an und bindet sich vertraglich an ihn.

Ein Auszug aus dem von Meckelburg verfassten Vertrag: „[…] Zweck des Vereins ist, die in der Person des Herrn Gröning und in gleicher oder ähnlicher Art bei anderen Personen in Erscheinung tretenden Heilungsmöglichkeiten und -fähigkeiten zu erforschen, die Forschungsarbeiten anderer Personen und Unternehmungen, insbesondere auf psychosomatischem Gebiet, ideell und materiell zu fördern, die gewonnenen Forschungsergebnisse praktisch auszuwerten und sie in gemeinnützigem und sozialem Rahmen der Volksgesundheit nutzbar zu machen. […] Herr Gröning erklärt sein Einverständnis mit diesem Plane von Herrn Meckelburg und verpflichtet sich, seine Person zur Erreichung dieses Zwecks voll zur Verfügung zu stellen, Herrn Meckelburg bei der beabsichtigten Vereinsgründung und dem Verein selbst bei seiner späteren Tätigkeit jede notwendige Unterstützung zuteil werden zu lassen und überhaupt alles in seinen Kräften Stehende zu tun, was den vorgenannten Zwecken dienlich sein kann. Diese Verpflichtung übernimmt Herr Gröning sowohl gegenüber Herrn Meckelburg persönlich als auch gegenüber dem in der Gründung begriffenen Verein mit der oben genannten Zielsetzung. Herr Gröning verpflichtet sich darüber hinaus, diese Unterstützung keiner anderen Person und keinem anderen Personenkreis zuteil werden zu lassen. Er wird seine Tätigkeit nur im Rahmen des Vereins und nur im Einvernehmen mit Herrn Meckelburg ausüben."

Meckelburg schirmt Bruno Gröning vor dessen vorherigen Helfern ab, kassiert die Briefe, antwortet ohne Rücksprache selbst darauf, und alle Kontakte laufen ausschließlich über ihn. Erich K., der Bruno Gröning von dem Vertrag abrät, beobachtet nach der Unterschrift des Vertrags den weiteren Verlauf besorgt aus der Ferne. Er kann nicht verstehen, warum Bruno Gröning sich trotz seiner hellseherischen Fähigkeiten dem ehemaligen KZ-Kommandanten ausliefert.

Unter dem spektakulären Eindruck der letzten Monate stehend, erkennen zu der Zeit die wenigsten, dass Bruno Gröning hierbei ebenso seinem höheren Auftrag folgt wie bei einer Heilung. Es ist ihm aus ganzem Herzen daran gelegen, gerade solche Menschen, die von allen anderen von vorneherein zur Seite gestoßen würden, in seiner nächsten Umgebung die Heilungen, die Gnadenaugenblicke und die ganze Liebe Gottes miterleben zu lassen, um auch oder gerade sie zur Umkehr zu bewegen. *„Ich weiß, was ein Mensch in sich trägt. Wenn ich aber den Menschen sagen würde: ‚Das ist ein Lügner, das ist ein Betrüger, ein Dieb', dann würde mir das niemand glauben. Was muss ich tun? Ich muss diese Menschen an mich ziehen, sie das Gute lehren, sie zur Umkehr bewegen und dann ihnen die Gelegenheit geben zum Lügen, zum Betrügen und zum Stehlen. Wenn sie es jetzt trotzdem tun, dann weiß jeder, wer sie sind. Dann lass ich sie ganz an mich herankommen und bin nicht feige, dann kämpfe ich."*

Im Januar 1950 gründet Meckelburg den „Verein zur Erforschung Gröningscher Heilmethoden", von dem er mit einem Monatsgehalt von 1000 DM zuzüglich 25 DM für jeden Tag beruflicher Abwesenheit bevollmächtigter Geschäftsführer wird. Seine Frau erhält noch einmal die Hälfte, und auch die von Meckelburg angeheuerten Mitarbeiter beziehen entsprechende Gelder, während Bruno Gröning kein Gehalt bekommt. Er erhält lediglich Unterkunft und Verpflegung an den Vortragsorten.

Sein vertragliches Versprechen, den Heilungssuchenden uneigennützig zu helfen, hält Meckelburg nicht ein. Stattdessen sieht er in Bruno Gröning nur sein „bestes Pferd im Stall" und nutzt Kranke schamlos aus, um sich selbst zu bereichern. Zum Beispiel fordert er vom Bayreuther Industriellen Z. für eine Heilung durch Bruno Gröning 100 000 DM. Als er merkt, dass er diese Summe kaum erhalten wird, geht er auf 20 000 DM

Ehepaar Meckelburg

herunter und ist letztendlich bereit, sich mit 4 000 DM zufrieden zu geben. Er betont gegenüber Z., „geheilt würde er auf jeden Fall werden".

Ein anderer Fall ist die an Lungentuberkulose erkrankte Ruth Kuhfuß, der Meckelburg „im Namen" Bruno Grönings regelrechte Heilversprechen macht. Ihre Heilung will Meckelburg groß herausstellen und als Publikumsreißer benutzen. Als Bruno Gröning nach einem Vortrag, bei dem Vater und Ruth Kuhfuß in der ersten Reihe sitzen, zurückhaltend reagiert, weil er in der Siebzehnjährigen eine Todeskandidatin erkennt, zwingt ihn Meckelburg unter Androhung einer Geldstrafe von 300 000 DM wegen Vertragsbruch zu einem persönlichen Gespräch mit Vater und Tochter.

Obwohl Bruno Gröning die Aufrechterhaltung der medizinischen Behandlung erbittet, wird sie abgebrochen. Meckelburg bleibt hartnäckig und will das Wunder erzwingen sowie einen Besuch bei Familie Kuhfuß, bei dem Bruno Gröning jedoch keinerlei Heilversuche anstellt, sondern lediglich alles Gute wünscht, um der Familie nicht noch die letzten Energien zu nehmen. Ruth stirbt ein halbes Jahr später.

Nachdem Bruno Gröning schließlich genügend Beweise über Meckelburgs betrügerisches Verhalten gesammelt hat, löst er im Juni 1950 die vertragliche Bindung und trennt sich vom Verein. Meckelburg droht vor Dritten mit durchsichtigen Redewendungen solcher Art: „Den Gröning werde ich schon kleinkriegen, ich breche ihm alle Gräten", und schwört ihm Rache.

Nach der Trennung von Otto Meckelburg kommt Bruno Gröning wieder in Kontakt mit Dr. Kurt Trampler, der sich seit seiner Heilung bei den Behörden für eine Heilgenehmigung eingesetzt hat. Er und der Rechtsanwalt Dr. Reuss raten Bruno Gröning, sich einem zugelassenen Heilkundigen zur Verfügung zu stellen, denn für die Anerkennung des immer noch laufenden Ausnahmeantrags bezüglich des Heilpraktikergesetzes sind Nachweise von Heilerfolgen notwendig.

So arbeitet Bruno Gröning ab August 1950 einige Monate mit dem Münchener Heilpraktiker Eugen Enderlin zusammen, der ebenfalls eine Heilung durch ihn erlebt hat. In dessen Wohnung hält Bruno Gröning Glaubensvorträge vor Heilungssuchenden, die Enderlin und seine mitarbeitende Ärztin voruntersuchen. Doch auch Enderlin wittert durch den vermehrten Patientenzulauf Profit. Die Dokumentation der Heilungen durch Vor- und Nachuntersuchungen führt er nicht im zugesagten Maße durch und rückt nicht einmal bereits erstellte Dokumente heraus.

Im September 1950 wird Bruno Gröning in Bayern trotz aller Bemühungen Heilverbot erteilt. Von Enderlin trennt er sich kurze Zeit später. Eine nochmalige Zusammenarbeit 1952/53 scheitert, da die Beweggründe Enderlins sich nicht geändert haben. Daraufhin beginnt Enderlin, Bruno Gröning bei Behörden, Privatpersonen und Zeitschriften zu diffamieren.

Eugen Enderlin und Bruno Gröning

Für die nächste Zeit (Ende 1950) nimmt Dr. Trampler Bruno Gröning bei sich auf und organisiert für ihn Vorträge in Gräfelfing. Hier ist Anny Freiin Ebner von Eschenbach anwesend und erinnert sich: „[…] Während seines Redens stellten sich in allen möglichen Ecken und Enden im Raum Ereignisse ein. Menschen warfen ihre Krücken weg und gingen auf Gröning zu mit strahlend glücklichen Gesichtern und riefen aus: ‚Ich kann ja wieder frei gehen, ohne Stock und Schmerzen!' Und dann liefen sie gleich zum Zimmer hinaus und öfter die Treppe auf und ab. Die steif gewordenen Glieder mussten sich erst wieder einlaufen. Manch ein Mann oder eine Frau wollte Gröning die Krücken schenken. Doch er sagte: *‚Da müsste ich eigens einen Möbelwagen mitführen.'* Oft brach Gröning die faustdicken Stöcke durch, als wären es Zündhölzer. Man konnte sehen, was für physische Kräfte in diesem eigentlich klein und zierlich wirkenden Menschen waren. Die Trümmer dieser Krücken gab er dann zum Andenken zurück oder ließ sie auch von Hand zu Hand weitergeben und schildern, was nun jeder damit in und an sich empfand. Da konnte man dann hören: ‚Oh, ich glühe förmlich.' oder ‚Eine elektrische Welle geht bei mir durch.' oder auch ‚Ich friere.' oder ‚Die Schmerzen sind weg.' usw."

Bruno Gröning leitet den Heilstrom nicht nur gezielt an Personen weiter, was er „ansprechen" nennt, sondern auch in Gegenstände, die anschließend wie eine empfangsverstärkende Antenne wirken. Gelegentlich formt er Kugeln aus Stanniol- oder Aluminiumfolie von Zigarettenschachteln oder Schokoladentafeln, nimmt sie kurz in seine Hand und verschenkt sie dann. Die Kugel wird mit der Zeit zum Zeichen seiner Freunde, als Symbol höchster Geschlossenheit und Vollkommenheit.

Weiter schreibt Anny Freiin Ebner von Eschenbach: „Wenn Bruno Gröning seinen Vortrag beendet hatte, sagte er oft: *‚Nun habe ich viel gesprochen, nun möchte ich aber von Ihnen hören, die Sie sich in diesem Raum befinden, was für ein neues Gefühl ist in Ihnen, was geht in Ihnen vor?'* Er ging zu jedem Einzelnen, blickte jeden mit strahlenden, großen Augen an und deutete mit seinen geschlossenen Händen und ausgestrecktem Zeigefinger auf ihn. Dieser Blick ging bis auf den Grund der Seele, und aus dem Zeigefinger sprang seine Kraft über, die einem durch und durch ging. Asthmatiker begannen zu röcheln und zu keuchen, und Bruno Gröning blieb so lange stehen, bis er oder sie immer ruhiger wurden und dann normal ausatmeten.

Manchmal musste Bruno Gröning sagen: *‚Nicht so verkrampft – lassen Sie los!'* Jahrelanges Asthma wurde ausgeheilt in einigen Sekunden. Herzleidende brachen in Schweiß aus und schilderten, wie ihr Herz tobte, dann immer ruhiger wurde und die Beengung weg war. Stumme gaben auf die Frage Bruno Grönings laut und fließend Antwort und waren über sich erstaunt, dass sie plötzlich reden konnten. Sie berichteten dann den Anwesenden, dass sie sich jahrelang nur mit Zeichen verständigen konnten. […] Im Hintergrund saßen oft Taube, an die nun Gröning ganz leise die Frage stellte: *‚Wenn ich so laut spreche, hören Sie mich gut?'* Antwort: ‚Ja, jedes Wort verstehe ich, wenn Sie so laut sprechen, und im Kopf geht ein Summen und Schwirren los.' Alles lachte, da man doch vernommen hatte, wie leise Gröning gefragt hatte. Die Gehörapparate ließ Gröning sich meist vorher geben, wenn sie nicht schon durch den Einführungsvortrag weggelassen wurden. Gröning meinte dann: *‚Ihr kleiner Apparat hat nun ausgedient, hängen Sie ihn mit einem schönen Schleifchen daran über Ihr Bett zum Andenken!'*

Oft mussten sich Gelähmte, die plötzlich aufstanden und sich streckten und dehnten, Grönings herabgefallene Zigarettenschachtel bis zu zehnmal aufheben, was sie voll Freude taten, und die erstaunt waren, wie leicht sie es nun konnten, nachdem sie oft jahrelang auf fremde Hilfe angewiesen waren. […]

Doch waren nicht nur Heilungssuchende anwesend, oft schlichen sich auch Journalisten ein, sogar Kriminalbeamte. So stand Gröning einmal mitten im Vortrag vor einem jungen Mann und sagte: *‚Was führt Sie hierher? Sie wollen eine dicke Brieftasche. Ich könnte Sie hinausweisen lassen, aber ich rate Ihnen, schreiben Sie die Wahrheit, passen Sie gut auf!'* Der Mann sah Bruno Gröning verblüfft an mit einem roten Kopf, und am Ende des Vortrages besprach er sich freundlichst mit Bruno Gröning. Andere Journalisten, die störend wirkten, ließ Bruno Gröning oft vorher durch Dr. Trampler hinausweisen, eher betrat er nicht den Raum.

Eine Frau hatte ihre große Tasche während des Vortrages zu ihren Füßen in der Reihe stehen. Bruno Gröning sagte zu ihr: *‚Nehmen Sie doch Ihre Tasche auf den Schoß und legen die Hände darauf! – Was empfinden Sie nun?‘* ‚Oh, Herr Gröning, wie elektrische Ströme geht es durch mich durch, und mein starker Schmerz ist weg!‘ *‚Gut‘*, meinte Gröning, *‚aber nicht Ihr Schmerz, er gehört nicht zu Ihnen, oder wollen Sie ihn als Eigentum besitzen?‘* ‚Nein, nein‘, wehrte sie ab, ‚bin so froh, seit langem endlich ohne Schmerz zu sein!‘ Gröning: *‚Nun lassen Sie die Tasche weiter von Hand zu Hand wandern, denn nun ist es keine Handtasche mehr, sondern eine Heiltasche, und passen Sie nur auf, dass Sie nicht auf die Anklagebank kommen – Vergehen gegen das Heilpraktikergesetz! – Es ist strafbar, Menschen zu helfen!‘* Alles lachte, und die wandernde Tasche befreite wirklich viele von ihren Schmerzen und Leiden. Jeder berichtete, was in ihm vorging. Manche konnten gar nicht sprechen, so schüttelte es sie durch. Gröning war dabei meist im entgegengesetzten Teil des Raumes. […] Einmal nahm Gröning einem Mann den Hut von seinem Schoß und setzte ihn auf seinen Kopf und fragte: *‚Na, was ist nun?‘* ‚Ach, Herr Gröning, meine Kopfschmerzen, die mich seit Jahren plagten, sind wie weggeblasen!‘ Der Mann getraute sich nun nicht mehr, den Hut abzunehmen. Gröning nahm ihn ab und meinte: *‚Es ist auch noch einer, der könnte ihn gebrauchen‘* und warf ihn in der letzten Reihe einem zu. Der setzte ihn auf und weg waren die Schmerzen. […] *‚Heute ist Polizei da‘*, sagte plötzlich Gröning einmal im Vortrage. Alles sah sich im Raume um, aber kein Polizist war zu sehen, auch Dr. Trampler meinte, das müsse er doch wissen. Gröning ging auf einen Mann zu, der in der hinteren Reihe saß, und sagte nur: *‚Na?‘* Dieser stand auf und sagte: ‚Ja, ich bin Polizist. Ich bin nicht als Beamter hier, daher auch nicht in Uniform, sondern meines Kindes wegen.‘ – *‚Ja‘*, sagte Gröning, *‚das stimmt, und Ihr Kleiner wird Ihnen gesund entgegenlaufen. Merken Sie sich*

die Zeit, es ist 2.15 Uhr. Wenn Sie mich deswegen verhaften wollen, so sage ich Ihnen, keine Fessel oder Handschelle ist stark genug, dass ich sie nicht sprengen könnte, keine Gefängnismauer dicht genug, dass ich sie nicht durchgehen könnte, selbst wenn ich in tausend Stücke zerrissen würde und tief in die Erde gegraben – das Heilen geht weiter!' – ‚Nein, Herr Gröning, nie würde ich mich zu so etwas einsetzen lassen, da gebe ich gleich meinen Dienst auf. Ich habe im Dienst am Traberhof so Wunderbares mit angesehen, dass ich meinen Kameraden immer sage, wie sehr man Ihnen Unrecht tut, Sie zu verfolgen und Ihnen Prozesse zu machen!' Gröning darauf: *‚Der größte Menschenfreund wurde auch verfolgt und sogar ans Kreuz geschlagen. Die satanische Macht ist wieder sehr groß geworden, und ich habe weiter nichts zu tun, als diese zu bekämpfen, und das andere geschieht dann von selbst. Der Mensch nennt es Wunder, weil er selbst davon abgekommen ist. Da will ich Sie wieder zurückführen, denn wir dürfen nicht vergessen, dass wir alle Kinder Gottes sind. Gott wird uns helfen, wenn wir den Weg zu Ihm wieder gefunden haben!'* […]

Manchesmal konnten sich Heilungssuchende nicht von störenden Gedanken so schnell lösen. Da fragte sie Bruno Gröning ganz unvermittelt: *‚Was haben Sie da für eine schöne Brosche, ist die echt?' oder ‚Was für eine merkwürdige Farbe hat Ihre Krawatte doch?'* Der oder die Betreffende befasste sich im Augenblick mit dem befragten Gegenstand, und in diesem Moment leitete Bruno Gröning mit einem Blick den Heilstrom auf den Betreffenden – und die Heilung war geschehen. […]

So erlebte ich viele, viele Vorträge mit, bei denen alle Arten von Menschen anwesend waren (verschiedene Bildungsgrade, verschiedene Berufe, verschiedene Altersstufen) und jeder Vortrag in seiner Form jeweils verschieden in den Beispielen, immer dem Verständnis der Hörer angepasst, doch im Sinne immer derselbe – ein Hinführen zu Gott. Denn, wie Bruno Gröning sagt:

‚Kein Mensch kann heilen, immer nur Einer ist es, Gott!
Der größte Arzt aller Menschen ist und bleibt unser Herrgott!'"

So weit die Erinnerungen der Anny Freiin Ebner von Eschenbach.

Also finden die Kranken endlich in geordneter Vortragsform einen Weg zu Bruno Gröning. Doch diesmal ist es Trampler, der sich um die Organisation kümmert und Eintrittsgelder kassiert. Er lässt aber auf Bruno Grönings Wunsch allen Minderbemittelten freien Eintritt. Nach einer Weile glaubt Trampler, sich genug von Gröning abgeschaut zu haben, und macht sich als Heiler selbständig. Im Gegensatz zu Bruno Gröning wird ihm die Zulassung zur Heilpraktikerprüfung nicht verwehrt.

1951 wird Bruno Gröning dann wegen unerlaubter Ausübung der Heilkunde zum ersten Mal vor das Gericht in München bestellt. Das, was das bayerische Innenministerium noch vor zwei Jahren als freie Liebestätigkeit bezeichnet hat, gilt auf einmal als Heiltätigkeit im gesetzlichen Sinne. Die Anklage beruft sich auf das Heilpraktikergesetz von 1939, das die Kurierfreiheit abgelöst hat, um den nationalsozialistischen Ärzten die Heilkunde zu sichern.
Da sich Bruno Gröning aber in dem Glauben befunden hat, mit seiner Tätigkeit nicht gegen das Heilpraktikergesetz zu verstoßen, weil er nicht wusste, dass Helfen strafbar sein kann, muss seine Zuwiderhandlung als Folge eines schuldausschließenden Irrtums gewertet werden. Er wird freigesprochen. Da er jedoch erfährt, dass selbst seine Glaubensvorträge zum Anlass genommen werden können, gegen ihn vorzugehen, kommt der Freispruch einem richterlichen Heilverbot gleich. Wenn er weiterhin zu Menschen spricht und diese dadurch gesund werden, muss er mit einem weiteren Strafverfahren rechnen. „*Tut man Böses, ist es nicht gut, tut man Gutes, ist es auch nicht gut. Was soll ich jetzt tun?*“

Außerdem erhält Bruno Gröning eine Klage vom Arbeitsgericht. Nachdem sich herausgestellt hat, dass Hülsmanns an Bruno Gröning nichts mehr verdienen können, klagt Frau Hülsmann rückwirkend Lohn und Miete für die Herforder Zeit ein. Das Gericht spricht sich für eine monatliche Ratenzahlung aus, die Bruno Gröning lebenslang an seine ehemaligen Gastgeber erinnert. So verfahren später viele alte Helfer. Traurig ist dabei, häufig beobachten zu müssen, wie sie trotz des gewonnenen Geldes ihre Gesundheit einbüßen, weil sie sich dem Guten nicht nur wieder verschließen, sondern sogar dagegen kämpfen. So baut Dieter Hülsmann im Einfluss seiner Umgebung über die Jahre wieder ab und erliegt noch während seiner Jugend der Muskelsdystrophie.

Da, wo sich mehrere Hilfesuchende und Interessierte zusammentun und Bruno Gröning privat einladen, hält er hier und da noch Vorträge. In einigen Städten entstehen dadurch feste Ortsgemeinschaften, die sich regelmäßig treffen, um sein Gedankengut zu vertiefen. Um diese Gemeinschaften in der erschwerten Rechtslage aufrechtzuerhalten und auch neue ins Leben rufen zu können, lässt Bruno Gröning Ende 1953 den „Gröning-Bund“ gründen. Dieser Bund soll ihn gesetzlich schützen und weiteren Konflikten mit dem Heilpraktikergesetz vorbeugen.
Er selbst wird diesmal Präsident, während dem Vorstand einige Gemeinschaftsmitglieder angehören, u. a. Graf Zeppelin, Graf Matuschka, Anny Freiin Ebner von Eschenbach, Oberbaurat Hermann Riedinger und Direktor Konstantin Weisser.
E. A. Schmidt, von dem sich Bruno Gröning wegen Spendenveruntreuungen getrennt hatte, wendet sich reuevoll wieder an Bruno Gröning. Er bittet, beim Aufbau des Werkes mithelfen zu dürfen, und wird Schriftführer des Bundes. Doch er vergibt die Chance, indem er wieder Gelder unterschlägt, und Bruno Gröning trennt sich 1955 somit endgültig von ihm. Daraufhin prozessiert auch Schmidt, um sich im Nachhinein noch Geld für seine freiwillige Mitarbeit zu erstreiten.

Die Geschäftsführer des Bundes, Weisser und Riedinger, tun sich aufgrund ihrer hohen Bildung bald schwer, sich von dem ganz nach seinem Gefühl handelnden Bruno Gröning führen zu lassen, obschon der eindeutige Erfolg seine Art rechtfertigt. Er stellt als ungebildeter einfacher Arbeiter mit seinem häufigen Hinweis auf die innere göttliche Stimme alle verstandesgebundene Gesellschaftsformen sowie Denk- und Redegewohnheiten einfach in Frage. Er will keine übliche Vereinsmeierei mit leeren Debatten, sondern hat unbeirrt das Ziel vor Augen, rechtlich frei zu werden und helfen zu dürfen, um seinen Auftrag zu erfüllen. Weisser und Riedinger hingegen verlieren durch den Hang zum Formalismus immer mehr die eigentliche Zielsetzung des Bundes aus den Augen. Die angestrebte Eintragung ins Vereinsregister erreichen sie nicht. So wird der Bund für Bruno Gröning langsam zur Einengung und schließlich zum Hindernis. Die erwünschte Hilfe hat er von dort dann auch nicht mehr zu erwarten.

Bezüglich der Steine, die ihm in seinem Bestreben, den Menschen das natürlich Göttliche wieder nahe zu bringen, immer wieder in den Weg gelegt wurden, findet er folgende Worte: *„Es blieb mir nichts anderes übrig, als die Sperrkette des Bösen zu durchbrechen. Ein Zurück gab es nicht, nur vorwärts, aufwärts, ohne dabei müde zu werden."*

Viel Spott erntet Bruno Gröning auch wegen seines großen Halses. Der Arzt Matthias Kamp schreibt darüber in seinem Buch „Revolution in der Medizin": „Augenzeugen, so auch Inge Thiede, bestätigten mir, dass bei Vorträgen Bruno Grönings eine deutliche Größenzunahme seines Halses zu beobachten war, die umso deutlicher wurde, je mehr Heilungssuchende anwesend waren. Nach Abschluss des Vortrages bildete sich diese wieder zurück. Ein solcher Vorgang ist mit einer krankhaften Vergrößerung der Schilddrüse nicht vereinbar und vom jetzigen medizinischen Wissensstand unerklärlich."

Dem Schriftsteller Hans Sterneder, der ihn persönlich auf seinen Hals anspricht, erklärt er tatsächlich: *„Ich habe keinen Kropf, ich habe nur eine Drüse, und wenn ich für Tausende von Menschen wirken kann, schwillt sie so an, dass sie bis zur Brust reicht, und ich fühle mich sehr wohl. Wenn ich nur für Hunderte wirken kann, dann wird sie kleiner, und ich fühle mich noch wohl. Wenn ich aber nur zu wenigen sprechen kann, dann wird sie ganz klein, und dann fühle ich mich überhaupt nicht wohl. Und wenn man mir das Wirken verbieten wird, so verbrenne ich innerlich."*

Michael Thon

Ich bin vor noch Schlimmerem bewahrt worden. Aber was ist mit denen, die den Weg noch nicht gefunden haben?

Ich möchte dir aus eigener Erfahrung kurz schildern, wie ich zwar Liebe und Anerkennung gesucht habe, aber aus Unwissenheit der Sex-Sucht verfiel, und wie ich dann doch noch die wahre Liebe erlebte.

Als Kind war ich brav und fleißig und hatte gute Noten in der Grundschule.

Doch Bruder und Mitschüler hänselten und gängelten mich, weil ich mich nicht wehrte. Ich wurde geschubst, gepiesackt, eingesperrt, mir wurden Sachen weggenommen. Zeitweise hatte ich morgens Angst, in die Schule zu gehen. In der Unterrichtspause suchte ich oft Anschluss, stand meistens aber außerhalb des Kreises und war nur „doof am Grinsen“.

Von meinen Eltern fühlte ich mich mit zunehmendem Alter nicht mehr verstanden. Ich fühlte mich bevormundet und eingeengt, sodass ich mich innerlich von ihnen distanzierte. Ich wollte frei sein, selbst Entscheidungen treffen. Da sie mich immer noch wie ein kleines Kind behandelten, musste ich beweisen, dass ich vieles besser wusste und in vielem besser war als sie. Ich wollte nicht mehr der Kleine und Schwache sein. Ich war jetzt erwachsen, fähig und potent.

Meine Mutter hatte zur Zeit meiner Pubertät Probleme mit sich selbst, sodass mein Vater einige Male von zu Hause flüchtete. Der Arzt sprach von den Wechseljahren meiner Mutter.

Mit vielleicht 14 Jahren wurde ich durch eine bekannte Jugendzeitschrift aufgeklärt, die meine Mutter bezahlte. Meine Eltern waren sehr lieb zu mir und gaben mir, was sie konnten. Mit 16 Jahren schaute ich mir dann auch Abbildungen nackter Frauen in Foto-Fachzeitschriften meines älteren Bruders an.

Viele Kameraden redeten nur noch von Mädchen und ersten Erfahrungen.

Da ich mit 16 Jahren erst geschlechtsreif war, plagten mich oft Minderwertigkeitsgefühle. Ich dachte lange, ich würde nie erwachsen. Ich war von zierlicher Statur und in Sport immer einer der Letzten, wenn Fußballmannschaften gewählt oder Noten verteilt wurden.

Die Abbildungen nackter Frauen fand ich aufregend. Das Bedürfnis nach sexueller Befriedigung stieg innerhalb von zwei bis drei Jahren derart an, dass es fast mein ganzes Denken bestimmte. Ich hatte dann 15 Jahre lang fast jede Nacht wollüstige Träume aller Variationen und befriedigte mich fast täglich mindestens zweimal, oft bis es nicht mehr ging. Meine Tagebücher reden über diese Zeit. Der Drang nach Befriedigung und Flucht in die Traumwelt der Gefühle war umso stärker, je mehr ich auf Unterdrückung und Grenzen bei Mitschülern und Eltern stieß: Lust statt Frust.

Ab 18 Jahren kaufte ich mir Porno-Hefte, besuchte Sex-Videotheken, Peep-Shows, Bars und suchte mir einige Male in verschiedenen Großstädten junge Mädchen auf dem Straßenstrich. Oft hinderte mich nur das fehlende Geld daran, noch mehr Rotlicht-Milieu zu genießen. Überall und immer schaute ich nach Mädchen und Frauen.

Mit etwa 24 Jahren hatte ich schon meine Sucht erkannt und warf in den folgenden Jahren des öfteren die vielen Pornohefte und Abbildungen weg. Ich wollte davon loskommen, doch mir fehlte die Kraft. Ein junger nackter Frauenkörper war doch etwas so Schönes. Besonders am Wochenende, wenn ich mich alleine und gelangweilt fühlte, schien mir bei meinen Eltern die Decke auf den Kopf zu fallen.

Alleine fuhr ich in die Diskothek. Doch fast nie lernte ich dort jemanden kennen.

Mit zunehmendem Alter bemerkte ich, wie manche Frau scharf auf mich war. Das steigerte natürlich enorm mein Selbstwertgefühl, wenn sie mir gefiel. Früher oft gehänselt und außerhalb stehend, stand ich nun endlich im Mittelpunkt und galt mehr als die anderen. Ich hatte ein großes Nachholbedürfnis an Liebe und Zuwendung, doch war mir der Unterschied zwischen geistiger Liebe (Geborgenheit, Verständnis) und körperlicher Liebe (Sexualität) damals nicht so bewusst. Als ich dann die große Liebe gefunden hatte, warf ich sie weg, weil mir alles zu viel war.

Ich hatte nach dem Abitur eine Lehre im Garten- und Landschaftsbau angefangen, die sehr viel Kraft und Zeit beanspruchte. Dann fing ich an, mich für das alte Wissen der Hexen zu interessieren. So begann ich mit Drogen zu experimentieren. Naturdrogen und -geister faszinierten mich sehr. Ich fing an zu kiffen und aß Fliegenpilze, die mir fast das Leben kosteten. Nach einer „Shit"-Suppe tat ich alles daran, dass ich meinen Körper nicht verließ, aus Angst, nicht mehr zurückkehren zu können. „Zwerge" lachten über mich: „Das hat er davon!"
Ich hatte mit einem Dutzend Frauen Verkehr. Immer extremer und gewagter. Ich lernte eine Frau kennen, mit der es sich noch weiter steigerte. Nicht einmal der Altar einer alten Kirchenruine im Wald war vor uns sicher. In dieser Zeit bekam ich Pilze am Gemächt und eine Nierenkolik.
Manchmal spürte ich das Ungute als ein unangenehmes Glühen in mir und tat trotzdem Dinge, die ich nicht wollte. Ich war mir selbst gegenüber inkonsequent, unentschieden, feige, gefühl- und mutlos geworden. Nach einer anderen heißen Nummer wuchs mir ein großer Furunkel auf der Stirn, sodass ich im wahrsten Sinne „aus dem Verkehr gezogen" wurde und eine Woche im Krankenhaus verbringen musste. Es befielen mich Depressionen und Schuldgefühle.
Ich sehnte mich nach Ruhe und einem normalen Lebensgefühl. Keine körperliche Befriedigung schenkte mir mehr Frieden. Ich suchte nach Hilfe und einem Ausweg. In Schottland schrieb ich kurz vor meinem 30. Geburtstag in mein Tagebuch: „I could spy into my own face, forgetting to count the good things I have." (Ich könnte in mein eigenes Gesicht speien, der guten Dinge aufzuzählen vergessend, die ich habe). Es musste eine Hilfe geben!
Nach einem halben Jahr zähen Ringens gegen die ewige Trägheit hatte ich es geschafft, regelmäßig zu meditieren. Dabei begegnete mir auch das Wort „Woll-Lust" als Hinweis auf meine Probleme. Lust-Wollen!? Eigentlich wollte ich doch Liebe.

In dieser Zeit hörte ich durch einen Bekannten, der im gleichen Dorf wohnte, vom Bruno Gröning-Freundeskreis.
Mein Gemächt wurde knallrot, die Hände wurden rot wie Feuer, vor allem die rechte, und waren von vielen kleinen Wasserbläschen belegt, die platzten. Es kam mir vor, als ob ich mich bei dem Spiel mit dem Feuer verbrannt hätte. Mein letztes Pornoheft kaufte ich 1994, kurz vor meinem ersten Besuch einer Schulungswoche des Bruno Gröning-Freundeskreises. Als ich das Heft anschaute, kam es mir vor, als ob einige lichte Wesen unzählige Schattenwesen von mir abzuhalten versuchten. Ich warf es schließlich in den Mülleimer und fuhr nach Geseke.
Dort kam ich aus dem Staunen nicht mehr heraus. Das war es, was ich gesucht hatte. Hier fand ich Antworten auf offene Fragen. Es berührte mich sehr, was dort gesprochen wurde, weil es so voller Ehrlichkeit, Gefühl und Herzenswärme war. Hier berichteten Menschen von ihrer Heilung, von erlebten Hilfen und wie sie wieder stark und froh wurden.
Zu Hause erlebte ich hochsensibel die tiefe Liebesfähigkeit, Zuneigung und Verbundenheit meiner Freundin zu mir und erkannte es als normal und zu mir gehörend, so zu fühlen. Mit einem Mal war mir vor allem die Bedeutung der Sinneshaltung bei kleinen Handlungen im Alltag bewusst.

So wurde ich durch Bruno Grönings Lehre Schritt für Schritt aus dem Dreck herausgezogen, und die Kraft Gottes schuf wieder Ordnung in meinem Leben. Etwa eineinhalb Jahre nach meiner Einführung in die Lehre Bruno Grönings habe ich aufgehört zu onanieren.
Durch harte körperliche Arbeit auf der Baustelle war ich oft sehr müde und schlief abends schnell ein. Der Verkehr mit meiner Freundin wurde nach zweieinhalb Jahren immer seltener, bis sie sogar die Pille absetzte, weil sie sie nicht mehr brauchte. Ich habe es als sehr erlösend empfunden, frei zu werden und wieder einen Sinn für die wahre Liebe zu bekommen.
Darum glaub mir: Das Konsumverhalten in Sachen Liebe bringt gar nichts! Dass Sex und Liebe

nichts gemeinsam haben, habe ich in 15 Jahren am eigenen Leib erfahren müssen. Solange dein Bewusstsein auf den Geschlechtstrieb fixiert ist, kann es sich nicht davon lösen und zur Liebe des Herzens aufsteigen.

Ich glaube, ich bin vor noch Schlimmerem bewahrt worden. Aber was ist mit denen, die den Weg noch nicht gefunden haben? Ich wünsche dir und allen Menschen, all den Täuschungen und Verlockungen, die immer so schön aussehen, aber nie bleibendes Glück beinhalten, mit Bruno Grönings Hilfe kraftvoll widerstehen zu können. Die „große Liebe“ hat für mich heute einen neuen Sinn bekommen und die Suche ein Ende gefunden. Möge Gott mir helfen, sie in die Tat umzusetzen.

Übrigens: Am 16. März 1995 sollte ich meine Freilandpflanzen-Prüfung im Studiengang Landespflege ablegen. Die mündliche Prüfung wurde zur Hälfte von einem Professor abgenommen, vor dem ich Angst hatte. Die erste Vegetationskunde-Prüfung vor zwei Jahren hatte ich bei ihm nicht bestanden und wurde damals von ihm heftig angeschrien. Meine Prüfungserinnerung an diesen Dozenten war also keine allzu gute. Für die Freilandpflanzenkunde-Prüfung musste ich nun alle heimischen und kultivierten Pflanzen mit ihren Eigenschaften und Verwendungen auswendig können, was von der großen Anzahl her einfach nicht möglich ist. Es blieb mir nur die Hoffnung, dass etwas geprüft wird, worauf ich mich gezielt vorbereitet hatte.

Nachdem ich schon sehr viel und über ein halbes Jahr lang gelernt hatte, stellte ich mich am Montag, den 13. März ein. Ich fragte innerlich, welche Pflanzengattung wohl der Prüfer zur näheren Beschreibung auswählen würde. Als Antwort kam mir deutlich der Gedanke: „Brunos (=Prunus)“. Ich musste lachen. „Na klar!“, dachte ich amüsiert und lernte die Gattung Prunus besonders intensiv. Zur Gattung Prunus gehören z. B. Kirschen, Pflaumen, Schlehe, Pfirsich und Mandel. Meine Freundin fragte mich, warum ich denn die Kirschen lernen würde, die kämen doch wohl kaum

dran. Am Donnerstag, den 16. März hatte ich abends Prüfung. Ich legte mich am Nachmittag eine Stunde ins Bett. Ich schlief ganz entspannt und ruhig. Dieses Gefühl nahm ich mit in die Prüfung hinein. Dann kam der entscheidende Moment. Mein „Angst-Professor" sagte: „Erzählen Sie mir doch etwas über die Gattung Prunus!" Mir ist in diesem Augenblick innerlich die Kinnlade runtergefallen. Ich hätte vor Freude laut aufschreien mögen. „Danke, Bruno, danke!", dachte ich. Was für ein Geschenk! So etwas bewusst erleben zu dürfen! Dieser Teil der Prüfung, vor dem ich mich am meisten gefürchtet hatte, rettete mir die Prüfung. Der Professor musste sogar über eine meiner Antworten lachen, was die angespannte Prüfungssituation lockerte.
Meine Freundin Andrea hat dies alles miterlebt und war genauso verblüfft, als ich ihr berichtete, dass ich tatsächlich auf Prunus geprüft worden bin und die Prüfung bestanden habe.

Ich danke dem Herrgott für diese Hilfe.

Gärtnern

Du fragst mich, warum ich das tue?
Es gibt mir Ruhe.

Muße ist Buße für Gottlosigkeit.
Die Verbundenheit ist reine Freude
am Leben, am Heute.

Fühl es! Diese Kraft.
Sie ist es, die schafft.

Du fragst mich, warum ich das tue?
Es gibt mir Frieden und Ruhe.

Andrea Mast

Ich sehe nun das Leben in den Augen der Menschen und kann sie lieben; ob alt, jung, Mann oder Frau.

Ich habe mit 17 Jahren durch meine Mutter zum Bruno Gröning-Freundeskreis gefunden. In der ersten Gemeinschaftsstunde schaute ich skeptisch auf das Bild Bruno Grönings: „Was hat dieser Mann mir zu sagen? Was will er überhaupt? Mit welchem Recht nennt er sich Vermittler zu Gott?“ So habe ich mich hingesetzt, aber die Hände und das Herz geöffnet, um mich von dem zu überzeugen, was mich nun erwartete. Ich empfand Liebe.
Ich hörte in den Gemeinschaftsstunden öfter vom „wahren Glück“ und konnte das mit den Heilungen, die hier auftreten, in Verbindung bringen. Aber was bedeutete das wahre Glück, das Glücklichsein für mich?
Ich war nicht krank, war eine durchschnittliche Gymnasiastin, musikalisch und sportlich. Dadurch war ich anerkannt und in Gruppen integriert. Was hat mir denn gefehlt? Warum interessierte mich auf einmal das Glücklichsein? Vielleicht, weil ich es doch nicht ganz war?

Ich wollte mich selber und die Gesetze des Lebens kennen lernen, um zu verstehen, warum ich mich oft so depressiv fühlte. Bruno Gröning hat viele Lebensregeln weitergegeben. Durch die Beschäftigung mit seiner Lehre konnte ich irgendwann empfinden, was bei mir eigentlich falsch war und fand die Kraft, Dinge zu verändern. Alleine hatte ich das nie geschafft. Nun brauchte ich nur den Willen aufzubringen und bitten, damit diese Befreiung vonstatten gehen konnte.

Seit meiner Kindheit musste ich manchmal über einen Zeitraum an einen Menschen aus meiner Umgebung denken. Das waren sowohl Männer als auch Frauen. Ständig waren aufdringliche Gedanken da. Ich dachte fast den ganzen Tag daran, fühlte mich dann sehr angezogen und abhängig. Ich hatte immer das Gefühl, ihr oder ihm jederzeit und überall zu begegnen oder beobachtet zu werden. Es war eine gedankliche, selbstinszenierte Verfolgungsjagd. Ich gab mich oft so, als wenn jemand anwesend wäre. In der Jugendzeit war ich dann bald auf ältere Männer fixiert. Ich war in Gedanken ständig mit einem bestimmten Mann verbunden und stellte mir intensive Begegnungen vor. Es war keine Liebe, die ich spürte, sondern die Vorstellung, einen Mann als junges Mädchen zu erobern. Egal, ob er verheiratet war, ein Herz hatte, oder ob sein Charakter überhaupt anziehend oder sympathisch auf mich wirkte. Nicht selten rief ich ihn an, um seine Stimme zu hören, legte dann aber sofort wieder auf. Als ich dann die ersten Reaktionen in den Blicken und im ganzen Verhalten eines bestimmten Mannes bemerkte, entdeckte ich einen Spieltrieb in mir: Mich faszinierte das aufreizende Gefühl beim Beobachten der Reaktionen, wenn ich ihn anpeilte. Ich bemerkte bei ihm eine Schwäche für junge Mädchen, was es noch viel interessanter machte, sich irgendwie näher zu kommen.
Oft fühlte ich mich schmutzig dabei, konnte aber nicht widerstehen, mich dazu immer wieder hinreißen zu lassen, bis mir an seiner Schwäche und scheinbaren Hilflosigkeit bewusst wurde, wie schwach und hilflos ich selber einer „inneren Katze“ ausgeliefert war, die hier mit einer Maus spielte, deren Piepsen und Zappeln sie scheinbar als Unterhaltung sah.
Diese Maus war jetzt nicht mehr nur er, sondern wir beide.

In dieser Zeit erfuhr ich dann von der Lehre Bruno Grönings, durch die ich die Kraft bekam, mir ernsthaft ein Ende dieser

Sache zu wünschen. Ich erlebte, wie hier zwei Kräfte am Werk waren: Eine Kraft wollte mir helfen, mich zu trennen und die andere zog mich wie ein Magnet in das Katz- und Maus-Spiel.
Auch wenn Menschen mir dabei eine Unterstützung geben konnten, war es letztendlich ein Prozess, der sich in mir selbst abspielen musste. Ich musste meinen Teil dazutun, wenn ich da rauskommen wollte. Ich bat dann Bruno Gröning als Freund um Hilfe, mich endlich von jener selbstgeschaffenen Welt zu trennen, um wieder normal zu werden.
Oft musste ich mich neu entscheiden, ob ich in diesen früheren Gedanken schwelgen wollte oder ob ich stark blieb.
Und ich wollte irgendwann stark bleiben. Ich weiß nicht, ob ich das alleine geschafft hätte, vielleicht wäre ich zu schwach gewesen, aber das, was ich an Schlechtem aufgenommen hatte, wurde weggenommen und ausradiert. Ich spürte die Verzeihung einer großen Schuld, denn ich hatte mit Leben gespielt.
So skeptisch, wie ich zuerst war, so dankbar war ich jetzt für Bruno Grönings Hilfe. Mein Leben ist jetzt richtig schön.

Ja, glücklich sein kann man schon. Das geht aber nur dann, wenn man sich wirklich bemüht, in Gottverbundenheit zu leben. Ich habe jetzt einen lieben Mann gefunden, der mir auf meinem Lebensweg ein wahrer Partner ist, und ich erlebe in unserer Ehe, dass eine harmonische Beziehung nur auf echter Liebe basieren kann.
Ich habe keinen Drang mehr, meinen Mann körperlich zu erobern; es geht überhaupt nicht mehr um Reaktionen. Es geht darum, sich in Liebe und Achtung zu verbinden.

Leidenschaft hat nur Leid in meinem Leben geschaffen. Aber Liebe baut mich auf. Ich sehe nun das Leben in den Augen der Menschen und kann sie lieben; ob alt, jung, Mann oder Frau. Und ich spüre, wie sie alle diese reine Liebe brauchen. Dafür danke ich Gott und meinem Freund Bruno Gröning.

Ich möchte von noch einer Hilfe erzählen, die zu einer Änderung in meinem Leben führte.
In der Schule, hauptsächlich ab der 6./7. Klasse, fiel es mir sehr schwer, mich vor den Mitschülern und dem Lehrer zu äußern. Dadurch entstand im Laufe der Jahre ein Druck, u. a. wegen der Noten, mich doch ändern zu müssen. Ich schaffte es nicht, ich traute mich einfach nicht. Auch verkroch ich mich in anderen Gesprächsrunden außerhalb der Schule am liebsten in mein Schneckenhaus. Ich wollte anders, konnte aber nicht. Die mündlichen Noten waren im Keller! Erst als ich einige Jahre schon in der Gemeinschaft war und innerhalb meiner Ausbildung als Erzieherin die Schule wechselte, kam die Veränderung: Ich hatte den tiefen Wunsch, mit Selbstbewusstsein vor anderen reden zu können. Ich bat Bruno Gröning um Hilfe. Ab dem Schulwechsel, zu dem sich ein Neubeginn sehr gut anbot, gelang es mir, frei und natürlich in der Klasse mitzuarbeiten und mit gesundem Selbstvertrauen anderen Menschen gegenüberzutreten. Am Ende dieses Schuljahres stand eine Abschlussprüfung an, zu der eine Gesprächsrunde mit anderen angehenden Erziehern gehörte. Beurteilt wurden wir von einer Prüfungskommission, die sich aus einigen Lehrern zusammensetzte. Das sogenannte Kolloquium schloss ich dann mit „Sehr gut“ ab. Diese Note bedeutet für mich viel mehr als ein Leistungsnachweis, es war die äußere Bestätigung meiner inneren Befreiung.

Andrea Mast

Tanja Flütsch

Wir sind heute noch die besten Freunde, und dafür bin ich so dankbar.

Ich bin sehr dankbar, dass ich auf die Lehre Bruno Grönings gestoßen bin, da ich hier viel Gutes erleben durfte.
Schon als Kind litt ich unter Angstgefühlen. Vor allem fürchtete ich mich, wenn es dunkel war. Ich hatte immer Angst, es könnte mir jemand etwas antun. Bis ich ca. acht Jahre alt war, schlief ich allermeistens bei meinen Eltern oder Geschwistern im Bett. Trotz meiner Angst wollte ich mir die brutalsten Filme wie Krimis und Horrorfilme anschauen. Die Bilder verfolgten mich dann auch. In jeder Ecke hatte ich das Gefühl, es verstecke sich dort jemand, und wenn ich vorbeilaufe, passiere etwas. Ich dachte, dass ich mit dem leben muss. Oder dass das von alleine weggeht, wenn ich älter werde. Dem war jedoch nicht so.
Im Jahr 1994 zog ich zu meinem damaligen Freund, der von seinen Eltern den Bauernhof übernommen hatte. Wir waren also alleine in dem großen Haus. Auch da wieder, wenn ich allein zu Hause war, kam diese Angst. Ich ging meistens auch weg, wenn er nicht daheim war. Manchmal schloss ich mich ins Wohnzimmer ein und wartete, bis er nach Hause kam. Einmal versteckte ich mich nachts im Kleiderkasten, weil ich glaubte, dass jemand im Haus sei, der mir etwas antun wolle. Es war dann aber nur mein Freund.
Auch war es überhaupt nicht meine Stärke, vor Leuten zu sprechen oder meine Meinung zu äußern. Ich hatte immer Angst, dass ich etwas Falsches sagen würde. Meistens hatte ich auch gar keine Meinung. Ich war mir selber immer so unsicher und hatte wenig Selbstvertrauen.
In der Sekundarschule bekam ich Herzklopfen, wenn mich ein Lehrer etwas fragte. Auch etwas vorzutragen war Horror für mich.
Als ich schulentlassen war, hatte ich einen gut aussehenden Freund. Wir waren zwei Jahre zusammen. Im ersten Jahr war das Verliebtsein, aber dann wurde ich immer eifersüchtiger. Wenn er mit einer Frau sprach, kam so ein ungutes Gefühl über mich und ich hatte immer Angst, dass er mich jetzt nicht mehr liebe. Ich hasste diese Frauen. Diese Eifersucht machte dann auch ziemlich viel kaputt und wir trennten uns.
Später kam ich dann zu diesem Mann, der den Bauernhof hatte. Mit 20 Jahren bin ich zu ihm gezogen.

Ich war oft bei den Nachbarn zum Kinderhüten und durch sie erfuhr ich von der Lehre Bruno Grönings. Als die Nachbarin mir davon erzählte, war ich sofort interessiert. Ich hatte sonst auch immer Angst, wenn ich von ihnen nach Hause lief, obwohl es nur ca. 100 m waren. Doch an diesem Abend war es anders. Sie sagte mir noch, bevor ich ging, dass ich mir vorstellen solle, dass die Engel mich begleiten. Diese Worte gingen in mein Herz. Ich glaubte es einfach. Ohne Angst ging ich nach Hause.
Im März wurde ich in die Lehre Bruno Grönings eingeführt. Ich habe gelernt, wie man diese Kraft aufnimmt und sich einstellt, was ich auch regelmäßig praktiziere.
Etwa zwei Monate später war ich völlig frei von diesen Ängsten. Heute wohne ich sogar alleine in einer Wohnung, was mir sehr gut gefällt. Ich kann noch am späten Abend in die Waschküche gehen, es macht mir überhaupt nichts aus.

Nach vier Jahren Beziehung trat bei meinem Freund und mir eine Krise ein. Ich wollte immer eine Pause machen, doch habe es nicht geschafft, den Schritt zu tun. Wir haben viele Gespräche geführt und es ging weiter. Als ich an einem Sonntag von einer Tagung des Bruno Gröning-Freundeskreises zurückkam, sagte er, es sei besser, wenn wir uns trennten. Ich glaubte, ich höre nicht richtig, da ich dies nie von ihm erwartet hatte. Ich war zwar immer die, die davon gesprochen hatte, doch jetzt, wo es Wirklichkeit war, wollte ich es überhaupt nicht mehr. Aber für ihn war es Wahrheit und so ging ich.
Doch ich habe gelitten! Überall,

im Geschäft oder zu Hause, fing ich an zu heulen. Ich konnte mich nicht dagegen wehren, es lief einfach. Ich habe auch fast nichts gegessen und nichts konnte mich begeistern. Ich wusste genau, dass ich falsch handelte, denn ich hatte ja schon viel gelernt im Freundeskreis, vom positiven Denken und der ganzen Lehre, aber ich konnte und wollte dies jetzt nicht. Ich wollte nur eines: zurück! Dies war im November 1996. Da ich den Gedanken, ihn nicht mehr zu sehen, fast nicht ertragen konnte, rief ich ihn an, und wir vereinbarten einen Termin für ein Gespräch Anfang Januar. Wir gingen ja im Frieden auseinander und sagten auch beide, dass wir vielleicht wieder zusammenkommen würden. Dann wurde ich ein bisschen ruhiger, weil ich wusste, dass ich ihn sehen werde. Drei Wochen später hatte ich es ziemlich überwunden und ich fing an, wieder mein Leben zu genießen. Dann, Anfang Januar, trafen wir uns zu diesem Gespräch. Ich liebte ihn immer noch, aber es ging mir gut. Dann hat er mir erzählt, dass er sich seit letztem Sommer für eine andere interessiere und auch aus diesem Grund Schluss gemacht hätte. Ich war ganz überrascht, was ich da zu hören bekam, denn das hätte ich zuletzt erwartet. Normalerweise wäre ich am Boden zerstört gewesen und hätte diese Frau über alles gehasst. Doch diesmal war es ganz anders. Ich blieb ganz ruhig und konnte mit ihm offen über alles reden. Wir haben uns verabschiedet, einander in die Arme genommen und alles Gute gewünscht. Beim Nach-Hause-Fahren habe ich mir aus ganzem Herzen gewünscht, dass er glücklich wird, ohne an uns beide zu denken. Ich habe keine Träne mehr geweint. Wir sind heute noch die besten Freunde und dafür bin ich so dankbar. Ich bin überzeugt, dass ich hier die Hilfe erhalten habe. Ich habe auch gegenüber dieser Frau keinen Hass gespürt. Ich wusste, dass das eigentlich gar nicht ich war, es wurde mir einfach so geschenkt! Ich war selber überrascht über meine neuen Gefühle, aber es ist Wirklichkeit!

Durch das tägliche Einstellen hat sich wohl viel mehr in mir getan, als ich manchmal dachte. Was mich ganz besonders freut, ist, dass ich heute eine Gemeinschaft leiten darf. Neulich sprach ich vor über 200 Leuten, was ich früher nicht zu denken gewagt hätte. Und es ging prima.
Ich kann heute zu mir und meiner Überzeugung stehen, weil ich hier die Wahrheit erfahren und erleben durfte. Mir wird klar, was ich will und auf was es ankommt im Leben. Ich bin so dankbar, immer mehr lernen zu dürfen, alle Menschen zu lieben und mit mir selber zufrieden zu sein. Dies wünsche ich euch allen aus ganzem Herzen.

Alles Liebe!

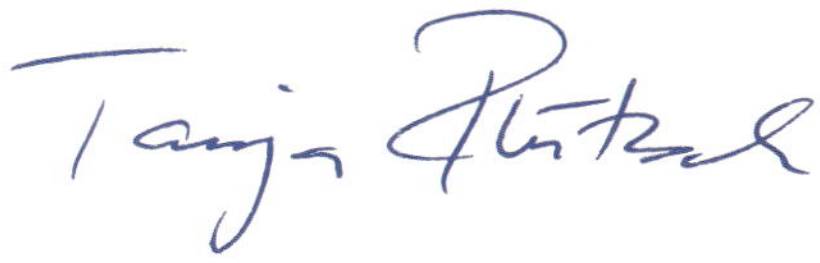

Robert Böhmer

Ich kann das Glücklichsein nicht weiter beschreiben, aber es ist ein großartiges Gefühl.

Das Informatikstudium gefiel mir sehr gut. Ich fand gleich zu Beginn einen Platz in einem Studentenheim, das den Vorzug hatte, ausschließlich aus Einzelzimmern zu bestehen, sodass ich mich alleine in meinem Zimmer einrichten konnte. Außerdem waren alle Studenten in meinem Stockwerk total nett, und ich fühlte mich dort sofort wohl. In den Vorlesungen selbst lernte ich auch zwei Informatik-Kollegen im ersten Semester kennen, die mir schnell zu guten Freunden wurden. Da einer von ihnen im selben Studentenheim wohnte wie ich, machten wir fast alle Hausübungen gemeinsam und hatten Spaß, im Studium schnell vorwärts zu kommen. Ich war ein totaler Computer-Freak. Nächtelang saß ich am Computer, um alle internen Code-Sequenzen kennen zu lernen und für meine eigenen Programme zu nutzen. Die Computerbücher waren teuer, aber ich kaufte sie mir dutzendweise. Ich wollte immer jede Programmieraufgabe, die mir einfiel, lösen, und ich war auch überzeugt, dass ich alles lösen konnte. Die Erfolge, die ich hatte, wechselten mit der Frustration ab, wenn ich sah, wie viel Zeit und Mühe ich an Kleinigkeiten verschwenden musste. Aber nur Perfektion stellte mich zufrieden. Jeden Gedankenanstoß, den ich in den Vorlesungen bekam, wollte ich umsetzen.

Nach den ersten Semestern bestand mein Alltag nur noch aus Vorlesungen, Hausübungen, Computer und den Cyberpunk-Romanen von William Gibson und Co. Gerade diese Bücher ließen mich völlig in eine Computer-Welt abgleiten, die aus abgefahrenen Hackern und Biochip-Implantaten bestand, in der nichts unmöglich war. Echter Einsatz in einer unbeugsamen Stahlwelt mit einer Romantik, die mich einfach faszinierte. Gerade zu der Zeit lernte mein Freund, der im Heim wohnte, seine Freundin kennen und war kaum noch zu sehen. So vergrub ich mich tiefer in meine Bücher und saß noch öfter am Computer. Ich verbrachte fast den ganzen Tag alleine im Zimmer. Statt jedes Wochenende nach Hause zu fahren, kam ich nur mehr alle zwei Wochen nach Hause und meist nur um die Schmutzwäsche abzuladen und saubere mitzunehmen. Wenn mich meine Mutter besorgt fragte, wie es mir denn ginge, sagte ich immer: „Super!", aber es ging mir immer schlechter. Ich fühlte mich einsam in meinem Studentenzimmer, vor allem am Wochenende, wenn die anderen nach Hause gefahren waren.

Ich war mit meinen Gedanken immer beim Computer oder den Cyberpunk-Romanen. Wenn am Computer alles gut lief oder ich mitten im Lesen war, war ich glücklich. Aber dann kamen Stunden, da begann es irgendwie ganz trist zu werden. Einsamkeit, Lustlosigkeit, Sinnlosigkeit drangen mit immer trüberen und dumpferen Gedanken in mich ein. Ich saß oft am Bettrand und wusste nicht, was ich tun sollte, da es nichts gab, was ich gerne getan hätte. So begann ich Gedichte zu schreiben. Ich griff zu meiner CD-Sammlung und kam bald auf eine Welle von echt harter, düsterer Musik. Oftmals regten mich Texte von dieser Musik an, Gedichte zu schreiben. Oft reichte eine Zeile oder auch nur ein Wort und die dazugehörige Melodie, um meine Phantasie in Gang zu bringen und etwas zu schreiben. Wenn ich in der Nacht aufwachte und mir ganz einsam zumute war, schrieb ich die abgründigsten Gedichte. Es waren Gedichte von Selbstmord und Leid unerklärlichen Ursprungs – und ich schrieb sie in großer Anzahl. Für mich wurden die Gedichte immer mehr zu einem Hilfeschrei und ich drängte sie auch vielen meiner Stockwerkskollegen zum Lesen auf. Jedoch erkannte keiner von ihnen deren Zweck. Die Situation verschärfte sich, als ich mich ein wenig in die Freundin meines Studienkollegen verliebte, die mich zwar verstand, mir aber nicht helfen konnte. So begann ich neben meinen melancholischen Gedichten auch erotische Kurzgeschichten zu schreiben, die sehr treffend waren und äußerst authentisch wirkten.

Ab und zu überwand ich mich, länger als nur für eine kurze Nacht nach Hause in meinen Heimatort zu fahren, und das hauptsächlich deshalb, um mit meinen alten Freunden zusammen zu sein. Hier ging es mir dann besser. Freitag oder Samstag gingen wir in unsere Stammdisko und auch die Schulbälle ließ ich mir nicht entgehen. Auf Bällen tat ich nichts anderes als tanzen, denn ich bin ein begeisterter Tänzer. Auf einem dieser Bälle lernte ich ein Mädchen kennen, das ebenfalls leidenschaftlich gerne tanzte. Sie war klein und zierlich und konnte ausgezeichnet tanzen. Sie erzählte mir, dass sie einen Tanzpartner für den nächsten Tanzkurs suche, worauf ich sofort zusagte. Es war wunderbar, mit ihr zu tanzen, aber abgesehen vom Tanzen war sie sehr abweisend und überhaupt nicht zum Reden aufgelegt. Aber ich freute mich über diese zufällige Bekanntschaft und diese Gelegenheit, nun öfter tanzen gehen zu können. Unter der Woche ging es mir wieder schlechter. In meinem Studentenzimmer bekam ich manchmal merkwürdige Zustände, in denen ich mir einbildete, ersticken zu müssen. Das Einzige, was half, war, mich abzulenken und zu beruhigen. Psychisch brauchte ich dringend Hilfe. Die schlaflosen Nächte und das tagelange Nichtstun und Nur-im-Bett-Liegen ließen mir zu viel Zeit zum Grübeln.

Um von meiner Umwelt endlich eine Reaktion zu erhalten, gab ich alles, was ich geschrieben hatte, meiner Mutter zu lesen. Meine Eltern waren schon über 15 Jahre geschieden, und ich nahm meinem Vater vieles übel, da er, gemeinsam mit seiner zweiten Frau, die Scheidung zu einem Inferno werden ließ, was ich nicht akzeptieren konnte. Ich war froh, dass er mir das Studium finanzierte, aber ich betrachtete es mehr als seine Pflicht. Die Reaktion meiner Mutter auf die Gedichte und Kurzgeschichten war durchaus ernst. Aber sie konnte mir auch nicht helfen, weil sie einerseits meine Gefühle nicht verstand, da sie nie zur Melancholie geschweige denn Depression neigte, und ich andererseits keinen Rat annahm. Ich konnte von mir aus auch nicht mit ihr über meine Gefühle sprechen. So änderte sich nicht viel, außer dass ich nun jedes Wochenende zum Tanzkurs nach Hause kam.

Der Tanzkurs gefiel mir immer besser. Da es üblich war, nach dem Tanzen noch gemeinsam auszugehen, fragte ich auch meine Tanzpartnerin danach. Tatsächlich ergab es sich, dass wir gemeinsam noch durch die Stadt gingen. So kamen wir uns näher. Sie war keine Frohnatur, eher eine, die kämpfen musste, um nicht unterzugehen. Sie schrieb ebenfalls Gedichte, und wir waren sehr bald ganz auf einer Wellenlänge. Nach der letzten Tanzstunde vor den Weihnachtsferien schenkte ich ihr ein Buch, aus dem ich ihr ein Gedicht vorlas. Obwohl ich es schon viele Male gelesen hatte, da es mir sehr gut gefiel, erkannte ich erst während ich es ihr vorlas, dass es ein Liebesgedicht war. Sie wollte mich wohl küssen, aber ich übersah die Anzeichen bewusst, da ich das nicht wollte. Ich sah mich immer als Beschützer des „schwachen Geschlechts", und obwohl ich sehr von Mädchen angetan war und meine Kurzgeschichten schrieb, war mir eine Beziehung dennoch etwas Ernstes. Als wir uns an diesem Abend verabschiedeten, sagte sie, dass ich sie doch in den Ferien anrufen sollte. Kurz nach

Weihnachten rief ich bei ihr an. Wir machten uns aus, dass sie am nächsten Tag zu mir kommen würde. So saßen wir am nächsten Tag Seite an Seite auf meinem Bett und ich las ihr meine traurigen Gedichte vor. Durch die große Ähnlichkeit unserer Gedanken und Gefühle waren wir uns wieder sehr vertraut. Als die Gedichte zu Ende waren, begann ich, meine erotischen Geschichten vorzulesen. Als diese zu Ende waren, starrte ich müde die gegenüberliegende Wand an. Mir war kalt und unwohl. Ich fragte sie, ob sie auch so kalte Hände hätte wie ich und reichte ihr meine Hand, sodass wir Hand in Hand nebeneinander saßen. Sie legte zärtlich ihre zweite Hand auf meine Wange und drehte meinen Kopf zu ihr hin. Sie küsste mich auf den Mund und ich wich zögernd zurück. Aber sie folgte mir und hielt mich sanft fest. So ließ sie sich aufs Bett zurücksinken, sodass ich auf ihr lag …

Als wir später nebeneinander lagen, war mir ganz heiß. Doch plötzlich wurde ich kreideweiß im Gesicht und begann am ganzen Körper zu zittern. Mir war mit einem Mal unsagbar kalt. Mein Magen war ein Eisbeutel. Ich sah alles wie im Fieber. Sie fragte aufgeregt: „Was ist los?“ Ich sah völlig wirr um mich. Sie fragte immer wieder: „He, was ist denn los?“ Dabei schüttelte sie mich fest an den Schultern. Alles drehte sich. Ich wollte sie weder anschauen, noch etwas sagen. Ich hatte ein Gefühl in mir, das ich nicht beschreiben kann. Mir war innerlich so übel, so schlecht zumute. Ich hätte am liebsten alles rückgängig gemacht. Irgendwie sagte ich langsam und alles nicht begreifend: „Ich will keine Freundin um der Freundin willen, sondern eine zum Heiraten.“ Langsam und zögernd, so, als könne sie überhaupt nicht daran glauben, sagte sie: „Das will ich ja auch.“ Was an diesem Tag geschehen ist, hat mich verändert. Als wir uns am nächsten Tag wieder bei mir trafen, hatte ich keine Hemmungen mehr. Immer wenn ich sie sah, wollte ich nur das Eine. Ich war gerade 22 Jahre und sie, 16, war meine erste Freundin. Für mich waren ihre Worte nach dem ersten Mal wie das Versprechen einer lebenslangen Bindung. Durch nichts in der Welt hätte ich mich von ihr trennen können. Ich würde immer treu sein und wir würden irgendwann heiraten. Solange wir Ferien hatten, trafen wir uns jeden Tag. Danach jedes Wochenende. Egal ob sie zu mir kam oder ich zu ihr, immer legten wir uns sofort aufs Bett. Wenn wir zusammen waren, waren wir irgendwie glücklich. Ich war total in sie verliebt und hing an ihr. Aber von Anfang an hatte ich das Gefühl, ich wäre nicht gut genug für sie. Ich fühlte mich schlecht.

In meinem Studentenzimmer war die Einsamkeit und die Leere in meinem Leben so groß wie nie zuvor. Ich lag und saß dort ohne einen Funken Freude, ohne ein Ziel. Ich wohnte im 8. Stock und stand am Fenster. Ich weiß nicht, wie es kam, aber auf einmal wollte ich springen. Ich lehnte mich hinaus und sah hinunter. Das Gefühl war so vertraut. Die Überwindung der letzten kleinen Hemmung berauschte mich. Ich ließ es zu. Es war wie in meinen Gedichten. Die Zeit war da. Und als ich springen wollte, kam der Gedanke: „Wie war es bei Hiob?“ Dieser Gedanke an die biblische Geschichte war seltsam, aber er fesselte mich. Ich ging zurück und suchte die Bibel. Und darin las ich, wie Hiob schwer geschlagen sagte: „Nehmen wir das Gute an von Gott, sollen wir dann nicht auch das Böse annehmen?“ Genau in diesem Augenblick wurde mir mein Leid erst richtig bewusst. Ich nahm es als Teil von mir an und zum ersten Mal erkannte ich, dass ich einfach nur krank war. Und ich fühlte mich so erleichtert, weil ich wusste: Wenn ich krank war, dann konnte ich auch wieder gesund werden. Ich brauchte nicht mehr gegen ein Phantom zu kämpfen, sondern ich hatte einfach eine Krankheit. Und ich wusste, dass ich mich niemals umbringen würde.

Die Begebenheit, dass ich mich fast umgebracht hätte, erzählte ich auch beiläufig, als meine Freundin und mein bester Freund anwesend waren, aber nur mein bester Freund reagierte tatsächlich darauf, und zwar mit Selbstzweifel. Es quälte ihn, dass es trotz unserer großen Freundschaft so weit gekommen war. Die Beziehung zwischen meiner Freundin und mir war von Anfang an keine glückliche, sondern eine krampfhafte. Wir liebten uns irgendwie, aber wir waren nicht frei. Besonders ich klammerte mich sehr an sie. Die Art, wie sie sich präsentierte, war zwar nicht besonders aufreizend, aber ich war irgendwie wie besessen. Für mich brauchte es nicht viel und sie sagte kaum nein. So kam es auch, dass wir miteinander schliefen, ohne dass wir es beide wirklich wollten. Der Drang in mir war einfach ständig da, und ich gab ihm immer nach. Ich konnte diesen Drang einfach nicht beherrschen. Eines Nachts, als ich alleine in meinem Studentenzimmer schlief, wachte ich vom Grauen gepackt auf. Eine Macht hatte mich gerade vergewaltigt, dass ich einen Erguss hatte. Es war so, dass mich ein widerwärtiges Untier, das ich gar nicht beschreiben kann, zum Orgasmus gebracht hatte. Ich konnte gegen diese Vergewaltigung nichts tun, ich war ihr ausgeliefert wie meinem eigenen Drang nach Sex. Ich kam mir dabei so schlecht vor, als wäre ich selbst ein Vergewaltiger. Es war total grauenhaft, und ich verstand es auch nicht.

Schon nach wenigen Monaten war die Beziehung zwischen meiner Freundin und mir total gestört. Ich litt sehr unter ihrem Gehabe, mich eifersüchtig zu machen, was ich nicht verstand. Sie hatte mir doch ihr Versprechen gegeben, was sollte also der Unfug. Das machte mich ganz fertig. Dass wir immer noch regelmäßig miteinander schliefen, obwohl uns innerlich-seelisch gar nichts mehr verband, war das Allerschlimmste. Es war ein Verbrechen an uns selbst, das wir aus Gewohnheit oder Geilheit verübten. Nach sechseinhalb Monaten machte sie mit unserer Beziehung Schluss.

Später schrieb sie mir noch, dass sie während unserer Beziehung auch noch mit anderen geschlafen hatte. Da brach ich endgültig zusammen. Als ich eines Morgens in meinem Studentenzimmer aufwachte und mich übergeben musste, dachte ich, ich müsste sterben. In Panik fuhr ich mit dem Zug sofort zu meiner Mutter, die im Krankenhaus arbeitete. Sie beruhigte mich und ich kam für eine Woche ins Krankenhaus zur gründlichen Untersuchung. Dort baute ich jedoch kaum auf. Die Betäubung für die Magenspiegelung war total schlimm. In diesem Zustand war ich wirklich in Versuchung, doch noch irgendwo hinunterzuspringen.

Die Psychologin des Krankenhauses war jedoch sehr nett. Sie riet mir auch zu einer psychotherapeutischen Behandlung an meiner Uni, die mich nichts kosten würde. Aber erst ein paar Monate später, es war wieder kurz vor Weihnachten, konnte ich mich dazu entschließen. Mir ging es sehr schlecht, aber die Stunden, die ich alle ein bis zwei Wochen bei meiner Psychologin verbrachte, taten mir gut. Ich kam für gewöhnlich fröhlich ins Studentenheim zurück. Die anfänglichen Erfolge hielten jedoch nicht an. Im Gegenteil. Je tiefer ich über meine Gedanken nachdachte, desto grauenhafter wurden sie. Das wirkliche Kesseltreiben fing ein halbes Jahr nach Beginn der Therapie an. Die Alpträume, der Wahnsinn, der mich die ganze Nacht verfolgte, verfolgte mich nun auch den ganzen Tag über. Jede Nacht, jeden Tag und immer schlimmer und immer übermächtiger. Die Gedanken, die mich quälten, waren Vergewaltigung. Was sich damals in der Nacht abgespielt hatte, wurde zu meinem ständigen Begleiter. Die Angstzustände steigerten sich so weit, dass Straßenbahn fahren und Zug fahren zur unerträglichen Qual wurden. Mein Studium verzögerte sich zusehends. Viele meiner einstigen Kollegen hatten die Vorlesungen, die ich noch besuchte, schon hinter sich gelassen und ich traf immer mehr auf neue Gesichter. In meinem Zustand konnte ich nur mehr ganz wenige Vorlesungen besuchen. In einer dieser Vorlesungen, zu der ich mich noch aufraffen konnte, lernte ich Robert Freigaßner kennen, mit dem ich eine kleine Seminararbeit ausarbeiten musste. Da ich offen von meiner Psychotherapie sprach, wusste auch er davon.

Am Ende des Semesters lud er mich zu sich ein. Auch er wohnte in einem Studentenheim. Über seinem Bett hing ein großes Bild von Bruno Gröning. „Dieser Mann ist wichtig", dachte ich mir,und fragte Robert, wer das sei. Ich hätte eigentlich nicht fragen müssen, denn der Grund, warum er mich abends um 10 Uhr eingeladen hatte, war, mir von Bruno Gröning zu erzählen. Er erzählte mir alles Mögliche. Vorwiegend von „Wunderheiler" und „Geistheiler" und dass Bruno Gröning viele gesund gemacht hat. Es war schön hier zu sitzen und zuzuhören. Im Hintergrund lief eine CD mit angenehmer Musik und ich fühlte mich wohl. Dass ich mich hier wohl fühlte, war das Bemerkenswerte, denn ich war bei anderen Kollegen schon regelrecht geflohen. Was er mir über Bruno Gröning erzählte, war für mich uninteressant und da ich mit den Begriffen „Wunderheiler“ und „Geistheiler“ nichts anfangen konnte, blieb mir das meiste, was er sagte, ohnehin ein Rätsel. Er vermittelte mir lediglich das Gefühl, dass es hier Hilfe gab. Ich glaubte zu diesem Zeitpunkt jedoch immer noch, dass mich meine Psychotherapeutin wieder hinbiegen würde.

Drei Monate später stand ich wieder vor Roberts Tür. Nach über eineinviertel Jahren Psychotherapie stand ich praktisch vor der Entscheidung, das psychiatrische Krankenhaus aufzusuchen oder langsam zu sterben. Als Robert die Tür aufmachte, sagte ich ihm einfach, dass ich mehr wissen müsse. Er erklärte mir, dass es alle drei Wochen einen Einführungsvortrag über die Lehre Bruno Grönings gäbe, den ich besuchen solle. Er schaute nach, wann der nächste Termin war, und ich bat ihn, mich dorthin zu begleiten. Alleine dorthin zu kommen, sah ich mich nicht mehr in der Lage.

Die ältere Dame, die den Vortrag hielt, riet uns, für diese zwei Stunden, die wir nun hier sitzen würden, nicht an unsere Probleme zu denken, sondern an etwas Schönes. Zum Beispiel an eine schöne Landschaft, einen Sonnenaufgang oder etwas Ähnliches. Ich saß noch keine Viertelstunde da, da spürte ich im Bauch auf einmal eine Kraft, verbunden mit einem ganz starken, wunderbaren Gefühl. Als wären meine Probleme nicht mehr vorhanden, musste ich für ein paar Sekunden lachen, obwohl es eigentlich nichts zu lachen gab. Es war das Gefühl, das mich zum Lachen gebracht hat, und dass ich mich in diesem Augenblick so befreit fühlte. Da das nur ein paar Sekunden andauerte, saß ich daraufhin ganz angestrengt da, um es wieder zu erleben. Es war so herrlich gewesen, so befreiend. Aber den ganzen Vortrag über spürte ich nichts mehr. Doch durch das kurze Erlebnis war mir klar, dass ich hier dabei sein wollte.

Um endlich die Depressionen loszuwerden, tat ich dann alles, was mir mein Studienkollege empfahl. Ich nahm jeden Tag die Kraft auf, wie ich es im Vortrag gelernt hatte, jedoch spürte ich einige Tage lang nichts Besonderes. Dann schickte mich Robert ganz alleine zu einer Gemeinschaftsstunde. Mit der Zeit fiel mir auf, dass sich bei der Aufnahme der Kraft, die Bruno Gröning auch als Heilstrom bezeichnete, meine Gesichtszüge ganz von alleine zu einem Lächeln formten, was mir sehr gefiel. Später wurde das Gefühl immer stärker und als ich Robert fragte, ob das nun der Heilstrom sei, sagte er, „Ja, ja, das ist er schon“, und wir mussten beide schmunzeln.

Die psychotherapeutische Behandlung war für mich kein Thema mehr. Ich ging noch ein letztes Mal hin, damit sich meine Psychotherapeutin keine Sorgen machen musste, wenn ich nicht mehr käme. Da sie selbst merkte, dass sie mir nicht mehr helfen konnte, war sie froh, als sie hörte, dass ich etwas gefunden hatte, was mir half.

Als Nächstes riet mir Robert, zur Jugendtagung mitzufahren. Heute bin ich froh, dass er mich immer mitgezogen hat, denn alleine hätte ich die Depressionen nicht so schnell überwunden. Schon die Zugfahrt zur Tagung war erlebnisreich und ich fühlte mich teilweise so gut wie noch nie. Während der Jugendtagung hatte ich wieder dieselben Alpträume, vielleicht sogar noch schlimmer als sonst, aber sobald die Träume aus waren, war auch das Grauen vorbei. Das war neu für mich. Ich musste tagsüber nicht mehr an die Träume denken. Es war vorbei und damit erledigt. Das zweite positive Erlebnis war dann das Tanzen. Auf Jugendtagungen wird getanzt, und zwar hauptsächlich Walzer und Polka. Durch die Depressionen hatte ich solche Angstgedanken, ich würde Mädchen irgendwie weh tun, dass ich beim Afro-Tanzkurs an der Uni schon große psychische Probleme hatte, obwohl mir der Tanzkurs an sich ausgezeichnet gefiel. Es war wie beim Studium selbst – es gefiel mir sehr, aber die Depressionen und Angstzustände verdarben einfach alles. Da ich auf der Tagung alles mitmachte, kam ich jetzt auch zum Tanzen. Gleich am Anfang gab es Wiener Walzer, mein absoluter Lieblingstanz, und ich begann einfach mit einem Mädchen zu tanzen. Die schlechten Gedanken waren wie weggeblasen und ich hatte einfach Spaß dabei. Als ich sah, dass meine schlechten Gedanken völliger Unsinn waren und das Tanzen nicht nur mir, sondern allen Spaß machte, genoss ich es richtig. Ich war voll dabei, lachte und freute mich. Ich fühlte mich so mit den Leuten hier verbunden und wohl, dass ich hätte sagen können, hier fühle ich mich zu Hause. Ich kann das Glücklichsein nicht weiter beschreiben, aber es ist ein großartiges Gefühl.

Dennoch waren die Depressionen noch da. Da ich mich nicht länger quälen lassen wollte, tat ich alles, um sie loszuwerden. Mir war die Diskussion um satanische Musik und Backplay-Messages schon lange bekannt und ich hatte mich auch sehr ereifert, sie als Unfug abzutun. Ich hatte herzlich über die Interviews von Black-Metal-Bands lachen können und mich über das dumme Gerede lustig gemacht. Nachdem mir die Depressionen das Lachen genommen hatten, sah ich keinen Sinn mehr, Dinge zu besitzen, die ich ohnehin nicht mehr ertragen konnte. Alle Black-Metal und Death-Metal-CDs wanderten zum Verkauf auf die CD-Börse. Meine ganze Horror- und Vampir-Literatur entsorgte ich ebenfalls. Alle Bilder, Fotos und Sprüche, die in meinem Zimmer hingen, wurden von mir entfernt, sobald ich auch nur den Verdacht hatte, dass sie mir nicht gut taten. Alle Erinnerungen an meine ehemalige Freundin wanderten in die unterste Schublade. Ich räumte wirklich auf. Und tatsächlich: Innerhalb von einem halben Jahr wurde ich vollkommen frei von jeglichen Alpträumen und Depressionen. Es war hart, wie ich darum kämpfen musste, aber von Woche zu Woche wurden die schlechten Gedanken seltener, und schließlich war es vorbei. Sie gingen weg und blieben weg.

Meine Mutter bekam meine Veränderungen so richtig mit. Ich konnte endlich wieder wie früher frei und ungezwungen mit ihr reden und auch lachen. Ich war wirklich wie ausgewechselt. Außerdem dachte ich seit langem wieder mit Freude an die Zukunft. Ich ging mein Studium wieder richtig an und erledigte ein Fach nach dem anderen. Durch die tägliche Kraftaufnahme hatte ich so viel Schwung, dass ich zeitmäßig stark aufholte. Ich hatte jetzt auch die Nerven, die schwierigen Prüfungen hinter mich zu bringen, die ich schon lange vor mir hergeschoben hatte. Ich schaffte alle beim ersten Mal. Nun hatte ich andere Dinge zu tun, als Tag und Nacht vor dem Computer zu sitzen und kranken Phantasien nachzurennen.
Die Welt war keine Cyberpunk-Stahlwelt mehr, sondern voll von netten Menschen, und ich begann wieder zu leben.

Irgendwann wurde mir klar, was ich hier bei den Bruno Gröning-Freunden eigentlich erlebte: Ich erlebte die selbstlose Liebe. Es war eine Art Liebe, wie ich sie als Kind spürte, als wirklich nur das Gefühl zählte. Diese Menschen waren einfach lieb, und ich liebte sie. Sie bauten mich auf, und je mehr ich ihre Art kennen lernte und die gegenseitige Zuneigung spürte, desto klarer wurde mir, dass ich meine ehemalige Freundin nie wirklich geliebt hatte. Ich hatte mein sexuelles Bedürfnis für Liebe gehalten. Als mir das bewusst wurde, war ich geschockt. Wenn ich sah, wie Menschen aus wahrer Liebe handelten, wusste ich, dass auch meine Freundin mich nicht wirklich geliebt hatte. Diese Feststellung war schon eigenartig, aber da ich wieder gesund und glücklich geworden war und wusste, dass es meiner ehemaligen Freundin nicht gut ging, konnte ich ihr ebenfalls dieses Glück von ganzem Herzen wünschen. Ich wusste, dass wir beide am damaligen Unglück schuld waren, und obwohl wir uns aufs Schmerzlichste verletzt hatten, empfand ich keinen Schmerz mehr und keinen Hass. Nur ein inniges Glück-Wünschen für sie war in mir. Als wir uns später einmal sahen, gab es nichts Negatives zwischen uns. Durch Bruno Gröning weiß ich, dass jeder lernen kann, glücklich zu werden.

Ich war froh, hier bei den Bruno Gröning-Freunden mit Mädchen reden zu können, ohne im Hinterkopf haben zu müssen, ich müsste mich so oder so präsentieren, weil ich ja „ankommen" will. Der ständige Zwang war weg, das Thema war nicht da, die Gedanken kamen gar nicht. Der sexuelle Drang ließ nach und es normalisierte sich wieder alles. Genau genommen empfand ich sogar, dass ich wieder zu einem Zustand zurückkehrte, wie es lange vor der Beziehung und Depression war. Ich fühlte mich nicht mehr schlecht, sondern so, als wäre das Erlebnis wieder rückgängig gemacht. Lediglich das Wissen, was ein maßloses Sexualverhalten auslösen kann, nahm ich mit.

Hier unter den Bruno Gröning-Freunden war es so, wie ich es selbst immer gerne gewollt hätte. Hier war Zuneigung echt und Liebe war Liebe, nicht körperliches Begehren. Das Tanzen war ungezwungen. Es machte alles Spaß, auch ohne die körperlichen Reize. Hier war es schön zu helfen. Es war auch schön, wenn mir jemand half.

Hierher gekommen zu sein, freut mich so, als wenn ich ein riesengroßes Geschenk bekommen hätte, das ich mir so sehr gewünscht habe. Aber da ist kein Geschenk, und trotzdem ist die Freude in mir so groß. Ich freue mich auch, dass ich meinem Vater verzeihen konnte. Ich begann ihn zu lieben, wie ich es immer wollte, es mir aber nie gelungen war. Die Zukunft so zu sehen, dass jeder Tag viel zu kurz ist für alles, was man noch zu tun hat, statt „… ein neuer Tag, den ich nicht erleben mag“, wie ich in einem Gedicht schrieb. Dabei tat ich nicht mehr, als den Heilstrom aufzunehmen und mich zu bemühen, nur gute Gedanken zu denken, so wie Bruno Gröning es gelehrt hatte, und nicht mehr an die negativen Gedanken zu glauben. Dadurch lag mit einem Mal eine völlig neue Welt vor mir. Als ich mein Studium mit einer für mich hervorragenden Diplomprüfung abschloss und einen Traumjob bekam, fühlte ich mich wie der glücklichste Mensch auf Erden. So habe ich zur Freude und Gesundheit auch noch das Glück gefunden.

Robert Böhme

Alter

Karin Ommert

Wo ist das Blumenmädchen, das sich in die Wiesen schmeißt?

Früher hätte ich meine Zartheit Schwäche genannt. Eine Frau muss doch stark sein bzw. die Kunst verstehen, ihre Gefühle zu verdrängen. Stimmt's? Ist doch hip, wenn ein Typ dich anbaggert! Kannste stolz sein, wenn soundsoviele mit dir schlafen wollen.

Ich habe darunter gelitten. Warum sehen die mich nicht als Mensch, habe eine Seele, die spüren will, dass sie aufrichtig geliebt wird. Ist es zu viel verlangt, als Mensch wahrgenommen zu werden?

Hatte viele schöne Gespräche mit Männern, doch irgendwann zielte das Gespräch nicht mehr Richtung Freundschaft, Ehrlichkeit, sogar bei verheirateten Männern, sondern in eine Richtung, die für mich eine Sackgasse war. Ich kam meistens wieder raus, doch meine Seele wurde traurig.

Das Vertrauen war oft gebrochen. Zählt nur das „Eine“? Warum musste die Sexualität einen so hohen Stellenwert haben, gegen den man sich als Frau selbst als Person mit Charakter nicht wehren konnte?

Ich suchte Freundschaft, ob Frau oder Mann. Für mich sind wir Menschen. Menschen! Ja, Menschen suchte ich mit Charakter und Herz. Viele sagten immer: „Bleib, wie du bist!“, doch ich wollte weiter.

Viel probiert, experimentiert. Drogen und Alkohol waren auch mal dran.

Dann begann ich irgendwann, mich bewusst hässlich zu machen. Extra billige Kleidung, die bald die Form verlor. Komplimente fand ich abstoßend. Oft habe ich extra etwas an meinem Äußeren verschlechtert.

Eine Zeit lang waren Jungs aus meiner Klasse hinter mir her. Ich suchte im Spiegel: „Was finden die an mir?“, nahm die Schere, schnitt meine Wimpern ab.

Ich hatte auch Freunde, die mich charakterlich ganz klasse fanden, aber irgendetwas in mir wollte nicht, dass ich beachtet werde. Ich war rau und hielt es für normal, dieses Coolsein, Fassaden tragen, falsches Spiel. Wo waren Ehrlichkeit, wahre Freundschaft, Aufrichtigkeit und respektvoller Umgang?

Dann knallte es:
Ich stand vor dem Spiegelschrank und sah hinein. Vor mir stand eine aufgestylte Frau mit hochhackigen Schuhen und angemaltem Gesicht, die sich selbst nicht mehr erkannte. Irgendetwas drang in ihr auf Rache: „Jetzt werde ich es den Männern zeigen!“

Als ich aber so vor dem Spiegel stand, fragte eine innere Stimme: „Wo bist du, Karin, wo ist das Blumenmädchen, das sich in die Wiesen schmeißt?“
Dann gingen meine Augen zu Boden – und ich fing an zu beten: „Vater, zeig mir einen Weg.“

Ich bat erst um einen indischen Weg. Ich wollte auswandern in ein anderes Land, so bin ich bei Sri Chinmoy angelangt, doch da sah ich Dinge aus der Vergangenheit, die ich nicht mehr wollte. Dann kam ich über eine Ausstellung für neues Bewusstsein mit einer Freundin zum Bruno Gröning-Infostand. Ich sah das riesige schwarz-weiße Portrait, und wenn nicht ein junger Mann auf mich zugekommen wäre und mir von seiner Heilung erzählt hätte, hätte ich mich auf dem Absatz herumgedreht. Ob ich glauben könne, dass Gott der größte Arzt sei. Das fand ich interessant.
Eine ältere gute Freundin hatte mal zu mir gesagt: „Wenn du mal auf die Suche gehst, muss es was Kostenloses sein, denn das ist Gott, Gott ist Liebe und kostenlos, er will die Menschen nur beschenken.“ Dies hier war kostenlos, alles andere kostete was.
Ich spürte Freiheit, Eigenentscheidungsmöglichkeit und ging deshalb in den Infovortrag. Zu allem, was mir von Bruno Gröning erzählt wurde, spürte ich in meinem Innern ein großes „Ja!“.
Ich nickte unwillkürlich mit dem Kopf und spürte Heilkraft. Endlich konnte ich lernen, mir selbst und meiner inneren Stimme wieder zu vertrauen, die mit mir lange nicht gesprochen hatte.

Bei meiner ersten einwöchigen Zusammenkunft von Bruno Gröning-Freunden 92/93 über Silvester dachte ich, ich träume. Gibt es das wirklich, Menschen ohne Hintergedanken?
Jetzt kann ich wieder geben, ohne das Gefühl zu haben, ich werde ausgenutzt oder gar verlacht. Ich habe einen Weg gefunden, auf dem Feinfühligkeit respektiert wird.
Möchte mich gar nicht mehr schlampig anziehen.
Ich hatte doch nur so ein negatives Weltbild, weil ich alles so sah, wie es für mich war. Froschperspektive.
In Mustern gefangen, spürte und sah ich nicht, bis ich einmal die Perspektive wechselte und prüfte. Ich lernte, nein zu sagen und was mir nicht behagt, nicht zu verschweigen. Und es ist o. k. so und wird akzeptiert.

Ich darf also jetzt seit 1992 dabei sein und habe dieses Freiheitsgefühl immer noch. Wir können uns alle drei Wochen treffen, und da ich selbst schon so viele Hilfen und Heilungen erlebt habe, möchte ich das auch.
Diese positiven Gefühle sind geblieben, und ich darf Stück um Stück in mir Ordnung schaffen. Es ist ein freiwilliges An-sich-selbst-Arbeiten, wie wenn ich meine Wohnung aufräumen möchte. So schmeiß ich auch jetzt Stück für Stück hinaus, was ich in meiner Seele nicht mehr gebrauchen kann.
Ich durfte lernen, anderen zu verzeihen, aber auch mir selbst.
Ich bezeichne diesen Weg als einen inneren Wandlungsweg, wie ein Baum wächst von innen nach außen, durch eigene Erkenntnisse, nicht was Übergestülptes.

Ich danke dem Herrgott von ganzem Herzen für dieses Geschenk an mich – mein Leben.

Dominique Kasse

Und jetzt noch ein ziemlich wichtiges Thema:

Ich möchte dir erzählen, was ich erlebt habe und wie sich mein Leben verändert hat, seit ich von Bruno Gröning und seiner Lehre erfuhr.
Ich kann mich nicht erinnern, dass ich große Probleme oder Belastungen im Leben gehabt hätte; ich ging zur Schule, traf mich mit meinen Freundinnen – unsere Gesprächsthemen waren Jungs, Musik, die öden Lehrer, einfach alles, was in oder out war. Ich war in einer Phase, in der ich rebellieren wollte – wogegen, weiß ich heute gar nicht mehr. Aus Prinzip war ich gegen Techno und Glatzen, ich selbst bezeichnete mich als „links". Auf jeden Fall wollte ich auffallen, trug zerrissene Jeans und kämmte mir auch mal für ein halbes Jahr nicht meine langen Haare. Meine Musik waren die Toten Hosen, R.E.M. und Nirvana.
Von Drogen und Alkohol hielt ich nicht gerade viel; Zigaretten wollte ich nicht ausprobieren und Alkohol schmeckte mir nicht.
Irgendwie wollte ich auch die Welt verändern, hatte einen ökologischen Touch, wie meine Schulkameraden sagten, denn mit der Weltuntergangsstimmung konnte ich mich nicht zufrieden geben. In dieser Zeit beschäftigte ich mich viel mit Indianern, las Bücher über ihre Vergangenheit und Traditionen und fühlte mich angezogen von diesem naturverbundenen Volk. Leider war das alles sehr weit weg für mich, denn wo konnte man so was schon zwischen Plattenbauten und Konsumgesellschaft finden.
Manchmal schwärmte ich auch für einen mir unerreichbar scheinenden Jungen. Ich sehnte mich nach einem Freund. Erfahrung hatte ich eigentlich keine, aber ich war neugierig auf das, was ich hörte oder in der Bravo las. Meine Einstellung war, später nicht zu heiraten, unter anderem auch deshalb, weil meine Eltern seit meinem dritten Lebensjahr getrennt lebten.
An Gott konnte ich nicht glauben. Ich fragte mich, wo es bei so viel Krieg, Elend und Ungerechtigkeit auf der Welt einen Gott geben konnte!
Ich lebte mit meinem Bruder bei meiner Mutter. So war das Einzige, was manchmal das Leben trübte, die Aufgaben im Haushalt: Putzen, Abwaschen, Einkaufen. Weil meine Mutter schon einige Jahre belastet war, mussten wir mehr Verantwortung übernehmen.

Dadurch, dass kein Arzt meiner Mutter helfen konnte, suchte sie auch nach alternativen Heilmethoden und fand so den Bruno Gröning-Freundeskreis.
Manchmal erzählte mir meine Mutter mehr davon oder las mir sogenannte Erfolgsberichte vor. Verstehen konnte ich das alles nicht so richtig, aber abgelehnt habe ich es auch nicht. Jedoch gab es dann ein Erlebnis, durch das ich mit dieser Lehre näher in Kontakt kam:
Meine Mutter hatte wahnsinnige Kopfpschmerzen. Hilflos gab sie mir ein Foto von Bruno Gröning und bat mich zu sagen: „Bitte, Bruno Gröning, hilf!" Na ja, ich fand das schon sehr komisch, wie du jetzt sicher auch … Also habe ich einfach nur gedacht: „Bitte hilf!" Kurze Zeit später ging es ihr besser, der Kopfschmerz war verschwunden, und meine Mutter fühlte sich ganz frei und erleichtert. Ehrlich gesagt, ich konnte zuerst nicht so recht glauben, dass Bruno Gröning oder eine höhere Kraft da geholfen haben sollte, aber meine Mutter hat das hundertprozentig nicht gespielt. Jetzt wusste ich also, dass da irgendwas dran sein muss, und bin dann im Mai 1995 zu einem Einführungsvortrag gegangen.

Die göttliche Heilkraft, von der Bruno Gröning gesprochen

hat, spürte ich während des Vortrags ganz deutlich durch eine ungewohnte Wärme in den Händen. Erklären kann ich das nicht, aber ich ging glücklich und mit einer starken Lebensliebe wieder aus dem Raum. Vieles, was ich in dem Vortrag hörte, schien mir nicht unbekannt; vielmehr war mir, als bekomme ich etwas zurück, was ich vor langer Zeit einmal gewusst haben muss, was ich wohl aber auch vor langer Zeit verloren habe. Im Nachhinein ist mir das gedanklich schwer nachvollziehbar, aber ab diesen Momenten gab es Gott wieder für mich. Es ist ein Prozess gewesen, den ich erst später bemerkt habe. Viele Dinge haben sich von selbst verändert, weil niemand gesagt hat: „Das musst du so und so tun", sondern die eigene Erfahrung war es, ist es und wird es immer bleiben, die überzeugt und Dinge wandelt.

Heute höre ich z. B. andere Musik als früher. Ich habe bei einem Rockkonzert erlebt, dass ich mich danach total leer und sogar körperlich kraftlos gefühlt habe. Anfangs brachte ich das gar nicht in Zusammenhang, aber da das immer wieder geschah, dachte ich schon darüber nach und suchte Musik, die ich wirklich mag. Nun kenne ich schon viele klassische Musikstücke, bei denen ich mich ganz angenehm erfüllt fühle. Ich höre somit einfach immer das, was mir im Ohr und am Körper angenehm ist.

Auch in meinem Verhalten zu anderen passierte etwas. In manchen Dingen war ich nämlich absolut intolerant. Ich wollte jedem meine Meinung aufdrücken und immer über alles diskutieren. Manchmal habe ich Menschen damit unbewusst verletzt. Und jetzt habe ich gemerkt, dass ich viel öfter die Menschen einfach nehmen und lieben kann, wie sie sind. Inzwischen muss ich die Menschen nicht mehr von allem überzeugen, sondern schweige auch oft, anstatt meinen Senf obendrauf zu geben. Ich ermahne mich oft selbst, aufmerksamer und liebevoller zu sein.

Vielleicht fragst du dich, was das mit Bruno Gröning zu tun hat? Nun, früher sind mir meine Fehler gar nicht aufgefallen, weil ich dachte, richtig zu handeln. Durch die Lehre Bruno Grönings lernte ich, die Lebenskraft bewusst in mich aufzunehmen, und die will immer alles in Ordnung bringen. Durch diese Bewusstseinsreinigung ist es möglich, die eigenen Schwächen zu erkennen, und wenn da auch der gute Wille ist, dann kann die Erkenntnis zur Tat werden, und das ist Veränderung. Klingt vielleicht kompliziert, geht aber oft von alleine.

Bruno Gröning wies darauf hin, sich zu überzeugen, ob etwas gut für einen ist oder eben nicht. Mit der Zeit sehe ich, dass ich nur da Entscheidungen treffen kann und verändern kann, wo ich voll und ganz dahinter stehe. Nachäffen haute nicht hin, denn es hielt nicht lange an.

So, und jetzt noch ein ziemlich wichtiges Thema:

Meine Sichtweise der Beziehung von Mann und Frau änderte sich nämlich so grundlegend, dass ich es wichtig finde, dir einmal offen davon zu berichten.

Wenn mir früher einer mit „als Jungfrau in die Ehe" gekommen wäre, hätte ich sicherlich nur ein müdes Lächeln dafür übrig gehabt. Aber als ich wieder an Gott glauben konnte, habe ich über viele Dinge wirklich mal nachgedacht und einen ganz neuen Blick dafür bekommen, der gar nichts mit Nonnentum und In-Ketten-Legen zu tun hat. Unter anderem las ich zu dem Thema Freundschaft einmal ein Buch, in dem ein 22-Jähriger sehr bewegende Gedanken und Erfahrungen aufschrieb. Irgendwie hat mich dieses Buch angesprochen. Ich spürte, dass es beim „Warten" um mehr als das Einhalten altmodischer Normen geht. Ich wollte danach auch unberührt in die Ehe gehen, leider hatte ich keine Ahnung, was das für einen Jungen bedeutet, der mit mir befreundet sein wollte!

Bald darauf kam ich mit einem ganz lieben Jungen zusammen. Ich erklärte ihm meine Anschauung, und zunächst war diese Einstellung auch kein Problem für ihn. Wie ging es weiter? Wir lernten uns mehr und mehr kennen, einerseits von Mensch zu Mensch – aber auch körperlich. Beide waren wir neugierig auf den anderen. Es schien etwas durchaus Normales in unserem Alter, dass das Verlangen nach körperlichen Erlebnissen immer stärker wurde, aber tief in mir gab es doch den Wunsch, dem Ahnen eines reinen Weges auf der Spur bleiben zu sollen. Ich wusste überhaupt nicht mehr, wo ich anfangen und aufhören sollte. Es war so schön mit ihm, aber alleine fühlte ich mich bei den Erinnerungen so komisch gelähmt. Mensch, aber das taten doch alle! Es gehörte dazu und war Hauptgesprächsthema.

Fühlten die andern sich denn auch so? Aber das zählte jetzt nicht – was fühlte ich? Jetzt musste ich mich wohl entscheiden, was ich tue!?

Es dauerte einige Zeit, bis ich wirklich überzeugt war, welchen Weg ich gehen möchte: Klar, den Weg, den mir das Gefühl weist, der Klarheit in mir schafft. Da wusste ich: Ich kann nichts tun, was mich innerlich belastet.

In dieser Freundschaft habe ich Erfahrungen gemacht, es gab viele schöne Erlebnisse, die ich nie missen möchte – aber der Weg war nicht mein Weg. Nachdem ich den Schlussstrich gezogen hatte, kamen ganz schön starke Zweifel: Wie konnte ich einen Menschen, der mich liebte, so verletzen? War das Streben für meine Märchen-Ziele dies wert gewesen? War ich am Ende gar verrückt und nur von einer fixen Idee befallen?

Ich dachte viel darüber nach, über mich und die Jugendlichen. Ich sah in Gedanken die Jugendlichen auf den Schulhöfen und in den Diskos vor mir. Ich sah uns Mädchen, wie wir irgendwann gespürt haben, dass wir zu Frauen wurden, und uns die Jungs und sogar Männer auf einmal anders angeschaut haben.

Wir träumten von den süßen Typen, die wir vom Sehen her kannten, oder von denen, die uns über den Weg liefen. Hatte uns einer mal in die Augen geschaut oder angelächelt, klopfte unser Herz wie wild und wir fühlten uns schon fast als Siegerinnen. Nach dem ersten Kuss wussten wir endlich Bescheid. War das nun wirklich so schön oder waren wir nur stolz darauf, jetzt auch dazuzugehören? Wir bemühten uns, geschickter im Küssen und in der ganzen Körpersprache zu werden. Das musste doch noch besser und schöner gehen. Es war nicht immer

angenehm, aber schließlich wollten wir wissen: Wie wird es sein? Bald machten Freundinnen weitere Erfahrungen. Oh ja, die waren echt stolz, endlich das Ziel erreicht zu haben. In der Pause wurde über die Pille getuschelt – und ein Kondom hatte man zur Sicherheit immer dabei.

Es gab Mädchen, die liefen bei Wind und Wetter in Mini und hohen Absätzen herum. Es gab aber auch noch die anderen Mädchen, die mit alledem angeblich nichts zu tun haben wollten. Die warteten auf ihren Traumprinzen, suchten den netten, zärtlichen, verständnisvollen, sensiblen Jungen. Weil es davon aber nicht so viele gab, trafen sich die Freundinnen untereinander, zogen durch die Cafés, gingen auf Partys oder machten Videoabende, um Erfüllung zu finden. Meist hing eine am Ende über der Toilette, was montagmorgens in der Schule alle total lustig fanden.

Die Musik war Ausdruck des Lebensgefühls, in deren Aggressivität und Melancholie eine Sehnsucht steckte. Ja, Sehnsucht – aber wonach? Auf jeden Fall konnte man beim Tanzen alles rauslassen, bis man sich leer und verschwitzt in eine Ecke fallen ließ. Vielleicht saßen auf einer Couch gegenüber gerade zwei, die sich eben erst kennen gelernt hatten, und am nächsten Morgen wieder wie Fremde auseinandergehen würden.

Es war überhaupt nicht die totale Erfüllung, aber es gab ja nichts anderes. Einige verliebten sich richtig dabei, blieben wenigstens treu und suchten in allem den Ausdruck ihrer Zuneigung. Aber die meisten hatten irgendwann auf einer Fete oder so erlebt, dass es, wenn es ganz frisch ist, wieder so kribbelt und ganz anders sein konnte. Ein anderer Duft, ein anderer Mund, eine neue Körpersprache. Dabei hat es dann viele erwischt: das Verlangen. Das Vergleichen begann, und in den Heften stand immer etwas über die Wichtigkeit sexueller Harmonie. Da fing dann der Druck an – der Erfolgsdruck – und die Versagensangst. Da sprach dann auch keiner mehr von Verständnis oder Freundschaft. Die sagten nur alle, man müsste das Bett ausprobieren, um zu wissen, ob … Ich sah das alles, es geschah um mich herum. Wollte ich es auch? Natürlich fragten die mich, ob ich auch schon mal … und er wollte es auch so gerne. Aber ich konnte nicht. Nicht so!

Fast jede dritte Ehe geht kaputt. Wenn die auch so aufgewachsen sind und nur geheiratet haben, weil sie halt in das Alter gekommen sind – wenn die dann weiter herumprobiert haben und immer noch geglaubt haben, die anderen könnten es noch besser, und wenn sie von sich selbst sagten, dass sie sich nicht ändern könnten, aber vom Partner immer mehr verlangten –, wenn viele erst nach einem, zwei oder mehr Jahren Ehe gemerkt haben, dass sie dem inneren Menschen im Partner so nicht nur fremd geblieben sind, sondern noch fremder geworden sind, dann wunderte mich das in keiner Weise mehr.
Und ich habe geglaubt, wir seien die aufgeklärte freie Generation.
Abgebrüht vielleicht – aber aufgeklärt?

So, jetzt verstehst du mich sicher besser. Aber damit du mich ganz verstehst, ich meine, damit du nicht denkst, ich würde mich jetzt vor der „bösen Welt“ verstecken und wollte kein Mädchen mehr sein, will ich die Sache auch zu Ende schreiben.
Ich jammere nämlich nicht über die Sache an sich, ein Mädchen zu sein oder wie schwer das mit der Liebe sei, sondern ich weiß, dass das, was ich da oben beschrieben habe, nur die eine Seite ist. Und zwar die, die mich abstößt. Aber es gibt noch eine andere Seite, von der ich dir auch erzählen will. Ich bemühe mich, die richtigen Worte zu finden. Wenn du willst, wirst du verstehn:
Ich sprach mit Menschen, die haben sich kennen gelernt und dann erst einmal ganz bewusst die Freundschaft und das Kennenlernen des inneren Menschen erlebt. Die haben sich die Reinheit jeder für sich still als Ziel gesetzt und sich für Hilfe auf die göttliche Kraft eingestellt. Sie haben sich dann ganz lieb gewonnen, sind sich auch näher gekommen und spürten dabei immer wieder einen Wunsch im Herzen, den ich ja auch gespürt habe: den Körper und die Gefühle ehrlich zu beobachten, und sich nicht lähmen, beduseln oder anfeuern zu lassen. Das war nicht immer einfach, doch sie haben dadurch viel Energie und Ehrlichkeit in ihrer Freundschaft erlebt. Als sie geheiratet haben, da hatten sie uneigennützige Liebe zueinander gefunden, das heißt, dass sie auch gelernt hatten, aufeinander Rücksicht zu nehmen und Verständnis zu haben, bei allem. Und da war es dann auch die größte Nebensa-

che der Welt, wie „geschickt“ sich der Partner im Bett angestellt hat. Und wenn er halt „ungeschickt“ war, dann konnten sie sich einfach mal liebhalten und waren nur froh, gemeinsam leben zu dürfen. Das konnte die gar nicht weiter belasten, denn die Ehe war für sie nicht das Bett, sondern das Leben.

Ich denke, diese Empfindungen, dass man jemanden so lieb hat, dass man gar nichts von ihm erwartet, nichts an ihm ausprobieren will und einfach nur ganz bereit ist, mit ihm alt zu werden, das ist doch das Allerschönste, was ein Mensch dem anderen, ein Mann seiner Frau oder eine Frau ihrem Mann, schenken kann.

Ich freu mich darauf, wieder einmal einem Jungen, der auch diesen Weg gehen will, eine solche Freundin zu sein, und dann eine solche Frau zu werden, die ihm das große Glück zeigen will, von einem reinen Herzen grenzenlos geliebt zu werden.

Echte Liebe kennt keine Grenzen. Bruno Grönings Lehre von der reinigenden Kraft hat mich aus einer ganz großen Sackgasse herausgeholt. Auf diesem reinen Weg durfte ich eine Ruhe finden, die mir in dieser Art kein Mensch geben könnte. Aber ich fühle auch, wie schön es sein wird, das zu zweit zu erleben.

Weltfremd, denkst du?

Nein, es ist der Weg, den ich gehen will! Ich lass mich nicht mehr gehen. Und wenn dich dein Gefühl diesen Weg auch weist, dann geh ihn und tue nicht etwas Unvereinbares mit dir, bloß weil es die Gesellschaft vorschreibt.

Ich stehe hinter dir! Und ich glaube, Gott sowieso.

Dominique Kasse

Inga Pesch

Wie voll hatte ich oft den Mund von Gott genommen und geglaubt, Ihn schon zu kennen.

Als ich vor 14 1/2 Jahren zum ersten Mal von einer Verwandten von Bruno Gröning erfuhr, habe ich nicht gedacht, dass dieser Mann mit seiner Lehre für mich einen Wert haben könnte. Jene Verwandte konnte es vielleicht gut gebrauchen, denn es ging ihr nicht gut. Und da ihr niemand anders helfen konnte, war das für sie vielleicht ein Halt und eine Hilfe, wenn es mir auch sehr suspekt erschien. Doch ich selbst fühlte mich alles andere als hilfebedürftig. Gerade das Abitur mit gutem Schnitt in der Tasche, umgeben von netten Freunden, bis auf Kleinigkeiten gesund, von Natur aus optimistisch eingestellt, gefestigt durch eine katholische Erziehung, lag das Leben mir zu Füßen. Freie Auswahl in allen Richtungen!
Wenn nicht diese Verwandte gewesen wäre, der ich einen Wunsch nicht abschlagen wollte, so hätte mein Interesse nicht einmal gereicht, einen Informationsvortrag über die Lehre Bruno Grönings zu besuchen. Doch so kam eben doch alles anders.

Auf dem Weg zur ersten Gemeinschaftsstunde wurde ich im Auto in die Lehre eingeführt und verstand zunächst nahezu gar nichts. Ich glaubte mich so gebildet als frisch gebackener Abiturient, so gereift und kritikfähig, dass ich mich zunächst vergeblich bemühte, die ganze Sache mit meinem klugen Köpfchen verstehen zu wollen. Von der Kraft, die man da angeblich im Körper spüren konnte, merkte ich noch lange nichts, doch ein Erlebnis hat mich tief berührt und ahnen lassen, dass im Zusammenhang mit Bruno Gröning etwas Besonderes bewegt wird:

Die Berufswahl hatte mich einige Monate beschäftigt, und ich war zu folgendem Schluss gekommen, nachdem ich einige

interessante Bücher über Ernährung gelesen hatte: Die Menschen sind so krank, weil sie sich falsch ernähren. Schon als Kind hatte ich mir gewünscht, später mit Menschen zusammenzuarbeiten und evt. einen helfenden Beruf ausüben zu können. Da erschien mir der Beruf der Diätassistentin am besten für mich geeignet. Ich konnte praktisch tätig sein, nach festen Regeln beraten und somit anderen helfen, ohne aus mir heraustreten und meine Persönlichkeit preisgeben zu müssen. Ich bewarb mich. Als ich in der Zwischenzeit in den Freundeskreis Bruno Grönings kam und erfuhr, dass man auch für berufliche Angelegenheiten bitten und Kraft aufnehmen kann, tat ich dies mit der Vorstellung, dass ich von einer der beiden angeschriebenen Schulen genommen werde. Und dann geschah das Merkwürdige:
Ich saß an einem Sonntagmorgen in der Kirche und plötzlich kam ganz klar ein Gedanke und mit diesem verbunden eine unbeschreibliche Freude, die für kurze Zeit sogar mein Herz schneller schlagen ließ, und zwar: Werde nicht Diätassistentin, werde Erzieherin! – Nie vorher hatte ich diese Idee ernsthaft ins Auge gefasst. Als Kind hatte ich schon einmal daran gedacht, doch dies später völlig verworfen. Das war mir doch zu anstrengend: immer Ideen haben müssen, kreativ und flexibel sein zu müssen und mit den nicht immer angenehmen Seiten der Kinder fertig werden zu müssen. Nein – das Freiwillige Soziale Jahr im Jungeninternat hatte mir gereicht. – Und jetzt dieser deutliche Gedanke und diese Freude! Ich wusste im Inneren: Das ist es! Genau das Richtige für mich!

Zum großen Erstaunen meiner Eltern kümmerte ich mich gleich in den nächsten Tagen um die Formalitäten. Die Zusage einer Schule für Diätassistenten, die ich gleich am Tag nach dem Erlebnis in der Kirche erhalten hatte – sie hätte mich von tausenden Bewerbern in eine der beiden Klassen aufgenommen – interessierte mich überhaupt nicht mehr. – Und tatsächlich zeigte sich, dass alle Talente in mir sind, die gerade für den Beruf der Erzieherin von Bedeutung sind. Die Schule fiel mir so leicht und ich merkte, wie in mir allmählich etwas aufbrach, wie ich mich mehr und mehr lösen konnte von meinem Ego, das ständig alle Aufmerksamkeit bekommen hatte. Ich begann mitzufühlen mit den Kindern, mit den Kolleginnen und zu erleben, wie sich andere Menschen und Situationen durch Bitten unerwartet ändern können und wie man auf geistigem Weg ohne medizinische oder psychologische Ausbildung so leicht helfen kann. Der teilweise unangenehme Umgang mit Menschen und Situationen fiel mir immer leichter.
Mittlerweile stellte ich mich regelmäßig auf den Empfang der göttlichen Kraft ein, beschäftigte mich mit Bruno Grönings Lehre, besuchte Gemeinschaftsstunden und Tagungen und spürte den Heilstrom als entspannendes Kribbeln im Körper. Ich erlebte, dass diese Lehre und die Kraft Gutes für mein Leben brachten und fühlte das Wirken einer höheren Macht, deren liebevoll weiser Führung ich mich anvertraute. So war also Gott. Wie voll hatte ich oft den Mund von Ihm genommen und geglaubt, Ihn schon zu kennen. Doch Er existierte nur in meinem Kopf, in meiner Vorstellung, und jetzt erlebte ich Ihn wirklich, lebendig im Leben, an mir selbst und vielen Freunden.

Noch wichtiger aber als die Berufswahl ist die Partnerwahl, die nicht nur über Glück und Unglück, sondern auch über Gesundheit und Krankheit entscheidet. Ich hatte schon seit meiner Kindheit das Problem, dass ich ständig verliebt war. Später lernte meine Familie immer neue junge Männer kennen, die ich ihnen vorstellte. Dieses Kribbeln im Bauch, wenn sich eine Freundschaft durch suchende Blicke und erste Berührungen anbahnt! Die Sehnsucht, wenn diese Gefühle nicht erwidert werden. Ich hatte Klöster besucht, und mich hatte dieses konsequente religiöse Leben sehr angesprochen, aber da man dann nicht verliebt sein durfte, kam diese Lebensform nicht für mich in Frage. Ich kannte auch das Gefühl der Ernüchterung, wenn das, was vorher den Herzschlag erhöht hat, allmählich zur Gewohnheit wird und man denkt: „Das ist wohl doch nicht der Mensch, mit dem du ein Leben lang glücklich sein kannst." Plötzlich glaubt man die ganzen Schwächen des andern zu entdecken, und dann ist schnell Ende, und die Sehnsucht nach dem Prickeln erwacht wieder. Jedenfalls bei mir.

Nun kam ich fast zeitgleich mit meinem jetzigen Mann in die Gemeinschaft. Er war 19 Jahre, ein Jahr jünger als ich, und seine Erscheinung entsprach auch nicht meinem Idealbild. „Milchbubi“ hatte mein Bruder ihn genannt. Und ich passte auch nicht in seine Vorstellungen, wie er mir später gestand. Ihn störte die Form meiner Nase und die Haare auf meinen Beinen.
Aber irgendwie interessierte er mich doch. Und ich ihn wohl auch. Ich wusste anfangs nicht, was das war. Vielleicht verband uns der geistige Weg. Ich verlangte von dieser Freundschaft auf jeden Fall nicht mehr die spannenden Erlebnisse, die ich früher immer bei neuen Beziehungen erwartete. Dafür erlebten wir etwas, das über die mir altbekannten unbeständigen Gefühle hinausging.
Zum Beispiel beim zweiten Satz der Orgelsinfonie von Camille Saint-Saëns; Burkhard, ein begeisterter Klassikliebhaber, wollte mir „seine“ Musik gerne nahe bringen. Wir saßen in seinem kleinen Zimmer, und es war dunkel. Um den ganzen Inhalt, die Kraft und Aussage dieser Komposition zu erfassen, stellten wir uns gemeinsam dabei ein, schlossen unsere Augen, öffneten die Hände.
Und dann erlebten wir nicht Musik oder uns, sondern „innere Nähe“ – das ist das Gefühl, mit Gott verbunden zu sein, der uns kennt, uns liebt, über uns wacht wie ein Vater. Es war alles ganz anders, als ich es von früher gewohnt war.

Natürlich lernte ich dann später auch seine Schwächen kennen. Aber wir konnten uns dank der Lebensspielregeln Bruno Grönings so manches „Horn“ schonend aneinander abstoßen. Verschiedenheit ist ja kein Hindernis, sie kann auch nutzen, wenn man sich dadurch ergänzt und bereichert.
Jetzt sind wir zehn Jahre verheiratet. Bruno Grönings Lehre und die Verbindung zu dem, der uns besser kennt als wir selbst, ist die Grundlage für unsere Familie geworden. Er weiß auf alle Fragen Antworten und zu jedem Problem die Lösung.

Inga Pesch

Burkhard Pesch

Dieser Bruno Gröning musste den richtigen Schlüssel dazu in der Tasche haben.

„Lass mich bloß mit deinem Bruno Gröning in Ruhe, das mag für dich vielleicht gut sein, aber für mich ist das nichts!" – Worte, die ich im Mai 1984 zu meiner Mutter sprach, als wir am Abend von diesem seltsamen Einführungsvortrag in die Lehre Bruno Grönings zurückkamen. Heilung auf geistigem Weg? Heilstrom? Ein seit über 25 Jahren toter Wunderheiler, der durch Gottes Wille auch heute noch kranke Menschen aus ihrer Not befreien kann? – Das hatte mich nun wirklich nicht besonders überzeugt.

Ich war damals gerade 19 Jahre alt, besuchte die gymnasiale Oberstufe und war begeistert von Physik und Mathematik. Meine Welt waren Zahlen, Sterne, das Weltall und Albert Einstein. Meiner Mutter zuliebe war ich an diesem Abend mit zu einer Frau gegangen, die angeblich auf wunderbare Weise von unheilbaren Leiden gesund geworden war. Natürlich durch Bruno Grönings Lehre, wie sie gesagt hatte.

Auch meiner Mutter ging es seit den drei Monaten, seit sie dort regelmäßig hinging, gesundheitlich und seelisch deutlich besser. Stärkste Depressionen, chronische Trigeminus-Neuralgie, ein schmerzhaftes Darmleiden, chronische Stirn- und Nasennebenhöhlenkatarrhe, Hals-Nackensyndrom und häufige Kopfschmerzen, jahrelang quälende, von Ärzten nicht zu kurierende Leiden waren in dieser Zeit einfach verschwunden. Ohne ärztliche Behandlungskunst und ohne Medikamente. Auch mein Vater brauchte seitdem keine Abführtees mehr, denn eine seit Jahrzehnten bestehende Darmträgheit war weg. Mit der positiven Veränderung meiner Mutter war eine schwere Last von unserer Familie genommen. Erleichterung und Dankbarkeit bei meinem Vater, meinem Bruder und bei mir, weil wir ihren zunehmenden Verfall ziemlich hilflos mit ansehen mussten.

Aber trotz all dieser Geschehnisse war ich alles andere als begeistert von den Worten, die mir an jenem Abend gesagt wurden. Es sträubte sich etwas in mir, dieser – in meinen Augen – naiven und primitiven Lehre Bruno Grönings besondere Beachtung zu schenken. Doch die Beweise lagen auf der Hand. Meine Mutter, mein Vater und die anderen Menschen, die ich an jenem Abend kennen gelernt hatte, waren von teilweise unheilbaren Leiden auf ebenso unerklärliche Weise genesen. Konnte das wirklich alles diesem jenseitigen Bruno Gröning und seiner Lehre zuzuschreiben sein?

Mein Kopf brachte der ganzen Sache gewaltigen Widerstand entgegen, doch drei Gegebenheiten machten mich bereit, mich darauf einzulassen:

Zunächst war da das Wort Bruno Grönings: „Seien Sie nicht leichtgläubig. Überzeugen Sie sich selbst!" Bruno Gröning schien für eine kritische Prüfung seiner Lehre nicht nur offen zu sein, sondern er forderte sie geradezu heraus. Er war gegen Blindgläubigkeit, und das klang Vertrauen erweckend.

Die zweite Gegebenheit war meine eigene gesundheitliche Verfassung. Ich litt selbst unter einer seit Kindheit bestehenden Darmträgheit und war in den letzten Jahren auf regelmäßige Einnahme von starken Abführmitteln angewiesen. Allergien und eine verschlossene Vene am

linken Unterarm kamen dazu. Wenn das wirklich stimmen würde mit diesem Bruno Gröning, dann, so hatte ich die Hoffnung, konnte ich vielleicht auch gesund werden.
Der dritte Umstand waren die Menschen selbst, die ich am Einführungsabend getroffen hatte. Viele hatten etwas, das ich selbst nicht besaß und dessen Mangel mir im Nachhinein bewusst wurde: eine natürliche und wohltuende Herzenswärme, eine ganz einfache, friedvolle Lebensfreude.

Einige Tage später rang ich mich gegen alle Verstandeswiderstände dazu durch, Bruno Gröning um die Vermittlung jener geistigen Heilkraft zu bitten. Von diesem Zeitpunkt an vergingen ungefähr zwei Monate und ich brauchte keine Abführmittel mehr. Die Verdauungsstörungen waren verschwunden und bis zum heutigen Tage, also seit ca. 15 Jahren, habe ich nie wieder Abführmittel gebraucht. Die verstopfte Vene begann sich zu öffnen, obwohl mir der Arzt versichert hatte, dass die Ader immer verschlossen bleiben würde. Selbst die Allergiesymptome schwächten nach und nach ab.

War das Zufall, Selbstsuggestion oder Placeboeffekt? Aber diesen Erklärungsmustern widersprachen viele Berichte von Bruno Gröning-Freunden, nach denen diese Heilkraft auch Heilungen an Kleinkindern, Tieren und Pflanzen bewirkt haben soll. Ein paar Monate später habe ich es dann selbst gespürt. Beim Einstellen auf diesen Heilstrom durchrieselte meine Hände, meine Beine und den ganzen Körper ein wohltuendes warmes Kribbeln. Anschließend fühlte ich mich körperlich und geistig gestärkt. Seitdem weiß ich, dass dieser Heilstrom keine Fiktion ist, sondern eine real wahrzunehmende Kraft mit ebenso deutlich wahrzunehmenden Wirkungen im eigenen Körper. Im Laufe der Zeit habe ich dann gelernt, bewusst von dieser Kraft Gebrauch zu machen, wenn ich mich körperlich oder seelisch kraftlos fühlte. Es war und ist immer wieder beeindruckend, die wohltuende Wirkung dieses göttlichen Heilstromes zu erleben.

Je mehr mir Bruno Grönings einfache Lebensregeln zur Gewohnheit wurden, desto einfacher empfand ich das Leben. In mir erwachte eine Empfindsamkeit, wie eine Art Instinkt, der mir bei wichtigen Lebensentscheidungen den Weg wies. Ob in der Schule, bei der Berufswahl, in der Ausbildung, bei der Partnerwahl, heute im Beruf oder ganz einfach im alltäglichen Umgang mit Menschen und Situationen, erlebte ich immer wieder eine Kraft und helfende Gedanken in mir, die mich die Situation meistern ließen. Bruno Gröning sprach häufig von der „Stimme Gottes im Menschen“ oder von der „göttlichen Führung“. Heute weiß ich, was er damit gemeint hat.

Mein Leben bekam neue Werte. Die Zufriedenheit, die mir damals während der ersten Begegnung bei Bruno Gröning-Freunden aufgefallen war, wuchs in mir selbst: Glücklichsein ohne Grund, ohne Geschenke, Urlaub, persönliche Erfolge oder Sternstunden des Lebens; sich alleine seines Lebens zu freuen. Ich bin jetzt davon überzeugt, dass die Suche nach Glück und Erfüllung keine vergebliche Mühe ist, wenn man in seinem Inneren die richtigen Türen öffnet. Anscheinend klemmen diese Türen häufig, oder sie sind einfach verschlossen, und ohne Schlüssel kommen wir nicht hinein. Wie auch immer – dieser Bruno Gröning muss den richtigen Schlüssel dazu in der Tasche haben, und irgendwie hat er es geschafft, diesen Schlüssel in meinem Herzen herumzudrehen.

Ich wünsche jedem den Mut, sich von Bruno Grönings einfacher, aber wirkungsvoller Lehre zu überzeugen und den Weg zu Gesundheit und Glücklichsein zu beschreiten.

Burkhard Pesch

Geburt
Kreuzigung

Relindis Busse

Mit dem, was ich früher erlebt habe, konnte ich abschließen.

Dass ich für ein „Jugendbuch“ schreibe, war vor ein paar Jahren noch undenkbar. Ich konnte mit anderen Jugendlichen nichts anfangen – sie waren nicht meine Wellenlänge.
Als ich dann aber einige Zeit im Bruno Gröning-Freundeskreis war, wurde ich gebeten, die Jugendgemeinschaft Berlin zu übernehmen. „Ich?“ Aber ich hab es einfach gemacht, und dadurch lernte ich die Jugendlichen überhaupt erst kennen. Ich gewann sie lieb. Egal wurden die Äußerlichkeiten, die mich vorher oft gestört hatten. Wir waren gar nicht so weit voneinander entfernt, wie ich immer dachte. Ich merkte sogar, dass ich ihnen etwas sagen konnte, und jetzt gebe ich inzwischen oft und gerne weiter, wie Bruno Gröning mir aus den Schwierigkeiten meiner eigenen Jugendzeit herausgeholfen hat.

Dieses hochgelobte, besonders schöne „Jugendalter“ war nämlich für mich leider die schlimmste Zeit. Ich lebte immer in der Angst, etwas verpassen zu können, und so war ich immer unterwegs, besonders an den Wochenenden, meistens in Diskos. Was ich am wenigsten konnte, war, mit mir alleine sein, denn dabei ging es mir schlecht: Es war alles so leer in mir.
Ich war ständig darauf aus, Anerkennung zu bekommen, gelobt zu werden, denn ich hatte kein Selbstwertgefühl. Deswegen habe ich mich bemüht, gute Leistungen in der Schule zu erreichen. Dann war mir das Lob meines Vaters und das der Lehrer sicher. Dadurch war ich immer unter Lerndruck und fand die guten Zensuren für mich noch nicht einmal angemessen.
Diese Minderwertigkeitskomplexe bedrückten mich oft, besonders an Wochenenden, an denen ich keine Ablenkung hatte. Da war meist schon vorher Angst vor diesen Gefühlen und Unruhe, dass nicht genug los zu sein schien.
Auch durch mein Äußeres musste ich auffallen, um dadurch die nötige Aufmerksamkeit (Nahrung) für mein Selbstbewusstsein, mein Selbstwertgefühl, zu bekommen. Wenn mir dann ein Mann sagte, „du bist hübsch“, dann hatte ich zwar ein Selbstwertgefühl, war aber gleichzeitig enttäuscht. „Ach, immer nur das Eine, immer das Äußere, immer darauf guckt ein Mann.“ Ich hatte das Gefühl, nicht ich selber bin gemeint, sondern meine Maske und mein Kostüm. Auf mich selbst kommt es doch gar nicht an. Hauptsache, ich bin hübsch genug, dass man sich mit mir sehen lassen kann. Aber aus „Anerkennungshunger“ spielte ich weiter mit, doch es war anstrengend. Damals wünschte ich mir den „Märchenprinzen“, der mich wirklich liebt.

Ich habe Menschen, Partnerschaften und Ehen um mich herum beobachtet und gesehen, dass es sehr wenig Harmonie gab. Aber viel Liebeskummer, Trennungen, Enttäuschungen, Verzweiflung, Einsamkeit. Und – die Ehe meiner Eltern, das Familienchaos nach dem frühen Tod meiner Mutter. All das war so enttäuschend, dass ich niemals heiraten wollte. Sicher, ganz tief im Inneren hätte ich es mir gewünscht, doch ich hatte das Vertrauen zu einem Mann verloren.
Ich habe oft nach guten Vorbildern gesucht. Was ich selber gefühlt habe, habe ich sowieso nie für richtig gehalten; ich habe immer auf die anderen geguckt. Habe ich dann aber wirklich mal so ein „schönes Paar“ oder eine Familie entdeckt, dachte ich gleich: Bei dir wird es nie so sein!

Alles, was sich um Beziehungen drehte, belastete mich, und besonders die körperliche Liebe. Da war ich völlig orientierungslos, spürte aber, dass der viele Kummer in vielen Beziehungen damit zusammenhing.
Mit 13 war ich noch voller Ideale. Ich hatte keinen Freund und dachte, das hat noch Zeit; erst lerne ich einen Beruf. Ich wünschte mir eine intensivere Beziehung erst für die Ehe.
Aber ich wurde später immer kraftloser und suchte meinen Halt doch in Beziehungen. Dann kam die Rechnung: Die Harmonie dauerte nicht lange; es gab immer öfter Streit, weitere Depressionen kamen hinzu und das Körperliche wollte sich zwi-

schendurch immer mehr in den Vordergrund schieben.

Beruflich wusste ich auch nicht, was ich wollte. Letztendlich begann ich das zu studieren, was mein Vater eigentlich gerne mal gelernt hätte. Ich merkte aber innerhalb kürzester Zeit, dass das gar nichts für mich war, brach das Studium ab und musste ganz neu anfangen. Es dauerte, bis ich ein neues Studium begann, aber das ödete mich so an, dass ich dort auch am liebsten wieder aufgehört hätte. Aber ich brauchte ja einen Abschluss.
Ich hatte nur noch Probleme und kam mit nichts zurecht: Angst vor der Zukunft, vor dem Studium, vor dem Beruf, vor Ehe und Familie … Nichts schien mir schöner als zu sterben. Mein Lebensgefühl war gleich null. Ich hatte das Gefühl, als stünde ich nur noch mit einem Bein im Leben; in mir war alles schwarz.
Ich habe dann Psychotherapien verschiedenster Art durchlaufen (Einzelgespräche, Gruppentherapie, auch stationär, Autogenes Training …), wo ich mich wenigstens angenommen und verstanden gefühlt habe. Aber an die wirkliche Wurzel kamen die Psychologen und Ärzte, die wirklich alles für mich getan haben, nicht heran. Ich habe gedacht, mir kann kein Mensch helfen und suchte verzweifelt nach dem Sinn des Ganzen.

Mit letzter Kraft hoffte ich nach der Wende (deutsche Wiedervereinigung) in der Naturheilkunde Hilfe zu finden. Doch was anderen geholfen hatte, half mir wiederum nicht. Bis ich dann auf einer Esoterik-Messe ein Flugblatt mit der Überschrift bekam: „Es gibt kein Unheilbar“ – Bruno Gröning. Dann sah ich ein Foto von Bruno Gröning; die Augen von ihm empfand ich als so liebevoll, dass ich mir einen Vortrag über die Heilung auf geistigem Wege anhören wollte. Bei diesem Info-Vortrag habe ich nicht allzu viel verstanden, weil ich von geistigen Dingen auch keine Ahnung hatte, aber die Menschen dort waren so einfach, und ich bekam wieder etwas Vertrauen.
Daraufhin entschloss ich mich, einen Einführungsvortrag in die Lehre Bruno Grönings zu besuchen, und da erlebte ich dann ein ganz starkes Glücksgefühl in mir. Ich fühlte mich plötzlich so frei – das erste Mal in meinem Leben – endlich einmal glücklich!

Und da ist etwas mit mir geschehen, hat sich wirklich etwas verändert. Denn die Depressionen, die Aussichtslosigkeit, waren nicht mehr da. Keine Selbstmordgedanken mehr! Ich konnte mir gar nicht mehr vorstellen, wie schlimm es einmal war; stattdessen plötzlich Lebensfreude. Der Sinn des Lebens wurde mir innerlich gegeben; nicht in Worten.
Langsam begann ich anders zu denken. Ich lernte vieles über die Kraft und Wirkung positiver und negativer Gedanken. Und weil ich wusste, dass ich früher die größte Pessimistin war, wurde mir auf einmal klar, dass es mir deshalb immer so schlecht gegangen ist und alles schief lief. Von da an wollte ich dann nur noch gut denken, aber das war gar nicht so leicht, denn es gibt ja auch die Macht der Gewohnheit! Es brauchte sehr viel Kraft, um das gute Denken durchzusetzen, aber diese Kraft bekam ich durch das Einstellen auf den Heilstrom.
Morgens beim Einstellen habe

ich gespürt, dass mir diese Kraft gut tut, weil ich sonst morgens aus Angst vor dem ganzen Tag, der wie ein großer Berg vor mir lag, meistens „daneben“ war. Jetzt fühlte ich mich morgens nach dem Einstellen richtig gut, ausgeglichen und zuversichtlich. So bekam ich die Kraft, das Studium zu schaffen, und sogar gut zu schaffen. Ich habe mich vor den Prüfungen auf den Heilstrom eingestellt und um Hilfe gebeten. Gerade die Prüfungen, vor denen ich am meisten Angst hatte, sind am besten geworden. Auch für eine Arbeitsstelle habe ich mich eingestellt, und nach Abschluss des Studiums hatte ich sofort eine. Auf einmal klappte das in meinem Leben, wo vorher das reinste Chaos herrschte.

Ich lebe jetzt immer bewusster und klarer die verschiedenen Bereiche des Lebens. Dieser geistige Weg mit der Lehre Bruno Grönings ist mein Weg zu mir selbst. Und je mehr ich dazu finde, umso mehr entwickelt sich mein Selbstbewusstsein. Jetzt ist es nicht mehr nötig, einen hochstudierten Beruf „vorzuzeigen“, um den Ansprüchen meiner Verwandten zu entsprechen. Ich freue mich über meinem Beruf.
Ich tue nichts mehr, um anderen zu gefallen, sondern weil ich spüre, das ist richtig so für mich, und ich will es tun. Bin mir selber etwas wert geworden; es wächst wieder innere Würde. Mein jetziger Weg ist der Weg, meinem Gefühl treu zu bleiben, das ich so lange verraten habe.
Einsam habe ich mich nie wieder gefühlt; ich kann auch alleine sein, und es geht mir gut dabei. In puncto Klamotten sieht es jetzt auch anders aus; die Modediktate berühren mich überhaupt nicht mehr; das Schönste ist, dass ich meinen eigenen Stil gefunden habe, darin fühle ich mich wohl, und darauf kommt es doch an. Das alles ist für mich Freiheit.

Die Bemühung, Männern äußerlich zu gefallen, habe ich beendet. Ach ja: Partnerschaft war doch meine empfindlichste Stelle, und genau da hat sich wohl das meiste für mich verändert.
Hier im Bruno Gröning-Freundeskreis lernte ich Menschen kennen, die gerne Kinder hatten. Es ging Harmonie von ihnen aus. Das hatte ich so nie erlebt. Ich habe gefühlt, dass es tatsächlich ein reines Gefühl zwischen Mann und Frau gibt und bin wieder zu meinem Ideal, von dem ich zu Anfang schrieb, zurückgekehrt. Mir ist klar geworden, dass Kinder ein Geschenk Gottes sind, die man nicht einfach „machen“ kann. Seitdem das für mich zur Wahrheit geworden ist, ist eine Zentnerlast von mir abgefallen. Endlich hatte ich eine Antwort, wie es denn nun richtig ist mit der körperlichen Liebe. Klarheit und Ruhe traten ein. Jetzt brauche ich keine „Fachbücher“ mehr darüber zu lesen und andere Menschen danach zu fragen. Mit dem, was ich früher erlebt habe, konnte ich abschließen.

Das war die innere Erkenntnis, und dann kam die „Praxis“. Kann man das denn wirklich in die Tat umsetzen?
Robert und ich sind uns hier im Freundeskreis begegnet. Ich habe mich auch für den „richtigen“ Mann eingestellt, nicht irgendeinen, nur, um einen Freund zu haben. Unsere innere Beziehung hat sich ganz allmählich entwickelt; wir haben viel Zeit gebraucht. Aber ich bin froh, dass die Zeit dafür da ist. Ich habe in unserer Beziehung nichts vermisst, auch wenn die körperliche Begegnung nicht im Vordergrund stand. Die Achtung spielte dabei eine ganz große Rolle, Achtung vor dem Körper und der Seele des anderen. Wir haben beide erlebt, dass es viel wichtiger ist, dass wir uns im Inneren, in unserer Seele kennen lernen und dass das richtige Glück dann zu spüren ist, wenn wir da gemeinsam denken und fühlen, und dass die Grundlage für unsere Freundschaft die Liebe zu Gott ist.
Einiges an Härte, was wir in uns hatten und wo wir zusammengeprallt sind, galt es zu erweichen. Das war nicht immer einfach, und ich wusste oft nicht, wie das gut werden soll. Dann blieb nur das Einstellen, und die göttliche Kraft hat im Laufe der Zeit die Barrikaden zwischen uns eingerissen. Stück für Stück konnte ich Vertrauen zu ihm aufnehmen. Nach gut drei Jahren innerer Prüfung haben wir uns entschlossen, den Lebensweg gemeinsam zu gehen. Wir hatten den Wunsch, uns vor unserer Hochzeit zu verloben und feierten es als Gelobung. Geloben, dass wir Gott, wie wir Ihn durch Bruno Gröning kennen gelernt haben, in unsere Beziehung mit einschließen, weil Er dort das

Wichtigste ist. Die folgende Brautzeit war etwas so Schönes, dass ich dann erst erkannte, was für einen tiefen Sinn und Wert diese alte Tradition hat. Wir konnten erleben, dass wir durch diese Gelobung ganz eng zusammengeschweißt wurden. Die Liebe begann dann, richtig schön zu blühen, und es zeigte sich, was tatsächlich schon alles an Trennendem überwunden wurde. Innere Übereinstimmung, Harmonie wurde spürbar.

Inzwischen sind wir jung verheiratet, und alle meine Bedenken, Ängste konnte ich über Bord schmeißen: Du bist doch viel zu schwierig; wie wird das alles sein, wenn man täglich zusammen ist, wie ist es im Alltag? Ich kann nur sagen, viel, viel schöner als erwartet! Durch den Heilstrom wird man einfacher und umgänglicher, die empfindlichen und verletzten Stellen werden geheilt und oft werden sie sogar zu Stärken. Das Leben zu zweit ist viel reicher als mein Singledasein vorher und manchmal kann ich nicht anders, als dieses Glück als Segen zu empfinden. Die innere Einheit spüre ich besonders stark, wenn wir uns gemeinsam einstellen. Ich habe früher immer gesagt, wenn ich einmal heiraten sollte, ist ein großes Wunder geschehen. Das Wunder ist eingetreten.
Nun weiß ich, was Gottvertrauen bedeutet: Empfänglich sein für Seine Liebe. Dadurch kann ich auch allen Menschen, die ich

früher vielleicht angeklagt habe, verzeihen. Ich bin keinem mehr böse; es ist alles nur geschrieben, um die Wandlung in meinem Leben zu schildern.

Ich habe erlebt, dass Bruno Grönings Lehre mir alles das gegeben hat, was mir im Leben gefehlt hat. Früher habe ich die Schule angeklagt: Ich lerne nichts fürs Leben! Auf das, worauf es ankommt, hat mich niemand vorbereitet. Jetzt gehe ich mit meinem „Lebenslehrer" Bruno Gröning durch das Leben. Ich bin so glücklich und froh geworden!
Das wünsche ich auch dir, dass du gesund und glücklich sein kannst! Alles Liebe, alles Gute für deinen Lebensweg!

Relindis Busse

7. Station – Im Dornendreher

„Ich habe vielen Menschen geholfen – Gott sei Dank!"

Bruno Gröning mit Ehefrau Josette

Bei einem seiner Vorträge lernt Bruno Gröning die Französin Josette Dufossé kennen, die er 1955 heiratet. Ihre Attraktivität und gewählte Garderobe sorgt für neues Gerede. Als sie sich daraufhin schlichter einkleidet, wirft man Bruno Gröning vor: „Wie lässt er sie denn jetzt herumlaufen?“ Mit ihr bezieht er eine Doppelhaushälfte in Plochingen bei Stuttgart, die ihm ein Herr Baur schenken möchte, damit er dort Ruhe und eine Bleibe finden kann. Bruno Gröning entscheidet sich aber dazu, das Haus nach besten Möglichkeiten nach und nach abzuzahlen.

Es ist ihm erst spät möglich, mit Freunden über seine erste Ehe mit Gertrud Cohn aus Danzig zu sprechen, die auseinander ging, weil sie es nicht mochte, dass er ständig für andere da war, sondern ihn für sich beanspruchte. Seine Fähigkeiten hielt sie für „Schrullen“. Die beiden Jungen dieser Ehe schirmte sie vor ihm ab, als sie ernsthaft krank wurden, und brachte sie gegen seinen Willen ins Krankenhaus. Beide starben nacheinander im Alter von neun Jahren. Als Bruno Gröning sich darüber den Freunden anvertraut, laufen ihm Tränen über sein Gesicht.

Manchmal weist er sinnbildlich auf seine neue Adresse hin: Im Dornendreher 117.

Im März 1955 erhebt die Staatsanwaltschaft München erneut Anklage gegen Bruno Gröning. Anlass sind eine Anzeige von Eugen Enderlin und ein Schreiben von Otto Meckelburg an die Regierung, die ihn der fahrlässigen Tötung an Ruth Kuhfuß durch leichtsinniges Arztverbot beschuldigen. Weiterer Anklagepunkt ist der erneute Verstoß gegen das Heilpraktikergesetz.

§ 1 des Heilpraktikergesetzes lautet: „(1) Wer die Heilkunde, ohne als Arzt bestallt zu sein, ausüben will, bedarf dazu der Erlaubnis. (2) Ausübung der Heilkunde im Sinne dieses Gesetzes ist jede berufs- oder gewerbsmäßig vorgenommene Tätigkeit zur Feststellung, Heilung oder Linderung von Krankheiten, Leiden oder Körperschäden bei Menschen, auch wenn sie im Dienste von anderen ausgeübt wird.“

Bruno Gröning zu dem Gesetz: *„Der Mensch ist verpflichtet, dem anderen unter die Arme zu greifen. Oder wenn Sie einen Menschen finden, der zu Boden fällt, dass Sie sofort bei der Hand sind und ihn aufrichten.“* Doch er sieht die Notwendigkeit seines Handelns scheinbar als Einziger. *„Wer gibt wem das Recht, mir zu verbieten, kranke Menschen, die tatsächlich von ärztlicher Seite voll und ganz aufgegeben sind, zu heilen?“ „Wo gibt es ein menschliches Gesetz, das mir Derartiges verbieten kann? Ich habe durchsuchen lassen und kein Gesetz gefunden. Das gibt es nicht. Man versucht, mich jetzt hie und da einzustufen. Gibt's ja nicht! Deswegen sage ich nach wie vor: Für mich gibt es nur ein Gesetz, und das ist das göttliche! Das göttliche Gesetz verbietet es aber nicht, es verlangt es. Liebe deinen Nächsten mehr als dich selbst.“ „Ich werde da nicht einen Millimeter zurücktreten, Menschen zu helfen. Mein Weg geht weiter, komme, was wolle! Der Herr sei bei mir!“ „Und wenn man mich in eine Regentonne steckt und mit derselben vergräbt, so geschieht doch, was geschehen soll.“* Gleich einem Volksanwalt spricht er die Klage aus: *„Ich klage alle diejenigen an, im Namen aller Kranken, die es verbieten, Kranke zu heilen.“*

Auf dem Weg zum Gericht

Die Vorbereitungen des Prozesses erstrecken sich über zwei Jahre. Die Verteidigung gestaltet sich sehr schwierig, denn Bruno Grönings Rechtsanwalt Dr. Schwander versteht die Zusammenhänge seines Wirkens nicht und geht trotz Bruno Grönings Drängen nicht der Frage nach, wie die geschehenen Heilungen überhaupt zustande gekommen sind. Bruno Gröning erklärt immer wieder, dass es im Menschen nur dadurch zur Ordnung kommen kann, wenn er die Verbindung zu Gott, die Kraft, wieder erhält. Also ist und bleibt es Gott, der heilt, und er, Bruno Gröning, hält lediglich Glaubensvorträge. Und die Lehre, Gesinnung und Religion sind in Deutschland frei, ebenso die Weitergabe und Art ihrer Ausübung. Bruno Gröning behandelt nicht und sucht nicht nach Krankheiten, noch versucht er, sie zu heilen. *„Ich ersuche Sie, wie immer, jetzt endlich das anzunehmen, was für Sie bestimmt ist. Nicht von mir – was von Gott so bestimmt ist."*

Schwander baut die Verteidigung ohne Berücksichtigung dieser natürlichen Erklärung auf, die ohne weiteres den Vorwurf des Verstoßes gegen das Heilpraktikergesetz entkräftet hätte. Zudem versäumt er eine zügige und umfassende Vorbereitung, sodass Bruno Gröning zu Recht sagt: *„Ich muss für meinen Rechtsanwalt alles tun. Ich lege ihm alles fertig auf den Tisch!"*

Erschwerend kommen noch eidesstattliche Aussagen eigener Freunde dazu, die eigentlich zum Ausdruck bringen wollen, was für ein guter Mensch er ist, wenn sie behaupten, er habe sie von langjährigen Leiden „geheilt", sie fühlten sich nach seiner „Sprechstunde" wieder wohl oder wären durch eine „Behandlung" von ihm wieder zu einem lebensfroh bejahenden Menschen geworden. Diese eingebürgerten Begriffe sind für die Anklage scheinbare Beweise und werden von der Staatsanwaltschaft blind als willkommenes Belastungsmaterial verwendet, ohne zu hinterfragen, in welchem Zusammenhang die Formulierungen im betreffenden Fall gebraucht werden. Schwander sieht die Falle zu spät.

Als Bruno Gröning 14 Tage vor Beginn der Hauptversammlung mitgeteilt wird, dass das Gericht fast alle Entlastungszeugen ab-

Gröning - Schwander

lehnt, weil sie „für die Entscheidung ohne Bedeutung sind“, das Gericht die Zeugen der Anklage jedoch vollzählig lädt, bittet Bruno Gröning selbst einige für ihn wertvolle Zeugen, auf eigene Kosten zu erscheinen. Jedoch werden viele gar nicht angehört. Das Gericht hält sich an die Aussagen Meckelburgs und seiner Frau. Der von Bruno Gröning bestellte Entlastungszeuge Georg Beuchel, der bei der Unterredung von Meckelburg und Gröning bezüglich Ruth Kuhfuß dabei war, wird von Schwander nicht zu den Akten genommen. Beuchel erklärt eidesstattlich:

„Herr Gröning äußerte sich in meinem Beisein zu Herrn Dr. Keim, in diesem Hause würde sich eine Kranke befinden, der aber auch er, Gröning, nicht helfen könne. Er sträubte sich, das Zimmer, in dem Herr und Fräulein Kuhfuß verweilten, aufzusuchen. [...] Aufgefallen war uns in diesem Zusammenhang jedoch, dass ein Herr der damaligen Umgebung Herrn Grönings, es handelte sich um Herrn Meckelburg, besonderen Wert darauf gelegt hatte, Herrn Gröning mit den Gästen Kuhfuß bekannt zu machen. Herr Meckelburg wurde sogar böse, als Herr Gröning seiner Aufforderung, das Zimmer, in welchem Herr und Fräulein Kuhfuß untergebracht waren, zu betreten, nicht sofort Folge leisten wollte.

Mein Eindruck [...] in Bezug auf [...] Meckelburg war denkbar schlecht und abstoßend. [...]“

Denkbar abstoßend ist auch, dass Renée Meckelburg, die die Aussagen ihres Mannes unter-

streicht, einmal im Zeugenraum außerhalb des Gerichtssaales bemerkt, dass sie froh ist, wenn sie alles gesagt hat, was ihr Mann von ihr verlangt. Als der Rechtsanwalt während der Verhandlung auf diese mitgehörten Worte eingeht, bestreitet sie alles. Meckelburgs werden nicht vereidigt.

Im Juli 1957 wird Bruno Gröning im Punkt der fahrlässigen Tötung freigesprochen. Dabei stützt sich das Gericht auf ärztliche Gutachten, die die bereits bestehende Aussichtslosigkeit von Ruth Kuhfuß' Krankheit bestätigen.

Bruno Gröning bekommt jedoch wegen Verstoß gegen das Heilpraktikergesetz eine Geldstrafe von 2 000 DM auferlegt, da er nach Zeugenaussagen „behandelt“ und durch das Einverständnis mit der Erhebung von Eintrittspreisen aus seinen Fähigkeiten Geld gemacht wurde, gleichgültig, in wessen Taschen es geflossen ist. Auch soll er Ruth Kuhfuß ein Heilversprechen gegeben haben.

Im Oktober 1957 kommt es zum Bruch mit dem Gröning-Bund, da dieser trotz seines Versprechens, für den einkommenslosen Bruno Gröning die Prozesskosten zu tragen, nicht für die Geldstrafe aufkommen will. Der Bundesvorstand will erst prüfen, ob er dazu verpflichtet ist. Doch Bruno Gröning kann auf die Zusage nicht lange warten, denn er müsste ersatzweise die Strafe im Gefängnis absitzen.

Er fasst alle bitteren Erfahrungen in einer 62 Seiten zählenden „Bilanz über die Tätigkeit des Bundes“ zusammen:

„Wenn ich nun heute Vergleiche ziehe zwischen meiner früheren Umgebung (den Geschäftemachern Meckelburg, Enderlin, Schmidt und Hülsmann) und meiner heutigen Umgebung (Bundesvorstandsmitglieder), dann komme ich zu demselben Endresultat: Heute ist im Endergebnis das Gleiche geschehen wie damals. Heute ist durch die, die meine größten, engsten und besten Freunde sein wollen, nichts anderes geworden als damals. Damals haben schmutzige Handwerker mich betrogen. Heute haben Freunde versagt, indem sie ruhig mitansehen konnten, dass ich durch Prozesse, durch Verurteilung, dadurch, dass ich keine Hilfe bekam, dadurch, dass ich meine Gemeinschaften nicht aufsuchen konnte ohne Wagen, dadurch, dass man nichts gegen die Pressehetze unternahm, dadurch, dass man nur Verwirrung anrichtete, dadurch, dass man einfach nicht für mich da war, wenn ich Menschen brauchte, die nach ihrem Schulwissen und ihrer Stellung im weltlichen Leben mich hätten unterstützen können und müssen, es nicht zu dem kommen konnte, wozu ich nun einmal auf dieser Erde bin.

Keiner von diesen Freunden hat sein Ich eingesetzt, um mich freizukämpfen, keiner hatte den Mut, wirklich für mich einzutreten. Nichts ist geschehen. Kleinlich bürokratisch hat man Beschlüsse über Beschlüsse gefasst. Keiner ist wirklich für mich eingetreten, keiner hat wirklich alles darangesetzt mit seinem ganzen Einsatz, dass er mir endlich alle diese Kämpfe in den Prozessen, gegen die Presse, um eine Hilfskraft, um den Wagen, der kaputt war, gegen Schmutz und Verleumdung abnahm usw., usw. und sich vor mich stellte, damit ich das tun konnte, wozu ich da bin auf dieser Erde: den Menschen die Kraft des Lebens zu übermitteln und die Menschen zum Glauben zu führen.

Dass ich dazu die Ruhe brauche und nicht immer und immer wieder durch weltliche, äußere Einflüsse gehindert werden darf, dass ich einen wirklichen Schutzwall brauche, um ungestört das wirken zu lassen, was mir gegeben, daran hat niemand gedacht, niemand von meinen Freunden, von denen, die meine Freunde sein wollen. Und das ist das Beschämende und für mich das Enttäuschende:

– Die Geschäftemacher haben ihren Nutzen gesehen wollen, sie sind als schlechte Menschen erkannt.

– Freunde vom Gröning-Bund sind zu lau, zu gleichgültig, zu bequem, ich will nicht sagen böswillig.

Und das Ergebnis ist dasselbe: Ich bin nicht frei geworden. Viele Freunde vom Bundes-Vorstand haben ihr Versprechen nicht gehalten. Man hat mich durch alle Maßnahmen nur geknebelt.“

Kurze Zeit später wird der Gröning-Bund aufgelöst. 1958 gründen Erich Pelz und Alexander Loy für Deutschland und Österreich einen neuen Verein. Aber im Namen und in der Satzung dieses Vereins taucht noch nicht einmal mehr Bruno Grönings Name auf …

Auf der Anklagebank

Scheint es auf der einen Seite die Unbeholfenheit und Unwissenheit der Freunde zu sein, die Bruno Grönings Lebensweg unnötig erschweren, so wird auf der Gegenseite immer mehr eine gezielte Strategie spürbar, die ihm die Zeit und Gelegenheit rauben soll, Menschen zu helfen und Wahrheit aufzudecken. Und andererseits soll sie das Vertrauen der Hilfesuchenden zu ihm als Fundament des Werkes verhindern. Bruno Gröning spricht einmal über seine Feinde und betont dabei, dass er sich durchaus darüber im Klaren ist, dass es nicht die Staatsanwälte, Richter oder Ärzte im Allgemeinen sind, sondern eine eher kleine Anzahl von Menschen, die er die „Clique" nennt. Sie kämpfen ebenso gezielt für ihre Seite wie er für die seine, im vollen Bewusstsein über die Macht der Gedanken und Kräfte.

„Diese Schmutzfinken fühlten sich nur wohl, wenn sie lebten, wenn sie viel Geld verdienten, sie fragten nicht nach der Krankheit aller Menschen, nein, je kränker das Volk, desto besser lebten sie."

„Alle die schmutzigen Menschen haben nichts unversucht gelassen, mich in meiner Arbeit, mich in der Hilfe, die ich Ihnen vermitteln soll, zu stören. Vier Vergiftungen sind da, aber ich bin noch nicht tot, so weit ist es noch nicht gekommen. Nur, ich merke noch nichts davon, obwohl ich das meiste genommen habe. Aber machen Sie sich deswegen keine Sorgen, ich trinke es literweise."

„Für mein Leben fürchte ich nicht. Ich weiß, dass niemand in der Lage sein wird, mich auf diese Art und Weise, wie sie beabsichtigt haben, beiseite zu bringen. Das wird ihnen nicht glücken. Ich stehe nicht allein, der Herrgott ist bei mir, so wie ich mit Ihm immer gelebt habe und weiter zu leben gedenke. Das ist mein Schutz, den ich habe."

„Ich werde mich durchzusetzen wissen, obwohl einzelne wenige Menschen am Werk sind, die mir schon nach dem Leben trachten. Ich fürchte den Tod nicht – von mir aus, wenn hier einer darunter ist, bitte, ich stehe hier. Ich brauche mich nicht zu fürchten. Ich sage nur: Wehe dem! Ich brauche auch keinen menschlichen Schutz, d. h. keinen persönlichen menschlichen Schutz. Ich gebe Ihnen zu wissen, dass mein Leben so besteht, dass ich tatsächlich unter dem reinen, göttlichen Schutz stehe, und wenn es sein soll, dann soll es sein. Aber noch ist es nicht so weit, und gegen alle diese wenigen Gegner werde ich den Kampf aufzunehmen wissen, sie werden genommen, wie sie kommen!"

„Mein Kampf dem Bösen. Mein Leben ist Gott!"

Dr. Schwander versäumt es unterdessen, Berufung gegen das gefällte Urteil einzulegen, woraufhin die Staatsanwaltschaft Berufung gegen den Freispruch bezüglich der fahrlässigen Tötung einlegt. Dadurch hat Bruno Gröning juristisch gesehen sein „Unrecht“ zugegeben. Er wechselt den Rechtsanwalt, doch Schwander rückt die für den neuen Rechtsanwalt Dr. Grasmüller nötigen Dokumente nur zögernd und sehr langsam heraus.
Die Berufungsverhandlung findet Mitte Januar 1958 statt. Nachdem die Belastungszeugen noch im letzten Prozess sehr widersprüchliche Aussagen trafen, einigen sie sich jetzt gezielt auf das Arztverbot. Nun wird Bruno Gröning der fahrlässigen Tötung für schuldig befunden und zu acht Monaten Gefängnisstrafe auf Bewährung sowie 5 000 DM Geldstrafe verurteilt. Bruno Gröning legt Revision ein, und die Verhandlung wird auf den 22.1.1959 festgesetzt. Der Rechtsanwalt macht sich berechtigte Hoffnung auf ein besseres Urteil, denn er kann dem Berufungsgericht schwere verfahrensmäßige Fehler nachweisen.

Die fassungslosen Freunde, die der Verhandlung im Gerichtssaal beiwohnen, suchen immer wieder Bruno Grönings Blick, um ihm ihr Mitgefühl mitzuteilen. Dabei ist er es, dessen liebevolle Augen den Besorgten das Gefühl geben, dass er trotz allem über der Situation steht, und der durch seine ruhige, fast scherzhafte Art allen noch die Kraft geben muss, den Glauben an das Gute nicht zu verlieren.

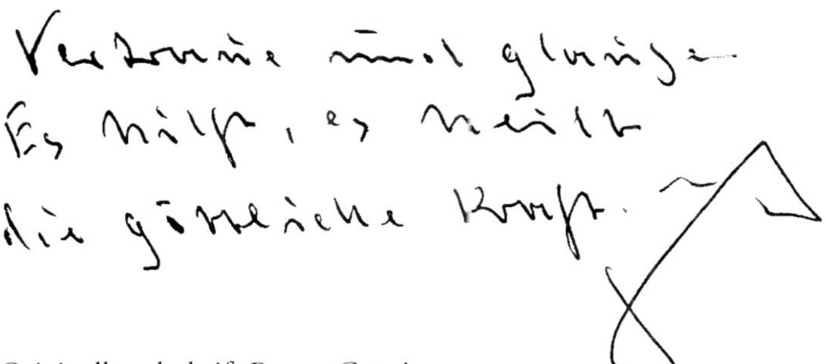

Originalhandschrift Bruno Grönings

„Vertraue und glaube.
Es hilft, es heilt
die göttliche Kraft.“

Ines Hasenöhrl

An der Spitze der Bedürfnispyramide steht Gott und nicht die Luxusgüter

Der Refrain des Liedes „Nur wahrer Luxus kann uns retten, Luxus ist wie Vitamintabletten“ wurde für mich in jungen Jahren zur Parole. Ich wollte unbedingt die Karrierefrau werden, wie sie in den Zeitschriften und in der Werbung vorgelebt wird. Mit Handy, Aktenkoffer und gestresstem Blick auf die Uhr von einem Geschäftstermin zum anderen hasten. Dieses Bild vor Augen, startete ich mit 26 Jahren meine berufliche Laufbahn. Meine Lebenswünsche waren rein materialistisch. Ich hätte mit Madonna im Chor singen können: „… I'm a material girl in a material world.“ Die Objekte meiner Begierde wurden immer teurer. Man traf sich schließlich nur in Münchener In-Cafés mit Designerklamotten. Nach außen schick mit einem Zahnpastalächeln. Zudem kam noch, dass ich alles haben wollte, aber ausgesprochen geizig war. Doch obwohl ich beruflich vorwärts kam und mir auch mehr leisten konnte, bemerkte ich langsam, dass ich Zufriedenheit und Glück so niemals erreichen würde. Also begann eine Suche nach der Antwort auf die Frage: Um was geht es hier eigentlich auf der Erde? Was soll ich hier?
Nach krampfhaften Autosuggestionen, positivem Denken und esoterischem Krimskrams stieß ich durch meine Mutter endlich auf eine Perle: die Lehre Bruno Grönings. Der Schleier fiel in einer Jugendwoche in Berlin. Dort entwertete der schlichte Bruno Gröning das scheinbar Wichtigste der Welt: Geld, Macht und Ansehen. Durch ihn lernte ich, dass an der Spitze der Bedürfnispyramide, die man uns in der Schule gelehrt hatte, nicht Luxusgüter stehen, sondern Gott.

Gott ist der Urgrund allen Strebens. Durch das Einstellen und die Gemeinschaftsstunden durfte ich diesen eigentlichen Sinn des Lebens erkennen. Natürlich bin ich berufstätig geblieben, habe einen verantwortungsvollen, gut bezahlten Job, der mir Spaß macht, und freue mich über die Dinge, die ich mir leiste. Aber in meinem Leben ist Ausgleich eingetreten: Das Gleichgewicht zwischen Geist und Materie ist hergestellt, so wie Bruno Gröning sagt: Die Füße auf dem Boden und der Kopf im Himmel. Wo Sehnsucht und Leere waren, befinden sich heute Glück und geistiger Reichtum, und ich fühle, er hört nicht auf zu wachsen.

Ines Hasenöhrl

Dieter Häusler

... ein Kind Gottes zu sein, das Er nie in eine Sackgasse schickt

Pfingsten 1977: Der Helm war mein ständiger Begleiter, den ich auch diesmal aufsetzte, um mit meinem Mofa von Grimberg nach Köln zu fahren zur Pfingsttagung der Bruno Gröning-Freunde.
Natürlich weiß ich heute nicht mehr, wer damals geprochen hat und was, wahrscheinlich habe ich die meiste Zeit geschlafen – aber ich war da.

Solange ich zurückdenken kann, hatten meine Eltern immer Zeit für hilfesuchende Menschen, um sie über die Lehre Bruno Grönings zu informieren. Wenn man Kind ist, glaubt man einfach alles, was die Eltern sagen, man glaubt an das Christkind, an den Klapperstorch und an Bruno Gröning. Erst mit elf bis zwölf Jahren setzt der Verstand dahingehend ein, prinzipiell gegen alles zu sein, was die Eltern sagen und tun. So fiel als Erstes das Märchen mit dem Storch, dann das Christkind, und jetzt kam Bruno Gröning dran. Aber etwas hatte ich mir vorgenommen, da es mir zu primitiv erschien, ihn einfach beiseite zu stellen: Ich wollte meine Eltern überführen.
All ihr Getue galt ja nur uns Kindern, um es glaubhaft zu machen, aber es stimmte ja doch nicht. Also begann ich, Punkt für Punkt zu sammeln, um ihnen das Märchen zu widerlegen. Aber wie erstaunt war ich, da ich mich mit jedem Punkt selber von der Wahrheit und Richtigkeit überzeugte. Ich sah die Menschen gebückt und traurig in unser Haus hineinkommen und sah sie aufrecht und strahlend nach der Gemeinschaftsstunde wieder das Haus verlassen. Das konnte kein Zufall sein. Oder machten die das Spiel mit? Die Menschen, bei denen ich die Heilungen miterlebte, die waren real. Warum sollten die mich belügen?
Die viele Zeit, die vielen Fahrten meiner Eltern – sollten sie damit Geld verdienen? Nein, sie bekamen nichts bezahlt. Warum aber das alles? Hat es Bruno Gröning wirklich so gegeben, wie mir von ihm erzählt wurde? Hat er so viel Nächstenliebe vorgelebt, die von meinen Eltern nachgeahmt wurde? Da musste wirklich was dahinter stecken.
Viele Fragen, die sich im Laufe meiner Nachforschungen alle beantworten sollten. Der Mosaikrahmen füllte sich Steinchen für Steinchen. Er wurde so schnell voll, dass ich mich als Jugendlicher bald dazu entschloss, das Gedankengut von Bruno Gröning nicht nur ernst und anzunehmen, sondern auch bei der Sache mitzumachen. Und so wuchs ich von da an bewusst in das Geistige hinein, und es wurde mir zur Selbstverständlichkeit.

Damals mit 15 Jahren fühlte ich mich auf meinem Mofa frei wie ein Vogel und erkundete erst einmal „das Leben“. Feten, Freundinnen, schlechte Noten, Schlägereien, Alkohol, Zigaretten, na ja, und so weiter. Ich habe die Jahre von 15-20 in vollen Zügen genossen. Auch wenn ich oft kurz vor dem Abgrund stand; ein Bild hatte ich immer vor Augen: Im Zug zu fahren, sich weit, sehr weit aus dem Fenster zu lehnen, aber mit einer Hand innen am Griff festzuhalten und, komme was wolle, nicht loszulassen. Dieser Griff, das war mir bei allem klar, war Bruno Gröning mit seinen Prinzipien.
Oft saß ich am Sonntagnachmittag in der Jugendgemeinschaft und habe dort mehr meinen Rausch vom Vorabend ausgeschlafen als dem Gesagten gefolgt. Ich habe viel Mist gemacht, aber wenn Gemeinschaftsstunde war, war ich da. Das war einer meiner Grundsätze. Ich wusste, wenn ich Bruno Gröning nicht loslasse, lässt er mich auch nicht los. Und so war es. Später dann, ab 20 Jahren, haben sich viele Lebenseinstellungen in mir gefestigt und wurden zu meinem Eigentum. Ich sprach zu anderen nicht nur davon, sondern war bemüht, es auch zu leben.
Durch das bewusste Auseinandersetzen mit der Lehre Bruno Grönings und der freiwilligen Verinnerlichung vollzog sich eine Veränderung in mir, die ich selbst nur indirekt wahrnahm. Die Folge war: Ich verstand mich mit meinen Freunden nicht mehr so wie früher. Vieles wurde

mir einfach zu blöde. Je mehr Fuß ich in der Gemeinschaft fasste, um so mehr Land ließ ich in meiner Clique. Auch sie bemerkten die Veränderung und fragten, was los sei, ich wäre so anders. Ich fühlte mich so aber bestens. Dann lernte ich meine Freundin Birgit kennen, die auch bald eingeführt wurde. Sie teilte nicht nur das Gedankengut mit mir, sondern erlebte zwei Heilungen und erleichterte mir schließlich die Lösung von meinen alten Freunden.

Ein junger Bruno Gröning-Freund fragte mich einmal nach einer Autofahrt allen Ernstes, wie ich es mit meinem Glauben vereinbaren könne, wenn ich mit 85 km/h durch eine Baustelle fahre, wo doch nur 60 km/h erlaubt sei. Diese Frage schockierte mich total. Wissen und Handeln sind zwei Dinge. Natürlich bemühe ich mich jeden Tag mehr, beides in Einklang zu bringen. Wie gut mir das gelingt, mögen andere entscheiden. Für mich ist es ein stetiges Weiterentwickeln auf dem geistigen Weg nach oben und der Realisierung der göttlichen Gesetze.
Niemand von uns ist vollkommen, ich auch nicht, obwohl ich in der Lehre Bruno Grönings groß geworden bin.

Birgit, Klein-Simon und ich bei Drehaufnahmen zu „Der Wunderapostel“

Auch später zeigte mir das Leben nicht immer nur die Sonnenseiten. Aber mit dem Bewusstsein, ein Kind Gottes zu sein, das Er nie in eine Sackgasse schickt, kann man alle Lebensprüfungen meistern.
Heute, mit 37 Jahren, kann ich dankend zurückblicken auf eine große geistige Führung in meinem Leben. Birgit wurde meine Frau, wir haben drei gesunde Kinder bekommen und ich selbst durfte auch gesund bleiben.
Und neben meiner eigenen Firma finde ich außerdem in der Tätigkeit als Gemeinschaftsleiter eine wirklich sinnvolle Lebensaufgabe.

Dieter Häusl

Wer ist reich? Reich ist nur die Natur. Und wir sind ihre Gäste. C. Pesch

Fotos: Johannes Bernstein

Peter Drittler

Ich entschied mich, in Deutschland zu bleiben und hier den Weg zu gehen

Auf der Suche nach der „inneren Mitte“ war ich bereit, bis ans Ende der Welt zu gehen. Mein Weg führte mich zu Psychologie, autogenem Training, Selbsterfahrungsgruppen und Selbstverteidigungssportarten. Weniger aus Neugierde und Abenteuerlust als aus der inneren Not, die Last abschütteln zu wollen. Da waren Minderwertigkeitsgefühle, Depressionen, Angst vor dem Leben und dem Tod, kein Sinn des Lebens, Weltuntergangstimmung, ständige Müdigkeit, Misserfolge, Spielsucht, Flucht in oberflächliche Frauenbeziehungen, Sexhungrigkeit. Schneller Lustgewinn – mein Lebensinhalt. Schwere, anstrengende Arbeiten waren nicht mein Fall, obwohl ich die beneidete, die dadurch Erfolg im Leben hatten. Aber der Versuch, auch so zu sein wie die da oben, endete mit einer Bauchlandung. Also ließ ich die Anstrengung ganz und verkroch mich in meine Welt, außerhalb der niemand wissen durfte, wie schlecht es mir ging. Ich lächelte, auch wenn mir gar nicht danach war. Ich vertuschte Fehler, weil es mir unverzeihlich war, welche zu machen. Ich wollte immer der Stärkere sein, obwohl ich mich selbst als Schwächling empfand. Sport und Frauen waren Ausnahmen, da konnte ich mich ausleben.

Aber innere Leere, Einsamkeit und selbstzerstörerische Oberflächlichkeit brachten mich so weit, dass ich an Freitod dachte, um meine Umgebung damit anklagend strafen zu können. Aber zum Sterben war ich zu feige!

Da mir kein Ausweg blieb, flehte ich das „Nichts“ an: Es musste doch etwas geben, irgendeine Hilfe, einen Sinn im Leben oder wenigstens Antworten auf Fragen über Leben und Tod! Doch das „Nichts“ schwieg. Ich musste also selbst anfangen, mich zu bewegen. Ich fing an zu suchen, und was ich fand, war:

Die Frage nach dem Leben und nach dem Tod wurde beantwortet, aber die Angst davor blieb. Die Frage nach dem Sinn des Lebens wurde beantwortet: Liebe! Aber lieben konnte ich nicht. Die Frage nach dem Ursprung des Leides erkannte ich, teilweise, aber es fehlte an allem, es abzuwenden.

Mit bloßer Beantwortung dieser Fragen wurde mein Leben also noch trübseliger. Ich sah mich immer bewusster in eine dunkle Sackgasse tappen.

Da kam ich an das „Do“. Der Zen-Buddhismus im fernen Japan. Das schien mir die Erlösung zu sein. Ich wusste durch Bücher, dass diesen Weg zu gehen und dieses Lebensziel zu erreichen nur mit einem Meister möglich sein würde, der diesen Weg schon gegangen ist. Jetzt hatte ich endlich ein Ziel. Ich entschloss mich fest, einen Meister im fernen Osten zu finden. Geld musste her, Kontaktadressen und Wissen über das geheimnisvolle Land, das mir Erlöserland werden sollte. Und es war mir absolut ernst.

Als ich dann bereit war, am Ende der Welt meinen Meister und damit Wahrheit und Befreiung zu finden, fand ich ihn vor meiner Haustür: Im Frühjahr 1983 besuchte mich Kerstin, eine meiner damaligen Frauenbeziehungen, die als Einzige eine gewisse „Tiefe“ hatte, wodurch auch ein Kontakt über Jahre bestehen blieb. Und die erzählte mir über Bruno Gröning, den Heilstrom und Gott. Gott? – Letzteres hätte sie besser nicht ausgesprochen, denn ich lehnte den Namen „Gott“ ab und alles, was im Namen dieses Gottes in der Geschichte bis in die Gegenwart an Grausamkeiten und Täuschungen geschehen ist. Ich vermutete hinter Kerstins Gruppe erst einen unheilvollen Personenkult, Unfreiheit – das Schlimmste, was ich mir vorstellen konnte.

Doch Kerstin war in dieser Gemeinschaft. Und sie sagte ein Wort von Bruno Gröning: „Sie brauchen und Sie sollen mir nicht glauben, aber eine Pflicht haben Sie: sich von allem zu überzeugen!“

So ablehnend ich auch in diesem Gespräch war, so musste ich doch oft an dieses Wort denken.

War da ein Mensch, der tatsächlich etwas konnte, sodass er es nicht nötig hatte, Menschen blind folgen zu lassen?! Wenn es sich um Schwindel handeln würde, täte dieser Bruno Gröning besser daran, sich nicht über die Schulter gucken zu lassen. Doch der ruft ja geradezu dazu auf, ihm genau auf die Finger zu schauen, indem er von jedermanns Pflicht, sich zu überzeugen, spricht.
Also: Gibt es den Heilstrom, kann ich ihn am Körper spüren? Was kann er bewirken, wo sind die Grenzen? Was hat Bruno Gröning damit zu tun? Wozu die Gemeinschaft, wozu eine Lehre? Wenn es etwas gibt, was man erleben kann und nicht blind glauben muss, dann will ich das auch.

So weit war ich, als ich Kerstin im Frühjahr 1983 im Brief aufforderte, mehr über diesen Bruno Gröning zu schreiben. Ihr Antwortbrief hatte es in sich: Als ich ihn allein in meiner Zivildienstbude gelesen hatte, begann meine Überzeugung. Vom Scheitel bis zur Sohle durchströmte mich Heilstrom. Ich fing an zu weinen, was ich seit Jahren nicht mehr konnte, und dann überkam mich ein Glücksgefühl, was ich bis dato überhaupt nicht kannte. – Abends tiefste Depressionen, wie lange nicht. Was bedeutete das? Ich war verwirrt. Zögernd antwortete ich Kerstin nach Tagen auf den Brief und bekam eine freudige Antwort mit Kontaktadresse für eine Einführung in Lüneburg. Dann besuchte ich erstmals eine Gemeinschaftsstunde mit Frau Häusler in Hamburg, gleich darauf die Pfingsttagung '83.
Es wird mir unvergesslich bleiben. Ich hatte endlich Heimat gefunden und entschied mich, in Deutschland zu bleiben und hier den Weg zu gehen.

Was dann kam, war ein steiler anstrengender Pfad. Aber es ging das erste Mal in meinem Leben voran! Sogar bergauf! Schade, dass es viel schwerer ist, für diese großen, guten Erlebnisse Begriffe zu finden als für schlechte. Ich sag es so, wie es war: Der Tod verlor seine Schrecken, die Angst verschwand. Mein Leben schien mir bald wieder lebenswert, ich kann wieder lieben. Die Erkenntnis nach dem Woher des Leides kam, und Überwindung in mir selbst wurde möglich durch einen geistigen Helfer?, Meister?, nein, Freund, den ich rufen und bitten kann, als stünde er vor mir.

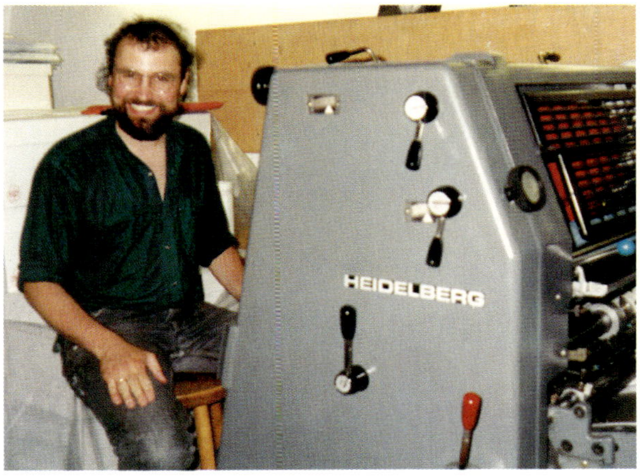

Die Minderwertigkeitskomplexe und Depressionen wichen. Ich erkannte nach und nach alte blockierende Gedankenmuster, denen ich schon zu lange aus Gewohnheit folgte. Ich lernte zu mir selbst zu stehen, wie ich spreche und handle.
Der ewige Vergleich mit „Besseren“ hörte auf, indem ich die Kraft zur Selbstbejahung bekam. So, wie ich bin, mich selbst zu lieben, das war die Befreiung! Der Neid hörte auf, mich zu beherrschen. Fehler kann ich mir und anderen heute verzeihen. Sie sind meine großen Lehrmeister geworden, zu denen ich stehe. Schwere, anstrengende Aufgaben nehme ich heute an, wenn ich spüre, dass es Gott so will. Und Erfolg und ein gesundes Selbstbewusstsein sind der Lohn.

1987 habe ich eine Ausbildung als staatlich examinierter Krankenpfleger mit „Gut“ bestanden, zehn Jahre diesen Beruf in verschiedenen Bereichen ausgeübt, zuletzt sieben Jahre als OP-Pfleger. Im März 1997 machte ich mich nach innerem Prüfen voll Vertrauen als Offsetdrucker mit eigenem Betrieb selbständig. Es klappt bestens (wie man sieht).

Spiel- und Sexsucht haben sich zu einem Suchen und Finden von Liebe umgewandelt. Das Leben schien mir vorher nur alleine lebbar, das hieß auf jeden Fall ohne feste Bindung. Da habe ich aber viel des Guten verpasst! Die innere graue Einsamkeit ist bunter Zwei- und Gemeinsamkeit gewichen. Mein Lebenspartner, Kerstin, ist mir heute in allem genug. Ich brauche keine „abwechselnden“ Beziehungen mehr. Unsere Ehe

besteht jetzt bereits zehn Jahre und wird immer noch schöner und erfüllter.
Die Weltuntergangsstimmung hat trotz geschärftem Bewusstsein für die Weltsituation (Atom, Gentechnik, Ozon, Waldsterben, Macht der Finanzwelt, tiefer Materialismus) ihre Macht verloren. Früher fand ich es unverantwortlich, Kinder in diese Welt zu setzen. Heute sind wir eine fröhliche Familie, in der Kinder längst in der Überzahl sind.
Wir haben nie Mangel gehabt oder Not gelitten. Unsere Kinder wachsen mit dem Gottvertrauen auf, dass ihnen alles gegeben wird, was sie brauchen. Sie haben auch verstanden, dass wir durch das Einstellen auf den Empfang des Heilstromes gemeinsam dazu beitragen können, dass diese Welt besser wird. Dass das kein Märchen ist, bewahrheitet sich für jeden so wunderbar anschaulich am eigenen Erleben. Denn wenn Unheilbar geheilt wird und Unmöglich möglich wird – das kapiert auch ein Kind.

Peter Drittler

Kerstin Drittler

Selbstgesetzte Grenzen sprengen

Stell dir vor, du könntest in die Vergangenheit reisen, so 16, 17 Jahre zurück. Du würdest mir begegnen. Welchen Eindruck würde ich bei dir hinterlassen? „Wohl so ganz fit, aber 'n bisschen brav und strebsam." – „Angepasster Typ." – Na, so nicht, bitte schön: So ein Massenmensch war ich nicht, kein Cliquentyp vor allem, zwar im gesellschaftlichen Rahmen, aber Individualist, bitte sehr.
Klar, schon so eine brave Tochter aus gutbürgerlichem Haus, Vater mit Doktortitel, Mutter arbeitet nicht, zwei jüngere Brüder,

Musikschule, Ensemble für Alte Musik, Gymnasiastin mit Zeit, immer ordentlich die Hausaufgaben zu machen. Meine Freundin wohnte ein paar Dörfer weiter, wir sahen uns meist nur in der Schule. Auch so ein bisschen Spätentwickler: die Regel erst mit 14, den ersten Freund erst mit 16 (für einen Monat). Mein Vater war der Lenker meines Lebens: alles einsichtig und vernünftig. Aber: Frieden nur, solange man genauso einsichtig und vernünftig war. Sonst ging die Sache so ab:

Spot an, Klappe fällt.
Vater, die 1.:
„Du übst ja gar nicht mehr für die Musikschule. Meinst du, ich zahle umsonst die hohen Gebühren?!" – „Es macht keinen Spaß mehr." – „Wenn du mehr übst, hast du Erfolg und dann kommt der Spaß … usw. Nun gut, Kerstin, wenn du so unwillig bist, Einsatz zu zeigen, dann spare ich mir die Ausgabe, und wir melden dich ab." – Große Augen, Erstaunen meinerseits –damit hatte ich absolut nicht gerechnet! Ich erleichtert: „Ja!" – Stille – „Wenn du denkst, so wegzukommen, hast du dich getäuscht! Du übst jetzt und damit basta." – Reingefallen, das war nur ein rhetorisches Mittel, eine pädagogische Finte!

Es wird getan, was Papa will. Aber meist fand ich es selbst einsichtig: Zum Beispiel den Rat ‚nach der 10. nicht Schluss mit der Schule zu machen, sondern den Weg der Schulausbildung bis zum Abitur zu gehen. Denn das hatte ich durch ihn schon gelernt: Wer Wissen hat, ist der Stärkere, hat Macht.

Spot an, Klappe fällt.
Vater, die 2.:
Stichwort: Irgendein Ort in Niedersachsen, z. B. Salzgitter. Vater: „Wo liegt denn Salzgitter?" Ich: „Weiß ich nicht." Vater: „Was, du weißt nicht, wo Salzgitter liegt? Hast du nicht in der Schule aufgepasst?" Ein Beispiel von vielen. Er wusste alles.

Spot an, Klappe fällt.
Vater, die 3.:
Diskussion am Tische – Politik, Weltanschauung, egal: richtig zur Sache. Der Rest der Familie entschwindet nach und nach. Mutter aus der Küche: „Haltet Frieden!" Mein Standpunkt ist so klar. Nichts da, Vater dagegen an – rein sachlich natürlich mit überragendem Wissen aus seinen noch mehr wissenden Quellen – mit unterschwelligen emotionalen Faustschlägen. Aber mir wirft er vor, dass ich unsachlich argumentiere. Das Ende vom Lied: Ich verlasse den Raum, Tränen der Ohnmacht steigen mir in die Augen: Keine Chance, mit einer anderen Meinung neben ihm zu bestehen.

Zu der Zeit kam Peter in unsere 11. Jahrgangsstufe – zum Wiederholen. Hochinteressant: der Bruder von Anne, einer Mitschülerin aus unserer Jahrgangsstufe. Als ich ihn das erste Mal sah, machte es irgendwie klick. Echt süß der Typ: Lange wuschelige braune Haare, Ring im Ohr, Bundeswehrjacke mit Lederstrippen, Bundeswehrstiefel und -tasche. Aber als er sich dann eine „Ente" angeschafft hatte und nur noch von Mädchen umlagert war, war mir das zu blöd: Zu dem Harem gehör' ich nicht! Und gerade der stand eines Tages mit seinem Freund vor unserer Tür und lud mich zur Geburtstagsfeier seines Freundes ein. Seit dieser Feier waren wir dann zusammen … 1 1/2 Jahre lang. Mein Vater mochte ihn nicht …

Spot an, Klappe fällt.
Vater, die 4.:
Mein Vater hatte irgendetwas gesagt, was mich tierisch aufgeregt hatte. Ich schrie ihn an, heulte. Reaktion – eiskalt: „Du bist ja genauso veranlagt wie deine Mutter." (Meine Mutter hatte regelmäßig wiederkehrend endogene Depressionen) Stempel drauf – auf mein Leben! Oh, ich war empört, wütend, ohnmächtig wütend. Ich schmiss mich auf den Boden und schrie. Als ich mich wieder im Griff hatte, machte ich mich auf zu einem Spaziergang, um innerlich wieder ins Lot zu kommen. Spaziergang – aber im Innersten wusste ich: Jetzt würde ich es ihm zeigen – von wegen brave Tochter. Es war ein langer Weg, aber schließlich war ich in dem Dorf, in dem Peter wohnte. Ich wusste eins, ich würde bei ihm über Nacht bleiben. Mein Vater sollte ruhig die schlimmsten Befürchtungen haben.

Ablösung – ein neuer Mann. Aber eigentlich war es mit Peter das gleiche Schema: Weil ich ihn liebte und vor allem nicht verlieren wollte, tat ich nun, was der wollte. Ich machte auch seine seelischen Berg- und Talfahrten mit. Schließlich dachte ich für die Sommerferien '82 an einen gemeinsamen Urlaub und dass ich mir dafür wohl die Pille verschreiben lassen wollte. Ich wusste, dass ich nicht mehr standhalten würde – und überhaupt: Was war dabei? Wir waren schon fast ein Jahr zusammen. Aber es kam anders. Nach einer gemeinsamen Skifreizeit von der Schule aus kam ich mit einer Grippe nach Hause. Es war ätzend gewesen, diese seelische Talfahrt in den Bergen. Wir entschlossen uns, Abstand voneinander zu nehmen, um zu uns selbst zu kommen.

Und wieder kam alles anders: Als er erfuhr, dass ich zwei Tage später mit Blinddarmdurchbruch und Bauchfellentzündung zwischen Leben und Tod in der Klinik lag, war das eine zweite Chance für uns. Aber auch die war Mitte Mai des Jahres beendet. Er machte endgültig Schluss. Es war sicher auch nicht mehr auszuhalten.

Nach dem langen Krankenhausaufenthalt war er in der Schule meine einzige „Bezugsperson", an die ich mich klammerte. Es war gut, dass Schluss war, auch wenn es weh tat.

Ein Haufen Dreck hatte sich zwischen uns aufgehäuft. Wie sollten wir da Einheit finden?! Endlich war ich gezwungen zu mir zu kommen: Was wollte ich überhaupt?

Kein Fähnlein im Wind sein – genau meinen eigenen Weg erkennen. Niemals so enden wie meine Mutter – ein braves Heimchen am Herd, das tut, was der Mann sagt, alles unter den Teppich kehrt, was Konfliktsituationen bringt.

In diesem Herbst erfuhr ich das erste Mal von Bruno Gröning. Was sprach mich da an?

Ein Mann, der Jesus nachfolgte und durch den – wie damals bei den Jüngern Jesu – Heilungen geschahen! Ein Heilstrom, durch den man direkt mit Gott verbunden sein kann und dadurch auch Antworten auf Fragen erhält: Ganz individuell für mich, für mein Leben, ohne Dogma, nicht nach Schema F, aber genau das Richtige. Und vor allem, ich erfahre es direkt und weiß es dann, und keiner kann mich mehr bequatschen und mir dreinreden.

Aber so ein Mist: Auch da hatte mein Vater etwas dagegen: „Das ist eine Sekte!", so lautete sein Urteil. Ich wollte doch nur das Kind nicht mit dem Bade ausschütten.

Ich wollte mich endlich einmal selbst von der Wahrheit überzeugen. Immer war ich auf mittelbare Informationen angewiesen. Und da sagte dieser Bruno Gröning: „Sie haben nur eine Pflicht, sich selbst von der Wahrheit zu überzeugen – am eigenen Körper."

Je länger die Auseinandersetzung über diesen Mann und seinen Freundeskreis mit meinem Vater dauerte, umso mehr hatte ich das Gefühl, als wenn ich mich entscheiden müsste zwischen meinem leiblichen Vater und dessen „Gesichtsfeld" und Gottvater und Seiner Art, wie Er uns Menschen Seine Hilfe zukommen lässt, z. B. durch einen Helfer wie Bruno Gröning.

Und was ist aus meinem Leben geworden? Seit zehn Jahren bin ich mit Peter verheiratet. Wir haben sieben Kinder. Aber Heimchen am Herd? Nein.

Also zum Thema: Wird getan, was Papa will (aus Ermangelung dessen, dass man selbst nicht weiß, was richtig ist)? Durch regelmäßige Besuche der Gemeinschaftsstunden und Tagungen und die Aufnahme des Heilstroms bin ich dahin gekommen zu erspüren, welche Entscheidungen für mein Leben richtig sind oder zumindest, dass ich mich zum Richtigen führen lassen kann. Beispiel:

Spot an, Klappe fällt.

Neues Leben, die 1.:

Ich war in der Zentralbibliothek in Köln als Auskunftsbibliothekarin angestellt. Da kam die Leiterin der Musikabteilung, bei der ich die Zusatzqualifikation als Musikbibliothekarin gemacht hatte, und verkündete mir, dass in Wuppertal eine Superstelle als Musikbibliothekarin frei werden würde: Selbständiges Arbeiten mit eigenem Etat, großer Bestand und kulturelles Umfeld und nicht zuletzt entsprechend hohe Bezahlung. Ich sollte mich mal bewerben. Ich stellte mich ein: War das meine Stelle? Sicher. Superstelle, Traum jedes Absolventen dieser Ausbildung und vor allem hatte ich entsprechende Fürsprecher. Ach, was würde mein Vater stolz und zufrieden sein. Aber bitte, wie Gott will. –Oh, Mann, wo bleibt dieses Gefühl, dieses „Ja! Das ist es!"? Noch einmal einstellen – immer noch nichts. Ich sagte ab. Und wieder tauchte die Leiterin der

Musikabteilung auf, dieses Mal in Begleitung der Musikbibliothekarin, die die Stelle in Wuppertal jetzt innehatte. „Wollen Sie es sich nicht noch einmal überlegen?“ O. k., noch einmal zu Hause in aller Ruhe eingestellt. Wieder nichts.
Eine Kollegin formulierte ihre Gedanken dazu so: „Da kommt man zu Ihnen und serviert Ihnen auf dem silbernen Tablett die Stelle aller Zeiten. Und was sagen Sie?: ‚Nein, ich habe nicht das Gefühl.‘“
Und warum? Gerade zu dem Zeitpunkt, als ich diese Stelle nach Wohnungssuche samt Umzug angetreten hätte, trat Peter mit „festen Absichten“ in mein Leben. Und dieser Schritt war es, der mir die Antwort auf meine Frage gab, die ich mir nach kurzer aber intensiver Berufstätigkeit gestellt hatte: Und das soll bis zu meiner Rente so weitergehen?! Ich war an einen Punkt geraten, wo ich das Gefühl hatte, alles zum Thema erlebt zu haben. Wuppertal wäre nur eine Variation zum Thema Berufstätigkeit gewesen. In meiner Ehe habe ich diesen Punkt bis jetzt noch nicht erreicht …

Das Thema: „Wissen ist Macht“ war mir in dieser Zeit genügend durchleuchtet worden. Bibliothekar zu sein ist ein Beruf, in dem man zwar nicht alles wissen muss und weiß, aber man weiß, wie man den Zugang zu allem Wissen der Welt erhalten kann. Und wo ich das erreicht hatte, verblasste auf einmal diese Macht. Durch Bruno Gröning erfuhr ich, dass es eine höhere Macht gibt, durch die man den direkten Draht zu allem Wissen der Welt erhält. Durch mehrfache Erlebnisse konnte ich mich davon überzeugen. Nur eins davon:

Spot an, Klappe fällt.
Neues Leben, die 2.:
Die erste Woche am neuen Arbeitsplatz. Auskunftsdienst in der großen Zentralbibliothek in Köln, Abteilung Geographie, Recht, Soziologie, Heimatkunde und Geschichte.
Frage eines jungen Mannes: „Bitte, ich suche Literatur für ein Referat zum Thema: Das Geldwesen im alten Rom zur Zeit von XY.“ O weh, was nun? Bruno, lieber Freund, bitte hilf mir jetzt. So schalteten meine Gedanken hoch. Wo die Literatur zur Antike stand, wusste ich ja ungefähr, aber dann … Mutig schritt ich ans Regal und zeigte vage die Richtung, wo er mal suchen könnte. „Zum Beispiel schauen Sie mal hier!“ Ich griff ins Regal – oh, ich hatte zufällig ein Buch zur ANTIKE erwischt – schlug das Buch auf: Kapitel: „Das Geldwesen im alten Rom zur Zeit von XY“ – Souverän, nicht wahr!? – Danke, Bruno!

Nächstes Thema. Mein Ideal: Zwei einigermaßen intelligenten Menschen muss es doch möglich sein, trotz unterschiedlicher Meinung den Standpunkt des anderen zu respektieren und als möglich einfach so stehen zu lassen. Mein Erleben: Mit meinem Vater habe ich dieses Ideal nicht hingekriegt, vor allem wenn das Thema dann später auf Bruno Gröning kam. Darum: Das habe ich nicht verstanden, dass Jesus gesagt haben soll, dass Seinetwegen sich die nächsten Verwandten trennen würden. Wenn Er die Liebe bringt, so muss doch diese siegen.
Und welche Lösung brachte mir Bruno Gröning? Zunächst wurde mir klar, dass mein Vater seine Meinung über bestimmte Dinge einfach nicht ändern wollte. Da war es gleich, was ich sagte und was ich wirklich erlebt hatte. Ich nahm die Kraft auf, dass ich der Versuchung widerstand, diese Streitthemen anzuschneiden, und schließlich auch, dass ich nicht mehr darauf einging, wenn er davon anfing. So konnte ich mit der Sache umgehen. Eine liebevolle Einheit spürte ich allerdings nicht mehr mit meinem Vater.
Ich verurteilte es, wenn ich hörte, dass andere zu nahen Verwandten einfach jeglichen Kontakt abbrachen, wenn diese sie wegen Bruno Gröning und dem Freundeskreis angingen. Aber mein geistiges Lehrstück zu dem Thema war noch nicht beendet. Durch den Heilstrom wurde mein Empfinden immer sensibler und ich spürte Dinge, die ungesagt zwischen anderen Worten hingen. Und auf diese Weise fühlte ich mich nach Kontakten mit meinem Vater oft sehr schlecht, obwohl rein äußerlich betrachtet „nichts Böses“ geschehen oder gesagt worden war. Dann ein Schlüsselerlebnis:

Spot an, Klappe fällt.
Neues Leben, die 3.:
Ich war mit unserem fünften Kind schwanger. Mein Vater kam kurz vorbei, belangloser Anlass, belanglose Worte mit

Hintergrund. Als er ging, kam meine Hebamme, die mich zu Hause betreute. Als sie meinen Blutdruck maß, war klar, dass das Ungesagte, Unfassbare, nur Spürbare sich auf meinen Körper auswirkte: Mein Blutdruck war über die Norm erhöht.

Am liebsten wollte ich mich in keiner Weise mehr mit diesem Menschen auseinandersetzen. Aber mit welcher für Außenstehende einsichtigen Begründung könnte ich ihm das Haus verbieten oder den Kontakt mit „seinen“ Enkeln?
Da bat ich Bruno Gröning um ein Zeichen, ob dieser Wunsch von Gott aus überhaupt richtig wäre. Und der Anlass bot sich so eindeutig, dass ich einen freundlichen, aber bestimmten Brief schreiben konnte, in dem ich ihn bat, aus Rücksicht auf meine Gesundheit auf jeglichen Kontakt zu unserer Familie zu verzichten. Jetzt verstehe ich die Bibelworte.
Aber es ist eine Gratwanderung mit der Gefahr, unter dogmatischen Schlachtrufen den äußeren Weg zu gehen. Die Wahrheit offenbart sich auf dem innerlich geführten Weg und der Überzeugung, die durch das Erleben am eigenen Körper entsteht. Daraus wächst die Kraft, die einem gegen alle Meinungen den Rücken stärkt zum verantwortungsbewussten Handeln.

„Du bist genauso veranlagt wie deine Mutter.“ Dieser Satz – wie ein Stachel. Bohrend, wenn ich zurückschaute, wie viele Tränen liefen, wenn mich die Frage nach dem Sinn meines Lebens quälte. Bohrend auch noch, als ich mich fast wahnsinnig vor innerer Unruhe allein in einer fremden Stadt zu Beginn meines Studiums befand. Aber Bruno Gröning hat für mich den Stachel gebrochen: Meine Mutter erlebte durch die Aufnahme des Heilstroms und durch für sie wesentliche Worte seiner Lehre die Heilung. Seit zehn Jahren ist sie vollkommen frei. Außerdem bekam sie die Kraft, ihr Verhalten zu ändern, was ich plakativ mit „Heimchen am Herd“ betitelt hatte. Selbstbewusst geht sie ihren Weg.
Meine eigenen Zustände lernte ich als Regelungen zu akzeptieren. „Meine Seele kotzt!“ Nach nicht einmal einem Jahr war ich frei davon. In dieser Zeit lernte ich spürbar negative Zustände und Gefühle neu zu belegen: Das ist die Reinigung, weil ich den Heilstrom aufnehme, also muss das etwas Gutes sein. Meine Seele wurde durch diese Reinigung ganz frei von depressiven Gedanken und Zuständen.

Spot an, Klappe fällt.
Neues Leben, die 4.:
Ich war mit in die Jugendgemeinschaft gefahren. Innerlich ein Gefühl, als wenn es mich zerreißen würde. Eine Qual in mir. Aus der Erfahrung wusste ich, dass das Aufnehmen des Heilstroms mit mehreren mehr Kraft gab, dass sich dort Dinge taten, sich etwas veränderte. Am Ende der Stunde noch genau das gleiche Gefühl – nichts war anders. Frust. Bei der Schlussmusik sagte ich mir dann: „Ich kann nichts verlangen, aber ich kann nicht glauben, dass Gott mich hängen lässt. Ich glaube einfach, dass in dem Heilstrom alles das liegt, was ich benötige – und sei es die Kraft, diese Zustände zu ertragen.“ Nach der Musik auch nichts anders – ich hatte es ja im Stillen erhofft. Auf der Rückfahrt war ich schweigsam, schließlich wurde ich ins aufbauende Gespräch hineingezogen. Als wir die Rheinbrücke überquerten, bemerkte ich den Frieden in mir. Danke!

Thema: Männer.
Ein Vater – ein Freund – auch Gott? Bei allen das gleiche Schema in mir: Du musst etwas leisten, um geliebt zu werden. Durch Bruno Gröning erlebte ich die bedingungslose Gottesliebe. Gott ist die Liebe selbst und Er kann sie jedem, der mit Ihm verbunden ist, ins Herz legen. Warum muss ich dann mich selbst verleugnen, Dinge tun, hinter denen ich nicht stehe, bloß um geliebt zu werden?!
Mit einem ganz anderen Selbstbewusstsein vermochte ich nach und nach zu dem zu stehen, was ich in mir als richtig empfand. Ich hatte keine Angst mehr, dass ich die Liebe der geliebten Menschen verlieren würde. Dieses alte Gewohnheitsschema ist passé. Meine Ehe steht unter einem anderen Stern. Ich weiß, dass mein Mann die Liebe zu mir von Gott ins Herz gelegt bekommt, solange ich aus der Verbindung zu Gott aufrichtigen Herzens nach der Wahrheit strebe und dazu stehe.

Spot an, Klappe fällt.
Neues Leben, die 5.:
Zoff – Ehestreit. Mein Mann

wird laut, verlässt den Raum. Mir ist zum Heulen, will am liebsten hinterher: Nervend fragen, erklären, anklagen. Nein!
In Ruhe hinsetzen, einstellen. Was lief da ab, wo lag es an mir, was ist mit ihm? Spürbar die Kraft, Ruhe, innere Klarheit. Bitte – für ihn, den plöden Kerl, den … – um Kraft. Punkt. Abgeben. Wo ist mein Weg, was habe ich zu tun? Da kommt er: „Schatz, Entschuldigung …“

Letztes Thema: Heimchen am Herd.
Äußerlich betrachtet bin ich seit zehn Jahren Hausfrau und Mutter und sonst nicht berufstätig. Aber Heimchen am Herd? Ich kehre nicht den Dreck unter den Teppich, sondern halte das Kehrblech dem betreffenden Familienmitglied unter die Nase, bevor ich ihn ordnungsgemäß dem Müllmann übergebe.

Ich unterscheide zwischen „Pflicht und Kür“. Die Aufgaben als Hausfrau, die einfach notwendigerweise anliegen, gelten als Pflicht. Ich muss ihnen gerecht werden, weil ich ja dazu gesagt habe – nicht freudlos und bitter – nein, im Gegenteil: Kennst du das Gefühl, wenn nach getaner Arbeit alles um dich herum Ordnung und Klarheit atmet? Und für die Kür kann ich mir durch gute Organisation zeitlich Raum schaffen.

Nie hätte ich gedacht, welcher Reichtum sich mir durch Kinder eröffnen würde. Auf keins würde ich verzichten wollen. Die Liebe zu ihnen bringt mich weiter.
Und wie reich wurde mein Leben durch die Liebe meines Mannes, durch die ich Schritte wage, die selbstgesetzte Grenzen sprengen und meinen Erfahrungshorizont weiten.

Kerstin Drittler

Jutta Kröll

Das wollte ich lernen: das Glück festzuhalten.

Meine Jugend war nicht besonders schön. Das lag nicht an meinem Elternhaus, sondern daran, dass ich mit mir und dem Leben nicht zurechtkam. Anfangs wollte ich nur „normal“ sein, d. h. wie die anderen auch, die schon einen Freund hatten. Mich hat das mit 14/15 Jahren erst angefangen zu interessieren. Meinen ersten Freund hatte ich mit 16, und ich war total verliebt in ihn.
In den Sommerferien war ich in Amerika und bekam da einen Liebesbrief von ihm, der mich jedoch so bedrängte, dass ich mit ihm Schluss machte. Aber er ließ mir keine Ruhe, auf ihn hatte ich alle meine Ideale projiziert, und ich ließ ihm anscheinend auch keine Ruhe. Irgendwann ging es wieder los, und irgendwann waren wir wieder zusammen, da war ich ca. 18 Jahre alt.

Gefühlsmäßig war meine Jugend Chaos: Ich hatte Stimmungsschwankungen von ganz oben bis ganz unten. Mit 16 glaubte ich an keinen Gott mehr. Ich hatte hohe Ideale und wollte die Welt verbessern. Mein Vater war mein großes Vorbild, und der war Atheist. Ich war stolz, mich selbst auch Atheist zu nennen, aber andererseits suchte ich verzweifelt nach einem Sinn in meinem Leben. Ich sagte mir, dass mein Leben wenigstens einen Sinn hätte, wenn ich anderen helfen würde. Also holten wir eine Frau im Rollstuhl aus dem Altersheim, suchten ihr eine Wohnung und betreuten sie. Doch dann hätte mein Leben nur einen Sinn gehabt, solange diese Frau da war, und das wollte mir nicht in den Kopf. Mein Leben musste doch auch unabhängig von anderen hilfebedürftigen Menschen einen Sinn haben!
Auf vielen Feten saß ich irgendwo am Rand und dachte daran, mich umzubringen. Einmal auf einer Fete, als es mir wieder so elend ging, erzählte mir ein guter Freund von Rudolf Steiner. Ich weiß nicht mehr, was er gesagt hat, aber sinngemäß etwas davon, dass alles in der Natur belebt und beseelt sei und dass das Leben ewig wiederkehrt. Seine Worte waren Balsam für meine Seele. Es war eine erste Ahnung davon, dass es noch mehr geben könnte, und ein Lichtstrahl in die Dunkelheit.

Als wir unsere Abiturzeugnisse bekamen, beschlossen meine Freundin und ich feierlich, dass wir die Wahrheit suchen wollten. Wir begannen ein Studium und besuchten nebenbei Philosophievorlesungen. Ich weiß noch, wie verwirrt ich oft war nach so einer Vorlesung. Zum Beispiel Descartes: „Ich denke, also bin ich.“ Hinterher habe ich mich gezwickt, um mich davon zu überzeugen, dass ich bin und es mir nicht nur einbilde. Alle Philosophen hatten irgendwo Recht, aber sie widersprachen sich teilweise auch. In meinem Kopf war ein Chaos, obwohl ich doch so verzweifelt nach einem Halt suchte. Da ich wie mein Vater alles mit dem Kopf anging, hatte ich überhaupt kein Gefühl oder keine innere Stimme, die mich durch dieses Durcheinander hätte führen können. Im ersten Jahr fühlte ich mich total unwohl an der Uni, weil mir seelischer Stress immer auf den Magen schlug.

Mit meinem Freund hatte ich auch nur Probleme. Er setzte mich ziemlich unter Druck, sodass ich mir irgendwann die Pille verschreiben ließ. Alle anderen machten es ja auch, und in der Beziehung wollte ich ja unbedingt so werden wie die anderen. Auf mein inneres Gefühl, das mich davon abhielt, habe ich nicht gehört. Nachher habe ich von den anderen aus der Clique erfahren, die es natürlich alle außer mir gewusst hatten, dass ich ihn doch zu lange hatte warten lassen, und dass er mich mit einer Älteren betrogen hatte. Das habe ich ihm verziehen, weil ich immer alle anderen verstehen konnte, nur mich selber nicht.
Trotzdem machte er dann ein paar Monate später Schluss mit mir. Obwohl ich wusste, dass es nicht ging, weil wir nur noch über Beziehungsprobleme sprachen und uns stritten, war ich total verzweifelt. In meinem Herzen schwor ich mir, dass ich wieder mit ihm zusammenkommen würde. Kurz danach waren

wir wieder zusammen. Aber es ging nur noch für kurze Zeit, dann war es endgültig aus, ausgerechnet auch noch im November. In mir brach die ganze Welt zusammen. Mein Magen war zusammengeschnürt vor Trauer und Verzweiflung.
Ich wollte ihn nicht mehr sehen, aber ich dachte ständig an ihn. Ich lief nur noch in dunkelblauen und schwarzen Klamotten durch die Gegend. Ich probierte zwei neue Beziehungen aus, um auf andere Gedanken zu kommen, aber es ging nicht. Durch den seelischen Stress fing ich richtig an zu rauchen und trank viel Alkohol. Nach etwa einem halben Jahr, in dem ich in diesem Zustand lebte, war ich körperlich total am Ende. Da bin ich erst wach geworden und wusste, dass ich einen neuen Weg einschlagen musste, um nicht vor die Hunde zu gehen.
Als Erstes hörte ich auf zu rauchen. Dann wollte ich aus der alten Clique heraus, weil es mir nichts mehr brachte, es war doch immer das Gleiche. Ich machte Schluss mit meinem alten Leben, weil ich es satt hatte. Oft fuhr ich mit dem Fahrrad raus ins Grüne und nahm die Natur in mich auf. Dort war ich meistens sehr glücklich. Ich hangelte mich von einem Glücksgefühl zum nächsten. Ich war so hungrig nach Glück! Mittlerweile war mir klar, dass es ein geistiges Reich gibt und dass ich nicht nur einmal auf der Erde lebe. Ich glaubte auch wieder an Gott, und mein Leben hatte einen Sinn. Meine Freundin und ich spürten, dass wir auf unserer Suche weiterkamen, manchmal hatten wir richtige Flashs, wie eine Erleuchtung. Mein Leben wurde lichter, seit ich wieder an Gott glauben konnte. Aber unser Weltbild war Theorie, wir wussten, dass es geistige Kräfte gibt, aber wir wussten nicht, wie man damit umgeht.

Meine Freundin hatte einen Fahrlehrer, der ihr von Bruno Gröning und der Gemeinschaft erzählte. Da war ich 21 Jahre alt. Glauben konnte ich alles, was mir da gesagt wurde, aber den Heilstrom habe ich nicht gespürt. Ich bin an alles mit dem Verstand herangegangen, und den Heilstrom kann man nicht mit dem Kopf spüren. Meine Freundin bekam in der Einführung eine Heilung von Asthma, und auch sonst passierten Dinge dort, die mich sehr beeindruckten. Mein größter Wunsch an diesem Abend war es, glücklich sein zu können. Das wollte ich lernen: das Glück festzuhalten, nach dem ich die ganzen Jahre verzweifelt gesucht hatte. Meine Freundin besuchte die Gemeinschaftsstunden und berichtete mir immer davon. Ich stellte mich morgens und abends ein. Nach ein paar Monaten las ich das Tibetanische Totenbuch, und da stand im Vorwort eigentlich nichts Neues, nämlich dass der Geist stärker als die Materie ist, aber da habe ich es auf einmal im Herzen verstanden! Ich bin drei Tage lang wie auf Wolken geschwebt. Mit der Erkenntnis, dass ich mit meinen Gedanken, meinem Glauben an das Gute und dem Einstellen mein Leben zum Guten wenden könnte, und dass ich kein Spielball mehr von Kräften oder Zufällen war, begann für mich ein neues Leben. Es war eine geistige Wiedergeburt.

Ich lernte, nicht dauernd meine Probleme zu wälzen, sondern sie an Bruno Gröning abzugeben. Vieles erledigte sich so von selber. Alles war viel leichter. Vorher hatte ich manchmal stundenlang wegen lauter quälender Gedanken wach gelegen, bevor ich einschlafen konnte, jetzt konnte ich auf einmal sofort einschlafen und auch durchschlafen. Vor Prüfungen hatte ich immer Baldrian genommen, damit ich schlafen konnte. Jetzt machte ich mein Examen mit Bruno Grönings Hilfe. Ich bekam manchmal Gedanken, worauf ich mich vorbereiten sollte, und das kam dann in der Prüfung vor. Einmal war eine Kommilitonin vor mir in der mündlichen Prüfung, die viel mehr wusste als ich. Sie bekam eine Vier und meinte noch zu mir, die Prüfer seien total schlecht gelaunt. Als ich hineinging, haben mich alle nur angelacht und leichte Fragen gestellt, und ich bekam eine Zwei. Ich habe mein Staatsexamen mit einem Notendurchschnitt von 2,3 bestanden, ohne mich dafür außergewöhnlich angestrengt zu haben.

Nach dem Studium wusste ich nur, dass ich nicht Lehrerin in der Oberstufe werden wollte, weil ich spürte, dass ich mit den arroganten Gymnasiasten nicht zurechtkommen würde, aber ich wusste nicht, was ich stattdessen machen sollte. So wollte ich erst einmal jobben und bei meinem

Bruder auf der Arbeit bei der Apfelernte aushelfen. Ich kam aber dann überraschenderweise ins Büro und wurde nach einem halben Jahr fest übernommen. So kam ich zu einer Weltfirma. Kurz danach war Einstellungsstopp. Ich konnte umsonst und nebenher Computerkurse besuchen und erwarb so die nötigen Kenntnisse, die ich im Büro brauchte. Und so ging es all die Jahre seitdem weiter. Ich brauchte fast nichts zu tun, um meine Stellen zu bekommen. Meistens bin ich von anderen angesprochen worden, ob ich nicht dies oder jenes machen wollte, und es hat immer gepasst, zeitlich und finanziell. Ich habe noch eine Prüfung nebenher gemacht und habe jetzt den Abschluss „englische Fremdsprachenkorrespondentin".

Im ersten Jahr in der Gemeinschaft hatte ich noch meinen Ex-Freund im Kopf. Ich hatte mir ja geschworen, dass ich wieder mit ihm zusammenkommen würde. Eines Abends hatte ich vor, ihn zu besuchen. Auf dem Weg dahin wohnte meine Oma, und da wollte ich auch noch hin. An diesem Abend ist sie gestorben, und so ist aus dem Besuch bei meinem Ex-Freund nichts mehr geworden. Irgendwann habe ich es einfach fallen gelassen, ich hatte jetzt genug andere Ziele und Wünsche in meinem Herzen. Ich war nach etwa sechs Jahren, in denen ich permanent diesen jungen Mann im Kopf hatte, auf einmal frei! Zweieinhalb Jahre nach der Einführung hatte ich noch mal einen Freund. Aber er machte nach einigen Monaten Schluss. Ich wusste nur, dass ich so etwas wie damals nicht mehr mitmachen würde und stellte mich ein, dass ich frei von dem Trennungsschmerz werden würde. Nach drei oder vier Tagen war ich spontan frei davon, es war so ein Glücksgefühl für mich! Für mich war jetzt klar, dass ich lieber allein sein wollte als noch einmal eine Beziehung zu haben, die nicht passte. Ich war dann knapp vier Jahre allein, aber ich fühlte mich überhaupt nicht allein. Ich war voll mit guten Gedanken und Zielen.

Ich habe einige körperliche Heilungen bekommen, von Heuschnupfen, von Nesselfieber bei körperlicher Anstrengung, mein Hormonhaushalt ist wieder in Ordnung gekommen, ich habe keine Bauchkrämpfe mehr, wenn ich meine Tage bekomme … Das Wichtigste für mich ist jedoch, dass ich mein seelisches Gleichgewicht gefunden habe, dass ich weiß, dass es auf jede Frage eine Antwort gibt, die Gottvater mir ins Herz legt, und dass ich meine innere Stimme gefunden habe und ich mir nicht

mehr von allen Meinungen den Kopf verwirren lassen muss. Dieses innere Gefühl führt mich durch alle Situationen oder auch in Kleinigkeiten durch den Alltag, und ich spüre, dass Gott es ist, der mich führt. Über Bruno Gröning habe ich die Verbindung zu Gott bekommen, durch das Einstellen bin ich Gott ganz nahe und kann immer wieder die Liebe aufnehmen. Wenn ich kraftlos bin, weiß ich, dass ich es jederzeit ändern kann, wenn ich mir die Zeit und die Ruhe zum Einstellen nehme und mich für das Gute öffne.

Irgendwann kam ein junger Mann in die Gemeinschaft, mit dem ich mich sehr gut unterhalten konnte. Ich hätte anfangs nicht gedacht, dass er mal mein Mann werden würde. Er kam von einem Bauernhof und ich aus der Großstadt. Da ich Bauernhöfe schon immer liebte, war ich glücklich, endlich mal einen Bauern kennen zu lernen, und besuchte ihn mit meiner Freundin. Irgendwann wusste ich, dass wir zusammengehören. Wir sind jetzt neun Jahre verheiratet, haben zwei Kinder und sind glücklich, eine Familie zu sein. Mein Mann und ich sind Gegensätze, aber dabei lernt man am meisten, wenn es auch nicht immer leicht ist. Geistig sind wir auf der gleichen Wellenlänge, und das ist die Basis für unsere Beziehung.
Jetzt, nach neun Jahren, merke ich, dass ich, was meine Schwachpunkte und Fehler angeht, Dinge gelernt habe, die ich in einer anderen, leichteren Beziehung bestimmt nicht gelernt hätte. Das macht mich sehr froh, denn ich weiß, dass ich manche Schwächen jetzt überwinden muss.
Wir haben ein Haus gebaut und fangen nun an, auf dem Hof etwas Eigenes aufzubauen: Eigentlich ist es ein Milchviehbetrieb, den wir mit den Schwiegereltern zusammen bewirtschaften. Aber wir haben uns jetzt zwei Zuchtsauen gekauft und sind weit und breit die einzigen in der Gegend, die Freilandschweine haben. Wir freuen uns, dass unsere Schweine ein artgerechtes natürliches Leben führen dürfen.
Ich bin sehr froh, aus der Stadt heraus zu sein und auf dem Land zu leben. Ich fühle mich hier viel sicherer, und wir haben hier so viele Möglichkeiten, Ideen vom guten Umgang mit der Natur in die Tat umzusetzen. Ich bin gespannt, was aus unserem Hof werden wird …

Jürgen Kröll

Ich wünsche mir, dass alle Menschen wieder in Liebe mit der Natur umgehen.

Als ich in den Bruno Gröning-Freundeskreis gekommen bin, war ich 23 Jahre alt. Ich bin auf einem Bauernhof groß geworden und war der Einzige, der in Frage kam, den Hof zu übernehmen. Ich hatte eine Lehre als Landmaschinenmechaniker gemacht, aber nach körperlicher Anstrengung oder seelischen Belastungen bekam ich Schwierigkeiten mit Magen, Kopf und Kreislauf. Mein Hausarzt konnte mir nicht helfen. Da ich den vielen Anforderungen auf dem Hof nicht gewachsen war, war ich oft depressiv und hatte kein Selbstbewusstsein. Ich bin ins Bundeswehrlazarett gegangen in der Hoffnung, dass die dort draufkommen würden, woran es lag, und mir helfen könnten. Das Ergebnis war aber, dass ich ausgemustert wurde und man mir riet, andere, außermedizinische Wege zu suchen.

Danach war ich wieder zu Hause auf dem Hof und habe dort mitgeholfen, so gut es ging. Mein Zustand wurde zwar besser, aber nicht gut. Nach einem anstrengenden Fußballspiel brauchte ich beispielsweise zwei bis drei Tage, bis ich mich wieder erholt hatte; genauso konnte es sein, dass ich bei der Ernte einfach ausfiel, wenn es mir zu viel wurde. Alkohol konnte ich nicht vertragen, aber auf Feten und Feiern hatte ich nicht die Kraft, nein zu sagen.

Ich begann mit autogenem Training und fuhr nach Holland zu einem Heiler, was mir kurzfristig auch geholfen hat. Aber nach einer Woche war der alte Zustand wieder da. Silvester 1986/87 habe ich mir vorgenommen, in diesem Jahr zu entscheiden, ob ich den Hof weitermachen könnte oder ob ich mir einen anderen Beruf suchen müsste. Ich konnte mir nicht vorstellen, wie ich das jemals schaffen sollte.

Meine Freundin, mit der ich zusammengezogen war, hörte kurz danach von der Bruno Gröning-Gemeinschaft, wohin ich dann mit anderen Freunden zur Einführung gefahren bin. Nach dem Einführungsgespräch sind die anderen essen gegangen, aber mir war so schlecht, dass ich mich ins Bett legen musste. Ich spürte, dass da etwas ist, konnte es aber nicht einsortieren. Nach dem zweiten oder dritten Mal, als ich dorthin fuhr, hatte ich eine Ahnung, dass das mit meiner Freundin nicht passen würde. Als ich ihr das erzählte, war sie der Meinung, dass ich beeinflusst würde. Also bin ich nicht mehr hingefahren. Ich bin dann in eine Nervenklinik gegangen, die mich über die Karnevalszeit eine Woche stationär aufgenommen hat. Dort bekam ich Medikamente und habe fast nur geschlafen. Als ich dann wieder nach Hause kam, hatte meine Freundin, mit der ich vier Jahre zusammen und auch verlobt war, über die Karnevalstage einen anderen kennen gelernt, und da hatte ich die Bestätigung für mein Gefühl. Die Beziehung ging auseinander. Daraufhin ging ich wieder in die Gemeinschaft, weil ich spürte, dass das, was ich dort erlebt hatte, Wahrheit ist. Viele, die mich kannten, waren der Meinung, dass ich nach der Trennung von meiner Freundin noch tiefer absacken würde. Aber durch die Gemeinschaft begann für mich ein neues Leben.

Ich lernte mich für die göttliche Ordnung und Führung in meinem Leben einzustellen. Im Mai vor der Ernte hatte ich auf einmal das drängende Gefühl, dass ich am nächsten Tag anfangen könnte zu mähen. Um fünf Uhr ging es los. Doch um sieben Uhr fing es an zu regnen. Ich fuhr nach Hause und rief Frau Häusler, meine damalige Gemeinschaftsleiterin, an. Wir stellten uns gemeinsam ein und hatten das Gefühl, ich sollte weitermähen. Dann habe ich bis Samstag alle Wiesen, etwa 15 ha, gemäht. Es war immer bewölkt und zwischendurch hat es auch geregnet. Die anderen hielten mich für verrückt, weil die gesamte Ernte verdorben gewesen wäre, wenn das Wetter sich nicht geändert hätte. Am Samstag wurde es schön. Ich habe dann mit Hilfe von anderen Landwirten, denen ich Bescheid gesagt hatte, bis zum nächsten Dienstag bei strahlendem Sonnenschein alles eingefahren. Im Nachhinein stellte ich fest, dass diese vier Tage die einzige und längste Trockenperiode bis Mitte Juni waren und dass ich keinen Tag später hätte anfangen dürfen zu mähen, um alles trocken hereinzubekommen.
Die anderen Landwirte, die erst anfingen, als die Sonne schien, bekamen ihr Futter nicht trocken herein. Einigen ist ihr Futter auf den Wiesen faul geworden. Trotz des verregneten Sommers habe ich auch danach den zweiten und dritten Schnitt immer im Trockenen hereinbringen können.
Ich konnte an allen Wochenendtagungen des Freundeskreises und sogar an der Jugendwoche im Sommer teilnehmen, weil es immer dann regnete, sodass ich am Hof nicht gebraucht wurde. Wenn ich nach Hause kam, wurde es wieder schön. Dieses Erleben von Führungen und dass es da Einen gibt, der das Wetter und die Zukunft kennt, hat mich tief beeindruckt. Ich habe seitdem viele Hilfen und Führungen erlebt, und ich weiß heute: Wer in der göttlichen Führung und Ordnung lebt, der kann die wunderbarsten Dinge erleben. Mir wurde auch klar, dass die Landwirtschaft der richtige Beruf für mich ist.

Im gleichen Jahr habe ich meine Frau Jutta in der Gemeinschaft kennen gelernt. Wir haben geheiratet, ein Haus gebaut und haben jetzt zwei Kinder. Ich bin noch Landwirtschaftsmeister geworden, sodass ich andere in meinem Beruf ausbilden kann. Ich habe jetzt für alles die Kraft. Meine Beziehung zu den Pflanzen und Tieren, für die ich hier verantwortlich bin, ist ganz anders geworden, und ich bemühe mich, so natürlich zu wirtschaften, wie es die Umstände zulassen.

Bruno Gröning hat gesagt: „Zurück zur Natur – zurück zu unserem Herrgott." Er hatte eine große Liebe zu den Pflanzen und Tieren, wie es Zeitzeugen berichten. Deshalb habe ich mich mit biologischer Landwirtschaft beschäftigt und bei uns in der Nähe Heinz Erven kennen gelernt. Er war ein Pionier auf diesem Gebiet. Er hielt Vorträge darüber in seinem Obst- und Gemüsegarten, den er „mein Paradies" nannte. Er sprach vom Regenwurm als unserem besten Mitarbeiter. Der Regenwurm hat von Gott die Aufgabe bekommen, organische Abfälle in

Humus, den er das „schwarze Gold“ nannte, umzuwandeln. Es gibt auf der ganzen Erde kein Tier, das eine größere Bedeutung für die Gesundung des Bodens, der Pflanzen, Tiere und Menschen hat, als der Regenwurm. Mich hat es erschüttert, dass ich in meiner ganzen Berufsausbildung so gut wie gar nichts über den Regenwurm gehört habe. In der konventionellen Landwirtschaft – sprich Chemiekeule – wird der Regenwurm durch Spritzen und Düngen sogar vernichtet. In einer halben Tasse fruchtbarer Erde gedeihen mehr Mikroorganismen als Menschen auf der Erde leben. Ich bekomme eine Ahnung davon, wie wunderbar alles von Gott erschaffen wurde und wie weit der heutige Mensch sich davon entfernt hat.

Eine große Hilfe in meinem Beruf war mir auch die Erkenntnis, dass es nach dem Tod weitergeht, nicht nur für den Menschen, sondern für alle Lebewesen. Ein guter Freund von mir ist mit 16 Jahren durch einen Stromschlag ums Leben gekommen. Das hat mich ziemlich aus der Bahn geworfen, und ich verstand den Sinn des Lebens nicht mehr. Ich bin in der Schule dadurch im Schnitt eine Note schlechter geworden.

Auch bei den Tieren fiel es mir schwer, wenn sie z. B. geschlachtet wurden. Ich wusste, es muss sein, und ich machte mich dann innerlich zu, weil ich nicht damit umgehen konnte.

Heute ist das genau ins Gegenteil umgeschlagen, es ist jetzt meine starke Seite. Ich nehme Kraft auf für das Tier, das geschlachtet werden soll. Wenn es geht, bin ich mit dabei. Ich kann mich aufmachen und mich in Liebe mit dem Tier verbinden. Ich bitte, dass es gut „drüben“ ankommt und jetzt seinen Weg im Jenseits weitergeht. Ich habe schon ein paar Mal bei Tieren, für die wir uns eingestellt hatten, gespürt, dass sie sich bei mir bedankt haben. Ich gehe jetzt mit dem Töten von Tieren so ähnlich um, wie ich es von den Indianern erfahren habe: Ich

bitte sie um Verzeihung und bedanke mich dann bei ihnen.

Eins der schönsten Erlebnisse, die ich mit Tieren hatte, war das Beobachten von kleinen Katzen, Hunden, Kälbern oder Ferkeln, die mit ihrer Mutter zusammen groß werden durften. Das ist die reine Lebensfreude, die man dann bei den kleinen Tieren sehen und spüren kann. Auf der anderen Seite weiß ich auch, woran der Mensch zur Zeit arbeitet: Es muss alles noch besser, noch schneller, noch wirtschaftlicher werden. Die Pflanzen und Tiere müssen immer mehr Leistung bringen: noch mehr Ertrag, noch mehr Milch, noch mehr Fleisch. Jedes Gefühl bleibt dabei auf der Strecke. Die „Krönung" dieser Entwicklung ist die Gentechnik. Alle Naturgesetze werden hier über den Haufen geworfen. Bis jetzt ist schon so viel Unheil und Verwüstung allein in der Landwirtschaft durch künstliche Düngung und Spritzmittel angerichtet worden, aber was jetzt mit der Gentechnik auf uns zukommt, ist noch gar nicht abzusehen. Es geht hier nur um Macht und Profit. Wenn die verantwortlichen Menschen die Liebe zu den Pflanzen und Tieren, unseren kleineren Geschwistern, spüren würden, wären sie dazu nicht imstande.

Ich bin Bruno Gröning sehr dankbar, dass er mich auf diesen Weg geführt hat, dass ich wieder mit Liebe in meinem Beruf arbeiten kann, und wünsche mir, dass alle Menschen wieder in Liebe mit der Natur umgehen.

Jasmin Nathmy

Ich weiß, dass es keine Spinnerei, sondern Wahrheit ist.

Hallo, ich bin die Jasmin und mache zur Zeit eine Ausbildung als Landwirtin bei Jutta und Jürgen Kröll.

Vor gut neun Jahren habe ich durch meine Mutter erfahren, dass man sich in ausweglosen Situationen nach der Lehre Bruno Grönings auf eine höhere Kraft „einstellen" kann.
Davon habe ich mich in den letzten Jahren tatsächlich überzeugen können. Bei uns auf dem Hof sind zwei Tierheilungen passiert, die ich euch jetzt erzähle.

Als ich im Sommer vor zwei Jahren meine Ausbildung begann, mussten wir ein Rind von der Weide in den Stall holen, da es total abgemagert war und schwer Luft bekam. Dieses Rind, Lena, war so dürr, dass man alle Rippen zählen konnte, und es schnaufte erbärmlich, weil eskeine Luft bekam. Aus der Nase trat Schleim aus. Der Tierarzt stellte Lungenwürmer, Darmparasiten sowie Parasitenbefall im ganzen Körper fest.
Er wollte Lena erschießen lassen, da ihr nicht mehr zu helfen war. Der Vater von meinem Chef bestellte also jemand, der Lena erschießen sollte. Da mein Chef Jürgen, seine Frau Jutta und ich durch den Bruno Gröning-Freundeskreis um die göttliche Heilkraft wussten, nahmen wir diese für das Tier auf.
Und mein Chef überredete seinen Vater, das Rind doch noch leben zu lassen. Der konnte das

natürlich überhaupt nicht verstehen, weil er nichts von der Heilkraft wusste. Er gab uns dann aber doch zwei Tage Aufschub; wenn in dieser Zeit keine sichtliche Besserung eintreten würde, sollte es erschossen werden. Das war hart.

Mein Chef und seine Frau hatten immer ein gutes Gefühl, wenn sie sich für Lena einstellten. Da das Rind nur noch etwa bei jedem dritten Atemzug richtig Luft holte, konnte es gar nicht richtig trinken, geschweige denn fressen. Ich habe dann angefangen, es mit warmer Milch und Wasser aufzupäppeln, aber mir stiegen die Tränen auf, so erbärmlich lag Lena da, abgemagert, den Kopf im Futtertrog, Schleim in der Nase, nach Luft japsend und ohne Lebenswillen in den Augen. Ich war mir gar nicht so sicher, ob sie es schaffen würde. Aber der Glaube ist sehr wichtig, also riss ich mich zusammen.

Und dann ein Wunder: Am zweiten Tag begann sie wieder zu saufen. Sie wurde nicht erschossen. Langsam ging es bergauf. Einige Wochen später wurde dann auch noch festgestellt, dass Lena tragend war. Sie begann Heu und bald auch wieder Silofutter zu fressen. Die Zunahmen wurden sichtlich besser, natürlich auch durch das wachsende Kälbchen. Sie bekam besser Luft und atmete bald wieder ganz normal.

Bis zur Geburt hat sich alles normalisiert. In diesem Zeitraum hatte der Tierarzt nichts mehr an ihr gemacht. Die Milchleistung ist durchschnittlich, sodass wir sie behalten können. Seitdem hat sie schon das dritte Kälbchen bekommen …

Von links nach rechts: Kuh Lena, heute 5 Jahre alt, ich, heute 18 Jahre alt, und Missi

---

Im November gab es eine Schwergeburt, da eine Kuh einen ziemlich engen Geburtskanal hatte. Mein Chef merkte, dass die Kuh es nicht schaffte, alleine zu kalben, und holte das Kälbchen mit dem Geburtshelfer. Als es da war, bewegte es sich nicht, zappelte nicht wie normal und atmete auch nicht. Die Eltern von meinem Chef sagten: „Es ist tot!“ Und ich erwiderte: „Nein, es ist nicht tot!“ Ich wollte es nicht wahrhaben und kämpfte innerlich dagegen an. Mein Chef sagte, dass er das Herz schlagen fühlen könnte, und machte eine Herzmassage. Zuerst tat sich nichts. Doch dann, ganz langsam, kam es zu sich und atmete.

Wir brachten es dann rüber in den Kälberstall. Doch als ich nach ein paar Stunden noch mal nach ihm schaute, zitterte es am ganzen Körper. Ich dachte mir, ich föhne es erst mal richtig trocken, da es noch nass war. Aber danach ging es ihm auch nicht besser, es wirkte so apathisch. Wir nahmen es weg von den anderen Kälbern und hängten ihm eine Wärmelampe auf.

Hund Tina, ich und das Kälbchen, inzwischen ein Jahr alt

Nach ein paar Tagen trank es dann zwar gut, aber es stand nicht auf. Als der Tierarzt es sich mal angesehen hatte, sagte er, dass dem Kälbchen ein Teil von der Kniescheibe am rechten Hinterbein fehle und es nie laufen werde. Innerlich stellte ich mich dagegen und nahm auch für das Kälbchen die göttliche Heilkraft auf.
Zuerst tat sich nichts. Nach zwei bis drei Wochen brachten wir es wieder zu den anderen Kälbern. Und tatsächlich nach ca. drei weiteren Wochen machte es Aufstehversuche. Innerhalb der nächsten Wochen lernte es dann laufen. Es knickte zwar beim Auftreten immer etwas ein, aber es konnte laufen! Ohne dass der Tierarzt etwas gemacht hatte!
Inzwischen ist es schon ein Jahr alt und hat sich prima entwickelt, es war den Sommer über auf der Weide und hat gute Zunahmen. Es ist eines der frechsten Kälber geworden, das die anderen ganz schön auf Trab hält.

Ob ihr mir das nun glaubt oder nicht – ich weiß nun eins: Ich habe so viele „unmögliche" Dinge an mir selbst und anderen Menschen, Tieren sowie Pflanzen erlebt, dass ich weiß, dass es keine Spinnerei, sondern Wahrheit ist.

Die Nachkommen des „Zauberlehrlings“

Da der alte Weltenmeister
uns die Schöpfung übergeben,
wollen wir die Erdengeister
künstlich neu und frisch beleben.
Wie der Stoff gefüget,
ist uns wohl bekannt,
doch wie ungenügend
schuf des Alten Hand!
Darum wollen
wir beginnen
zu ersinnen
neue Formen,
und ganz neue Welten sollen
nun entstehn nach unsren Normen.

Neuer Himmel, neue Erde,
neue Schöpfung – nun erstehe!
Diesmal sprechen wir: „Es werde!“
Alles Alte – nun vergehe!
Tiere, Pflanzen, Menschen,
Nahrung, Medizin,
ganz nach unsren Wünschen
soll die Welt erblühn!
Beuget, beuget
Stoff und Kräfte
eure Säfte
unsrem Willen,
und was unsre Kunst gezeuget,
soll die neue Erde füllen!

Seht, wie wir die Welt erbauen
und ganz neue Wesen schaffen!
Kommt, ihr Menschen, sollt es schauen!
Wir sind eure neuen Pfaffen.
Seht, Tomatenröte,
Schwein mit Menschengen!
Krankheiten und Nöte
sollen nun vergehn!
Pein und Elend
wird sich legen,
unser Segen
Hunger enden,
unsre Kunst das Böse nehmen,
alles sich zum Guten wenden.

Auch wenn viele vor uns warnen,
Risikos heraufbeschwören,
brauchen wir uns nicht zu tarnen,
unser Tun kann niemand stören.
Auch wenn kleine Fehler
mancherorts geschehn,
wir sind keine Hehler,
müsst die Ziele sehn!
Ob Tomaten
oder Schweine,
große, kleine,
ganz egal.
Wir befruchten neu die Saaten,
schöpfen Wesen ohne Zahl.

Doch, o weh, was ist erstanden
aus den Formeln, die wir schufen!
Wie die Stoffe sich verwandeln!
Anders, als von uns berufen!
Pflanzen, die sonst friedlich,
werden aggressiv,
Tiere, die sonst niedlich,
manisch depressiv.
Resistente
Killermücken,
die auf Brücken,
Straßen, Plätzen
Menschen morden und latente
Kräfte in Bewegung setzen.

Doch wir wolln das Treiben enden
und ein neues Gift ersinnen,
dass uns Mücken nicht mehr schänden,
dass wir ihrem Gift entrinnen.
Seht, schon wird's verstäubet,
und in großer Not
fallen wie betäubet
Mücken und sind tot.
Doch, o wehe,
weh uns Tröpfen
vor Geschöpfen
die erstanden
durch das Gift wohl aus der Hölle!
Hilf uns, Meister, aus den Banden!

Böse Viren und Bazillen
wuchern, wachsen, toben, töten.
Nichts kann ihre Fresslust stillen.
Meister, hilf aus diesen Nöten!
Ach, da kommt der Meister,
naht mit strengem Blick.
Riefen wir die Geister,
schickt Er sie zurück!
„Stoff und Kräfte,
seid bezwungen!
Eingedrungen
in die Wesen
war'n des Teufels üble Säfte.
Werdet, was ihr einst gewesen!"

Th. Eich

**Wenn der Mensch die Bausteine umformt,
zerstört er die Schöpfung.**

L. Neisz

Iris Kröll

Ich lebe nicht einfach nur in den Tag hinein, sondern möchte mich geistig weiterentwickeln.

Ich bin durch meinen Bruder mit neun Jahren zusammen mit meiner Schwester in die Bruno Gröning-Gemeinschaft gekommen. Damals war ich in der Schule ziemlich schlecht. Da wir Landwirtschaft haben, konnten meine Eltern mich so gut wie gar nicht unterstützen. Wenn ich nicht lernte, war das mein Pech. Und ich selber nahm die Schule auch nicht ernst. Ich hatte fast nur Vieren auf dem Zeugnis.

Durch das regelmäßige Einstellen sind meine Noten immer besser geworden. Ich bekam eine andere Einstellung: Bei Klassenarbeiten blieb ich ruhig, weil ich den Glauben hatte, dass ich es schaffen würde. Außerdem wuchs mein Interesse am Unterricht, und ich beteiligte mich. Nach meinem Hauptschulabschluss besuchte ich die Berufsfachschule, und dort war ich sogar einmal Klassenbeste mit einem Notendurchschnitt von 1,75. Da ich so gut geworden bin, konnte ich mir meinen Berufswunsch erfüllen. Ich mache jetzt eine Ausbildung zur Erzieherin. Die Arbeit mit den Kindern ist wunderschön, wir haben sehr viel Freude.

Als vor vier Jahren meine Schwester nicht mehr in die Gemeinschaft gehen wollte, ist mir selber erst bewusst geworden, was mir die Gemeinschaft wert ist. Die Lehre Bruno Grönings hat mir immer einen Halt gegeben. Ich habe meinen eigenen Weg gefunden und bleibe meinen Idealen treu. Ich habe hier gelernt, auf mein Inneres zu hören und auf meinen Körper zu achten. Wenn ich merke, dass mir etwas nicht gut tut, bemühe ich mich, es zu ändern. Manchmal brauche ich zwar etwas länger, aber im Grunde weiß ich, wo ich hinmöchte. Deswegen liegt mir viel daran, immer wieder in der Gemeinschaft „vollzutanken".
Ich bin in eine Diskothek gegangen und habe dort auf meine Gefühle geachtet. Ich fühlte mich einfach nur beobachtet – nichts für mich –, das muss ich nicht noch mal ausprobieren. Wenn ich mich einmal von etwas überzeugt habe, dass es nicht gut ist, dann kann ich es aus innerer Überzeugung sein lassen, nicht weil jemand anders es mir gesagt hat, dass es nicht richtig sei.
Ich hatte einen Freund, mit dem meine Eltern nicht einverstanden waren. Er lebte mit seiner Frau in Trennung und hatte ein Kind. Meine Eltern wollten mich deswegen rausschmeißen. Schließlich stellte ich mich ein und fragte mein eigenes Gefühl, was denn nun richtig sei. Ich habe eine Nacht darüber geschlafen und morgens war mir auf einmal klar, dass es falsch war. Einen Tag später habe ich mit ihm Schluss gemacht. Es war nicht der Druck meiner Eltern, sondern meine eigene Entscheidung.

Durch die Gemeinschaft habe ich auch einen Sinn in meinem Leben gefunden. Ich lebe nicht einfach nur in den Tag hinein, sondern möchte mich geistig weiterentwickeln. Ich möchte schlechte Eigenschaften überwinden und aus Fehlern, die ich gemacht habe, etwas Positives herausziehen. Wenn ich etwas erkannt habe und umsetzen kann, bin ich wieder einen Schritt weitergekommen.

8. Station – Urlaub

Monaco

„Ich bewahre auch weiterhin die himmlische Ruhe, die himmlische Geduld."

„Die Menschen brauchen so lange zum Erholen. Sie denken eine Woche noch an das, was zu Hause war, die zweite Woche erholen sie sich, weil sie sich erst gedanklich hingeben, und in der dritten Woche denken sie an alle Pflichten, die sie zu Hause wieder haben. Das tue ich nicht. Ich denke nicht an das, was war, und nicht an das, was wird, sondern lebe ganz in der Gegenwart."

Nachdem Bruno Gröning neun Jahre lang vergeblich Verständnis und Hilfe sucht, der Verein ihn im Prozess finanziell im Stich lässt und selbst sein Anwalt ihm dringend von jedem weiteren Wirken abrät, nimmt er vom 9. bis zum 18.8.1958 zehn Tage äußerlich Abstand von der Tragödie, die deutsche Journalisten, Juristen und Wissenschaftler um ihn inszenieren.

Mit seiner Frau und einigen wenigen Freunden, die er in dieser Zeit um sich duldet, macht er „Urlaub", sieht und erlebt aber innerlich weiter mit, was man sich in der Ferne seinetwegen ausdenkt.

Er fühlt beim Betrachten der Natur wie vor 50 Jahren immer noch, dass die göttliche Erde mit allem, was darauf lebt, es wert ist, dass man um sie und den Sieg des Guten kämpft, auch wenn es oft scheint, als stünde man alleine.

Am Atlantischen Ozean bei Mimizan, Südfrankreich

In Lourdes bei der Basilika …

… vor der Grotte …

… am Kreuzweg …

Lourdes – Hier, wo der Müllerstochter Bernadette Soubirous 1858 mehrmals eine „schöne Dame“ im Felsen erschienen ist, die sie erst gebeten hat, für alle „Sünder“ zu bitten und ihr dann befohlen hat, mit ihren Händen eine Quelle auszugraben, deren Wasser tatsächlich Menschen heilt, zieht es Bruno Gröning hin. Auch hier finden sich Leidende ein, aber niemand erzählt ihnen von der göttlichen Kraft und Regelungen. Er bemerkt nur: *„Wenn man mich hier sprechen lassen würde …“*
Schweigend nimmt er alles in sich auf und widmet viel Zeit dem Betrachten der Leidensstationen Christi.

… Monaco.

Kya Hawinkels

… und er konnte nicht verstehen, dass ich ohne Medikamente in so kurzer Zeit von einer Lungenentzündung genesen war.

Seit meiner Geburt hatte ich Probleme mit spastischen Bronchien, wodurch ich oft an Bronchitis litt. Auch hatte ich sehr oft entzündete Halsmandeln, geschwollene Halslymphdrüsen, Ohrenentzündungen und immer eine laufende Nase. Deshalb habe ich die ersten Jahre meines Lebens oft Penicillin bekommen. Von diesem Medikament bekam ich immer einen roten Ausschlag. Außerdem mussten meine Eltern mich jeden Tag mit kaltem Wasser übergießen, um den Schleim zu lösen. Ich durfte nur Sojamilch oder Kefirjoghurt trinken, weil andere Milchprodukte das Husten noch verschlimmerten.
Schließlich wurde Mitte Oktober 1991, ich war damals sieben Jahre alt, nach einer Untersuchung im Krankenhaus eine chronische Entzündung der Atemwege mit spastischer Verengung der Bronchien im Sinne von Asthma (CARA) diagnostiziert.

Meine Mutter hat dann Ende Oktober 1991 das erste Mal eine Gemeinschaftsstunde im Bruno Gröning-Freundeskreis besucht. Seitdem hat sie sich jeden Tag auf den Heilstrom eingestellt und um Heilung für sich selbst und für mich gebeten. Dann hörte sie nach einiger Zeit, dass es im Bruno Gröning-Freundeskreis auch Kindergemeinschaften gibt, wo die Kinder auch lernen, den Heilstrom aufzunehmen.
So ging ich im März 1992 zum ersten Mal mit meinen Eltern zu einer Kindergemeinschaftsstunde. Seitdem habe ich alle drei Wochen die Kinderstunden besucht, weil sofort eine Verbesserung in meinem Gesundheitszustand spürbar war. Außerdem fand ich es schön, mit anderen zusammen den Heilstrom aufzunehmen, zu singen und zu musizieren.

Im Mai 1992, am Tag meiner Ersten Heiligen Kommunion, bekam ich abends plötzlich sehr hohes Fieber und fühlte mich krank. Wir wollten abends essen gehen, aber das konnte dann nicht stattfinden. Meine Eltern und ich glaubten aber an Regelungen, und wir stellten uns gemeinsam ein. Ich bin dann eingeschlafen, und am nächsten Morgen war ich wieder fit. Am Dienstag fuhren wir für ein paar Tage in Urlaub. Am Mittwoch musste ich wieder sehr husten und hatte Fieber. Wir sind dann zum Arzt in unserem Ferienort gegangen. Dieser Arzt hat mich untersucht und stellte eine Lungenentzündung fest. Ich bekam Penicillin. Von dem Medikament bekam ich aber wie vorher einen allergischen Ausschlag, wodurch ich dieses nur einen Tag eingenommen habe. Meine Eltern haben sich abends für mich eingestellt. Am nächsten Morgen (Donnerstag) war ich wieder fit und hatte kein Fieber mehr. Wir sind den ganzen Tag bei der Floriade, einer Blumenausstellung, gewesen. Als ich am Montag zur Kontrolle zu unserem eigenen Hausarzt ging, konnte der nichts mehr feststellen und er konnte nicht verstehen, dass ich ohne Medikamente in so kurzer Zeit von einer Lungenentzündung genesen war. Also war es tatsächlich eine Regelung gewesen.

Seitdem bin ich frei von all den Krankheiten. Es ist nie mehr eine Bronchitis, Hals- oder Ohrenentzündung aufgetreten, und ich vertrage wieder alle Milchprodukte.

Im Bruno Gröning-Freundeskreis darf ich auch im Orchester mitspielen, was mir sehr viel Freude macht. Ich spiele seit meinem 9. Lebensjahr Klarinette. Das ist für mich sehr groß, weil der Arzt mir damals gesagt hatte, dass ich nie ein Blasinstrument werde spielen können, da ich wegen der CARA nicht genügend Luft dafür haben würde.
Jetzt kann ich aber ohne Mühe ein ganzes Wochenende mehrere Stunden hintereinander spielen, wenn bei Chorwochenenden des Bruno Gröning-Freundeskreises CD-Aufnahmen gemacht werden. Weiterhin spiele ich noch

im Schulorchester und in einem Harmonieorchester, alles ohne Beschwerden.
Ich gehe auch seit Juli 1992 jedes Jahr nach Österreich in die Berge zu unserer Bergwanderwoche, in der ich ohne Mühe und Atemnot Bergwanderungen von etwa fünf bis sechs Stunden machen kann.

Ich habe nicht alleine Heilung bekommen, sondern auch sehr viele Hilfen in der Schule. Nach einem Test in der 8. Klasse der Grundschule (niederländisches Schulsystem) wurde mir eine bestimmte Realschule empfohlen. Ich selber wollte aber zu einer anderen Schule und habe mich dafür eingestellt und Bruno um Hilfe gebeten. Natürlich habe ich auch mein Bestes gegeben. Am Ende des Schuljahres bin ich als bester Schüler zur 2. Klasse gegangen, wo ich immer noch gut folgen kann. Ich bekomme Hilfe beim Lernen, wenn ich die Kraft aufnehme.

Ich liebe Tiere und habe selber einen Hund, Flosje. Es ist ein schwarzer Rauhaardackel. Vor einigen Jahren war ich mit ihm spazieren, und auf einmal kam ein Bouvier durch eine Umzäunung und hat Flosje in die Schnauze gebissen. Die Nase blutete stark. Aber als ich mich einstellte, hat das Bluten aufgehört und es war danach nichts mehr zu sehn.

Ein anderes Mal raste ein Moped über den Gehsteig, obwohl das verboten ist. Der Mopedfahrer hatte Flosjes Leine übersehen, und die Leine verfing sich in der Maschine. Ich ließ die Leine sofort los, aber das Moped schleppte Flosje mit. Der Mopedfahrer fuhr bestimmt 40 km/h. Meine Eltern und ich schrien hinterher, doch erst nach 150 Metern hörte er uns und stand dann endlich still. Flosje lag unbeweglich. Meine Mutter wollte ihn anfassen, aber er schrie vor Schmerzen, und es war Blut auf dem Boden. Meine Mutter hatte auch Blut an den Händen. Wir haben uns eingestellt und Bruno um Hilfe gebeten. Nach einigen Minuten konnten wir Flosje wieder anfassen und haben ihn zum Auto getragen. Als wir etwa zehn Minuten später zu Hause ankamen und mit ihm zum Tierarzt gehen wollten, war Flosje auf einmal wieder fit. Wir konnten merkwürdigerweise keine Wunde und auch nirgendwo mehr Blut entdecken.

Ich bin froh, dass ich diesen Freund, Bruno Gröning, gefunden habe, der mir immer wieder zeigt, was wirklich hilft.

Kya Hawinkels

Uta Schaller

Gott liebt mich so, wie ich bin, sonst würde Er mir nicht so oft helfen.

Ich bin 1,50 m groß und bin dadurch öfter blöden Kommentaren ausgesetzt. Das Problem war, dass ich mich unter Gleichaltrigen nicht frei bewegen konnte, ohne mich minderwertig zu fühlen. Es war für mich äußerst unangenehm, an einer Gruppe Jugendlicher vorbeizugehen, denn ich spürte die spöttischen Blicke im Rücken, und verletzende Bemerkungen kamen dann noch hinterher. Oft fühlte ich mich nicht ernst genommen von den anderen. Ich passte einfach in keine Clique und sah mich immer als das fünfte Rad am Wagen. Zu Hause flossen deswegen viele Tränen.
Mit dem 16. Lebensjahr bekam ich zusätzlich starke Akne im Gesicht. Der Arzt verschrieb mir Medikamente dagegen, dazu nahm ich noch andere Mittel, die aber nichts halfen. Ich kam mir richtig hässlich vor, wodurch meine Minderwertigkeitskomplexe noch um ein Beträchtliches gesteigert wurden.

Seitdem ich zum Freundeskreis gehöre, fühle ich wieder: Ich bin eine eigene Persönlichkeit. Ich brauche mich nicht krampfhaft um andere Menschen zu bemühen und um Akzeptanz zu kämpfen. Gott liebt mich so, wie ich bin, auch mit meiner Größe, sonst würde Er mir nicht so oft helfen. Und durch die bewusste Aufnahme des Heilstromes durfte ich auch die Pickel loswerden, und meine Haut ist jetzt nicht mehr wiederzuerkennen – so rein.

Seit dem 15. Lebensjahr litt ich unter starken Bauchkrämpfen während meiner Periode. Stehen und Sitzen war mir unmöglich, sodass das Bett der einzige Ort war, wo ich die Schmerzen halbwegs ertragen konnte. Dort blieb ich dann für einige Stunden und der Rest des Tages war gelaufen. Durch die Lehre Bruno Grönings durfte ich Schritt für Schritt lernen, negative Gedanken in positive umzuwandeln und den festen Glauben aufzunehmen, dass ich frei von den Schmerzen werde. Sie gehören nicht zu meinem Körper. Ich habe jemanden, dem ich sie einfach abgeben kann – Bruno Gröning.
Natürlich ist es am Anfang nicht leicht, denn man ist ja gewohnt zu sagen und zu denken: „Aha, morgen bekomme ich meine Periode. Da kann ich gleich im Bett bleiben." Die Schmerzen sind also vorprogrammiert. Wer sucht, der findet. Wahrhaftig, man sucht den Schmerz und hat ihn dann auch. Das muss aber nicht sein! Es gibt doch einen viel einfacheren Weg als den des Leidens. Ich durfte die Schmerzen durch positive Gedanken, den festen Glauben an die Heilung und die Aufnahme der Heilkraft überwinden. Es ist ein herrliches Gefühl zu wissen, diese Schmerzen waren einmal.

Schon als Kind aß ich mit Vorliebe Süßigkeiten – Gummibärchen, Schokolade, Bonbons – kurz, alles, was ungesund ist. Mit steigendem Leistungsdruck in der Schule stieg auch das Verlangen nach Süßem. Es steigerte sich sogar so, dass ich, wenn zu Hause nach langem Suchen nichts dergleichen zu finden war, mal schnell in den Supermarkt musste, um mir irgendetwas zu holen. Natürlich hatte dies negative Auswirkungen auf meine Haut, meine Konzentration und meinen Geldbeutel. Die Sucht war aber stärker.
Am Anfang konnte ich das Problem nicht so recht abgeben, denn mir fehlte der feste Wille, weniger Süßigkeiten zu essen. Ich bat zwar um Hilfe, aber es kam nicht von Herzen.
Zu Hause nahmen wir aber immer die Kraft auf und baten um den Willen. Bald darauf hatte ich den inneren Wunsch, meinen Süßigkeitenkonsum einzuschränken. Ab da ging es besser. Mein Appetit nach Schokolade oder Haribos ließ immer mehr nach. Jetzt verspüre ich keinen Drang mehr, die Süßigkeitenabteilungen aufzusuchen, und esse auch nur noch wenig davon.

In der 11. Klasse durfte ich in Mathe eine große Hilfe erleben.

Es war eine Woche vor dem Zensurenstopp, und ich brauchte unbedingt mindestens eine Vier, um zur Abiturprüfung (12. Klasse) zugelassen zu werden. Mein Problem bestand darin, dass ich gerade Anfang der entscheidenden Woche eine Sechs in einer Klausur bekam und kein Ausweg in Sicht war. Es wurden auch in dieser Woche keine Kurzkontrollen mehr geschrieben. Was tun? Nun, meine Eltern und ich stellten uns für diese Angelegenheit intensiv ein. Es wollte sich aber immer wieder Pessimismus einschleichen. Ich sah anfangs immer noch die Sechs vor mir. Da bat ich Bruno Gröning ganz besonders um den Glauben an den guten Ausweg. Siehe da, genau in dieser Woche wurde mir ein Vortrag angeboten! Ich bekam auch prompt die Note Eins, sodass mein Durchschnitt genau reichte, um die Prüfung in Klasse 12 antreten zu können.

Hiermit möchte ich allen ans Herz legen: Ist der Notendurchschnitt noch so mies (schlechter als Sechs geht's ja wohl wirklich nicht) – vertraut und glaubt fest an die Hilfe! Sie wird eintreten. Aber nicht faul sein! Zur großen Freude meines Lehrers fand die Sache mit einer Abitur-Prüfungsnote von 3+ ihren krönenden Abschluss.

Fazit: Das Wort „Unmöglich" muss man aus dem Wortschatz verbannen, wenn man Erfolg haben will. Ich wünsche euch den vollen göttlichen Erfolg in allen Lebensbereichen.

Katharina Bößl

Meine Tante sprach aber ganz anders: „Glaub daran, dass alles wieder gut wird!“

Im November 1993 kam mein Kater Mikesch nach einigen Tagen verändert nach Hause: Er schleppte das Hinterteil nach, denn er konnte nicht auf den Hinterbeinen stehen. Sein Körper war sehr abgemagert. Wir pflegten ihn und kümmerten uns liebevoll um ihn. Am nächsten Tag kamen einige Verwandte zu uns, unter anderem auch meine Tante aus Heidelberg. Bei den vielen Gesprächsthemen redeten wir auch von unserem Kater. Ich war sehr besorgt, und wenn ich ihn so liegen sah, tat er mir richtig leid. Meine Tante sprach aber ganz anders: „Glaub daran, dass alles wieder gut wird. Dann wird es auch gut. Aber du musst daran glauben.“ Ich war mir da nicht so ganz sicher und hielt überzeugt dagegen: „Grundsätzlich kann ich mir das schon vorstellen, aber bei unserem Mikesch? Nein!“

Am Abend ging es dem Kater besser, er schleppte sich schon alleine aus dem Körbchen. Nach einigen Tagen war er wieder ganz gesund. Kurze Zeit später erfuhr ich, dass meine Tante sich für Mikesch eingestellt hatte und auch ein Bild von Bruno Gröning in das Körbchen gelegt hatte. Meiner Mutter, die mit Neurodermitis, Heuschnupfen und Angstzuständen belastet war, erzählte meine Tante Genaueres von der Lehre Bruno Grönings. Meine Mutter war sehr interessiert und ließ sich einführen. Ganz fasziniert erklärte sie mir, wie man sich einstellt, dass man um alles bitten kann und einfach an das Gute glauben soll. „Naja“, dachte ich mir am Anfang, „wenn meine Mama das sagt, wird es schon so sein.“ Ich ging das erste halbe Jahr zwar nicht zu den Gemeinschaftsstunden, stellte mich aber zu Hause ein.

Ich habe miterlebt, wie meine Mutter Stück um Stück gesund wurde. Mit Krankheiten war ich selbst zwar nicht belastet, aber trotzdem merkte ich, dass es mir durch das Aufnehmen des Heilstromes richtig gut ging. Ich stellte mich für die Schule ein, für meine Familie, für Freunde und eben alles, was einem jungen Mädchen wichtig ist.

Im Juni ging ich dann zum ersten Mal in eine Jugendgemeinschaftsstunde und im August fuhr ich mit ein paar Jugendlichen der Ingolstädter Gemeinschaft zur Jugendbergsteigerwoche nach Österreich. Es war neu für mich, das Wandern in Gruppen, jeden Abend Gemeinschaftsstunde … Aber doch gefiel es mir sehr gut. Deshalb fuhr ich dann im Frühjahr zur Jugendtagung. Dort wurden Vorträge gehalten, es wurde gesungen, musiziert und getanzt. Volkstanzen!? Ich!? Ich hatte noch nie in meinem Leben Walzer oder Polka getanzt. Die erste Zeit wehrte ich mich innerlich total dagegen, aber mit der Zeit machte es riesigen Spaß. Ich lernte auch andere Jugendliche aus ganz Deutschland kennen und konnte mit Gleichaltrigen Erfahrungen austauschen. So habe ich mich mehr und mehr überzeugt und heute, mit 16 Jahren, bin ich nicht mehr nur meiner Mutter zuliebe dabei, sondern kann von mir persönlich sagen: Das ist nun auch mein Weg.

Ich bin dankbar zu wissen, dass ich mich in allen möglichen Situationen an Bruno Gröning wenden kann und er mir gerne hilft.

Katharina Bößl

Benjamin Schnitzler

Vor Mathe habe ich schon lange keine Angst mehr.

Nun ja, ich bin als 52 cm kleines und pummeliges Baby am 25.9.1983 in Grünstadt (Rheinland-Pfalz) geboren. Bei meiner Taufe ein Jahr später bekam ich dann öffentlich den Namen Benjamin. Ich brauchte gar nicht lange warten, da kam noch meine Schwester hinzu und als ich ca. sechs Jahre alt war, noch ein Pflegebruder.

Ich genoss eine durchwachsene Kindheit. Auf der einen Seite war es sehr schön, weil wir auf dem Land wohnten und draußen sehr viel Zeit mit Spielen verbrachten. Wir bauten Buden im Wald, hatten uns Wege für die Fahrräder im Dickicht gebahnt. Wir kletterten auf Bäume, hatten im Heuschober ein Geheimversteck und vieles mehr. Leider hatte ich oft Mittelohrentzündungen, die so schmerzhaft waren, dass ich nachts nicht schlafen konnte. Ich durfte dann zu meiner Mutter ins Bett und schlief irgendwann ein. Meine Mutter suchte nach Möglichkeiten zur Heilung. Aber nichts half richtig. Der Hausarzt verschrieb mir schon im Alter von drei Jahren immer wieder Penicillin, das ich über mehrere Tage nehmen musste, dann verschwanden die Schmerzen. Beim nächsten kalten Windzug kam wieder eine neue Entzündung. Dann ging wieder alles von vorne los.

Als ich fünf Jahre alt war, kamen plötzlich starke Bauchschmerzen in Bauchnabelhöhe. Der Arzt konnte trotz Ultraschalluntersuchungen nichts feststellen. Er fragte meine Mutter, ob ich Probleme oder Angst hätte, denn das könnte die Ursache der Bauchschmerzen sein. Meine Mutter erzählte mir jetzt, dass ihre Ehe schwierig war. Mein Vater hatte schon von Kindheit an und meine Mutter seit dem Ableben ihrer Mutter Todesangst. Die Bauchschmerzen verschwanden mit der Zeit, die Angst blieb.

Meine Schwester hatte chronische Bronchitis, die ab und zu zu starken Hustenanfällen führen konnte. Dadurch war die Angst unser ständiger Begleiter. Meine Mutter war auch belastet. Sie hatte Arthrose in den Knien und konnte so nur langsam Treppen gehen. Beim Spazierengehen hatte sie ebenfalls Probleme, sie klagte oft über Schmerzen. Sie hatte oft Magenschleimhautentzündungen und Kreislaufprobleme, lag daher manchmal ganze Tage auf dem Sofa und konnte nicht aufstehen.

So musste ich mit fünf Jahren kochen lernen und den Haushalt aufrechterhalten, so gut ich konnte. Schon in der ersten Klasse hatte ich Angst, zu versagen. Besonders in Mathe. Wir waren schon fünfmal umgezogen und jetzt trennten sich noch die Eltern.

Meine Leistungen in der Schule waren eigentlich immer ganz gut. Ich war oft gegen die Lehrer eingestellt und ließ sie das auch spüren. Erst wenn ein Lehrer es schaffte, sich gegen mich durchzusetzen, war ich zufrieden und machte beim Unterricht mit.

Diese Prozedur wiederholte sich bei jedem neuen Lehrer und machte mir das Leben schwer.

Meine Mutter hatte einen Freund, der uns oft besuchte. Er war mir sehr vertraut, es war schön, wenn er da war. Als ich circa neun Jahre alt war, wurde meine Mutter von einer Freundin über den Bruno Gröning-Freundeskreis informiert. Sie erzählte uns, das sei so eine Art „Kirchgänger Gruppe", mehr wusste sie selber nicht. Bei mir gingen bei dem Wort „Kirche" schon die roten Lämpchen an. Der Gedanke, jeden Tag in die Kirche gehen zu müssen, empfand ich als das Langweiligste, was mir je geschehen könnte, ich hatte ja schon das Fach Religion in der Schule, und das reichte mir völlig.

An einem Samstagmorgen erzählte der Freund meiner Mutter uns dann begeistert, dass er am vorigen Abend bei der Einführung in die Lehre Bruno Grönings gewesen sei und dass man diesen Kreis nicht mit der Kirche vergleichen könne, da es dort auch Menschen anderer Religionen gäbe. Und überhaupt, es war dort ganz anders. Dann erklärte er uns die Körperhaltung, was meine Vorstellung vom Freundeskreis erst so richtig veränderte. Ich stellte mir vor, dass man dort in einer großen Halle auf goldenen Samtkissen säße und meditiere.

Doch als meine Geschwister und ich dann selbst zur Einführung gefahren wurden, wurde diese Vorstellung zunichte, denn wir hielten vor einem ganz normalen Reihenhaus in einem kleinen Städtchen und setzten uns auch auf ganz normale Stühle. Uns führte eine sympathische junge Dame im Wohnzimmer in die Lehre Bruno Grönings ein. Sie erzählte uns Geschichten von Herrn Gröning und sagte uns, dass dieser Mann heilen konnte und wir eine Kraft aufnehmen könnten, die in Hülle und Fülle da wäre. Eine Kraft, die anscheinend für uns Menschen sehr hilfreich sei. Wir sollten uns die Worte Bruno Grönings durch den Kopf gehen lassen. Ich schaute auf das große Portrait von ihm an der Wand und fand, dass er eher wie ein Rechtsanwalt aussah. Nachdem diese Gemeinschaftsstunde zu Ende war, wurden wir schließlich nett verabschiedet und sind nach Hause gefahren.

Dort angekommen wurde es erst mal so richtig spannend. Wir stellten uns ein und ich spürte ein Kribbeln in den Händen. Ich war ganz erstaunt und fühlte mich gut. Wir Kinder waren so still wie noch nie. Wir schauten uns gespannt an und verstanden das alles noch nicht so richtig. Als wir uns dann aber regelmäßig einstellten, verlor das Einstellen an Reiz. Man kratzte sich und zwinkerte sich zu, räusperte sich und wartete, bis die Zeit um war.

Auch wenn wir zu den Gemeinschaftsstunden gehen sollten, ernteten meine Eltern erst mal Trotz und Widerspruch. Doch sobald wir im Auto saßen, war aller Kampf vorbei. Wenn die Kindergemeinschaftsstunde vorbei waren, hatte ich meist ein solches Glücksgefühl, dass ich mir schwor, das nächste Mal ohne Meckern mitzugehen. Nur meistens dachte ich beim nächsten Mal nicht mehr daran.

Nach einiger Zeit stellte ich fest, dass die Angst immer weniger wurde. Einmal hatte ich sie noch bei einer Situation in der Schule gespürt. Danach war sie ganz verschwunden. Die Häufigkeit von Mittelohrentzündungen wurde immer geringer. Die Dauer der Schmerzen war kürzer, aber viel intensiver. Meine Mutter brauchte auch keine Medikamente mehr besorgen. Im Januar 1997 trat sie noch einmal auf, seitdem bin ich davon befreit.

Meine Schwester hatte nach der Einführung einmal ein paar Tage Husten, seitdem ist die Bronchitis verschwunden. Meine Mutter ist von den immer wiederkehrenden Magenschleimhautentzündungen und den Kreislaufproblemen befreit. Sie kann wieder alles essen, muss nicht mehr auf dem Sofa liegen und kann den Haushalt gut versorgen. Die Schmerzen in den Knien sind verschwunden, sie kann wieder ohne Probleme gehen, auch Treppen rauf und runter.

Dann geschahen weitere Hilfen. Einmal fiel ich von einem Schrank mit dem Rücken auf einen Heizungs-Radiator. Etwa eine halbe Minute hatte ich starke Schmerzen, konnte mich nicht bewegen und bekam keine Luft. Meine Mutter und meine Geschwister stellten sich sofort für mich ein. Dann verschwanden die Schmerzen und ich hatte nur kurze Zeit einen kleinen Abdruck auf den Lippen.

So vergingen die Jahre und auch ich wurde älter. Es kam der Zeitpunkt, an dem ich das erste Mal in die Jugendgemeinschaft gehen durfte. Dort angekommen freute ich mich, dass ich so nett von allen aufgenommen wurde. Nicht so, wie ich das von der Schule gewohnt war, dass Kleinere nicht dazugehören durften (ich war damals zwölf Jahre alt). Meiner Mutter ging es auch sehr viel besser. Sie ging regelmäßig zu den Gemeinschaftsstunden. Ich freute mich sehr darüber, denn sie war ganz anders, wenn sie dort gewesen war. Ich redete ihr immer gut zu, dass sie dort hingehen sollte, wenn sie uns mal nicht alleine lassen wollte. Wir waren ja nicht alleine. Eine Frau wohnte noch in unserem Haus. Zu ihr konnten wir jederzeit gehen. Meine Mutter hat dann auch geheiratet. Ich spürte, dass sie sich gut aufgehoben fühlte. Unsere Familie wurde immer sicherer und fröhlicher. Meine Mutter erwartete dann auch ein Kind. Darüber war ich überglücklich. Ich weiß nicht, wieso, aber ich habe sofort eine große Liebe zu dem Kind gehabt. Ich beobachtete genau, wie der Bauch meiner Mutter immer dicker wurde. Es war faszinierend.

In der Jugendgemeinschaft war es sehr schön. Die Gemeinschaftsstunden waren interessant und vor allen Dingen später gelegen (von 19 - 22 Uhr), worauf ich sehr stolz war. Nach einiger Zeit wurde ich dann mal zum Tanzen mitgenommen, was für mich eine ganz neue Erfahrung war. Es lag mir zwar anfangs nicht, aber für mich war es wie Schwimmen lernen. Ich verlernte es auch nach längeren Pausen nicht.

Alle Tagungen und Treffen werden auf Video aufgezeichnet. Auf der Jugendwoche 1997 in Berlin entdeckte ich dann, dass ich von der Videokamera angezogen wurde, und wollte mir den Umgang damit beibringen lassen.
Im Frühjahr 1998 war dann eine Techniker-Tagung, die ich natürlich besuchte und dort alles über das Kamerawesen erfuhr. Von da an war meine innere Glut erst richtig geschürt. Ich filmte, wo ich konnte (was sich auch bisher nicht geändert hat), und lernte dadurch noch viele andere „Kameraleute“ kennen.

Einen Tag vor den Sommerferien 1998 geschah es dann, dass ich mich im Gesicht und an der linken Hand sehr schwer verbrühte. Das Gesicht brannte wie Feuer und auf der Hand war die Haut total abgefetzt. Durch das Einstellen der Freunde und meiner Familie und durch Bilder von Bruno Gröning wurde mir so geholfen, dass ich innerhalb von vier Stunden keine Schmerzen im Gesicht verspürte, innerhalb von zwei Tagen meine Hand ohne Schmerzen bewegen konnte und nach einem Monat sah man im Gesicht nichts mehr und auf der Hand war neue Haut gewachsen. Hiervon existieren Beweisfotografien.

Dann kam die Jugendwoche 1998 in Berlin, in die ich einen besonderen Wunsch mitbrachte. Da mein Wissen und meine Aufnahmefähigkeit, was Latein und Mathematik anging, begrenzt war, musste ich nach den Sommerferien die Schule wechseln. Mein Wunsch war also, dass ich in der Klasse gut angenommen würde und jemanden hätte, der mit mir neu in die Klasse käme, und auch, dass ich in der Jugendwoche nicht so oft darüber nachdenken würde. Letzteres gelang mir weitgehend gut, bis dann der Tag der Abreise kam. Ich war innerlich so gespannt, dass sich das nach außen negativ auf mein Umfeld auswirkte. Jetzt hieß es wie so oft glauben und vertrauen. Am nächsten Tag kam ich in der Schule an, und es fragte mich die Sekretärin, wie ich denn hieße und in welche Klasse ich kommen würde. Ich sagte es ihr. Da drehte sich ein neben mir stehender Junge zu mir um und sagte: „Was? In die Klasse gehe ich auch!“, reichte mir die Hand und stellte sich vor. Ich dachte mir, das sei vielleicht der Klassensprecher, der mich abholen sollte. Doch ich irrte mich. Denn wie ich herausbekam, war er auch ein „Neuer“. Mein erster

Wunsch hatte sich schon mal erfüllt. In der Klasse wurden wir sofort nett aufgenommen, bekamen den nettesten Lehrer der Schule als Klassenlehrer. Ein paar Wochen später wurde der andere Neue sogar Schülersprecher und ich als Sporthelfer gewählt. Ich habe gelernt, mich in den Klassenverband einzufügen. Ich kann mich den Lehrern gegenüber gut verhalten, ohne erst einen Kampf geführt zu haben. Darüber bin ich sehr froh. Vor Mathe habe ich schon lange keine Angst mehr.

Insgesamt kann ich nur davon sprechen, dass mein Leben inklusive zahlreicher Kämpfe an Vielfalt von Aufgaben gewonnen hat, z. B. auch manchmal Tontechnik auf- und abbauen oder Gitarre spielen oder auch jetzt am Computer diesen Bericht schreiben. Ich könnte mir nicht vorstellen, jetzt aus der Gemeinschaft zu gehen, weil ich hier meine wirklichen Freunde habe. Nicht nur solche, die mit einem nur befreundet sind, wenn man sich jeden Tag mit ihnen trifft, zusammen raucht oder Saufgelage veranstaltet.

So, nun bin ich erst mal fertig mit diesem Bericht und mittlerweile 15 Jahre alt. Ich wünsche allen noch ein erfolgreiches Jahr, viel Glück und Gesundheit!

Michael Preuss

Ja, bei mir läuft's gut, nur meine Nase nicht mehr

Alles begann mit einem Film: Am 21. Januar 1996 ging ich mit meiner Freundin nachmittags in eine Vorstellung des Films „Der Wunderapostel". Als wir im Kino saßen, traf mich sofort die erste Szene: Ein Mensch hadert mit Gott und der Welt und fragt: „Wo ist Gott, wenn man Ihn wirklich braucht?"
Dazu hörte ich die ganze Zeit über eine Filmmusik, die mich auf eine unaufdringliche, sehr wohltuende Art berührte, und mich bewegten sehr schöne Landschaftsaufnahmen von einer Bergwelt. Meine Freundin und ich kauften nun die Filmmusik auf Kassette und nahmen eine Broschüre über diesen Film mit. „Hm, seltsam", dachte ich, „und was soll das Ganze jetzt?" Zu Hause las ich die Broschüre zum Film und erfuhr, dass der ganze Film von Laien gespielt wurde. Die Filmmusik war von einem Musikstudenten geschrieben worden, der das Studium abgebrochen hatte, weil er „nicht gut genug war" – und eben diese Musik spielten meine Freundin und ich seitdem täglich ab.

Wir lebten in einer WG. Das Zusammenleben empfand ich sehr schwer und belastend. Aber noch etwas anderes schleppte ich mit durchs Leben: Es war das über Jahre gestörte Verhältnis zu meinen Eltern. Die letzten zwei Jahre vor dem Abi lebte ich mit im Haus eines Schulfreundes.
Als ich nun die Broschüre zum Film las, fiel mir ein Satz besonders auf: „Vertraue und glaube. Es hilft, es heilt die göttliche Kraft." Dieser Satz ist ein Zitat von Bruno Gröning, und ich blickte auf ein buntes Gemälde von ihm. Ich las, dass der Bruno Gröning-Freundeskreis diesen Film allein auf Spendenbasis produziert und herausgegeben hatte und dass es in Münster eine Gemeinschaft gibt. Dort meldeten wir uns und wollten mehr wissen, weil uns die vergangenen Erlebnisse angesprochen hatten. Wir erfuhren von einem kostenlosen und unverbindlichen Einführungstermin in die Lehre Bruno Grönings.

Bei dieser Einführung, drei bis vier andere Interessierte waren noch mit uns gekommen, hörten wir dann erst einmal, dass es grundsätzlich egal ist, welcher Religion oder Konfession, Nation oder Rasse man angehöre. Dass wir nicht alles glauben sollen, was wir hören, sondern die Möglichkeit wahrnehmen und nützen könnten, uns selbst von allem zu überzeugen. Wir sollten Arme und Beine nicht überkreuzen, denn eine Kraft würde jetzt fließen, die man am eigenen Körper spüren könne, aber nicht zwangsläufig spüren müsse. Es seien auch schon Heilungen bei einer Einführung geschehen, ohne dass die/der Interessierte diese Kraft am eigenen Körper gespürt habe.
Warum waren wir, meine Freundin und ich, noch nicht aufgestanden und weggelaufen? Weil alles so normal, natürlich und bodenständig vorgetragen wurde und wir nicht das Gefühl hatten, dass man uns etwas vormachen wollte. Außerdem würde man sich jetzt bei klassischer Musik zusammen auf den Heilstrom einstellen. Das wollte ich erleben – doch ich spürte nichts. Vorher sollten wir alle unguten Gedanken wie Sorgen, Krankheit und alles, was noch zu tun und zu lassen sein würde, nächste Woche oder noch heute, loslassen und während der Musik nicht daran denken, sondern an etwas Schönes, an ein Erlebnis, einen Ort, wo wir glücklich waren, an eine schöne Landschaft oder einen Sonnenuntergang. Ich weiß noch, dass ich die ganze Zeit überlegte, wann ich in meinem Leben schon einmal richtig glücklich gewesen war. Mir fiel wirklich nichts ein.

Man riet uns, sich zweimal täglich einzustellen, wenn möglich um neun Uhr morgens und neun Uhr abends, weil sich dann die meisten Freunde die Zeit dazu nehmen, und dann die Kraft stärker ist, und dabei zu beobachten, was in uns vorgeht.

Seit dieser Einführung Anfang Februar 1996 stelle ich mich regelmäßig ein. Anfangs gegen alle Einsprüche meines Verstandes und ohne etwas zu spüren, alleine einem Gefühl in mir folgend, dass es etwas Gutes ist und mir gut tut. Nach ein paar Wo-

chen nahm ich eines Morgens ein feines Kribbeln im Körper wahr, verbunden mit einem angenehmen Gefühl. Die Sache begann, spannend zu werden. Besonders, als meine Freundin und ich die erste Gemeinschaftsstunde besuchten, in der Geheilte sprachen.
Zuerst dachte ich: „Die haben hier ein Schauspiel engagiert, um dich für irgendetwas heiß zu machen, um dich rumzukriegen. Aber wofür?“ Alles war kostenlos, man konnte nicht Mitglied im Bruno Gröning-Freundeskreis werden, auch nicht eintreten, man gab nur, wenn man wollte, seine Adresse, um viermal im Jahr aus Spenden finanzierte Hefte und Kassetten kostenlos zugesandt zu bekommen.
Alles klang zu schön, um wahr zu sein. Aber ein Gefühl wurde ich trotzdem nach dieser ersten Gemeischaftsstunde nicht mehr los: Dass an all dem, was ich seit dem Besuch der Filmvorstellung erfahren hatte, etwas daran sein musste … Es dauerte etwas, aber wir wuchsen in die Sache hinein.

In meiner Ausbildung zum Altenpfleger erlebe ich, wie Patienten durch mein Einstellen und Bitten und durch das gemeinsame Einstellen mit den Freunden in den Gemeinschaftsstunden Heilung erleben. Bei einem Patienten in meinem Praktikum in der ambulanten Pflege verschwand ein Kiefergeschwür von heute auf morgen. Eine über 80-jährige Patientin wurde von Verdauungsbeschwerden und damit verbundenen Ängsten befreit, obwohl sie 15 Jahre lang viele Medikamente und andere Heilmittel erfolglos eingenommen hatte.
Zu erleben, dass Bruno Gröning in der Lage ist, anderen Menschen zu helfen, wenn ich für sie um Hilfe bitte, gibt meinem Dasein einen neuen Sinn, der es bereichert und mich zufrieden macht.

Ach ja, und meine Freundin: Wir sind seit Mai 1998 nicht mehr zusammen. Wir sind im Frieden und gegenseitigem Einverständnis auseinander gegangen, weil wir fühlten, dass wir nicht, wie es so schön heißt – und ich kann es im Moment auch nicht besser ausdrücken –, füreinander bestimmt sind. Zu den Gemeinschaftsstunden sehen wir uns. Es ist kein Wiedersehensschmerz da. Frag dich selbst, beobachte genau, schau in deiner Umgebung, wie Pärchen und Ehen auseinander gehen –und zieh deine eigenen Schlüsse daraus.

Vor ziemlich genau einem Jahr, am 14. Dezember 1997, habe ich meine Eltern eingeladen, weil ich das erste Mal nach fünf Jahren Missverständnis, Streit und Unfrieden zwischen uns eine Äußerung meines Vaters sehr ernst genommen habe. In einem Brief, den meine Eltern geschrieben hatten, stand nun ein Satz von ihm: „Wann sehe ich Dich einmal wieder?“ Ohne eine Spur von aufgesetzter Rührseligkeit spürte ich, dass dieser Satz ernst gemeint war. Ich hatte den Wunsch, meine Eltern in der Weihnachtszeit einzuladen. Ich wollte noch vor Weihnachten alles, die ganze Vergangenheit zwischen mir und meinen Eltern, bereinigt wissen. Unser Wiedersehen verlief spannungsfrei und harmonisch. Seitdem ist unsere Beziehung wieder enger geworden. Ich habe meine Eltern dieses Jahr alle drei bis vier Wochen besucht und habe Weihnachten 1998 mit ihnen sehr schön erlebt. Ich war eine Woche bei ihnen, nachdem wir das Weihnachtsfest lange Jahre getrennt gefeiert hatten.

Ja, bei mir läuft's gut, nur meine Nase nicht mehr, wenn ich in Wiesen und Felder gehe. Seit diesem Jahr ist der Heuschnupfen weg, der mich die Jahre davor vom Frühjahr bis zum Herbst, seit meiner Kindheit, geplagt hatte. Ich habe es erst im Juni bemerkt, dass ich noch keinen Heuschnupfenanfall hatte, in einer Gemeinschaftsstunde in Coesfeld – und habe es den Freunden gleich erzählt. Auch, dass ich wegen dieser Angelegenheit nicht zum Arzt gegangen bin, seit dem ersten Auftreten nicht. Nicht, weil ich dem Arzt nicht vertraut hätte, sondern weil ich die unbequemen Allergietests nicht über mich ergehen lassen wollte – und weil ich dachte, dass man irgendetwas an Krankheit, etwas Normales und Natürliches mit durchs Leben nimmt. Ist doch bei allen so, die ich kenne, der eine hat dies, der andere hat das. Wer ist denn schon ganz gesund? Bis ich hörte, dass es die erste Lebensaufgabe des Menschen ist, den Körper gesund zu erhalten, und dass Gott den Menschen ganz gesund sehen und wissen will. Und dass es überhaupt möglich

ist, vollkommen gesund zu werden und zu bleiben.
Das habe ich durch Bruno Gröning gelernt. Und ich habe es erlebt, dass die Gesundheit nicht spontan, aber nach einer gewissen Zeit kommen kann. Und dass es tatsächlich ausreichen kann, regelmäßig den Heilstrom aufzunehmen und geduldig an die Gesundheit zu glauben.
Du siehst: Ein Heuschnupfen gehört nicht unbedingt – nein! gar nicht zum Leben dazu!

Bei all dem Erlebten weiß ich trotzdem, dass ich noch lange nicht so vollkommen bin, wie ich das manchmal gern hätte. Aber es macht mir keine Angst, zu erkennen und zu wissen, dass das so ist, und dass es da noch viele Seiten an mir gibt, die nicht gut sind. Ich weiß zwar, dass ich auch meinen Teil dazu beitragen muss, aber ich weiß auch, dass ich die Kraft dazu bekomme, um das auch umsetzen zu können, was das Leben von mir fordert.
So erlebe ich, wie ich immer freier, gelöster und heiterer werde. Und in gleichem Maße nehme ich alles, was Bruno Gröning sagt, immer ernster.

Michael Preuss

Iris Hellstern

Na endlich!

In welcher Situation war ich, als ich am 28.5.1993 von Bruno Gröning erfuhr?
Einen Monat vorher hatte ich (damals 27) die staatliche Musiklehrerprüfung an einer deutschen Musikhochschule abgelegt mit der erwünschten „Eins“ im künstlerischen Hauptfach. Ich stand kurz vor der Aufnahmeprüfung zum künstlerischen Reifestudium, mein Ziel: Konzertexamen und Dirigat, welche ich zwei Wochen später bestand.

Seit ich neunzehn Jahre alt war, war die Musik für mich das Einzige, wofür es sich zu leben lohnte. Meine Voraussetzung und Vorbildung war sehr gering, aber ich war bereit, alles einzusetzen. Und es gelang. Menschlich wurde es jedoch immer schwerer. Ich war total verzweifelt, denn im persönlichen Bereich gab es nur noch Unglück. Ein Jahr vor der Einführung in die Lehre Bruno Grönings war ich von der Außenwelt krankhaft isoliert, hatte schon vier Jahre chronische Magengeschwüre und schmiedete Selbstmordpläne: Wie sterben, ohne dass es jemand merkt.
Die Konzentration für die Vorbereitung auf das Abschlussexamen und das danach ersehnte künstlerische Studium aufzubringen, war eine übermenschliche Anstrengung und nur durch Abgeschiedenheit habe ich es schaffen können.
An sich habe ich die Einsamkeit auch schon immer geliebt. Aber ich war voller Schmerz und Sorge wegen einer unglücklichen Beziehung, um meine Mutter, seit mein Vater tödlich verunglückt war, und wegen meinem geliebten jüngeren Bruder, der damals unheilbar und dem Tode geweiht war, durch Drogen geschlagen, der bei mir gelebt hatte, dem niemand hatte helfen können – und der später starb. So hatte ich aus lauter Verzweiflung und Angst und um nicht durchzudrehen ab Frühjahr 1992 alle engeren Kontakte abgebrochen. Ich war nicht mehr zu erreichen, wurde von Schuldgefühlen erdrückt – ich hatte versagt. Ich ging oft in die Natur, begann jeden Tag „Vater unser …“ zu beten und setzte mich jede Woche, jedes Mal weinend, in eine katholische Messe.
Ich war sportlich sehr aktiv und ich machte eine Psychoanalyse. Doch mein Hauptgedanke war und blieb: Wie bringe ich mich um?, und die Magengeschwüre mit allen Begleiterscheinungen blieben auch.

Als ich durch meine Ärztin an jenem Maitag '93 zum ersten Mal von Bruno Gröning hörte, hatte ich schon einen Moment vorher die glückliche Empfindung: „na endlich!“ Am Abend vorher im Gespräch mit einer Kollegin im Bus ging es um Neubeginnen, und ich war in dieser Stimmung in die Praxis gekommen. Nun begann mir klar zu werden, dass ich mir das Leben nicht nehmen will.
In die Gemeinschaft zu gehen, ist mir anfangs sehr schwer gefallen. Die Ärztin, der ich vom ersten Augenblick an vertraut hatte, riet mir: „Gehen Sie dahin! Stellen Sie sich jeden Tag ein!“ Und glücklicherweise befolgte ich ihren Rat.
In die Gemeinschaft zu gehen bedeutete für mich zunächst nur, mich wieder Menschen auszusetzen, bedeutete nur Leid und schutzlos ausgeliefert zu sein, und dann eigenes Versagen und eigene Fehler machtlos beobachten zu müssen. Aber als ich diesen wunderbaren guten Heilstrom fühlte, wurde ich mit Liebe und Dankbarkeit erfüllt und dann wurde alles möglich und gut. Da konnte alles heilen. Seitdem bekomme ich die Kraft, die Geduld und den Willen, dass sich alle Missstände auflösen. Seitdem kann ich alles verzeihen und um Verzeihung bitten und darf fühlen, wie Gott mir alles verzeiht. Ich fühle mich geschützt und geborgen.

Liebe zu und von Menschen kann wunderbar sein. Heute darf ich wieder Freundschaft erleben. Auch mit meiner Mutter, der es wieder gut geht, und mit den Verwandten habe ich seit diesem Jahr wieder einen guten und aufbaufähigen Kontakt. Die Magengeschwüre sind weg, schon seit vier Jahren, das heißt: keine Schmerzen zu haben, keine Medikamente zu brauchen, nicht ständig müde zu sein und keine Probleme mit dem Essen zu

haben. Ich habe keine Angst mehr, und Alleinsein, wenn Zeit ist, ist auch wieder gut und kraftvoll. Alles ist in Ordnung!

Seit eineinhalb Jahren leite ich die Übersetzung der Lehre Bruno Grönings ins Italienische. Wir übersetzen die Bücher des Grete Häusler-Verlages und die Schriften des Freundeskreises zum Weitergeben an interessierte und hilfesuchende Menschen und zum Führen italienischer Gemeinschaftsstunden. Es liegt schon das erste fertige Buch vor. Diese Tätigkeit beglückt mich sehr, und ich bin froh, dass ich neben meinem Beruf immer wieder die geistige Kraft dazubekomme, um alles schaffen zu können. Es ist wunderbar, den italienischen Freunden dann das Material in die Hände geben zu können. Und so kam ich auch öfters wieder einmal nach Italien, wo ich auch ein Jahr studiert habe, denn ich organisierte und dolmetschte dort Ärztevorträge über die Lehre Bruno Grönings und hielt Gemeinschaftsstunden.

So habe ich durch Bruno Gröning erfahren, dass es Hilfe gibt, Helfen gibt, und eine göttliche Führung auch für mich.
Danke, lieber Gott!

Iris Hellstern

Olga Swjatskaja

Ich bin dem Schicksal sehr dankbar.

Vom Bruno Gröning-Freundeskreis habe ich von der Freundin meiner Mutter erfahren und im April '97 wurde ich eingeführt. Den Heilstrom habe ich schon in der Einführung gespürt: Ich hatte Kribbeln im ganzen Körper, die Hände und der Rücken wurden sehr schwer. Der Grund, aus dem ich in die Gemeinschaft kam, war die Diagnose, die die Ärzte stellten: Von der siebten Klasse an hatte ich einen Vorfall der mitralen Herzklappe und starke Kopfschmerzen. Kurz vor der Einführung ist bei mir Herzrheuma und eine Reihe anderer Veränderungen festgestellt worden. Nach der Einführung habe ich mich regelmäßig zweimal täglich eingestellt. Bald bekam ich Regelungen, manchmal waren sie sehr stark. Dann habe ich Bruno Grönings Bild aufgelegt und mich eingestellt. Die Regelungsschmerzen verstummten langsam. Jetzt, nach sechs Monaten kann ich sagen, dass die Kopfschmerzen, die mich jahrelang quälten, verschwunden sind. Außerdem hilft Bruno mir nicht nur bei physischer Gesundung, auch bei geistiger. Nach der Einführung bin ich viel ruhiger geworden. Früher war ich sehr schnell beleidigt und verärgert, jetzt passiert es sehr, sehr selten. Ich bemerke jetzt mehr Gutes in Menschen und in der Umgebung. Ich habe jetzt viel Freude am Leben. Ich fühle jeden Tag, jede Stunde Hilfe. Ich sehe immer mehr Neues, Gutes.

In den letzten Monaten habe ich viele neue Freunde gewonnen und die Verbindung zu alten ist noch fester. Die Lebenswerte haben sich verändert. Ich freue mich, dass ich lebe, über jeden neuen Morgen, über die Natur. Ich habe mehr Lust zum Lernen, Bruno hilft mir sehr bei den Prüfungen. Ich kann mich sportlich betätigen, was mir großen Spaß macht, und ich brauche keine Angst zu haben, dass etwas passiert, wie früher.

Ich bin dem Schicksal sehr dankbar dafür, dass ich zum Freundeskreis finden durfte, ich bin Gott und Bruno Gröning dankbar für alle Veränderungen, die in mir und um mich passieren.

Wladimir Achmerow

Wer bin ich, wer hat mich geschaffen, und was ist meine Aufgabe?

Das Leben … Es ist sehr vielseitig und wir beachten nicht, wie wir leben, wie wir denken. Wir haben dazu einfach keine Zeit. Aber dann kommt eine Zeit, und die Probleme zwingen uns, kritisch unsere Taten zu begutachten. So bin ich in die Gemeinschaft Bruno Grönings gekommen. Wer bin ich, wer hat mich geschaffen und was ist meine Aufgabe? Was ist die Krankheit – geistig oder physikalisch? Diese Fragen haben mich schon lange beschäftigt, und auf der Suche nach der Antwort habe ich viel gelesen. Einiges hat mich befriedigt, anderes nicht, aber das Interesse ist gestiegen.

Im Jahre 1996 war in Tiraspol Tagung der Freunde Bruno Grönings. Dank meiner Mutter durfte ich auch dabei sein. Irgendwie war ich darauf vorbereitet und etwas skeptisch eingestellt. Mich hat ein kleines Detail gestört – ich war nicht einverstanden damit, dass jemand meine Probleme für mich lösen soll! „Bittet und es wird euch gegeben …" Auf der Tagung hatte ich meinen ersten kleinen Erfolg – beim Einstellen vergingen die aufgetretenen Magenschmerzen. Aber das Wichtigste – ich habe die Lehre angenommen. Schon ein Jahr bin ich auf diesem Wege, ständig eröffnen sich mir neue moralische Gesetze, stärkt sich mein Glaube. Ich war kein gläubiger Mensch, hatte aber immer Achtung vor Gläubigen, weil mir bewusst war, dass es eine höhere Kraft gibt.

Ich bin Bruno Gröning sehr dankbar dafür, dass er seitdem immer bei mir ist und ich spürbar den göttlichen Schutz habe. Ich wünsche allen Suchenden, Heilung zu bekommen.

Ruth-Maria Friewald

Bei Bruno Gröning gibt es kein Vertrösten auf später.

„Die Zeit ist Gott", sagt Bruno Gröning. Ja, genau! Es ist nicht wichtig, wie alt man wird, sondern wie man alt wird.

Was ich mir an Leid und seelischem Schmerz erspart hätte, hätte ich um diese Wahrheit früher gewusst! Aber es hat mir all die Jahre lang niemand von höheren Dingen erzählt.
Materiell war ich gut versorgt, es gab kaum Wünsche, die mir nicht erfüllt worden sind. Ich bin in einem guten Elternhaus aufgewachsen, meine Eltern waren streng, korrekt, aber auch sehr liebevoll. In der Schule hatte ich keine Probleme, und doch war mein Herz voll von Fragen, die mir keiner beantworten konnte.

Als Kind habe ich an den lieben Gott geglaubt, habe Jesus geliebt und Ihn gesucht. Mein größter Wunsch war, Ihm einmal begegnen zu dürfen, denn ich hatte gelesen, wie Er die unglücklichen und kranken Menschen heilte und sprach: „Alles, worum ihr den Vater im Glauben und Vertrauen bittet, wird euch gegeben." Diese Worte wollte ich auch erleben, aber scheinbar wurde ich nicht erhört. Ich kam dann zu dem Schluss, dass der liebe Gott viel zu tun hat und weit, weit weg von mir ist – irgendwo, ganz oben, mit dem Verstand nicht erfassbar. Meine Anliegen waren vielleicht auch zu gering vor Ihm. Konnte Er sich denn wirklich um alles kümmern?

Mein eigenes Leben, mein Körper, der immer schwächer und kränker wurde, das ganze Elend und die Not um uns herum, die ständig ausbrechenden Kriege, die Zerstörung der Natur, das Waldsterben, die Umweltverschmutzung, das Leid der Tiere ... Ich betete, dass dies alles sich ändern möge, aber es wurde immer schlechter. Ich wollte gut sein und alle Menschen lieb haben, so wie Jesus das einst gelehrt hat. Doch es war schwer, selbst die Menschen in meinem engsten Familienkreis lieb zu haben.
Die Neurodermitis mit Ausschlag und Juckreiz am ganzen Körper verschlimmerte sich. Ich konnte kaum Kontakt zu Tieren haben, durfte nicht essen, was mir schmeckte und was andere aßen. Viele Menschen ekelten sich vor mir. Manchmal hätte ich vor Qual laut schreien können und wäre weggelaufen, wenn ich gewusst hätte, wohin.
Und was taten die Erwachsenen, die es eigentlich hätten wissen müssen? Kümmerten die sich um den Nächsten, die Umwelt und die Natur, um ein gottgewolltes Leben und eine liebevolle Familie? Je „erwachsener" sie wurden, desto mehr strebten sie nach Geld, Autos, Kleidung und schönen Häusern. Lauter Egoisten. Wer liebte den anderen von Herzen, so wie er war, ohne auf sein Aussehen, seinen Beruf, sein Geld zu achten? Und wo war bei alledem der, der gesagt hat: „Ich bin bei euch alle Tage bis ans Ende der Welt!"?
Mit jedem Jahr, das ich verlebte, verlor ich Ihn mehr. Was sollte ich mit meinen Idealen, von denen ich keines leben konnte? Irgendwann war ich so weit, zu tun was alle taten. „Nach mir die Sintflut."

Ich fing einen gut bezahlten Job bei einer Pharmafirma an, suchte mir einen Freund und wollte aus dem Leben so viel Vergnügen wie möglich pressen, mit Gewalt genießen und mir meinen Teil davon – natürlich nicht den schlechtesten – abschneiden. Ich zwang meinen Körper mit allen greifbaren Mitteln – beruflich saß ich ja an der Quelle – meinen Ansprüchen zu genügen. Starke Medikamente, Zigaretten, Aufputschmittel waren unersetzbare Waffen in diesem Kampf. Es war mir egal, ob sich mein Leben durch diesen Missbrauch verkürzen würde, ich wollte Vergnügen, wollte genießen, was da zu haben war, um jeden Preis, so lange es eben ging. Und alles was mich traurig machte, die Probleme dieser Erde, was ging mich das an? Es kümmerte sich ja sonst auch keiner drum, was hatte ich damit zu tun? Augen zu oder wegschauen war meine Devise geworden.

So gingen Jahre dahin, und jetzt kommt es mir vor, als hätte ich sie unter geistiger Betäubung

zugebracht. Ich spürte meinen Körper nicht mehr und ich weiß, dass ich alles war – nur nicht glücklich.
Als ich schließlich hoffnungslos krank im Spital lag und nicht wusste, ob ich meinen Beruf, der perfektes Styling und Auftreten erforderte, je wieder ausüben konnte, verließ mich mein Freund. Er wurde mit der Krankheit und meinem entstellten Aussehen nicht fertig.

In der Situation kam ich auf einer Messe zum Stand der Bruno Gröning-Freunde. Ich hörte beim Vorübergehen die Worte: „Es gibt kein Unheilbar" und „Gott hat den Menschen gut, gesund und schön geschaffen, und so will Er ihn auch haben."
In meinem Kopf klang nur Hohn zu dieser Aussage, aber diese Leute, die sich trauten, in aller Öffentlichkeit so etwas auszusprechen, weckten meine Neugierde. So ging ich in der folgenden Woche zu einem Informationsabend und wurde in die Lehre Bruno Grönings eingeführt.
Dieser 16. März 1995, ein Donnerstag, wurde mein zweiter Geburtstag. Ich werde ihn nie vergessen. Was ich dort im Vortrag zu hören bekam, war mir total neu. Meinem kritischen Verstand kam es vor, als wäre ich in eine Märchenstunde geraten. Eine freundliche Dame erzählte von einem Mann, der über heilende Kräfte verfügt habe. Er sei imstande gewesen, den Menschen Unglück, Krankheit und Sorgen abzunehmen … Dieser Mann ist jedoch schon seit 36 Jahren heimgegangen, also im Jenseits, aber, wenn man ihn ruft, so kommt er geistig und hilft weiter, auch heute noch, hieß es.
Wer kann so etwas mit dem Verstand begreifen? Ich konnte es nicht, aber die Vorstellung, es könnte so etwas geben, Bruno Gröning würde vielleicht auch mir helfen und ich wäre einmal im Leben richtig gesund, berührte mich tief.
Zu verlieren hatte ich nichts mehr, warum sollte ich also die Worte dieses Unbekannten: „Ich nehme Ihnen alles Schwere ab", nicht einfach überprüfen? Würde ich jemals wieder so eine Chance bekommen? Geheilte berichteten.
Und was sagte Bruno Gröning weiter? „Was du willst sei dein", „Wonach Sie gekommen sind, das werden Sie erhalten." Also machte ich meine gewohnheitsmäßig ständig überkreuzten Beine einmal auf, öffnete meine Hände und mein Herz und nahm zum ersten Mal bewusst göttliche Kraft in mich auf. Bruno Gröning bat ich, mir alles Schwere und die Krankheit abzunehmen, „falls es dich wirklich gibt …".
Was ich kurz darauf erlebte, fällt mir noch heute schwer, in Worte zu kleiden. Ich fühlte eine wohlige Wärme meinen Körper durchfluten, aber die kam nicht von irgendwo außerhalb. Es war, als ob sie direkt aus dem Zentrum meines Körpers, meinem Herzen, strömte. Ein Glücksgefühl entstand in mir, ich fühlte mich getragen, geborgen, geliebt und willkommen geheißen. Aber wer hieß mich wo willkommen? Ich war ein Wanderer, der sich durch die Wüste geschleppt hatte, in sengender Sonne, ohne Wasser, und plötzlich öffnet sich vor mir eine Quelle, eine Tür tut sich auf, und ich bin zu Hause.
Zu Hause bei einem Vater, wie ihn sich niemand vorstellen kann, so gütig, lieb und barmherzig. Worte, die ich immer nur den Buchstaben nach gekannt hatte, wurden lebendig. Ich fand mich selbst wieder in einem Zustand, dem keine Beschreibung genügen kann: Ein Glück, das keinen einzigen Wunsch mehr offen lässt. Was ich so lange nicht mehr konnte, war auf einmal da: Ich spürte meinen Körper wieder und konnte mich selber lieb haben.
Über Nacht erlebte ich die Spontanheilung und hatte das Gefühl, richtig gesund zu sein. Wie sich später herausstellte, war ich es auch. Ich begann alles, was mir verboten gewesen war, einfach zu essen, ich hatte Appetit auf alles Mögliche, und es schadete mir nicht mehr, ich konnte alles gut vertragen. Ich streichelte und herzte die Tiere, es gab keine allergischen Reaktionen mehr. Im Innersten spürte ich, dass ich keine Medikamente mehr brauchte. Meine wunde Haut heilte ganz ab.

Heute liegt das alles über vier Jahre zurück. Ich bin gesund und lebensfroh geblieben. Mit der Zeit und durch die regelmäßige Kraftaufnahme bin ich jetzt stärker und leistungsfähiger geworden, als ich je war. Ich habe einen geistigen Freund gewonnen – Bruno Gröning –, ohne den ich mir das Leben nicht mehr vorstellen kann und will. Und ich habe erlebt, dass es Gott wirklich gibt, – für mich und für jeden Menschen auf der ganzen Welt.

In meiner Familie ist der Friede eingekehrt, wir haben einander wieder lieb.

Ich weiß jetzt, dass man ein zufriedenes Leben führen kann, wenn man täglich genug gute Kraft aufnimmt. Ich bekomme immer die Hilfe und habe den Schutz vor allen Widrigkeiten, wenn ich vertraue und bitte.

Meinem damaligen Freund konnte ich von ganzem Herzen verzeihen, weil mir klar geworden ist, dass wir einander nie richtig geliebt haben. Wir wussten beide gar nicht, was Liebe in Wirklichkeit ist.

Heute erlebe ich die Liebe Gottes zu Seinem Kind, denn Er liebt jeden Einzelnen so, als hätte Er nur dieses eine Kind auf der Welt. Heute kann ich mit voller Überzeugung sagen, ich weiß, dass0 es sich zu leben lohnt, es gibt mehr um uns als die materielle Welt. So wie ich heute sein darf, gesund, ohne Sorgen und Angst, bin ich endlich frei in den Entscheidungen, die mein weiteres Leben betreffen, welchen Weg ich gehen will. Heute stehe ich im Studium zur Tierärztin, für das ich den Mut bekommen habe.

Und meine Stute Reny wäre heute lahm, wenn sie durch das Einstellen und Bitten nicht von einer schweren Verletzung (Sehneneinriss) befreit worden wäre.

Bei Bruno Gröning gibt es kein Vertrösten auf „später“. Er war kein Freund großer Worte, sondern ein Mann der Tat. Hier geschieht das Notwendige, sobald der Mensch bittet, glaubt und vertraut.

Die vielen tausend Erfolgsberichte und Heilungen sind ein schöner Beweis dafür. Bei uns in Österreich darf ich nun als Gemeinschaftsleiterin mithelfen, dass andere Menschen, so wie ich damals, die Möglichkeit bekommen, die Lehre Bruno Grönings kennen zu lernen und anzuwenden.

Einmal, wenn ich diesen meinen Körper wieder an die Erde zurückgeben kann, möchte ich sagen dürfen: „Vater, es war ein gutes Leben, voller Taten und Freude. Ich danke Dir von ganzem Herzen, dass Du es mir geschenkt hast. Verzeih mir bitte, was ich versäumt habe, vergib mir bitte, was ich falsch oder gar nicht getan habe! Vater, ich habe aus ganzem Herzen gelebt und gearbeitet zum Guten für meine Mitmenschen, die ich alle von Herzen liebe, für Deine Erde und alle Deine Geschöpfe.

Vater, ich liebe Dich mit meiner ganzen Seele über alles, und diese Liebe und meinen Willen will ich Dir schenken.“

Und dann wünsche ich mir, dass mich Gott – mein Vater – ansieht – und lächelt.

Ruth Friewald

Oliver Wittwer

Sie hieß auch Nicole!

Es war ein Freitag im Oktober 1997, als ich am Bahnhof in Zürich auf meine ehemalige Freundin Nicole wartete. Sie wollte mich in Zürich besuchen kommen, wo ich während der Woche wohne, da ich dort studiere. Doch sie erschien nicht, sie hatte sich im Datum geirrt. Also verschoben wir es auf den nächsten Freitag. Sie kam wieder nicht. Diesmal war sie krank. Wir verabredeten uns noch einmal auf den folgenden Freitag.

Als Nicole diesmal wieder nicht erschien, wurde ich nachdenklich. Ich stand nun das dritte Mal am Bahnhof und wurde zum dritten Mal versetzt. Das Schicksal wollte mir etwas sagen, nur was? Ich entschloss mich, mir diesen Abend nicht nehmen zu lassen. Ich wünschte mir ganz fest, dass ich jemanden kennenlernen würde, oder dass irgend etwas passiert, das mein Leben verändern würde.

Seit einiger Zeit sah es ziemlich gefühlsleer in mir aus. Ich hatte die Begeisterungsfähigkeit und Freude an fast allem verloren. Meinen Freunden und Familienangehörigen konnte ich keine Emotionen entgegenbringen. Wenn mir jemand ein Kompliment machte oder sich freute, mich zu sehen, regte sich nichts in mir. Das Einzige, was mein Herz bewegen konnte, waren Begegnungen mit Frauen.

Ich stand also am Bahnhof, und hatte still diesen Wunsch geäußert. Ich setzte mich auf eine Bank. Kurz darauf sprach mich ein Junkie wegen Geld an. Ich wollte ihm nicht einfach Geld in die Hand drücken, und fragte ihn deshalb, wofür er denn das Geld brauchen würde. Nach wenigen Worten wusste ich nicht mehr weiter, da ich Diskussionen dieser Art nicht gewohnt war. Da drehte sich eine junge Frau um und führte das Gespräch weiter. Erleichtert verfolgte ich die Worte dieser zwei.

Nachdem der Typ wieder abgezogen war, schaute ich diese Frau fragend und dankbar an.

„Was schaust du so?“, waren ihre Worte. Ich ließ mich nicht beirren, denn ich wusste, dass sie es war, die meinen Wunsch erfüllen würde. Ich erklärte ihr, dass ich froh war, dass sie für mich weitergeredet hatte.

So kamen wir ins Gespräch. Sie hieß auch Nicole! Es stellte sich heraus, dass sie auf dem Weg zu einem Vortrag über „geistiges Heilen nach der Lehre Bruno Grönings“ war. Ich erzählte ihr von meinem dreimaligen Pech. Da ich nun nichts mehr vorhatte, ging ich mit ihr zu diesem Vortrag.

In diesem Vortrag wurden Beispiele von geheilten Personen vorgestellt, die ärztlicherseits keine Chance auf Gesundung gehabt hatten. Man konnte dort diese „Heilkraft“ auch selber aufnehmen. Beim Ausgang hinterließ ich meine Adresse und bekundete damit mein Interesse, beschäftigte mich aber nicht weiter mit diesem Thema.

Mehr interessierte ich mich für Nicole, die ich dann auch näher kennen lernte.

Im Juni des nächsten Jahres rief mich eine Frau an und lud mich zu einer Jugendgemeinschaftsstunde des Bruno Gröning-Freundeskreises ein. Da sie extra anrief und ich nichts Besseres zu tun hatte, sagte ich zu. Ich war ziemlich unvoreingenommen, wusste jedoch, dass ich mir nichts aufschwatzen lassen wollte.

Was mich die ersten paar Male bewog, wieder hinzugehen, war die Möglichkeit, mit gleichgesinnten Leuten über geistige Themen Gedanken auszutauschen. In dieser Zeit dachte ich viel über diese Themen nach und las auch Bücher darüber.

Ich wünschte mir in jeder Gemeinschaftsstunde diejenigen Erkenntnisse, Ereignisse und Gedanken, die mich zu einem freien und ausgeglichenen Menschen machen würden. Mit der Zeit öffnete sich in mir ein Fensterchen um das andere. Mir wurde immer mehr bewusst, was den Menschen, damit natürlich auch mich, im Innersten bewegt: das Bedürfnis nach Liebe.

Das Bedürfnis wuchs, Gott immer mehr erleben zu können. Und so durfte ich erleben, wie Gott sich mir mitteilt und überall hilft, Hindernisse innerer und äußerer Art zu überwinden.

Wenn man sich Gott verschließt, „belästigt" Er einen nicht und existiert auch scheinbar nicht. Doch wenn man sich Ihm öffnet, dann beweist Er einem immer klarer, dass Er immer helfend und liebend zur Seite steht. Der dicke Panzer, der meine Gefühle eingekerkert hatte, lichtet sich immer mehr, und ich genieße das Gefühl, Menschen gern haben zu dürfen. Durch die göttliche Kraft, die ich immer öfter in mich aufnahm, wurde ich innerlich so weit umgewandelt, dass es mir heute möglich ist, als Gemeinschaftsleiter eine Gruppe von Jugendlichen zu betreuen.

Der Wunsch, den ich vor anderthalb Jahren aussprach, wurde dreifach erfüllt. Neben Nicole lernte ich Bruno Gröning als einen helfenden Freund kennen. Und durch ihn den, der den Menschen am Leben erhält. Den, den jeder Mensch unablässig sucht, und der sich im Gefühl der Liebe, der Geborgenheit und der Freude kundgibt. Den Allerhöchsten, Gottvater.

Anette Mayer

Er lächelte nur und meinte, ich soll mich freuen.

Als ich ca. 17 Jahre alt war, bekam ich immer häufiger Kopfschmerzen, die allmählich stärker wurden. Morgens erwachte ich meistens mit Schmerzen, und wenn ich am Abend ins Bett ging, waren sie oft noch da. Treffen mit Freunden oder etwas unternehmen fiel meistens flach, weil ich vor Schmerzen keine Lust mehr hatte. So konnte ich auch nichts planen. In der Schule litt das Lernen darunter. Als ich dann mit 18 meine Lehre als Verwaltungsfachangestellte begann, war es nicht viel besser, im Gegenteil. Ich hatte verstärkt Migräneanfälle (ca. zweimal in der Woche), wobei mir dann oft ganz schlecht war.

Ich ging zu verschiedenen Ärzten, doch alles, was ich bekam, waren Schmerztabletten. Nach einiger Zeit bekam ich dann so starke Tropfen verschrieben, dass mir allein schon beim Lesen der Nebenwirkungen in der Packungsbeilage schlecht wurde. Ich dachte nur: Die nehme ich nie! Doch nach einigen Tagen hatte ich solche Kopfschmerzen, dass ich die Tropfen nahm. Es kam so weit, dass ich die Tropfen alle zwei Wochen nehmen musste, um die Schmerzen zu ertragen. Eine Computertomographie konnte nicht aufklären, woher die ständigen Schmerzen kamen. Ich wechselte von Ärzten zu Heilpraktikern, doch es blieb unverändert. Ich war so oft krankgeschrieben, dass ich Angst um meine Arbeitsstelle hatte. Freunde hatte ich kaum mehr, da ich ja nur selten was unternahm. So hatte ich fast keine Lebensfreude mehr.

Als ich 22 Jahre alt war, erfuhr meine Mutter von Bekannten von einem Vortrag über die Lehre Bruno Grönings. Da ich alles versuchte, um diese Schmerzen loszuwerden, ging ich mit. Als wir den Raum betraten, in dem der Vortrag stattfinden sollte, merkte ich, dass hier alle Leute gut gelaunt waren. Ich hörte mir den Vortrag an, in dem man sagte, dass man die Krankheit abgeben und um die göttliche Heilkraft, die überall und für jeden vorhanden ist, bitten soll, denn Gott sei der größte Arzt. Es hieß auch, dass es kein Unheilbar gibt. So glaubte ich einfach, dass auch ich gesund werden kann. Ich nahm die Schmerzen, packte sie gedanklich in ein Paket und bat Bruno Gröning, er möge sie mir abnehmen. Danach lief noch

eine entspannende Musik. Plötzlich spürte ich ein mir unbekanntes kühles Kribbeln im Nacken und an der Stirn. Es war ein befreiendes Gefühl, so als ob eine Zentnerlast von mir abfallen würde. Ich fragte den Leiter des Vortrags, was das zu bedeuten hätte. Er lächelte nur und meinte, ich soll mich freuen. Und das konnte ich auch, denn ich spürte in diesem Moment keinerlei Schmerzen mehr. Als ich nach Hause kam, brauchte ich einige Zeit, bis ich begriff, was da eigentlich passiert ist. Ich hatte die Heilung bekommen.
Zu Hause stellte ich mich dann immer ein, wie es im Vortrag erklärt wurde. Ich besuchte auch weiterhin mit viel Freude die Gemeinschaftsstunden, weil ich merkte, wie gut es mir dabei ging. Im Freundeskreis wurde ich so angenommen, wie ich war, und fand auch Freunde.

Mein Leben hat sich seitdem verändert. Ich freue mich auf den nächsten Tag, bin dankbar für alles Schöne, das ich erleben darf, und sehe auch die Natur mit ganz anderen Augen. Ich fühlte mich zwar schon immer verbunden mit ihr, aber jetzt erlebe ich sie so wertvoll und wunderschön. Jede Blume, jedes Tier ist von Gott erschaffen, ist etwas ganz Besonderes und verdient es, von uns mit aller Achtung und Liebe behandelt zu werden.

Ich bin dankbar, dass ich von der göttlichen Heilkraft erfahren durfte. Bruno Gröning ist mir ein ganz besonderer Freund und Helfer geworden. Ich weiß, dass ich nie alleine bin und dass er jederzeit da ist, um mir zu helfen, ich muss es nur wollen.

Ich wünsche euch alles Liebe und Gute und dass ihr immer die Sonne im Herzen tragt!

Anette Mayer

Dennis Beckmann

Ich glaubte zwar, dass Gott mir helfen könne, aber verstand nicht, von welcher Kraft meine Mutter da sprach.

Hallo!
Ich weiß gar nicht genau, wie ich dich anreden soll, da ich ja noch nicht wissen kann, wer den Bericht lesen wird. Das Einzige, was ich über dich weiß, ist, dass du das Buch geöffnet und diesen Bericht gefunden hast. Vielleicht, weil du Antworten auf deine Fragen bekommen möchtest, oder weil du einfach mal von einem Jugendlichen erfahren willst, was er von der ganzen Sache hält.

Ich bin seit zehn Jahren im Freundeskreis. 1989 hörte ich durch meine Mutter erstmalig von Bruno Gröning. Sie erzählte mir an einem Nachmittag, an dem ich mit Bauchschmerzen zu ihr kam, dass sie eine Möglichkeit wisse, mit der die Bauchschmerzen verschwinden könnten.
Neugierig hörte ich ihr zu, als sie mir von einem Mann erzählte, in dessen Gegenwart zahlreiche Menschen gesund geworden waren, ohne dass er sie behandelt oder ihnen Medikamente verabreicht hatte. Allein die göttliche Kraft, die er von Gott bekommt und die er an die Menschen weiterleitet, habe die Kranken geheilt. Um diese heilbringende Kraft aufnehmen zu können, müsse man lediglich eine geöffnete Körperhaltung einnehmen und sich gedanklich von allem Negativen trennen.
Ich glaubte zwar, dass Gott mir helfen könne, aber verstand nicht, von welcher Kraft meine Mutter da sprach und was dieser Bruno Gröning damit zu tun hatte. Da ich jedoch immer noch Bauchschmerzen hatte, entschloss ich mich, es auch einmal zu probieren und diese göttliche Kraft in mich aufzunehmen. Also setzte ich mich hin, ohne dabei die Arme oder Beine zu überkreuzen, und bemühte mich, nur an schöne Dinge zu denken. Es war gar nicht so einfach, meine Gedanken zu ordnen und alles Schlechte einfach fallen zu lassen. Ich wurde immer ruhiger und spürte im Innern meiner Arme und Hände ein leichtes Kribbeln. Mir wurde wohlig warm, und ich empfand ein Gefühl von Freiheit in mir. Durch diese Gefühle angesprochen begann ich, Gott um die Gesundheit und zahlreiche andere Dinge zu bitten, die mir auf dem Herzen lagen. Nachdem ich damit fertig war, stellte ich fest, dass von den Bauchschmerzen

nicht mehr als ein leichter Druck übrig geblieben war.
Ich war beeindruckt, wie schnell die Schmerzen verschwunden waren und wie frei ich mich fühlte. So entschloss ich mich, mit meinen Eltern zum Bruno Gröning-Freundeskreis zu gehen, um dort noch mehr zu erleben.
Im Laufe der Jahre begann ich, die Dinge zu verstehen. Ich erkannte, dass diese göttliche Kraft, die man bewusst in sich aufnehmen kann, jene Kraft ist, die alle Lebewesen am Leben erhält. Sie verleiht nicht nur Stärke, sondern erzeugt auch Ordnung, Freiheit und Liebe in und zwischen den Menschen. Diese Kraft ist in der Lage, alles Schlechte zum Guten zu wenden. Ich sage dies jetzt nicht einfach so, sondern du kannst mir glauben, dass ich durch zahlreiche Erfahrungen zu dieser Überzeugung gekommen bin.

So habe ich z. B. gesundheitlich positive Erfahrungen im Freundeskreis machen dürfen. Rheumatische Beschwerden, die ich von meinem achten bis ca. zwölften Lebensjahr hatte und die mich teilweise daran gehindert haben, den Sportunterricht zu besuchen, sind, nachdem ich oftmals um die Gesundheit gebeten hatte, später nicht mehr aufgetreten. Auch der Biss einer Zecke, der sich stark entzündet hatte und mich zur Bettruhe zwang, klang innerhalb weniger Tage, nachdem ich mich für die Genesung eingestellt hatte, wieder ab, ohne Schäden zu hinterlassen.
Eine weitere Erfahrung habe ich im letzten Jahr meiner Schulzeit machen dürfen, denn in meiner Stufe war ein Mädchen, das ich mehr verabscheute als sonst einen Menschen, dem ich bis dahin begegnet war. Auch sie hatte im Laufe der Zeit einen regelrechten Hass gegen mich entwickelt. Ich sah mittlerweile auch keine Möglichkeit mehr, daran etwas zu ändern. Da ich jedoch die Hoffnung nicht ganz aufgab, begann ich regelmäßig für das Mädchen zu bitten.
Schon kurze Zeit später standen wir uns wieder in der Schule gegenüber, und ich empfand noch bevor wir uns ansahen eine so starke Liebe zu diesem Mädchen, dass gar kein Hass mehr entstehen konnte. Auch sie verhielt sich in keiner Weise negativ. Sie schaute mich lediglich verdutzt an. Von diesem Tag an war zwischen uns beiden nie wieder etwas von Hass zu spüren. Heute verstehen wir uns sogar recht gut. Dieses Erlebnis hat damals nicht nur meine Einstellung gegenüber diesem Mädchen, sondern gegenüber zahlreichen Menschen verändert.
Erfahrungen wie diese zeigen mir immer wieder, wie wichtig es für mich war, in den Freundeskreis zu finden. Dank Bruno Gröning habe ich richtig zu beten gelernt. Durch die eintretenden Erfolge ist mein Glaube an Gott und das Vertrauen auf Seine Hilfe immer stärker geworden. Auch die Zukunftsängste, die ich schon relativ früh in Bezug auf meine Gesundheit und meine spätere Arbeit hatte, sind verschwunden. Heute bin ich mir sicher, dass ich mit Gottes Hilfe alles schaffen kann.

Dennis Beckmann

Christof Hülsmann

Hatte Gott uns Menschen doch nicht vergessen?

Es war vor etwa fünf Jahren, als ich den Namen Bruno Gröning zum ersten Mal hörte. Damals erzählte meine Mutter mir und meinen beiden jüngeren Geschwistern sonderbare Geschichten über diesen Mann, der in den fünfziger Jahren viele Heilungen bewirkt haben sollte und durch den auch nach seinem Tod heute immer noch Menschen gesund werden sollten. Auch wir hätten die Möglichkeit, uns für die Heilkraft zu öffnen und Hilfe von Bruno Gröning zu erbitten. Das klang für mich fast zu schön, um wahr zu sein.
Was mich jedoch sehr bewegte ,war, dass dieser Bruno Gröning gesagt haben sollte: „Die Erde wird dennoch gerettet sein!“ und „Vertraue und glaube. Es hilft, es heilt die göttliche Kraft!“.
Hatte Gott uns Menschen doch nicht vergessen? Gab es doch noch Hoffnung für die Erhaltung unseres Planeten? Das war es, was mich damals sehr beschäftigte. Überall in den Medien, vor allem bei Greenpeace war es zu lesen, dass das Ende der Erde vorprogrammiert schien. Wenn ich darüber nachdachte, wurde ich deprimiert, das nahm mich schon sehr mit. Ich wollte mich einfach nicht damit abfinden, dass ich oder spätestens meine Kinder das Ende der Welt erleben müssten. Ich bewunderte die Leute von Greenpeace, sie schienen die einzigen Menschen zu sein, die wenigstens versuchten, an der bedrohlichen Lage der Erde etwas zu ändern. Aber warum griff Gott nicht ein, um die Erde zu retten? Ich als Einzelner kann ja nichts tun, dachte ich damals. Das änderte sich mit dem Tag, als ich von Bruno Gröning erfuhr. Ich glaubte das, was meine Mutter über ihn erzählte, und ich spürte sofort die Kraft in meinem Körper. Es kribbelte in den Händen, Füßen, im Kopf, im Rücken, und ich fühlte mich wohl.

Etwa ein halbes Jahr später ging ich zum ersten Mal mit zur Jugendgemeinschaft Köln und begann, den Bruno Gröning-Freundeskreis kennen zu lernen. Nach den Jugendgemeinschaftsstunden, in denen ich die Heilkraft noch intensiver spürte als

zu Hause, war ich jedes Mal kraftvoll, und es ging mir besser als vorher. Es beeindruckte mich, was die Freunde schon mit der Hilfe Bruno Grönings erlebt hatten und wie Menschen sogar von „unheilbaren“ Krankheiten gesund geworden waren. Für mich war es etwas völlig Neues zu erfahren, dass Gott auch in der heutigen Zeit noch wirkt, und dass für Ihn tatsächlich nichts unmöglich oder unheilbar ist.
Mit der Zeit verschwanden dann auch bei mir eine Warze am Ellenbogen und ein juckender Hautausschlag an beiden Schienbeinen, der unter den Hockey-Schienbeinschonern entstanden war. Auf einmal waren beide Belastungen innerhalb kurzer Zeit abgeheilt und sind seitdem nie wieder aufgetreten. Irgendwann wurde mir bewusst, dass ich auch keine Angst und keine Alpträume mehr hatte. Nachdem ich in die Gemeinschaft kam, sind die Ängste immer weniger geworden und schließlich gar nicht mehr aufgetreten.
Und schulisch hat sich die Kraftaufnahme so positiv ausgewirkt, dass ich mehr Freude am Lernen habe. Vor den Hausaufgaben und Klausuren nehme ich die Kraft auf, und seitdem mache ich kaum noch Flüchtigkeitsfehler und habe bessere Noten.
Mittlerweile hat sich auch unser Familienklima verbessert. Meine Geschwister, meine Mutter und ich sind zufriedener und ausgeglichener geworden.
Über meine Zukunft mache ich mir heute keine Sorgen mehr, seit ich die Erfahrung gemacht habe, dass ich in jeder Situation um die Kraft und die Hilfe bitten kann.

Ich habe hier im Freundeskreis das Wirken Gottes erlebt und wünsche mir, dass noch viel mehr Menschen von dieser Möglichkeit erfahren und es auch erleben können. Deshalb engagiere ich mich im Freundeskreis, und es ist schön, auf diesem Weg bereits anderen Menschen geholfen zu haben. Dafür bin ich Gott und meinem Freund Bruno Gröning von Herzen dankbar.

Christof Hülsmann

Sonngard Roth-Bernstein

Ich gebe es ja zu, die Situation war total aussichtslos.

Meine beiden jüngeren Geschwister und ich wuchsen bei unserem Vater auf. Meine Eltern trennten sich, als ich gerade acht Jahre alt war. Mein Vater war durch die Trennung so mitgenommen, dass er keine Kraft hatte, sich um uns zu kümmern. Täglich stritten wir uns. Wenn ich von zu Hause weg war, wünschte ich mir jedes Mal, dort zu bleiben, wo ich gerade war. Zu dieser Zeit hatte ich viele Ängste und negative Gedanken, fühlte mich schlecht und konnte mir nicht erklären, warum.

Als ich zwölf Jahre alt war, fand mein Vater zum Bruno Gröning-Freundeskreis. Ich besuchte mit meiner Familie zum ersten Mal eine Gemeinschaftsstunde in einem kleinen Raum, bei der ich nichts spürte.

Anfangs änderte sich in unserem Alltagsleben nicht viel. Aber im Laufe der Zeit passierte doch einiges: Unser Familienleben wurde harmonischer, die negativen Gedanken und Ängste verschwanden, das Nach-Hause-Kommen fiel mir leicht.

Heute bin ich dankbar, dass ich schon in so jungen Jahren zur Gemeinschaft gefunden habe.

Da ich in der Schule fast nie aufgepasst hatte, fiel es mir schwer, gerade im Mathematikunterricht den Anschluss zu behalten, da vieles auf altem Gelernten aufbaut. Ich tat überhaupt nichts mehr für dieses Fach, und die nächste Arbeit stand bevor. Schon Tage vorher war ich total aufgeregt und wusste einfach nicht, was ich tun sollte. Wenn ich meine Schulhefte durchlas, verstand ich nur „Bahnhof“.

Am Abend vor der Arbeit wusste ich nicht mehr ein noch aus. Aus lauter Verzweiflung rief ich eine Bruno Gröning-Freundin an. Nach dem Gespräch ging es mir zwar etwas besser, aber ich konnte mir beim besten Willen nicht vorstellen, am nächsten Tag in die Schule zu gehen und ein leeres Blatt abzugeben, da mir wirklich fast der komplette Stoff fremd war. Also beschloss ich, die Schule zu schwänzen. Am nächsten Morgen rief mich aber Frau Häusler an, die von der Freundin in Kenntnis gesetzt worden war, und wollte mit mir reden. Sie sagte, es läge an mir, ob ich die Schule schwänzen wolle, aber ich könnte auch aus ganzem Herzen glauben, dass ich die Klassenarbeit gut bestehen werde. Am Ende des Gesprächs war ich so weit, dass ich in die Schule gehen wollte, und Frau Häusler versicherte mir, dass sie auch ganz fest an mich denken werde. Aber ich konnte mir einfach nicht vorstellen, eine Arbeit zu schreiben, über die ich so gut wie gar nichts wusste.

Mit einem Bild von Bruno Gröning in der Tasche fuhr ich zur Schule. Eine Freundin fragte mich unterwegs, ob ich gut gelernt habe und den Stoff könne. Ich antwortete ihr nur, dass ich es schon schaffen würde, und verdrängte ständig jeden Zweifel, der in mir hochsteigen wollte. Ich wurde innerlich total ruhig und offen. Ich stellte mir nichts mehr vor und ließ auch keine unguten Gedanken an mich ran.

Das Arbeitsblatt wurde ausgeteilt, ich las die Aufgabenstellung und begann einfach daraufloszurechnen, und beim Rechnen durchschaute ich auf einmal alles.

Als wir Tage später die Klassenarbeit zurückbekommen sollten, teilte uns unser Lehrer mit, dass die Arbeiten insgesamt sehr schlecht ausgefallen seien und dass der Durchschnitt bei einer Drei läge. Dann verteilte er die Arbeiten der Leistung nach, wobei er mit den nicht so guten anfing. Dabei wunderte ich mich, dass ich meine Arbeit immer noch nicht in den Händen hielt. Schlussendlich bekam ich als Vorletzte meine Arbeit. Ich konnte es einfach nicht fassen.

Die Au-Pair-Stelle

Es war mein großer Traum, ein Jahr als Au-Pair in die Staaten zu gehen, um die englische Sprache zu lernen. Ich hatte zuvor schon einige Au-Pairs persönlich kennen gelernt und wusste dadurch, wie schwer es sein kann, die richtige Familie zu finden, da es ja nicht nur nette Leute sein sollen, sondern man muss auch zusammenpassen, wenn man ein ganzes Jahr zusammen verbringen möchte.

Ich stellte mich deshalb auch lange Zeit vorher für die richtige Familie ein. Die Organisation, über die ich eine Familie zugeteilt bekommen sollte, wählte ich unter vielen anderen nach meinem Gefühl aus.

Bei der Vermittlung lief einiges schief. Es rief immer eine andere Familie bei mir an als von der Organisation angekündigt, und mit meinen damaligen Englischkenntnissen war jeder Anruf für mich nervenaufreibend, da wir uns nachher für- oder gegeneinander entscheiden mussten. Die Familien hatten ja wenigstens meine Unterlagen, ich hatte nur ihre Stimme am Telefon und ihre wahren oder unwahren Aussagen, die ich mehr oder weniger gut verstand und anhand dessen ich mich zu entscheiden hatte.

Als es mit den ersten Familien aus verschiedenen Gründen nicht klappte, wollte mich der Mut verlassen, doch noch eine passende Familie zu finden.

Da ich überhaupt keine klaren Gedanken fassen konnte, stellte ich mich mit meinem Vater zusammen ein. Wir bekamen ein klares Gefühl, und ich teilte der Organisation meine Entscheidung mit. Meine zukünftige Gastfamilie hatte auch schon zugesagt, und so flog ich dann in die Vereinigten Staaten.

Dort begriff ich, was für ein unwahrscheinliches Glück ich hatte. Meine Gasteltern waren noch recht jung, und ich fühlte mich dort wie zu Hause, als ob ich schon immer bei ihnen gewohnt hätte. Wir unternahmen auch recht viel zusammen, und am Ende des Jahres versuchten sie, mich mit allen Mitteln dort zu behalten.

Warum ich so ein Glück hatte, wurde mir vor allem durch die vielen anderen Au-Pairs bewusst, die in meiner Gegend wohnten. Viele wurden als billige Putzkraft missbraucht (das Kinderhüten war nur Nebensache), andere machten wahnsinnig viele Überstunden und waren das Mädchen für alles.

Einige Au-Pairs, die ich kannte, hatten schon zweimal ihre Familie gewechselt und waren immer noch nicht zufrieden. Ich will meinen Fall nicht so hervorheben, aber ich habe Bruno und Gott oft aus ganzem Herzen gedankt, dass ich so eine liebe Familie finden durfte.

Die Schlüsselsuche

In Amerika ging ich im Sommer oft im Michigan Lake baden. Als eine Freundin aus Deutschland zu Besuch war, fuhren wir mal wieder mit den Moutainbikes meiner Gasteltern zum See und schlossen sie dort mit einem Stahlschloss zusammen. Wir sonnten uns an diesem Tag auf dem Sandstrand und wechselten mehrmals unseren Platz, da die Sonne ständig wanderte.

Als wir gehen wollten und ich in meine Shorts griff, in die ich den Schlüssel nach dem Abschließen hineingesteckt hatte, war er nicht mehr da. Daraufhin durchsuchte ich meine ganze Badetasche, weil ich glaubte, ihn irrtümlicherweise doch nicht in meine Shorts eingesteckt zu haben, aber dort war er auch nicht. Wir liefen noch mal zum Strand runter, aber dort war es unmöglich, einen kleinen Schlüssel zu finden, der nicht größer war als ein halber Finger von mir. Wenn nicht der Sand ihn schon längst bedeckt hatte, so wussten wir dennoch überhaupt nicht, wo wir suchen sollten, da wir nicht die ganze Zeit auf einem Platz gelegen hatten. Total entmutigt liefen wir schlussendlich zu Fuß zurück.

Meine Gastmutter rief die Feuerwehr an, damit sie das Schloss aufknacken sollte, die war aber seltsamerweise nicht zu erreichen. Nach längerem Hin und Her meinte sie, wir sollten noch einmal dort hinfahren und nach dem Schlüssel suchen, wir hätten keine andere Wahl. Ich war sehr überrascht, dass sie uns zum Schlüsselsuchen noch einmal zum Strand fuhr, da es vom Verstand her ein mehr als verrücktes Vorhaben war, einen winzigen, vom Sand versteckten Schlüssel im großen Sandstrand wiederzufinden. Bevor wir losfuhren und während wir fuhren, bat ich Bru-

no Gröning aus ganzem Herzen, uns zu helfen, da ich genau wusste, wenn uns jemand helfen kann, dann nur er. Meine Freundin fing im Auto an rumzujammern, dass wir den Schlüssel nie und niemals finden würden, und ich sagte ihr nur, dass sie ruhig sein sollte und dass wir den Schlüssel finden würden. Am Strand angekommen, fing meine Freundin wieder zu jammern an. Ich gebe es ja zu, die Situation war total aussichtslos.
Mir fiel vor meinen Augen ein Centstück runter, und es verschwand so im Sand, dass ich es nicht mehr wiederfand. Aber ich ließ mich davon nicht beirren und setzte mich an einen Punkt, wo ich dachte, dort könnte ich den Schlüssel verloren haben, und begann den Sand mit meiner Hand nach allen Seiten zu schieben. Als ich nichts fand, ging ich ein paar Schritte näher zum Wasser, streckte meine Hand einmal in den Sand und deckte tatsächlich meinen verlorenen Schlüssel auf.
Ich hielt den Schlüssel in der Hand, und mir war auf einmal ganz anders zumute.

Warzen auf der Hand

Meine kleine Schwester hatte als kleines Kind sehr viele Warzen auf ihrer Hand. Wenn ich ihre Hände sah, dachte ich mir im Stillen, dass ich solche hässlichen Warzen nie haben wolle. Viele Jahre später bekam ich selber eine Warze nach der anderen auf meinen Händen. Zum Schluss hatte ich auf meiner rechten Hand eine sehr große Warze auf meinem Daumen, eine auf meinem Zeigefinger, eine zwischen Daumen und Zeigefinger und drei kleine Warzen auf der Außenseite meiner linken Hand. Anfangs kratzte ich sie immer auf und hoffte, dass sie dadurch verschwinden würden, aber mit der Zeit gewöhnte ich mich an sie. Außer, dass es mich störte, wenn mir jemand beim Schreiben zuschaute, machten mir die Warzen eigentlich keine so großen Sorgen, obwohl ich schon alles dafür gegeben hätte, sie zu verlieren.
Ich hatte oft gehört, dass man zu Tagungen einen oder mehrere Herzenswünsche mitbringen solle. So fuhr ich 1995 auf die Bergwoche mit dem innerlichen Wunsch, diese Warzen, die ich schon Jahre auf meinen Händen hatte, endlich loszuwerden. Ich stellte mich dort jeden Tag für meine Hände ein, doch während dieser Woche geschah gar nichts. Als ich wieder zu Hause war und am nächsten Tag aufwachte, bemerkte ich sofort, dass die größte Warze deutlich kleiner geworden war und die anderen Warzen sich in ihrer Form auch etwas verändert hatten. Nach diesem Ereignis konnte ich vollkommen glauben, dass ich alle Warzen verlieren würde, und so war es dann auch.

Am Arbeitsplatz

Seit zwei Jahren arbeite ich im Hotelgewerbe. Über lange Zeit musste ich mich täglich neu überwinden, mit Freude zur Arbeit zu gehen, da ich viele meiner Kollegen als sehr unkollegial empfand und die Lästerei einziges Gesprächsthema war. Im Rückblick habe ich festgestellt, dass mein Einstellen nicht vergebens war. Die Atmosphäre im Hotel hat sich deutlich gebessert. Wenn ich mich vor der Arbeit von Herzen einstelle, sehe ich viel mehr Gutes im Menschen, und die Kollegen und Gäste sind auch viel freundlicher zu mir. Das Gegenteil ist der Fall, wenn ich kraftlos zur Arbeit gehe.

Bruno Gröning ist mir ein Freund geworden, der bis jetzt in den verschiedensten Angelegenheiten immer geholfen hat. Durch ihn und die Gemeinschaft habe ich mich zu einem religiösen Menschen entwickelt, vorher konnte ich über die Bibel nur lachen. Ich denke, dass jeder Mensch auf der Suche nach Geborgenheit und Liebe ist, vielleicht ist der Bruno Gröning-Freundeskreis nicht jedermanns Sache, aber jeder Mensch braucht die Verbundenheit zu Gott, um glücklich zu sein. Davon bin ich überzeugt.

Sonngard Roth-Bernstein

9. Station – Paris

„Nichts ist zu schwer für den, der liebt."

Im November 1958 bemerkt Josette Gröning, dass ihr Mann in kurzer Zeit abmagert. Dr. Pierre Grobon, ein befreundeter Arzt aus Paris, drängt auf eine sofortige Untersuchung. Doch schon vor der Fahrt nach Paris sagt Bruno Gröning seiner Frau, dass ihm niemand helfen kann. Er weiß, was in seinem Körper los ist.

Aufgrund von Röntgenaufnahmen stellt Dr. Grobon die Diagnose Magenkrebs im fortgeschrittenen Stadium. Er will sofort operieren, doch Bruno Gröning wehrt ab, da er noch Dinge in Deutschland zu erledigen hat, die er über sein eigenes Wohlbefinden stellt. Sein völlig normales Blutbild entspricht der Diagnose seltsamerweise überhaupt nicht, sodass der Arzt zulässt, dass Grönings noch für eine Woche nach Deutschland fahren. Josette kann ihrem Mann auf der Rückfahrt weder Erschöpfung noch Niedergeschlagenheit anmerken. Bruno Gröning lenkt den Wagen selbst, und bei einem Zwischenhalt bei Freunden isst er mit großem Appetit.

In den nächsten Tagen bereitet er die Weihnachtsfeiern der Gemeinschaften vor. Am 4. Dezember bespricht er ein Tonband, das in jeder Feier abgespielt werden soll. In diesen letzten Vortrag legt er nochmals die Grundsätze seiner Lehre und entschuldigt sich mehrfach dafür, dass er trotz seiner festen Zusage nicht erscheinen kann. Außer Erich Pelz, den er mit dem Tonband zu den Freunden schickt, weiß niemand um seinen Zustand. Er zeigt ihm

das Röntgenbild seines Magens, auf dem ein kleiner und ein großer schwarzer Fleck zu sehen sind, und sagt, dass die kleine Stelle das Ungute sei, das er den Menschen abnehme. Das sei nicht schlimm, das bekomme er schnell wieder weg. Aber das Große, das sei die Boshaftigkeit der Menschen, das Heilverbot und die damit verbundenen Vorgehensweisen. Und das müsse durch Menschenhand wieder entfernt werden.

Danach fährt er mit Josette wieder nach Paris in die Clinique Henner. Dr. Grobon hat den dort tätigen Krebsspezialisten Dr. Bellanger informiert, der Bruno Gröning am 8. Dezember operieren soll. Doch beim Öffnen des Magens zeigt sich ein noch viel schlimmeres Bild, als die Ärzte vermutet haben. Es sieht aus, als sei der Magen zerfressen. In diesem Stadium ist keine Operation mehr möglich, und die Ärzte verschließen die Wunde sofort wieder. Unverständlich ist, dass Bruno Gröning weiterhin großen Appetit zeigt, während Patienten mit ähnlichem Befund jede aufgenommene Nahrung erbrechen. Einige Tage später steht er bereits wieder auf und überrascht die Ärzte mit Turnübungen. Er muss dem Pflegepersonal Mut zusprechen und verliert seinen Humor auch jetzt nicht.

Kurze Zeit nach der Operation fährt er mit Josette wieder zurück nach Plochingen und steuert auch auf dieser Fahrt seinen Wagen selbst. Weihnachten erlebt er dann zu Hause.

Mitte Januar 1959 setzt er sich mit den Vorsitzenden des neuen Vereins, Pelz und Loy, zusammen und bespricht den weiteren Aufbau der Gemeinschaften mit ihnen. Beide haben keine Ahnung, dass sie Bruno Gröning nie wieder sehen werden und verstehen den Ernst nicht, mit denen er sie auf verschiedene

Dinge hinweist. Er bemüht sich drei Tage lang mit aller Geduld, ihnen zu vermitteln, wie er das Werk geführt wissen will, stößt aber auf Unverständnis. Letzten Endes überlässt er alles ihnen und fügt sich dem Schicksal, nun loslassen zu müssen, was er in seinem Leben aufgebaut hat.

Am 21.1.1959 fliegt er wieder nach Paris. Einen Tag später wird er um neun Uhr morgens operiert. Wegen Verschluss des Dickdarmbogens ist ein erneuter Eingriff nötig. Zur selben Stunde wird im Münchener Justizpalast die Revisionsverhandlung im Prozess gegen ihn eröffnet.
Die Pariser Ärzte resignieren: Der Bauchraum ist wie verbrannt. In den folgenden Tagen hat Bruno Gröning völlig normale Temperatur, normalen Puls und Blutdruck.
Er steht noch zweimal kurz auf und verliert dann am 25. Januar sein Bewusstsein. In der kommenden Nacht werden erste Anzeichen des nahenden Todes sichtbar.

Am 26.1.1959 um 13.46 Uhr stirbt Bruno Gröning 52-jährig in Paris.

Dr. Bellanger kann das, was er bei Bruno Gröning gesehen hat, nicht als Krebs identifizieren, schreibt es aber in den Totenschein, da „Tod aus ungeklärter Ursache" nur Anlass für weiteres Gerede geben würde. Bruno Grönings Leichnam wird für eine leichtere Überführung nach Deutschland eingeäschert und in Dillenburg beigesetzt.
Der große Prozess wird ohne endgültiges Urteil eingestellt, die Gemeinschaften zerlaufen sich.
Der Fall Gröning scheint hiermit endgültig erledigt.

„Der Mensch,
er kommt und vergeht
wie die Blumen,
wie die Bäume,
wie die Sträucher.
Eines wird vom anderen abgelöst.
Heute stehen Sie Posten auf dieser Erde. […]
Von Zeit zu Zeit wird man abgelöst.
Und so werden Sie auch abgelöst – ich auch."

Bruno Gröning

Zwei Jahre später: 1961, Duisburg-Hamborn, Kaiser-Wilhelm-Straße.

Der Haushaltshilfe Frau Rippl fällt beim Abstauben im Wohnzimmer von Familie Häusler ein Bild Bruno Grönings zu Boden. Die Frau ruft die Hausfrau und entschuldigt sich für ihre Ungeschicktheit, die nicht zuletzt von ihrer Sehbehinderung herrührt: Ein Auge ist blind, und das andere durch die Überbeanspruchung stark geschwächt.

Grete Häusler zeigt sich verständnisvoll und fragt beim Beseitigen der Scherben nebenbei, ob Frau Rippl denn eigentlich weiß, wessen Portrait da eingerahmt war. Die Haushaltshilfe blickt auf das Bild in ihren Händen und lässt sich kurz über Bruno Gröning erzählen. Plötzlich ruft sie: „Was machen Sie mit mir? Mir ist auf einmal so komisch! Wie ein elektrischer Strom läuft es mir vom Kopf bis zu den Füßen!" Frau Häusler schaltet richtig und erkennt, dass in diesem Moment der Heilstrom zu wirken beginnt, so wie damals, als sie nach ihrer Heilung im Jahre 1950 aus Deutschland zurück nach Österreich kam und die Menschen, denen sie von ihren Erlebnissen mit Bruno Gröning erzählte, auch reagierten und gesund wurden. Sie führt sie daraufhin in die Lehre Bruno Grönings ein. Frau Rippl wacht drei Wochen später morgens mit vereiterten Augen auf. Als sie die Verklebung entfernt, sieht sie völlig normal.

Dies nimmt Frau Häusler zum Anlass, die alten Freunde dazu aufzurufen, es nicht weiter bei Gedenkfeiern und Kaffeekränzchen zu belassen, sondern das Werk Bruno Grönings in seinem Sinne wieder aufleben zu lassen und allen leidenden Menschen durch Veröffentlichungen zugänglich zu machen, denn jetzt bewahrheiten sich endlich die Worte Bruno Grönings, die all die Jahre keiner verstehen oder glauben konnte und die fast in Vergessenheit geraten waren:

„Alle Menschen müssen sterben, ich auch.
Den Körper wird man in die Erde legen, aber ich werde nicht tot sein.
Wer mich rufen wird, für den werde ich da sein, und ich helfe weiter.
Aber dann wird jeder aus sich die Hilfe und Heilung erleben."

„Ein kleiner Brückenbauer bin ich gewesen. […]
Ich habe die Gelegenheit so genutzt, um noch nebenbei die Brücke zu bauen,
die zum göttlichen Weg führt. Es war keine schöne Zeit, aber ich habe es geschafft."

„Es gibt vieles, das nicht erklärt
werden, aber nichts, das nicht
geschehen kann."

Ein Danklied

Lieber Bruno, es soll in dieser Stunde
Dir ein Danklied von mir gesungen sein.
Hat mein Herze doch den allerhöchsten Grunde,
denn Du wuschst es in Opferliebe rein.
Andachtsvoll schau ich vor mir
auf Dein Bild und danke Dir.
Groß und heilig leuchtet in mir das Erkennen:
Meines Leibes und meiner Seele Wunden
seh im Liebefeuer ich verbrennen.

Und jetzt sehe ich in Deinen lieben Augen
alle Wege, die je Dein Herz beschritt,
spür die Liebe und will es doch nicht glauben,
dass Dein Herze schon so viel für uns litt,
dass Erlösung für die Welt
zählte weniger als Geld,
dass man Dein Erscheinen niemals recht erkannte,
niemals ahnte, welcher große Geist den führte,
der sich selber nur still „den Kleinen" nannte.

An Dein Leben und Deinen Kampf zu denken,
jenen Kampf zwischen Finsternis und Licht,
wie Du starbst in Einsamkeit, fast könnt's mich kränken,
würd' nicht selig ich hören, wie Du sprichst:
„Sterben muss der Mensch, ich auch,
geht mein Leib auch auf in Rauch,
umso freier wird mein Geist in euch erstehen."
Und so sahest Du selbst freudig dem entgegen,
in die Herrlichkeit Gottes heimzugehen.

Ach wärest Du in meinem Arm gestorben,
hätt' ich gern Dich der Einsamkeit entrückt,
hätt' zum Danke, da Du mir Heil erworben,
Dich aus Liebe an meine Brust gedrückt,
hätt' den Dank der ganzen Welt
vor Dein Sterbebett gestellt,
hätt' im Namen derer, die Dein Opfer heilte,
meine Knie gebeugt, um andachtsvoll zu danken,
dass die Liebe uns solche Gnad' erteilte.

Christoph Pesch

Angela Achermann

Es fällt mir nicht leicht, über etwas zu schreiben, dessen Größe mein Verstand kaum zu fassen vermag.

Es fällt mir nicht leicht, über etwas zu schreiben, dessen Größe mein Verstand kaum zu fassen vermag. Nur das Gefühl vermag annähernd zu begründen, was Bruno Gröning der Menschheit geschenkt hat. Tief im Herzen ist eine große Sehnsucht verborgen, die sich vielleicht mit den Worten „Sehnen nach seiner ureigensten Heimat“ ausdrücken lässt. Es ist ein Sehnen nach dem wahren Leben, nach den wahren Werten und nach vollkommener Geborgenheit. Bruno Grönings Leben und Wirken zeigt auf, welcher Weg dorthin führt, es ist der Weg zurück zum Herzen, zurück zur geistigen Heimat – Gott. Es ist ein einfacher, natürlicher Weg, der zu Lebensfreude, Nächstenliebe und zum Selbstbewusstsein finden lässt. Bruno Grönings Leben ist der Beweis dafür, dass Sorgen und Krankheiten letztendlich nur durch ein gottverbundenes Leben zu überwinden sind. Wie weit sind wir davon entfernt? Zu weit! Die Aufnahme einer Kraft – des Heilstromes – auf die Bruno Gröning aufmerksam gemacht hat, schafft wieder die Verbindung zu Gott, die durch die Einwirkung des negativen Prinzips fast völlig unterbrochen war.

Bruno Gröning sprach zu den Menschen und sie wurden gesund. Bei einem in der Regel gesunden Menschen ist dadurch noch kein Interesse geweckt. Doch hat Bruno Gröning gesagt: „Geben Sie mir Ihre Krankheit! Geben Sie mir Ihre Sorgen! Sie werden damit nicht fertig. Ich trage sie für Sie. Mein Rücken ist breit.“ Wie oft noch haben wir uns stundenlang um unzählige Dinge gesorgt. Wie wundervoll aber ist es, all dies im vollkommenen Vertrauen auf Hilfe einfach loszulassen. Oft vergaßen wir noch, dass wir wirklich „Kinder Gottes“ sind! Denn würden wir dies beherzigen, dürften wir uns dann nicht im vollsten Vertrauen wieder an unseren Vater wenden? Bruno Gröning hat in mir wieder dieses göttliche Vertrauen geweckt. Nicht nur das Vertrauen, sondern auch die Liebe zu allem Geschaffenen: zu Tieren, Pflanzen und Mitmenschen – und als größtes Geschenk habe ich die Liebe zu Gott wieder gefunden. Ich durfte das erleben, was das erste Gebot beinhaltet und was mir früher schleierhaft und unerklärlich war.

Bruno Gröning ist keine Kultfigur, nein! Er ist ein Menschenfreund, ein Wegweiser zu Gott und zu sich selbst. Für mich ist die Lehre Bruno Grönings das, was mich lehrte, meinen Lebensweg freudig und vertrauensvoll zu gehen. Kommen auch Momente, in denen das Vertrauen geprüft wird, so ist es mir unvergesslich, welche wundervollen Erlebnisse und welche Kraft mir das Aufnehmen dieser göttlichen Kraft bereits gebracht hat.

Ich wünsche jedem Menschen, dass er diese Verbindung zu Gott wieder finden kann und dass sie nie und wirklich niemals mehr abbricht. Möge sich der Einklang zwischen Gott und Mensch auf dieser Erde vollziehen.

Irina Harms

Natürlich lässt es sich leichter sagen, als es ist.

Lieber Bruno!
Heute möchte ich Dir von ganzem Herzen danken, dass Du mir all die Jahre so liebevoll zur Seite gestanden hast. Als ich damals fünf Jahre alt war, erzählte Mama mir das erste Mal von Dir. Es fiel mir überhaupt nicht schwer, das zu glauben, dass ich Dich um alles bitten kann. Einen Freund wie Dich zu haben, der immer für einen da ist, ist einfach wunderbar. Weißt Du noch, als ich ganz empört zu Mama ging: „Du, Mama, weißt du, was ich ganz gemein finde? Dass es für Kinder nur so wenig Gemeinschaftsstunden gibt und für Erwachsene so viele." Du warst immer für mich da, hast mir innerhalb von einem halben Jahr die Allergien gegen viele Produkte mit tierischem Eiweiß und gegen jede Art von Synthetik genommen, wovon ich immer Nesselfieber und Hautreaktionen bekam. Und der Brechdurchfall, bei dem niemand wusste, woher er kommt, und wegen dem ich starke Medikamente einnehmen und sogar an der Tropf musste, weil er von selbst nicht aufhörte, ist auch nicht mehr wiedergekommen. Kein Arzt konnte helfen, aber Du.
Mama hast Du auch wieder ganz gesund gemacht, sodass sie wieder richtig mit mir toben konnte. Sie litt ja unter einer Wirbelsäulenverkrümmung, Rheuma und Depressionen, obwohl sie erst Ende zwanzig war.
Ob ich traurig war, ob es mir gut ging oder ich Hilfe benötigte, Du warst immer da und hast mir geholfen. Entschuldige, dass ich oft so feige war, anderen Menschen von Dir zu erzählen, nur weil ich dachte, dass es den anderen zu fremd sei, einen Freund zu haben, der, obwohl er schon heimgegangen ist, trotzdem immer für einen da ist.
Ich war oft ungerecht und wütend, nur weil ich Angst hatte, was im Leben zu verpassen, wenn ich nicht das tat, was alle anderen taten. Ich fing an zu lügen, zu klauen und auch sonst fast alles mitzunehmen, was die Welt zu bieten hat. Richtig gut fühlte ich mich am Anfang dabei zwar nie, aber ich redete es mir aus, da es ja alle taten, bis das schlechte Gefühl wich und es zur Gewohnheit wurde.
In dieser Zeit wollte ich es alleine schaffen, fast alles ausprobieren, und merkte dabei gar nicht, wie ich mich immer mehr von Gott entfernte. Zu Hause war nur noch Streit, ich wollte die gutgemeinten Ratschläge von meiner Mutter nicht hören, es war mir alles egal.
Aber immer, wenn es mir wirklich dreckig ging und ich Dich von ganzem Herzen gebeten habe, mir zu helfen, weil ich keinen Ausweg mehr wusste, warst Du da. Als ich mich total runtergehungert hatte, nur weil ich mich zu dick empfand, und nachher nichts mehr essen konnte. Ich werde diesen Moment nie vergessen, als ich vom Brötchen abbiss, und ich es nicht mehr herunterbekam. Oder als ich die Nachprüfung in Mathe machen musste. Oder wenn ich krank geworden bin durch das ganze Schlechte, was ich tat.
Es hat lange gedauert, bis ich von diesem Trip herunterkam. Bis ich einsah, wie wichtig das tägliche Einstellen ist und dass das, was alle taten, gar nicht so toll ist, sondern es im Endeffekt nur unglücklich und unfrei macht. Man will es sich in diesem Moment nur nicht eingestehen, wie leer man ist, und dass das wahre Glück nur von Gott kommt. Dass es nicht das größte Ziel im Leben ist, in der Welt bestmöglich dazustehen, sondern immer näher zu Gott zu kommen. Natürlich lässt es sich leichter sagen, als es ist, allen Verlockungen zu widerstehen, aber mit Dir, lieber Bruno, an der Hand weiß ich, dass ich es im Leben schaffen werde.

Deine

Irina Harms

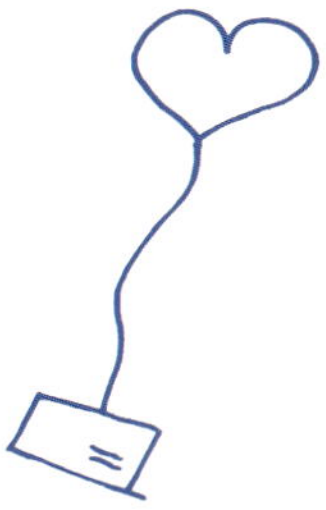

Grete Häusler

Ich habe für euch gekämpft

Liebe Leser, meine lieben Jugendlichen!

Als ich die Vorlage für dieses Buch mit der Bitte in die Hand bekam, es in meinen Verlag aufzunehmen und persönlich das Schlusswort zu schreiben, wusste ich spontan nicht, was ich dazu sagen sollte. Und mir fallen auch jetzt noch die Worte schwer, denn es gibt wohl keine Worte dafür, wie glücklich es mich macht, dass so ein Buch entsteht. Aber ich nutze die Gelegenheit doch sehr gerne, auf diesem Wege hier noch ein paar Zeilen beizutragen. Ihr ahnt ja nicht, was dem alles vorausgegangen ist.

Im August des Jahres 1950 kam ich im Alter von 28 Jahren als Begleitperson meiner blinden Freundin in einem Vortrag Bruno Grönings in München. Ich hatte sie nur widerwillig begleitet, um sie „vor dem Schwindel", wie ich dachte, zu bewahren.
Skeptisch überprüfte ich jedes gesprochene Wort. Es ging von Bruno Gröning eine Kraft aus, die ich als Kribbeln am ganzen Körper zu spüren bekam. Das Gefühl verstärkte sich und ich erlebte einen Umbruch in meinem Körper. Das Vertrauen wuchs. Als Bruno Gröning ganz ernst vor uns stand – er war voll konzentriert – sagte er: „Geben Sie mir Ihre Krankheit und Ihre Sorgen! Ich trage sie für Sie!" Wie sollte ich das tun? Ich glaubte nur an das, was man sehen und anfassen kann. So ein Angebot bekommt man nicht alle Tage. Ich entschloss mich, es zu tun. Wie ein Kind dachte ich: „Da haben Sie meine drei unheilbaren Krankheiten, meine unheilbare Mutter, meine Sorgen und das ganze Unglück! Ich will es nicht mehr haben."
Am Ende des Vortrags fühlte ich mich so frisch, leicht, und ein Glücksgefühl erfasste mich. Ich wusste, dass dieses Gefühl nur die Gesundheit sein kann. Ich hatte 15 Jahre chronischen Stirnhöhlenkatarrh, seit sieben Jahren einen Leberschaden, der durch eine unbehandelte Gelbsucht im Krieg entstand, und schon drei Jahre starken Unterzucker. Und plötzlich fühlte ich mich frei.
Nach dem Vortrag ging ich schnell zu Bruno Gröning hin, gab ihm meine Hand, bedankte mich und sagte, dass ich mich nun ganz gesund fühlte. Er schaute mich an, als gäbe es für seinen Blick keine Grenzen und sagte sehr lieb: „Sie fühlen es nicht nur, Sie sind es auch, aber danken Sie nicht mir dafür, Gott hat es getan."

Gott? Also gab es Gott wirklich? Und war Gott denn nicht irgendwo da oben? War Er hier bei mir, und war Er so lieb, mir ohne mein Verdienst die Gesundheit wiederzugeben? In diesem Moment nach meiner Heilung war die ganze Verbitterung über das viele Unglück in meinem Leben weg. Ich konnte bis

dahin nicht an Gott glauben, aber durch dieses Erleben verschwanden die unchristlichen Parolen, die ich in meiner Jugendzeit dumm und unwissend nachgeredet hatte, wieder aus meinem Kopf. Ich glaubte jetzt nicht nur an Gott, sondern ich wusste es, ich hatte Ihn erlebt. Ich sagte aus tiefstem Herzen danke für die Heilung. Seitdem bitte ich um alles und danke. Damit war mein ganzes Leben umgedreht. Ich blieb gesund, habe kein Unglück mehr und keine Sorgen. Das ist ein anderes Leben.

Als ich meinen kranken Bekannten zu Hause in Österreich von meiner Heilung und den Worten Bruno Grönings erzählte, hatten sie plötzlich das gleiche Gefühl und es geschahen Heilungen in meinem Heimatort. Wir luden Bruno Gröning ein, und es sprach sich herum, so dass ich bald 23 österreichische Gemeinschaften betreute, die ich mit dem Zug besuchte, um ihnen meine Heilung und Erfolgsberichte aus anderen Gemeinschaften zu erzählen. Wir mieteten ganze Waggons, um Bruno

Grönings Vorträge zu besuchen. Ich durfte ihn oft persönlich als meinen Gast und bei sich zu Hause erleben und konnte nicht verstehen, wie die Presse so gemein über diesen Wohltäter schreiben konnte. Ich verfolgte die grotesken Gerichtsprozesse, erlebte die verschiedenen Vereinsgründungen mit, war mit ihm in Lourdes und erlebte, welche große Liebe er zu allen Menschen hatte, ob Mann oder Frau, alt oder jung, arm oder reich. Und wir Freunde liebten ihn auch. In seiner Nähe war etwas, was alle Gefühle und Gedanken durchdrang und uns glücklich machte.

Als die Zeitungen 1959 seinen Tot verkündeten, glaubte ich zunächst, es sei eine weitere Lügenkampagne im Gange und stellte mich erst einmal in Ruhe ein, um ihn auf dem geistigen Wege selber zu fragen. Ich spürte den Heilstrom so wie immer und war mir deshalb sicher, dass er als der Vermittler desselben nicht tot sein konnte. Seine Witwe teilte uns dann aber alles mit, und ich sah enttäuscht, wie die Gemeinschaften sich auflösten. Eine Hand voll Freunde blieb übrig.

Erst als meine Putzfrau 1961 ihre volle Heilung am 14 Jahre erblindeten Auge erlebte, war mir endgültig bewusst, dass er nicht tot sein konnte, sondern wirklich weiterhilft. Ja, ich sage: Er ist geistig nicht tot! Und alle notleidenden Menschen sollen es wissen, dass es einen Bruno Gröning gab und gibt, der helfen will und auch kann. Viele Menschen, die im Leben nichts mehr zu lachen hatten, sind durch ihn und seine Lehre wieder zu lebensfroh bejahenden Menschen geworden. Ich, die ihn anfangs selbst belächelt hat, möchte heute aus dieser Erfahrung sagen: Gott weiß am besten, wen Er uns als Helfer schickt, wann er kommt, wie er aussehen darf und wie er heißt.

1980 hätte ich noch nicht geahnt, was der eine Gedanke, die Lehre Bruno Grönings durch Jugendgemeinschaften auch für junge Menschen zugänglich zu machen, einmal für Früchte tragen würde. Fest stand nur, dass ich als ehemalige Lehrerin und Mutter von fünf Kindern nicht mehr tatenlos zusehen konnte, wie orientierungslos ausgerechnet viele junge Menschen ihren Lebensweg gehen. Deswegen gründete ich damals mit Kindern aus zwei Familien eine Jugendgemeinschaft. In unserem Wohnzimmer hielten wir die Stunde ab. Nicht, um dort eine Moralpredigt zu halten, sondern um die Jugendlichen das Gute in der Lehre Bruno Grönings und in Musik, im Tanz und in der Natur fühlen zu lassen, damit sie dadurch das Wissen und die Kraft erhalten, die sie für ihre Entscheidungen und Lebensstationen brauchen.

Man warf mir zwar vor, dass ich das Werk Bruno Grönings verfälschen würde, weil er selbst keine Jugendgemeinschaften gegründet hat und nicht getanzt und gesungen hat. Mir aber kam es vor, als wäre die Zeit längst reif, dass jemand sich endlich bemüht, dass gerade junge Menschen ein Verständnis für die Lehre Bruno Grönings bekommen. Die Zeit, in der ich mich rechtfertigen muss, geht wohl überhaupt mit diesem Buch *„1001 Weg“* endlich zu Ende, denn dieses umfassende Plädoyer stammt nicht aus meinem Mund. Es wurde mir von denen überreicht, die man glaubte, vor mir schützen zu müssen. Ich habe für euch gekämpft, jetzt habt ihr es, vielleicht unbewusst, für mich getan.

Euer Buch ist in Wahrheit eine unverblümte Anklage gegen den Zeitgeist, die aber diesmal nicht von empörten Alten, sondern endlich einmal von betroffenen Jugendlichen selbst vorgebracht wird, jedoch ohne rebellische Kritik an bestehenden Missständen, sondern durch eine überzeugende Anhäufung an Beweisen und Erfahrungen, was man durch die Lehre Bruno Grönings an Gutem tun und erleben und heutzutage noch verändern kann.

Dieses Buch wird sicher nicht nur vielen jungen Menschen helfen, sondern es gibt einem alten Menschen ebenso den Glauben an die Zukunft zurück. Solchen gewissenhaften, naturverbundenen und wahrheitsliebenden Menschen sein Lebenswerk in die Hände zu legen, fällt nicht schwer.

Grete Häusler

Posterübersicht

DIN A3 • DIN A2 • DIN A1

Größe A3: Best.-Nr. 234.3 plus Endnr. (z.B. für „Ente“ 234.3-03)
Größe A2: Best.-Nr. 234.2 plus Endnr. (z.B. für „Ente“ 234.2-03)
Größe A1: Best.-Nr. 234.1 plus Endnr. (z.B. für „Ente“ 234.1-03)

Alle mit ☆ bezeichneten Poster sind auch als Postkarte erhältlich

Der Begriff Liebe ☆ • Endnr.: 01

Das Meer ☆ • Endnr.: 02

Ente (siehe Seite 237) ☆ • Endnr.: 03

Glück

Was ist Glück?

Glück ist mehr als nur ein Wort.
Glück ist in dir, in mir, in allem.

Aber was ist es dann, das Glück,
wie erkenne ich es, wie erlebe ich es?

Ganz einfach.
Horche in dich hinein,
in dein tiefstes Ich.
Spürst du, wie du dich selbst findest?

Glück
ist Sonne, Wärme und ein leichter Wind.
Vogelzwitschern, Falterflattern und Blumenduft.
Glück ist Wohlfühlen.

Nur Wohlfühlen? Ist da nicht mehr?

Doch, noch viel, viel mehr.
Glück ist endlos.

Glück
ist Verstehen ohne Worte, Lächeln ohne Grund,
liebende Gedanken. Sich selbst verschenken,
Freundschaft erfahren und fraglos helfen.
Glück ist Einklang der Seelen.

Braucht Glück wirklich zwei?
Kann man denn alleine nicht glücklich sein?

Doch, gerade alleine.
Glück hört nicht im Zwischenmenschlichen auf.
Glück geht weiter, viel weiter.
Glück ist da, wo du bist.

Glück
ist sich selbst verschenken, demütig handeln,
vergeben lernen. Immer neu beginnen,
den Nächsten mehr als sich selbst zu lieben
und sich am Kleinen groß freuen. Glück ist Gutsein.

Ist das das Glück?
Bin ich glücklich, wenn ich gut bin?

Ja, dann beginnst du echtes Glück zu empfinden.
Aber auch da hat dein Glück noch keine Grenzen.

Glück ist,
tief in deiner Mitte zu ruhen,
den Frieden des Herzens zu erleben,
die Liebe zu allem Leben zu spüren.
Den Atem Gottes in der Natur zu erfahren,
mehr und mehr Sein Weben zu erleben,
Seinen Schöpfungsplan zu erahnen.
Glück ist Gottfühlen.

So viel heißt Glück? So unendlich viel?

Nein, auch das alles ist erst der Anfang.
Glück ist,
Gottes Liebe im Herzen zu fühlen,
deine Hand in Seine zu legen,
dein Sein erst durch Ihn zu beleben.
Dich fallen lassen in Seine allmächtige Kraft,
dich tragen lassen von Seiner unendlichen
Barmherzigkeit, und heraustragen in die Welt
das Erleben Seiner Gegenwart. Das ist Glück.

So groß ist Glück?
So unendlich reich? So unfassbar heilig?

Ja, so ist es.
Glücklichsein heißt Gott erleben und weitergeben.

Aber wie unendlich schwer muss es sein, das zu erfahren!
Wie unnahbar erscheint es mir!

Nein, es ist nicht schwer und auch nicht unnahbar.
Gott ist überall, und sobald du Ihn irgendwo
erlebst, steigt schon das Glück in dir hoch.
Suche Gott einfach, suche Ihn in allem, was du
tust. Überall ist Er erlebbar, überall ist Er da.
Und dadurch wirst du das größte Glück erleben.

Foto: Johannes Bernstein

Mechthild Hülsmann

Glück (siehe Seite 214) • Endnr.: 04

Gedanken ☆
Endnr.: 05

Erkenntnisbaum (siehe Seite 153) ☆
Endnr.: 06

Der Meister ☆ • Endnr.: 07

Gott ist gerecht. Seine Liebe ist echt. Echte Liebe ist die Gerechtigkeit Gottes.

Bruno Gröning

Gerechtigkeit ☆ • Endnr.: 08

Der Mensch wird durch sich selber aufgebaut oder zerstört. Im Waffensaal des Denkens schmiedet er die Waffen, mit denen er sich seinen eigenen Untergang bereitet. In gleicher Weise bildet er die Werkzeuge, mit denen er sich himmlische Wohnungen der Freude, der Kraft und des Friedens erbauen kann. Mit Gottes Macht ist wohl gedacht.

Bruno Gröning

Gedankenburg ☆ • Endnr.: 09

Der Wasserfall ☆ • Endnr.: 10

Geschwister ☆ • Endnr.: 11

Gottgewolltes Leben
auf gottgewollte Art -
Reinheit.

C. Pesch

Reinheit ✰
Endnr.: 12

Gott geb's und Gott gibt's auch, dass der Mensch auch immer zur Reinheit stehen kann. – Es fragt sich nur, ob der Mensch es will.

Bruno Gröning

Gott geb's ✰
Endnr.: 13

Dort, wo Gott mit uns lacht und weint,
will Er gesucht werden - in unseren Herzen.

C. Pesch

Die Kapelle ✰
Endnr.: 14

Lerne aus dem Buch zu lesen, in das Gott heute noch schreibt.
-
Welches Buch?
-
Das Leben selbst.

C. Pesch

Rose ✰
Endnr.: 15

Kleiner (siehe Seite 111)
Endnr.: 16

Pusteblume ☆
Endnr.: 17

Jugend und Alter (siehe Seite 161) ☆ • Endnr.: 18

Freiheit (siehe Seite 265) ✰
Endnr.: 19

Reichtum (siehe Seite 323) ✰
Endnr.: 20

Freudenglocken ✰
Endnr.: 21

Kelch ✰
Endnr.: 22

Adam und Eva ✰ • Endnr.: 23

Liebe ✰ • Endnr.: 24

Gott ist unser Vater, Schöpfer unserer Erde.
Er hat den Menschen den Auftrag gegeben mit den Worten:
„Wachset und vermehret euch!“
Er hat die Erde zum Paradies geschaffen,
der Mensch soll sie in Ordnung halten.

Bruno Gröning

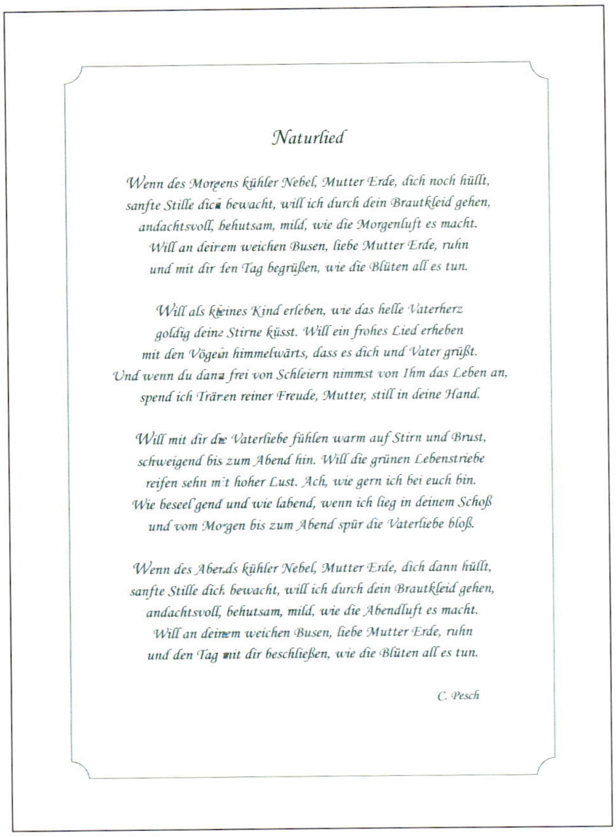

Naturlied (siehe Seite 37)
Endnr.: 26

Puzzle ✰
Endnr.: 27

Heimkehr (siehe Seite 268) ✰ • Endnr.: 28

König Dachstein ✰ • Endnr.: 29

Bischofsmütze ✰ • Endnr.: 30

Ebenfalls im Grete Häusler-Verlag erschienen:

Grete Häusler

EINFÜHRUNGSSCHRIFT IN DIE LEHRE BRUNO GRÖNINGS

Konzentrierte Grundaussagen und vertiefende Erläuterungen über den Empfang der von Gott ausgehenden Kraft und deren Gesetzmäßigkeiten.

40 Seiten broschiert
ISBN 3-927 685-33-X

Thomas Busse (Hrsg.)

DIE LEHRE BRUNO GRÖNINGS

Dieses Buch ist das wertvolle Ergebnis aufwendiger Archivrecherchen. Ein umfangreicher Überblick durch thematisch geordnete Zitate aus zahlreichen Aufzeichnungen.

342 Seiten gebunden
ISBN 3-927 685-97-6

Thomas Busse (Hrsg.)

DIE WUNDERHEILUNGEN DES BRUNO GRÖNING

März 1949. Ein Journalist wird enger Mitarbeiter Bruno Grönings und schildert erschütternde Beobachtungen an seiner Seite, Heilungen, aber auch öffentliche Gegenkräfte.

160 Seiten broschiert
ISBN 3-927 685-41-0

Thomas Eich (Hrsg.)

DER BRUNO GRÖNING-FREUNDESKREIS – WAS IST DAS?

Neutrale Beleuchtung aus z. B. naturwissenschaftlicher, theologischer, juristischer und psychologischer Sicht. Eine offene Stellungnahme zu wichtigen Fragen und Vorwürfen.

298 Seiten broschiert
ISBN 3-930 147-08-4

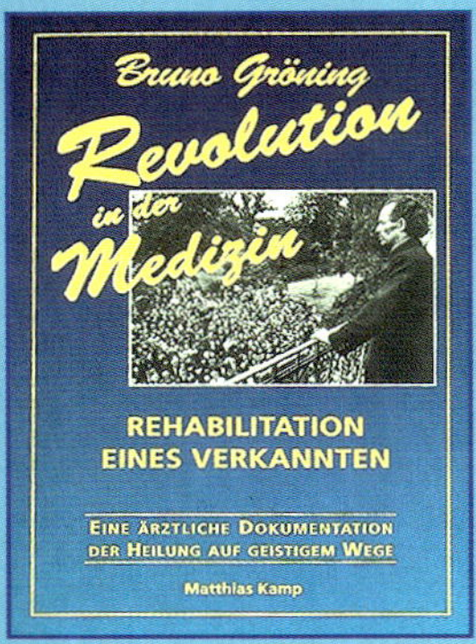

Matthias Kamp

REVOLUTION IN DER MEDIZIN

Ein Arzt appelliert, die heutige wissenschaftliche Sichtweise neu zu überdenken. Mit medizinischen und historischen Fakten rehabilitiert er die Person Bruno Gröning.

563 Seiten broschiert
ISBN 3-927 685-20-8

Matthias Kamp

HEILUNG AUF GEISTIGEM WEGE DURCH DIE LEHRE BRUNO GRÖNINGS

200 medizinisch dokumentierte Heilungen aus dem Bruno Gröning-Freundeskreis nach Krankheitsgruppen sortiert.

123 Seiten broschiert
ISBN 3-927 685-32-1

Grete Häusler

HIER IST DIE WAHRHEIT AN UND UM BRUNO GRÖNING

„Ich werde einmal ein Buch schreiben", sagte Bruno Gröning. Aber es kam nicht mehr dazu. Die Autorin fand im Archiv das Konzept und erste Notizen und erstellte danach das vorliegende Werk über Leben, Wirken und Kämpfe Bruno Grönings, dem sie als seine Mitarbeiterin persönlich sehr nahe stand.

272 Seiten gebunden, ISBN 3-980 1302-0-7

Thomas Busse (Hrsg.)

LEBENSWEISHEITEN TEIL 1

96 Seiten broschiert
ISBN 3-980 1302-9-0

TEIL 2 Thomas Eich (Hrsg.)

90 Seiten broschiert
ISBN 3-927 685-72-0

Bruno Grönings Worte in handlichem Format.

Thomas Busse

WONACH DU STREBEN SOLLTEST

Geduld, Liebe, Wille, Ordnung … Klare Gedanken über erstrebenswerte Eigenschaften. Eine tägliche Hilfe für ein bewusstes Leben.

311 Seiten broschiert
ISBN 3-927 685-46-1

Christoph Pesch

REINHEIT

Dieser Erlebnisbericht mit der Botschaft der reinen Liebe ist keine sittliche Forderung, sondern soll Wegweiser zu einem freien Gotterleben sein, das keine Dogmen kennt.

130 Seiten broschiert
ISBN 3-927 685-49-6

Petra Kruse

MEIN WEG ÜBER DEN ABGRUND

Eine Berlinerin schildert unverblümt ihr Abrutschen in die Scene und das Leben an der Nadel. Nach zehnjähriger Sucht schafft sie durch die Lehre Bruno Grönings den Absprung.

146 Seiten broschiert
ISBN 3-927 685-40-2

AM ABGRUND … UND DARÜBER HINAUS

Film von Thomas Eich

Petra Kruses Geschichte, erzählt durch Interviews, Schauspielszenen und Dokumaterial.

ca. 60 Minuten
ISBN 3-927 685-76-3

DER WUNDERAPOSTEL

Ein Spielfilm von Thomas Busse

Beatus Klingohr, ein verschlossener Vagabund, ist auf der Suche nach dem Sinn seines tragischen Schicksals. Seine letzte Hoffnung setzt er auf den Wunderapostel, eine lebende Legende. Er sucht und findet ihn, und nichts bleibt, wie es vorher war.

ca. 120 Minuten
ISBN 3-927 685-75-5

Thomas Busse

DAS BUCH ZUM SPIELFILM „DER WUNDERAPOSTEL“

Der komplette Film in Bildern und Text, die Geschichte der Entstehung und ein umfangreicher Blick hinter die Kulissen.

156 Seiten broschiert
ISBN 3-927 685-93-3

Hans Sterneder

DER SONNENBRUDER

391 Seiten broschiert
ISBN 3-7626-0626-9

DER WUNDERAPOSTEL

473 Seiten broschiert
ISBN 3-7626-0609-9

Die dem Film zugrunde liegenden Romane in aller Ausführlichkeit und mit der unvergleichlich bildhaften Sprachlust des Mystikers und Dichters Hans Sterneder, einem persönlichen Freund Bruno Grönings.

Burkhard Pesch

DIE ORIGINAL-FILMMUSIK ZU „DER WUNDERAPOSTEL“

ca. 74 Minuten
CD: Best.-Nr. 312.02
MC: Best.-Nr. 310.5

PLAKAT ZUM SPIELFILM „DER WUNDERAPOSTEL“

30 x 42 cm: Best.-Nr. 999.98

42 x 60 cm: Best.-Nr. 999.96

Christoph Pesch/ Burkhard Pesch
LEBENSTANZ UND WUNDERAPOSTEL-SUITE

Zwei Brüder laden ein zu einer musikalischen Erlebnisreise durch schwungvoll bewegende, friedlich beruhigende und kraftvoll resolute klassische Klänge mit dem Züricher Sinfonieorchester.

CD: Best.-Nr. 312.03
MC: Best.-Nr. 310.7

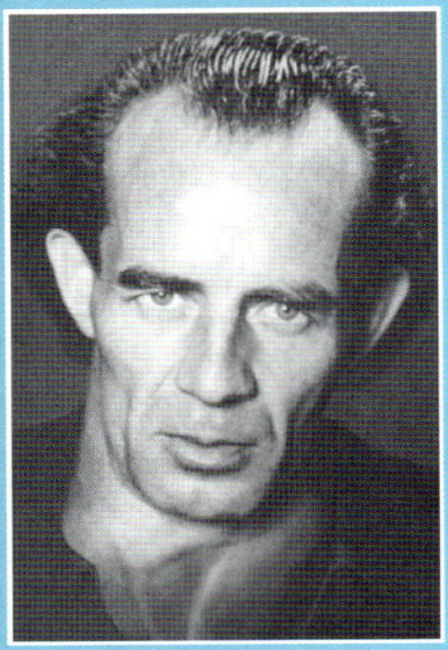
Portrait 1

Portrait 2

Portrait 3

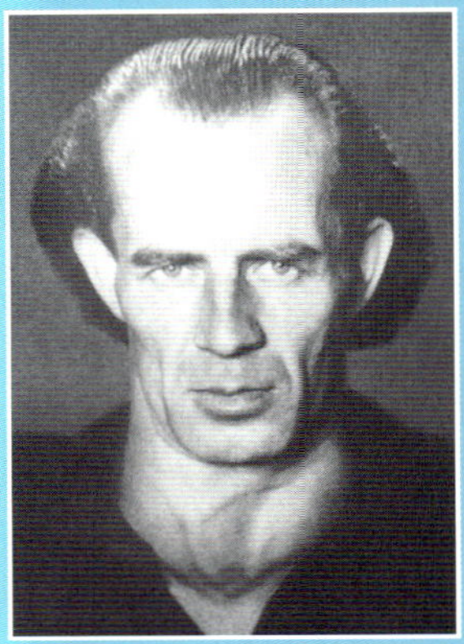
Portrait 4

Format: 20 x 30 cm

Portrait Nr. 1	Best.-Nr. 233.03
Portrait Nr. 2	Best.-Nr. 233.07
Portrait Nr. 3	Best.-Nr. 233.01
Portrait Nr. 4	Best.-Nr. 233.05

Format: 30 x 40 cm

Portrait Nr. 1	Best.-Nr. 233.04
Portrait Nr. 2	Best.-Nr. 233.08
Portrait Nr. 3	Best.-Nr. 233.02
Portrait Nr. 4	Best.-Nr. 233.06

Grete Häusler GmbH - Verlag

Rheindahlener Str. 78, D-41189 Mönchengladbach
Tel. 0 21 66 / 9 59 90 • Fax 0 21 66 / 95 99 59
Internet: www.gh-verlag.de • e-mail: info@gh-verlag.de

Kontakt zum Bruno Gröning-Freundeskreis:
Grete Häusler • Fasanenweg 12 • D-53773 Hennef/Sieg
Tel.: 022 42/8 10 64 • Fax: 0 22 42/8 58 20
e-mail: info@bruno-groening.de
Im Internet: www.bruno-groening.de